파 이 썬 부 터  시 작 하 는

# 인공지능

강화학습과 심층학습을 중심으로

파이썬부터 시작하는

# 인공지능

강화학습과 심층학습을 중심으로

조재창 지음

좋은땅

# 서문

2016년 3월 구글 딥마인드DeepMind의 바둑 인공지능Artificial Intelligence[AI]인 알파고AlphaGo와 당시 세계 최강의 프로 기사인 이세돌이 대결하는 딥마인드 챌린지가 열렸다. 딥마인드 챌린지는 세계적으로 인공지능에 대한 관심을 크게 불러일으킨 이벤트였으며, 필자를 뒤늦게 인공지능의 세계로 빠져들게 한 계기가 되었다.

바둑의 한 대국에서 가능한 국면은 우주에 존재하는 모든 원자들보다 훨씬 더 많다. 따라서, 바둑에서는 가능한 수들을 모두 탐색하여 최선의 수를 찾는 방법은 시도조차 할 수 없으며, 탐색의 범위를 줄여서 좋은 수를 찾는 방법으로는 프로 기사 수준의 기량에 도달할 수 없었다. 하지만 인간[특히, 프로 기사]은 오랜 시간 생각하지 않더라도 바둑판에 놓인 모든 돌들이 고려된 수를 직관적으로 찾아내기에, 바둑을 마스터하는 알고리즘의 개발은 인간의 지능을 이해하기 위해서나 이를 능가하는 인공지능의 개발을 위해서도 필요한 일이었다. 그런 점에서 이세돌의 기량을 능가한 알파고는 인공지능의 역사에 한 획을 그었다고 할 수 있다.

그런데, 알파고가 넘본 것은 인간의 직관만이 아니었다. 아래 기보에서 화살표로 표시된 수는 딥마인드 챌린지 두 번째 대국에서 알파고가 둔 37번째 수로 이세돌이 둔 36번째 수에 대해서 '5선에서 어깨를 짚는 수'다.

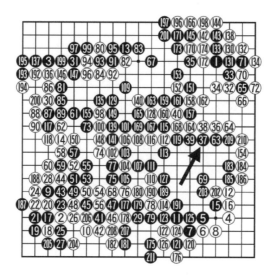

바둑의 역사는 2천년이 넘는데, 그동안 5선에서 어깨 짚는 수는 상대에게 큰 집을 굳혀

주기 때문에 두지 말라고 가르쳐 왔다. 당시 대국을 해설하던 많은 프로 기사들도 37번째 수를 의아하게 생각했지만, 국면이 전개될수록 드러나는 이 수의 가치에 모두들 감탄했다. 알파고는 이 외에도 프로 기사라면 두지 않았을 파격적인 수들을 두었는데, 프로 기사들의 기보를 바탕으로 훈련된 알파고가 기보에는 없는 수를 구사했다는 점은 인공지능이 인간의 고유한 능력으로 여겨지는 창조적인 능력도 갖출 수 있다는 것을 보여주었다.

필자는 **인공 신경망**Artificial Neural Network[ANN]이 알파고가 보여준 지적 능력의 근간이라 생각한다. ANN은 뇌의 뉴런들이 시냅스를 통해 그물처럼 연결된 구조를 수학적으로 흉내 낸 것으로서, 그 역사는 1943년 신경 과학자 워렌 맥컬럭Warren McCulloch과 월터 피츠Walter Pitts가 뉴런의 작동 방식을 이진 논리회로로 설명했던 때로 거슬러 올라간다. 1958년에는 심리학자 프랭크 로젠블랫Frank Rosenblatt이 인공 뉴런을 이용한 퍼셉트론perceptron을 고안하는데, 퍼셉트론에서는 인간의 지능에서 중요한 역할을 하는 시냅스 가소성synaptic plasticity을 수학적으로 표현한 '가중치weight'라는 개념이 사용된다. 이 무렵부터 인공지능이라는 용어가 사용되기 시작하였고, 데이터를 이용하여 수학적 모형을 학습시키는 방법들을 총칭하여 **기계학습**machine learning[ML]이라 하였다.

기계학습 분야를 이끌 것 같았던 퍼셉트론은 배타적 논리합[XOR] 문제를 풀 수 없다는 점이 알려지면서 한 동안 잊혀졌었다. 퍼셉트론을 여러 개 연결한 다층 퍼셉트론Multi-Layer Perceptron[MLP]이 XOR 문제를 풀 수 있다는 것이 알려지기는 했지만, MLP를 효과적으로 학습시킬 수 있는 알고리즘은 한참이 지난 1986년에 컴퓨터 과학자 제프리 힌튼Geoffrey Hinton에 의해서 개발되었다. MLP처럼 여러 ANN 층으로 이루어진 신경망 구조를 **심층 신경망**deep neural networks이라 하며, 심층 신경망의 학습을 **심층학습**deep learning[DL]이라 한다. 심층 신경망은 2010년대에 이르러 하드웨어의 발전과 함께 여러 기술적인 문제들이 해결되고 나서야 본격적으로 활용되기 시작했다. 이 책에서 다루는 인공지능은 기계학습으로 한정되며, 그중에서도 심층학습에 촛점을 두고 있다.

$$AI \supset ML \supset DL$$

기계학습은 지지벡터머신support vector machine, k-최근접 이웃K-Nearest Neighbor, 랜덤 포레스트random forest, 나이브 베이즈naive Bayes 등과 같은 기하학, 정보론, 통계학 등에 기반한 기계학습 알고리즘들도 포함하며, 모형을 학습시키는 방법에 따라 **지도학습**supervised learning[SL]과 **비지도학습**unsupervised learning[USL]으로 구분된다. 지도학습은 문제와 이에 대한 실질적 정답을 데이터 세트로 하여 모형을 학습시키는 방법이며, 주로 분류와 회귀 모형을 학습시키는 데 사용된다. 비지도학습은 명시적인 정답을 사용하지 않으며, 주로 차원 축소와 군집화 모형을 학습시키는 데 사용된다. 지도학습이나 비지도학습과는 다른 부류의 학습법에는 **강화학습**Reinforcement Learning[RL]이 있다. 강화학습에서는 모형이 경험을 축적해 가면서 보상을 최대화하는 방향으로 스스로를 학습시킨다. 강화학습은 심층학습과 함께 이 책에서 다루려는 큰 주제다.

이 책의 초반부에는 컴퓨터 언어인 파이썬을 간단히 소개했고, 보드 게임에 사용되는 인공지능 알고리즘의 일부를 소개했다. 책 전반에 걸쳐 주로 게임을 예제로 삼았는데, 게임은 규칙이 간단 명확하고 인간의 지능과 객관적으로 비교하기 쉽기 때문이다. 중반부에는 강화학습과 심층학습을 소개했다. 가능한 한 쉽고 직관적인 이해를 돕도록 썼으나, 수식이 많이 등장하기도 한다. 수식에 익숙해지면, 말보다는 수식이 내용을 훨씬 더 효율적으로 전달하는 방법이라는 것에 독자들도 동의할 것으로 생각한다. 마지막 두 개의 장에서는 강화학습에 심층학습을 결합한 심층 강화학습과 창조적 인공지능의 간단한 예를 소개했다.

이 책은 인공지능 분야가 본업이 아닌 필자가 틈틈이 작성해 둔 내용과 코드를 엮은 것이다. 내용이 빈약한 부분도 있고 오류가 있을 수도 있으며 작성된 코드가 매끄럽지 못할 수도 있지만, 독자에게 작은 도움이 될 수 있기를 희망한다. 정보론의 창시자인 클로드 쉐넌Cloude Shannon의 어구를 인용하는 것으로 서문을 마무리한다.

We know the past but cannot control it.
We control the future but cannot know it.

2023년 가을
조재창

# 목차

# 패키지 목록

다음은 이 책에서 사용된 패키지들의 목록이다. 다소 오래된 버전의 파이썬과 패키지들이 사용되었는데, 가급적 아래에 지시된 버전의 패키지들을 설치하기 바란다. 심층학습 플랫폼인 텐서플로우와 파이썬 사이에는 버전 충돌이 없어야 한다. 파이썬 설치, 가상환경 활성화, 특정한 버전의 패키지 설치 방법은 1장 1절과 2장 3절을 보기 바란다.

```
파이썬 버전: 3.8.10

패키지와 버전:
numpy            1.18.5
scipy            1.4.1
pandas           1.3.4
sklearn          1.0.1
matplotlib       3.5.0
tensorflow       2.2.0
```

참고로, 텐서플로우 버전 2.2.0은 파이썬 버전 3.8까지만 지원한다. 만약 최신 버전의 파이썬을 설치하였다면, 다음 링크의 내용을 보기 바란다.

https://www.tensorflow.org/install/source#tested_build_configurations

# 파이썬 초급

파이썬은 네델란드인 귀도 반 로섬Guido van Rossum이 개발한 인터프리터interpreter 방식의 프로그래밍 언어다. 다양한 프로그래밍 언어들이 저마다의 장단점을 가지고 있는데, 인공지능 분야에서 가장 인기 있는 언어는 파이썬이다. 문법이 단순하기에 알고리즘의 구현보다는 알고리즘 자체에 더 집중할 수 있게 해준다는 점이 파이썬을 인공지능 분야의 강력한 언어로 성장시킨 배경 중의 하나라고 생각한다. 파이썬이 C와 같은 컴파일complie 언어에 비해 코드 실행 속도가 느리다는 단점을 갖기는 하지만, 대량의 연산 작업을 하지 않는 한 크게 우려하지 않아도 된다. 파이썬에도 실행 속도 향상을 위한 여러 기법들이 있고, 필요할 경우 내부적으로는 C로 작성된 패키지를 사용하여 고속 연산을 수행할 수도 있다.

프로그래밍 언어를 처음 배우는 독자도 일주일 정도만 파이썬 구문을 연습해 본다면, 웬만한 프로그램은 쉽게 작성할 수 있을 것으로 생각한다. 이 책에서는 파이썬의 기본적인 문법만 간단히 소개할 것이므로, 자세한 내용은 파이썬의 한글판 공식 문서를 보기 바란다.

파이썬 한글판 공식 문서: https://docs.python.org/ko/3/

## 1.1 파이썬 시작하기

### 1.1.1 파이썬 설치

파이썬 공식 홈페이지[https://www.python.org]에서 버전 **3.8.10**을 내려받아 파이썬을 설치하는 것을 추천한다. 이 글을 쓰는 시점에서 가장 최신 버전은 3.11.2이나, 나중에 사용할 패키지들과의 호환성을 위해서 다소 오래된 버전의 파이썬을 기준으로 코드 예제를 소개하였다. 물론, 최신 버전과 기본 문법에서의 차이는 없다. 맥Mac의 경우 소프트웨어 호환성을 위해 파이썬 버전 2.7이 미리 설치되어 있는데, 버전 2.x는 버전 3.x와 많은 부분에서 차이가 있으므로 꼭 버전 3.x을 새로 설치하도록 한다. 세부 절차는 공식 홈페이지의 안내를 따르도록 한다.

### 1.1.2 가상환경 생성

파이썬 설치가 완료되면 다음과 같이 **가상환경**virtual environment을 만든다. 가상환경이란 독립적이고 격리된 파이썬 실행 환경으로서, 프로젝트 별로 다른 가상환경을 만들어 사용하면 패키지들의 버전 충돌 문제를 방지할 수 있다. 가상환경은 터미널terminal 창에서 명령을 실행[리턴return 또는 엔터enter 키를 누름]하여 생성하는데, 생성 과정이 운영체계OS, operating system에 따라 다르므로 독자의 컴퓨터에 해당하는 부분을 보기 바란다.

🖥 **맥OS**: 응용 프로그램[Applications] 폴더의 하위에 위치한 유틸리티[Utilities] 폴더에 있는 터미널 앱[Terminal.app]을 실행하면 터미널 창이 열리고 다음과 같은 형식의 프롬프트prompt[명령 대기 상태]가 표시된다.

```
user_name@computer_name ~ % ⣿
```

위 프롬프트에서 computer_name은 맥OS를 최초에 설치했을 때 설정했던 컴퓨터 이름이고 user_name은 로그인한 사용자 이름을 나타낸다. 물결 기호[~]는 터미널 창이 열린 현재 작업 디렉토리directory[폴더]가 사용자의 홈home 디렉토리임을 나타낸다. 터미널의 환경 설정에 따라 작업 디렉토리가 홈이 아닐 수도 있는데, 현재 작업 디렉토리가 어디인지에 상관없이 다음 명령을 순서대로 한 줄씩 실행한다.

```
cd
```

```
python3 -m venv my_venv
ls
```

cd는 사용자 홈 디렉토리로 이동하라는 명령이다. 그다음 줄은 파이썬 버전 3.x에 포함된 venv라는 라이브러리<sup>library</sup>를 이용하여 my_venv라는 이름의 가상환경 디렉토리를 만들고, 이곳에 가상환경의 활성화에 필요한 파일들을 설치하라는 명령이다. my_venv는 가상환경 디렉토리 이름이므로, 사용자가 원하는 이름으로 바꿔서 실행해도 된다. ls 명령을 실행하면 홈 디렉토리에 있는 파일과 하위 디렉토리를 보여주므로, 마지막으로 ls 명령을 통해 가상 환경이 생성된 것을 확인한다. 이름이 다른 여러 가상환경을 만들 수도 있는데, 이 책에 수록된 예제를 실습해 보기 위해서는 하나의 가상환경만으로 충분하다.

🖥 윈도우즈: 응용 프로그램 검색에서 명령 프롬프트[cmd.exe]를 찾아 실행하면 터미널 창이 열리고 다음과 같은 형식의 프롬프트<sup>prompt</sup>[명령 대기 상태]가 표시된다.

C:\Users\user_name>_

위 프롬프트에서 C:는 윈도우즈가 설치된 저장 매체에 부여된 기호이며, 이는 최상위 [루트<sup>root</sup>] 디렉토리에 해당한다. 그다음부터 >까지는 루트 디렉토리에서부터 터미널 창이 열린 현재 작업 디렉토리까지에 이르는 경로<sup>path</sup>를 나타낸다. 위 예에서는 로그인한 사용자 이름이 user_name이고 터미널 창의 현재 작업 디렉토리가 사용자의 홈 디렉토리임을 나타낸다. 참고로, 명령 프롬프트 실행 파일은 Windows 디렉토리<sup>directory</sup>[폴더] 하위의 System32 디렉토리에 있다. 터미널을 System32 디렉토리에서 열었다면 프롬프트는 C:\Windows\System32>_로 표시된다.

사용자 홈 디렉토리에 가상환경 디렉토리를 생성하는 것이 좋으나, 윈도우즈의 경우 사용자 이름이 한글로 되어 있거나 이름 사이에 공백이 있으면 경로를 다루는데 약간 까다로운 점이 있다. 따라서, 이 책에서는 간단하게 루트 디렉토리에 가상환경 디렉토리를 생성하는 방법을 소개한다. 터미널이 열린 곳이나 터미널의 환경 설정에 따라 작업 디렉토리가 홈이 아닐 수도 있는데, 현재 작업 디렉토리가 어디인지에 상관없이 다음 명령을 순서대로 한 줄씩 실행한다.

```
cd\
python -m venv my_venv
dir
```

cd\는 루트 디렉토리로 이동하라는 명령이다. 그다음 줄은 venv라는 라이브러리<sup>library</sup>를 이용하여 my_venv라는 이름의 가상환경 디렉토리를 만들고, 이곳에 가상환경의 활성화에 필요한 파일들을 설치하라는 명령이다. my_venv는 가상환경 디렉토리 이름이므로, 사용자가 원하는 이름으로 바꿔서 실행해도 된다. 사용자 홈 디렉토리에 가상환경 디렉토리를 만들고자 하는 독자들은 my_venv 앞에 루트 디렉토리에서부터 사용자 홈 디렉토리에 이르는 경로를 추가하면 된다. 단, 사용자 이름이 영문이어야 한다. dir 명령을 실행하면 홈 디렉토리에 있는 파일과 하위 디렉토리를 보여주므로, 마지막으로 dir 명령을 통해 가상환경이 생성된 것을 확인한다. 이름이 다른 여러 가상환경을 만들 수도 있는데, 이 책에 수록된 예제를 실습해 보기 위해서는 하나의 가상환경만으로 충분하다.

### 1.1.3 가상환경 활성화

가상환경을 생성했다고 해서 바로 가상환경을 사용할 수 있는 것은 아니다. 가상환경을 사용하기 위해서는 가상환경을 활성화해야 하는데, 활성화 과정이 운영체계에 따라 다르므로 독자의 컴퓨터에 해당하는 부분을 보기 바란다.

🖥 **맥OS**: 사용자 홈 디렉토리에 가상환경을 생성한 경우, 터미널 창에서 다음 명령을 순서대로 실행하면 가상환경이 활성화된다.

```
cd my_venv
source bin/activate
```

가상환경이 활성화되면 터미널 창의 프롬프트가 다음과 같이 바뀐다.

```
(my_venv) user_name my_venv % ░
```

사용자 이름 앞에 (my_venv)가 표시되면 가상환경이 활성화된 것이다. 앞으로 따로 언급하지 않더라도 패키지의 설치는 꼭 가상환경을 활성화한 후에 하도록 한다.

🖥 **윈도우즈**: 루트 디렉토리에 가상환경을 생성한 경우, 터미널 창에서 다음 명령을 순서대로 실행하면 가상환경이 활성화된다.

```
cd C:\my_venv
Scripts\activate.bat
```

가상환경이 활성화되면 터미널 창의 프롬프트가 다음과 같이 바뀐다.

```
(my_venv) C:\my_venv>_
```

사용자 이름 앞에 (my_venv)가 표시되면 가상환경이 활성화된 것이다. 앞으로 따로 언급하지 않더라도 패키지의 설치는 꼭 가상환경을 활성화한 후에 하도록 한다.

## 1.1.4 IDLE 실행

파이썬 설치 시 IDLE<sup>Integrated Development and Learning Environment</sup>[통합개발학습환경]이 함께 설치되는데, IDLE을 통해 파이썬 코드를 작성하고 실행할 수 있다. IDLE은 파이썬 설치 시 자동으로 생성되는 IDLE 앱을 통해서도 실행할 수 있지만, 그러면 가상환경이 활성화되지 않는다. 가상환경을 활성화하고 IDLE을 실행하려면, 가상환경이 활성화된 터미널 창에서 다음 명령으로 IDLE을 실행해야 한다.

🖥 맥OS: 가상환경이 활성화된 터미널 창에서 다음 명령을 실행한다.

```
python3 -m idlelib
```

🖥 윈도우즈: 가상환경이 활성화된 터미널 창에서 다음 명령을 실행한다.

```
pythonw.exe -m idlelib
```

위 명령을 실행하면 새로운 창이 하나 뜨는데, 이것이 IDLE의 쉘<sup>shell</sup>이다. IDLE 쉘의 설정에 들어가서 폰트나 배경 색, 창의 크기 등을 바꿀 수 있다. 특히, 하이라이트<sup>highlight</sup>를 어떻게 할 것인지 잘 결정해서 보기 편한 상태로 해두는 것이 좋다. 폰트는 등간격이면서 가독성이 좋은 것을 선택한다. 폰트를 선택할 때, 숫자 1과 알파벳 l이 잘 구분되는지 등을 살피는 것도 중요하다. 필자의 경우, 어두운 바탕에 폰트는 Monaco를 사용한다. 모든 설정이 마무리되면, 쉘을 닫았다가 다시 연다. 물론, 가상환경이 활성화된 터미널 창에서 위 명령을 통해 연다.

쉘 창에서 보이는 >>>가 쉘 프롬프트인데, 이는 쉘이 명령/입력을 기다리는 상태임을 나타낸다. 쉘 창에 다음을 쓰고 리턴[또는 엔터]키를 눌러 보자.

```
>>> print("Hello, World!")
```

쉘 창의 화면에 다음이 출력될 것이다.

```
Hello, World!
```

방금 첫 파이썬 코드를 실행하였다. 파이썬 작업을 마치려면 쉘과 터미널 창을 닫는다.

프로그래밍 언어에서의 **함수**function는 입력을 받아 어떤 작업을 하고 작업 결과를 출력/반환하는 등의 기능을 한다. 수학에서의 함수와 다른 점으로는 입력이 없거나 결과를 반환하지 않는 함수도 있다는 것이다. 앞서 사용한 **print**는 괄호 안 따옴표로 감싼 부분을 화면에 출력하는 기능을 하는 **내장 함수**built-in function다. 다양한 내장 함수들이 준비되어 있는데, 이들에 대해서는 언급이 필요한 곳에서 소개한다.

터미널 창에서의 명령으로 가상환경을 활성화하고 IDLE 쉘을 띄우는 것이 번거롭다고 생각되는 독자들을 위해 간편한 방법을 소개한다. 맥OS에서는 유닉스 실행 파일Unix Executable File을, 윈도우즈에서는 배치batch 파일을 만들어 두고 이 파일을 마우스 클릭하여 가상환경을 활성화한 후 IDLE 쉘을 띄우게 하는 방법이다.

🖥 **맥OS**: 기본 설치된 응용 프로그램에서 문서 편집기[Textedit.app]를 열고 환경설정에 들어가서 문서 포맷을 일반 텍스트[Plain text]로 바꾼 후, 다음 내용을 입력하여 문서 파일을 만든다.

```
#!/bin/bash
source ./my_venv/bin/activate
python3 -m idlelib
```

입력이 완료되면 원하는 이름[예, python_venv]을 붙여 바탕 화면에 저장한다. 그다음, 터미널 창을 열고 작업 디렉토리를 바꾼 후, 앞서 작성된 문서 파일을 유닉스 실행파일로 변환한다. 예를 들어 파일 이름이 python_venv라면, 터미널 창에서 다음 명령을 순서대로 실행한다.

```
cd desktop
chmod +x python_venv
```

위 과정을 마치면 바탕 화면에 작은 실행파일 하나가 만들어지는데, 이 파일을 마우스 클릭하면 된다.

🖥 윈도우즈: 기본 설치된 문서 편집기인 노트패드[Notepad]로 다음 내용을 담은 일반 텍스트 파일[확장자가 .txt인 파일]을 생성한 후, 원하는 이름[예, python_venv]을 붙여 바탕 화면에 저장한다.

```
cd C:\my_venv
start C:\my_venv\Scripts\activate
start C:\my_venv\Scripts\pythonw.exe -m idlelib
```

파일 보기에서 확장자가 보이지 않는다면, 터미널 창에서 다음 명령을 순서대로 실행하여 확장자를 포함한 파일 이름을 확인한다.

```
cd C:\Users\user_name\Desktop
dir
```

바탕 화면에 생성된 파일의 이름이 확장자를 포함하여 python_venv.txt인지 확인되면, 다음 명령을 이용하여 텍스트 파일을 배치 파일로 바꾼다.

```
ren python_venv.txt python_venv.bat
```

위 과정을 마치면 바탕 화면에 작은 파일 하나가 만들어지는데, 이 파일을 마우스 클릭하면 된다.


## 1.1.5 기본 연산자

셸에서 명령을 입력하고 바로 응답을 받는 **대화형 방식**으로 기본적인 연산operation에 필요한 연산자들을 소개한다.

**산술 연산자**arithmetic operator: +, −, *, /, **, //, %

다음은 더하기, 빼기, 곱하기, 나누기다.

```
>>> 3 + 3
6
>>> 3 - 2
1
>>> 3 * 3
9
>>> 3 / 3
1.0
```

이번에는 제곱과 제곱근을 구해본다.

```
>>> 3 ** 2
9
>>> 9 ** (1/2)
3.0
```

탁상용 계산기처럼 사용해도 될 것 같다.

```
>>> (1+2)/3
1.0
```

나눗셈에서 몫quotient을 구해보자.

```
>>> 1 // 2
0
>>> 2 // 2
1
>>> 3 // 2
1
>>> 4 // 2
2
```

이번에는 나머지remainder를 구해보자.

```
>>> 1 % 2
1
>>> 2 % 2
0
>>> 3 % 2
```

```
1
>>> 4 % 2
0
```

비교 연산자comparison operator: ==, !=, <, <=, >, >=

다음은 같은 값인지[==] 아닌지[!=]의 판단이다. 참True 또는 거짓False으로 응답한다.

```
>>> 1 == 1
True
>>> 1 == 2
False
>>> 1 != 2
True
>>> 1 != 1
False
```

다음은 크고 작음의 판단이다. 이상과 이하의 경우 부등호를 먼저 쓴다.

```
>>> 1 < 1
False
>>> 1 <= 1
True
>>> 2 > 1
True
>>> 2 >= 3
False
```

논리 연산자logical operator: and, or, not

논리 연산[또는 불Boole 연산]에서 and는 논리곱[∧wedge]을 나타낸다. 논리곱은 '참 그리고 참'에 대해서만 참을 반환하고 나머지는 모두 거짓으로 본다. 두 전선 중 하나만 잘라도 전기가 통하지 않는 직렬 회로에 비유할 수 있다. or는 논리합[∨vee]을 나타낸다. 논리합은 '참 또는 참'이나 '참 또는 거짓'이면 참을, '거짓 또는 거짓'은 거짓을 반환한다. 두 전선을 모두 잘라야만 전기가 통하지 않는 병렬 회로에 비유할 수 있다.

```
>>> True and True
True
>>> True and False
False
```

```
>>> False and False
False
>>> True or True
True
>>> True or False
True
>>> False or False
False
```

다음은 비교 연산자와 함께 쓴 예다.

```
>>> 1 == 1 and 1 == 2
False
>>> 1 == 1 and 1 != 2
True
>>> 1 == 1 or 1 == 2
True
>>> 1 == 2 or 2 == 3
False
```

not는 부정[¬$^{neg}$]을 나타내며, 참과 거짓을 반대로 바꾼다.

```
>>> not True
False
>>> not False
True
```

위에 언급한 기본 연산자 외에도 소속 연산자$^{membership\ operator}$[in], 신원 연산자$^{identity\ operator}$[is], 할당 연산자$^{assignment\ operator}$[=, +=, -=, *=, /=, **=, //=, %=], 비트 연산자$^{bitwise}$ $^{operator}$[&$^{and}$, |$^{or}$, ~$^{not}$]가 있는데 이들에 대해서는 언급이 필요한 곳에서 따로 소개한다.

## 1.1.6 기타 기호

아래 예에서 # 뒤의 내용은 실행되지 않는 것을 볼 수 있다.

```
>>> print("Hello, World!") # my first script
Hello, World!
```

#은 위와 같이 **주석**comment을 다는 목적으로 사용된다. 가끔은 다음과 같이 #을 코드의 처음에 위치시켜 해당 줄의 코드가 실행되지 않게 하는데commenting out 사용할 수도 있다.

```
>>> # print("Hello, World!")
...
```

여러 줄의 주석을 작성하거나 여러 줄의 코드가 실행되지 않게 하려면, 삼중 따옴표 ['''  또는 """]를 사용하는데, 이들은 주로 코드 편집 시 사용된다.

따옴표로 감싸지 않은 부분들에서의 공백은 아무 의미도 갖지 않는다. 이를 이용해서 코드를 더 알아보기 쉽게 작성할 수도 있고, 코드가 쓰이는 공간을 줄일 수도 있다.

```
>>> 1   +   1
2
>>> 1+1
2
```

세미콜론[;]은 리턴 키를 누른 것과 같다. 권장되지는 않지만, 이를 이용하여 여러 줄의 코드를 한 줄에 쓸 수도 있다.

```
>>> 1 + 1; 1 + 2
2
3
```

위와는 반대로 한 줄에 써야 할 코드를 여러 줄에 나눠서 쓸 수도 있다. 쉘 창의 크기가 작거나 편집기 창이 작아서 개별 코드를 한 줄에 쓸 수 없는 경우, 콤마[,] 다음에 줄을 바꾸고 들여쓰기를 이용하여 여러 줄에 나눠서 작성할 수도 있다. 나중에 가독성 등을 위해 사용하기도 할 것이다.

```
>>> print("Hello",
...       "World!")
Hello World!
```

긴 연산식은 **백슬래쉬**back slash[\]를 이용하여 여러 줄에 나눠서 쓸 수도 있다.

```
>>> 1 + \
... 1
```

## 1.1.7 코드 편집기

지금까지 셸에서 명령을 입력하고 바로 응답을 받는 대화형 방식으로 기본적인 연산을 수행해 보았다. 하지만, 대화형 방식으로는 긴 코드를 작성할 수 없으며 아주 단순한 작업만 가능하다.

셸의 상단 메뉴에 있는 파일[File]에서 새 파일[New File]을 클릭해 보자. 새 창이 뜰 텐데, 거기에는 프롬프트가 없다. 이 창이 **코드 편집기**다. 편집기 창에서 다음을 입력하고 키보드의 기능키function key F5 키를 눌러보자[또는 메뉴에서 실행Run을 클릭]. 저장할 파일 이름을 입력하라고 할 텐데, 원하는 디렉토리를 선택하고 원하는 이름[예: test]으로 입력해 본다.

```
print("Hello, World!")
```

파일이 저장된 후, 셸 창에 다음이 출력된 것을 볼 수 있다.

```
========= RESTART: /Users/user_name/Desktop/test.py ==========
Hello, World!
```

파일을 저장한 디렉토리[위 예에서는 바탕 화면]를 보면, 확장자가 .py인 파일이 생성되어 있을 것이다. 그 파일이 편집기에서 현재 작업 중인 파일이다. 이 파일을 나중에 셸에서 불러온 다음 작성된 바를 그대로 실행하거나 편집한 후에 실행할 수 있다.

앞에서 언급한 F5는 실행 단축키이고, 코드가 수정되면 항상 새로 저장한 후에만 실행할 수 있다. 컴퓨터의 설정에 따라 단축키 F5가 작동하지 않을 수도 있는데, 그럴 경우 F1, F2 등의 기능키들이 표준 기능키로 작동하도록 컴퓨터의 키보드 입력을 재설정해야 한다.

더 편리한 환경을 제공하는 편집기들도 있는데, 처음에는 IDLE에서 제공하는 편집기만으로도 충분할 것으로 생각한다. 다음 절부터는 편집기에서 코드를 작성하고, F5 단축키로 그 코드를 실행하여, 셸 창에 결과를 출력하는 방식도 사용할 것이다.

## 1.2 객체

### 1.2.1 변수와 파이썬 객체

프로그래밍 언어에서 언급되는 **변수**variable는 정보가 저장될 메모리memory 영역을 추상화한 것이다. 메모리에는 정보가 저장될 영역을 나타내는 숫자 형식의 주소가 있는데, 숫자 주소는 알아보기 힘들기에 영문 알파벳 등으로 알기 쉽고 다루기 쉬운 이름을 붙인다. 예를 들어, 숫자 주소 0x...333 번지에 a라는 이름이나 x_1처럼 어떤 의미가 있는 이름을 붙이며, 이 이름이 변수의 이름이 된다.

일반적으로, 메모리의 어디인가에 정보를 저장하려면 변수를 먼저 선언declare하여 메모리 영역을 확보하고, 그곳에 정보를 할당assign한다. 다음은 C 언어에서 정수 정보를 저장할 변수 a를 선언하고[int a], a에 정수 3을 할당[a = 3]하는 코드다.

```
// C
int a;
a = 3;
```

위와 같이 '선언 후 할당' 방식을 사용하는 언어에서는 변수를 '정보를 저장하는 그릇'으로 간주하기도 한다. 즉, a = 3이라 쓰면 이름이 a인 변수에 정수 3이 저장되는 것으로 본다.

파이썬에서는 위와 다른 방식을 사용한다. 파이썬에서 a = 3이라 쓰면, 할당 연산자 =의 오른쪽은 정수 3이라는 **객체**object이고, =의 왼쪽은 그 객체를 가리키는 '일종의 포인터pointer'에 붙인 이름이다. 물론, 파이썬에서도 a를 변수라 칭하고 이를 정보를 저장하는 그릇으로 간주할 수 있지만, 그럴 경우 오류를 범할 수도 있기에 다음 내용을 알아두기 바란다.

셸 창에서 아래처럼 3을 입력하면 3이라는 정보가 저장된 객체가 생성되고[어떤 객체들은 미리 생성되어 있다] 값 3을 반환한다. 모든 객체들은 메모리의 어디인가에 저장되며 각기 고유한 **식별번호**identity를 부여받는데, id라는 내장 함수로 이 객체의 식별번호인 4300405504를 볼 수 있다. 참고로, 객체에 부여되는 식별번호는 컴퓨터마다 다를 수 있다.

```
>>> 3
3
>>> id(3)
4300405504
```

이름 a만 입력하면, "이름 a는 정의되지 않았다"라는 오류 메세지가 표시된다.

```
>>> a
...
NameError: name 'a' is not defined
```

이름 a를 사용하려면, 다음과 같이 할당 연산자 =를 이용하여 그 이름이 무엇을 가리키는지를 정의해야 한다. 즉, 객체가 생성됨과 동시에 이름이 정의된다. 이후에는 이름 a만 입력해도 a가 가리키는 객체 3을 반환한다.

```
>>> a = 3
>>> a
3
```

이렇게 정의된 a의 식별번호는 앞서 생성한 객체 3의 식별번호와 동일하다.

```
>>> id(a)
4300405504
```

다음과 같이 b를 정의한 다음 b의 식별번호를 보자. 객체 3의 식별번호가 반환될 것이다. 즉, b는 a가 가리키는 객체를 가리키고 있다.

```
>>> b = 3
>>> b
3
>>> id(b)
4300405504
```

위 예에서, 두 개의 다른 메모리 영역에 각각 3이 저장된 것이 아니라, 3이라는 정보를 갖는 객체 하나가 생성된 다음 이를 가리키는 이름 두 개가 정의된 것이다. 계속해서 c = a라 정의하고 c의 식별번호를 보면, 객체 3의 식별번호와 동일하다. 즉, c 역시 객체 3을 가리키고 있다.

```
>>> c = a
>>> c
3
>>> id(c)
4300405504
```

만약 식별번호가 4300405504인 객체의 값이 변경된다면, a, b, c가 가리키는 값은 동시에 모두 변하게 된다. "계산이 진행되는 중 객체에 부여된 값이 변경되면 혼란을 주지 않을까?"라는 우려가 있을 수 있다. 다음 내용을 보자.

파이썬의 객체들에는 생성된 후에 객체에 부여된 값을 변경할 수 없는 **불변**immutable **객체**와 처음에 부여된 값을 나중에 변경할 수 있는 **가변**mutable **객체**가 있다. 앞서 예로 든 숫자형 객체와 나중에 소개될 문자형 객체는 불변 객체로서, 한번 생성된 후에는 저장된 값을 변경할 수 없으니 걱정할 필요가 없다.

따라서, 숫자형 객체와 문자형 객체들을 가리키는 이름에 대해서는 파이썬에서도 이를 변수로 간주하고 무엇인가를 담는 그릇으로 생각해도 무방하다. 하지만, 객체가 생성된 후에 저장된 값을 변경할 수 있는 가변 객체들에 대해서는 주의해야 한다. 예를 들어 a가 가변 객체를 가리키도록 정의한 후에 c = a라 정의하면, a가 가리키는 가변 객체의 값을 변경하면 c가 가리키는 객체의 값도 변한다. 마찬가지로, c가 가리키는 가변 객체의 값을 변경하면 a가 가리키는 객체의 값도 변한다. 둘 다 동일한 가변 객체를 가리키기 때문이다.

앞으로 이어지는 내용들에서는 a = 3을 "a는 3이라 정의한다"라고 표현할 것이다. 또한, 다른 언어에서처럼 a = 3에서의 a를 변수라 칭하기도 할 것이다.

## 1.2.2 객체의 속성과 메서드

객체는 데이터와 기능을 함께 가질 수 있는데, 객체가 갖는 데이터를 객체의 **속성**attribute이라 하며 기능은 **메서드**method라 한다. 객체가 어떤 속성과 메서드를 갖는지는 내장 함수 dir을 이용하여 볼 수 있다. 다음은 객체 -3.3의 속성과 메서드의 리스트list를 본 것이다[리스트가 길어서 중간은 생략했다].

```
>>> dir(-3.3)
['__abs__', ..., 'imag', 'is_integer', 'real']
```

객체의 속성에 담긴 데이터를 보거나 메서드를 사용하려면, 객체를 가리키는 이름 뒤에 점[.]을 쓴 다음 속성이나 메서드의 이름을 쓴다. 다음은 $a$가 객체 -3.3을 가리키라고 정의한 다음, 이 객체가 저장한 숫자 데이터의 실수real number부와 허수imaginary number부를 본 것이다.

```
>>> a = -3.3
>>> a.real
-3.3
>>> a.imag
0.0
```

다음은 객체 -3.3에 저장된 데이터에 대해서 절대값을 반환하라는 메서드와 데이터가 정수인지 판별하라는 메서지를 실행해 본 것이다.

```
>>> a.__abs__()
3.3
>>> a.is_integer()
False
```

## 1.2.3 객체의 타입

파이썬에는 여러 종류의 객체들이 있으며, 이들을 객체의 타입type으로 분류한다. 물론, 객체의 타입에 따라 사용할 수 있는 속성과 메서드들이 다르다. 객체의 타입은 내장함수 type을 이용하여 볼 수 있는데, 다음은 객체 3과 객체 "Hello, World!"의 타입을 본 결과다.

```
>>> type(3)
<class 'int'>

>>> type("Hello, World")
<class 'str'>
```

각각 이름이 int와 str인 클래스class로부터 생성된 객체라는 것을 뜻한다. 클래스는 다음 장에서 다루기로 하고, 이 절에서는 데이터를 관리하는 데 사용되는 기본적인 객체들에는 어떤 타입들이 있는지를 소개한다.

**숫자형 객체**numeric object의 타입에는 정수[int], 실수[float], 복소수[complex]가 있다. 앞서 언급한 것처럼, 숫자형 객체는 불변 객체다.

**서열형 객체**sequence object는 객체들을 순서대로 담을 수 있는 객체다. 서열형 객체가 담고 있는 객체는 요소element 또는 아이템item이라 한다. 엄밀히 말하자면 요소 객체를 담고 있는 것이 아니라 요소 객체를 가리키는 '일종의 포인터'들을 담고 있으나, 앞으로 편의상 객체를 "담고 있다"로 표현하겠다.

서열형 객체는 요소 객체를 변경할 수 있는지에 따라 두 종류로 세분된다. 요소 객체를 변경할 수 없는 **서열형 불변 객체**의 타입에는 문자열[str]과 튜플[tuple]이 있다. 문자열은 문자들의 서열이며, 각 문자는 유니코드unicode로 지정된다. 튜플은 숫자형 객체나 문자열 등 다양한 객체들을 담을 수 있다. 요소 객체를 변경할 수 있는 **서열형 가변 객체**에는 리스트[list]가 있다. 리스트 역시 튜플처럼 다양한 객체들을 담을 수 있는 객체이지만 요소 객체를 변경할 수 있다는 점이 튜플과 다르다. 튜플의 경우 '변경이 불가능하다'는 것의 의미에는 약간의 주의가 필요하다. 튜플의 요소 객체가 리스트처럼 변경이 가능한 가변 객체일 경우 그 요소 객체의 요소 객체는 변경될 수 있다.

**집합형 객체**에는 세트[set]가 있다. 세트 역시 객체들을 담을 수 있다는 점은 서열형 객체인 리스트나 튜플과 같지만, 요소들에 순서가 부여되지 않으며 요소들의 중복을 허락하지 않는다. 그리고 가변 객체는 세트의 요소 객체가 될 수 없다. 세트 자체는 가변 객체다.

**매핑형**mapping **객체**에는 딕셔너리[dict]가 있다. 딕셔너리는 객체와 객체를 키key와 밸류value 쌍으로 묶어서 관리하는 객체다. 딕셔너리 자체는 가변 객체이며, 가변 객체는 키로 사용할 수 없다.

이상 언급한 객체들이 데이터를 다루는 데 사용되는 기본적인 객체들이다. 이외에도 참과 거짓을 뜻하는 True, False와 없음을 뜻하는 None을 포함하여 다음 장에서 다룰 함수와 클래스 등 사실상 파이썬의 모든 것이 객체들이다.

이어지는 절에서 데이터 객체들의 사용법을 소개한다.

## 1.3 숫자

### 1.3.1 정수와 실수, 그리고 부동 소수점

숫자는 정수형 객체[int]나 실수형 객체[float]에 저장되는데, 객체가 생성될 때 정수가 사용되었는지 실수가 사용되었는지에 따라 정수형 객체나 실수형 객체로 결정된다. 예를 들어, 1과 1.0은 각각 정수형 객체와 실수형 객체이며 이들은 식별번호도 다르다.

```
>>> type(1)
<class 'int'>
>>> id(1)
140565812384248

>>> type(1.0)
<class 'float'>
>>> id(1.0)
140565812392032
```

일반적인 연산에서는 정수형 객체와 실수형 객체를 특별히 구분할 필요가 없지만, 순서나 위치 또는 갯수를 나타내는 곳에 실수형 객체가 사용되면 오류가 발생한다.

아래와 같이 숫자형 객체에 대한 이름이 정의되면[또는 변수가 정의되면], 이름[또는 변수]만으로 연산을 수행할 수 있다.

```
>>> a = 1
>>> b = 2
>>> a + b
3
```

수행하는 연산의 종류에 따라 정수형 객체가 반환될 수도 있고 실수형 객체가 반환될 수도 있다. 사칙연산의 경우, 나누기를 제외하고는 정수형 객체들 사이의 연산 결과는 항상 정수형 객체다.

```
>>> a = 6
>>> b = 1
>>> a / b
6.0
```

다음과 같은 재귀적인 정의를 사용할 수도 있다.

```
>>> a = 1
>>> a = a + 1
>>> a
2
```

처음에 *a*는 1로 정의되었는데, *a*에 1을 더한 것으로 다시 *a*를 정의하였다. 따라서, 처음의 *a*가 가리키는 객체와 재귀적 연산 후에 *a*가 가리키는 객체는 서로 다른 객체다. 위를 다음과 같이 줄여서 쓸 수도 있으며, 다른 재귀적 할당 연산자[-=, *=, /=, **=, //=, %=]도 같은 방식으로 동작한다.

```
>>> a = 1
>>> a += 1
>>> a
2
```

다음 예에서 계산 결과가 왜 정확히 0.3이 아닐까? 왜 0.6은 6 × 0.1과 다를까?

```
>>> 0.1 + 0.1 + 0.1
0.30000000000000004

>>> 0.6 == 6 * 0.1
False
```

위 예는 버그[bug]가 아니라, 컴퓨터가 숫자를 다루는 방식 때문이다. 컴퓨터는 기본적으로 이진법을 사용하며, 모든 정수는 이진법으로 표현이 가능하다[참고로, 부호는 0과 1로 따로 나타낸다].

십진법: $0 = 0 \times 2^0$      이진법: 0
십진법: $1 = 1 \times 2^0$      이진법: 1
십진법: $2 = 1 \times 2^1 + 0 \times 2^0$      이진법: 10
십진법: $3 = 1 \times 2^1 + 1 \times 2^0$      이진법: 11

문제는 1보다 작은 숫자를 표현해야 할 때 발생한다. 예를 들어 0.1은 이진법으로 나타낼 수 없다.

$$2^{-1} = 0.5$$
$$2^{-2} = 0.25$$
$$2^{-3} = 0.125$$
$$2^{-4} = 0.0625$$

따라서, 0.1을 표현하려면 0에 작은 수들을 더해서 0.1에 '아주 가까운 수'로 만들어야만 한다. 이를 **부동 소수점**floating point 방식이라 한다. 여기서 부동이란 "움직이지 않는다"가 아니라 "표류한다" 또는 "떠다닌다"라는 의미다. 즉, 부동 소수점 방식 때문에 위와 같은 결과를 볼 수 있다. 십진수로 정확히 표현하는 방법들이 있지만, 특별한 또는 아주 정교한 계산 결과를 얻어야 할 목적이 아니라면 부동 소수점 방식에 대하여 크게 신경 쓰지 않아도 된다.

## 1.3.2 지수 표현

아주 작은 숫자나 큰 숫자를 나타내기 위해서 기호 e를 사용할 수 있다. 여기서 기호 e 는 오일러 수가 아니라 10의 몇 승인지를 나타낸다.

```
>>> a = 1.23e-3
>>> a
0.00123
```

$10^{500}$, $-10^{500}$, 그리고 $10^{-500}$처럼 매우 크거나 작은 숫자들은 다룰 수 없는데, 이들은 각 각 양의 무한대infinite[inf], 음의 무한대[-inf], 그리고 0.0으로 취급된다. 이런 수준의 수들은 로그log 공간에서 다뤄야 한다.

## 1.4 문자열

### 1.4.1 문자열 객체의 생성

문자 또는 문자열을 따옴표[']나 이중 따옴표["]를 이용하여 감싸면 문자열 객체[str]가 생성된다. 숫자를 따옴표로 감싸면 문자열 객체가 생성되어 문자처럼 취급되므로 수의 연산에는 사용할 수 없다.

```
>>> a = 'I'
>>> b = "I am a boy"
>>> c = '1'

>>> a
'I'
>>> b
'I am a boy'
>>> c
'1'
```

문자열 안의 공백은 문자[백색 공백white space]로 취급된다. 아래 예에서 white_space는 길이가 1인 백색 공백을 나타내는 객체이고, empty_string은 비어 있는 문자열 객체다.

```
>>> white_space = ' '
>>> empty_string = ''

>>> white_space
' '
>>> empty_string
''
```

다음을 보면 구문 오류Syntax Error가 발생한다.

```
>>> a = 'I'm a boy'
SyntaxError: invalid syntax

>>> b = 'I am a 'good' girl'
SyntaxError: invalid syntax
```

따옴표로 둘러싼 문자열 안에 따옴표를 쓰려면, 서로 다른 종류의 따옴표를 사용해야 한다.

```
>>> a = "I'm a boy"
>>> b = 'I am a "good" girl'

>>> a
"I'm a boy"
>>> b
'I am a "good" girl'
```

문자열 안에 따옴표들이 많다면 실수하기 쉬운데, 이를 피하는 방법은 이스케이프 코드를 사용하는 것이다.

## 1.4.2 이스케이프 코드

이스케이프escape 코드는 말 그대로 탈출 기호다. 쓰려는 문자열로부터 탈출하여 쓴다는 뜻으로 이해해도 좋다. 백슬래쉬를 이용하여 탈출 기호를 넣을 수 있다. 아래는 몇 가지 자주 사용되는 이스케이프 코드들이다.

\'     : 따옴표
\"     : 이중 따옴표
\n     : 줄 바꿈
\t     : 탭
\\     : 백슬래쉬 자체

다음은 이스케이프 코드가 사용된 예다.

```
>>> s1 = "I am a boy.\nYou are a girl"
>>> s1
'I am a boy.\nYou are a girl'

>>> print(s1)
I am a boy.
You are a girl

>>> s2 = "Slash: /\tBackslash: \\"
```

```
>>> s2
'Slash: /\tBackslash: \\'

>>> print(s2)
Slash: /        Backslash: \
```

문자열은 이스케이프 코드까지 포함하지만, 문자열 내용을 화면에 프린트하라는 명령을 내리면 이스케이프 코드가 작동한다.


## 1.4.3 문자열 연결하기와 반복하기

수의 더하기와 곱하기처럼, 문자열에 대하여 다음과 같은 작업을 할 수 있다.

```
>>> s1 = "Python"
>>> s2 = " is"
>>> s3 = " fun!"

>>> s4 = s1 + s2 + s3
>>> s4
'Python is fun!'

>>> s5 = s3*3
>>> s5
' fun! fun! fun!'
```

다음 코드를 편집기로 작성하고, 기능키 F5를 눌러 실행해 보자. #으로 시작하는 줄은 주석이므로 포함하지 않아도 된다.

```
# 1
name = input("your name: ")
birth = input("birth year: ")
year = input("current year: ")

# 2
birth = int(birth)
year = int(year)

# 3
age = year - birth
age = str(age)
```

```
# 4
string = name + "'s age: " + age

# 5
print(string)
```

위 코드가 하는 일은 다음과 같다.

# 1: input은 내장 함수로서 괄호 안 문자열을 화면에 출력하고, 사용자로부터 키보드 입력을 받아 문자열 객체를 생성한다. 사용자로부터 이름, 생년, 현재 연도를 입력받아 생성된 객체들의 이름은 각각 name, birth, year라 하였다.

# 2: int는 내장 함수로서 입력된 바를 정수형 객체로 변환하여 반환한다. 입력이 실수이면 정수 부분만 반환하고, 문자 형태로 입력된 문자 정수이면 정수로 변환하여 반환한다. 실수나 문자 형태의 실수는 입력받지 못한다. 여기서는 birth와 year를 정수형 객체로 변환하였다.

# 3: 나이 계산 결과를 담은 정수형 객체의 이름을 age라 한 후, 내장 함수 str을 이용하여 정수형 객체를 문자열 객체로 변환하였다. 여기서 age를 문자열로 바꾸는 이유는 다음 단계의 문자열 연결하기에서 문자열과 숫자는 연결하기를 할 수 없기 때문이다.

# 4: 화면에 보기 쉽게 출력되도록 문자열들을 연결하고, 이를 string이라 하였다.

# 5: 마지막으로, string에 저장된 내용을 화면에 출력하도록 하였다.

위와 같이, 실행하려는 작업을 순서대로 한 줄에 하나씩 써 내려가는 것을 "코드[또는 프로그램]를 작성한다" 등으로 표현한다. 조금씩 더 익숙해질수록, 위 코드를 다음처럼 더 간결하게 작성할 수도 있다.

```
name = input("your name: ")
birth = int(input("birth year: "))
year = int(input("current year: "))

print(name + "'s age:", (year-birth))
```

물론 간결한 것도 좋지만 실행 속도에 영향을 주는 부분이 아니라면, 누가 보더라도 쉽고 빠르게 이해할 수 있도록 작성하는 것이 중요하다.

### 1.4.4  문자열과 관련된 내장 함수와 메서드

앞서 언급한 int와 str 외에도 문자열 객체에 사용되는 다양한 내장 함수와 메서드들이 있다.

문자열의 길이<sup>length</sup> 구하기: len

```
>>> s = "Python"
>>> len(s)
6
```

내장 함수 len은 문자열 객체 외에도 리스트, 세트 등 다른 객체들을 요소로 하는 객체가 담고 있는 요소 객체들의 갯수를 셀 때도 사용할 수 있다.

문자열 속의 문자열 갯수 구하기: count

```
>>> s = "apple"
>>> s.count("p")
2
>>> s.count("pp")
1
>>> s.count("A")
0
```

문자열에서는 대문자와 소문자를 구분한다.

문자열 속의 문자열 찾기: find, index

```
>>> s = "apple"
>>> s.find("a")
0
>>> s.find("p")
1
>>> s.find("pp")
1
>>> s.find("z")
```

```
-1
```

find 메서드는 찾으려는 문자열이 있으면 그 문자열의 위치를 나타내는 **인덱스**index[색인]를 반환하고, 없으면 -1을 반환한다.

인덱스는 서열형 객체가 담고 있는 요소들의 위치를 나타낸다. 그런데, 위 예를 보면 알파벳 "a"의 위치를 0이라 하고 있다. 이는 서열형 정보가 메모리에 저장되는 방식 때문인데, 처음에는 약간 혼란스러울 수 있다. 앞으로 0번째 위치라 하면, 첫 번째 위치로 이해하기 바란다. 그리고 마지막 위치는 -1번째 위치다. 지금은 희한하게 들리겠지만, 이 방법이 상당한 편리함을 제공해준다. 따라서, 뒤로부터 n번째 위치는 -n번째 위치다. 즉, -(len(s))번째는 0번째 위치다.

find 메서드를 사용할 때 주의해야 할 점이 있다. 첫째, 찾으려는 문자열이 처음으로 등장하는 인덱스만 알려준다. 둘째, 반환된 값을 다른 곳에서 인덱스로 사용하는 것을 가급적 피해야 한다. "없다"를 뜻하는 -1이 마지막 위치로 오인될 수 있기 때문이다. 이를 피하려면, 찾으려는 문자열의 갯수를 먼저 알아보든지, index 메서드를 이용하여 찾으려는 문자열이 없으면 오류를 발생시키는 방법을 사용한다. 오류를 처리하는 방법은 다음 장에서 다룬다.

```
>>> s = "apple"
>>> s.index("a")
0
>>> s.index("z")
...
ValueError: substring not found
```

문자열 속의 문자열 바꿔서 반환하기: replace

```
>>> s = "apple"
>>> s.replace("p", "")
'ale'

>>> t = s.replace("pp", "x")
>>> t
'axle'
>>> s
'apple'
```

replace 메서드는 변경된 내용의 새로운 문자열 객체를 반환한다. 문자열은 변경이 불가능한 불변 객체이기에 replace 메서드가 문자열 객체의 내용을 바꾸지는 않는다. 이는 다음 메서드들에서도 마찬가지다.

문자열 속의 말단 공백 벗겨서 반환하기: strip, lstrip, rstrip

```
>>> s = " apple and banana "

>>> s.strip()
'apple and banana'

>>> s.lstrip()
'apple and banana '

>>> s.rstrip()
' apple and banana'
```

양쪽 말단[strip]이냐 좌우 한쪽 말단[lstrip, rstrip]이냐에 따라 다른 메서드를 이용한다.

소문자lower case/대문자upper case 전환하여 반환하기: upper, lower

```
>>> s = "apple"
>>> s.upper()
'APPLE'

>>> s = "APPLE"
>>> s.lower()
'apple'
```

두 문자열 결합하여 반환하기: join

```
>>> s = "abc"
>>> intercal = "123"
>>> intercal.join(s)
'a123b123c'
```

문자열이 결합되는 패턴을 잘 보기 바란다. 위 예에서는 "abc"의 요소 문자 사이에 "123"이 들어간다. 아래와 같이 사용할 수도 있다.

```
>>> s = "apple"
>>> "_".join(s)
'a_p_p_l_e'
>>> ",".join(s)
'a,p,p,l,e'
>>> " ".join(s)
'a p p l e'
>>> "".join(s)
'apple'
```

마지막 예에서는 끼워 넣는 문자열이 없다. 즉, 빈틈없이 연결하는 것인데 일단 다음을
보자.

문자열 분할하여 반환하기: split

```
>>> s = "a.b:c:d.e"

>>> s.split(".")
['a', 'b:c:d', 'e']

>>> s.split(":")
['a.b', 'c', 'd.e']
```

split 메서드에서 지정하는 문자/문자열을 기준으로 분할하는데, 반환되는 객체는 문
자열 객체가 아니다. 반환된 객체는 리스트 객체로서, 다음 절에 소개된다. 만약 리스트
객체에 다음과 같은 문자열들이 담겨 있다면, 이를 join 메서드로 연결시킬 수 있다.

```
l = ['a', 'b', 'c', 'd', 'e']
>>> "".join(l)
'abcde'
```

위는 문자열 또는 문자열로 취급할 수 있는 데이터를 다룰 때 빈번하게 사용되는 기법
중의 하나다.

## 1.4.5 인덱싱과 슬라이싱

인덱스를 이용하여 특정한 위치의 문자를 반환시킬 수 있는데, 이를 인덱싱indexing이라

29

한다. 문자열 객체뿐만 아니라 앞으로 소개할 서열형 객체들에서도 동일한 방식으로 사용된다.

```
>>> s = "abcdefghijk"
>>> s[0]
'a'
>>> s[1]
'b'
>>> s[-1]
'k'
```

문자열 객체는 불변 객체이기 때문에, 인덱스를 이용하여 해당 위치의 문자를 변경할 수는 없다. 만약 이를 시도하면 다음과 같이 타입 오류가 발생한다.

```
>>> s = "abc"
>>> s[1] = "X"
...
TypeError: 'str' object does not support item assignment
```

특정한 범위에 있는 문자열을 반환시킬 수도 있는데, 이는 슬라이싱slicing이라 한다. 콜론[:]을 이용하여 슬라이싱의 시작과 끝을 나타내며, 끝 인덱스가 지시하는 문자는 포함하지 않고 반환한다. 슬라이싱의 시작 인덱스를 지정하지 않으면 문자열 처음부터 슬라이싱하고, 슬라이싱의 끝 인덱스를 지정하지 않으면 문자열의 끝까지 슬라이싱한다. 따라서, s[:]는 s와 동일하다.

```
>>> s = "abcdefghijk"
>>> s[0:3]
'abc'
>>> s[:3]
'abc'
>>> s[2:4]
'cd'
>>> s[3:]
'defghijk'
```

슬라이싱은 다른 서열형 객체들에서도 자주 사용되는데, 끝 인덱스가 지시하는 요소는 포함하지 않는다는 것을 명심하기 바란다. 인덱스들을 ⓪a①b②c③d④e⑤...k와 같이 쓰고, 슬라이싱의 범위가 0:3이라면, ⓪과 ③ 사이에 위치한 abc를 반환하는 것으로 이해하면 된다.

## 1.4.6 문자열 포맷팅

다음 코드를 보면, print 함수로 입력되는 문자열 안에 %s가 포함되어 있고 문자열 바깥에는 %a가 쓰여 있다.

```
a = int(input("my age: "))
print("you are %s years old" %a)
```

이 코드를 실행하면, 문자열 바깥 % 다음의 a가 가리키는 정수형 객체를 문자열 안의 %s 부분에 문자로 변환하여 화면에 출력한다. 이와 같은 방식으로 print가 출력할 문자열의 형식을 설정하는 것을 **문자열 포맷팅**이라 한다.

다음과 같이 숫자의 자릿수를 지정해서 출력하게 할 수도 있다.

```
>>> print("result: %0.0f" %5.53)
result: 6
>>> print("result: %0.1f" %5.53)
result: 5.5
```

참고로, % 자체를 출력하려면 다음과 같이 사용한다.

```
>>> print("result: %0.3f%%" %5.53)
result: 5.530%
```

두 개 이상의 변수를 함께 사용할 수도 있는데, 그럴 경우 문자열 내부에서 순서대로 포맷팅된다.

```
>>> a = 3
>>> b = 7
>>> c = a + b
>>> print("%0.1f + %0.1f = %0.1f" %(a, b, c))
3.0 + 7.0 = 10.0
```

# 1.5 리스트

## 1.5.1 리스트의 생성

리스트list는 요소 객체의 변경이 가능한 서열형 객체다. 리스트는 리스트 생성 함수 list를 사용하거나, 각괄호로 요소 객체들의 묶음을 나타내는 식으로 생성한다.

```
>>> a = list((1,2,3))
>>> a
[1, 2, 3]

>>> a = [1, 2, 3]
>>> a
[1, 2, 3]
```

빈 리스트도 생성할 수 있다.

```
>>> a = list()
>>> a
[]

>>> a = [ ]
>>> a
[]
```

리스트 안에 리스트 등 다른 타입의 객체를 담을 수도 있다.

```
>>> a = [1, 2, 3]
>>> b = ["A", "B", "C"]
>>> c = [a, b]
>>> c
[[1, 2, 3], ['A', 'B', 'C']]
```

문자열로부터 문자들을 요소로 하는 리스트를 만들 수도 있다.

```
>>> s = "ATGC"
>>> a = list(s)
>>> a
```

```
['A', 'T', 'G', 'C']
```

리스트에 특정한 객체가 포함되어 있는지는 소속 연산자 in을 이용하여 알아볼 수 있다. 다음 절에 소개될 튜플이나 세트에서도 동일한 방식으로 사용한다.

```
>>> a = ['A', 'T', 'G', 'C']
>>> 'T' in a
True
>>> 'U' in a
False
```

## 1.5.2 리스트의 길이, 연결과 반복

리스트가 담고 있는 요소 객체들의 갯수를 리스트의 길이라 한다. 리스트의 연결과 반복은 코드를 보고 바로 이해할 수 있으므로 이에 대한 설명은 생략한다.

요소 객체의 갯수 세기: len

```
>>> a = [1, 3, 5, 7, 9]
>>> len(a)
5
```

리스트 연결하기: +

```
>>> a = [1, 2, 3]
>>> b = ["A", "B", "C"]
>>> c = a + b
>>> c
[1, 2, 3, 'A', 'B', 'C']
```

요소 객체 반복하기: *

```
>>> a = [1, 2, 3]
>>> b = a*3
>>> b
[1, 2, 3, 1, 2, 3, 1, 2, 3]
```

### 1.5.3 인덱싱과 슬라이싱

문자열에서 소개한 방법과 동일한 방법을 사용한다.

```
>>> a = [38, 94, 15, "A", "B", "C"]

>>> a[0]
38
>>> a[-1]
'C'
>>> a[1:5]
[94, 15, 'A', 'B']
>>> a[:3]
[38, 94, 15]
>>> a[3:]
['A', 'B', 'C']
```

### 1.5.4 요소 객체의 변경

리스트는 인덱스를 이용하여 해당 위치의 요소 객체를 변경할 수 있다.

```
>>> a = [38, 94, 15, "A", "B", "C"]

>>> a[1] = "Z"
>>> a[-2] = 11
>>> a
[38, 'Z', 15, 'A', 11, 'C']
```

범위를 지정하여 변경할 수도 있는데, 요소별로 변경하는 것이 아니라 해당 범위를 지우고 그 자리에 변경될 값을 채운다. 이는 다른 장에서 소개할 패키지인 numpy 다차원 배열에서의 사용법과 다르므로 주의해야 한다.

```
>>> a = [38, 94, 15, "A", "B", "C"]
>>> a[1:4] = "X"
>>> a
[38, 'X', 'B', 'C']

>>> a = [38, 94, 15, "A", "B", "C"]
```

```
>>> a[3:] = "X"
>>> a
[38, 94, 15, 'X']

>>> a = [38, 94, 15, "A", "B", "C"]
>>> a[:3] = "X"
>>> a
['X', 'A', 'B', 'C']
```

인덱스를 이용하여 요소 객체를 제거할 수도 있다.

```
>>> a = [1, 2, 3]
>>> del a[1]
>>> a
[1, 3]
```

여기서 del은 내장 함수가 아니라 **키워드**<sup>keyword</sup>다. 키워드는 특정한 기능을 위해 미리 예약되어 있는 단어로서 객체[사용자 정의 함수와 클래스 포함]의 이름으로는 사용할 수 없다. 키워드는 나중에 다룰 제어문 등에서 사용되며, 다음 키워드들이 흔히 사용된다: True, False, not, and, or, is, in, if, else, elif, for, while, continue, break, pass, assert, except, try, finally, with, yield, def, return, global, lambda, class, from, import, as. 이들에 대해서는 필요한 곳에서 따로 소개한다.

## 1.5.5 리스트 메서드

리스트에 요소 객체 추가하기: append

append는 리스트의 마지막에 요소 객체를 추가한다.

```
>>> a = [ ]
>>> a.append(1)
>>> a
[1]
>>> a.append(2)
>>> a
[1, 2]
```

리스트에 요소 객체 삽입하기: insert

append와 달리 insert는 추가될 위치를 지정해서 요소 객체를 추가한다.

```
>>> a = [1, 2, 3]
>>> i = 1
>>> a.insert(i, "X")
>>> a
[1, 'X', 2, 3]
```

리스트에서 특정 요소 객체 제거하기: remove

앞서 키워드 del을 이용하여 특정 위치의 요소 객체를 제거하였는데, remove 메서드는
입력된 값을 갖는 요소 객체를 제거한다. 동일한 값을 갖는 요소 객체가 여러 개 있다
면, 처음 등장하는 요소 객체만 제거한다.

```
>>> a = [1, 2, 3]
>>> a.remove(2)
>>> a
[1, 3]

>>> a = [1, 2, 3, 1, 2, 3]
>>> a.remove(2)
>>> a
[1, 3, 1, 2, 3]
```

리스트에서 요소 객체 끄집어내 반환하기: pop

요소 객체를 제거하는 pop이라는 메서드가 하나 더 있다. 우선, 다음을 보자.

```
>>> a = [1, 2, 3]
>>> b = a.remove(2)
>>> b
>>> # none
>>> a
[1, 3]
```

remove는 아무것도 반환하지 않고 리스트 a의 요소 객체만 제거하였다. pop은 지정한
위치의 요소 객체를 제거하고 제거된 요소 객체를 반환한다.

```
>>> a = [1, 2, 3]
>>> p = a.pop(2)
>>> p
3
>>> a
[1, 2]
```

리스트에서 특정한 요소 객체의 갯수 세기: count

```
>>> a = [1, 2, 3, 3, 5]
>>> a.count(5)
1
>>> a.count(3)
2
```

리스트에서 특정한 요소 객체의 인덱스 구하기: index

```
>>> a = [1, 2, 3, 3, 5]
>>> a.index(5)
4
>>> a.index(3)
2
```

리스트의 요소 객체들 정렬하기: sort

```
a = [9, 3, 1, 5, 7]
>>> a.sort()
>>> a
[1, 3, 5, 7, 9]

>>> a = ["z", "Z", "a", "A"]
>>> a.sort()
>>> a
['A', 'Z', 'a', 'z']
```

숫자나 문자가 요소 객체인 리스트에서 사전식 순서lexicographic order에 따라 요소 객체들을 정렬하는데, 숫자와 문자가 섞여 있는 리스트에서는 숫자를 문자로 변환한 다음에 정렬해야 한다.

```
>>> a = [9, "a", 3, "A", 1, "B", 5, "c", 7]
```

```
>>> a.sort()
...
TypeError: '<' not supported between instances of 'str' and 'int'

>>> a = ["9", "a", "3", "A", "1", "B", "5", "c", "7"]
>>> a.sort()
>>> a
['1', '3', '5', '7', '9', 'A', 'B', 'a', 'c']
```

리스트의 요소 객체들 순서 뒤집기: reverse

```
>>> a = [5, 7, 3, 1]
>>> a.reverse()
>>> a
[1, 3, 7, 5]
```

숫자나 문자가 요소 객체인 리스트에서 요소 객체들을 역순으로 정렬하려면, 순서대로 정렬한 후에 뒤집는 방법을 사용하면 된다.

```
>>> a = [5, 7, 3, 1]
>>> a.sort()
>>> a.reverse()
>>> a
[7, 5, 3, 1]
```

문자열의 경우 인덱스를 이용하여 문자열 내부의 문자를 바꿀 수 없고, 문자들의 순서를 뒤집을 수도 없다. 하지만, 문자열을 리스트로 변환한 후 이와 같은 작업들을 할 수 있다. 다음은 어떤 문자열의 네 번째 문자 "T"를 "X"로 바꾸고 순서를 뒤집는 코드다.

```
x = "ATGCTGCAT"
x = list(x)
x[4] = "X"
x.reverse()
x = "".join(x)
print(x) # TACGXCGTA
```

영어에는 알파벳의 순서를 뒤집어도 다시 원래의 단어가 되는 단어들이 있다. 회문palin-drome이라 하는데, 회문인지 아닌지를 알아내는 코드를 작성해 보자.

```
f = input("word:") # racecar
r = list(f)
r.reverse()
r = "".join(r)
print("result:", f == r)
```

## 1.5.6 리스트를 이용한 행렬의 표현

리스트를 행벡터row vector로 간주하고 중첩 리스트를 이용하여 행렬을 표현할 수 있다. 물론 중첩 리스트로 표현한 행렬에 대해 선형대수linear algebra 연산을 직접적으로 수행할 수는 없지만, 다른 장에서 다룰 다차원 배열의 기본 구조를 이해하는 데 도움이 되리라 생각한다.

우선, 셸 창에서 다음과 같이 리스트를 담고 있는 리스트를 생성해 보자. 리스트 생성문이 완성되지 않은 상태에서 콤마 다음에 줄 바꿈을 위해 엔터 키를 누르면 ...가 표시되는데 적절히 칸을 맞춰서 입력을 완료해 보라.

```
>>> a = [    [3, 5, 7],
...          [2, 4, 6],
...          [0, 1, 9]      ]
>>> a
[[3, 5, 7], [2, 4, 6], [0, 1, 9]]
```

이렇게 생성된 리스트 객체 a는 행벡터 세 개로 구성된 3×3 정방행렬square matrix처럼 사용할 수 있다. 행렬에서의 인덱스는 행 번호 다음에 열 번호를 쓴다. 이를 염두에 두고, 두 번째 행의 첫 번째 열 요소인 2를 반환해 보자. a[1]은 두 번째 행에 있는 요소 객체를 가리킨다. 따라서, a[1][0]으로 두 번째 요소 객체의 첫 번째 요소 객체인 2에 접근할 수 있다. 즉, 순서를 0부터 센다는 점만 주의하면, 다음과 같이 행과 열의 인덱스를 이용하여 행렬의 요소에 접근할 수 있다.

```
>>> a[1][0]
2
>>> a[2][2]
9
```

## 1.5.7 리스트 사용 시 주의점

다음 예를 보면, 리스트 객체 [1, 2, 3]은 메모리의 어디엔가 저장되고 고유한 식별번호를 부여받았으며, 이름 a는 이 객체를 가리키고 있다. 내부적으로 리스트 a는 요소객체 1, 2, 3을 가리키는 '일종의 포인터'들을 담고 있는 객체다. 따라서, 인덱스를 이용하여 리스트 a의 요소 객체를 변경하더라도 a가 가리키는 객체는 변하지 않는다.

```
>>> a = [1, 2, 3]
>>> id(a)
140500877680768

>>> a[1] = 0
>>> a
[1, 0, 3]
>>> id(a)
140500877680768
```

이제, 다음을 보자.

```
>>> a = [1, 2, 3, 4, 5]
>>> id(a)
140500906495872

>>> b = a
>>> id(b)
140500906495872
```

이름 a로 리스트 객체 [1, 2, 3, 4, 5]를 가리킨 다음 b를 a라 정의하면, a와 b 모두 식별변호가 140500906495872인 객체를 가리킨다. 즉, a의 정보가 b에 대입되거나 저장되는 방식이 아니라, b는 a가 가리키는 객체를 가리킨다. 문제는 여기서 발생할 수 있다. 이름 a를 이용하여 이 객체의 내용을 변경시키면, b가 가리키는 객체의 내용도 동시에 변경된다. 이름 b를 이용하여 객체의 내용을 바꾸어도 마찬가지다. a와 b 모두 동일한 객체를 가리키고 있기 때문이다.

```
>>> a[2] = 0
>>> a
[1, 2, 0, 4, 5]
>>> b
[1, 2, 0, 4, 5]
```

```
>>> b[2] = 9
>>> b
[1, 2, 9, 4, 5]
>>> a
[1, 2, 9, 4, 5]
```

이를 적극적으로 활용할 수도 있겠지만, 인지하지 못하고 있다면 낭패를 볼 수도 있다. 객체가 담고 있는 내용만을 복사하려면 copy 패키지를 이용해야 하는데, 이에 대해서는 다음 장에서 다룬다.

참고로, 서로 다른 이름이 동일한 식별번호의 객체를 가리키는지는 신원 연산자 is 로 판별할 수 있다. 내용이 같은지는 단순히 비교 연산자 ==로 판별한다.

```
>>> a = [1, 2, 3]
>>> b = [1, 2, 3]
>>> id(a)
140500876865216
>>> id(b)
140500876864320

>>> a is b
False
>>> a == b
True

>>> c = a
>>> a is c
True
```

## 1.6 튜플

### 1.6.1 튜플의 생성

튜플tuple은 리스트와 달리 변경이 불가능한 서열형 객체다. 튜플은 다음과 같이 생성할 수 있다. 생성 방법에서 리스트와 다른 점은 괄호를 사용한다는 점과 괄호를 사용하지 않아도 튜플을 생성할 수 있다는 점이다.

```
>>> a = tuple()
>>> a
()

>>> a = tuple((1,2,3))
>>> a
(1, 2, 3)

>>> a = ( )
>>> a
()

>>> a = (1, 2, 3)
>>> a
(1, 2, 3)

>>> a = 1, 2, 3
>>> a
(1, 2, 3)
```

리스트에서처럼 문자열을 튜플로 변환할 수도 있다.

```
>>> a = tuple("racecar")
>>> a
('r', 'a', 'c', 'e', 'c', 'a', 'r')
```

리스트를 튜플로 바꾸거나 튜플을 리스트로 바꿀 수도 있다.

```
>>> a = [1, 2, 3]
>>> b = tuple(a)
>>> b
```

```
(1, 2, 3)
>>> c = list(b)
>>> c
[1, 2, 3]

>>> id(a)
140500876872064
>>> id(b)
140500877653696
>>> id(c)
140500876871936
```

## 1.6.2 튜플의 불변성

리스트처럼 인덱싱과 슬라이싱은 가능하지만, 튜플은 불변 객체이기에 요소 객체를 변경시키려면 오류가 발생한다.

```
>>> a = (1, 2, 3)

>>>a[-1]
3
>>> a[0] = 0
...
TypeError: 'tuple' object does not support item assignment
```

단, 튜플의 요소 객체가 가변 객체라면 요소 객체의 요소 객체는 변경이 가능하다

```
>>> a = [1, 2]
>>> b = [2, 3]
>>> c = (a, b)

>>> c[0][0] = "X"
>>> c
(['X', 2], [2, 3])
```

## 1.7 세트

### 1.7.1 세트의 생성

세트set는 말 그대로 집합처럼 사용하는 가변 객체다. 따라서 요소들의 중복을 허락하지 않는다. 또한 세트는 서열형 객체가 아니기 때문에 요소들의 순서가 없고 인덱스로 요소를 지정할 수도 없다.

세트는 다음과 같이 생성할 수 있다. 집합을 나타내는 중괄호를 이용해서 생성할 수도 있는데, 비어 있는 세트에 대해서는 이 방법으로 세트를 생성할 수 없다. 비어 있는 중괄호를 이용하면, 세트가 아니라 다음 절에 소개할 딕셔너리가 생성되기 때문이다.

```
>>> a = set()
>>> a
set()

>>> a = set([1,2,2,3])
>>> a
{1, 2, 3}

>>> a = set((1,1,1,1))
>>> a
{1}

>>> a = set(["a", "p", "p", "l", "e"])
>>> a
{'e', 'l', 'a', 'p'}

>>> a = set("apple")
>>> a
{'e', 'l', 'a', 'p'}

>>> a = {1, 2, 2, 3}
>>> a
{1, 2, 3}

>>> a = { }
>>> a
{}
>>> type(a)
<class 'dict'>
```

## 1.7.2 세트 요소 객체의 추가와 제거

세트 요소 객체의 추가와 제거에는 각각 add와 remove를 메서드를 이용한다. 예를 들지는 않았지만, 리스트에서와 달리 pop으로 특정한 요소를 지정할 수는 없다.

```
>>> a = {1, 2, 3}
>>> a.add(9)
>>> a
{1, 2, 3, 9}

>>> a = {1, 2, 3, 9}
>>> a.remove(9)
>>> a
{1, 2, 3}
```

## 1.7.3 세트의 연산

집합의 연산과 동일하며, 다음 순서대로 합집합, 교집합, 차집합, 교집합의 여집합이다.

```
>>> a = set("apple")
>>> b = set("banana")

>>> union = a | b
>>> union
{'e', 'a', 'b', 'n', 'l', 'p'}

>>> intersection = a & b
>>> intersection
{'a'}

>>> difference = a - b
>>> difference
{'e', 'l', 'p'}

>>> inter_complement = a ^ b
>>> inter_complement
{'b', 'e', 'n', 'l', 'p'}
```

# 1.8 딕셔너리

## 1.8.1 딕셔너리의 생성 및 사용

딕셔너리dictionary는 키[key]와 밸류[value] 쌍으로 데이터를 관리하는 가변 객체다. 비어 있는 딕셔너리가 아니라면, '키:밸류'의 형식으로 요소 객체 쌍을 구성하여 생성할 수 있다. 딕셔너리가 생성되면, 키를 인덱스처럼 사용하여 밸류를 얻을 수 있다.  아래에 전화번호부를 예로 들었다.

```
>>> a = dict()
>>> a
{}

>>> a = { }
>>> a
{}

>>> a = {"kim":"333-3333", "park":"999-9999"}
>>> a
{'kim': '333-3333', 'park': '999-9999'}

>>> a["kim"]
'333-3333'
>>> a["park"]
'999-9999'
```

리스트와 같은 가변 객체는 키로 사용할 수 없다.

```
>>> a = {[1,2]:3, [2,3]:4}
...
TypeError: unhashable type: 'list'

>>> a = {(1,2):3, (2,3):4}

>>> a
{(1, 2): 3, (2, 3): 4}
>>> a[(1,2)]
3
```

## 1.8.2 딕셔너리의 요소 추가 및 제거

키를 이용하여 키:밸류 쌍을 추가할 수 있다.

```
>>> a = {"kim":333, "park":999}
>>> a["lee"] = 111
>>> a["choi"] = 555
>>> a
{'kim': 333, 'park': 999, 'lee': 111, 'choi': 555}
```

이미 담겨 있는 키의 경우에는 기존의 밸류를 덮어쓴다.

```
>>> a = {"kim":333, "park":999}
>>> a["kim"] = 555
>>> a
{'kim': 555, 'park': 999}
```

키가 이미 담겨 있는지는 소속 연산자 in으로 알 수 있다.

```
>>> a = {"kim":333, "park":999}
>>> "kim" in a
True
>>> "lee" in a
False
```

키:밸류 쌍을 제거하려면 키워드 del을 사용한다.

```
>>> a = {"kim":333, "park":999}
>>> del a["kim"]
>>> a
{'park': 999}
```

리스트로 다차원 배열을 표현하였듯이 딕셔너리로 계층적 데이터 구조를 표현할 수 있다. 예를 들어, 키, 몸무게, 나이를 관리하는 딕셔너리를 생성하고 사용해 보자.

```
>>> data = {}
>>>
>>> data['kim' ] = {'height':170, 'weight':55, 'age':33}
>>> data['lee' ] = {'height':165, 'weight':50, 'age':23}
```

```
>>> data['park'] = {'height':175, 'weight':60, 'age':13}
>>>
>>> data
{'kim': {'height': 170, 'weight': 55, 'age': 33}, 'lee': {'height':
165, 'weight': 50, 'age': 23}, 'park':
 {'height': 175, 'weight': 60, 'age': 13}}
>>>
>>> data['kim']['height']
170
>>> data['lee']['weight']
50
>>> data['park']['age']
13
```

### 1.8.3 딕셔너리의 키와 밸류 목록 얻기

딕셔너리에 담겨 있는 키와 밸류의 목록을 리스트[또는 튜플, 세트]로 얻을 수 있다.

```
>>> a = {"kim":333, "park":999}

>>> list(a.keys())
['kim', 'park']
>>> list(a.values())
[333, 999]
```

딕셔너리에 담겨 있는 요소[(키, 밸류)]들의 리스트[또는 튜플, 세트]를 얻을 수도 있다.

```
>>> a = {"kim":333, "park":999}

>>> list(a.items())
[('kim', 333), ('park', 999)]
```

## 1.9 제어문

지금까지는 작업을 순서대로만 실행하는 코드들을 보았다. 하지만, 문제의 성격에 따라 아래에 나타낸 흐름도flowchart처럼 작업 과정에 분기가 있을 수도 있고, 코드의 일부를 몇 차례 반복해야 하는 경우도 있다.

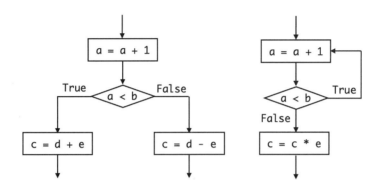

작업의 흐름을 제어하는 키워드인 if, for, while이 사용되는 구문을 제어문이라 하는데, if는 분기에 사용되고 for나 while은 반복에 사용된다. 다른 언어에는 특정한 부분으로 이동하라는 goto도 있으나, 파이썬에는 없다[for나 while은 if와 goto를 묶어서 단순화시킨 것이다].

대부분의 언어에서 제어문은 '제어의 방식'을 나타내는 부분과 '제어의 대상'이 되는 부분[이를 제어 블럭control block이라 하겠다]으로 구성된다. 파이썬에서는 제어의 방식을 나타내는 코드의 마지막에 **콜론**[:]을 사용해야 하며, 제어의 대상이 되는 제어 블럭은 **들여쓰기**해야 한다. 탭을 이용하여 들여쓰기할 수도 있는데, 파이썬에서 공식적으로 추천하는 들여쓰기는 빈칸으로 네 칸이다.

```
control_keyword:
    control_block
```

제어문은 이어지는 절에서 if 조건문[분기문], for 반복문, while 반복문으로 구분하여 소개한다.

# 1.10 if 조건문

## 1.10.1 if 문

if 조건문은 if 다음에 주어진 조건이 참[True]이면 제어 블럭을 실행하는 제어문이며, 다음과 같은 형식을 취한다.

```
if condition:
    do_something
```

즉, "만약 그렇다면[참이면]: 다음을 행하라"의 형식이다. 아래 첫 번째 박스의 내용을 편집기에서 작성하고 실행해 보자.

```
odd_number = True
number = 3

if odd_number:
    print("odd number")

if number % 2 != 0:
    print("odd number")

if number % 2 == 0:
    print("even number")
```

```
=========
odd number
odd number
```

두 번째 박스의 =========는 쉘에서의 출력 결과라는 것을 나타내기 위함이며, 앞으로 이러한 방식으로 코드 실행의 결과를 나타낼 것이다. 첫 번째 if 문에서는 odd_number가 True이기 때문에 print 함수가 실행되었고, 두 번째 if 문에서는 비교 연산자를 통해 얻어진 결과가 True이기 때문에 print 함수가 실행되었다. 세 번째 if 문에서는 비교 연산자를 통해 얻어진 결과가 False이기 때문에 print 함수가 실행되지 않았다.

## 1.10.2 if - else 문

조건이 참이면 작업 A를 하고 그렇지 않으면 작업 B를 하는 경우는 else를 사용하여 다음과 같이 간략하게 쓸 수 있다. else는 '만약 그렇지 않다면'의 의미다.

```
number = 3

if number % 2 == 0:
    print("even number")
else:
    print("odd number")
```

```
=========
odd number
```

### 1.10.3  if - elif - else 문

분기가 여러 개라면, else if를 뜻하는 elif를 사용한다. elif는 "만약 그렇지 않고 제시된 조건을 만족한다면"의 의미다.

```
number = 5

if number % 2 == 0:
    print("multiples of 2")
elif number % 3 == 0:
    print("multiples of 3")
elif number % 4 == 0:
    print("multiples of 4")
else:
    print("none of above")
```

```
=========
none of above
```

첫 번째 elif 문은 "만약 그렇지 않고 3의 배수라면"으로, 두 번째 elif 문은 "만약 그렇지 않고 4의 배수라면"으로, 마지막 else 문은 "앞서 제시한 조건들이 모두 참이 아니라면"으로 생각하면 된다.

if-elif-else 구문에서는 최초로 참이 되는 조건에 대해서만 제어 블록을 실행하기 때문에, 위 예에서 number가 4라면 "multiples of 2"만 출력된다.

```
number = 4

if number % 2 == 0:
    print("multiples of 2")
elif number % 3 == 0:
    print("multiples of 3")
elif number % 4 == 0:
    print("multiples of 4")
else:
    print("none of above")
```

```
=========
multiples of 2
```

만약 4가 2의 배수이면서 4의 배수임을 출력하려면, if 문을 연달아 사용하여 조건이 참이 되는 곳마다 제어 블록이 실행되도록 해야 한다.

```
number = 4

if number % 2 == 0:
    print("multiples of 2")
if number % 3 == 0:
    print("multiples of 3")
if number % 4 == 0:
    print("multiples of 4")
else:
    print("none of above")
```

```
=========
multiples of 2
multiples of 4
```

## 1.10.4 중첩 if 문

if 조건문의 제어 블록에 또 다른 제어문을 넣을 수도 있다. 다음은 if 조건문을 중첩시키는 예다.

```
number = 4

if number % 2 == 0:
    if number % 4 == 0:
        print("multiples of 4")
    else:
        print("multiples of 2")
else:
    print("none of above")
```

```
=========
multiples of 4
```

# 1.11 for 반복문

## 1.11.1 서열형 객체를 이용한 for 반복문

리스트나 튜플처럼 요소들을 순서대로 참조할 수 있는 객체들을 **반복가능형**iterable 객체라 하는데, 반복가능형 객체들을 이용한 for 반복문은 다음과 같은 형식을 취한다.

```
for item in items:
    do_something
```

위 형식에서 items가 반복가능형 객체다. 영문이라 생각하고 그대로 해석하자면, "items에 담겨 있는 각 item들에 대하여: 제어 블럭을 실행하라"이다. 리스트를 예로 들면, 다음과 같다.

```
items = ["apple", "banana", "grape"]

for item in items:
    print(item)
```

```
=========
apple
banana
grape
```

for 반복문이 종료되면 item은 마지막 문자열 **"grape"**를 가리킨다.

```
items = ["apple", "banana", "grape"]

for item in items:
    print()

print("end of loop")
print(item)
```

```
=========
end of loop
grape
```

## 1.11.2 range 함수를 이용한 for 반복문

range는 내장 함수로서 시작, 끝, 간격을 순서대로 정수로 입력하면 시작과 끝 사이의 정수를 간격에 따라 나열한 반복가능형 객체를 반환한다. 시작 정수는 포함inclusive되지만 끝 정수는 불포함exclusive된다는 점에 주의하여야 한다.

```
>>> a = range(0, 8, 2)
>>> list(a)
[0, 2, 4, 6]
```

간격을 지정하지 않으면 기본값 1이 사용된다.

```
>>> a = range(3, 5)
>>> list(a)
[3, 4]
```

간격을 음수로 지정하면 간격만큼씩 감소하도록 나열된 객체를 반환하는데, 끝 정수가 시작 정수보다 크다면 비어 있는 객체를 반환한다.

```
>>> a = range(5, 0, -1)
>>> list(a)
[5, 4, 3, 2, 1]
>>> a = range(0, 5, 1)
>>> list(a)
[]
```

정수 하나만 입력하면 0부터 시작하여 입력된 정수까지 간격이 1이 되도록 나열된 객체를 반환한다. 가장 흔히 사용되는 용법이다.

```
>>> a = range(3)
>>> list(a)
[0, 1, 2]
```

range 함수는 for 반복문에서 빈번히 사용되는데, 위 예에서 range(3)은 [0, 1, 2]이므로, 다음 두 for 반복문의 출력 결과는 동일하다.

```
for i in [0, 1, 2]:
    print(i)

for i in range(3):
    print(i)
```

```
=========
0
1
2

0
1
2
```

for 반복문을 이용한 몇 가지 예를 보자. 다음은 0부터 n까지[포함] 정수들의 합을 구하는 코드다.

```
n = 1000

s = 0
for i in range(n+1):
    s = s + i

print(s)   # 500500
```

수의 리스트에서 홀수 인덱스에 해당하는 수들의 합을 구해보자.

```
numbers = list(range(100))

s = 0
for i in range(1, len(numbers), 2):
    s += numbers[i]

print(s)   # 2500
```

다음 수식을 구현해 보자. 중첩 반복문이 사용되는데, 내부에 있는 for 반복문에 사용된 range 함수의 시작 정수를 어떻게 지정했는지를 수식과 비교해 보기 바란다.

$$s = \sum_{i=0}^{n} \sum_{j=i}^{n} j$$

```
n = 100

s = 0
for i in range(n+1):
    for j in range(i, n+1):
        s += j

print(s)    # 343400
```

다음은 리스트로 표현된 정방행렬 **A**와 **B**[a와 b]가 주어지면, **A**와 **B**의 점곱dot product[**A · B**]을 구하는 코드다.

```
# input matrices

a = [[1,2,3],
     [4,5,6],
     [7,8,9]]

b = [[3,2,1],
     [6,5,4],
     [9,8,7]]

# dot product calculation

n = len(a)
d = [[0]*n,
     [0]*n,
     [0]*n]

for i in range(n):
    for j in range(n):
        for h in range(n):
            d[i][j] += a[i][h]*b[h][j]

# result formatting

for i in range(n):
    if i == 0:
        print("[", d[i])
    elif i == n-1:
```

```
        print(" ", d[i], "]")
    else:
        print(" ", d[i])
```

```
=========
[ [42, 36, 30]
  [96, 81, 66]
  [150, 126, 102] ]
```

### 1.11.3 break, continue, pass

break는 for 루프를 멈추게[빠져나가게] 한다. 주로 조건문과 함께 사용한다.

```
for i in range(5):
    if i == 2:
        break
    print(i)
```

```
=========
0
1
```

continue는 이후의 코드를 실행하지 않고 다음 반복 차수를 수행한다. 즉, break와 달리 for 루프를 멈추게 하지는 않는다. 이 역시 주로 조건문과 함께 사용한다.

```
for i in range(3):
    if i == 1:
        continue
    print(i)
```

```
=========
0
2
```

pass는 아무 작업도 하지 않겠다는 것을 나타낸다.

```
for i in range(5):
```

```
    if i % 2 == 0:
        pass
    else:
        print(i)
```

```
=========
1
3
```

break, continue, pass는 다음 절에 소개할 while 제어문에서도 같은 방식으로 작동
한다.

## 1.12 while 반복문

while 반복문은 주어진 조건이 참인 동안 계속해서 루프를 순환시킨다. 예를 들어, 다음 코드는 셀 창을 닫거나, 컴퓨터를 끄기 전까지 제어 블럭을 반복한다.

```
condition = True

while condition:
    print("infinite loop")
```

다음은 조건을 통해 i가 3 미만일 동안만 제어 블럭을 반복하는 예다.

```
i = 0
while i < 3:
    print(i)
    i += 1
```

```
=========
0
1
2
```

다음은 break를 통해 반복을 멈추게 하는 예다[i가 3이 되면 while 루프를 빠져나간다].

```
i = 0
while True:
    if i == 3:
        break
    else:
        print(i)
    i += 1
```

```
=========
0
1
2
```

# 파이썬 중급

프로그래밍에 좀 더 능숙해지기 위해서는 제어문을 다양한 형태로 결합시켜 사용해 보는 연습이 필요하다. 예를 들어, 반복문 속에 조건문을 넣어 보기도 하고, 조건문 속에 반복문을 넣어 보기도 하고, 중첩 반복문이나 중첩 조건문을 섞어 보기도 하는 것이다. 아울러, 객체들도 다양한 형태로 조합해서 제어문들과 함께 사용해 본다면, 훨씬 더 빠르게 파이썬을 익히고 프로그래밍 실력을 키울 수 있다.

2장에서는 코딩 연습이 어느 정도 이루어졌다고 간주하고, 1장보다 약간 수준 높은 내용들을 소개한다. 이들은 주로 프로그래밍 생산성이나 효율을 높이는 데 사용된다. 2장에 소개된 내용을 익힌다면, 프로그래밍 실력의 상당한 향상을 경험해 볼 수 있을 것이다. 물론, 이 장에서도 모든 내용을 자세히 소개하고 설명할 수는 없기에 부족한 내용은 공식 문서를 참조하기 바란다.

## 2.1 사용자 정의 함수

파이썬은 다양한 내장 함수들[https://docs.python.org/ko/3/library/functions.html]을 제공하지만, 내장 함수만으로는 할 수 없는 작업들도 있다. 특히 그 작업을 여러 번 실행해야 하는 프로그램이라면, 필요한 곳마다 모든 코드를 반복적으로 작성해야만 한다. 또한, 중간에 어떤 부수적인 계산을 위해 굉장히 긴 코드가 필요하다면, 주가 되는 코드를 읽거나 관리하기가 상당히 불편할 수도 있다. 이와 같은 점을 피하기 위해 적극적으로 이용되는 것이 사용자가 정의하는 함수다.

### 2.1.1 함수의 정의

함수는 다음과 같이 콜론과 들여쓰기를 사용하는 형식으로 정의한다.

```python
def f(x):
    do_something
    ...
    y = ...
    return y
```

함수 역시 객체이며, 위 예에서 f가 함수 객체의 이름이다. 수학 함수식 $f(x)$에서는 $x$를 변수라 하나, 프로그래밍 언어에서는 x를 **매개변수**parameter라 한다. 영문으로는 같으나, 매개변수는 확률론에서의 모수parameter와는 다른 의미를 갖는다. 매개변수는 함수로 입력되는 객체를 받아들이는 역할을 한다. 매개변수를 함수로 입력되는 객체가 담길 장소라 생각해도 좋다. 그리고, 매개변수의 이름이 함수 내에서 사용되는 그 객체의 이름이 된다. 함수를 사용할 때는 y = f(a)와 같은 형식을 취하는데, 이때 함수로 전달되는 객체[또는 값] a를 인수argument라 한다.

매개변수가 없는 함수도 정의할 수 있고 반환할 객체[또는 값]가 없는 함수도 정의할 수 있으나, 위 예와 같이 매개변수와 반환값 모두 있는 간단한 함수부터 정의해 보자. 다음 함수는 제곱합을 구하는 함수다.

```python
def sum_of_squares(x):
    ss = 0
    for i in range(x+1):
        ss += i**2
```

```
    return ss
```

일반적으로, 사용자 함수들을 먼저 모두 정의하고, 함수들을 사용하는 메인main 코드를 그다음에 작성한다. 메인 코드에서는 이 함수를 다음과 같이 사용한다.

```
a = 3
result = sum_of_squares(a)
print(result)
```

```
==========
14
```

꼭 그럴 필요는 없지만, 다음과 같이 매개변수 이름과 인자의 이름을 동일하게 할 수도 있고 함수가 반환하는 객체의 이름과 이 객체를 가리킬 이름을 동일하게 할 수도 있다. 조금 후에 소개할 전역변수가 아니라면, 매개변수의 이름과 함수가 반환하는 객체의 이름은 오직 함수 내에서만 정의되고 사용되는 이름들이다.

```
x = 3
ss = sum_of_squares(x)
print(ss)
```

```
==========
14
```

다음은 매개변수가 없는 함수와 반환값이 없는 함수의 예다.

```
def func_A():
    a = 3
    return a

def func_B(s):
    print(s)
    return None

print(func_A())
func_B(9)
```

```
==========
```

```
3
9
```

반환값이 없는 경우 return None을 생략할 수도 있고, 반환값의 계산이 간단한 경우
계산 결과가 바로 반환되도록 할 수도 있다.

```
def func_B(s):
    print(s)

def func_C(s):
    return s**2

func_B(9)
print(func_C(9))
```

```
=========
9
81
```

## 2.1.2 위치 인수와 키워드 인수

여러 개의 인수를 받는 함수를 정의할 수도 있다. 그런 함수를 사용할 때, 매개변수의
순서대로 전달되는 인수를 위치[positional] 인수라 한다. 위치 인수는 입력 순서가 바뀌면 의
도하지 않은 결과가 반환된다.

```
def get_difference(a, b):
    diff = a - b
    return diff

print(get_difference(3,2))
print(get_difference(2,3))
```

```
=========
1
-1
```

한편, 다음과 같이 매개변수의 이름을 이용하여 인수를 전달할 수도 있다. 이런 방식으
로 전달되는 인수를 키워드[keyword] 인수라 하며, 키워드 인수는 순서에 상관없이 함수로

전달할 수 있다.

```
def show_data(weight, height, age):
    print(weight)
    print(height)
    print(age)

show_data(age=33, weight=77, height=177)
```

```
=========
77
177
33
```

위치 인수와 키워드 인수를 섞어서 함수에 전달할 때는 항상 위치 인수들 다음에 키워드 인수들을 두어야 한다.

```
show_data(77, age=33, height=177)
```

```
=========
77
177
33
```

### 2.1.3 기본값이 설정된 매개변수

필요에 따라서는 아래와 같이 인수를 받지 않는 경우와 인수를 받는 경우 모두에서 기능을 수행할 수 있는 함수를 정의할 수도 있다. 그럴 경우, 함수가 해당 매개변수에 대한 인수를 받지 않게 되면, 미리 설정된 **기본값**default을 인수로 사용한다. 기본값을 설정할 매개변수는 항상 기본값을 설정하지 않는 매개변수들 다음에 둔다.

```
def get_difference(a, b, c=0):
    diff = a - b - c
    return diff

print(get_difference(3,2,1))
print(get_difference(3,2))
```

```
=========
0
1
```

## 2.1.4 인수의 언패킹과 패킹

인수들을 리스트[또는 튜플]나 딕셔너리에 모아서 다수의 인수들을 받는 함수의 입력으로 사용할 수 있다. 함수가 이런 형태로 모인 인수를 받으면, 함수 내부적으로 언패킹 unpacking할 수 있다. 인수들의 갯수가 많을 경우 상당히 유용한 기능이다.

위치 인수들에 대해서는 순서대로 리스트[또는 튜플]에 담아서 전달하는데, 전달 시 리스트 이름 앞에 *를 붙인다.

```python
def func(a, b, c):
    s = a + b - c
    return s

numbers = [1, 2, 3]
s = func(*numbers)
print(s)
```

```
=========
0
```

키워드 인수들에 대해서는 순서에 상관없이 딕셔너리에 담아서 전달하는데, 딕셔너리의 키는 매개변수 이름의 문자형으로 해주고 밸류는 인수로 한다. 이 딕셔너리를 함수에 전달할 때는 딕셔너리 이름 앞에 **를 붙인다.

```python
def func(a, b, c):
    s = a + b - c
    return s

numbers_dict = {"c":3,"a":1,"b":2}
s = func(**numbers_dict)
print(s)
```

```
=========
0
```

위와는 반대로 함수를 정의할 때 앞에 *를 붙인 매개변수는 나열된 인수들을 받을 수 있다. 이 경우, 함수 내부에서 이들을 리스트의 요소처럼 다룰 수 있도록, 함수가 인수들을 패킹packing한다.

```
def func(*numbers):
    s = sum(numbers) # sum: built-in function
    return s

s = func(1,2,3)
print(s)
```

```
=========
6
```

함수를 정의할 때 앞에 **를 붙인 매개변수는 키워드 인수처럼 매개변수_이름=인수 형태로 나열된 인수들을 받을 수 있다. 함수 내부에서는 이들을 묶어 딕셔너리처럼 사용한다.

```
def func(**pairs):
    for (key, value) in pairs.items():
        print(key, value)
    return None

func(a=333, b=555)
```

```
=========
a 333
b 555
```

## 2.1.5 여러 개의 객체를 반환하는 함수

경우에 따라서는 여러 개의 객체를 반환하는 함수를 정의할 수도 있다. 그럴 경우, 아래와 같이 여러 번의 return으로 함수를 정의하면, 함수를 사용할 때 최초의 return에 대한 객체만 반환되고 함수의 호출이 종결된다.

```
def func(a, b):
    two_sum  = a + b
    two_prod = a * b
    return two_sum
    return two_prod

print(func(2, 1))
```

```
==========
3
```

여러 개의 객체를 반환하는 함수는 다음과 같이 한 번의 return으로 모든 객체들을 반환하도록 정의해야 한다.

```
def func(a, b):
    two_sum  = a + b
    two_prod = a * b
    return two_sum, two_prod

print(func(2, 1))
```

```
==========
(3, 2)
```

반환된 객체를 보면 튜플이다. 튜플을 생성할 때, a = 3, 2라는 형식을 취할 수도 있음을 생각하면 당연한 결과다. 따라서, 여러 개의 객체를 반환하는 함수의 출력은 다음과 같이 두 가지 방법으로 받을 수 있다.

```
def func(a, b):
    two_sum  = a + b
    two_prod = a * b
    return two_sum, two_prod

results = func(2, 1)
two_sum, two_prod = func(2, 1)

print(results[0], results[1])
print(two_sum, two_prod)
```

```
=========
3, 2
3, 2
```

## 2.1.6 이름이 정의되는 범위

매개변수의 이름은 기본적으로 "오직 함수 내에서만 정의되고 사용된다"라고 하였다.
키워드 인수로 매개변수에 인수를 전달하거나, 기본값이 설정된 매개변수라도 매개변
수의 이름은 함수 밖에서 정의된 이름과는 구분된다.

```
def func(a, b=3):
    return a, b

a = 0

print(func(a=1))
print(a)
print(b)
```

```
=========
(1, 3)
0
...
NameError: name 'b' is not defined
```

함수 안에서 정의되는 이름도 마찬가지다.

```
def func():
    a = 3
    return a

print(func())
print(a)
```

```
=========
3
...
NameError: name 'a' is not defined
```

함수 안에서 정의되는 이름과 같은 이름이 함수 밖에서 정의되어도 그렇다.

```
def func():
    a = 3
    return a

a = 0

print(func())
print(a)
```

```
=========
3
0
```

물론, 다음처럼 함수의 반환값으로 함수 밖에서 이름을 정의한 경우와는 다르다.

```
def func():
    a = 3
    return a

a = func()
print(a)
```

```
=========
3
```

앞서의 예처럼 함수 안에서만 정의되는 이름을 **지역**local **변수**[이름]라 하고, 함수 밖 메인 코드에서 정의되는 이름을 **전역**global **변수**[이름]라 한다. 다음 예처럼, 함수 밖 메인 코드에서 정의되는 이름은 함수 안에서 사용할 수 있다.

```
def func(a):
    s = a + b
    return s

b = 1
print(func(2))
```

```
=========
3
```

단, 함수 밖에서 정의된 이름과 함수 안에서 정의된 이름이 동일할 경우, 함수 안에서는 함수 안에서 정의된 이름만 사용된다.

```
def func(a):
    b = 0
    s = a + b
    return s

b = 1
print(func(2))
```

```
=========
2
```

함수 안에서 정의되는 이름을 함수 밖에서도 사용하려면, 다음과 같이 전역변수임을 선언해야 한다. 그리고 해당 함수가 한번이라도 사용된 후에만 선언된 전역변수를 함수 밖에서 사용할 수 있다.

```
def func():
    global a
    a = 3
    print(a)

func()
print(a)
```

```
=========
3
3
```

함수 안에서 전역 변수를 선언할 경우, 해당 함수가 사용될 때마다 함수 밖에서 정의되는 전역 변수의 값이 함수 내에서 정의된 바로 뀐다는 점에 주의해야 한다.

```
def func():
    global a
    a = 3
    return None

func()
```

```
print(a)
a = 5
print(a)
func()
print(a)
```

```
=========
3
5
3
```

아래와 같이 사용하는 경우도 마찬가지다.

```
def func(b):
    global a
    a = b
    print(a)

func(1)
print(a)
a = 5
print(a)
func(3)
print(a)
```

```
=========
1
1
5
3
3
```

소개는 했지만, 함수 내에서 전역변수를 선언하는 것은 특별한 목적이 있지 않다면 피하는 것이 좋다. 여러 명이 협업을 통해 큰 프로그램을 만드는 경우, 누군가 함수 내부에서 전역변수를 선언하고 동일한 이름의 전역변수가 메인 코드에서 사용된다면 상당한 혼란을 일으킬 수도 있다.

## 2.2 클래스

객체는 데이터를 저장하고 기능도 할 수 있다고 하였으며, 파이썬의 사실상 모든 것은 객체라 하였다. 객체는 **클래스**class로부터 생성되는데, 클래스로 객체를 생성하는 것을 클래스의 **구체화**instantiate라 하며, 클래스로부터 생성된 객체는 클래스의 **인스턴스**instance라 한다. 이 절에서는 사용자 정의 클래스로부터 객체를 생성하는 방법을 소개한다. C와 같은 절차지향 언어에 익숙한 이들은 클래스의 개념을 이해하는 데 조금 시간이 걸릴지도 모르지만, 객체지향 언어인 파이썬의 꽃이라 할 수 있는 클래스의 사용법을 익혀 둔다면 상당히 도움이 되리라 생각한다.

### 2.2.1 클래스의 정의와 인스턴스의 생성

클래스의 이름은 대문자로 시작하며, 두 단어가 연결된 이름일 경우에는 낙타 문자camel case 표기법을 사용하는 것이 관례다. 클래스의 기본적인 형태와 인스턴스 생성법은 다음과 같다.

```
class MyClass():

    variable_1 = 0
    variable_2 = 1
    ...

    def function_1():
        ...

    def function_2():
        ...

    ...

my_class_instance = MyClass()
```

`variable_x`는 클래스 내부에서 사용되는 **클래스 변수**이며, 클래스의 속성이라 한다. 클래스 내부에 있는 함수 `function_x`는 클래스의 메서드라 한다. 즉, 속성에 데이터가 저장되며 메서드가 기능을 한다. 클래스 인스턴스는 할당 연산자 =를 사용하여 생성한다.

다음은 수치들의 리스트로부터 평균, 최대값, 최소값을 반환하는 기능을 하는 클래스를 정의하고 이로부터 인스턴스를 만드는 예다.

```
class StatCal():

    data = [1,2,3]

    def get_avg():
        avg = sum(data)/len(data)
        return avg

    def get_min():
        minimum = min(data)
        return minimum

    def get_max():
        maximum = max()
        return maximum

stat_cal = StatCal()
```

data는 속성이며, get_avg, get_min, get_max가 메서드다. 인스턴스는 객체이므로, 속성을 얻거나 메서드를 호출할 때는 인스턴스 이름 뒤에 점[.]을 쓰고 이어서 속성의 이름이나 메서드의 이름을 쓴다.

인스턴스 stat_cal의 속성을 출력해 보자.

```
print(stat_cal.data)
```

```
=========
[1, 2, 3]
```

이번에는 인스턴스 stat_cal의 메서드 중 하나를 사용해 보자.

```
print(stat_cal.get_avg())
```

```
=========
TypeError: get_avg() takes 0 positional arguments but 1 was given
```

오류가 발생했는데, 오류의 내용이 이상하다. 메서드 함수를 정의할 때 매개변수를 하나도 설정하지 않았고 사용할 때 아무런 인자도 입력하지 않았지만, 무엇인가 하나가 get_avg로 전달되었다는 오류다. 이와 같은 오류가 발생하는 이유는 메서드를 호출하면 자동적으로 클래스 자신을 메서드 함수에 전달하여 자신이 가진 데이터를 메서드 함수가 사용하게끔 하기 때문이다. 따라서, 클래스를 정의할 때 메서드 함수에 **클래스 자신을 받아줄 매개변수**를 가장 처음에 설정해야 한다. 상당히 불편한 점인데, 향 후 파이썬 버전에서도 계속 이러한 방식을 사용할지는 모르겠다.

자신을 받아줄 매개변수를 self로 설정하고 인스턴스를 생성한 다음, 메서드를 실행시키면 제대로 작동함을 볼 수 있다.

```python
class StatCal():

    data = [1,2,3]

    def get_avg(self):
        avg = sum(self.data)/len(self.data)
        return avg

    def get_min(self):
        minimum = min(self.data)
        return minimum

    def get_max(self):
        maximum = max(self.data)
        return maximum

stat_cal = StatCal()

print(cal.get_avg())
print(cal.get_min())
print(cal.get_max())
```

```
=========
2.0
1
3
```

## 2.2.2 초기화 함수 _init_

앞 예와 같이 기능하는 것만이 목적이라면 클래스는 필요 없고 사용자 정의 함수만으로 충분하다. 이제, 서로 다른 데이터를 사용하는 인스턴스를 만들어 보자. 앞서의 클래스 코드에 함수 __init__만 추가된다. 함수 __init__는 생성자constructor라고도 하는데, 인스턴스 생성 시 항상 자동적으로 실행되며 메서드가 아니다. 아래의 예에서는 함수 __init__를 통해 인스턴스 생성 시 name과 data 속성을 입력받도록 하였다.

```
class StatCal():

    def __init__(self, name, data):
        self.name = name
        self.data = data

    def get_avg(self):
        avg = sum(self.data)/len(self.data)
        return avg

    def get_min(self):
        minimum = min(self.data)
        return minimum

    def get_max(self):
        maximum = max(self.data)
        return maximum
```

위 클래스로부터 name 속성은 "sepal"꽃받침이고 data 속성은 [1,2,3]인 인스턴스 length와 name 속성은 "petal"꽃잎이고 data 속성은 [2,3,4]인 인스턴스 width를 생성해 보자.

```
length = StatCal("sepal", [1,2,3])
width  = StatCal("petal", [2,3,4])
```

이제, 각 인스턴스의 name 속성을 보고 메서드를 실행시켜 보자.

```
print(length.name)
print(length.get_avg())
print(length.get_min())
print(length.get_max())

print(width.name)
print(width.get_avg())
print(width.get_min())
```

```
print(width.get_max())
```

```
=========
sepal
2.0
1
3

petal
3.0
2
4
```

위는 클래스 Stat_Cal 하나로 꽃받침 길이 데이터에 대한 통계량과 꽃잎 넓이 데이터
에 대한 통계량을 계산하는 인스턴스를 만든 예다. 인스턴스마다 다른 데이터를 가질
수 있게 한다는 점에 주목하기 바란다. 이는 통계 작업을 하는 인력을 양성하는 곳[클
래스]에서 배출된 두 명[인스턴스] 중 한 명에게는 한국인의 키에 대한 통계 작업을 하
게 하고 다른 한 명에게는 미국인의 몸무게에 대한 통계 작업을 하게 한 것에 비유할
수 있다.

name과 data처럼 인스턴스 별로 사용되는 변수를 **인스턴스 변수**라 한다. 클래스 변수를
설정할 수도 있지만, 함수 내부에서 전역변수를 선언하는 것이 권장되지 않듯이 클래
스 변수는 모든 인스턴스들에서 공유되므로, 클래스 변수의 사용은 특별한 목적이 있
지 않은 한 권장되지 않는다.


## 2.2.3 클래스의 상속

기존의 클래스에 속성과 메서드를 추가하여 새로운 클래스를 만들 수도 있는데, 이를
**상속**inheritance이라 한다. 다음은 단순한 클래스인 Data에서부터 상속을 시작하여, Avg와
클래스와 Cal 클래스를 만드는 예이다. 클래스를 인수로 받는 것에 주목하라.

```
class Data():
    def __init__(self, data):
        self.data = data

class Avg(Data):
    def get_avg(self):
        avg = sum(self.data)/len(self.data)
```

```
        return avg
class Cal(Avg):
    def get_min(self):
        minimum = min(self.data)
        return minimum
    def get_max(self):
        maximum = max(self.data)
        return maximum

data =[1,2,3]

avg = Avg(data)
print(avg.get_avg())

cal = Cal(data)
print(cal.get_avg())
print(cal.get_min())
print(cal.get_max())
```

```
=========
2.0

2.0
1
3
```

여러 클래스로부터 상속을 받아 클래스를 만들 수도 있다.

```
class Data():
    def __init__(self, data):
        self.data = data

class Min(Data):
    def get_min(self):
        minimum = min(self.data)
        return minimum

class Max(Data):
    def get_max(self):
        maximum = max(self.data)
        return maximum

class Cal(Min, Max):
```

```
    def get_avg(self):
        avg = sum(self.data)/len(self.data)
        return avg

data =[1,2,3]

cal = Cal(data)
print(cal.get_avg())
print(cal.get_min())
print(cal.get_max())
```

```
==========
2.0
1
3
```

기존 클래스로부터 상속을 받아 메서드를 변경시킬 수도 있다.

```
class Avg():
    def __init__(self, data):
        self.data = data
    def get_avg(self):
        avg = sum(self.data)/len(self.data)
        return avg

class AvgTimesX(Avg):
    def get_avg(self, x):
        avg = sum(self.data)/len(self.data)
        avg = avg*x
        return avg

data = [1,2,3]

avg_x = AvgTimesX(data)
print(avg_x.get_avg(3))
```

```
=========
6.0
```

## 2.3 모듈과 패키지

내장 함수 목록에 필요한 기능을 하는 함수가 없다면, 사용자가 함수를 직접 정의할 수 있다. 하지만, 누군가 이미 그 기능을 함수로 구현해 두었다면, 사용자가 동일한 기능을 하는 함수를 군이 따로 작성할 필요는 없으며, 사용자가 함수를 직접 정의하기 어려울 수도 있다. 예를 들어, log 값을 계산해야 하는 함수라면 어떨까? 이 함수는 내장 함수 목록에 없는데, 기본적인 산술 연산만으로 직접 구현할 수 있겠는가? 테일러 전개를 이용하여 구현할 수 있겠지만, 로그 함수를 구현할 시간에 다른 작업을 하는 것이 훨씬 더 효율적일 것이다.

### 2.3.1 모듈

파이썬은 다양한 함수들을 종류별로 모아둔 **모듈**module들을 제공하고 있다. 파이썬 표준 라이브러리에서 모듈 목록을 볼 수 있다.

**표준 라이브러리:** https://docs.python.org/ko/3/library/index.html

이 중에서 수학 모듈 math를 보자. 다음과 같이 import 명령어로 모듈을 불러오면 모듈에 포함된 모든 함수들이 이미 코드에 포함include된 것처럼 작동한다. 모듈 이름 뒤에 점[.]을 쓰고 함수 이름을 이어서 쓰면 모듈에 포함된 함수를 사용할 수 있다. 모듈을 불러오는 코드는 가장 처음에 위치하도록 한다.

```
import math

print(math.log(10))
print(math.log10(10))
print(math.log2(10))
```

```
=========
2.302585092994046
1.0
3.321928094887362
```

자연 로그만 사용하고 싶다면, 다음과 같은 형식으로 자연 로그 함수만 불러온다.

```
from math import log

print(log(10))
```

```
=========
2.302585092994046
```

이름을 바꿔서 불러올 수도 있다. 다음은 log를 ln이라는 이름으로 불러오는 예다.

```
from math import log as ln

print(ln(10))
```

```
=========
2.302585092994046
```

## 2.3.2 패키지

여러 모듈들을 모아둔 것을 패키지라 하며, 사용법은 모듈과 같다. 패키지 내의 모듈은 하위 그룹이므로 패키지 이름과 점[.]으로만 구분한다. 기본적으로 제공되지 않는 패키지는 설치 후에 불러 올 수 있다. 논리적 오류가 있거나, 어떤 장난꾸러기가 희한한 코드를 넣어 두었을지도 모르기에, 검증된 패키지를 사용하는 것이 좋다. 필요한 패키지의 설치는 꼭 가상환경이 활성화된 터미널 창에서 하도록 한다.

그래프를 그리는 목적으로 제작된 패키지인 matplotlib를 예로 소개한다. 다양한 그래프 기능을 제공하며, 매우 활발히 사용되는 패키지다. 자세한 사용법은 패키지의 홈페이지를 보기 바란다: https://matplotlib.org

패키지의 설치는 가상환경이 활성화한 된 터미널 창에서 pip install 명령으로 한다. 앞으로 소개할 다른 패키지들도 같은 방법으로 설치한다[아래 참조].

```
pip install matplotlib
```

matplotlib 패키지에 포함된 pyplot이라는 모듈만 사용할 것이므로 pyplot만 불러오는데, 다음과 같이 타이핑하기 쉽도록 이름을 plt로 하여 불러온다. 굳이 이름을 바꾸고 싶지 않다면 as plt는 쓰지 않는다. 모듈과 마찬가지로 패키지를 불러오는 코드는 가장 처음에 위치하도록 한다.

```
import matplotlib.pyplot as plt
```

다음과 같이 불러올 수도 있다.

```
from matplotlib import pyplot as plt
```

pyplot을 이용하여 간단한 곡선을 그려보자.

```
x = [ ]
y = [ ]

for i in range(-100,101):
    j = i / 100
    x.append(j)
    y.append(j**2 + 1)

plt.plot(x, y)
plt.xlabel("x", fontsize=12)
plt.ylabel("y", fontsize=12)
plt.show()
```

이 책에서는 다양한 패키지들을 사용하는데, 가상환경을 활성화한 후 패키지들을 미리 설치해 두기 바란다. 버전 충돌을 피하기 위해 가급적 아래와 같이 지정한 버전의 패키지들을 설치하기 바란다.

```
pip install numpy==1.18.5
pip install scipy==1.4.1
pip install pandas==1.3.4
pip install scikit-learn==1.0.1
pip install tensorflow==2.2.0
```

### 2.3.3 모듈과 패키지의 제작

큰 작업을 하는 데 빈번히 사용되는 사용자 정의 함수들의 있다면, 종류별로 정리하여 자신만의 모듈을 만들어 둘 수도 있다. 함수들을 모아서 하나의 파일로 만들고, 확장자를 .py로 하여 저장하는 것이 모듈을 만드는 기본적인 방법이다.

제곱과 로그를 계산하고 출력하는 함수들을 포함한 모듈을 만들어 보자. 편집기에서 아래와 같은 내용으로 파일을 만든 후, my_module.py이라는 이름으로 저장한다. 이 예에서는 단순하게 메인 코드가 실행되는 디렉토리에 저장하는 것으로 한다.

```python
import math

def square(a):
    print(a**2)

def log(b):
    print(math.log(b))
```

그다음, 새로운 편집기 창에서 아래와 같은 내용의 코드를 작성하고 실행하면, 사용자가 만든 패키지 my_module을 불러와서 사용할 수 있다.

```python
import my_module

my_module.square(3)
my_module.log(1)
```

```
=========
9
0.0
```

위와 같은 방법으로, 설치 과정 없이 사용자가 만든 모듈을 사용할 수 있다. 사용자 패키지는 여러 모듈 파일을 하나의 폴더에 모아서 저장해 둔 것이다. 사용자 제작 모듈과 동일한 방법으로 사용자 제작 패키지를 사용한다.

유용한 기능을 하는 함수들을 모아 모듈이나 패키지를 만들었다면, 이를 공개하여 검증받고, 많은 이들이 사용할 수 있도록 해주는 것도 의미 있는 일일 것이다. 관심 있는 독자들은 PyPI Python Package Index[https://pypi.org]를 방문해 보기 바란다.

## 2.4 파일 읽고 쓰기

데이터 저장에 사용되는 특정한 형식[예, CSV]의 파일을 읽고 쓰는 용도로 특화된 모듈이 있는데, 이 절에서는 텍스트 파일의 내용을 읽고 쓰는 간단한 방법을 소개한다. 앞절에서 저장해 둔 my_module.py를 문서 파일이라 간주하고 이를 읽어보자.

```python
file_name = "my_module.py"
file = open(file_name, 'r')

for line in file:
    print(line, end="")

file.close()
```

입력한 바 그대로 화면에 출력됨을 볼 수 있을 것이다. 참고로, 위 print 문에서 end=""를 설정하지 않으면, 줄바꿈[\n]을 한번 더 해버린다. 그리고, 한번 연 파일은 꼭 닫아주어야 한다. 이제, 파일 쓰기를 해보자.

```python
file_name = "text.txt"
file = open(file_name, 'w') # 'a' for append

for i in range(3):
    line = str(i) + "\n"
    file.write(line)

file.close()
```

줄바꿈[\n]을 넣지 않으면, 한 줄에 모두 연결해서 쓰게 되므로 주의한다. 옵션을 'w'에서 'a'로 바꾸면 기존의 파일에 이미 수록된 내용에 연결해서 쓴다.

## 2.5 오류처리

프로그래밍에서 발생할 수 있는 오류에는 구문법을 다르지 않아 발생하는 **문법적 오류**[또는 구문 오류]가 있고, 문법적으로는 완벽하나 하고자 하는 일을 제대로 수행하지 못하는 **논리적 오류**가 있다. 이는 인간의 언어에서와 같다. 한 가지 오류가 더 있는데, 코드를 실행할 때 발생하는 **실행 오류**다.

문법적 오류는 프로그램이 아예 실행되지 않게 하고, 실행 오류는 프로그램이 실행 중에 종료되게 할 수도 있다. 문법적 오류와 실행 오류는 사실 고마운 오류다. 가장 치명적인 오류는 논리적 오류다. 논리적 오류는 결과를 면밀하게 검토하기 전까지는 알 수가 없다. 전문가란 해당 분야에서 수많은 오류를 경험한 자라는 말이 있다. 오류를 피하는 길은 오류를 최대한 많이 경험해 보는 것이다.

이 절에서 나루고자 하는 오류는 피할 수 없는 실행 오류에 관한 것이다. 쉐넌<sup>Claude Shannon</sup>의 정보 엔트로피<sup>entropy</sup>를 계산하는 식을 보자.

$$h = -\sum_{k=1}^{K} p_k \log p_k$$

위 식에서 $p_k$는 $k$번째 이산형 확률변수에 대한 확률인데, 예를 들어 $K = 4$인 이산형 확률분포가 [0/4, 1/4, 1/4, 2/4]일 수도 있다. 쉐넌의 엔트로피에서 $p_k = 0$이면 $p_k \log p_k$는 0으로 정의되어 있지만[log0이 0이라는 것이 아니다], 이 확률분포에 대해서 쉐넌의 엔트로피를 계산하는 단순한 코드를 실행시키면 log 함수가 분명히 실행 오류를 발생시킬 것이다. 입력을 검사하게 하는 if 제어문으로 해결할 수도 있겠지만, 다음과 같이 try-except 문을 이용하여 해결할 수 있다.

```
import math

def shannon_entropy(probs):
    h = 0
    for p in probs:
        try:
            summand = p*math.log2(p)
        except:
            summand = 0
        h += summand
    return -h
```

```
probs = [0/4,1/4,1/4,2/4]
print(shannon_entropy(probs), "bits")
```

```
=========
1.5 bits
```

위 스크립트에 else를 추가하여, 오류가 발생하지 않을 때는 블럭에 정해진 작업을 실시하게 할 수도 있다. 예를 들어, 단순한 메세지만 출력되도록 해보자.

```
import math

def shannon_entropy(probs):
    h = 0
    for p in probs:
        try:
            summand = p*math.log2(p)
        except:
            summand = 0
        else:
            print("p is not zero.")
        h += summand
    return -h

probs = [0/2,2/2]
print(shannon_entropy(probs), "bits")

probs = [1/2,1/2]
print(shannon_entropy(probs), "bits")
```

```
=========
p is not zero.
-0.0 bits

p is not zero.
p is not zero.
1.0 bits
```

위 스크립트에 finally를 추가하여, 해당 작업이 완료되었을 때 블럭에 정해진 작업을 실시하게 할 수도 있다. 여기서도 단순한 메세지만 출력되도록 하겠다.

```
import math

def shannon_entropy(probs):
    h = 0
    for p in probs:
        try:
            summand = p*math.log2(p)
        except:
            summand = 0
        else:
            print("p is not zero.")
        finally:
            print("summand calculation done.")
        h += summand
    return -h

probs = [0/2,2/2]
print(shannon_entropy(probs), "bits")

probs = [1/2,1/2]
print(shannon_entropy(probs), "bits")
```

```
=========
summand calculation done.
p is not zero.
summand calculation done.
-0.0 bits

p is not zero.
summand calculation done.
p is not zero.
summand calculation done.
1.0 bits
```

## 2.6 포괄식과 람다 표현식

### 2.6.1 포괄식

다음과 같은 리스트를 만든다고 하자.

```
a = [ ]
for i in range(10):
    a.append(i)

print(a)
```

```
=========
[0, 1, 2, 3, 4, 5, 6, 7, 8, 9]
```

위 코드의 for 반복문을 다음과 같이 리스트를 정의하는 각괄호 내부로 옮겨서 간결하게 쓸 수 있다. 이를 리스트 **포괄식**comprehension이라 한다.

```
a = [i for i in range(10)]

print(a)
```

```
=========
[0, 1, 2, 3, 4, 5, 6, 7, 8, 9]
```

if 조건문을 추가할 수도 있다.

```
a = [i*2 for i in range(10) if i % 2 == 0]

print(a)
```

```
=========
[0, 4, 8, 12, 16]
```

위와는 약간 다른 형식이지만 if-else 문을 추가할 수도 있다.

```
a = [i if i % 2 == 0 else 0 for i in range(10)]

print(a)
```

```
=========
[0, 0, 2, 0, 4, 0, 6, 0, 8, 0]
```

중첩 for 문을 사용할 수도 있다.

```
a = [(i, j) for i in range(10)
            for j in range(i, 10)]

print(a)
```

```
=========
[(0, 0), (0, 1), (0, 2), ..., (0, 9), (1, 1), (1, 2), ..., (1, 9), (2,
2), ...,(2, 9), ..., (9, 9)]
```

포괄식을 세트에도 적용할 수 있다.

```
a = {i for i in range(10) if i % 2 == 0}

print(a)
```

```
=========
{0, 2, 4, 6, 8}
```

## 2.6.2 람다 표현식

스크립트를 작성하는 중에 아래와 같은 간단한 사용자 함수가 필요한 경우도 있다.

```
def simple_func(x):
    return x**2 + x

print(simple_func(2))
```

```
=========
```

```
6
```

이런 경우, **람다**lambda **표현식**으로 위 함수를 즉각 정의할 수 있다. 람다 표현식은 `lambda` 다음에 매개 변수를 쓰고, 콜론 다음에 계산을 통해 반환할 값을 쓰는 형식을 취한다.

```
simple_func = lambda x: x**2 + x

print(simple_func(2))
```

```
=========
6
```

매개 변수를 여러 개 사용할 수도 있고, 매개 변수가 없을 수도 있다. 단, 사용자 정의 함수와 달리 람다 표현식 내부에서 새로운 변수를 정의할 수는 없다.

```
simple_func_1 = lambda x1, x2: x1**2 + x2

simple_func_2 = lambda : "need return value"

a = 3; b = 2
simple_func_3 = lambda : a + b

print(simple_func_1(2, 1))
print(simple_func_2())
print(simple_func_3())
```

```
=========
5
need return value
5
```

람다 표현식 내부에서 리스트 포괄식 등을 사용할 수도 있다.

```
simple_func = lambda x : [x**2 for x in range(x)]
print(simple_func(3))
```

```
=========
[0, 1, 4]
```

## 2.7 이터레이터와 제네레이터

### 2.7.1 이터레이터

이터레이터iterator는 반복자라 번역하기도 한다. iteration과 repeat 모두 반복이라 번역할 수 있으나, 이 둘은 약간 다른 의미를 가지고 있다. repeat가 단순한 반복이라면, iteration은 목적에 따른 끝이 있는 반복이다. 이를 염두에 두고 다음을 보자.

이터레이터는 저장된 요소들을 하나씩 추출해 내는 메서드 __next__를 갖는 객체다. 이 메서드를 가지려면 반복 추출이 가능한 객체여야 하는데, 문자열, 리스트, 튜플, 레인지[range], 세트, 그리고 딕셔너리가 반복 추출이 가능한 객체들이다. 반복 추출이 가능한 객체들은 __iter__ 메서드로 자신의 이터레이터를 생성할 수 있다. 다음은 리스트와 세트로부터 리스트 이터레이터와 세트 이터레이터를 생성한 예다.

```
>>> l = [1,2,3]
>>> l_i = l.__iter__()
>>> l_i
<list_iterator object at 0x7f99e46e5250>

>>> s = {3,2,1}
>>> s_i = s.__iter__()
>>> s_i
<set_iterator object at 0x7f99e46c1fc0>
```

이터레이터가 생성되면 __next__ 메서드를 이용하여 요소들을 하나씩 순서대로 추출할 수 있다[세트의 경우 나열된 순서대로 추출되지는 않는다]. 모든 요소들의 추출이 끝나면 이터레이터는 비어 있는 객체가 된다.

```
>>> l_i.__next__()
1
>>> l_i.__next__()
2
>>> l_i.__next__()
3
>>> l_i.__next__()
...
StopIteration
```

```
>>> s_i.__next__()
1
>>> s_i.__next__()
2
>>> s_i.__next__()
3
>>> s_i.__next__()
...
StopIteration
```

__iter__와 __next__를 사용하는 대신, iter와 next라는 함수로 이터레이터를 생성하고 요소를 하나씩 추출할 수 있다. 이들은 각각 __iter__와 __next__ 메서드를 호출하는 기능을 한다.

```
>>> a = [1, 2, 3]
>>> b = iter(a)
>>> b
<list_iterator object at 0x7f99e4266220>

>>> next(b)
1
>>> next(b)
2
>>> next(b)
3
>>> next(b)
...
StopIteration
```

또한 next 함수에는 추출이 마무리되면 StopIteration 대신 특정한 값을 반환하게 하는 기능도 있다.

```
a = ["A", "B", "C"]
b = iter(a)

>>> next(b, "Done")
'A'
>>> next(b, "Done")
'B'
>>> next(b, "Done")
'C'
>>> next(b, "Done")
'Done'
```

## 2.7.2 제네레이터

제네레이터generator는 이터레이터로 동작하는 함수다. 다음과 같이 순서대로 추출될 요소를 yield로 지정해 주면, 이 함수는 제네레이터가 된다. 아래는 range처럼 작동하는 제너레이터를 만든 예다.

```
def my_range(n):
    i = 0
    while i < n:
        yield i
        i += 1

for i in my_range(3):
    print(i)
```

```
=========
0
1
2
```

추출될 요소를 다른 함수가 반환하도록 할 수도 있다.

```
def my_func(i):
    return i**2 + 1

def my_range(n):
    i = 0
    while i < n:
        yield my_func(i)
        i += 1

for i in my_range(3):
    print(i)
```

```
=========
1
2
5
```

94

반복 추출이 가능한 객체가 포함하는 요소들을 한꺼번에 지정할 수도 있다.

```
l = ["A", "B", "C"]

def my_generator(l):
    yield from l

for item in my_generator(l):
    print(item)
```

```
=========
A
B
C
```

포괄식에서 각괄호 대신 튜플을 나타내는 괄호를 쓰면, 제네레이터가 생성된다.

```
my_gen = (x for x in range(3))

for i in my_gen:
    print(i)
```

```
=========
0
1
2
```

제네레이터는 함수처럼 정의하지만, 마지막으로 호출되어 사용되었던 상태를 기억하고 있다가, 필요할 때마다 반환값을 주는 객체다. 흔히, 메모리를 절약하려는 용도로 사용된다.

# 2.8 열거와 묶기

enumerate와 zip을 필자가 자의적으로 번역하여 열거와 묶기라 하였는데, 이 둘은 반복 가능형 객체들에 대해서 유용하게 사용할 수 있는 내장 함수들이다.

enumerate는 리스트나 문자열 등 반복 가능형 객체들로부터 인덱스와 요소를 튜플로 반환해주며, 다음과 같이 사용한다.

```
items = ["a", "b", "c"]

for i, item in enumerate(items):
    print(i, item)
```

```
=========
0 a
1 b
2 c
```

리스트 포괄식과 함께 사용할 수도 있다.

```
items = ["a", "b", "c"]

a = [(i, item) for i, item in enumerate(items)]
print(a)
```

```
=========
[(0, 'a'), (1, 'b'), (2, 'c')]
```

enumerate와 포괄식을 이용하여 딕셔너리를 만들 수도 있다.

```
items = ["a", "b", "c"]

a = {i:item for i, item in enumerate(items)}
print(a)
```

```
=========
{0: 'a', 1: 'b', 2: 'c'}
```

다변량 분석 등에서 서로 다른 종류의 값[예, 길이와 넓이]들을 튜플의 형태로 묶어 하나의 데이터 포인트로서 관리하고 사용해야 할 경우가 있는데, 각 데이터가 서로 다른 리스트나 튜플에 담겨 있다면 다음과 같이 zip을 이용하여 서로 묶어 줄 수 있다.

```
length = [111, 222, 333]
width = [33, 55, 66]

items = zip(length, width)

for item in items:
    print(item)
```

```
=========
(111, 33)
(222, 55)
(333, 66)
```

zip은 딕셔너리를 만들기 위해서 사용할 수도 있다.

```
name = ["park", "lee", "kim"]
score = [99, 98, 97]

score_book = zip(name, score)
score_dict = {name:score for name, score in score_book}

print(score_dict)
```

```
=========
{'park': 99, 'lee': 98, 'kim': 97}
```

## 2.9 복사

이름 a로 어떤 리스트 객체를 가리키고, 이름 b를 a로 정의하면 두 이름은 동일한 리스트 객체를 가리키므로, a를 통해 리스트 객체의 요소를 변경하면 b가 가리키는 리스트 객체에서도 변경된다고 하였다. 이 때문에 발생하는 문제를 피하기 위해 가변 객체의 사본을 얻는 방법들이 있다. 가장 간단한 방법은 리스트의 **복사**copy 메서드를 이용하는 것이다.

```
a = [1, 2, 3]

b = a.copy()
b[0] = "X"

print(b)
print(a)
```

```
=========
['X', 2, 3]
[1, 2, 3]
```

그런데, 중첩 리스트에서는 복사 메서드로 문제가 해결되지 않는다. 다음을 보자.

```
a = [[1, 2, 3], [7,8,9]]

b = a.copy()
b[0] = "X"

print(b)
print(a)
```

```
=========
['X', [7, 8, 9]]
[[1, 2, 3], [7, 8, 9]]
```

얼핏 복사된 것처럼 보이지만, 요소 리스트의 요소를 변경하면 여전히 둘 모두에서 변경된다.

```
a = [[1, 2, 3], [7,8,9]]

b = a.copy()
b[0][0] = "X"

print(b)
print(a)
```

```
=========
[['X', 2, 3], [7, 8, 9]]
[['X', 2, 3], [7, 8, 9]]
```

위와 같은 복사는 **얕은 복사**shallow copy라 한다. 요소 객체의 요소들까지 모두 복사하려면
얕은 복사 대신 **깊은 복사**deep copy를 해야 한다. 깊은 복사는 copy 모듈을 불러와서 실시
할 수 있다. 다음은 깊은 복사의 예다.

```
import copy

a = [[1, 2, 3], [7,8,9]]

b = copy.deepcopy(a)
b[0][0] = "X"

print(b)
print(a)
```

```
=========
[['X', 2, 3], [7, 8, 9]]
[[1, 2, 3], [7, 8, 9]]
```

## 2.10 데코레이터

데코레이터decorator는 함수에 특정한 기능을 추가하고자 할 때 사용한다. 데코레이터가 될 함수 my_decorator는 1] 대상이 될 함수 func를 인자로 받아 2] decorator의 내부에서 func에 기능이 추가된 함수 decorated를 정의한 후, 3] decorated를 반환한다. 즉, 아래와 같은 형식을 취한다.

```
def my_decorator(func):
    def decorated():
        ***some_scripts***
        func()
        ***some_scripts***
    return decorated
```

반환된 함수는 원래의 함수 앞/뒤 또는 앞과 뒤 모두에서 추가된 기능을 수행한다. 상당히 편리한 기법이다. 위와 같이 함수처럼 사용할 수도 있지만, 데코레이터를 적용하고자 하는 함수의 정의 위에 @my_decorator를 표시하는 형식으로 사용할 수 있다. 제곱의 합을 구하는 함수의 실행 시간을 측정하는 데코레이터를 만들어 보자.

```
import time

def print_running_time(func):
    def decorated(*args):
        stt_time = time.time()
        func(*args)
        stp_time = time.time()
        print("running time: %0.5f sec" %(stp_time-stt_time))
    return decorated

@print_running_time
def get_ss(n):
    ss = 0
    for i in range(n+1):
        ss += i**2
    return ss

ss = get_ss(10**5)
print("result:", ss)
```

```
=========
running time: 0.04737 sec
result: None
```

인수의 갯수는 몇 개가 될지 모르므로 *args를 이용하였다. 그런데, 데코레이트된 함수의 반환 값이 None이다. 반환 값이 있는 함수의 경우에는 데코레이터를 정의하는 함수를 다음과 같은 형식으로 해줘야 한다.

```python
def my_decorator(func):
    def decorated():
        #***some_scripts***
        outputs = func()
        #***some_scripts***
        return outputs
    return decorated
```

다시 제대로 쓰면 다음과 같다.

```python
import time

def print_running_time(func):
    def decorated(*args):
        stt_time = time.time()
        outputs = func(*args)
        stp_time = time.time()
        print("running time: %0.5f sec" %(stp_time-stt_time))
        return outputs
    return decorated

@print_running_time
def get_ss(n):
    ss = 0
    for i in range(n+1):
        ss += i**2
    return ss

ss = get_ss(10**5)
print("result:", ss)
```

```
=========
running time: 0.04561 sec
result: 333338333350000
```

## 2.11 성능 향상을 위한 방법

매우 복잡한 연산이 대량 요구되거나 많은 중첩 루프 등이 있을 때 활용할 수 있는 속도 향상을 위한 방법 몇 가지를 소개한다.

### 2.11.1 인텔Intel AI Analytics Toolkit 배포판

하나는 인텔 AI Analytics Toolkit에 포함된 **인텔 배포판** 파이썬을 사용하는 것이다. 인텔 배포판 파이썬은 파이썬 버전 3.7.4 기반이며, 인텔 CPU에 최적화된 연산 가속기를 사용한다. 인텔 홈페이지에서 내려받을 수 있다.

인텔 AI Analytics Toolkit 홈페이지: https://www.intel.com/content/www/us/en/developer/tools/oneapi/distribution-for-python.html

### 2.11.2 JIT 컴파일러

다른 하나는 함수 별로 파이썬 코드를 기계어로 컴파일하는 방법으로써, numba 패키지를 이용하여 실시할 수 있다. 사용법은 numba 패키지를 설치하고[pip install numba], jit 데코레이터를 불러와서 성능을 향상시키고자 하는 함수를 데코레이션하는 것이다. 해당 함수의 코드는 실행 시 JITjust in time 컴파일러가 기계어로 즉시 번역하며 상당한 성능 향상을 기대할 수 있다. 단, 실시간 컴파일이기에 컴파일 시간이 필요하다. 자주 사용할 복잡한 함수라면 컴파일 옵션을 cache=True로 설정하는 것이 도움이 된다. 자세한 내용은 numba 패키지의 홈페이지를 보기 바란다.

Numba 홈페이지: https://numba.pydata.org

아래는 제곱의 합을 구하는 함수에 적용한 예다.

```
import time
from numba import jit

@jit
def get_ss(n):
```

```
    ss = 0
    for i in range(n+1):
        ss += i**2
    return ss

ss = get_ss(10**5)  # needs compile time

stt_time = time.time()
ss = get_ss(10**5)
stp_time = time.time()

print("result:", ss)
print("running time: %0.8f" %(stp_time-stt_time))
```

```
=========
result: 333338333350000
running time: 0.00000501
```

결과는 컴파일 시간까지 포함하여 측정된 시간이다. 한번 컴파일되고 나면, 실행 시간은 거의 0초다. 단, 복잡한 함수의 경우 컴파일이 실패하지 않도록 numba의 jit 컴파일러가 요구하는 바에 따라 코드를 주의 깊게 작성해야 한다.

## 2.11.3 C로 작성된 함수의 호출

마지막 하나는 고속 연산이 필요한 함수를 C로 작성하고 컴파일한 다음, 파이썬으로 불러와 사용하는 방법이다. C 문법을 알고 있다면 파이썬 코드에 numba의 jit 컴파일러가 이해할 수 없는 구문이 포함된 경우에 사용할 수 있다.

다음은 맥OS에서 gcc 컴파일러를 이용하는 간단한 예다. 코드 편집기[예, Xcode 등]로 함수만 작성하고[main 함수는 없어도 된다], 파일 이름을 my_c.c 등으로 하여 파이썬 파일이 실행될 디렉토리에 저장한다. 제곱의 합을 구하는 C 함수를 대상으로 해보자.

```
# include <math.h>

double func(int n)
{
    int i;
    double ss = 0;
```

```
    for(i = 0; i <= n; i++)
        ss += pow(i, 2);

    return ss;
}
```

그다음, 터미널 창에서 my_c.c가 저장된 디렉토리로 이동하고, cat my_c.c 명령으로 작성한 파일이 맞는지 확인한다. 그리고, gcc 컴파일러로 my_c.c를 컴파일한다.

```
gcc -c my_c.c
```

my_c.o라는 오브젝트object 파일이 생성되었을 것이다. 그러면, 다음 명령으로 **동적[링크] 라이브러리**[DLLdynamic (link) library] 파일을 만든다. 확장자는 dylib[맥OS 명칭] 또는 dll[윈도우즈 명칭]로 한다.

```
gcc -shared -o my_c.dylib my_c.o
```

my_c.dylib라는 DLL 파일이 생성되었을 것이다. 이 파일을 파이썬이 읽어오도록 하는 **ctypes**의 모듈 **cdll**을 사용하여, 앞서 C로 작성한 함수를 파이썬에서 실행할 수 있다.

```
import time
from ctypes import cdll, c_double, c_int

my_c = cdll.LoadLibrary('my_c.dylib')
get_ss = my_c.func

get_ss.restype = c_double # define return type
get_ss.argtype = c_int    # define arg type(s)

stt_time = time.time()
ss = get_ss(10**5)
stp_time = time.time()

print("result:", ss)
print("running time: %0.5f" %(stp_time-stt_time))
```

```
=========
result: 333338333350000.0
running time: 0.00562
```

# 넘파이 기초

1장과 2장에서 파이썬 초급과 중급이라는 제목으로 기본적인 파이썬 구문들을 소개하였다. 이 책에 수록된 코드들은 파이썬 중급 수준을 넘지 않기에, 이로 충분하다고 생각한다. 더 높은 수준의 내용과 코딩 기법들은 독자들이 다양한 문제들의 해결을 위해 프로그래밍을 해보면서 자연스럽게 익혀갈 수 있을 것이다. 중요한 것은 고급 구문을 사용하느냐가 아니라, 주어진 문제의 해법을 코드로 잘 표현하는 것이라고 생각한다.

이 장에서는 다차원 배열array의 관리나 연산에 특화된 패키지인 넘파이Numpy를 소개한다. 파이썬은 배열형 데이터를 위해 리스트라는 자료 구조를 제공하지만, 리스트를 이용하여 대용량 또는 깊은 배열을 다루기는 상당히 불편하고 속도도 매우 느리다. 넘파이는 내부에서 C를 사용하고 배열형 데이터를 다루는 데 있어서 매우 강력한 기능을 제공하는 패키지다. 대량의 데이터 분석이나 인공지능 분야에서도 넘파이의 사용은 필수적이다. 자세한 내용은 공식 홈페이지를 보기 바란다.

**넘파이 공식 홈페이지**: numpy.org

넘파이 패키지는 다음과 같이 np라는 이름으로 불러온다. 아울러, time 모듈과 matplotlib 패키지도 사용하므로, 이들도 불러온다.

```
import numpy as np
import time
from matplotlib import pyplot as plt
```

본문의 코드에서는 위 패키지와 모듈이 모두 설치되어 있고 미리 불러온 것으로 간주한다. 다른 패키지들을 사용하는 장에서도 마찬가지다.

## 3.1 다차원 배열

몸무게, 키, 나이를 요소로 하는 데이터 포인트data point 하나를 벡터로 나타내 보자.

$$\mathbf{v} = [60 \quad 175 \quad 28]^\top$$

넘파이에서는 이를 길이가 3인 1차원 배열이라 하며, 다음과 같이 정의한다.

```
v = np.array([60, 175, 28])
```

4개의 픽셀로 이루어진 2×2 흑백 이미지[픽셀별 빛의 강도는 8비트: 0부터 255] 하나를 행렬로 나타내 보자.

$$\mathbf{M} = \begin{bmatrix} 128 & 221 \\ 77 & 192 \end{bmatrix}$$

넘파이에서는 이를 2차원 배열이라 하며, 다음과 같이 정의한다.

```
M = np.array([[128, 221],
              [ 77, 192]])
```

2차원 배열에서 세로 방향[행]은 0번 축axis이라 하며, 가로 방향[열]은 1번 축이라 한다.

이제, 4개의 픽셀로 이루어진 RGB 칼라 이미지 하나를 생각해 보자. 세 개 채널들[Red, Green, Blue]에 대한 값이 필요할 것이다. 행렬처럼 나타내 본다면 다음 둘 중의 하나다.

$$T3 = \begin{bmatrix} \begin{bmatrix} 128 & 221 \\ 77 & 192 \end{bmatrix} & \begin{bmatrix} 85 & 121 \\ 205 & 73 \end{bmatrix} & \begin{bmatrix} 186 & 33 \\ 202 & 92 \end{bmatrix} \end{bmatrix}$$

$$T3 = \begin{bmatrix} [128 & 85 & 186] & [221 & 121 & 33] \\ [77 & 205 & 202] & [192 & 73 & 92] \end{bmatrix}$$

전자는 채널 처음channels first 표기법을 사용한 것이고, 후자는 채널 마지막channels last 표기법을 사용한 것이다. 이 책에서는 채널 마지막 표기법만 사용한다. 넘파이에서는 위와 같은 배열을 3차원 배열이라 하며, 다음과 같이 정의한다.

```
T3 = np.array([[[128,  85, 186],[221, 121,  33]],
               [[ 77, 205, 202],[192,  73,  92]]])
```

바로 알아보기 힘들 수도 있는데, 0번 축과 1번 축이 이미지의 세로 방향과 가로 방향을 나타내고 마지막 축인 2번 축이 RGB 채널 3개를 나타낸다.

이번에는 위 칼라 이미지에서 두 번째 픽셀만 밝기가 1씩 증가하는 세 프레임짜리 동영상을 생각해 보자. 첫 번째 축인 0번 축으로 시점을 나타내면 다음과 같다.

$$
T4 = \begin{bmatrix} \begin{bmatrix} [128 \ 85 \ 186] \ [221 \ 121 \ 33] \\ [77 \ 205 \ 202] \ [192 \ 73 \ 92] \end{bmatrix} \\ \begin{bmatrix} [128 \ 85 \ 186] \ [222 \ 122 \ 34] \\ [77 \ 205 \ 202] \ [192 \ 73 \ 92] \end{bmatrix} \\ \begin{bmatrix} [128 \ 85 \ 186] \ [223 \ 123 \ 35] \\ [77 \ 205 \ 202] \ [192 \ 73 \ 92] \end{bmatrix} \end{bmatrix}
$$

넘파이에서는 이를 4차원 배열이라 하며 다음과 같이 정의한다.

```
T4 = np.array([[[[128,  85, 186],[221, 121,  33]],
                [[ 77, 205, 202],[192,  73,  92]]],
               [[[128,  85, 186],[221, 121,  33]],
                [[ 77, 205, 202],[192,  73,  92]]],
               [[[128,  85, 186],[221, 121,  33]],
                [[ 77, 205, 202],[192,  73,  92]]]])
```

위와 같은 동영상 여러 개를 하나의 배열로 만들 수도 있다. 이는 5차원 배열이 될 것이다. 6차원 이상의 배열에 대해서는 어떤 데이터가 이에 상응할지 독자들이 생각해 보기 바란다.

## 3.1.1 배열의 속성

넘파이 배열도 객체이므로 속성과 메서드를 갖는다. 다음에 나열한 배열의 속성을 통해 어떤 배열인지를 알 수 있다.

차원의 수: ndim

```
print(  v.ndim )
print(  M.ndim )
print( T3.ndim )
print( T4.ndim )
```

```
=========
1
2
3
4
```

형태[각 축의 크기]: shape

```
print(  v.shape )
print(  M.shape )
print( T3.shape )
print( T4.shape )
```

```
=========
(3,)
(2, 2)
(2, 2, 3)
(3, 2, 2, 3)
```

shape는 빈번하게 사용되는 속성으로서, 각 축의 길이를 튜플에 모아서 나타낸다. 따라서, T4.shape[0]과 T4.shape[3]은 각각 동영상의 갯수와 채널 수를 나타낸다.

요소들의 수: size

```
print(  v.size )
print(  M.size )
print( T3.size )
print( T4.size )
```

```
=========
3
```

```
4
12
36
```

데이터 타잎: dtype

```
print(  v.dtype )
print(  M.dtype )
print( T3.dtype )
print( T4.dtype )
```

```
=========
int64
int64
int64
int64
```

int64는 64 비트 정수이며, 0부터 $(2^{64}-1)$까지의 양 또는 음의 정수를 뜻한다. 메모리 요구량이 더 낮은 int32나 int16 등도 가능하다.

dtype 속성은 astype 메서드를 이용하여 변경할 수 있다.

```
T3 = T3.astype(float)
print(T3.dtype)
```

```
=========
float64
```

float64는 배정밀도double precision 실수를 의미하며, 지수에 11 비트를 소수에 52 비트를 할당한다. float32는 단정밀도single precision 실수를, float16는 반정밀도half precision 실수를 의미한다.

## 3.1.2 배열의 생성

**직접 생성**: 앞 예처럼 타이핑하여 정의하는 방법이다. 데이터 타입을 지정하지 않으면 사용한 숫자의 형태에 따라 결정된다. 예를 들어, 정수를 쓰면 int64로 결정되고 소수점을 표시하면 float64로 결정된다.

```
a = np.array([[1, 2],
              [3, 4]])
b = np.array([[1.0, 2.0],
              [3.0, 4.0]])

print(a.dtype)
print(b.dtype)
```

```
=========
int64
float64
```

정수로 쓰고 float64로 지정할 수도 있다.

```
c = np.array([[2, 3],
              [4, 5]], dtype=float)

print(c.dtype)
```

```
=========
float64
```

**파일로부터 배열 읽어 오기**: 테이블 형태의 데이터가 저장된 파일로부터 배열을 생성할 수 있다. 다음은 CSV 파일로부터 읽어 오는 예다.

```
data = np.genfromtxt("data.csv", delimiter=',', skip_header = 1)
```

delimiter는 구분자이며, 생략하면 공백을 구분자로 본다. 첫 줄에 컬럼의 제목이 기입되어 있다면 생략하도록 할 수 있다.

배열을 파일로 저장하는 방법도 여기서 소개한다. 한 개의 배열을 한 개의 파일에 저장하려면 np.save를, 여러 개의 배열을 한 개의 파일에 저장하려면 np.savez를, 압축하여 저장하려면 np.savez_compressed를 사용한다. 다음은 한 개의 파일을 저장하는 예다. 압축할 경우, 여러 개의 배열을 가정하고 있으므로 각각에 이름을 붙일 수 있으나, 이름을 지정하지 않으면 기본값으로 지정된다.

```
a = np.zeros((3,3))
npy_file_name = "path/file_name.npy"
npz_file_name = "path/file_name.npz"

np.save(npy_file_name, a)
np.savez_compressed(npz_file_name, a)
```

불러오는 방법은 다음과 같다. 한 개의 배열을 압축하여 저장했을 때는 아래와 같이 첫 번째 배열임을 표시해야 한다.

```
b = np.load(npy_file_name)
c = np.load(npz_file_name)['arr_0']
```

모두 0 또는 1로 채운 배열: 용도에 의문이 들 수도 있지만 굉장히 빈번히 사용된다. 생성 시 형태만 지정한다.

```
print( np.zeros((2,3)) )
print( np.ones((3,2)) )
```

```
=========
[[0. 0. 0.]
 [0. 0. 0.]]

[[1. 1.]
 [1. 1.]
 [1. 1.]]
```

특정한 값으로 채워진 배열

```
print( np.full((2,2), 3, dtype=int) )
```

```
=========
[[3 3]
 [3 3]]
```

비어 있는 배열: 숫자형인 경우 실제로는 비어 있지 않고 난수가 기입된다. dtype=str로 하면 문자형 배열로 생성된다.

```
print( np.empty((2,2), dtype=int) )
print( np.empty((2,2), dtype=float) )
print( np.empty((2,2), dtype=str) )
```

```
=========
[[6917529027641081856 6917529027641081856]
 [                  4                   0]]

[[2.68156159e+154 2.68156159e+154]
 [1.97626258e-323 0.00000000e+000]]

[['' '']
 ['' '']]
```

다른 배열과 형태가 동일한 배열

```
a = np.array([[1,2,3],
              [4,5,6],
              [7,8,9]])

print( np.zeros_like(a) )
print( np.ones_like(a) )
print( np.full_like(a, 3) )
```

```
=========
[[0 0 0]
 [0 0 0]
 [0 0 0]]

[[1 1 1]
 [1 1 1]
 [1 1 1]]

[[3 3 3]
 [3 3 3]
 [3 3 3]]
```

이 외에도 다양한 배열 생성법들이 있는데, 선형대수에서 자주 사용되는 두 가지만 더 소개한다. 순서대로, 대각행렬과 항등행렬이다.

```
d = np.array([1,2,3])
```

```
print( np.diag(d) )
print( np.identity(3) )
```

```
=========
[[1 0 0]
 [0 2 0]
 [0 0 3]]

[[1. 0. 0.]
 [0. 1. 0.]
 [0. 0. 1.]]
```

## 3.2 요소 값의 참조 및 변경

### 3.2.1 요소 값 참조

배열의 축별 인덱스를 이용하여 참조하며, 슬라이싱도 가능하다.

```
a = np.array([[1,2,3],
              [4,5,6],
              [7,8,9]])

print( a[0] )
print( a[2,2] )

print( a[0:2] )
print( a[0:2,1] )
print( a[:,0] )
print(a[1,0:2])
```

```
=========
[1 2 3]
9

[[1 2 3]
 [4 5 6]]
[2 5]
[1 4 7]
[4 5]
```

### 3.2.2 요소 값 변경

축별 인덱스를 이용하여 변경하며, 구간 변경도 가능하다.

```
a = np.array([[1,2,3],
              [4,5,6],
              [7,8,9]])

a[0] = 0
a[2,2] = 0
print(a)
```

```
a[0:2] = 3
a[2,0:2] = 0
print(a)
```

```
=========
[[0 0 0]
 [4 5 6]
 [7 8 0]]

[[3 3 3]
 [3 3 3]
 [0 0 0]]
```

### 3.2.3 넘파이 객체의 이름

넘파이 배열도 가변형 객체이기에 아래와 같이 객체 a로 객체 b를 정의하면, 이름 a와 b는 모두 같은 객체를 가리키게 된다.

```
a = np.array([[1,2,3],
              [4,5,6],
              [7,8,9]])
b = a
```

따라서, b를 통해 넘파이 객체의 요소 값을 변경하면 a가 가리키는 객체의 요소 값도 변경된다. 어느 한 객체의 형태[뒤에서 다룸]를 변경한 경우에는 객체의 식별번호는 달라지지만, 어느 한 객체에서 변경된 요소에 상응하는 요소가 변경된다.

```
b[1,-1] = 0

print(b)
print(a)
```

```
=========
[[1 2 3]
 [4 5 0]
 [7 8 9]]

[[1 2 3]
```

```
 [4 5 0]
 [7 8 9]]
```

이를 피하는 방법은 2장에서 언급한 깊은 복사인데, 다음과 같이 행한다.

```
a = np.array([[1,2,3],
              [4,5,6],
              [7,8,9]])

b = np.copy(a)   # b = a.copy()
b[1,-1] = 0

print(b)
print(a)
```

```
=========
[[1 2 3]
 [4 5 0]
 [7 8 9]]

[[1 2 3]
 [4 5 6]
 [7 8 9]]
```

## 3.2.4 특정한 요소의 인덱스 찾기

최대값/최소값 요소의 인덱스 찾기

```
a = np.array([[1,8,2],
              [5,4,6],
              [7,3,9]])

print( np.argmax(a, axis=0) )
print( np.argmax(a, axis=1) )
print( np.argmin(a, axis=0) )
print( np.argmin(a, axis=1) )
```

```
=========
[2 0 2]
[1 2 2]
```

```
[0 2 0]
[0 1 1]
```

조건을 만족하는 요소의 인덱스 찾기: 축별로 인덱스를 반환하므로, zip으로 묶은 후 요소의 인덱스 튜플을 받을 수 있다.

```
a = np.array([[1,8,2],
              [5,4,6],
              [7,3,9]])

print( np.where(a > 5) )

(i, j) = np.where(a > 5)
for item in zip(i, j):
    print(item)
```

```
=========
(array([0, 1, 2, 2]), array([1, 2, 0, 2]))

(0, 1)
(1, 2)
(2, 0)
(2, 2)
```

## 3.3 기본 연산

다음 배열들을 예로 사용하여 소개한다.

```
a = np.array([[1,2,3],
              [4,5,6],
              [7,8,9]])

b = np.array([[0,1,2],
              [3,4,5],
              [6,7,8]])

c = np.array([[3,4],
              [5,6],
              [7,8]])
```

### 3.3.1 요소별 가감 및 요소별 곱

```
print( a + b )
print( a - b )
print( a * b )
```

```
=========
[[ 1  3  5]
 [ 7  9 11]
 [13 15 17]]

[[1 1 1]
 [1 1 1]
 [1 1 1]]

[[ 0  2  6]
 [12 20 30]
 [42 56 72]]
```

### 3.3.2 점곱

점곱<sub>dot product</sub>은 여러 방법으로 구할 수 있다.

```
print( a @ b )
print( a.dot(b) )
print( np.dot(a,b) )
print( a @ c )
```

```
=========
[[ 24  30  36]
 [ 51  66  81]
 [ 78 102 126]]

[[ 24  30  36]
 [ 51  66  81]
 [ 78 102 126]]

[[ 24  30  36]
 [ 51  66  81]
 [ 78 102 126]]

[[ 34  40]
 [ 79  94]
 [124 148]]
```

### 3.3.3 요소별 자승

요소별 자승도 여러 방법으로 구할 수 있다.

```
print( a*a )
print ( a**2 )
print( a**0.5 )
print( np.power(a, 2) )
print( np.power(a, 0.5) )
```

```
=========
[[ 1  4  9]
 [16 25 36]
 [49 64 81]]

[[ 1  4  9]
 [16 25 36]
```

```
 [49 64 81]]

[[1.         1.41421356 1.73205081]
 [2.         2.23606798 2.44948974]
 [2.64575131 2.82842712 3.         ]]

[[ 1  4  9]
 [16 25 36]
 [49 64 81]]

[[1.         1.41421356 1.73205081]
 [2.         2.23606798 2.44948974]
 [2.64575131 2.82842712 3.         ]]
```

자승[$\mathbf{AAA} = \mathbf{A}^3$]과 요소별 자승[$\mathbf{A} \odot \mathbf{A} \odot \mathbf{A}$]을 구별하기 바란다.

```
ones = np.ones((3,3))

print(ones @ ones @ ones)
print(np.power(ones, 3))
```

```
=========
[[9. 9. 9.]
 [9. 9. 9.]
 [9. 9. 9.]]

[[1. 1. 1.]
 [1. 1. 1.]
 [1. 1. 1.]]
```

### 3.3.4 요소별 기본 수학 연산

```
print( np.exp(a) )
print( np.log(a) )
print( np.log10(a) )
print( np.log2(a) )
print( np.sqrt(a) )
print( np.round(np.sqrt(a), 1) )
```

```
=========
[[2.71828183e+00 7.38905610e+00 2.00855369e+01]
```

```
 [5.45981500e+01 1.48413159e+02 4.03428793e+02]
 [1.09663316e+03 2.98095799e+03 8.10308393e+03]]

[[0.         0.69314718 1.09861229]
 [1.38629436 1.60943791 1.79175947]
 [1.94591015 2.07944154 2.19722458]]

[[0.         0.30103    0.47712125]
 [0.60205999 0.69897    0.77815125]
 [0.84509804 0.90308999 0.95424251]]

[[0.         1.         1.5849625 ]
 [2.         2.32192809 2.5849625 ]
 [2.80735492 3.         3.169925   ]]

[[1.         1.41421356 1.73205081]
 [2.         2.23606798 2.44948974]
 [2.64575131 2.82842712 3.         ]]

[[1.  1.4 1.7]
 [2.  2.2 2.4]
 [2.6 2.8 3. ]]
```

### 3.3.5 기본 통계량

순서대로 합, 평균, 분산, 표준편차, 최소값, 최대값, 백분위수, 중앙값, 공분산, 상관계수를 구하는 메서드들이다.

```
np.sum(a); np.mean(a); np.var(a); np.std(a)
np.min(a); np.max(a); np.percentile(a, q); np.median(a)
np.cov(a); np.corr(a)
```

공분산과 상관계수를 제외하고는 계산할 축을 지정하면, 축별로 통계량을 구한다. -1은 마지막 축을 의미한다.

```
print( np.sum(a) )
print( np.sum(a, axis=0) )
print( np.sum(a, axis=1) )
print( np.sum(a, axis=-1) )
```

```
=========
45
[12 15 18]
[ 6 15 24]
[ 6 15 24]
```

## 3.3.6 기본 선형대수

배열이 정방행렬이라면, 고유값, 벡터, 역행렬을 구할 수 있다.

```
a = np.array([[1,1],
              [1,2]])

print(np.linalg.eig(a*a)[0])
print(np.linalg.eig(a*a)[1])
print(np.linalg.inv(a*a))
```

```
=========
[112.98393248  -6.28796962    0.30403713]

[[-0.08760083 -0.56243502  0.52216862]
 [-0.39084073 -0.48384954 -0.79359332]
 [-0.91628031  0.67048972  0.31232926]]

-216.00000000000006

[[ 1.29166667 -1.16666667  0.375     ]
 [-2.16666667  1.66666667 -0.5       ]
 [ 0.93055556 -0.61111111  0.18055556]]
```

역행렬[존재하는 경우]을 이용하여 연립방정식의 해를 구할 수 있는데, 이를 바로 수행해 준다. 예를 들어, 다음과 같은 연립방정식을

$$1x_1 + 2x_2 = 3$$
$$2x_1 + 3x_2 = 5$$

계수행렬 $\mathbf{A}$, 미지수 벡터 $\mathbf{x}$, 상수 벡터 $\mathbf{y}$로 나타내면,

$$\mathbf{A} = \begin{bmatrix} 1 & 2 \\ 2 & 3 \end{bmatrix}, \mathbf{x} = \begin{bmatrix} x_1 \\ x_2 \end{bmatrix}, \mathbf{y} = \begin{bmatrix} 3 \\ 5 \end{bmatrix}$$

$$\mathbf{Ax} = \mathbf{y}$$

이므로, 해는 다음과 같다.

$$\mathbf{x} = \mathbf{A}^{-1}\mathbf{y}$$

이를 넘파이로 간단히 구할 수 있다.

```
A = np.array([[1,2],
              [2,3]])
y = np.array([3,5])

print(np.linalg.solve(A,y))
```

```
=========
[1. 1.]
```

## 3.4  브로드캐스팅과 벡터화 연산

### 3.4.1  브로드캐스팅

백만 개의 숫자에 각각 1을 더하는 작업을 한다고 하자. 가장 단순한 방법은 다음과 같은 반복문을 사용하는 것이다. time 팩키지로 실행 시간을 측정하였는데, 필자의 노트북 컴퓨터에서 약 0.54초 소요되었다.

```
x = np.ones(10**6)
y = np.zeros(10**6)

stt_time = time.time()
for i in range(10**6):
    y[i] = x[i] + 1
stp_time = time.time()

print(y.sum())
print("time:", np.round(stp_time-stt_time,2))
```

```
=========
2000000.0
time: 0.5383
```

다음을 보자. x가 벡터이기에, 바로 1을 더했다.

```
x = np.ones(10**6)

stt_time = time.time()
y = x + 1
stp_time = time.time()

print(y.sum())
print("time:", np.round(stp_time-stt_time,4))
```

```
=========
2000000.0
time: 0.0045
```

무려 100배가 빨라지며, 코드도 간결해진다. 다음은 어떨까?

```
x = np.ones((10**6, 3))
a = np.array([1,1,1])
y = np.zeros_like(x)

stt_time = time.time()
for i in range(10**6):
    y[i] = x[i] + a
stp_time = time.time()

print(y.sum(axis=0))
print("time:", np.round(stp_time-stt_time,4))

stt_time = time.time()
y = x + a
stp_time = time.time()

print(y.sum(axis=0))
print("time:", np.round(stp_time-stt_time,4))
```

```
=========
[2000000. 2000000. 2000000.]
time: 1.7177

[2000000. 2000000. 2000000.]
time: 0.026
```

마찬가지로 약 100배 정도 빨라지는데, 좀 의아한 점이 있다. 행렬과 벡터의 연산에서 스칼라 연산 외에는 요소별 연산이기에 연산의 대상은 형태가 동일해야만 한다. 그런데, 위 예를 보면 형태가 다른 두 배열에 대한 합을 구했다.

넘파이는 형태가 다른 두 배열에 대한 연산을 할 때, 다음 그림과 같이 하나의 형태를 다른 하나의 형태로 확장시키는데, 이를 브로드캐스팅<sup>broadcasting</sup>이라 한다. 모든 형태의 배열에 사용할 수 있는 것은 아니고, 다음 그림처럼 형태 확장 시 두 배열에 대한 요소별 연산이 가능한 경우에만 사용할 수 있다.

$$
\begin{bmatrix} 1 & 2 & 3 \end{bmatrix} + \begin{bmatrix} 5 & 5 & 5 \end{bmatrix} = \begin{bmatrix} 6 & 7 & 8 \end{bmatrix}
$$

$$
\begin{bmatrix} 1 & 2 & 3 \\ 2 & 3 & 4 \\ 3 & 4 & 5 \end{bmatrix} + \begin{bmatrix} 1 & 2 & 3 \\ 1 & 2 & 3 \\ 1 & 2 & 3 \end{bmatrix} = \begin{bmatrix} 2 & 4 & 6 \\ 3 & 5 & 7 \\ 4 & 6 & 8 \end{bmatrix}
$$

$$
\begin{bmatrix} 1 & 1 & 1 \\ 2 & 2 & 2 \\ 3 & 3 & 3 \end{bmatrix} + \begin{bmatrix} 1 & 2 & 3 \\ 1 & 2 & 3 \\ 1 & 2 & 3 \end{bmatrix} = \begin{bmatrix} 2 & 3 & 4 \\ 3 & 4 & 5 \\ 4 & 5 & 6 \end{bmatrix}
$$

## 3.4.2 벡터화 연산

배열 사이의 연산은 형태가 허용하는 한 브로드캐스팅을 통해 빠르게 실행할 수 있다. 그런데, 배열들 사이의 연산이 아닌 경우라면 어떨까? 예를 들면 다음과 같은 문자열 배열을 딕셔너리를 이용하여 정수형 배열로 바꾸고자 하는 경우다.

```
base_seq = np.array(["A", "T", "T", "C"]*10**6, dtype=str)
```

이 경우는 np.where를 네 번 이용하여 빠르게 바꿀 수 있지만, 훨씬 더 다양한 종류의 단어들로 이루어진 문장이라면 단어의 종류 수 만큼 이를 반복해야 하므로 코드가 무척 길어질 것이다. 우선, 반복문과 딕셔너리를 사용해 보자.

```
base2idx = {"A":0, "T":1, "G":2, "C":3}

idx_seq = np.zeros_like(base_seq, dtype=int)
for i in range(len(base_seq)):
    idx_seq[i] = base2idx[base_seq[i]]
```

필자의 노트북 컴퓨터에서 2.65초 정도 소요된다. 위 작업을 반복문 없이 브로드캐스팅 연산처럼 수행할 수 있는데, 딕셔너리 함수를 **벡터화**vetorize하여 사용하는 것이다. 약 5배 정도 빨라진다. 앞서 언급한 바와 같이 단어의 종류가 많아질수록 속도 차이는 커진다.

```
idx_seq = np.vectorize(base2idx.get)(base_seq)
```

## 3.5 형태의 변경과 배열의 결합

### 3.5.1 펼치기

다차원 배열을 일차원 배열로 평평하게 만든다[flatten].

```
a = np.array([[1,2,3],
              [4,5,6],
              [7,8,9]])
print( np.ravel(a) )
```

```
=========
[1 2 3 4 5 6 7 8 9]
```

### 3.5.2 재배열

형태 인자를 통해 배열의 형태를 변경할 수 있다. 단, 변경 전과 후의 요소 갯수가 일치
해야 한다. 또는, 축 하나의 크기는 '-1'로 지정하여 반환되는 배열의 형태를 자동으로
결정하게 할 수 있다.

```
a = np.array([[ 0, 1, 2, 3],
              [ 4, 5, 7, 8],
              [ 9,10,11,12]])

print( np.reshape(a, (6,2)) )
print( np.reshape(a, (2,6)) )
print( np.reshape(a, (4,-1)) )
print( np.reshape(a, (-1,4)) )
```

```
=========
[[ 0  1]
 [ 2  3]
 [ 4  5]
 [ 7  8]
 [ 9 10]
 [11 12]]
```

```
[[ 0  1  2  3  4  5]
 [ 7  8  9 10 11 12]]

[[ 0  1  2]
 [ 3  4  5]
 [ 7  8  9]
 [10 11 12]]

[[ 0  1  2  3]
 [ 4  5  7  8]
 [ 9 10 11 12]]
```

### 3.5.3 전치

행과 열을 바꾼다transpose.

```
a = np.array([[ 0, 1, 2, 3],
              [ 4, 5, 7, 8],
              [ 9,10,11,12]])

print( np.transpose(a) )
print( a.T )
```

```
=========
[[ 0  4  9]
 [ 1  5 10]
 [ 2  7 11]
 [ 3  8 12]]

[[ 0  4  9]
 [ 1  5 10]
 [ 2  7 11]
 [ 3  8 12]]
```

### 3.5.4 수평 쌓기와 수직 쌓기

```
a = np.array([[1, 2],
              [3, 4]])
b = np.array([[5,6],
              [7,8]])
```

```
print( np.hstack([a,b]) )
print( np.vstack([a,b]) )
```

```
=========
[[1 2 5 6]
 [3 4 7 8]]

[[1 2]
 [3 4]
 [5 6]
 [7 8]]
```

넘파이의 벡터는 행벡터이므로, 벡터를 수평으로 연결하려 할 때는 다음 방법[column_stack]이 유용하다.

```
a = np.array([[1, 2],
              [3, 4]])
c = np.array([5,6])

print( np.vstack([a,c]) )
print( np.hstack([a,c]) )

print(c[:, None])
print( np.hstack([a,c[:,None]]) )
print( np.column_stack([a,c]) )
```

```
=========
[[1 2]
 [3 4]
 [5 6]]

ValueError

[[5]
 [6]]

[[1 2 5]
 [3 4 6]]

[[1 2 5]
 [3 4 6]]
```

## 3.5.5 붙이기

vstack, hstack과 동일한 기능을 제공하는 것처럼 보이지만, 축을 지정할 수 있기에 3차원 배열부터 유용성이 있다.

```
a = np.array([[1, 2],
              [3, 4]])
b = np.array([[5,6],
              [7,8]])

print( np.concatenate([a,b]) )
print( np.concatenate([a,b], axis=0) )
print( np.concatenate([a,b], axis=1) )
```

```
=========
[[1 2]
 [3 4]
 [5 6]
 [7 8]]

[[1 2]
 [3 4]
 [5 6]
 [7 8]]

[[1 2 5 6]
 [3 4 7 8]]
```

## 3.6 등간격 수열 얻기

마지막 수가 포함되는지 여부에 유의하여 사용하여야 한다.

```python
a = np.arange(100) # exclusive

print(a[:10])
print(a[-1])

a = np.linspace(start=0, stop=1, num=101)  # inclusive

print(a[:5])
print(a[-1])
```

```
=========
[0 1 2 3 4 5 6 7 8 9]
99

[0.   0.01 0.02 0.03 0.04]
1.0
```

함수를 그려 보거나 할 때 유용하게 사용할 수 있다.

```python
def f(x):
    y = x**2 + 1
    return y

x = np.linspace(-1,1,1000)
y = f(x)

plt.plot(x, y)
plt.xlabel("x", fontsize=12)
plt.ylabel("y", fontsize=12)
plt.show()
```

## 3.7 확률적 샘플링 및 난수 발생

### 3.7.1 확률적 선택

다음은 리스트 형태[아래 예에서는 bases]로 주어진 범주형 또는 이산형 확률변수에 대한 샘플링 예다. 샘플의 크기[size]와 확률분포[p]를 지정할 수 있다.

```
bases = ["A", "T", "G", "C"]
probs = [1/4, 1/4, 1/4, 1/4]

rand_seq = np.random.choice(bases, size=5, p=probs)
print(rand_seq)   # ['A' 'C' 'A' 'T' 'C']
```

### 3.7.2 정수의 무작위적 샘플링

정수의 경우 이산형 균일균포로부터 샘플링할 수 있다. 최소값[low]과 최고값[high]을 지정하는데, 최고값은 샘플링에서 제외된다.

```
rand_int = np.random.randint(low=-5, high=6, size=5)  # high exclusive
print(rand_int)   # [-3  1  1  0  0]
```

### 3.7.3 실수의 무작위적 샘플링

다음은 연속형 균일균포[$U[0,1)$]로부터의 샘플링 예다. 다른 범위의 실수를 샘플링하려면 반환된 값을 스케일링을 하거나, 아래에 언급된 uniform을 이용한다.

```
rand_float = np.random.random(size=5)
print(rand_float)
# [0.68054126 0.10825189 0.45625031 0.26088845 0.50302865]
```

이를 이용하여 특정한 확률로 발생하는 사건을 시뮬레이션할 수 있다. 다음은 모수가 p 인 베르누이 사건에 대한 예다. 물론, 확률적 선택을 이용할 수도 있다.

```
p = np.random.random()
if p > 0.1:  # (1 - 0.9)
    print("success")
else:
    print("fail")
```

### 3.7.4 다양한 확률분포로부터의 샘플링

위에 언급한 예 외에도 다양한 확률분포로부터의 샘플링을 할 수 있다. 사용할 수 있는 확률분포는 다음과 같다.

```
binomial, poisson, multinomial, geometric, negativebinomial
beta, chisquare, dirichlet, exponential,
gamma, gumbel, normal, standard_normal, uniform
```

다음은 정규분포로부터의 샘플링 예다. loc은 모집단 평균을, scale은 모집단 표준편차를 의미한다.

```
y = np.random.normal(loc=0, scale=1, size=1000)

print(np.round(y.mean(), 4))    # 0.042
print(np.round(y.std(), 4))     # 1.0419
```

### 3.7.5 난수 발생의 씨앗 지정

재현성 등을 보기 위한 이유로 난수가 발생되는 패턴을 고정시킬 필요도 있는데, 그럴 경우에는 다음과 같이 난수 발생의 씨앗을 지정한다.

```
np.random.seed(333)
```

# 피동적 알고리즘

## 숫자 야구

이 장부터는 인공지능의 세계로 들어가 볼 텐데, 첫 예로 숫자 야구라는 게임을 능숙하게 할 수 있는 알고리즘을 구현해 본다. 필자가 고안한 해법에 따라서만 답을 찾아간다는 점에서 이 장의 제목은 피동적 알고리즘이라 하였다. 코딩 연습을 겸해서 가볍게 읽어 주기 바란다.

숫자 야구는 두 명의 참여자가 상대방이 생각해 둔 숫자를 빨리 알아내는 것을 목표로 하는 게임이다. '피코pico, 페르미fermi, 베이글bagel'이라는 게임과 비슷하며, 많은 독자들이 한 번쯤 해 보았을 것이다. 게임 방법은 다음과 같다: 1] 응답자responder는 1부터 9까지 정수 3개를 중복 없이 사용하여 세 자리 정수를 만들고 기억한다. 2] 해결자solver는 응답자가 생각한 정수를 맞히기 위하여 자신이 추측한 숫자를 응답자에게 말한다. 3] 응답자는 해결자가 추측한 숫자에 대하여 볼ball과 스트라이크strike로 응답하는데, 해결자가 추측한 숫자의 어느 한 자리가 응답자가 생각해 둔 숫자에 포함되어 있다면 볼이고, 자리까지 맞혔다면 스트라이크로 보는 것이다. 예를 들어 응답자가 생각해 둔 숫자가 123이라 할 때, 해결자가 추측한 숫자가 248이라면 1 볼이고, 해결자가 추측한 숫자가 321이라면 1 스트라이크 2 볼이다. 4] 해결자는 응답자의 응답을 바탕으로 새로운 추측을 하고 다시 응답을 받는 과정을 3 스트라이크를 만들어 문제를 맞힐 때까지 반복한다.

이 장에서 사용할 패키지는 다음과 같이 불러들인다.

```
import numpy as np
```

## 4.1 응답자

### 4.1.1 기본 구조

컴퓨터 응답자는 1부터 9까지 아홉 개의 정수 중에서 세 개를 무작위적으로 생성하여 기억해 두고, 인간 해결자나 컴퓨터 해결자가 추측한 숫자를 입력받아 이와 비교한 다음, 몇 개의 스트라이크와 몇 개의 볼이 있는지를 해결자에게 응답한다.

다음은 컴퓨터 응답자가 사용할 숫자를 무작위적으로 생성하는 코드다.

```
rsp_nums = [i for i in range(1,10)]
rsp_nums = np.random.choice(rsp_nums, size=3, replace=False)
```

리스트 포괄식으로 1부터 9까지의 정수 아홉 개가 포함된 리스트 rsp_nums를 생성한 다음, np.random.choice를 사용하여 rsp_nums에 포함된 숫자 중에서 세 개의 숫자를 중복이 없도록 무작위적으로 선택하도록 한다. np.random.choice가 반환한 배열 객체에 다시 이름 rsp_nums를 붙임으로써 불필요하게 많은 이름들이 사용되지 않게 할 수 있다. 다음과 같이 작성하여도 무방하다.

```
rsp_nums = np.random.choice([i for i in range(1,10)],
                            size=3, replace=False)
```

어떤 숫자가 선택되었는지는 코드를 실행시킨 후, 셸 창에 rsp_nums를 입력하면 볼 수 있다. 확률적으로 선택되므로, 실행마다 선택된 숫자들은 달라진다.

```
=========
>>> rsp_nums
array([2, 6, 5])
```

다음은 컴퓨터 응답자가 생성한 세 개의 숫자가 담긴 rsp_nums 배열과 인간 해결자나 컴퓨터 해결자가 추측한 세 개의 숫자가 담긴 guess 리스트를 입력받고 응답을 출력하는 함수다.

```
def get_response_from_guess(rsp_nums, guess):
    n_stk = 0
```

```
    n_bll = 0
    for i in range(3):
        if guess[i] == rsp_nums[i]:
            n_stk += 1
        elif guess[i] in rsp_nums:
            n_bll += 1
        else:
            pass
    response = (n_stk, n_bll)
    return response
```

n_stk와 n_bll은 각각 스트라이크 수와 볼 수이다. guess와 rsp_nums의 요소들을
if-elif-else 문으로 하나씩 비교해 가면서 n_stk와 n_bll을 결정하도록 하였다. 두
번째 소속 연산자를 이용한 비교에서 elif를 쓰지 않고 if를 쓰면, 스트라이크도 볼로
계수되는 논리적 오류가 발생한다. 튜플 (n_stk, n_bll)의 형태로 응답 response를
반환하게 하였다. 볼을 B, 스트라이크를 S라 하면 해결자의 추측에 대하여 가능한 응답
들은 0S0B, 0S1B, 0S2B, 0S3B, 1S0B, 1S2B, 2S0B, 3S0B이다. 참고로, 2S1B는 불가능하
다.

다음은 위 함수의 실행 예다.

```
rsp_nums = [1, 2, 3]
guess = [3, 2, 1]

response = get_response_from_guess(rsp_nums, guess)
print(response)
```

```
==========
(1, 2)
```

## 4.1.2 응답자 클래스

앞서 작성된 코드를 바탕으로 응답자를 클래스로 구현해 보자. 이 클래스의 인스턴스
는 rsp_nums를 속성으로 하며, 인간 해결자나 컴퓨터 해결자가 전달해 주는 추측으로
부터 응답을 출력할 메서드를 가져야 한다. 다음은 응답자 클래스 코드다.

```
class Responder():
    def __init__(self):
```

```
        self.rsp_nums = np.random.choice(
            [i for i in range(1,10)], size=3, replace=False)
    def get_response_from_guess(self, guess):
        n_stk = 0
        n_bll = 0
        for i in range(3):
            if guess[i] == self.rsp_nums[i]:
                n_stk += 1
            elif guess[i] in self.rsp_nums:
                n_bll += 1
            else:
                pass
        response = (n_stk, n_bll)
        return response
```

## 4.1.3 인간 해결자 대 컴퓨터 응답자 게임

응답자 인스턴스를 만들어 숫자 야구 게임을 해 볼 수 있다. 인간 해결자로부터 입력을 받아 guess를 생성하는 코드는 다음과 같이 작성할 수 있다.

```
while True:
    guess = input("Guess:")
    if len(guess)==3 and len(set(guess))==3:
        break
guess = [int(item) for item in guess]
```

인간은 키보드 타이핑 실수를 할 수도 있으므로, 서로 다른 숫자 세 개가 입력될 때까지 while 루프를 반복하게 한다. 입력된 문자형 숫자 세 개가 모두 다른지는 guess를 세트로 변환하고 변환된 세트의 크기가 3인지를 보는 것으로 확인한다. 마지막으로, 리스트 포괄식을 이용하여 추측된 숫자 세 개를 순서대로 리스트에 담는다. 위 코드를 실행하면 사용자로부터 키보드 입력을 기다리는데, 123을 입력하면 다음과 같은 결과를 볼 수 있다.

```
=========
Guess:123
>>> print(guess)
[1, 2, 3]
```

다음은 위 코드들을 이용하여 인간 대 컴퓨터 응답자 게임을 구현한 함수다.

```
def play_num_baseball_hscr():
    # human solver vs computer responder
    responder = Responder()
    n_trials = 0
    while True:
        n_trials += 1
        print("n_trials:", n_trials)
        while True:
            guess = input("Guess:")
            if len(guess)==3 and len(set(guess))==3:
                break
        guess = [int(item) for item in guess]
        (n_stk, n_bll) = responder.get_response_from_guess(guess)
        print("Response: %d strikes and %d balls \n" %(n_stk, n_bll))
        if n_stk==3:
            print("Congratulations!")
            break
    return None
```

정답을 맞힐 때[n_stk==3]까지 추측과 응답을 while 루프로 반복하며 n_trials는 몇
번째 시도인지를 나타낸다. while 루프 내부에 있는 while 루프는 적절한 추측이 입력
되었는지를 체크한다. 위 함수를 실행하여 독자들은 몇 번의 시도 만에 정답을 맞힐 수
있는지 직접 게임을 해 보기 바란다.

이 절에서 작성한 코드 중에서 Responder 클래스와 play_num_baseball_hscr 함수만
나중에 사용할 것이므로, 나머지 코드들은 저장해 두지 않아도 된다. 익숙해지면 처음
부터 바로 함수나 클래스를 작성할 수도 있지만, 파이썬을 처음 접하는 독자들은 앞의
과정처럼 필요한 조각들을 먼저 작성해 보고 잘 작동하는지 확인한 다음, 이를 바탕으
로 함수나 클래스들을 작성하는 것도 도움이 된다.

## 4.2 해결자

### 4.2.1 기본 구조

필자의 해결자 알고리즘은 일종의 탐색 알고리즘으로서, 해결자는 응답자의 최초 응답에 따라 여덟 개로 구분된 탐색 전략을 사용한다. 물론 더 좋은 알고리즘도 있겠지만, 평균 8번의 시도 만에 정답을 맞히므로 그럭저럭 쓸만한 방법이다. 가능한 최초 응답 몇 가지를 살펴보는 것에서부터 시작하여, 알고리즘을 부분별로 소개하고 하나씩 구현해 보기로 한다.

해결자의 최초 추측에 대해 가장 운이 좋은 응답은 3S0B다. 이는 한 번에 정답을 맞힌 경우다. 그다음으로 운이 좋은 응답은 1S2B나 0S3B이다. 숫자의 자리만 바꿔서 시도해 보면 최대 3번이나 5번의 시도로 정답을 맞힐 수 있기 때문이다. 그런데, 특별한 의미를 갖는 응답이 있다. 이는 0S0B이며 앞으로 해결자가 선택할 숫자의 범위를 크게 줄여준다. 즉, 응답 3S0B는 항상 게임을 종료시키고, 1S2B나 0S3B는 운이 좋기는 하지만 어찌 되었든 계속된 탐색이 필요하고, 0S0B는 탐색의 범위를 줄여준다는 것이다. 또한, 최초의 응답이 0S0B일 때, 최초의 추측에 사용되었던 숫자들을 제거한 다음 두 번째 추측을 시도하여 다시 응답 0S0B가 얻어진다면, 다음 시도의 응답은 1S2B나 0S3B 둘 중의 하나다. 따라서, 해결자는 최초 응답이 0S0B인지 아닌지에 따라 다음 단계에서 무엇을 해야 할지를 결정해야 한다. 이상 언급한 내용을 다음 흐름도 나타내었다.

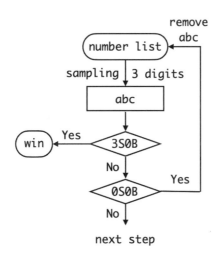

위 흐름도를 구현하기 전에 좀 더 구체적인 코딩 방안을 생각해 보자: 1] 해결자는 1부터 9까지 아홉 개의 정수를 담고 있는 숫자 리스트[numbers]를 만들고, 이에 속한 서로 다른 숫자 세 개 a, b, c를 선택한 다음 이들을 숫자 리스트에서 제거한다. 2] abc를 최초의 추측[init_guess]으로 사용한다. 3] 응답[response]이 3S0B라면, 게임을 종료한다. 아니라면 다음 단계로 넘어간다. 4] 응답이 0S0B라면, 숫자 a, b, c가 제거된 숫자 리스트에서 다시 숫자 세 개를 선택하고 위 과정을 반복한다. 아니라면, 다음 단계로 넘어간다. 아래는 위 내용에 따라 작성된 코드다.

```python
numbers = [i for i in range(1,10)]

while True:
    init_guess = np.random.choice(numbers, size=3, replace=False)
    numbers.remove(init_guess[0])
    numbers.remove(init_guess[1])
    numbers.remove(init_guess[2])
    print("guess:", "".join([str(n) for n in init_guess]))
    # human input
    n_stk = int(input("n strikes:"))
    n_bll = int(input("n balls  :"))
    response = (n_stk, n_bll)
    if response == (3,0) or response != (0,0):
        break
```

응답이 3S0B이거나 0S0B가 아니라면, 초기 추측을 위한 while 루프가 종료된다. 그러면, 3S0B와 0S0B를 제외한 응답들에 대해서 응답별로 다른 탐색 전략을 가진 추측기를 이용하여 본격적인 탐색을 실시한다. 각 추측기가 사용하는 알고리즘은 해당 추측기를 소개하는 부분에서 따로 설명하기로 하고, 우선 응답에 따라 탐색 알고리즘을 선택하는 코드를 작성해 보자. 추측기는 클래스로 구현할 것이기 때문에, 응답에 따라 추측기 클래스를 선택하고 인스턴스를 만드는데 추측기 인스턴스의 이름은 추측기 클래스의 종류에 상관없이 guesser로 한다. 다음은 각 응답에 대하여 추측기 인스턴스를 만드는 코드다.

```python
if response == (0,3):
    guesser = Guesser_0S3B(init_guess)
if response == (1,2):
    guesser = Guesser_1S2B(init_guess)
if response == (1,0):
    guesser = Guesser_1S0B(numbers, init_guess)
if response == (0,1):
    guesser = Guesser_0S1B(numbers, init_guess)
```

```
if response == (2,0):
    guesser = Guesser_2S0B(numbers, init_guess)
if response == (1,1):
    guesser = Guesser_1S1B(numbers, init_guess)
if response == (0,2):
    guesser = Guesser_0S2B(numbers, init_guess)
```

response는 중복이 없으므로 단순히 if 조건문을 반복 사용하였으며, 추측기 클래스의 이름에 응답 결과가 포함되게 하였다. 추측기들도 numbers에서 숫자를 제거하는 방법을 사용하는데, 응답 0S3B와 1S2B에 대한 추측기 인스턴스를 만들 때 numbers를 초기화 인수로 사용하지 않는 이유는 응답 0S3B와 1S2B에 대해서는 단순히 숫자의 순서만 바꿔 가면서 추측할 것이기 때문이다.

이제 남은 코드는 선택된 추측기 인스턴스를 이용하여 정답을 맞힐 때까지 루프를 반복하는 코드다. 이는 다음과 같이 작성할 수 있다.

```
while True:
    if response == (3,0):
        print("Congratulations!")
        break
    next_guess = guesser.make_guess(response)
    print("guess:", "".join([str(n) for n in next_guess]))
    n_stk = int(input("n strikes:"))
    n_bll = int(input("n balls  :"))
    response = (n_stk, n_bll)
```

## 4.2.2 해결자 클래스

앞서 작성한 코드를 바탕으로 인간 응답자나 컴퓨터 응답자 모두에 대해서 작동할 수 있는 해결자 클래스를 작성해 보자. 메서드를 통해 인간 응답자나 컴퓨터 응답자와 상호작용해가면서 답을 찾아갈 것이므로, 기본 구조에서 언급한 코드와는 약간 달라진다. 코드가 다소 길고 중첩문이 많지만, 각 속성의 의미를 생각하면서 약간만 주의 깊게 읽어보면 흐름을 쉽게 이해할 수 있다.

```
class Solver():
    def __init__(self):
        self.numbers = [i for i in range(1,10)]
        self.first_trial = True
```

```python
            self.init_guess = None
            self.guesser = None
        def get_guess_from_response(self, response=None):
            if self.first_trial:
                self.first_trial = False
                self.init_guess = np.random.choice(
                    self.numbers,size=3,replace=False)
                self.numbers.remove(self.init_guess[0])
                self.numbers.remove(self.init_guess[1])
                self.numbers.remove(self.init_guess[2])
                return self.init_guess
            else:
                if self.guesser == None:
                    if response == (0,0):
                        self.init_guess = np.random.choice(
                            self.numbers,size=3,replace=False)
                        self.numbers.remove(self.init_guess[0])
                        self.numbers.remove(self.init_guess[1])
                        self.numbers.remove(self.init_guess[2])
                        return self.init_guess
                    if response == (0,3):
                        self.guesser = Guesser_0S3B(self.init_guess)
                        next_guess = self.guesser.make_guess(response)
                        return next_guess
                    if response == (1,2):
                        self.guesser = Guesser_1S2B(self.init_guess)
                        next_guess = self.guesser.make_guess(response)
                        return next_guess
                    if response == (1,0):
                        self.guesser = Guesser_1S0B(self.numbers,
                                                    self.init_guess)
                        next_guess = self.guesser.make_guess(response)
                        return next_guess
                    if response == (0,1):
                        self.guesser = Guesser_0S1B(self.numbers,
                                                    self.init_guess)
                        next_guess = self.guesser.make_guess(response)
                        return next_guess
                    if response == (2,0):
                        self.guesser = Guesser_2S0B(self.numbers,
                                                    self.init_guess)
                        next_guess = self.guesser.make_guess(response)
                        return next_guess
                    if response == (1,1):
                        self.guesser = Guesser_1S1B(self.numbers,
                                                    self.init_guess)
                        next_guess = self.guesser.make_guess(response)
```

```
                    return next_guess
                if response == (0,2):
                    self.guesser = Guesser_0S2B(self.numbers,
                                                self.init_guess)
                    next_guess = self.guesser.make_guess(response)
                    return next_guess
            else:
                next_guess = self.guesser.make_guess(response)
                return next_guess
```

## 4.2.3 추측기 클래스

다음은 3S0B와 0S0B를 제외한 응답에 대한 탐색 알고리즘과 해결자 클래스가 사용할 추측기 인스턴스를 생성하는 추측기 클래스들이다. 각 추측기는 추측에 이미 사용했던 추측들을 기억하고 앞으로 어떤 추측을 해야 할지를 결정해야 한다는 점을 염두에 두고 코드를 보기 바란다.

Guesser_0S3B 클래스:

응답이 0S3B일 경우, 추측한 숫자 *abc*에서 자리만 틀린 것이다. 따라서, 자리를 바꾼 *acb*, *bac*, *cab*, *bca*, *cba*를 순서대로 시도하면 최대 다섯 번의 시도로 정답을 찾을 수 있다. 코드는 다음과 같다.

```
class Guesser_0S3B():
    def __init__(self, init_guess):
        self.init_guess = init_guess
        self.branch_id = 1
    def make_guess(self, response=None):
        [a,b,c] = [self.init_guess[0],
                   self.init_guess[1],
                   self.init_guess[2]]
        if self.branch_id == 1: next_guess = [a,c,b]
        if self.branch_id == 2: next_guess = [b,a,c]
        if self.branch_id == 3: next_guess = [c,a,b]
        if self.branch_id == 4: next_guess = [b,c,a]
        if self.branch_id == 5: next_guess = [c,b,a]
        self.branch_id += 1
        return next_guess
```

Guesser_0S3B는 다섯 개의 가능한 숫자들에 대해 단순히 순서대로 추측할 것이기 때문에, 추측을 시도할 때마다 branch_id 속성 값을 증가시키는 것으로 추측 과정을 기억하게 하였다. Guesser_0S3B의 메서드 함수 make_guess는 response를 입력으로 요구하지 않으나, response를 입력으로 요구하는 다른 추측기 인스턴스들도 동일한 이름 guesser를 사용할 것이므로, 기본값을 None으로 설정한 매개변수를 사용하였다.

Guesser_1S2B 클래스:

응답이 1S2B인 경우, 추측한 숫자 abc의 한 자리에 스트라이크가 있다는 것이기에, a, b, c 중의 하나는 자리까지 맞혔고 나머지 둘은 자리가 틀렸다는 것을 의미한다. 따라서, acb, cba, bac를 순서대로 시도하면 최대 세 번의 시도로 정답을 찾을 수 있다. 코드는 Guesser_0S3B 클래스와 크게 다르지 않다.

```
class Guesser_1S2B():
    def __init__(self, init_guess):
        self.init_guess = init_guess
        self.branch_id = 1
    def make_guess(self, response=None):
        [a,b,c] = [self.init_guess[0],
                   self.init_guess[1],
                   self.init_guess[2]]
        if self.branch_id == 1: next_guess = [a,c,b]
        if self.branch_id == 2: next_guess = [c,b,a]
        if self.branch_id == 3: next_guess = [b,a,c]
        self.branch_id += 1
        return next_guess
```

Guesser_2S0B 클래스:

응답이 0S3B나 1S2B가 아니라면, 문제는 약간 복잡해지고 계층적 탐색이 필요하게 된다. 응답이 2S0B인 경우에 대하여 다음 표를 보자. 상단의 숫자는 정답으로 가정된 것을 나타내며, 좌측의 숫자는 추측을 나타낸다. x는 numbers에 포함된 숫자 중에서 a, b, c를 제외한 숫자를 의미한다.

|  | abx | axc | xbc |
|---|---|---|---|
| abc | 2S0B | 2S0B | 2S0B |
| acb | 1S1B | 1S1B | 0S2B |
| bac |  |  |  |
| cab |  |  |  |
| bca |  |  |  |
| cba | 1S1B | 0S2B |  |

추측 abc에 대한 응답 2S0B는 정답이 abx, axc, xbc와 같은 형태일 때만 얻어진다. 따라서, abc의 자리를 바꾼 추측을 시도하고 이에 대하여 얻어지는 응답을 보면 정답에 대한 단서들을 찾을 수 있다. 예를 들어, acb를 추측으로 사용하고 응답 0S2B를 얻는다면, 정답은 xbc 형태라는 것을 알 수 있다. 물론, 응답 1S1B를 얻는 경우에는 정답의 형태가 abx가 될지 axc가 될지 모르지만, 그럴 경우 cba를 추측으로 한 번 더 사용해 보면 응답에 따라 정답의 형태를 찾을 수 있다. bac, cab, bca는 시도해 볼 필요가 없다.

정답의 형태가 abx, axc, xbc 중의 하나로 결정되면, numbers에 포함된 숫자들을 x에 하나씩 대입해 가면서 추측을 시도해 본다. 즉, 최대 여덟 번의 시도로 정답을 찾을 수 있다. branch_id 속성으로 탐색할 계층 구조를 나타내며, 이를 if문과 함께 사용하면 goto문처럼 사용할 수 있다. 코드는 다음과 같다.

```python
class Guesser_2S0B():
    def __init__(self, numbers, init_guess):
        self.numbers = numbers
        self.init_guess = init_guess
        self.branch_id = 1
    def make_guess(self, response=None):
        [a,b,c] = [self.init_guess[0],
                   self.init_guess[1],
                   self.init_guess[2]]
        if self.branch_id == 1:
            next_guess = [a,c,b]
            self.branch_id = 2
            return next_guess
        if self.branch_id == 2 and response == (0, 2):
            self.branch_id = "xbc"
        if self.branch_id == 2 and response == (1, 1):
            next_guess = [c,b,a]
```

```
            self.branch_id = 21
            return next_guess
        # -----
        if self.branch_id == 21 and response == (1, 1):
            self.branch_id = "abx"
        if self.branch_id == 21 and response == (0, 2):
            self.branch_id = "axc"
        # -----
        if self.branch_id == "xbc":
            x = self.numbers.pop()
            next_guess = [x,b,c]
            return next_guess
        if self.branch_id == "abx":
            x = self.numbers.pop()
            next_guess = [a,b,x]
            return next_guess
        if self.branch_id == "axc":
            x = self.numbers.pop()
            next_guess = [a,x,c]
            return next_guess
```

Guesser_1S1B 클래스:

응답이 1S1B이면, 2S0B인 경우보다 탐색의 범위가 증가하지만, 동일한 방법을 사용한다. 코드는 아래와 같다.

|       | axb  | acx  | xba  | cbx  | xac  | bxc  |
|-------|------|------|------|------|------|------|
| abc   | 1S1B | 1S1B | 1S1B | 1S1B | 1S1B | 1S1B |
| acb   | 2S0B | 2S0B | 0S2B | 0S2B | 0S2B | 0S2B |
| bac   |      |      |      |      |      |      |
| cab   | 1S1B | 0S2B |      |      |      |      |
| bca   |      |      | 1S1B | 0S2B | 0S2B | 1S1B |
| cba   |      |      | 2S0B | 2S0B | 0S2B | 0S2B |

```
class Guesser_1S1B():
    def __init__(self, numbers, init_guess):
        self.numbers = numbers
        self.init_guess = init_guess
        self.branch_id = 1
```

```python
    def make_guess(self, response=None):
        [a,b,c] = [self.init_guess[0],
                   self.init_guess[1],
                   self.init_guess[2]]
        if self.branch_id == 1:
            next_guess = [a,c,b]
            self.branch_id = 2
            return next_guess
        # -----
        if self.branch_id == 2 and response == (2,0):
            next_guess = [c,a,b]
            self.branch_id = 21
            return next_guess
        if self.branch_id == 2 and response == (0,2):
            next_guess = [c,b,a]
            self.branch_id = 22
            return next_guess
        # -----
        if self.branch_id == 21 and response == (1,1):
            self.branch_id = "axb"
        if self.branch_id == 21 and response == (0,2):
            self.branch_id = "acx"
        if self.branch_id == 22 and response == (2,0):
            next_guess = [b,c,a]
            self.branch_id = 221
            return next_guess
        if self.branch_id == 22 and response == (0,2):
            next_guess = [b,c,a]
            self.branch_id = 222
            return next_guess
        # -----
        if self.branch_id == 221 and response == (1,1):
            self.branch_id = "xba"
        if self.branch_id == 221 and response == (0,2):
            self.branch_id = "cbx"
        if self.branch_id == 222 and response == (0,2):
            self.branch_id = "xac"
        if self.branch_id == 222 and response == (1,1):
            self.branch_id = "bxc"
        # -----
        if self.branch_id == "axb":
            x = self.numbers.pop()
            next_guess = [a,x,b]
            return next_guess
        if self.branch_id == "acx":
            x = self.numbers.pop()
            next_guess = [a,c,x]
```

```
            return next_guess
        if self.branch_id == "xba":
            x = self.numbers.pop()
            next_guess = [x,b,a]
            return next_guess
        if self.branch_id == "cbx":
            x = self.numbers.pop()
            next_guess = [c,b,x]
            return next_guess
        if self.branch_id == "xac":
            x = self.numbers.pop()
            next_guess = [x,a,c]
            return next_guess
        if self.branch_id == "bxc":
            x = self.numbers.pop()
            next_guess = [b,x,c]
            return next_guess
```

Guesser_OS2B 클래스:

응답이 OS2B이면 탐색의 범위가 더욱 증가하지만, 동일한 방법을 사용한다. 코드는 아래와 같다.

|     | bax  | xab  | bxa  | cax  | xca  | cxa  | bcx  | xcb  | cxb  |
|-----|------|------|------|------|------|------|------|------|------|
| abc | 0S2B | 0S2B | 0S2B | 0S2B | 0S2B | 0S2B | 0S2B | 0S2B | 0S2B |
| acb | 0S2B | 1S1B | 0S2B | 0S2B | 1S1B | 0S2B | 1S1B | 2S0B | 1S1B |
| bac | 2S0B | 1S1B | 1S1B | 1S1B | 0S2B | 0S2B | 1S1B |      | 0S2B |
| cab | 1S1B | 1S1B | 0S2B | 2S0B | 0S2B | 1S1B | 0S2B |      | 2S0B |
| bca |      |      |      |      |      |      |      |      |      |
| cba | 0S2B | 0S2B | 1S1B | 1S1B | 1S1B | 2S0B | 0S2B |      | 1S1B |

```
class Guesser_0S2B():
    def __init__(self, numbers, init_guess):
        self.numbers = numbers
        self.init_guess = init_guess
        self.branch_id = 1
    def make_guess(self, response=None):
        [a,b,c] = [self.init_guess[0],
                   self.init_guess[1],
```

```
                    self.init_guess[2]]
        if self.branch_id == 1:
            next_guess = [a,c,b]
            self.branch_id = 2
            return next_guess
        if self.branch_id == 2 and response == (2,0):
            self.branch_id = "xcb"
        if self.branch_id == 2 and response == (0,2):
            next_guess = [c,a,b]
            self.branch_id = 21
            return next_guess
        if self.branch_id == 2 and response == (1,1):
            next_guess = [c,a,b]
            self.branch_id = 22
            return next_guess
        # -----
        if self.branch_id == 21 and response == (0,2):
            self.branch_id = "bxa"
        if self.branch_id == 21 and response == (2,0):
            self.branch_id = "cax"
        if self.branch_id == 21 and response == (1,1):
            next_guess = [c,b,a]
            self.branch_id = 211
            return next_guess
        if self.branch_id == 22 and response == (0,2):
            next_guess = [b,a,c]
            self.branch_id = 221
            return next_guess
        if self.branch_id == 22 and response == (2,0):
            next_guess = [b,a,c]
            self.branch_id = 222
            return next_guess
        # -----
        if self.branch_id == 211 and response == (0,2):
            self.branch_id = "bax"
        if self.branch_id == 211 and response == (2,0):
            self.branch_id = "cxa"
        if self.branch_id == 221 and response == (0,2):
            self.branch_id = "xca"
        if self.branch_id == 221 and response == (1,1):
            self.branch_id = "bcx"
        if self.branch_id == 222 and response == (1,1):
            self.branch_id = "xab"
        if self.branch_id == 222 and response == (0,2):
            self.branch_id = "cxb"
        # -----
        if self.branch_id == "bax":
```

```
                    x = self.numbers.pop()
                    next_guess = [b,a,x]
                    return next_guess
                if self.branch_id == "xab":
                    x = self.numbers.pop()
                    next_guess = [x,a,b]
                    return next_guess
                if self.branch_id == "bxa":
                    x = self.numbers.pop()
                    next_guess = [b,x,a]
                    return next_guess
                if self.branch_id == "cax":
                    x = self.numbers.pop()
                    next_guess = [c,a,x]
                    return next_guess
                if self.branch_id == "xca":
                    x = self.numbers.pop()
                    next_guess = [x,c,a]
                    return next_guess
                if self.branch_id == "cxa":
                    x = self.numbers.pop()
                    next_guess = [c,x,a]
                    return next_guess
                if self.branch_id == "bcx":
                    x = self.numbers.pop()
                    next_guess = [b,c,x]
                    return next_guess
                if self.branch_id == "xcb":
                    x = self.numbers.pop()
                    next_guess = [x,c,b]
                    return next_guess
                if self.branch_id == "cxb":
                    x = self.numbers.pop()
                    next_guess = [c,x,b]
                    return next_guess
```

Guesser_1S0B 클래스:

응답이 1S0B이면 앞서와는 약간 다른 방법을 사용한다. 숫자 하나만 자리까지 맞혔다는 것을 의미하므로, 어느 위치가 스트라이크인지부터 찾는다.

| | a__ | _b_ | __c |
|---|---|---|---|
| abc | 1S0B | 1S0B | 1S0B |
| acb | 1S0B | 0S1B | 0S1B |
| bac | | | |
| cab | | | |
| bca | | | |
| cba | | 1S1B | 0S1B |

스트라이크 위치가 파악되면, 나머지 두 개의 숫자를 찾는다. 예를 들어, 정답이 a__형 태인 경우는 abz의 z에 numbers에 남아 있는 숫자를 하나씩 대입해 가면서 스트라이크 수나 볼 수를 증가시키는 숫자 두 개[x, y]를 찾는다. 정답의 형태가 _b_나 __c인 경우도 같은 접근법을 사용한다. 도중에 1S2B 응답이 얻어지면, 볼들의 위치를 한 번만 바꿔서 시도해도 정답을 찾을 수 있다. 코드는 다음과 같다.

```
class Guesser_1S0B():
    def __init__(self, numbers, init_guess):
        self.numbers = numbers
        self.init_guess = init_guess
        self.branch_id = 1
        self.z = None
        self.two_z = [ ]
        self.i = 0
    def make_guess(self, response=None):
        [a,b,c] = [self.init_guess[0],
                   self.init_guess[1],
                   self.init_guess[2]]
        if self.branch_id == 1:
            next_guess = [a,c,b]
            self.branch_id = 2
            return next_guess
        if self.branch_id == 2 and response == (1,0):
            self.branch_id = "a__"
        if self.branch_id == 2 and response == (0,1):
            next_guess = [c,b,a]
            self.branch_id = 21
            return next_guess
        # -----
        if self.branch_id == 21 and response == (1,0):
            self.branch_id = "_b_"
```

```python
        if self.branch_id == 21 and response == (0,1):
            self.branch_id = "__c"
    # -----
    if self.branch_id == "a__":
        if (response[0]+response[1]) > 1:
            self.two_z.append(self.z)
        else:
            pass
        if len(self.two_z) == 2:
            self.branch_id = "axy"
        else:
            self.z = self.numbers.pop()
            next_guess = [a,b,self.z]
            return next_guess
    if self.branch_id == "_b_":
        if (response[0]+response[1]) > 1:
            self.two_z.append(self.z)
        else:
            pass
        if len(self.two_z) == 2:
            self.branch_id = "xby"
        else:
            self.z = self.numbers.pop()
            next_guess = [a,b,self.z]
            return next_guess
    if self.branch_id == "__c":
        if (response[0]+response[1]) > 1:
            self.two_z.append(self.z)
        else:
            pass
        if len(self.two_z) == 2:
            self.branch_id = "xyc"
        else:
            self.z = self.numbers.pop()
            next_guess = [self.z,b,c]
            return next_guess
    # -----
    if self.branch_id == "axy":
        if self.i == 0:
            next_guess = [a,self.two_z[0],self.two_z[1]]
        else:
            next_guess = [a,self.two_z[1],self.two_z[0]]
        self.i += 1
        return next_guess
    if self.branch_id == "xby":
        if self.i == 0:
            next_guess = [self.two_z[0],b,self.two_z[1]]
```

```
            else:
                next_guess = [self.two_z[1],b,self.two_z[0]]
            self.i += 1
            return next_guess
        if self.branch_id == "xyc":
            if self.i == 0:
                next_guess = [self.two_z[0],self.two_z[1],c]
            else:
                next_guess = [self.two_z[1],self.two_z[0],c]
            self.i += 1
            return next_guess
```

Guesser_OS1B 클래스:

응답이 OS1B인 경우 볼 하나에 대한 스트라이크 위치를 찾으면 1SOB인 상태가 되므로
나머지 과정은 위 1SOB인 경우와 동일하다. 코드는 아래와 같다.

|      | _a_  | __a  | b__  | __b  | c__  | _c_  |
|------|------|------|------|------|------|------|
| abc  | 0S1B | 0S1B | 0S1B | 0S1B | 0S1B | 0S1B |
| acb  | 0S1B | 0S1B | 0S1B | 1S0B | 0S1B | 1S0B |
| bac  | 1S0B | 0S1B | 1S0B |      | 0S1B |      |
| cab  | 1S0B | 0S1B | 0S1B | 1S0B | 1S0B | 0S1B |
| bca  |      |      |      |      |      |      |
| cba  |      |      |      |      |      |      |

```
class Guesser_0S1B():
    def __init__(self, numbers, init_guess):
        self.numbers = numbers
        self.init_guess = init_guess
        self.branch_id = 1
        self.z = None
        self.two_z = [ ]
        self.i = 0
    def make_guess(self, response=None):
        [a,b,c] = [self.init_guess[0],
                   self.init_guess[1],
                   self.init_guess[2]]
```

```python
        if self.branch_id == 1:
            next_guess = [a,c,b]
            self.branch_id = 2
            return next_guess
        if self.branch_id == 2 and response == (1,0):
            next_guess = [c,a,b]
            self.branch_id = 21
            return next_guess
        if self.branch_id == 21 and response == (1,0):
            self.branch_id = "__b"
        if self.branch_id == 21 and response == (0,1):
            self.branch_id = "_c_"
        if self.branch_id == 2 and response == (0,1):
            next_guess = [b,a,c]
            self.branch_id = 22
            return next_guess
        if self.branch_id == 22 and response == (1,0):
            next_guess = [c,a,b]
            self.branch_id = 221
            return next_guess
        if self.branch_id == 22 and response == (0,1):
            next_guess = [c,a,b]
            self.branch_id = 222
            return next_guess
        if self.branch_id == 221 and response == (1,0):
            self.branch_id = "_a_"
        if self.branch_id == 221 and response == (0,1):
            self.branch_id = "b__"
        if self.branch_id == 222 and response == (0,1):
            self.branch_id = "__a"
        if self.branch_id == 222 and response == (1,0):
            self.branch_id = "c__"
        # -----
        if self.branch_id == "_a_":
            if (response[0]+response[1]) > 1:
                self.two_z.append(self.z)
            else:
                pass
            if len(self.two_z) == 2:
                self.branch_id = "xay"
            else:
                self.z = self.numbers.pop()
                next_guess = [b,a,self.z]
                return next_guess
        if self.branch_id == "__a":
            if (response[0]+response[1]) > 1:
                self.two_z.append(self.z)
```

```
            else:
                pass
            if len(self.two_z) == 2:
                self.branch_id = "xya"
            else:
                self.z = self.numbers.pop()
                next_guess = [b,self.z,a]
                return next_guess
        if self.branch_id == "b__":
            if (response[0]+response[1]) > 1:
                self.two_z.append(self.z)
            else:
                pass
            if len(self.two_z) == 2:
                self.branch_id = "bxy"
            else:
                self.z = self.numbers.pop()
                next_guess = [b,a,self.z]
                return next_guess
        if self.branch_id == "__b":
            if (response[0]+response[1]) > 1:
                self.two_z.append(self.z)
            else:
                pass
            if len(self.two_z) == 2:
                self.branch_id = "xyb"
            else:
                self.z = self.numbers.pop()
                next_guess = [a,self.z,b]
                return next_guess
        if self.branch_id == "c__":
            if (response[0]+response[1]) > 1:
                self.two_z.append(self.z)
            else:
                pass
            if len(self.two_z) == 2:
                self.branch_id = "cxy"
            else:
                self.z = self.numbers.pop()
                next_guess = [c,self.z,a]
                return next_guess
        if self.branch_id == "_c_":
            if (response[0]+response[1]) > 1:
                self.two_z.append(self.z)
            else:
                pass
            if len(self.two_z) == 2:
```

```python
                self.branch_id = "xcy"
            else:
                self.z = self.numbers.pop()
                next_guess = [a,c,self.z]
                return next_guess
        # -----
        if self.branch_id == "xay":
            if self.i == 0:
                next_guess = [self.two_z[0],a,self.two_z[1]]
            else:
                next_guess = [self.two_z[1],a,self.two_z[0]]
            self.i += 1
            return next_guess
        if self.branch_id == "xya":
            if self.i == 0:
                next_guess = [self.two_z[0],self.two_z[1],a]
            else:
                next_guess = [self.two_z[1],self.two_z[0],a]
            self.i += 1
            return next_guess
        if self.branch_id == "bxy":
            if self.i == 0:
                next_guess = [b,self.two_z[0],self.two_z[1]]
            else:
                next_guess = [b,self.two_z[1],self.two_z[0]]
            self.i += 1
            return next_guess
        if self.branch_id == "xyb":
            if self.i == 0:
                next_guess = [self.two_z[0],self.two_z[1],b]
            else:
                next_guess = [self.two_z[1],self.two_z[0],b]
            self.i += 1
            return next_guess
        if self.branch_id == "cxy":
            if self.i == 0:
                next_guess = [c,self.two_z[0],self.two_z[1]]
            else:
                next_guess = [c,self.two_z[1],self.two_z[0]]
            self.i += 1
            return next_guess
        if self.branch_id == "xcy":
            if self.i == 0:
                next_guess = [self.two_z[0],c,self.two_z[1]]
            else:
                next_guess = [self.two_z[1],c,self.two_z[0]]
            self.i += 1
```

```
    return next_guess
```

## 4.2.4 컴퓨터 해결자 대 인간 응답자 게임

다음은 앞서 완성한 해결자 클래스와 추측기 클래스를 이용하여 컴퓨터 해결자 대 인간 응답자 게임을 실행하는 함수다.

```
def play_num_baseball_cshr():
    # computer solver vs human responder
    solver = Solver()
    response = None
    n_trials = 0
    while True:
        n_trials += 1
        print("\nn_trials:", n_trials)
        guess = solver.get_guess_from_response(response)
        print("Guess:", "".join([str(n) for n in guess]))
        while True:
            print("--- Response ---")
            n_stk = int(input("n strikes:"))
            n_bll = int(input("n balls:"))
            if (n_stk + n_bll) <= 3:
                break
        response = (n_stk, n_bll)
        if n_stk == 3:
            print("\n*** Finished *** ")
            break
    return None
```

위 함수를 실행해 보면 컴퓨터 해결자의 기량이 상당함을 알 수 있다. 하지만, 한 두 번의 실행 결과로 기량을 평가하는 것은 문제가 있다. 무작위적인 초기 추측에 따라 우연히 빠르게 답을 맞혔을 수도 있고, 우연히 느리게 답을 맞혔을 수도 있기 때문이다. 다음 절에서는 컴퓨터 해결자의 기량을 평가해 본다.

## 4.3 해결자의 평가

해결자를 평가함에 있어서 중요하게 고려해야 할 점은 비교의 대상이다. 비교의 대상을 인간으로 할 수도 있지만, 그러려면 수많은 참여자를 대상으로 숫자 야구 게임을 실시하고 그 결과로부터 인간 기량의 평균[그리고 분산 등]을 구해봐야 한다. 물론, 숫자 야구 문제를 풀 수 있는 다른 인공지능이 있다면, 그 인공지능과 기량을 비교할 수도 있다. 다른 인공지능도 없다면, 무작위적인 추측을 하는 해결자와 기량을 비교해 볼 수 있다. 최소한 무작위적인 추측을 하는 해결자보다는 높은 기량을 보여야 해당 문제에 대한 문제 해결 능력을 갖추었다고 할 수 있을 것이다.

### 4.3.1 무작위적 해결자

앞서 언급한 목적으로 사용할 무작위적인 추측을 하는 해결자를 구현해 보자. 다음은 응답자의 응답에 상관없이 무작위적인 추측을 반환하는 메서드를 갖는 클래스로 구현된 무작위적 해결자다. 코드가 비교적 단순하니 설명은 생략한다.

```
class RandomSolver():
    def __init__(self):
        self.numbers = [i for i in range(1,10)]
    def get_guess_from_response(self, response=None):
        guess = np.random.choice(self.numbers,size=3,replace=False)
        return guess
```

### 4.3.2 평가용 함수

숫자 야구 문제를 풀 수 있는 다른 인공지능에 대해서도 사용할 수 있도록 평가용 함수를 작성한다. solver 매개변수로 해결자 인스턴스를 받아들여 기본 1000회의 게임을 실시하고 승률을 출력하도록 한 평가용 함수는 다음과 같다.

```
def evaluate(Solver, n_iter=1000):
    print("...")
    n_trials_list = [ ]
    for _ in range(n_iter):
        solver = Solver()
```

```
        responder = Responder()
        response = None
        n_trials = 0
        while True:
            n_trials += 1
            guess = solver.get_guess_from_response(response)
            response = responder.get_response_from_guess(guess)
            if response[0]==3:
                break
        n_trials_list.append(n_trials)
    print("evaluation completed\n", "-"*5)
    print("mean:", np.mean(n_trials_list))
    print("std:", np.std(n_trials_list))
    print("max:", np.max(n_trials_list))
    print("min:", np.min(n_trials_list))
    return None
```

무작위적 해결자의 평가[다소 시간이 소요된다] 결과는 다음과 같다.

```
evaluate(RandomSolver)
```

```
=========
...
evaluation completed
 -----
mean: 514.71
std: 512.3321128916282
max: 3497
min: 1
```

무작위적 해결자는 우연히 한 번에 답을 맞힌 때도 있었지만, 최대 약 3000번의 시도만에 답을 맞히기도 하고, 평균 약 500번의 시도 만에 답을 맞힌다.

이 장에서 소개한 알고리즘을 사용하는 해결자의 평가 결과는 다음과 같다.

```
evaluate(Solver)
```

```
=========
...
evaluation completed
 -----
```

```
mean: 8.274
std: 2.13516369395885
max: 12
min: 1
```

최대 12번의 시도 만에 답을 맞히며, 평균 약 여덟 번의 시도로 답을 맞히는 결과를 보여준다. 알고리즘에 좀 더 개선되어야 할 부분도 있어 아쉽기는 하지만, 이 정도 기량이면 숫자 야구 게임을 처음 접해보는 독자들과는 대등한 수준의 게임을 할 수 있을 것 같다.

파이썬과 넘파이를 소개하고 바로 이어지는 장에서 다루는 코드들이라 처음엔 읽기 어렵다고 생각될 수도 있지만, 한 번 더 천천히 읽어보면 실상 길이만 길었지 간단한 몇 개의 구문만 반복적으로 사용했다는 것을 알 수 있을 것이다. 독자들이 필자의 코드를 나름대로 바꿔보기도 하고, 독자들만의 알고리즘을 구상하여 구현도 해 보기를 바라면서 이 장을 마무리한다.

# 05

# 상태와 행동

$n$목

4장의 제목을 다소 거창하게 피동적 알고리즘이라 하였으나, 사실 코딩 연습에 가까운 내용이었다. 본격적인 알고리즘은 이어지는 장에서 소개할 미니맥스와 몬테카를로 트리 탐색법부터 시작한다. 두 알고리즘은 두 명의 참여자가 있는 게임에서 최선의 행동을 찾는 데 유용하게 사용할 수 있는 알고리즘으로서, 이들을 통해 강화학습에서 사용하는 개념들에 대한 기초들을 다질 수 있다. 6장과 7장에서는 두 알고리즘을 각각 틱택토TicTacToe [삼목]와 오목에 적용해 볼 것인데, 바둑판 위에 흑백의 돌들이 놓인 국면을 '상태'라 하고 참여자가 두는 수를 '행동'이라 할 것이다.

이 장의 부제인 $n$목은 $n$이 3이냐 5이냐에 따라 틱택토가 되기도 하고 오목이 되기도 한다. 많은 독자들에게 익숙한 게임일 것이다. $n$개의 돌을 수평, 수직, 또는 대각선 방향으로 먼저 연결하는 대국자가 승리한다는 점에서 두 게임은 본질적으로 같은 게임이다. 바둑이나 장기와 같은 동양권 보드 게임에서는 돌이나 말을 두 개의 선이 교차하는 점에 두고 틱택토나 체스 같은 서양권 보드 게임에서는 돌이나 말을 네 개의 선이 만드는 면에 둔다는 차이만 있다. 6장과 7장에서는 알고리즘에만 집중할 수 있도록, 이 장에서는 $n$목 인공지능에게 상태와 행동에 따른 상태의 변화를 알려줄 상태 클래스를 작성한다.

이 장에서 사용할 패키지와 모듈은 다음과 같이 불러들인다.

```
import numpy as np
import time
```

# 5.1 n목 환경

인간과 컴퓨터 대국자 간의 오목 게임이 이루어지는 방식을 생각해 보면서, $n$목 상태 클래스의 구성 요소들을 찾아보자. 가장 기본적인 요소는 바둑판이다. 바둑판과 바둑판에 놓인 돌들을 컴퓨터가 인식할 수 있도록 해야 할 것이며 컴퓨터가 생각해 낸 수를 인간이 알아볼 수 있도록 표현해야 할 것이다. 그리고, 컴퓨터에게 오목의 게임 규칙을 알려줘야 할 것이다.

오목은 두 대국자가 한 번씩 번갈아 가면서 돌을 둔다. 오목이나 바둑에서는 먼저 두는 이[선수first mover]가 흑 돌을 사용하고 나중에 두는 이[후수second mover]가 백 돌을 사용한다. 바둑판 밖에는 돌을 둘 수 없는데, 바둑판 위에도 착수 금지점들이 있다. 예를 들어, 이미 점유된 곳에는 착수할 수 없다. 오목의 경우 게임의 난이도를 높이기 위해 다양한 착수 금지점들을 설정하곤 하는데, 구현의 간편성을 위해서 난이도 증가용 착수 금지점은 없다고 해두자.

게임의 승패는 누가 먼저 $n$개의 돌을 수평, 수직, 또는 대각선 방향으로 먼저 연결하는지에 따라 결정된다. 인간 대국자 사이의 대국에서는 두어 봤자 승패에 영향을 주지 않는 자리만 남아 있다면 더 이상 대국을 진행하지 않고 무승부로 판정하겠지만, 구현의 간편성을 위해서 승패가 결정되지 않고 더 이상 착수할 자리가 없으면 무승부 판정을 하기로 하자.

## 5.1.1 바둑판과 착수된 돌

바둑판을 보드board라 칭하고 틱택토와 오목 모두 면에 돌을 두는 것으로 나타낸다. 컴퓨터에게는 보드와 보드에 놓인 돌들의 위치를 수치화해서 알려줘야 하는데, 넘파이 배열을 보드로 사용하고 흑과 백 돌들은 각각 숫자 +1과 -1로 나타낸다. 돌이 두어지지 않은 곳은 0으로 나타낸다. 따라서, 게임이 시작되는 초기 상태의 보드는 np.zeros(shape, dtype=int)이다. 여기서 shape는 틱택토의 경우 (3,3), 아홉 줄 바둑판 오목의 경우 (9,9), 정규 바둑판 오목의 경우 (19,19)이다. 다음은 3×3 넘파이 바둑판에 두 수가 착수된 예다.

```
board = np.zeros((3,3), dtype=int)
print(board)
```

```
board[1,1] = 1
print(board)

board[1,0] = -1
print(board)
```

```
=========
[[0 0 0]
 [0 0 0]
 [0 0 0]]

[[0 0 0]
 [0 1 0]
 [0 0 0]]

[[ 0  0  0]
 [-1  1  0]
 [ 0  0  0]]
```

보드와 보드에 놓인 돌들의 위치를 위와 같이 알려주는 것은 컴퓨터에게는 문제가 되지 않겠지만, 인간에게는 좀 더 친절한 바둑판이 필요하다.

## 5.1.2 유저 인터페이스

컴퓨터와 인간이 서로 소통할 수 있도록 하는 매개체를 유저user 인터페이스interface, UI라 한다. 그래픽 기반으로 만들면 GUIgraphic UI라 하며, 터미널에서 명령어를 입력받고 결과를 출력하는 방식으로 만들면 CUIcommand line UI라 한다. 구현의 간편성을 위해 CUI를 사용한다. 다음은 board를 입력받고 국면을 화면에 출력하는 함수와 실행 예다. 단순히 칸수를 맞춰가며 화면에 좌표와 돌[선수는 O, 후수는 X]을 프린트하는 것이므로 자세한 설명은 생략한다.

```
def show_board(board):
    n_rows = board.shape[0]
    n_cols = board.shape[1]
    mark = {0:" ", 1:"O", -1:"X"}
    print("\n")
    row_idx = ""
    for i in range(n_cols):
        row_idx = row_idx + str(i) + " "
    print("   " + row_idx)
```

```
        print("  "+"-"*n_cols*2+"-")
    for i in range(n_rows):
        stones = ""
        for j in range(n_cols):
            stones = stones + mark[board[i,j]] + "|"
        print(i,"|" + stones, i)
    print("  "+"-"*n_cols*2+"-")
    print("   " + row_idx)
    print("\n")
    return None

board = np.zeros((3,3), dtype=int)
board[1,1] = 1
board[1,0] = -1

show_board(board)
```

```
=========

   0 1 2
  -------
0 | | | | 0
1 |X|O| | 1
2 | | | | 2
  -------
   0 1 2
```

## 5.1.3 가능한 착수점

넘파이 바둑판에서 돌이 두어지지 않은 곳은 0으로 나타내므로, 가능한 착수점들은 board에서 값이 0인 요소들의 인덱스들이다. 아래는 board를 입력받고, 가능한 착수점들의 인덱스를 반환하는 함수와 실행 예다.

```
def get_legal_actions(board):
    zero_idx = np.where(board==0)
    legal_actions = list(zip(zero_idx[0], zero_idx[1]))
    return legal_actions

board = np.zeros((3,3), dtype=int)
board[1,1] = 1
board[1,0] = -1
```

```
legal_actions = get_legal_actions(board)
print(legal_actions)
```

```
==========
[(0, 0), (0, 1), (0, 2), (1, 2), (2, 0), (2, 1), (2, 2)]
```

np.where를 이용하여 값이 0인 요소들의 인덱스를 찾는데, np.where는 행과 열의 인덱스를 따로 반환하므로, 이들을 zip을 이용하여 (행 인덱스, 열 인덱스) 형태의 튜플이 되도록 한다. 그다음, 가능한 착수점들을 리스트 legal_actions에 담아 반환한다. 실행 예에서는 두 수가 착수된 보드를 입력하였기에 일곱 개의 가능한 착수점들이 포함된 리스트를 반환한 결과가 나왔다.

## 5.1.4 승리 판단

한 대국자의 승리는 상대 대국자의 패배를 의미하므로, 승리만 판단하기로 한다. $n$목에서의 승리는 $n$개의 돌이 가로 방향, 세로 방향, 또는 대각선 방향으로 연달아 놓이는 것을 뜻한다. 넘파이 바둑판에서 선수를 +1, 후수를 -1로 나타내기로 했으므로, board에 $n$개의 +1 또는 $n$개의 -1이 연달아 있는지로 승리 여부를 판단하면 된다.

가장 단순한 방법은 길이가 $n$인 창window을 한 칸씩 이동시키면서, 창 안에 보이는 모든 요소들의 값이 +1이나 -1인지를 보는 것이다. 이와 같은 기법을 활주창sliding window 기법이라 한다. 다음은 만 칸짜리 일차원 바둑판에서 길이가 5인 활주창으로 오목이 있는지를 파악하는 코드다. time 모듈을 이용하여 실행 시간을 측정하였다.

```
n_connects = 5 # n-mok

board_1d = np.zeros(10000, dtype=int)
board_1d[-n_connects:] = 1 # worst case
#board_1d[:n_connects] = 1 # best case
win_mark = np.ones(n_connects)

stt_time = time.time()

for i in range(len(board_1d)-(n_connects-1)):
    window = board_1d[i:i+5]
    if (window==win_mark).all():
        print("WIN")
```

```
stp_time = time.time()

print("running time:", stp_time - stt_time)
```

```
=========
# worst case
WIN
running time: 0.10705995559692383

# best case
WIN
running time: 0.061749935150146484
```

n_connects는 오목이면 5이고 틱택토이면 3이다. board_1d는 만 칸짜리 일차원 바둑
판이고, win_mark는 n_connects개 만큼 1로 채워진 배열이다. for 반복문의 블럭에
있는 window가 활주창인데, 활주창과 win_mark의 모든 요소 값들이 동일한지를 보고
승리를 판단한다. 물론, 활주창 요소 값들의 합이 +5인지 -5인지를 보아도 된다.

활주창은 인덱스를 따라 순서대로 열리므로 실행 시간 면에서 최악의 경우는 오목이
바둑판의 가장 끝에 있는 경우[board_1d[-n_connects:]=1]이고, 최선의 경우는 오목
이 바둑판의 가장 처음에 있는 경우[board_1d[:n_connects]=1]다. 주석 기호를 이용
하면 최선의 경우와 최악의 경우에 대하여 각각 시험해 볼 수 있다. 필자의 노트북 컴
퓨터에서 실행 시간은 각각 0.06초와 0.10초 소요되었다.

이번에는 방법을 약간 바꿔보자. 바둑판 보드로부터 길이가 $n$인 창들을 미리 모두 생성
하고, 이 중에서 $n$개의 +1[또는 -1]로 구성된 창이 있는지를 보는 방법이다. 다음은 이
를 구현하고 실행시킨 예다.

```
n_connects = 5 # n-mok

board_1d = np.zeros(10000, dtype=int)
board_1d[-n_connects:] = 1 # worst case
#board_1d[:n_connects] = 1 # best case

stt_time = time.time()

l = list(board_1d)
windows = [l[x:x+n_connects] for x in range(len(l)-n_connects+1)]
if [1]*n_connects in windows:
    print("WIN")
```

```
stp_time = time.time()
print("running time:", stp_time - stt_time)
```

```
=========
# worst case
WIN
running time: 0.016470909118652344

# best case
WIN
running time: 0.014701885223388672
```

1차원 보드를 이름이 l인 리스트로 변환하고, 리스트 포괄식을 이용하여 길이가 *n*인 창들을 모두 생성한 후 이름이 windows인 리스트 담는다. 그다음, windows 리스트에 담긴 창 중에서 *n*개의 요소 값들이 모두 1인 창이 있는지를 소속 연산자를 사용하여 검사한다. 최악의 경우나 최선의 경우 모두에서 약 0.015초 정도 소요된 결과를 볼 수 있다.

기본적으로 위와 같은 방식을 이용하여 승리 판단을 할 것이기에, 다음과 같은 함수를 작성해 둔다.

```
def check_n_mok_in_list(l, player_type, n_conn):
    windows = [l[x:x+n_conn] for x in range(len(l)-n_conn+1)]
    if [player_type]*n_conn in windows:
        return True
    else:
        return False
```

이 함수의 매개변수 l은 리스트로 변환된 1차원 배열을 인자로 받으며, player_type은 선수인지 후수인지를 +1 또는 -1로 받고, n_conn은 몇 목인지를 양의 정수로 받는다. 승리이면 True를 아니면 False를 반환하도록 한다. 승리가 아닐 경우, 무승부 또는 패배를 의미하므로 무승부 여부는 나중에 따로 파악해야 한다. 다음은 위 함수의 실행 예다.

```
n_connects = 5
board_1d = np.zeros(10000, dtype=int)
board_1d[-n_connects:] = 1
l = list(board_1d)

print(check_n_mok_in_list(l, 1, 5))
```

```
=========
True
```

1차원 보드를 대상으로 위와 같은 함수를 작성해 둔 이유는 바둑판 보드의 모든 행과 모든 열에서 $n$목이 있는지를 검사하기 위함이다. 대각선 방향의 $n$목을 찾는 것은 뒤에서 다룬다.

바둑판의 모든 행과 모든 열에서 $n$목이 있는지는 넘파이 보드의 각 행과 각 열에 대하여 앞서 작성한 check_n_mok_in_list 함수로 $n$목이 있는지를 다음과 같이 검사하면 된다.

```
player_type = 1
n_rows = board.shape[0]
n_cols = board.shape[1]
n_conn = n_connects

# horizontal
for i in range(n_rows):
    l = list(board[i])
    result = check_n_mok_in_list(l, player_type, n_conn)
    if result == True:
        break

# vertical
for j in range(n_cols):
    l = list(board[:,j])
    result = check_n_mok_in_list(l, player_type, n_conn)
    if result == True:
        break
```

대각선 방향으로 $n$목이 있는지를 찾는 것은 약간 까다롭다. 두 개의 대각선 방향이 있는데 하나는 좌상귀와 우하귀를 연결하는 대각선 방향이고 다른 하나는 우상귀와 좌하귀를 연결하는 대각선 방향이다. 이를 각각 정방향과 역방향이라 하겠다.

우선, 정방향 대각선들에 $n$목이 있는지를 찾아보는 것에 대하여 설명한다. 주어진 배열의 대각선 방향 요소들은 np.diag로 얻을 수 있는데, 정 중앙의 주main 대각선에서 몇 칸 떨어져 있는 대각선에 대해서인지는 인자 k[+는 위쪽, -는 아래쪽]로 지정할 수 있다. 이렇게 얻어진 대각선 정방향의 요소들에 대하여 리스트 l을 생성하고 1차원 배열

171

에 $n$목이 있는지를 체크하는 함수에 입력하면 된다. 대각선 역방향의 요소들에 대해서는 보드를 인덱싱 [::-1,:]을 이용하여 상하 반전시킨 후[전치<sup>transpose</sup>하면 안된다], 대각선 정방향의 요소들에 적용했던 방법을 그대로 적용하면 된다. 주의해야 할 점이 있는데, 인덱스 오류가 발생하지 않도록 k의 적절한 범위를 계산해야 한다.

다음은 정방향과 역방향 대각선들에 $n$목이 있는지를 찾는 코드다.

```
delta_row = n_rows - n_conn
delta_col = n_cols - n_conn

# diagonal forward (up left to down right)
for k in range(-delta_row, delta_col+1):
    l = list(np.diag(board,k))
    result = check_n_mok_in_list(l, player_type, n_conn)
    if result == True:
        break

# diagonal backward (up right to down left)
for k in range(-delta_col, delta_row+1):
    upside_down_board = board.copy()[::-1,:]
    l = list(np.diag(upside_down_board,k))
    result = check_n_mok_in_list(l, player_type, n_conn)
    if result == True:
        break
```

다음은 위 코드를 이용하여, board, n_connects, player_type을 입력하면 승리 여부를 True와 False로 알려주는 함수다. check_n_mok_in_list 함수를 이 함수의 내부에 포함했다.

```
def check_if_win(board, n_connects, player_type):

    n_rows = board.shape[0]
    n_cols = board.shape[1]
    n_conn = n_connects
    delta_row = n_rows - n_conn
    delta_col = n_cols - n_conn
    result = False

    def check_n_mok_in_list(l, player_type, n_conn):
        windows = [l[x:x+n_conn] for x in range(len(l)-n_conn+1)]
        if [player_type]*n_conn in windows:
            return True
```

```
        else:
            return False

    # horizontal
    if result == False:
        for i in range(n_rows):
            l = list(board[i])
            result = check_n_mok_in_list(l, player_type, n_conn)
            if result == True:
                break
    # vertical
    if result == False:
        for j in range(n_cols):
            l = list(board[:,j])
            result = check_n_mok_in_list(l, player_type, n_conn)
            if result == True:
                break

    # diagonal forward (up left to down right)
    if result == False:
        for k in range(-delta_row, delta_col+1):
            l = list(np.diag(board,k))
            result = check_n_mok_in_list(l, player_type, n_conn)
            if result == True:
                break

    # diagonal backward (up right to down left)
    if result == False:
        for k in range(-delta_col, delta_row+1):
            upside_down_board = board.copy()[::-1,:]
            l = list(np.diag(upside_down_board,k))
            result = check_n_mok_in_list(l, player_type, n_conn)
            if result == True:
                break
    return result
```

## 5.1.5 게임 종료/무승부 판단

다음은 더 둘 곳이 있는지를 판단하는 함수다. 돌이 놓이지 않은 곳의 값은 0이므로, board의 모든 요소들을 곱한 결과가 0인지를 보면 된다.

```
def check_if_game_finished(board):
    if board.prod() == 0:
```

```
        return False
    else:
        return True
```

이를 이용하여 대국의 종료 여부와 함께 무승부 인지도 파악할 수 있다. 어느 대국자도 승리하지 않고 더 이상 둘 곳도 없다면, 그 게임은 무승부다.

## 5.1.6 착수에 따른 보드의 변경과 AI 마음속의 보드

두어진 돌을 보드에 표시하는 것은 보드의 인덱스를 사용하여 해당 위치에 +1 또는 -1 을 기입하는 것이므로 간단하다. 그런데, 여기서 고려해야 할 점이 두 개가 있다. 하나는 "인공지능이 다음 수를 찾게 하려면, 인공지능에게 무엇을 전달해 주어야 하는가?" 이다. 만약 board만을 전달해 준다면, $n$목 인공지능은 앞서 작성한 함수들을 별도로 가지고 있어야 한다. 다른 하나는 "인공지능은 다음 수를 찾기 위해서, 대국을 시뮬레이션해 볼 수도 있다"는 것이다. $n$목 인공지능의 대국 시뮬레이션은 마치 인간이 마음속에서 몇 수를 두어 보는 것과 같다. 따라서, $n$목 인공지능이 시뮬레이션 해 본 수들이 대국 중인 board 위에 두어져서는 안된다. 즉, $n$목 인공지능에게는 대국 중인 board 말고도 시뮬레이션에 필요한 보드와 앞서 언급한 모든 함수들이 필요하다.

위에 언급한 내용들 대한 간단한 해법은 클래스를 사용하는 것이다. board를 클래스의 속성으로 하고 앞서 설계한 함수들을 메서드로 하는 클래스를 만든 후, 착수가 이루어 질 때마다 새롭게 착점된 board로 초기화시킨 인스턴스를 $n$목 인공지능에게 전달해 주면 된다. 주의해야할 점은 넘파이 배열인 board는 가변형 객체이므로 새 인스턴스를 만들 때 사용되는 board는 대국 중인 board의 깊은 복사본<sup>deep copy</sup>이어야 한다. 그렇게 하지 않으면, $n$목 인공지능가 마음속으로 시뮬레이션하는 수들이 대국 중인 보드를 바꿔버리게 된다.

이 클래스의 이름을 State로 할 것이다. 따라서, $n$목 인공지능이 다음 수[action]를 결정하면 현재 대국 중인 board를 복사하여 그곳에 $n$목 인공지능의 착수를 표시하고, 이 보드로 초기화된 새로운 인스턴스를 만드는 다음과 같은 함수가 필요하다.

```
def get_next_state_from_action(board, action, player_type):
    next_board = board.copy()
    next_board[(action)] = player_type
    next_state = State(next_board)
    return next_state
```

## 5.1.7 대국 상태 클래스

다음은 앞서 작성한 모든 함수들을 메서드로 하는 클래스 State다. 이 클래스의 속성은 board와 몇 목인지를 지정하는 n_connects로 한다.

```python
class State:

    def __init__(self, board, n_connects):
        self.board = board
        self.n_connects = n_connects

    def show_board(self):
        n_rows = self.board.shape[0]
        n_cols = self.board.shape[1]
        mark = {0:" ", 1:"O", -1:"X"}
        print("\n")
        row_idx = ""
        for i in range(n_cols):
            row_idx = row_idx + str(i) + " "
        print("    " + row_idx)
        print("   "+"+"+"-"*n_cols*2+"-")
        for i in range(n_rows):
            stones = ""
            for j in range(n_cols):
                stones = stones + mark[self.board[i,j]] + "|"
            print(i,"|" + stones, i)
        print("   "+"+"+"-"*n_cols*2+"-")
        print("    " + row_idx)
        print("\n")
        return None

    def get_legal_actions(self):
        zero_idx = np.where(self.board==0)
        legal_actions = list(zip(zero_idx[0], zero_idx[1]))
        return legal_actions

    def get_next_state_from_action(self, action, player_type):
        next_board = self.board.copy() # copy needed
        next_board[(action)] = player_type
        next_state = State(next_board, self.n_connects)
        return next_state

    def check_if_win(self, player_type):
        n_rows = self.board.shape[0]
        n_cols = self.board.shape[1]
```

175

```python
        n_conn = self.n_connects
        delta_row = n_rows - n_conn
        delta_col = n_cols - n_conn
        result = False
        def check_n_mok_in_list(l, player_type, n_conn):
            windows = [l[x:x+n_conn] for x in range(len(l)-n_conn+1)]
            if [player_type]*n_conn in windows:
                return True
            else:
                return False
        # horizontal
        if result == False:
            for i in range(n_rows):
                l = list(self.board[i])
                result = check_n_mok_in_list(l, player_type, n_conn)
                if result == True:
                    break
        # vertical
        if result == False:
            for j in range(n_cols):
                l = list(self.board[:,j])
                result = check_n_mok_in_list(l, player_type, n_conn)
                if result == True:
                    break
        # diagonal forward (up left to down right)
        if result == False:
            for k in range(-delta_row, delta_col+1):
                l = list(np.diag(self.board,k))
                result = check_n_mok_in_list(l, player_type, n_conn)
                if result == True:
                    break
        # diagonal backward (up right to down left)
        if result == False:
            for k in range(-delta_col, delta_row+1):
                upside_down_board = self.board.copy()[::-1,:]
                l = list(np.diag(upside_down_board,k))
                result = check_n_mok_in_list(l, player_type, n_conn)
                if result == True:
                    break
        return result

    def check_if_game_finished(self):
        if self.board.prod() == 0:
            return False
        else:
            return True
```

## 5.2 대국자

### 5.2.1 인간 대국자

인간 대국자의 수는 보드의 행과 열의 인덱스를 요소로 하는 튜플로 입력받는다[예, 1,1]. 다음은 인간 대국자로부터 수를 입력받고 action을 출력하는 함수다.

```
def human(state):
    legal_actions = state.get_legal_actions()
    while True:
        action = input("input player action (e.g., '0,0'): ")
        if "," in action:
            action = tuple(int(float(x)) for x in action.split(","))
            if action in legal_actions:
                break
        else:
            print("invalid format")
    return action
```

오타 또는 착수 불가능한 수가 입력되는 것을 방지하기 위하여, 착수가 가능한 수가 입력되기 전까지는 "invalid format"을 출력하고 while 루프가 반복되도록 한다.

### 5.2.2 무작위적인 수를 두는 인공지능

다음은 착수 가능한 수 중에서 아무 수나 무작위적으로 선택하여 대국하는 대국자를 구현한 함수다. 무작위적 대국자는 지능을 갖는 것으로 볼 수 없지만, 편의상 AI_random이라 칭하였다. 무작위적인 수를 선택할 때 np.choice를 이용할 수도 있는데, 여기서는 legal_actions의 크기[둘 수 있는 수의 갯수]에 따라 무작위적인 정수를 발생시키고 이를 이용하여 착수 가능한 수 중에 하나를 선택하도록 한다.

```
def AI_random(state):
    legal_actions = state.get_legal_actions()
    random_idx = np.random.randint(low=0,high=len(legal_actions))
    action = legal_actions[random_idx]
    return action
```

## 5.3 대국 실행

다음은 게임을 실행하는 함수다.

```python
def play_n_mok(board_shape, n_connects, player_A, player_B):
    # === initialization
    initial_board = np.zeros(board_shape, dtype=int)
    state = State(initial_board, n_connects)
    state.show_board()
    # === game loop
    player_type = +1
    move_num = 0
    while True:
        if state.check_if_game_finished():
            print("Game finished.")
            break
        # --- count
        move_num = move_num + 1
        if player_type==+1: player_name = "player A"
        if player_type==-1: player_name = "player B"
        print("move #:", move_num, "by", player_name)
        # --- get action from player
        stt_time = time.time()
        if player_type==+1: action = player_A(state)
        if player_type==-1: action = player_B(state)
        stp_time = time.time()
        print("action:", action)
        print(player_name+" thinks for",
                round(stp_time-stt_time,3),"secs.")
        # --- get next state from action
        state = state.get_next_state_from_action(action, player_type)
        state.show_board()
        # --- check if win/draw
        if state.check_if_win(player_type) == True:
            print("*** " + player_name + " win ***")
            break
        if state.check_if_game_finished():
            print("*** Draw ***")
            break
        # --- alternate player
        player_type = -player_type
    result = (state.check_if_win(1),state.check_if_win(-1))
    return result
```

게임을 실행할 함수는 보드의 크기/형태를 나타내는 shape, 몇 목인지를 나타내는 n_connects, 그리고 선수와 후수는 누구인지를 지정하는 player_A와 player_B를 매개변수로 한다. player_A와 player_B에는 대국자 함수가 인수로 전달된다.

# === initialization 은 초기 보드를 설정하고 상태 인스턴스를 생성한 후, 보드를 화면에 출력하도록 하는 부분이다. # === game loop는 선수와 후수가 번갈아 가면서 수를 두고 보드 상태를 바뀌게 하는 while 루프다. 루프가 시작되기 전, 선수와 후수를 나타내는 player_type을 +1[선수]로 해 두고 몇 수째 진행 중인지를 나타내는 move_num을 0으로 해 둔다. 더 둘 곳이 있는지를 항상 확인하고, 더 둘 곳이 없다면 루프를 종료하도록 한다. 최종적으로 어느 대국자가 승리하였는지를 반환하도록 하는데, result가 (True, False)라면 선수 대국자가 승리한 것이고, (False, True)라면 후수 대국자가 승리한 것이며 (False, False)라면 무승부이다. 이 반환값은 나중에 여러 판의 대국 결과로부터 대국자의 기량을 평가하는데 사용한다. 아래는 루프 내부의 코드에 대한 설명이다.

# --- count에서는 수가 두어질 때마다[루프가 한 번 실행될 때 마다] move_num이 하나씩 증가하도록 한다. move_num과 수를 둔 대국자가 player_A인지 player_B인지를 화면에 출력한다. 참고로, if 조건문 바로 뒤 같은 줄에 실행문을 썼는데, 권장되는 스타일이 아니다. # --- get action from player에서는 현재 대국자 타입에 따라 대국자 함수를 호출하여 대국자의 수를 얻는다. 그리고 대국자가 생각한 시간을 초 단위[소수점 3번째 자리 반올림]로 화면에 프린트하도록 한다. # --- get next state from action에서는 앞에서 대국자 함수가 반환한 수인 action과 그 수를 누가 둔 것인지를 입력받고 다음 상태 인스턴스인 state를 얻는다. 그다음, 어떤 수가 두어졌는지를 알 수 있도록 화면에 보드를 출력한다. # --- check if win/draw에서는 현재 대국자가 승리했는지 아니면 무승부로 게임이 끝나는지를 확인한다. 만약 승리했거나 무승부라면 while 루프를 종료한다. # --- alternate player에서는 현재 대국자가 승리하지 않았고, 무승부도 아니라면 선수와 후수를 교대해서 게임이 계속 진행될 수 있도록 player_type에 -1을 곱해 준다.

다음은 대국 함수를 실행하여 인간 대 인간 틱택토를 세 수까지 진행한 예다.

```
play_n_mok(board_shape=(3,3), n_connects=3,
          player_A=human, player_B=human)
```

```
=========

    0 1 2
   -------
0 |  |  |  | 0
1 |  |  |  | 1
2 |  |  |  | 2
   -------
    0 1 2


move #: 1 by  player A
input player action (e.g., '0,0'): 1,1
action: (1, 1)
player A thinks for 5.514 secs.


    0 1 2
   -------
0 |  |  |  | 0
1 |  |0|  | 1
2 |  |  |  | 2
   -------
    0 1 2


move #: 2 by  player B
input player action (e.g., '0,0'): 0,1
action: (0, 1)
player B thinks for 5.103 secs.


    0 1 2
   -------
0 |  |X|  | 0
1 |  |0|  | 1
2 |  |  |  | 2
   -------
    0 1 2


move #: 3 by  player A
input player action (e.g., '0,0'): 0,2
action: (0, 2)
player A thinks for 7.619 secs.
```

```
    0 1 2
   -------
0 | |X|O| 0
1 | |O| | 1
2 | | | | 2
   -------
    0 1 2


move #: 4 by  player B
input player action (e.g., '0,0'):
```

다음은 AI_random 대 AI_random의 틱택토 대전 예다. 7수 만에 대국자 A가 승리하였다.

```
play_n_mok(board_shape=(3,3), n_connects=3,
           player_A=AI_random, player_B=AI_random)
```

```
=========
...
move #: 7 by  player A
action: (2, 0)
player A thinks for 0.0 secs.


    0 1 2
   -------
0 |X|X|O| 0
1 |X|O|O| 1
2 |O| | | 2
   -------
    0 1 2


*** player A win ***
```

다음은 AI_random 대 AI_random의 아홉 줄 바둑판 오목 대전 예다. 59수 만에 대국자 A가 승리하였다.

```
play_n_mok(board_shape=(9,9), n_connects=5,
           player_A=AI_random, player_B=AI_random)
```

```
=========
...

move #: 59 by  player A
action: (2, 2)
player A thinks for 0.0 secs.


   0 1 2 3 4 5 6 7 8
  -------------------
0 |X|O|X|O|O| |O|O|O| 0
1 |X| |O|X|X| |X|O|X| 1
2 |X|X|O| |O|X| | |O| 2
3 | |O|X|O| | |O| | | 3
4 |O|X|X|O|O| |O| |X| 4
5 | |X|O|X|X|O|X|O| | 5
6 |O|X|O|O|X| |O|O|X| 6
7 |X| |X| |X|X| | | | 7
8 |X|X|X|X| |O|O|O|O| 8
  -------------------
   0 1 2 3 4 5 6 7 8


*** player A win ***
```

## 5.4 대국자 평가

한 판의 대국으로 대국자를 평가하는 것은 무리이며, 여러 판의 대국 결과로부터 계산된 승률을 이용하여 대국자를 평가해야 할 것이다. 다음은 대국자 평가를 위한 함수다. n_iter로 몇 판의 대국을 할지 결정한다. 기본값은 열 판으로 하였다. 간단한 함수이므로 설명은 생략한다.

```python
def evaluate_players(board_shape, n_connects,
                     player_A, player_B,
                     n_iter=10):
    n_player_A_wins = 0
    n_player_B_wins = 0
    for i in range(n_iter):
        print("\nno.:", i, "\n")
        result = play_n_mok(board_shape,n_connects,player_A,player_B)
        if result[0]: n_player_A_wins += 1
        if result[1]: n_player_B_wins += 1
    print("No. of playes:", n_iter)
    print("player_A_wins:", n_player_A_wins)
    print("player_B_wins:", n_player_B_wins)
    print("draws          :", n_iter-(n_player_A_wins+n_player_B_wins))
    return None
```

다음은 AI_random 대 AI_random로 틱택토 대전 10판을 실시한 결과다.

```python
evaluate_players((3,3), 3, AI_random, AI_random, n_iter=10)
```

```
=========
...
No. of playes: 10
player_A_wins: 5
player_B_wins: 3
draws        : 2
```

무작위적 수를 두는 대국자 간의 대전 결과이므로 큰 의미는 없지만, 틱택토와 오목은 선수가 약간 유리함을 보여준다[실제로 그렇다].

# 06

# 미니맥스와 가지치기

## 틱택토

6장부터 본격적인 인공지능 알고리즘들을 다룬다. 이 장에서는 절대로 지지 않는 불패의 알고리즘인 미니맥스와 미니맥스 알고리즘을 개선한 알파-베타 가지치기 알고리즘을 틱택토에 적용해 본다.

필자가 미니맥스 알고리즘을 처음 접했을 때 일감으로 떠오른 것은 정석定石이었다. 과거 '수학의 정석'이란 책이 고교 수학에서 최고의 참고서였던 적이 있었는데, '바른 돌'이라는 뜻의 정석은 바둑에서 사용하는 용어다. 정석은 주로 바둑판의 네 모퉁이['귀'라 한다]에서 일어나는 두 대국자 간의 충돌 상황에서 서로에게 가장 최선이 되는 수순들을 모아둔 것으로, 양도 방대하며 역사는 천년이 넘는다. 또한, 정석에는 상대가 정석대로 두지 않을 때 이를 강력하게 응징하는 수순도 포함하고 있으므로, 정석을 모르는 대국자가 정석을 아는 대국자에게 초반에 패해버리는 경우는 흔하다. 정석의 핵심은 '서로가 상대를 최고의 고수로 간주'하고 수를 전개한다는 점이다. 이를 염두에 두고 불패의 알고리즘 미니맥스를 보자.

이 장에서 사용할 패키지와 모듈은 다음과 같이 불러들인다.

```
import numpy as np
import math
import time
```

# 6.1 미니맥스 알고리즘

미니맥스minimax 알고리즘은, 두 참여자가 교대로 어떤 결정을 해가면서 진행되는 과정 등에서, 종료 시점까지의 모든 과정을 내다보고 현시점에서 어떤 결정이 최선인지를 알아내는 알고리즘이다. 참여자의 선택에 무작위성이 개입하지 않고 모든 정보가 서로에게 공개되는 과정에 적합하다. 주로 보드 게임에 적용된 예를 들어 설명하지만, 그 외의 과정에도 충분히 적용할 수 있다.

바둑의 정석을 예로 들어 미니맥스 알고리즘을 설명한다. 내가 두는 수를 $I$라 하고 상대가 두는 수를 $O$라 하자. 시점 $t$에서 내가 선택할 수 있는 수 $I_t$들이 여러 개 있는데, 나는 그중에서 최선의 수 $I_t^*$를 두려고 한다. 그러기 위해서는 모든 가능한 $I_t$들을 평가해서 점수들을 얻고, 점수가 가장 큰 수를 선택하면 될 것이다. 그런데, 어떤 수가 점수가 높은 수일까? 시점 $t$의 국면에서 나에게 유리함을 더 줄수록 점수가 높은 수라고 생각하는 것은 근시안적이다.

## 6.1.1 한 수 앞 보기

바둑에서 "몇 수 앞을 본다"라는 말을 하는데, 한 수 앞만 봐보자. 한 수 앞은 상대가 둘 시점 $t + 1$이고, 상대 역시 상대가 둘 수 있는 모든 수 $O_{t+1}$들을 생각해 보고 상대에게 최선인 수 $O_{t+1}^*$를 찾으려 할 것이다. 한 수 앞을 내다본다는 것은 내가 둘 수 있는 모든 $I_t$들 각각에 대하여 이에 대한 대등으로서 상대가 둘 수 있는 최선의 수 $O_{t+1}^*$를 고려해서 나의 $I_t^*$를 결정하겠다는 것이다. 예를 들어, 시점 $t$에서 당장 나에게 큰 유리함을 주는 수라 할지라도 $O_{t+1}^*$에 의해서 철저히 무력화되어 오히려 상대에게 큰 유리함을 주는 악수로 봐야 한다.

한 수 앞을 보고 내가 둘 수를 평가하려면, 그 수에 대한 상대의 가장 강력한 대응을 고려해야 한다. 즉, 내가 평가하려는 수 $I_t$를 상대가 최대한 무력화하려 할 텐데, 그 '무력화를 최대한 당하고 난 다음'의 점수를 $I_t$의 점수로 하는 것이 정석의 근간이고 미니맥스 알고리즘의 핵심이다. $I_t$의 점수는 상대가 가하는 무력화를 최대한 당한 다음의 점수이므로 그 수를 두었을 때 내가 얻을 수 있는 점수의 최소값이 된다. 다음 그림으로 이를 나타내었다.

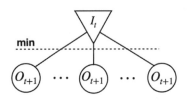

따라서 한 수 앞만 본다면, 시점 $t$에서 나의 최선은 위와 같이 점수가 계산된 $I_t$ 중에서 최고의 점수를 보인 $I_t$를 선택하는 것이다.

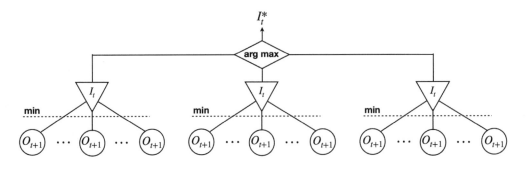

## 6.1.2 두 수 앞 보기

그렇다면, 한 수 앞 상대의 수 $O_{t+1}$는 어떻게 평가해야 할까? 상대 역시 최고수이므로 나와 같은 생각을 할 것이다. 즉, 상대는 시점 $t + 2$에서 내가 상대에게 가하는 무력화를 최소화하는 수를 찾으려 한다.

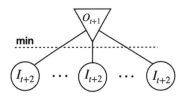

그런데 상대의 입장에서 최소화는 나의 입장에서는 최대화이므로, 위 그림은 다시 다음 그림으로 나타낼 수 있다.

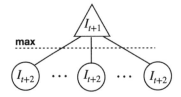

즉, 두 수 앞을 본다는 것은 $O_{t+1}^*$를 무력화하는 수 $I_{t+2}^*$까지 고려해서 최선인 수를 $I_t^*$로 하겠다는 것이다.

### 6.1.3 종료 시점까지 보기

삼각형 기호를 나의 입장에서 점수를 계산해 주는 함수라 하고 앞서 언급한 최소화와 최대화를 각각 역삼각형과 정삼각형으로 나타내면, 현시점에서 생각해 본 수 $I_t$의 점수는 시점 $t$에서부터 종료 시점까지의 수를 내다보고 평가된다.

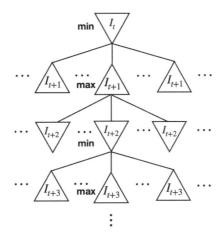

위와 같이 모든 가능한 수들을 나열해 둔 그래프를 게임 트리tree라 하는데, 미니맥스 알고리즘의 경우 게임이 종료되는 시점에서의 수에 해당하는 트리의 말단terminal 노드node에는 구체적인 숫자 형태의 점수가 입력된다. 승패만 고려한다면, 말단 노드에서의 점수로 승리는 +1, 패배는 -1, 무승부는 0으로 할 수 있다. 트리를 전개하는 시점의 갯수는 깊이depth라 한다. 바둑의 경우 최대 깊이는 361이고 틱택토는 9다.

미니맥스 알고리즘은 적용 대상이 바둑, 체스, 장기, 틱택토, 오목 등과 같이 두 참여자가 번갈아 가면서 수를 두거나 어떤 결정을 해가면서 진행하는 게임에 적용할 수 있는 최강 불패의 알고리즘이다. 하지만 미니맥스 알고리즘은 수읽기 깊이가 깊어질수록 계산해야 하는 경우의 수들이 급격히 증가한다는 단점을 갖는다. 최대 깊이가 9인 틱택토에서 경우의 수는 $9! = 362{,}880$이기에 개인용 컴퓨터로도 충분히 수읽기 계산을 할 수 있고, 체스나 장기에서 경우의 수는 $10^{32}$ 수준이지만 약간 변형된 알고리즘과 고성능 컴퓨터로 충분한 수읽기 계산을 할 수 있다. 실제로, 체스에서는 미니맥스 법을 개선한 IBM의 DeepBlue가 1997년에 인간 최고수의 기량을 넘어섰다.

## 6.2 재귀적 함수 호출

재귀적 함수 호출 기법은 다음 절에 이어지는 미니맥스 알고리즘에 사용될 기법이므로, 이 절에서 따로 소개한다.

아래 함수를 보면 함수 f 내부에서 다시 함수 f를 호출하고 있는데, 이러한 방식으로 함수 내부에서 함수 자신을 다시 호출하는 것을 재귀적 함수 호출이라 한다.

```python
def f(x):
    if x == 5:
        print(x)
    else:
        print(x)
        f(x+1)
    return None

f(0)
```

```
=========
0
1
2
3
4
5
```

위 함수가 동작하는 과정은 순서대로 다음과 같다. f의 처음
입력 x가    0이므로, '0을 프린트'하고 0+1을 다시 f에 입력한다. 여기서 f의
입력 x가 0+1이므로, '1을 프린트하고 1+1을 다시 f에 입력한다. 여기서 f의
입력 x가 1+1이므로, '2를 프린트하고 2+1을 다시 f에 입력한다. 여기서 f의
입력 x가 2+1이므로, '3을 프린트하고 3+1을 다시 f에 입력한다. 여기서 f의
입력 x가 3+1이므로, '4를 프린트하고 4+1을 다시 f에 입력한다. 여기서 f의
입력 x가 4+1이므로, 조건문에 걸려서 5를 프린트하고 멈춘다.

결과적으로 다음을 실행한 것과 같다.

```python
def f(x):
```

```
    print(x)
    x = x + 1
    return x

f(f(f(f(f(f(0))))))
```

유사한 예로 다음과 같은 재귀식recurrence equation을 보자. 이는 개체군 크기의 증가 모형이다.

$$N_t = rN_{t-1} = r[rN_{t-2}]$$
$$= r^2 N_{t-2}$$
$$\vdots$$
$$= r^t N_0$$

$N_t = r^t N_0$라는 것이 명백하므로, 이 식을 이용하여 $N_t$를 직접 구할 수도 있지만, 다음처럼 for 루프를 사용하여 구할 수도 있다.

```
def N_(t, r=2, N_0=1):
    N_t = N_0
    for t in range(t):
        N_t = r*N_t      # N(t+1) = rN(t)
    return N_t

print(N_(4))
```

```
==========
16
```

또한, 재귀식[$N_t = rN_{t-1}$]에 기술된 그대로 재귀적 함수 호출을 이용할 수도 있다.

```
def N_(t, r=2, N_0=1):
    if t == 0:
        N_t = N_0
    else:
        N_t = r*N_(t-1)
    return N_t

print(N_(4))
```

```
==========
```

위 함수를 보면, 첫 조건문에 걸리는 시점이 N_를 다시 호출하지 않는 시점[여기서는 t==0]이고, 이 시점이 재귀의 종점이다. 참고로, 파이썬에서 재귀의 깊이$^{recursion\ depth}$는 1024까지로 제한된다.

for 루프를 사용하여 알기 쉽게 그리고 재귀의 깊이에 상관없이 계산할 수 있는데, 굳이 재귀적 함수 호출이 필요한지에 대한 의문이 들 수도 있을 것이다. 눈치챘을 수도 있지만, 재귀적 함수 호출을 강력한 도구로 사용할 수 있는 예가 있다. 다음과 같은 트리를 보자. 트리는 **가지**$^{branch}$와 **노드**$^{node}$로 구성되는데, 여기서는 원이 노드에 해당한다. 이제, 매 시점 $t$에서 노드의 점수[원 속의 숫자, 상태 점수라 하겠다]는 다음 시점 $(t + 1)$에 있는 두 노드의 점수들 중에서 최대값이라고 하자.

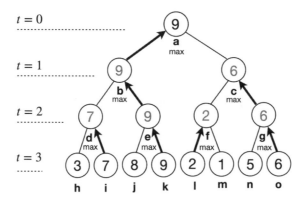

시작[$t = 0$] 노드의 상태 점수를 계산하려고 한다. 물론, 위 예에서는 단순히 말단$^{termi-}$ $^{nal}$[$t = 3$]노드의 상태 점수들 중 최대값이 곧 시작 노드의 상태 점수가 되겠지만, 이를 재귀적 함수 호출을 이용하여 계산해 보자.

우선, 다음과 같이 1] 현 상태를 입력하면 다음 상태를 출력하는 함수와 2] 상태를 입력하면 상태 점수를 반환하는 함수를 만들자.

```
def get_next_states(current_state):
    state_dict = {"a":("b","c"),"b":("d","e"),
                  "c":("f","g"),"d":("h","i"),
                  "e":("j","k"),"f":("l","m"),
                  "g":("n","o")}
    next_states = state_dict[current_state]
    return next_states
```

```
def get_terminal_state_score(state):
    terminal_score_dict = {"h":3,"i":7,"j":8,"k":9,
                           "l":2,"m":1,"n":5,"o":6}
    score = terminal_score_dict[state]
    return score
```

이제, 현 상태를 입력하면 하위 상태 점수들의 최대값들을 추적하여 현 상태의 점수를 출력하는 함수를 만들어 보자.

```
def get_max_score(state):
    if state in {"h","i","j","k","l","m","n","o"}:
        return get_terminal_state_score(state)
    else:
        next_states = get_next_states(state)
        max_score = -math.inf
        for next_state in next_states:
            score = get_max_score(next_state)
            if score > max_score:
                max_score = score
        return max_score
```

조건문을 통해 입력된 상태가 말단 상태인지를 보고 말단 상태이면 말단 점수를 반환한다. 말단 상태가 아니면 재귀적 함수 호출에 들어갈 텐데, 현 상태로부터 다음 시점의 상태들을 알아내고 최대값들을 추적해 간다. max_score를 음의 무한대[-inf]에서 시작하여 각 상태에서 얻어지는 score가 max_score 보다 클 때 max_score = score로 업데이트하는 기법을 사용한다. score는 앞서 얻어진 다음 상태들에 대해서 각각 재귀적으로 함수를 호출하여 반환된 값으로 한다. 각 score에 대해서, 현재의 최대값보다 크면 그 score를 최대값으로 재정의한다. 그리고 for 루프가 종료되면 최대값을 반환하도록 한다.

```
print(get_max_score("a"))
```

```
=========
9
```

이번에는 상태 점수를 구하는 방법을 조금 바꿔보자. 현시점 바로 아래 노드[$t+1$]의 상태 점수들 중에서는 최대값을 택하고, 그다음 시점[$t+2$]의 상태 점수들 중에서는 최소값을 택하는 방식이다.

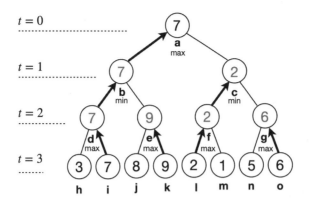

간단한 방법은 앞 코드에서 글자 하나만 추가하는 것이다. 최소값을 구하는 것은 음의 최대값을 구하는 것과 같으므로, 재귀적으로 호출하는 함수의 반환 값의 부호를 바꾸어 주면, '최대값, 최소값, 최대값, 최소값,...'을 구하는 방식이 된다. 말단에서는 최대값을 구하는 것이므로, 말단 상태의 점수는 그대로 반환하도록 해둔다. 코드는 다음과 같다.

```
def get_negative_max_score(state):
    if state in {"h","i","j","k","l","m","n","o"}:
        return get_terminal_state_score(state)
    else:
        next_states = get_next_states(state)
        negative_max_score = -math.inf
        for next_state in next_states:
            score = get_negative_max_score(next_state)
            if score > negative_max_score:
                negative_max_score = score
        return -negative_max_score
```

단, 위 함수를 사용하면 최종 최대값의 부호는 반대로 출력된다.

```
print(get_negative_max_score("d"))
```

```
=========
-7
```

이러한 방법으로 아래 그림과 같이 첫 단계에서 최소값을 구하는 방식으로 변환할 수도 있다.

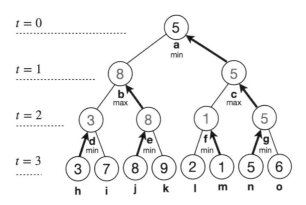

말단 노드에서도 최소값을 찾아야 하므로, 말단 점수도 부호를 반대로 반환하도록 변경하며 코드는 다음과 같다.

```python
def get_negative_min_score(state):
    if state in {"h","i","j","k","l","m","n","o"}:
        return -get_terminal_state_score(state)
    else:
        next_states = get_next_states(state)
        negative_min_score = -math.inf
        for next_state in next_states:
            score = get_negative_min_score(next_state)
            if score > negative_min_score:
                negative_min_score = score
        return -negative_min_score

print(get_negative_min_score("a"))
```

```
=========
5
```

위 두 방법 모두 간편하기는 하지만, 조금 긴 코드가 되더라도 다음과 같이 단계마다 최대값을 찾는지 최소값을 찾는지를 명확히 해주는 것이 좋을 것이다. 이 함수의 이름을 미니맥스 함수라 하겠다.

```python
def get_minimax_score(state, minimizer=True):
    if state in {"h","i","j","k","l","m","n","o"}:
        return get_terminal_state_score(state)
    else:
        next_states = get_next_states(state)
        # minimizer
```

```
    if minimizer==True: # find minimum
        minimax_score = math.inf
        for next_state in next_states:
            # find maximum next step
            score = get_minimax_score(next_state, minimizer=False)
            if score < minimax_score:
                minimax_score = score
    # maximizer
    if minimizer==False: # find maximum
        minimax_score = -math.inf
        for next_state in next_states:
            # find minimum next step
            score = get_minimax_score(next_state, minimizer=True)
            if score > minimax_score:
                minimax_score = score
    return minimax_score
```

위 함수는 minimizer 인자 값을 바꿈으로써 첫 단계가 최소값을 찾는 단계인지 최대값을 찾는 단계인지를 지시할 수 있다. 최소값을 찾는 단계에서는 minimax_score를 양의 무한대에서 시작하여, 다음 스텝에서 반환되는 점수가 minimax_score보다 작으면 그 점수를 minimax_score로 업데이트 한다. 다음 스텝에서는 최대값을 찾는 것이므로 minimizer=False로 하여 재귀적 함수 호출을 한다. 최대값을 찾는 단계에서는 minimax_score를 음의 무한대에서 시작하여, 다음 스텝에서 반환되는 점수가 minimax_score보다 크면 그 점수를 minimax_score로 업데이트한다. 다음 스텝에서는 최소값을 찾는 것이므로 minimizer=True로 하여 재귀적 함수 호출을 한다. 재귀적 함수 호출이 끝나면, minimax_score를 반환한다. 함수를 호출할 때는 첫 스텝이 최소화 단계인지 최대화 단계인지만 지시해주면 된다.

```
print(get_minimax_score("a", minimizer=True))
print(get_minimax_score("a", minimizer=False))
```

```
=========
5
7
```

## 6.3 미니맥스를 이용한 틱택토 인공지능

### 6.3.1 틱택토용 미니맥스 함수

앞 절에서 소개한 미니맥스 함수를 틱택토에 적용하기 위해서는 다음과 같이 약간의 코드 변경이 필요하다.

```python
def get_minimax_score(state, player_type,
                      terminal_score=1, minimizer=True):
    if state.check_if_win(player_type):
        return terminal_score
    elif state.check_if_win(-player_type):
        return -terminal_score
    elif state.check_if_game_finished():
        return 0
    else:
        if minimizer==True:
            minimax_score = np.inf
            legal_actions = state.get_legal_actions()
            for action in legal_actions:
                next_state = state.get_next_state_from_action(
                             action,-player_type)
                score = get_minimax_score(
                             next_state, -player_type,
                             -terminal_score, minimizer=False)
                if score < minimax_score:
                    minimax_score = score
        if minimizer==False:
            minimax_score = -np.inf
            legal_actions = state.get_legal_actions()
            for action in legal_actions:
                next_state = state.get_next_state_from_action(
                             action,-player_type)
                score = get_minimax_score(
                             next_state, -player_type,
                             -terminal_score, minimizer=True)
                if score > minimax_score:
                    minimax_score = score
        return minimax_score
```

5장에서 작성한 State 클래스의 state 인스턴스와 함수를 호출한 대국자가 선수[+1]인지 후수[-1]인지를 player_type으로 입력받도록 한다. 승리 시 말단 노드에 부여될 점수 terminal_score의 기본값을 1로 하였는데, 재귀가 말단 노드에 도달했을 때 반환되는 값의 부호는 미니맥스 함수를 호출한 대국자가 선수냐 후수냐에 상관없이 항상 나의 입장에서 미니맥스 점수를 계산하도록 한다. 또한, 착수마다 state의 메서드를 이용하여 행동[수]을 얻고 이로부터 다시 상태 인스턴스를 얻도록 한다. 미니맥스를 함수를 재귀적으로 호출할 때, 다음 수는 상대가 둔다는 것을 알리기 위해 player_type과 terminal_score의 부호를 바꿔서 호출한다.

## 6.3.2 틱택토 인공지능 대국자

다음은 get_minimax_score 함수로 구현한 미니맥스 알고리즘을 이용하는 인공지능 대국자 함수 AI_minimax로서, 상태를 입력받으면 주어진 상태에서 최선의 수를 출력한다.

```python
def AI_minimax(state, verbose=0):
    # === determine player_type
    n_non_zeros = np.sum(state.board*state.board)
    if n_non_zeros % 2 == 0: player_type = +1
    if n_non_zeros % 2 != 0: player_type = -1
    print("thinking...")
    # === find the best action
    best_action = None
    best_score = -np.inf
    legal_actions = state.get_legal_actions()
    np.random.shuffle(legal_actions)
    for action in legal_actions:
        next_state = state.get_next_state_from_action(action,
                                                      player_type)
        score = get_minimax_score(next_state, player_type)
        if verbose==1: print("legal action:", action, "score:", score)
        if score > best_score:
            best_score = score
            best_action = action
    return best_action
```

# === determine player_type 부분에서는 보드에 0이 아닌 원소들이 몇 개가 있는지에 따라 선수/후수를 구분[0 또는 짝수이면 선수]하도록 한다. # === find the best action 부분에서는 입력된 상태를 보고 둘 수 있는 행동[수]들의 리스트를 얻은 다음 각 행동에 대하여 minimax score를 계산한다. score는 큰 값으로만 업데이트되고 최고의 점수를 갖는 행동을 반환한다. 중간에 np.random.shuffle을 이용하여 가능

한 행동들의 리스트 원소를 무작위적으로 섞는데, 그 이유는 단조로운 대국을 피하기 위함이다. 그렇게 하지 않으면, 동일한 최대 score를 갖는 행동들이 여러 개가 있을 때, 항상 첫 번째 행동만 하게 된다. 물론, 이 부분은 제거해도 무방하다.

5장에서 작성한 대국 함수를 다음과 같이 실행하면, 인공지능과 틱택토 대국을 해 볼 수 있다. 첫 번째는 인간이 선수이고 두 번째는 인간이 후수인 대국이다.

```
# 인간 대 AI_minimax
play_n_mok(board_shape=(3,3), n_connects=3,
          player_A=human, player_B=AI_minimax)

# AI_minimax 대 인간
play_n_mok(board_shape=(3,3), n_connects=3,
          player_A=AI_minimax, player_B=human)
```

틱택토 인공지능은 몇 판을 두든지 절대로 지지 않는다. 인공지능끼리의 대결에서는 어떨까? 다음 대국 함수를 실행하면 인공지능끼리의 대국을 볼 수 있다.

```
# AI_minimax 대 AI_minimax
play_n_mok(board_shape=(3,3), n_connects=3,
          player_A=AI_minimax, player_B=AI_minimax)
```

인간이건 또 다른 종류의 인공지능이건 AI_minimax를 "절대로 이길 수 없다." 미니맥스 알고리즘은 모든 가능한 경우의 수들을 탐색하여 가장 최선인 수만을 두기 때문이다. AI_minimax와의 대국에서 인간이나 다른 종류의 인공지능에게 최선은 오직 비기는 것이다. 여담으로, AI_minimax와 AI_minimax의 틱택토 대국 과정을 모아서 책으로 만든다면, 그것이 바로 '틱택토의 정석'이 될 것이다.

대국을 실행해 본 독자들은 AI_minimax의 행동에 대하여 두 가지 특징을 발견했을 것이다. 하나는 대국 후반에 비해 대국 초반에 AI_minimax가 생각하는 시간이 길다는 점이다. 대국 초반에는 탐색의 깊이가 깊고 탐색공간의 크기가 급격히 증가하기 때문이다. 예를 들어, AI_minimax가 선수로 둘 때 첫수를 알아내기 위해서는 9! = 362880개의 말단 노드들을 방문해야 한다. 9줄 바둑판 오목이라면 81!개의 말단 노드들을 방문해야 하므로, 왠만한 개인 컴퓨터로는 9줄 바둑판 오목용 미니맥스 인공지능을 실행할 수 없을 것이다. 이에 대한 부분적인 해결 방안은 다음 절에서 소개한다.

또 다른 한 가지는 승리에 이르게 하는 수가 여러 개 있다면, 그중에서 하나를 무작위적으로 선택한다는 점이다. 예를 들어 다음을 보자.

```
   0 1 2
  -------
0 |O| | | 0
1 |X|X| | 1
2 | |O|O| 2
  -------
   0 1 2


move #: 6 by player B
thinking...
no. of leaves: 24
legal action: (1, 2) score: 1
legal action: (0, 2) score: -1
legal action: (0, 1) score: -1
legal action: (2, 0) score: 1
```

위 국면에서 후수인 AI_minimax가 둘 차례이다. 수 (1,2)를 두면 바로 승리하는데, 수 (2,0)을 두어도 '상대가 다음에 어떤 수를 두든지' AI_minimax가 승리한다. 그럴 경우 인간이라면 바로 승리할 수 (1,2)를 두겠지만, AI_minimax는 필히 승리에 이르는 두 수 중에서 하나를 무작위적으로 선택한다. 바둑 인공지능인 AlphaGo도 이겼다고 판단되면 큰 의미 없는 수들을 두곤 한다[최신 버전에서는 개선되었을 수도 있다]. 인간끼리의 대국에서 이런 행동들은 예의가 아니다. 어떻게 하면 이와 같은 행동을 방지할 수 있을까? 빠르게 승리하는 수가 있다면, 그 수를 두게 하면 될 것이다. 예를 들어, 수를 내다본 깊이를 점수 계산 시 일종의 감점으로 사용하여 1수 만에 이기는 수가 있다면 3수 만에 이기는 수보다 높은 점수를 얻게 하는 것이다. 독자들이 AI_minimax가 '대국 예의'를 가질 수 있도록, 직접 개선해 보기 바란다.

## 6.4 알파-베타 가지치기 알고리즘

미니맥스 알고리즘은 트리의 깊이가 증가함에 따라 탐색 공간의 크기가 급격히 증가하기 때문에, 틱택토보다 복잡도가 조금만 더 증가하더라도 실질적인 목적으로 사용하기가 힘들다. 이 절에서는 이에 대한 개선 방안 중의 하나인 **알파-베타 가지치기**alpha-beta pruning 알고리즘을 소개한다. 알파-베타 가지치기 알고리즘은 불필요한 계산을 하지 않게 함으로써 미니맥스 알고리즘의 계산 시간을 줄이는 방법이다. 노드를 함수라 하고 아래 그림을 보자.

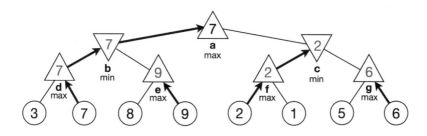

최대화 함수 $d$는 말단 노드 값 3과 7을 순서대로 본 후에 함수 $d$의 값을 7로 결정한다. 최대화 함수 $e$도 말단 노드 값들을 순서대로 본 후에 함수 $e$의 값을 결정할 것이다. 마찬가지로, 상위 노드의 최소화 함수 $b$는 함수 $d$와 함수 $e$의 값들을 순서대로 보고 난 후에 이들 중 최소값을 함수 $b$의 값으로 할 것이다.

이제 생각해 보자. 함수 $d$의 값이 7로 결정된 후에는, 함수 $e$의 값이 7보다 작지 않는 한 어떠한 $e$ 값도 최소화 함수 $b$에 의해서 선택되지 않을 것이다. 그런데, 함수 $e$는 최대화 함수이다. 따라서, 함수 $e$가 7보다 같거나 큰 값을 보게 되면 더 이상 어떤 값도 입력받을 필요가 없다. 즉, 함수 $e$는 여기서 탐색을 종료해도 된다. 계속해서 다음 그림을 보자.

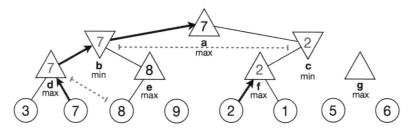

함수 $c$는 함수 $f$의 값을 보고 난 후에 이 값이 함수 $b$의 값 7보다 크거나 같지 않는 한 함수 $g$의 값은 계산할 필요가 없다. 즉, 함수 $c$는 여기서 탐색을 종료한다. $g$의 값이 9

일지라도 함수 c에 의해서 2가 선택될 것이며 함수 a의 값은 7이 된다. g의 값이 1이라면 말할 필요도 없다. 하지만, f의 값이 8이라면 g의 값이 8보다 작을지를 알아봐야 할 것이다.

함수 e는 8을 본 후에 더 이상의 탐색을 중단하였는데, 그때 참조한 값이 7[함수 d의 값]이었다. 여기서 7을 베타라 하며, 베타보다 큰 값이 보이면 탐색을 중단하는 것을 베타 절단cut이라 한다. 한편, 함수 c는 2를 본 후에 더 이상의 탐색을 중단하였는데, 그때 참조한 값이 7[함수 b의 값]이었다. 여기서는 7이 알파가 되며, 알파보다 작은 값이 보이면 탐색을 중단하는 것을 알파 절단이라 한다. 이러한 방식으로 게임 트리의 불필요한 부분들을 제거하기 때문에 알파-베타 가지치기라 한다.

알파-베타 가지치기 알고리즘의 구현은 간단하다. 앞 절에서 작성한 미니맥스 함수 get_minimax_score에 아래와 같이 알파 절단과 베타 절단에 대한 부분[# alpha-beta pruning]만 추가하면 된다. 코드는 다음과 같다.

```
def get_alpha_beta_minimax_score(state, player_type, terminal_score=1,
                                 alpha=-np.inf, beta=np.inf,
                                 minimizer=True):
    if state.check_if_win(player_type):
        return terminal_score
    elif state.check_if_win(-player_type):
        return -terminal_score
    elif state.check_if_game_finished():
        return 0
    else:
        if minimizer==True:
            minimax_score = np.inf
            legal_actions = state.get_legal_actions()
            for action in legal_actions:
                next_state = state.get_next_state_from_action(
                            action,-player_type)
                score = get_alpha_beta_minimax_score(
                            next_state, -player_type,
                            -terminal_score,
                            alpha, beta, minimizer=False)
                if score < minimax_score:
                    minimax_score = score
                # alpha-beta pruning
                if beta > score:
                    beta = score
                if beta <= alpha:
                    break
```

```
        if minimizer==False:
            minimax_score = -np.inf
            legal_actions = state.get_legal_actions()
            for action in legal_actions:
                next_state = state.get_next_state_from_action(
                            action,-player_type)
                score = get_alpha_beta_minimax_score(
                            next_state, -player_type,
                            -terminal_score,
                            alpha, beta, minimizer=True)
                if score > minimax_score:
                    minimax_score = score
                # alpha-beta pruning
                if alpha < score:
                    alpha = score
                if beta <= alpha:
                    break
        return minimax_score
```

미니맥스의 최소화 단계[minimizer==True]에서는 beta를 갱신하는데, 미니맥스 점수 score가 beta보다 작으면 score를 beta로 한다. 그리고, alpha와 beta의 비교를 통해 탐색을 종료할지 계속할지를 결정한다. 종료하는 경우, score를 출력한다. 미니맥스의 최대화 단계[minimizer==False]에서는 alpha를 갱신하는데, score가 alpha보다 크면 score를 alpha로 한다. 최소화 단계에서와 마찬가지로, alpha와 beta의 비교를 통해 탐색을 종료할지 계속할지를 결정하고, 종료하는 경우에는 score를 출력한다. 어떻게 이렇게 간단한 코드로 알파-베타 가지치기를 할 수 있는지는 아래에 설명하였다.

위에 언급한 예와 함수의 코드를 따라가면서 어떻게 가지치기가 이루어지는지 아래 그림과 함께 살펴보자. 시작 노드에서는 $(\alpha, \beta)=(-\infty,+\infty)$로 하여 최대화 함수 $a$를 호출한다. 그러면, 재귀적 호출을 통해 최대화 함수 $d$까지 호출하게 된다. 최대화 함수 $d$는 말단 노드의 값을 $\alpha$와 비교하면서 최대값을 찾는 탐색을 $\alpha$가 $\beta$보다 작아지거나 모든 하위 노드의 탐색이 끝날 때까지 계속한다.

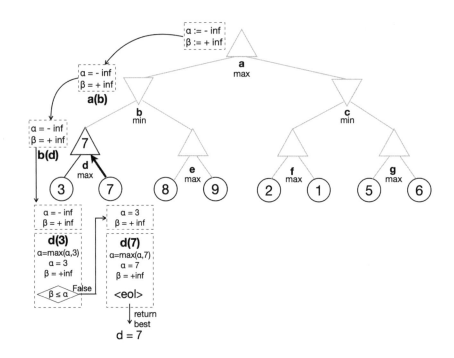

최소화 함수 $b$는 7을 입력받는데, 이때는 $(\alpha, \beta)=(-\infty, +\infty)$이다. 재귀적 함수 호출이므로 하위 노드에서 사용된 $(\alpha, \beta)$는 상위 노드로 전달되지 않는다.

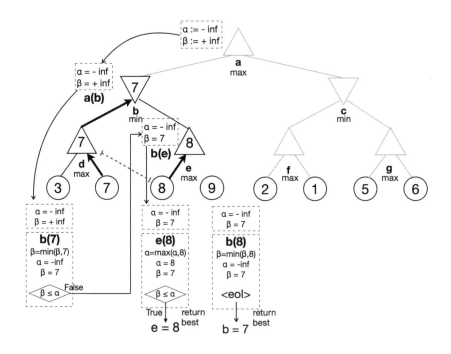

최소화 함수 $b$는 $\beta$와 비교하면서 최대값을 찾는데, 이를 $\alpha$가 $\beta$보다 작거나 같을 때까지 모든 하위 노드의 탐색이 끝날 때까지 계속한다. $b$에 7이 입력되면 $\beta$는 7로 갱신되며, $\alpha$와의 비교에서 $\beta$가 크기 때문에 다음 노드를 탐색하려고 함수 $e$를 호출한다. $e$는 $(\alpha, \beta)=(-\infty,7)$로 하여 첫 번째 말단 노드 값을 보고 $\alpha$를 8로 갱신한다. 그런데, $\alpha$가 $\beta$보다 크기 때문에 탐색을 종료한다. 이때, $d$의 함수 값 7과 말단 노드의 점수 8을 비교한 것이다. 함수 $e$값 8은 계속해서 함수 $b$로 입력되고 함수 $b$는 7과 8중에서 작은 값인 $\beta$=7 을 $b$의 값으로 결정한다

함수 $b$의 값이 결정되었으므로 함수 $a$는 이를 입력받는다. 이때 $(\alpha, \beta)=(-\infty,+\infty)$이다. $\alpha$는 7로 갱신되는데, $\alpha$가 $\beta$보다 크지 않기 때문에 탐색을 계속하려고 함수 $c$를 호출한다. 함수 $c$는 다시 함수 $f$를 호출하고 $f$의 값은 2로 결정된다.

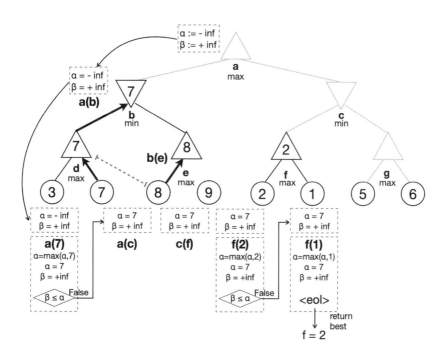

함수 $c$는 2를 입력받고 $\beta$를 2로 갱신하는데, $\alpha$가 $\beta$보다 크기 때문에 탐색을 종료하고 $c$ 의 값을 2로 결정한다. 이때 $b$의 값 7이 $f$의 값 2와 비교된 것이다.

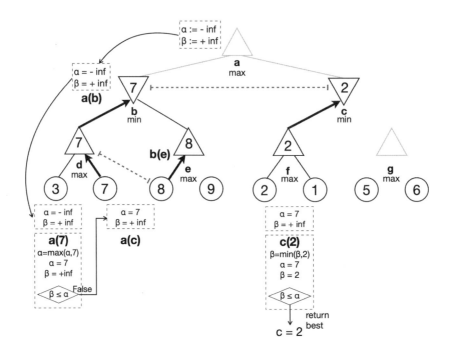

최종적으로 $a$는 7과 2를 비교한 후, $a$의 값을 7로 결정한다.

위 코드를 실행시키면서 탐색 되는 말단 노드들을 프린트시켜 보면, 값이 9, 5, 6인 노드들은 탐색 되지 않음을 알 수 있을 것이다. 실행 시간도 단축되는데, 이 예에서는 탐색공간의 크기가 작아서 가지치기의 효과가 크게 나타나지는 않는다.

```
stt_time = time.time()
for i in range(100000):
    s = get_minimax_alpha_beta_score("a", minimizer=False)
stp_time = time.time()
print("MiniMax alpha-beta:", np.round(stp_time-stt_time,3))


stt_time = time.time()
for i in range(100000):
    s = get_minimax_score("a", minimizer=False)
stp_time = time.time()
print("MiniMax:", np.round(stp_time-stt_time,3))
```

알파-베타 가지치기를 이용한 미니맥스 알고리즘을 사용하는 대국자 함수 AI_al-pha_beta_minimax는 다음과 같다. get_alpha_beta_minimax_score가 사용된다는 점을 제외하면 대국자 함수 AI_alpha_beta_minimax와 동일하다.

```
def AI_alpha_beta_minimax(state, verbose=0):
    # find player_type
    n_non_zeros = np.sum(state.board*state.board)
    if n_non_zeros % 2 == 0: player_type = +1
    if n_non_zeros % 2 != 0: player_type = -1
    print("thinking...")
    # find the best action
    best_action = None
    best_score = -np.inf
    legal_actions = state.get_legal_actions()
    np.random.shuffle(legal_actions)
    for action in legal_actions:
        next_state = state.get_next_state_from_action(action,
                                                       player_type)
        score = get_alpha_beta_minimax_score(next_state, player_type)
        if verbose==1: print("legal action:", action, "score:", score)
        if score > best_score:
            best_score = score
            best_action = action
    return best_action
```

다음 코드를 이용하여 알파-베타 가지치기 미니맥스 알고리즘을 사용하는 틱택토 인공지능의 기량을 평가해 보자. 5장에서 작성한 평가용 함수를 사용한다.

```
evaluate_players((3,3), 3,
                 AI_random, AI_alpha_beta_minimax,
                 n_iter=10)

evaluate_players((3,3), 3,
                 AI_minimax, AI_alpha_beta_minimax,
                 n_iter=10)

evaluate_players((3,3), 3,
                 AI_alpha_beta_minimax, AI_alpha_beta_minimax,
                 n_iter=10)
```

기량은 단순 미니맥스 알고리즘을 사용하는 틱택토 인공지능과 동일하지만, 실행 시간은 약 10배 정도 빨라짐을 확인할 수 있을 것이다. 물론, 9줄 바둑판 오목에 적용하기에는 여전히 무리다.

독자들도 선수와 후수를 바꿔가며 이 장에서 구현한 틱택토 인공지능과 대국을 해보기 바란다. 승리할 수는 없을 것이다.

```
play_n_mok(board_shape=(3,3), n_connects=3,
          player_A=AI_alpha_beta_minimax, player_B=human)

play_n_mok(board_shape=(3,3), n_connects=3,
          player_A=human, player_B=AI_alpha_beta_minimax)
```

다음 장에서는 9줄 바둑판 오목과 같이 탐색공간이 큰 경우에 기량 면에서의 손해를 약간 감수하면서, 실질적인 탐색을 가능하게 하는 알고리즘을 소개한다.

# 몬테 카를로 트리 탐색

## 오목

몬테 카를로 트리 탐색법[MCTS]은 무작위적 시행을 통해 파악한 유망한 수에 대해서 더 깊은 수읽기를 실시하도록 하는 탐색적 알고리즘이다. 탐색공간의 크기가 크면 미니맥스 알고리즘으로는 엄두도 내지 못할 탐색을 MCTS로 할 수 있게 됨으로써, 수많은 보드 게임 인공지능들이 탄생하기 시작했다. 2000년도 이전 아마추어 초급 수준에 머물던 바둑 인공지능도 MCTS의 도입으로 아마추어 초단 정도의 실력을 갖추게 되었다. 기억하는 독자들도 있겠지만, 2016년 이세돌과 알파고의 대국에서 알파고 대신 착수하던 이가 MCTS를 바둑에 도입한 대만 출신 컴퓨터 과학자 아자황이다. MCTS는 알파고에서도 핵심적으로 사용되는 알고리즘이다. 이 장에서는 MCTS를 트리 탐색법을 9×9 바둑판 오목에 적용해 본다. 참고로, 몬테 카를로는 모나코의 도박 도시 몬테 카를로에 있는 세계 최초의 카지노 이름<sup>Casino de Monte Carlo</sup>이다.

이 장에서 사용할 패키지와 모듈은 다음과 같이 불러들인다.

```
import numpy as np
import math
import time
import matplotlib.pyplot as plt
```

# 7.1 몬테 카를로 접근법

## 7.1.1 몬테 카를로 추정법

몬테 카를로<sup>Monte Carlo</sup> 접근법이란 무작위적 시행을 통해 문제의 해에 대한 추정치나 근사치를 구하려는 확률론적 접근법이다. 예를 들어, 피적분 함수 $f$가 매우 복잡하여 해석적 적분이 힘들 때 몬테 카를로 적분법으로 참 적분값의 근사치를 얻을 수 있다. 다음과 같은 간단한 함수의 적분값을 구하는 문제라고 해보자.

$$I = \int_{-3}^{3} f(x)\, dx, \text{ where } f(x) = -x^2 + 9$$

해석적으로 구한 $I$는 36이며, 다음 그림에 나타낸 곡선 아래의 면적에 해당한다.

```python
def f(x):
    return -x**2 + 9

x = np.linspace(-3,+3,num=100)
y = f(x)

plt.plot(x, y)
plt.xlabel("x", fontsize=12)
plt.ylabel("y", fontsize=12)
plt.xlim(-4,+4)
plt.ylim(0, 10)
plt.show()
```

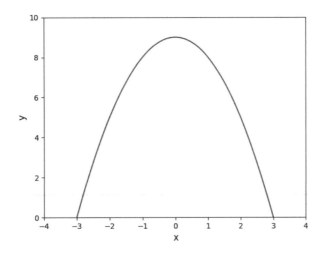

위 그림의 전체 면적은 $8 \times 10 = 80$이므로, 곡선 아래의 면적이 전체 면적에서 차지하는 비율 $r$을 정확히 알 수 있다면, 적분값 $I$는 단순히 다음과 같이 계산된다.

$$I = 80 \times r$$

$r$을 정확히 모를지라도 근사적으로 추정할 수 있다면, $I$의 추정치 $\hat{I}$를 구할 수 있을 것이다.

$$\hat{I} = 80 \times \hat{r}$$

$r$의 추정치 $\hat{r}$을 구하는 간단한 방법은 위 그림에 무수히 많은 수[$n_{\text{total}}$]의 점을 무작위적으로 찍어 보고 몇 개[$n$]의 점이 곡선 아래에 찍혔는지를 세어 보면 될 것이다. 즉, $\hat{r}$은 다음과 같이 구할 수 있다.

$$\hat{r} = \frac{n}{n_{\text{total}}}$$

위와 같은 방식의 적분을 몬테 카를로 적분이라 하며, 다음과 같이 구현할 수 있다.

```python
def Monte_Carlo_Integration(f, x_low, x_high, y_high, n_total,
                            verbose=False):
    x_rand = np.random.random(size=n_total)
    x_rand = x_rand * (x_high - x_low) - x_high # scaling
    y_rand = np.random.random(size=n_total)
    y_rand = y_rand * y_high # scaling
    y_func = f(x_rand) # curve
    idx = np.where(y_rand < y_func)[0] # points under curve
    n = len(idx)
    r = n / n_total
    I_est = r * (x_high - x_low) * y_high
    if verbose:
        x = np.linspace(x_low,x_high,num=100)
        y = f(x)
        plt.plot(x, y)
        plt.scatter(x_rand, y_rand, s=5, c='blue')
        plt.scatter(x_rand[idx], y_rand[idx], s=5, c='red')
        plt.xlabel("x", fontsize=12); plt.ylabel("y", fontsize=12)
        plt.xlim(x_low,x_high); plt.ylim(0, y_high)
        plt.show()
    return I_est

I_est = Monte_Carlo_Integration(f, -4, 4, 10, 1000, verbose=True)
print(I_est)
```

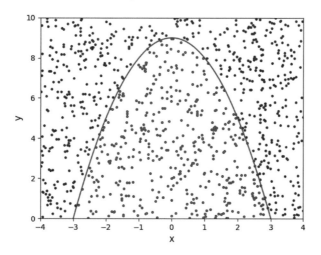

전체 점의 수가 증가할수록 참값 36에 가까운 결과를 보여준다. 다른 예로, 이번에는 다음 함수의 최소값을 발생시키는 $x*$를 구해 보자.

$$x* = \underset{x}{\mathrm{argmin}} f(x), \quad \text{where } f(x) = (x - 3)^2 + 3$$

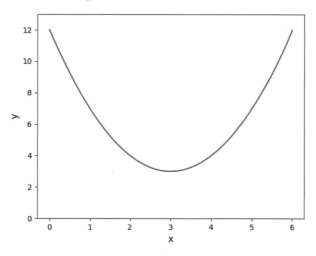

해석적으로 구한 $x*$의 참값은 3이다. $x*$를 구하는 가장 간단한 몬테 카를로 방법은 탐색 공간의 범위 내에서 무작위인 수[x]를 함수에 대입해 보고 이 중에서 가장 작은 함

수값을 발생시키는 값을 찾는 것이다.

```
def f(x):
    return (x-3)**2 + 3

def simple_MC_optimization(f, search_low, search_high, n):
    x = np.linspace(search_low,search_high,num=n)
    y = f(x)
    x_opt = x[np.argmin(y)]
    return x_opt

x_opt = simple_MC_optimization(f, 0, 6, 1000)
print(x_opt)
```

```
=========
2.996996996996997
```

몬테 카를로 적분에서와 마찬가지로, 시행의 횟수가 많을수록 추정된 값은 참값에 가까워진다. 위에 언급한 방법들은 아주 기초적인 방법들이며 실제 문제에 적용하기에는 무리가 있다. 많은 진보적인 방법들이 개발되어 있는데, 이 책에서는 다루지 않는다.

## 7.1.2 랜덤 플레이 아웃

바둑, 체스, 오목, 틱택토 모두 시점마다 어떤 수를 두어야 하는지를 결정하는 선택이 연속되는 게임이다. 즉, 둘 수 있는 수들이 정해지면 참여자는 그 수들을 평가하고 평가 점수가 가장 높은 수를 두는 방식으로 게임이 진행된다. 수들을 얼마나 잘 평가하는지가 참여자의 기량을 결정할 것이다.

미니맥스 알고리즘을 이용한 평가법이 '대국이 끝나는 시점까지 서로가 최선의 수들을 찾는 것을 시뮬레이션 해보고, 이로부터 다음 수들을 평가하는 것'이라면, 몬테카를로 접근법을 이용한 평가법은 '대국이 끝나는 시점까지 서로가 무작위적인 수를 두는 것을 시뮬레이션 해보고, 이로부터 다음 수들을 평가하는 것'이라 할 수 있다. 아래에 좀 더 구체적인 예를 들었다.

어떤 시점에서 둘 수 있는 수 중의 하나를 $a$라 하면, $a$가 두어진 후 승패가 판정될 때까지 무작위적인 수[상대의 수 포함]를 두어 보는 시뮬레이션을 해볼 수 있다. 이를 랜덤 플레이아웃이라 하는데, 랜덤 플레이아웃이 완료되면 말단 노드의 상태[승리, 무승부,

또는 패배]에 따라 **보상**reward[$r$] 값을 결정한다. 예를 들어, 승리는 +1, 무승부는 0, 패배는 -1을 $r$의 값으로 한다고 하자.

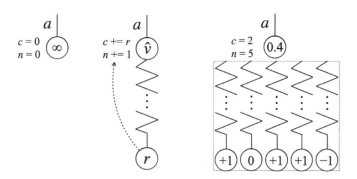

랜덤 플레이 아웃을 실시하기 전, $a$의 가치는 무한대로 평가한다. 이 점은 상당히 중요한데, 여기서는 일단 "시도해 보지 않은 수[행동]는 무한한 가치를 갖는 것으로 간주한다" 정도로만 이해해 두자. 랜덤 플레이아웃이 시작되면 보상의 누적값 $c$를 구하고, 이로부터 $a$의 가치 $v$에 대한 몬테 카를로 추정치를 구한다.

$$\hat{v} = \frac{c}{n} = \frac{1}{n} \sum_{i=1}^{n} r_i$$

위와 같은 식으로 추정된 평가 점수[수의 가치]에 따라 수를 선택해 가는 방법이 보드게임에서 사용되는 가장 기본적인 몬테 카를로 접근법이다.

랜덤 플레이아웃을 이용하는 틱택토 인공지능을 AI_MC라 하고 이를 구현해 보자. 우선, 다음과 같이 현 상태[state]를 입력하면 한 번의 랜덤 플레이아웃을 실시하고 승패의 결과에 따라 $r$을 출력하는 함수를 만든다.

```
def get_reward_random_playout(state, player_type, terminal_score=1):
    if state.check_if_win(+player_type):
        return +terminal_score
    elif state.check_if_win(-player_type):
        return -terminal_score
    elif state.check_if_game_finished():
        return 0
    else:
        legal_actions = state.get_legal_actions()
        n_legal_actions = len(legal_actions)
        random_idx = np.random.randint(low=0,high=n_legal_actions)
```

```
            action = legal_actions[random_idx]
            next_state = state.get_next_state_from_action(action,
                                                        -player_type)
            r = get_reward_random_playout(next_state, -player_type,
                                            -terminal_score)
        return r
```

AI_MC는 랜덤 플레이아웃 횟수 $n$을 지정하면, 매 국면에서 가능한 수들에 대하여 $n$번의 랜덤 플레이아웃을 실시하여 가치의 추정치 $\hat{v}$를 계산한 다음, 가치가 가장 큰 수를 두는 인공지능으로서, 다음 함수로 구현한다.

```
def AI_MC(state, n_playouts=100):
    n_non_zeros = np.sum(state.board*state.board)
    if n_non_zeros % 2 == 0: player_type = +1
    if n_non_zeros % 2 != 0: player_type = -1
    print("thinking...")
    print("no. of playouts:", n_playouts)
    # -----
    legal_actions = state.get_legal_actions()
    np.random.shuffle(legal_actions)
    values = np.zeros(len(legal_actions))
    for j, action in enumerate(legal_actions):
        for i in range(n_playouts):
            next_state = state.get_next_state_from_action(action,
                                                        player_type)
            r = get_reward_random_playout(next_state, player_type)
            values[j] = values[j] + r/n_playouts
    best_action = legal_actions[np.argmax(values)]
    return best_action
```

다음 코드를 이용하여, 틱택토에서 AI_MC와 AI_alpha_beta_minimax의 기량을 비교해 보자. 참고로, 틱택토는 선수가 유리하다.

```
evaluate_players((3,3), 3,
                 AI_MC, AI_alpha_beta_minimax,
                 n_iter=10)

evaluate_players((3,3), 5,
                 AI_alpha_beta_minimax, AI_MC,
                 n_iter=10)
```

랜덤 플레이아웃 횟수 $n$이 커질수록 수의 가치 더 정확히 추정되겠지만, 계산 시간은 $n$

에 비례하여 증가한다. 틱택토에서 $n = 100$로 하였을 때, 미니맥스법을 사용하는 인공지능과 거의 동일한 기량을 보이며, $n = 10$ 정도에서도 상당한 기량을 보인다. 속도는 미니맥스법을 사용하는 인공지능보다 훨씬 더 빠르다.

몬테 카를로 접근법은 모든 가능한 수들에 대하여 랜덤 플레이아웃을 실시하므로, 탐색 공간이 크면 실행 시간 대비 만족할만한 기량을 보이지 못한다. 호기심 많은 독자는 이미 시도해 보았을 수 있는데, AI_MC를 9×9 바둑판 오목용 인공지능으로 사용하기에는 너무 느리며 기량도 너무 부족하다.

## 7.2 몬테 카를로 트리 탐색법

### 7.2.1 기본 알고리즘

**몬테 카를로 트리 탐색**Monte Carlo Tree Search[MCTS]은 랜덤 플레이아웃만 실시하는 기본적인 몬테 카를로 방법을 개선한 것으로써, **선택**selection, **확장**expansion, **평가**evaluation, **갱신**update이라 칭하는 일련의 과정을 반복하면서 유력한 수를 더 깊게 살펴보는 방법이다. 과정별로 예를 들어 설명하면 다음과 같다.

현재 국면이 수 $a_{0,0}$에 의해서 얻어진 것이라 하고 현재의 국면을 초기 노드 $(0,0)$이라 하자. 현재 국면은 대국의 시작 국면일 수도 있고 대국 중인 국면일 수도 있는데, 내가 둘 차례인 국면이다. MCTS는 초기 노드 $(0,0)$이 주어졌을 때, 현 국면에서 가능한 수들을 나열하는 것에서부터 시작한다. 이를 **초기 확장**이라 한다. 즉, 초기 확장은 초기 노드의 하위 노드들을 얻는 과정이다. 아래 예에서는 현 국면에서 둘 수 있는 수가 $a_{1,1}$, $a_{1,2}$, 또는 $a_{1,3}$인 것으로 가정하였다.

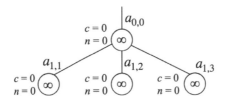

$c$는 앞으로 계산하게 될 보상[$r$]의 누적값이고, $n$은 노드의 방문 횟수를 나타낸다. 원 속의 숫자는 노드의 가치[엄밀히는 가치의 추청치 $\hat{v}$]를 나타낸다. 초기 확장 단계에서 모든 노드들의 $c$와 $n$은 0으로 한다. 추정 가치 $\hat{v} = c/n$으로 계산하는데[실제로는 다른 계산법이 사용되지만, 잠시 이렇다고 해두자], 초기 확장 단계에서 모든 노드들의 가치 는 무한대로 한다.

선택 단계에서는 가치가 가장 큰 하위 노드를 선택한다. 만약 선택된 노드에 하위 노드 가 있다면 하위 노드 중에서 추정 가치가 가장 큰 노드를 선택한다. 첫 단계에서의 추 정 가치는 모두 동점이므로, 무작위적으로 하나를 선택한다. 노드 $(1,1)$을 선택했다고 하 자.

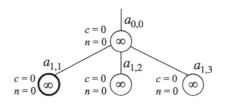

평가 단계에서는 랜덤 플레이아웃을 실시하여 보상 $r$을 얻는다. 노드 (1,1)은 하위 노드가 없으므로, 노드 (1,1)에서부터 시작하는 랜덤 플레이아웃을 실시하여 보상 $r$을 얻는다. 랜덤 플레이아웃의 결과로 승리에 도달하여 보상으로 +1점을 얻었다고 하자.

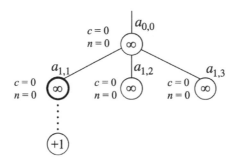

랜덤 플레이 아웃으로 선택된 노드에 대한 $r$이 얻어지면, 초기 노드 (0,0)까지 거슬러 올라가면서 선택된 노드에 대한 보상 누적값 $c$와 방문 횟수 $n$을 갱신하고 노드의 추정 가치 $\hat{v}$를 계산한다. 이 과정을 역전파back propagation라 하기도 한다.

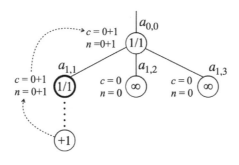

위 예에서는 노드 (1,1)의 보상 누적값과 방문 횟수는 1로, 초기 노드의 보상 누적값과 방문 횟수를 1로 업데이트하였다. 노드 업데이트가 완료되면 항상 초기 노드로 돌아가서, 다시 추정 가치가 가장 높은 하위 노드를 선택하고 평가하는 과정을 반복한다.

이제, 추정 가치가 가장 큰 노드는 $\hat{v}$가 무한대인 노드 (1,2)와 노드 (1,3)이다. 두 노드의 가치는 같으므로 둘 중의 하나를 무작위적으로 선택하여 위 과정을 반복한다. 이번에는 노드 (1,2)가 선택되어 플레이 아웃을 실시[결과는 패]하고 다음과 같이 업데이트되었다고 하자.

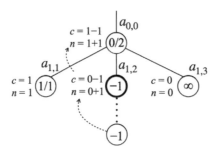

다시 초기 노드로 돌아왔을 때, 추정 가치가 가장 큰 노드는 (1,3)이므로 노드 (1,3)이 선택되고 위 과정을 반복한다. 노드 (1,3)이 다음과 같이 업데이트되었다고 하자.

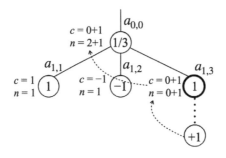

노드 (1,3)에 대한 업데이트 후, 알고리즘은 다시 초기 노드로 돌아와 있다. 이번에는 노드 (1,1)이 선택되고 다음과 같이 업데이트되었다고 하자.

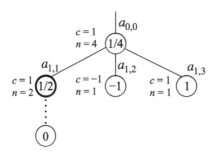

다음에는 노드 (1,3)이 선택될 텐데, 노드 (1,3)이 다음과 같이 업데이트되었다고 하자.

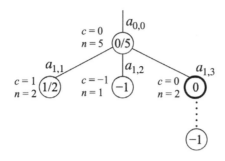

위와 같은 과정이 총 15차례 반복된 후, 노드 (1,1)이 선택되고 랜덤 플레이아웃이 실시된 후, 다음과 같이 업데이트되었다고 하자.

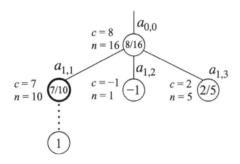

선택된 노드의 하위 노드를 전개하는 것을 확장이라 하는데 지금까지는 초기 노드의 하위 노드들은 확장되지 않았었다. 노드 방문 횟수 $n$가 미리 정한 $n_{exp}$에 도달하면 노드를 확장한다. 만약 $n_{exp}$을 1로 하였다면, 노드 (1,1), (1,2), (1,3)을 처음 방문했을 때 이들을 확장했을 테지만, 여기서는 $n_{exp}$을 10으로 설정했다고 하자. 그러면, 노드 (1,1)의 방문 횟수는 10이 되었으므로, 노드 (1,1)의 하위 노드들을 전개한다. 국면 (1,1)에서 둘 수 있는 수가 $a_{2,1}$과 $a_{2,2}$라면, 노드 (1,1)은 다음과 같이 확장된다.

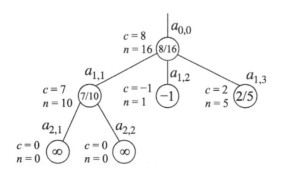

이제 다시 초기 노드로 돌아가서 초기 노드의 하위 노드인 (1,1)이 선택될 텐데, 노드 (1,1)은 하위 노드가 있으므로 노드 (1,1)의 하위 노드인 (2,1)과 (2,2)의 추정 가치에 따라 이 중 하나를 선택한다. 여기서는 노드 (2,1)이 선택되고 플레이 아웃이 실시된 후, 다음과 같이 업데이트되었다고 하자.

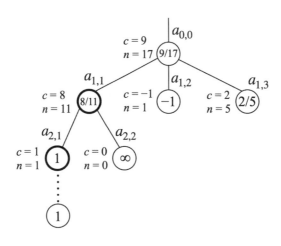

다시 초기 노드로 돌아가 하위 노드를 선택할 때는 노드 (2,2)가 선택될 것이다. 예를 들어, 노드 (2,2)의 업데이트는 다음과 같다.

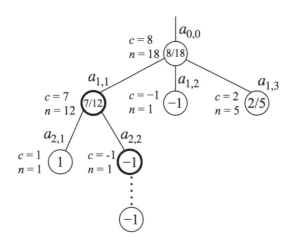

이러한 일련의 과정을 초기 노드의 방문값이 특정한 횟수[이 예에서는 100이라 하자]에 도달할 때까지 반복한다. 모든 반복이 완료된 후 현 국면에서 어떤 수를 두어야 할지를 결정하는데, 노드 방문 횟수가 가장 많은 수를 최선의 수로 한다.

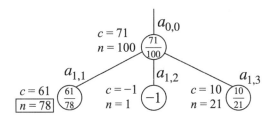

노드 방문 횟수가 많다는 것은 해당 수를 더 깊게 들여다보았다는 것이며, 이는 그 수가 승리를 끌어낼 가능성이 더 크다는 것을 의미한다. 물론 노드의 추정 가치가 큰 수를 유력한 수로 볼 수도 있는데, 노드 방문 횟수에 따라 최선의 수를 결정하는 것이 더 좋다고 알려져 있다. 총 반복수가 증가하면 두 방법에 따른 차이는 없다고 한다.


## 7.2.2 활용과 탐험

MCTS 알고리즘을 오목에 적용해 보기 전에 고려해야할 중요한 부분이 남아 있다.  노드의 추정 가치[$\hat{v} = c/n$]는 참 가치 $v$에 대한 표본 평균 형태의 추정치이다. 추정에는 점 추정point estimation과 구간 추정interval estimation이 있는데, 흔히 사용되는 표본 평균sample mean[$\bar{x}$]은 모집단 평균population mean[$\mu$] 대한 점 추정치다. 점 추정치에는 불확실성이 포함되어 있고, 불확실성은 표본 분산variance[$s^2$]으로 표현된다. 표본 평균과 표본 분산을 이용하여 구간 형태의 추정을 하기도 하는데, 대표적인 것이 신뢰수준[$\alpha$]에 따른 $(1 - \alpha) \times 100\,\%$ 신뢰구간이다. 예를 들어, 모집단이 정규분포를 따른다고 가정했을 때, 크기가 100인 표본으로부터 표본 평균은 5, 표준편차[표본 분산의 제곱근]는 1이 얻어졌다면 95% 신뢰구간의 하한lower confidence bound[LCB]과 상한upper confidence bound[UCB]은 다음과 같이 계산된다.

$$\text{LCB} : \bar{x} - Z_{\alpha/2} \times (s/\sqrt{n}) \approx 5 - 1.96 \times (1/10) = 5.196$$
$$\text{UCB} : \bar{x} + Z_{\alpha/2} \times (s/\sqrt{n}) \approx 5 + 1.96 \times (1/10) = 4.804$$

95% 신뢰구간은 여러 번의 구간 추정을 했을 때 그중 95%에서 참값이 95% 신뢰구간[(4.804, 5.196)]사이에 포함되어 있다는 것을 의미한다. 신뢰구간의 의미는 다소 헷갈릴 수도 있는데, 여기서는 "참값의 하한과 상한이 각각 높은 확률로 4.804와 5.196이다"는 정도로만 생각해 두자.

위 UCB를 구하는 식을 보면, 동일한 표본 평균에 대하여 표본의 크기가 10,000일 때는 신뢰 상한이 5.019로 감소한다. 즉, 표본의 크기가 작을수록 참값에 대한 불확실성이 증가하며, 이에 따라 신뢰 상한도 증가한다. 극단적으로, 관측이 한 번도 이루어지지 않은[표본 크기가 0] 노드의 신뢰 하한과 상한은 각각 음과 양의 무한대라 할 수 있다.

이제, 다음 문제를 생각해 보자. 현재까지 노드 A는 10,000번 방문하였으며 표본평균 형태로 계산된 추정 가치가 500/1000 = 0.5라 하고, 노드 B는 1번 방문하였으며 추정 가치가 0/1 = 0이라 하자. 다음 선택 시 노드 A를 방문해야 할까 아니면 노드 B를 방문해야 할까? 앞서 언급한 단순한 MCTS를 따른다면 노드 A를 방문해야 할 것이다. 하지만 노드 B는 한번 밖에 방문하지 않았었고, 노드 B로부터 이어지는 수 중에 필승의 수가 있을 수도 있다. 이 수를 못 본 이유는 단순히 노드 B를 충분히 많이 방문하지 않아서다. 물론 충분히 많은 경험을 한 노드 A를 택했을 때 승리할 확률은 거의 0.5에 근접할 것이기에 노드 A를 선택하는 것이 노드 B를 선택하는 것에 비해 안전할 수도 있으나, 가끔은 노드 B 쪽으로 게임을 전개했을 때 어떤 결과가 얻어지는지도 봐둘 필요가 있을 것이다.

즉, 지금까지 얻어진 결과나 경험[노드 A의 가치가 크다]을 충분히 잘 **활용**exploitation 하는 것도 중요하지만, 가끔은 노드 B와 같이 많이 방문해보지 않은 또는 잘 알지 못하는 노드들을 위험을 무릅쓰고 **탐험**exploration해 보는 것도 중요하다. 탐험을 통해 지금까지 경험하지 못했던 더 큰 보상을 얻을 수도 있기 때문이다. 활용만 한다면 우물 안 개구리가 될 수도 있고, 탐험만 한다면 실질적 이득은 얻지 못할 수도 있다. 활용과 탐험 사이의 균형을 잘 맞추는 것은 이어지는 장에서 소개할 강화학습의 중요한 요소 중 하나인데, 이에 대해서는 다음 장에서 자세히 다룬다.

앞서 언급한 것처럼, 노드의 추정 가치를 단순히 표본 평균 형태인 $\hat{v} = c/n$으로 계산하게 되면 노드 B 쪽으로 전개되는 과정은 랜덤 플레이아웃으로 시뮬레이션해 볼 기회조차 잃게 된다. 즉, 이 식은 탐험은 없고 활용만 하도록 하는 식이다. 탐험이 가능하게 하는 여러 기법들이 있는데, 드물게 방문할수록 양[+]의 값을 더해주는 방식을 **신뢰 상한 기법**upper confidence bound, UCB이라 한다. 예를 들어, 다음과 같은 식으로 추정 가치를 계산한다.

$$\hat{v}_i^{\text{UCB}} = \frac{c_i}{n_i} + \gamma \sqrt{\frac{\log n}{n_i}}$$

위 식에서 $n_i$와 $c_i$는 $i$번째 노드의 방문 횟수와 누적 보상값이고, $n$은 모든 노드의 방문 횟수다. $\gamma$는 탐험을 어느 정도의 수준으로 할 것인지를 나타낸다. 보통 $\sqrt{2}$를 사용하는데, $\gamma$는 실험적으로 결정한다.

# 7.3 MCTS를 이용한 오목 인공지능

## 7.3.1 MCTS 알고리즘의 구현

미니맥스 알고리즘의 구현에는 State 클래스만 사용하는 것으로 충분하였지만, MCTS 알고리즘을 구현하기 위해서는 1] 노드 방문 횟수와 보상 누적값$[n, c]$을 저장하고 2] 노드를 평가하며 3] 노드를 확장하는 기능을 할 수 있는 클래스가 필요하다. 이 클래스의 이름을 Node라 하고 다음과 같이 구현한다.

```python
class Node:

    def __init__(self, state):
        self.state = state
        self.n = 0
        self.c = 0
        self.next_nodes = [ ]

    def expand(self, player_type):
        legal_actions = self.state.get_legal_actions()
        for action in legal_actions:
            next_state = self.state.get_next_state_from_action(
                        action, player_type)
            next_node = Node(next_state)
            self.next_nodes.append(next_node)

    def get_next_best_node(self, gamma=1):
        n_total = 0
        for next_node in self.next_nodes:
            n_total = n_total + next_node.n
        values  = [ ]
        for next_node in self.next_nodes:
            if next_node.n == 0:
                value = np.inf
            else:
                # UCB
                value = (next_node.c/next_node.n) +\
                        gamma*(np.log(n_total)/next_node.n)**0.5
            values.append(value)
        next_best_node = self.next_nodes[np.argmax(values)]
        return next_best_node

    def evaluate(self, player_type, terminal_score):
```

```
        # end of game
        if self.state.check_if_game_finished():
            r = 0
            if self.state.check_if_win(player_type):
                r = terminal_score
            if self.state.check_if_win(-player_type):
                r = -terminal_score
            self.n = self.n + 1
            self.c = self.c + r
            return r
        # node without descendant (next) nodes
        if len(self.next_nodes) == 0:
            n_non_zeros = np.sum(self.state.board*self.state.board)
            if n_non_zeros % 2 == 0: last_stone_type = -1
            else:                    last_stone_type = 1
            if last_stone_type == player_type:
                r = get_reward_random_playout(self.state,
                                    player_type, terminal_score)
            else:
                r = get_reward_random_playout(self.state,
                                    -player_type, -terminal_score)
            self.n = self.n + 1
            self.c = self.c + r
            # expand next nodes
            if self.n == 10:
                self.expand(-last_stone_type)
            return r
        # node with descendant nodes
        else:
            next_best_node = self.get_next_best_node()
            r = next_best_node.evaluate(player_type, terminal_score)
            self.n = self.n + 1
            self.c = self.c + r
            return r
```

초기화 함수는 state 인스턴스를 입력받도록 하고, 노드 방문 횟수[n], 누적 보상값[c], 하위 노드들의 리스트[next_nodes]를 node 인스턴스의 속성으로 한다. expand 메서드에서는 현 국면에서 가능한 수들의 리스트를 얻고 이를 이용하여 노드를 확장한다. 노드 확장은 각 수에 대한 하위 노드를 생성하는 것이므로, next_state를 얻고 이를 입력으로 하여 생성된 next_node들을 next_nodes에 담는다. get_next_best_node 메서드는 하위 노드들에 대한 UCB 추정 가치를 계산하고 UCB 추정 가치가 가장 큰 노드를 반환한다. gamma의 기본값은 1로 하였다. evaluate 메서드는 랜덤 플레이 아웃을 실시하고 보상값을 반환하는데, 방문 횟수가 10회[변경 가능]가 되면 노드를 확장하도록 하였다. 하위 노드가 있으면 evaluate 메서드를 재귀적으로 호출한다.

## 7.3.2 MCTS 알고리즘을 이용한 오목용 인공지능

앞 절에서 작성한 None 클래스를 이용한 오목용 인공지능 대국자는 다음 함수로 구현한다.

```python
def AI_MCTS(state, n_iter=1000):
    n_non_zeros = np.sum(state.board*state.board)
    if n_non_zeros % 2 == 0: player_type = +1
    if n_non_zeros % 2 != 0: player_type = -1
    print("thinking...")
    print("no. of iterations:", n_iter)
    # --- initialization
    node = Node(state)
    node.expand(player_type)
    # --- MCTS evaluation
    for i in range(n_iter):
        node.evaluate(player_type, 1)
    # --- get best action
    legal_actions = state.get_legal_actions()
    n_visits = [ ]
    for next_node in node.next_nodes:
        n_visits.append(next_node.n)
    best_action = legal_actions[np.argmax(n_visits)]
    return best_action
```

주어진 국면에 대해서 MCTS를 기본 1000회 반복하도록 하였다. 반복이 완료된 후에는 초기 노드의 하위 노드들에 대한 방문 횟수를 얻고, 이로부터 방문 횟수가 가장 많은 노드에 상응하는 수를 최선의 수로 반환하도록 한다.

오목용 인공지능이지만 틱택토에도 적용할 수 있으므로기, 다음 코드를 이용하여 틱택토에 대해서 오목용 인공지능의 기량을 평가해 볼 수 있다.

```python
evaluate_players((3,3), 3, AI_MCTS, AI_random, n_iter=100)
evaluate_players((3,3), 3, AI_random, AI_MCTS, n_iter=100)
evaluate_players((3,3), 3, AI_MC, AI_random, n_iter=100)
evaluate_players((3,3), 3, AI_random, AI_MC, n_iter=100)
```

틱택토의 경우에는 AI_MCTS와 AI_MC가 비슷한 기량을 보임을 확인할 수 있다. 다음 스크립트를 실행하여 AI_MCTS와 오목 대국을 해 볼 수 있다.

```
play_n_mok(board_shape=(9,9), n_connects=5,
                    player_A=AI_MCT, player_B=human)
play_n_mok(board_shape=(9,9), n_connects=5,
                    player_A=human, player_B=AI_MCT)
```

위 코드로 AI_MCTS와 오목 대국을 해 본 독자들은 게임 초반 부에서 몇 가지 문제점을 발견할 수 있었을 것이다. 첫째, 게임이 불가능한 수준은 아니나 AI_MCTS가 생각하는 시간이 너무 길다. 둘째, 삼목을 방어하거나 삼목을 유도하는 수를 두지 못한다. 이는 모두 9×9 바둑판 오목의 초반에는 약 80!개의 국면 전개가 가능하므로 MCTS 알고리즘을 그대로 사용하면, 여전히 탐색 공간이 너무 크기 때문이다.

### 7.3.3 오목용 인공지능에 인간지능의 추가

앞서 구현한 오목용 인공지능에 인간 지능을 조금 추가하여, 초반부에 보이는 문제점들을 해결해 보자. 오목이란 게임에 대해서 조금 생각해 보면, 게임의 초반에 대략 어디에 착수해야 할지를 알 수 있다. 상대방이 오목을 만들지 못하게 하면서 승리하는 수는 상대방의 돌 근처일 확률이 높다. 또한 상대방의 방어가 쉬운 곳인 귀[모퉁이 부근]나 변[모서리 부근]에 두는 것은 좋지 않을 것이다. 즉, 상대방의 돌 부근, 그리고 중앙에 탐색을 집중시킴으로써 MCTS를 더 효율적으로 사용할 수 있다. 같은 맥락 아래에 있는 것은 아니지만, IBM의 딥블루가 당시 최고의 인간 체스 챔피언과 대결하여 승리했을 때 딥블루가 계산하는 시간을 의도적으로 변화시키는 기법[예를 들어, 쉽게 계산되는 수임에도 불구하고 의도적으로 시간을 지연시켜 무엇인가 숨은 묘수가 있는 것처럼 보이게 하는 심리적 전술]까지 동원한 바 있다.

다음은 필자가 앞서 언급한 내용을 구현해 본 함수로서 '오목에서의 행동 제안 함수'라 칭하였다[선수일 경우, 첫수는 정중앙에 두도록 하였다]. 모든 가능한 수들에 대하여 바둑판 내부에 작은 둥지nest 보드를 만들고 둥지 보드 내부에 착점된 돌의 수 [n_thresh]가 0개인 수들은 MCTS 탐색에서 제외되도록 하였다. 이로써, 초반에 근접 전이 가능하게 한다.

```
def get_actions_suggested(state, actions, n_thresh=0, overhang=1):
    board = state.board
```

```
    n_stones_on_board = np.sum(board*board)
    # for the very first move
    if n_stones_on_board == 0:
        actions_suggested = [(4,4)] # center
    else:
        actions_suggested = [ ]
        for action in actions:
            row_idx = action[0]
            col_idx = action[1]
            nest_row_l_idx = max(0, row_idx - overhang)
            nest_row_r_idx = min(8, row_idx + overhang)
            nest_col_u_idx = max(0, col_idx - overhang)
            nest_col_d_idx = min(8, col_idx + overhang)
            nest_board = board[nest_row_l_idx:nest_row_r_idx+1,
                               nest_col_u_idx:nest_col_d_idx+1]
            n_stones_on_nest_board = np.sum(nest_board*nest_board)
            if n_stones_on_nest_board > n_thresh:
                actions_suggested.append(action)
    return actions_suggested
```

위 함수를 사용하려면, Node 클래스의 노드 확장 메서드를 다음과 같이 변경한다.

```
    def expand(self, player_type):
        legal_actions = self.state.get_legal_actions()
        ### +++ ###
        legal_actions = get_actions_suggested(self.state,
                                              legal_actions)
        for action in legal_actions:
            next_state = self.state.get_next_state_from_action(
                         action, player_type)
            next_node = Node(next_state)
            self.next_nodes.append(next_node)
```

그리고, AI_MCTS에서도 위 함수를 호출할 수 있도록 AI_MCTS 함수를 다음과 같이 변경한다.

```
def AI_MCTS(state, n_iter=1000):
    n_non_zeros = np.sum(state.board*state.board)
    if n_non_zeros % 2 == 0: player_type = +1
    if n_non_zeros % 2 != 0: player_type = -1
    print("thinking...")
    print("no. of iterations:", n_iter)
    # --- initialization
```

```
node = Node(state)
node.expand(player_type)
# --- MCTS evaluation
for i in range(n_iter):
    node.evaluate(player_type, 1)
# --- get best action
legal_actions = state.get_legal_actions()
### +++ ###
legal_actions = get_actions_suggested(state, legal_actions)
n_visits = [ ]
for next_node in node.next_nodes:
    n_visits.append(next_node.n)
best_action = legal_actions[np.argmax(n_visits)]
return best_action
```

다음 코드를 이용하여, 최종적으로 완성된 오목용 인공지능과 9×9 바둑판에서 오목 대국을 할 수 있다.

```
play_n_mok(board_shape=(9,9), n_connects=5,
           player_A=AI_MCTS, player_B=human)
```

필자의 행동 제안 함수가 적용된 AI_MCTS는 선수로 둘 때 오목에서 상당한 수준의 기량을 보여준다. 물론, 가끔은 어처구니없는 수도 두기는 한다. 아래는 필자가 후수로 대국했을 때의 결과다. AI_MCTS가 17수 만에 필승의 수 4-3을 만들고 21수 만에 승리하였다.

```
move #: 17 by player A
thinking...
no. of iterations: 1000
action: (2, 5)
player A thinks for 19.079 secs.


   0 1 2 3 4 5 6 7 8
  ------------------
0 | | | | | | | | | | 0
1 | | | | | | | | | | 1
2 | | | | | |0| | | | 2
3 | | | |X|0|0|0| | | 3
4 | | | |0|0|0|X| | | 4
5 | | | |X|X|0| |X| | 5
6 | | | | |0|X|X| | | 6
```

230

```
7 | | | | | | |X| | | | 7
8 | | | | | | | | | | | 8
  -------------------
   0 1 2 3 4 5 6 7 8


...

move #: 21 by player A
thinking...
no. of iterations: 1000
action: (0, 7)
player A thinks for 7.731 secs.


   0 1 2 3 4 5 6 7 8
  -------------------
0 | | | | | | | |O| | 0
1 | | | | | |X|O| | | 1
2 | | | | | |O| | | | 2
3 | | |X|O|O|O| | | 3
4 | | |O|O|O|X| | | 4
5 | |X|X|X|O| |X| | 5
6 | | | |O|X|X| | | 6
7 | | | | | |X| | | | 7
8 | | | | | | | | | | | 8
  -------------------
   0 1 2 3 4 5 6 7 8

*** player A win ***
```

이 장에서 만들어 본 오목용 인공지능은 여전히 개선해야 할 점이 많지만, 이 정도 수준에서 마무리하기로 한다. 독자들이 다른 개선점들을 알아내고 이를 직접 구현 보기 바란다.

오목용 인공지능에서의 핵심적인 문제는 MCTS 알고리즘이 중요한 수를 놓칠 수 있다는 것이다. 이는 MCTS 알고리즘이 기량을 희생하면서 속도를 높이기 위해 확률적 탐색을 하기 때문인데, 랜덤 플레이 아웃을 실시하는 횟수를 증가시킴으로써 어느 정도 해결할 수 있다. 하지만 미니맥스처럼 완전 탐색을 하는 것이 아니기에 실수할 가능성은 항상 남는다. AlphaGo는 가치의 평가에서 합성곱 인공 신경망을 이용하기에 이 절에서 구현한 오목용 인공지능과는 본질적으로 다르지만, 기본적으로 MCTS 알고리즘에 기반하기에 초기 버전의 AlphaGo 역시 실수할 가능성이 있었다. AlphaGo와 이세돌의 네 번째 대국에서 이세돌이 백으로 둔 78번째 수에 대한 대응에서 AlphaGo의 MCTS가 수를 놓쳐 버렸다. 아주 희박한 가능성이었는데, 이를 유발하고 대국을 승리로 이끈 이세돌이 대단한 기사임은 확실하다. 물론, 최신 버전의 AlphaGo는 이런 실수를 하지 않는다. 78번째 수 다음부터 이어지는 AlphaGo의 착수가 이상해지는데, 이 역시 MCTS를 이용하는 인공지능의 특징이다. 패배가 확실해진 국면에서는 모든 가능한 수들에 대한 가치가 거의 0에 가까워지는데, 이럴 때 아무 수나 두어 버리는 패턴을 보인다. 인간의 경우 패배가 확실하더라도 끝까지 자존심을 건 최선을 다하는 '뜨거운 패배'를 택하지만, MCTS를 이용하는 인공지능은 '차가운 패배'를 택하는 경향이 있다.

# 보상의 최대화

## 행동의 선택

# 08

앞 장까지는 두 참여자가 번갈아 가면서 수를 두는 전개형 게임들에서 게임이론에 기반한 알고리즘을 소개하였다. 이 장부터는 강화학습reinforcement learning에 기반한 알고리즘들을 소개한다. 강화학습은 최대의 보상reward을 얻기 위해서 어떠한 행동을 해야 할지를 외부의 지시 없이, 시행착오만으로 학습하는 것이며, 행동주의 학습이론에서 많은 영감을 얻어 발전했다.

행동주의 학습이론은 파블로프Ivan Pavlov의 조건반사conditioned reflex 실험을 시작으로 볼 수 있다. 이후, 손다이크Edward Thorndike가 파블로프의 개에서와 같은 수동적인 반응이 아닌 능동적인 행동도 시행착오를 통해 학습될 수 있음을 보여주었고, 스키너Burrhus Skinner가 행동주의 학습이론을 체계화시켰다. 행동주의 학습이론에서 강화reinforce는 보상에 대한 특정한 행동[또는 반응]의 발생 빈도를 변화시키는 것을 의미한다. 보상의 생리학적 기저는 신경전달물질인 도파민dopamine으로 알려져 있다. 도파민은 쾌감이나 행복감을 매개하기도 하지만 주 기능은 의욕과 흥미를 유발하는 것이다. 동기부여에서부터, 강박증, 중독에 이르기까지 도파민이 관여하며, 호기심이 유발될 때 도파민 분비도 증가하는 것으로 알려져 있다. 강화학습과 행동주의 학습이론이 공유하는 개념들도 있지만 정의나 용례가 다른 용어를 사용하기도 한다. 이 장에서는 강화학습에서 언급하는 행동과 보상에 관한 핵심 개념들을 소개한다.

이 장에서 사용하는 패키지와 모듈은 다음과 같이 불러들인다. 아울러 이 책에 실린 결과와 동일한 결과를 재현하기 위해 난수 발생의 씨앗도 설정한다.

```
import numpy as np
import matplotlib.pyplot as plt
np.random.seed(123)
```

## 8.1 가상의 카지노

이 장에서 사용할 시뮬레이션 시스템으로서 가상의 카지노에 있는 게임기를 소개한다. 이 게임기는 악당^bandit이라는 별명을 갖는 슬롯머신을 흉내 낸 것이다. 게임기에 달린 레버를 당겨서 동그라미가 표시되면 1점을 얻고 세모가 표시되면 1점을 잃는 식으로 게임을 진행한다.

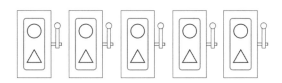

가상의 카지노에는 총 다섯 대의 게임기가 있는데, 참여자는 일주일 동안 이 카지노에 머물면서 원하는 게임기에서 원하는 횟수만큼 게임을 할 수 있다. 참여자의 목표는 최대한 많은 점수를 얻는 것이다.

### 8.1.1 결정론적 게임기

레버를 당길 때마다 항상 미리 정해진 점수를 반환하는 게임기를 생각해 보자. 만약 가상의 카지노에 항상 1점을 반환하는 게임기 한 대와 항상 -1점을 반환하는 게임기 네 대가 있다면, 최대 4번의 시행착오 후에 항상 1점을 반환하는 게임기를 찾아낼 수 있고, 이후 그 게임기의 레버만 당기면 최대한 높은 점수를 획득할 수 있을 것이다. 간단한 예지만, 이를 시뮬레이션하는 코드를 작성해 보자.

우선, 게임기 인스턴스를 생성하는 클래스를 만든다. 인스턴스 생성 시 반환 점수[reward]를 설정하도록 하며, 당기기 메서드[draw]를 실행하면 미리 정해진 점수를 반환하도록 한다. 코드는 다음과 같다.

```
class DeterministicGameMachine():
    def __init__(self, reward):
        self.reward = reward
    def draw(self):
        return self.reward
```

가상의 카지노에는 선택할 수 있는 게임기가 다섯 대 있으므로, 이들을 한꺼번에 생성하는 함수가 필요하다. 다섯 대 중에서 오직 한 대의 게임기만 레버를 당길때 마다 1점을 부여하고, 나머지 네 대는 레버를 당길 때마다 -1점을 부여하도록 한다. 또한 참여자는 어느 게임기가 1점을 부여하는 것인지는 모르도록 한다. 코드는 다음과 같다.

```python
def get_deterministic_game_macines():
    rewards = [-1, -1, -1, -1, 1]
    np.random.shuffle(rewards)
    game_machine_0 = DeterministicGameMachine(rewards[0])
    game_machine_1 = DeterministicGameMachine(rewards[1])
    game_machine_2 = DeterministicGameMachine(rewards[2])
    game_machine_3 = DeterministicGameMachine(rewards[3])
    game_machine_4 = DeterministicGameMachine(rewards[4])
    game_machines = [game_machine_0, game_machine_1, game_machine_2,
                     game_machine_3, game_machine_4]
    return game_machines
```

다음은 시행착오를 통해 1점을 부여하는 게임기를 찾고, 찾은 후에는 항상 그 게임기의 레버만 당기도록 하는 함수다.

```python
def simple_trial_and_error_play(t_max, n_sim=7):
    scores = np.zeros((n_sim, t_max+1))
    for d in range(n_sim):
        game_machines = get_deterministic_game_macines()
        actions = [0,1,2,3,4]
        r = 0
        for i in range(1, t_max+1):
            if r != 1:
                probs = [1/len(actions)]*len(actions)
                a = np.random.choice(actions, size=1, p=probs)[0]
                actions.remove(a)
            r = game_machines[a].draw()
            scores[d][i] = scores[d][i-1] + r
    return scores
```

t_max는 하루에 실행하는 최대 게임 횟수이고, n_sim은 게임을 실행하는 날자 수이다. 일주일 동안 이 카지노에 머물기로 했으므로 n_sim의 기본값은 7로 한다. 카지노는 매일 게임기의 위치를 바꾸게 하였다. 참여자는 매일 처음에는 1점을 반환하는 게임기를 찾을 때까지 게임기를 무작위적으로 선택하다가 1점을 반환하는 게임기를 찾으면 나머지 게임은 그 게임기에서만 하도록 하였다. 점수는 날자별로 누적시켜가며 넘파이 배열 scores에 기록하고 반환토록 하였다.

다음 함수를 실행하여 게임 결과를 보자.

```python
def plot_scores(scores):
    n_sim = scores.shape[0]
    t_max = scores.shape[1] - 1
    x = np.arange(t_max + 1)
    xmin = 0
    xmax = np.max(x)
    ymin = np.min(scores)
    ymax = np.max(scores)
    for d in range(n_sim):
        plt.plot(x, scores[d,:], linewidth=1.5, color='black')
    plt.ylim(ymin,ymax)
    plt.xlim(xmin,xmax)
    plt.xticks(fontsize=12)
    plt.yticks(fontsize=12)
    plt.ylabel("Score", size=15)
    plt.xlabel("t", size=15)
    plt.tight_layout()
    plt.show()
    return None

scores = simple_trial_and_error_play(100)
plot_scores(scores)
```

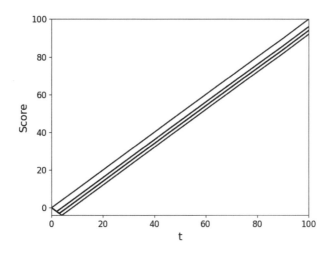

7일간 매일 최대 4회의 시행착오 후에 최고 점수 1점을 부여하는 게임기를 찾은 결과를 볼 수 있다

다음은 시점별로 평균 점수를 보는 함수다.

```python
def plot_avg_score(scores):
    avg_score = np.mean(scores, axis=0)
    t_max = scores.shape[1]
    x = np.arange(t_max)
    xmin = 0
    xmax = np.max(x)
    ymin = np.min(scores)
    ymax = np.max(scores)
    plt.plot(x, avg_score, linewidth=1.5, color='black')
    plt.ylim(ymin,ymax)
    plt.xlim(xmin,xmax)
    plt.xticks(fontsize=12)
    plt.yticks(fontsize=12)
    plt.ylabel("Avg. Score", size=15)
    plt.xlabel("t", size=15)
    plt.tight_layout()
    plt.show()
    return None

plot_avg_scores(scores)
```

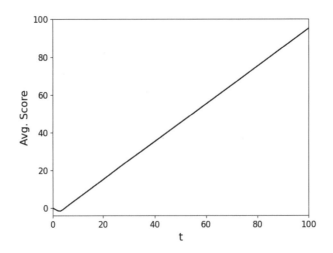

결정론적 게임기들을 사용하는 카지노라면, 문제는 너무 쉽다. 하지만, 우리가 상대하려는 시스템은 이렇게 단순하지 않다.

## 8.1.2 확률적 게임기

다음은 필자가 베르누이 머신이라 칭한 게임기다. 베르누이 머신은 레버를 당길 때마다 +1점과 -1점 중 하나를 확률적으로 반환한다. 반환값이 베르누이 확률변수random variable를 닮아서 베르누이 머신이라 하였으며, 우리가 실 세계에서 접할 수 있는 다중 선택이라는 문제를 단순하게 표현한 것이다.

잠시, 확률변수와 확률분포probability distribution에 대해서 간단히 알아보자. 값이 확률적으로 관찰/실현되는 변수를 **확률변수**라 하며, 확률변수 $X$가 값 $x$로 **실현**realization되는 것을 $X = x$로 표현한다. 그리고 실현치 $x$가 속한 집합 $\mathcal{X}$는 $x$의 **범위**라 한다. 이 책에서는 앞으로 이들을 간단히 $X = x \in \mathcal{X}$로 나타낼 것이다. **확률분포**란 모든 가능한 실현치들에 대한 확률들의 합이 1이 되도록 각 실현치에 확률을 할당해 둔 것을 말하며, 할당 방식에 따라 확률분포에 이름이 붙어있고 확률분포의 **모수**parameter 로 구체적인 할당 형태를 규정한다. 베르누이 **확률분포**는 흔히 동전 던지기의 결과[$\mathcal{X} = \{0,1\}$]에 비유하며, 그럴 경우 다음과 같이 나타낸다.

$$X = \begin{cases} 1 & \text{with probability } p \\ 0 & \text{with probability } 1 - p \end{cases}$$

여기서 $p$가 베르누이 분포의 모수이며, 이는 한 번의 동전 던지기에서 앞면이 나올 확률이다. 확률변수의 **기대값**expected value은 모집단 평균이라고 하나 말 그대로 확률변수로부터 기대할 수 있는 값이다[물론, 항상 그 값으로 실현되는 것은 아니다]. 베르누이 확률분포를 따르는 확률변수[$X \sim \text{Bernoulli}(p)$]의 기대값은 다음과 같이 계산한다.

$$E(X) = \sum_{x \in \mathcal{X}} x p(x) = 1 \cdot p(1) + 0 \cdot p(0)$$

여기서 $p(x)$는 **확률질량함수**probability mass function[PMF]로서 실현치 $x$에 할당된 확률을 반환하는 함수다. 어떤 동전의 던지기에서 모수가 $p = 0.7$이라는 것을 알고 있다면, $E(X) = 0.7$이며 이는 동전을 100번 던지면 앞면이 대략 70번 나온다는 것을 의미한다. 만약 어떤 동전이 주어졌는데, 이 동전을 한번 던져서 앞면이 나올 확률인 모수 $p$를 **추정**estimation하고자 한다면 그 동전을 여러 번 던져보고 결과에 대한 **표본 평균**을 구하여 이를 $p$의 추정값으로 할 수 있다.

$$\hat{p} = \frac{1}{n} \sum_{i=1}^{n} 1_{x_i=1}$$

위 식에서 $n$은 표본의 크기이고, $1_{x_i=1}$은 지시함수로서 $i$번째 동전 던지기의 결과가 앞면이면 1이고 뒷면이면 0을 반환한다.

다시 본론으로 돌아가, 베르누이 머신을 구현하는 클래스를 작성해 보자. 인스턴스 생성 시 prob로 베르누이 분포의 모수 $p$를 설정할 수 있도록 한다.

```
class BernoulliGameMachine():
    def __init__(self, prob):
        self.prob = prob
    def draw(self):
        if self.prob > np.random.random():
            reward = 1
        else:
            reward = -1
        return reward
```

이어지는 절에서 언급되는 가상의 카지노에서는 서로 다른 모수를 갖는 베르누이 머신 다섯 대를 사용한다. 가상의 카지노는 다섯 대 베르누이 머신의 모수 $p$를 각각 0.550, 0.525, 0.500, 0.475, 0.450로 셋팅하고 매일 이 다섯 대 머신의 위치를 무작위적으로 바꾼다고 하자. 모수가 근소한 차이가 나도록 셋팅되어 있기에, 참여자는 어느 베르누이 머신이 1점을 더 빈번히 줄지 쉽게 알 수 없을 것이다.

다음은 모수를 위와 같이 세팅한 베르누이 머신 다섯 대를 얻는 함수다.

```
def get_Bernoulli_machines():
    probs = [0.550, 0.525, 0.500, 0.475, 0.450]
    np.random.shuffle(probs)
    game_machine_0 = BernoulliGameMachine(probs[0])
    game_machine_1 = BernoulliGameMachine(probs[1])
    game_machine_2 = BernoulliGameMachine(probs[2])
    game_machine_3 = BernoulliGameMachine(probs[3])
    game_machine_4 = BernoulliGameMachine(probs[4])
    return [game_machine_0, game_machine_1, game_machine_2,
            game_machine_3, game_machine_4]
```

다음 함수를 실행하여 아무런 전략 없이 게임마다 게임기를 무작위적으로 바꿔가며 게임을 할 경우 어떤 결과가 얻어지는지를 보자.

```
def random_play(t_max, n_sim=7):
    scores = np.zeros((n_sim, t_max+1))
    for d in range(n_sim):
        game_machines = get_Bernoulli_machines()
        for i in range(1, t_max+1):
```

```
        a = np.random.randint(low=0, high=5) # high exclusive
        r = game_machines[a].draw()
        scores[d][i] = scores[d][i-1] + r
    return scores
```

```
scores = random_play(100)
plot_scores(scores)
plot_avg_score(scores)
```

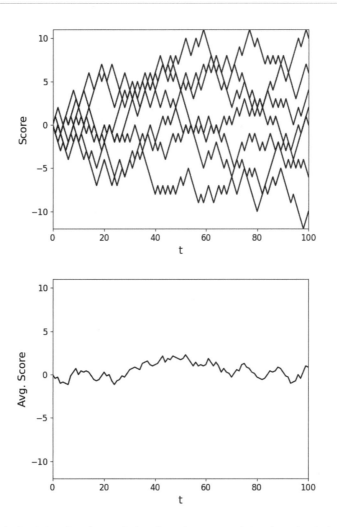

일별로는 약간의 점수 변동을 보이나, 평균적으로는 점수 변동이 거의 없는 결과를 볼
수 있다.

## 8.2 행동과 보상

### 8.2.1 행동

시점 $t$에서 참여자의 **행동**action은 $A_t$로 나타낸다. $a$는 참여자가 선택한 특정한 행동이며, $\mathscr{A}$는 모든 가능한 $a$를 모아둔 집합으로서 행동공간이라 한다.

$$A_t = a \in \mathscr{A}$$

$\mathscr{A}$의 크기는 무한할 수도 있고 유한할 수도 있다. 가상의 카지노에서 게임 참여자가 할 수 있는 행동은 다섯 대의 베르누이 머신 중 하나를 고르는 것이었기에, 게임기에 번호를 붙인다면 $\mathscr{A} = \{0, 1, 2, 3, 4\}$이다.

### 8.2.2 보상

시점 $t$에서 행한 행동의 결과로써, 참여자가 받는 **보상**reward은 $R_t$로 나타낸다.

$$R_t = r \in \mathscr{R}$$

보상값 $r$은 실수이며, $\mathscr{R}$는 참여자가 얻을 수 있는 모든 가능한 보상값 $r$을 모아둔 집합이다[$\mathscr{R} \subset \mathbb{R}$]. 보상값은 주로 양수이지만 음수가 될 수도 있다. 가상의 카지노에서는 게임기가 반환하는 점수가 보상에 해당한다[$r = \{1, -1\}$].

보상이 주어지는 방식에 따라 보상을 두 종류로 나눠서 생각해 볼 수 있다. 하나는 동일한 행동에 대해서 항상 일정한 보상값을 얻는 **결정론적**deterministic **보상**이고, 다른 하나는 동일한 행동에 대해서 평균적으로 보면 일정하나 시점별로는 다른 보상값을 얻는 **확률적**probabilistic **보상**이다. 슬롯 머신처럼 게임 시스템의 내재적인 이유로 확률적 보상을 얻을 수도 있고, 참여자가 게임의 결과에 미치는 모든 요인들을 완벽하게 파악하지 못하기 때문에 보상이 확률적으로 얻어지는 것처럼 보일 수도 있다.

이유야 어찌 되었건 보상이 확률적으로 얻어지는 경우, $R$는 확률변수이며 $r$는 시행마다 달라지는 실현치이다. 따라서, 어느 정도의 보상을 얻을 수 있는지에 따라 행동을 평가하려면 보상의 기대값을 사용해야 한다. 보상이 결정론적인 경우는 해당 보상이 얻어질 확률을 1로 보는 확률적 보상의 특별한 경우이기에, 결정론적 보상에 대해서도 기대값을 사용할 수 있다.

### 8.2.3 행동의 가치와 행동의 추정가치

행동을 평가하기 위한 지표로서, 행동을 조건으로 하는 보상의 조건부 기대값을 **행동의 가치**value라 한다.

$$q(a) = E(R \,|\, A = a)$$

확률변수 $R$의 기대값은 무한히 많은 시행에서 얻어진 보상값들의 평균이다. 즉, $R$이 따르는 확률분포를 모른다면, 하나의 행동에 대해서도 무한히 많은 시행을 해봐야 하므로 행동의 참 가치는 알 수 없다. 대신, 유한히 많은 시행으로부터 얻어진 표본평균을 이용하여 행동의 가치를 추정할 수 있다.

과거에[시점 $t-1$까지] 행동 $a$를 하고 이에 따른 보상 $R$을 받아 본 경험이 충분하다면, 시점 $t$에서 표본평균을 이용하여 행동의 가치에 대한 추정치를 구할 수 있다. 이를 **행동의 추정가치**라 한다: $Q(a) := \hat{q}(a)$.

$$Q_t(a) = \frac{\sum_{i=1}^{t-1} (R_i \cdot 1_{A_i=a})}{\sum_{i=1}^{t-1} 1_{A_i=a}}$$

위 식에서 $1_{A_i=a}$은 $i$번째 시행에서 행동 $a$가 행해졌을 때만 1이고 그렇지 않으면 0인 지시함수다. 분모가 0이면 $Q_t(a)$는 양의 무한대 등으로 정의한다. 행동의 추정가치를 바탕으로 최대의 보상을 받을 수 있는[즉, 행동의 추정가치가 가장 큰] 행동을 선택할 수 있을 것이다.

여기서 생각해 볼 점이 두 가지가 있는데, 모두 표본평균 형태의 추정치에 관한 것이다. 앞서 표본평균을 이용한 가치의 추정에서 '경험이 충분하다면'이라는 단서가 있었다. 얼마나 충분해야 할까? 표본평균으로 기대값의 추정치를 구하는 경우, 표본의 크기가 작으면 표준오차standard err가 커지며 추정치는 불안정해진다. 이는 다음 함수를 실행하여 간단히 확인해 볼 수 있다.

```
def value_estimation(prob, t_max):
    game_machine = BernoulliGameMachine(prob)
```

```
# sample mean estimation
Q = np.zeros(t_max+1)
rewards = [ ]
for i in range(1, t_max+1):
    r = game_machine.draw()
    rewards.append(r)
    Q[i] = np.sum(rewards)/(i)
# plotting
x = np.arange(t_max+1)
plt.plot(x, Q, color='black',
        linewidth=1.5, label = "p = " + str(prob))
expected_value = -1*(1-prob) + 1*prob
plt.hlines(y=expected_value,xmin=0,xmax=np.max(x)+1,
          linestyles='dotted', linewidth=1.5, color='blue',
          label = "expected value")
plt.ylim(-1.1, +1.1)
plt.xlim(0, np.max(x))
plt.xticks(fontsize=12)
plt.yticks(fontsize=12)
plt.ylabel("Value Estimate (Q)", size=15)
plt.xlabel("t", size=15)
plt.legend(fontsize=15, edgecolor='white', numpoints=1)
plt.tight_layout()
plt.show()
```

위 예에서 $p = 0.5$라면 행동의 가치[기대값]은 0이다. 이 경우, 시행 횟수 100회까지
행동의 가치가 어떻게 추정되는지를 보자.

```
value_estimation(0.5, 100)
```

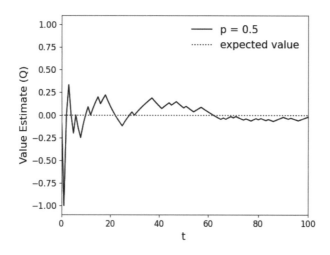

위 그림을 보면, 시행 횟수가 작을 때는 추정치가 심하게 변동하며 100회가 되더라도 추정치가 0으로 수렴하지 않는다. 보상의 최대화를 위해서는 행동의 추정가치가 큰 행동을 선택해야 할 텐데, 행동의 추정가치에 오차가 포함되어 있다면 행동의 참 가치가 큰 행동을 선택하지 못해버릴 수도 있다. 이 문제를 어떻게 해결하느냐가 이번 장의 핵심인데, 미리 말하자면 MCTS에서 잠깐 언급했던 활용과 탐험을 적절하게 운영하는 것이다.

다른 하나는 기술적인 문제로서 계산 효율과 알고리즘의 표현에 관한 것이다. 일반적으로 사용되는 표본평균을 구하는 식을 이용하여 행동의 추정가치를 구하려면, 시점마다 그동안 수집한 보상값들을 모두 저장해 두고 있어야 하며 합산하는 과정을 반복해야 한다. 간단한 수식 변환으로 이를 해결할 수 있는데, 우선 표본평균을 구하는 식을 다음과 같이 전개해 보자. 편의상 특정한 하나의 행동에 대해서만 표본평균으로 행동의 가치를 추정한다고 하였다. 따라서, 아래 수식에서 $t$는 그 행동이 행해진 횟수다.

$$
\begin{aligned}
Q_{t+1} &= \frac{1}{t} \sum_{i=1}^{t} R_i \\
&= \frac{1}{t} \left( R_t + \sum_{i=1}^{t-1} R_i \right) \\
&= \frac{1}{t} \left[ R_t + (t-1) \frac{1}{t-1} \sum_{i=1}^{t-1} R_i \right] \\
&= \frac{1}{t} \left[ R_t + (t-1)Q_t \right] = \frac{1}{t} \left[ R_t + tQ_t - Q_t \right] \\
&= Q_t + \frac{1}{t} \left( R_t - Q_t \right)
\end{aligned}
$$

위 식을 이용하면 합산 과정이 필요 없고, 시점 $t$까지 계산된 $Q_t$와 시점 $t$에서 얻어진 $R_t$만으로 다음 시점의 $Q_{t+1}$을 구할 수 있다. 더욱 중요한 점은 표본평균을 다음과 같은 업데이트 식으로 나타낼 수 있다는 것이다.

$$
Q \leftarrow Q + \frac{1}{t} \left( R - Q \right)
$$

위와 같은 업데이트 규칙은 앞으로 다른 장에서도 빈번히 사용되므로, 잘 살펴두기 바란다.

# 8.3 탐욕적 행동

행동의 가치를 추정할 수 있는 함수를 알았으므로, 이를 이용하여 가상의 카지노에서 최대의 보상을 얻어보자. 일감으로 생각할 수 있는 방법은 시점마다 행동의 추정가치가 가장 큰 행동을 선택하는 것이다.

$$A_t = \arg\max_a Q_t(a)$$

즉, 시점 $t-1$번째까지 얻은 점수의 평균이 가장 큰 게임기를 선택하여 $t$번째 게임을 하겠다는 것이다. 일견 좋은 방법인 것 같지만, 실상은 그렇지 않은 근시안적인 방법이다. 위와 같이 행동의 추정가치가 가장 큰 행동을 선택하는 것을 탐욕적greedy 행동 선택이라 하며, 행동의 추정가치가 가장 큰 행동을 **탐욕적 행동**이라 한다.

탐욕적 행동을 선택하는 참여자를 구현한 코드는 다음과 같다. 행동의 추정가치를 계산할 때 앞 절에서 언급한 업데이트 규칙을 사용하였다.

```python
def greedy_play(t_max, n_sim=7):
    scores = np.zeros((n_sim, t_max+1))
    for d in range(n_sim):
        game_macines = get_Bernoulli_machines()
        t = np.zeros(5) # t update table for 5 machines
        Q = np.zeros(5) # Q update table for 5 machines
        for i in range(1, t_max+1):
            a = np.argmax(Q)
            r = game_macines[a].draw()
            scores[d][i] = scores[d][i-1] + r
            # update
            t[a] = t[a] + 1
            Q[a] = Q[a] + (1/t[a])*(r-Q[a])
    return scores
```

다음 코드를 실행하면 탐욕적 행동을 선택하는 참여자의 게임 결과를 볼 수 있다.

```python
scores = greedy_play(10000)
plot_scores(scores)
plot_avg_score(scores)
```

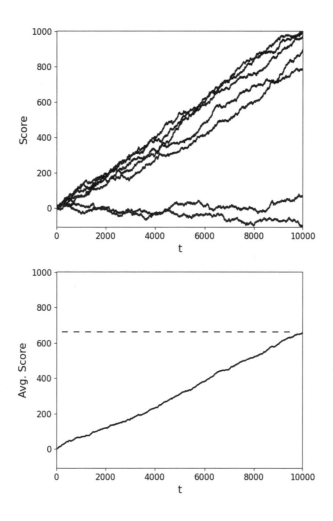

평균적으로는 약 650점을 획득했다. 그런데, 7일 중 2일은 점수를 거의 획득하지 못하거나 오히려 점수를 잃기도 한다. 탐욕적 행동 선택에서 주목해야 할 점은 왜 2일은 점수를 얻지 못했느냐이다. 이는 탐욕적 행동이 행동의 가치가 가장 높은 행동이 아니라 행동의 추정가치가 가장 높은 행동이었기 때문이다.

추정치와 참값 사이에는 추정 오차가 존재하는데, 시행 횟수가 적을수록 추정 오차는 커진다. 예를 들어 게임의 초반부에 낮은 $p$로 셋팅된 게임기가 우연히 연속해서 1점을 반환하고 높은 $p$로 셋팅된 게임기에서는 우연히 연속해서 -1점을 반환한다면, 탐욕적 행동 선택법에서는 낮은 $p$로 셋팅된 게임기만을 이용하여 나머지 게임을 하게 된다. 즉, 탐욕적 행동은 당장 눈앞에 보이는 이익만을 최대화하는 근시안적 행동이다.

## 8.4 비탐욕적 행동

행동의 가치가 아주 큰 행동이라 할지라도 그 행동을 처음 몇 번 행했을 때 큰 보상을 얻지 못하거나 심지어 손해를 입을 수도 있다. 반대로, 행동의 가치가 아주 작은 행동이라 할지라도 그 행동을 처음 몇 번 행했을 때 큰 보상을 받을 수도 있다. 이는 단지 보상이 확률적으로 주어지기 때문이다. 따라서, 행동의 추정가치가 가장 큰 행동을 선택하게 하는 알고리즘은 그리 좋은 알고리즘이 아니다.

그렇다면, 현재까지는 큰 보상을 주지 못했지만, 미래에는 현재까지 얻어본 보상보다 더 큰 보상을 줄 수도 있는 행동이 무엇인지 알려면 어떻게 해야 할까? 많은 시간 탐욕적 행동을 하더라도 가끔은 탐욕적이지 않은 **비탐욕적**non-greedy **행동**도 해야 한다. 물론, 그 가끔이 얼마나 가끔이어야 할지는 또 다른 문제다.

탐욕적 알고리즘에서는 현시점까지 수집된 정보만을 이용하여 계산된 행동의 추정가치가 가장 큰 탐욕적 행동을 다음 시점에서 행하였는데, 이를 **활용**exploitation이라 한다. 반면, 탐욕적 행동이 있음에도 불구하고, 당장의 손해를 무릅쓰고 비탐욕적 행동을 시도해 보는 것을 **탐험**exploration이라 한다. 탐험을 통해서만, 현재까지 수집된 정보만으로는 파악되지 않은, 미래에 더 큰 보상을 줄 수 있는 행동들을 파악할 수 있다.

### 8.4.1 엡실론 알고리즘

비탐욕적인 행동도 장기적으로는 더 큰 보상을 줄 수도 있으므로, 당장은 손해를 볼지언정 가끔은 탐험도 하는 것이 중요하다고 하였다. 여기서, '얼마나 가끔'인지를 나타내는 값을 **엡실론**epsilon[$\varepsilon$]이라 하는데, 엡실론은 탐험의 상대빈도[확률]를 나타낸다. 예를 들어, $\varepsilon = 0.1$이라면 전체 시행의 약 10%는 비탐욕적 행동을 하도록 한다. 엡실론 알고리즘에서의 비탐욕적 행동은 행동의 추정가치와는 상관없이 무작위적으로 선택된 행동이다.

이처럼 엡실론으로 탐험 확률을 조정하는 알고리즘을 엡실론-탐욕적epsilon-greedy 알고리즘이라 하는데, 줄여서 **엡실론 알고리즘**이라 하겠다. 엡실론 알고리즘에서의 행동 선택은 다음 수식으로 표현된다.

$$A_t = \begin{cases} a \sim \text{Uniform} & \text{with probability } \epsilon \\ \arg\max_a Q_t(a) & \text{with probability } (1 - \epsilon) \end{cases}$$

다음은 엡실론 알고리즘을 구현한 함수와 실행 결과다.

```
def epsilon_play(epsilon, t_max, n_sim=7):
    scores = np.zeros((n_sim, t_max+1))
    for d in range(n_sim):
        game_macines = get_Bernoulli_machines()
        t = np.zeros(5)
        Q = np.zeros(5)
        for i in range(1, t_max+1):
            if epsilon > np.random.random():
                a = np.random.randint(low=0,high=5)
            else:
                a = np.argmax(Q)
            r = game_macines[a].draw()
            scores[d][i] = scores[d][i-1] + r
            t[a] = t[a] + 1
            Q[a] = Q[a] + (1/t[a])*(r-Q[a])
    return scores
```

```
scores = epsilon_play(epsilon=0.1, t_max=10000)
plot_scores(scores)
plot_avg_score(scores)
```

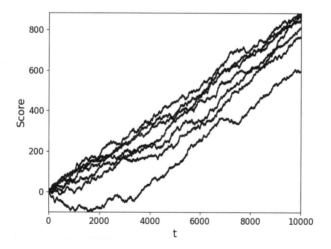

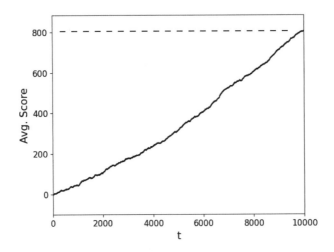

일별 결과에서 탐욕적 알고리즘과는 달리 점수를 얻지 못하거나 잃는 경우가 없고, 평균적으로도 약 800점을 획득하였다. 필자는 엡실론을 0.1로 설정하였는데, 다른 값으로 하면 더 좋은 결과를 얻을 수도 있으니 독자들이 실험해 보기 바란다. 참고로, 엡실론을 1로 설정하면 시점마다 행동을 무작위적으로 선택하는 알고리즘이 되며, 0으로 설정하면 탐욕적 알고리즘이 된다.

엡실론 알고리즘을 사용할 때 고려해야 할 점이 있다. 시행 횟수가 증가할수록 행동의 추정가치는 점진적으로 행동의 가치에 근접해갈 텐데, 여전히 탐험을 계속하는 것은 불필요할 수도 있다. 따라서, 엡실론 값을 시행 횟수에 따라 점진적으로 감소시켜 시행 후반부에는 탐욕적 행동만 선택되도록 할 수 있다. 이를 엡실론 담금질annealing 또는 **엡실론 스케쥴링**scheduling 기법이라 한다. 지수 함수 등을 이용하여 엡실론 값을 섬세하게 조정하는 방법이 있으나, 이 장에서는 단순히 상반부에는 엡실론 알고리즘[$\epsilon = 0.1$]을 수행하고 후반부에는 탐욕적 알고리즘[$\epsilon = 0$]을 사용하도록 해 보자. 코드와 실행 결과는 다음과 같다.

```python
def epsilon_scheduling_play(e_start, e_stop, t_max, n_sim=7):
    scores = np.zeros((n_sim, t_max+1))
    for d in range(n_sim):
        game_macines = get_Bernoulli_machines()
        t = np.zeros(5)
        Q = np.zeros(5)
        for i in range(1, t_max+1):
            # epsilon scheduling
            if i < t_max/2: epsilon = e_start
            else: epsilon = e_stop
            if epsilon > np.random.random():
```

```
                    a = np.random.randint(low=0,high=5)
            else:
                    a = np.argmax(Q)
            r = game_macines[a].draw()
            scores[d][i] = scores[d][i-1] + r
            t[a] = t[a] + 1
            Q[a] = Q[a] + (1/t[a])*(r-Q[a])
    return scores
```

```
scores = epsilon_scheduling_play(0.1, 0, t_max=10000)
plot_scores(scores)
plot_avg_score(scores)
```

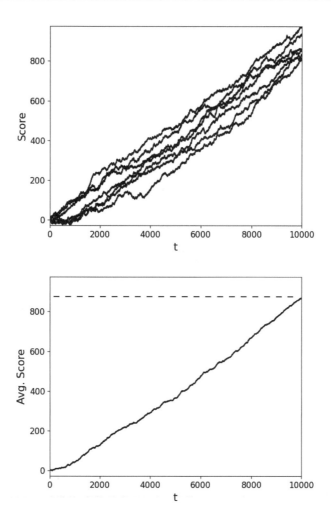

엡실론 스케쥴링 기법을 추가로 사용할 때 약간 향상된 결과를 보임을 알 수 있다.

## 8.4.2 신뢰상한 알고리즘

신뢰상한 UCB를 이용하여 행동을 선택하는 방법은 MCTS에서 소개한 방법과 동일하다. 표본의 크기가 작을수록 추정치의 신뢰구간은 커지기에, 신뢰상한을 행동의 최대로 가능한 가치로 보는 것이다. UCB 알고리즘에서는 $t$번째 시행에서 행할 행동을 다음과 같이 결정한다.

$$A_t = \arg\max_a \left( Q_t(a) + \gamma \sqrt{\frac{\log t}{N_t(a)}} \right)$$

위 식의 괄호 내부가 MCTS에서 소개한 UCB이며, $N_t(a)$는 시점 $t$까지 행동 $a$가 선택된 횟수다. 감마$^{\text{gamma}}[\gamma]$로 탐험의 정도를 조정하는데, 흔히 $\sqrt{2}$가 사용된다. 감마가 0이면 탐욕적 알고리즘이 된다.

UCB 알고리즘을 구현한 함수와 실행 결과는 다음과 같다.

```
def UCB_play(gamma, t_max, n_sim=7):
    scores = np.zeros((n_sim, t_max+1))
    for d in range(n_sim):
        game_macines = get_Bernoulli_machines()
        t = np.zeros(5) # t update table
        Q = np.zeros(5) # Q update table
        U = np.ones(5)*np.inf # UCB update table
        for i in range(1, t_max+1):
            a = np.argmax(U)
            r = game_macines[a].draw()
            scores[d][i] = scores[d][i-1] + r
            t[a] = t[a] + 1
            Q[a] = Q[a] + (1/t[a])*(r-Q[a])
            U[a] = Q[a] + gamma*np.sqrt(np.log(i)/t[a])
    return scores
```

```
scores = UCB_play(gamma=np.sqrt(2),t_max=10000)
plot_scores(scores)
plot_avg_score(scores)
```

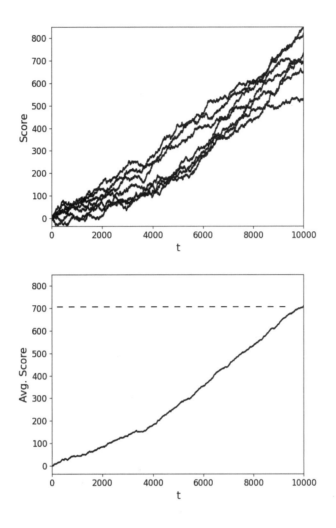

UCB 알고리즘으로도 평균 약 700점이라는 좋은 결과를 얻었다. 필자는 감마값으로 $\sqrt{2}$를 사용했는데, 적절한 값은 주어진 문제에 따라 다르다. 독자들이 여러 값을 실험해 보기 바란다.

UCB 알고리즘은 탐험을 실시함에 있어서 단순히 무작위적으로 행동을 선택하는 것이 아니기 때문에 엡실론 알고리즘보다 더 좋은 결과를 보이기도 한다. 하지만, 다소 복잡한 문제에는 UCB 알고리즘을 적용하기가 힘들기에 다음 장부터는 엡실론 알고리즘을 주로 사용할 것이다.

# 8.5 정책에 따른 행동

앞 절까지는 행동의 추정 가치를 계산하고 이를 바탕으로 행동을 선택하는 알고리즘들을 소개했다. 이 절에서는 정책을 학습해 가는 알고리즘을 소개할 텐데, **정책**policy이란 행동의 확률분포를 뜻한다. 따라서, 정책에 따라 행동한다는 것은 확률이 가장 큰 행동을 주로 선택한다는 것이다.

그렇다면, 어떤 행동이 확률이 큰 행동일까? 우선, **행동의 선호도**preference를 수치로 나타내는 지표 $H_t(a)$를 생각하자. 이 지표값은 어떤 행동이 다른 행동에 비해 얼마나 더 선호되는지를 나타내는 상대적인 수치로서 보상과 관련이 있다. $H_t(a)$로 $k$개의 모든 가능한 행동들에 대한 상대적 선호도를 얻게 되면, 소프트 맥스Softmax 분포를 이용하여 행동의 확률분포를 계산할 수 있다. 아래 식에서 $\pi$는 확률질량 함수[PMF]다

$$\pi_t(a) = P(A_t = a) = \frac{e^{H_t(a)}}{\sum_{a'=1}^{k} e^{H_t(a')}}$$

$H_t(a)$는 기울기gradient를 이용한 최적화optimization 기법을 이용하여 업데이트되는데, 이에 대한 자세한 내용은 정책의 학습을 다루는 장에서 소개한다. $H_t(a)$를 업데이트하는 식은 다음과 같다. $\alpha$는 학습율을 나타내며, 다음 절에서 설명한다.

$$H_t(a) = \begin{cases} H_t(a) + \alpha(R_t - \overline{R_t})[1 - \pi_t(a)] & \text{for } a = A_t \\ H_t(a) + \alpha(R_t - \overline{R_t})[-\pi_t(a)] & \text{for } a \neq A_t \end{cases}$$

정책을 이용한 알고리즘을 구현한 함수는 다음과 같다.

```python
def policy_play(alpha, t_max, n_sim=7):
    scores = np.zeros((n_sim, t_max+1))
    action_space = [0,1,2,3,4]
    for d in range(n_sim):
        game_macines = get_Bernoulli_machines()
        t = np.zeros(5) # t update table for 5 machines
        H = np.zeros(5) # H update table for 5 machines
        r_sum = 0
        for i in range(1, t_max+1):
            pi = np.exp(H) / np.sum(np.exp(H))
            a = np.random.choice(action_space, p=pi)
            r = game_macines[a].draw()
```

```
            scores[d][i] = scores[d][i-1] + r
            r_sum += r
            r_bar = r_sum / i
            for action in action_space:
                if action == a:
                    H[action]=H[action]+alpha*(r-r_bar)*(1-pi[action])
                else:
                    H[action]=H[action]-alpha*(r-r_bar)*pi[action]
    return scores
```

학습률을 0.1로하여 실행한 결과는 다음과 같다.

```
scores = policy_play(alpha=0.1, t_max=10000)
plot_scores(scores)
plot_avg_score(scores)
```

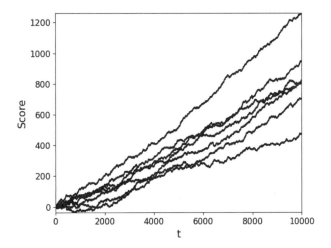

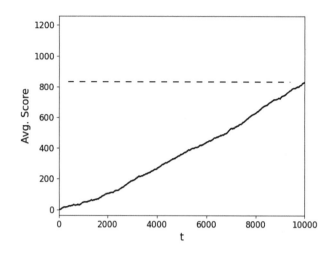

상당히 좋은 결과를 얻었다. 또한 행동을 정책에 따라 확률적으로 선택하므로 탐험을
명시적으로 나타내지 않아도 된다.

# 8.6 비정지상 문제

가상의 카지노 운영자는 참여자들이 행동의 가치나 정책에 기반한 알고리즘을 사용하여 게임을 하는 것을 알게 되었다. 그래서 운영자는 5000회 게임 후 베르누이 머신의 $p$ 값이 0.550는 0.450로, 0.450는 0.550로, 0.525는 0.475로 바뀌고 0.500는 그대로 유지되는 방식으로 변화하도록 게임기들을 개조하였다. 이와 같은 경우에 대해서는 어떤 전략을 사용해야 할까?

위 예와 같이 $p$ 값이 변화하는 것은 행동의 가치가 변화하는 것이다. 행동의 가치가 변화하는 예는 드물지 않으며, 심지어 어떤 행동을 한 후에 그 행동의 가치가 변화할 수도 있다. 이전의 예들은 보상의 확률분포가 정지상$^{\text{stationary}}$ 확률분포였다면, 이런 예들은 보상의 확률분포가 **비정지상**$^{\text{non-stationary}}$ **확률분포**인 경우다. 이 절에서는 비정지상 문제에 대한 가장 간단한 해법으로서, 최근의 보상값들에 더 큰 가중치를 부여하여 행동의 가치를 추정하는 방법을 소개한다. 우선, 행동의 추정가치에 대한 업데이트 규칙을 아래에 다시 써보자.

$$Q \leftarrow Q + \frac{1}{t}\left(R - Q\right)$$

보상 $R$은 확률변수이나 그 기대값을 $Q$로 추정하려 하므로, $R$은 $Q$의 추정 목표$^{\text{target}}$값으로 볼 수 있고 $(R - Q)$ 항은 추정의 오차로 볼 수 있다. 따라서, 위 식은 바로 전 시점의 추정치 $Q$에 추정의 오차를 가/감하여 다음 시점의 추정치 $Q$를 얻는 형태다. $1/t$은 어느 정도의 간격을 두고 표본점들이 얻어졌는지를 나타내는 시간 간격에 해당하는데, $\alpha \in (0,1]$로 바꿔보자.

$$Q \leftarrow Q + \alpha\left(R - Q\right)$$

$\alpha$는 **학습률**$^{\text{learning rate}}$이라 하며 0부터 1까지 값을 갖는다. $\alpha$가 0이면 이전 추정치를 그대로 사용하는 형태가 되므로 업데이트가 이루어지지 않음을 나타낸다. 반면 $\alpha$가 1이면 과거의 추정치는 사용하지 않으며 오직 즉각 얻어진 보상을 행동의 추정가치로 사용함을 나타낸다. 즉, $\alpha$가 1에 가까울수록 급격한 학습[업데이트]이 이루어진다는 것이다. $\alpha$를 $1/t$로 하면 표본평균을 이용한 추정치 업데이트가 되며, 이는 $t$가 증가할수록 $\alpha$를 감소시키는 방식이다. 즉, 표본평균에서 시행의 횟수가 증가할수록 $\alpha$가 감소되는 것은 이미 누적되어 계산된 추정치가 최근의 추정오차에 큰 영향을 받지 않도록 하는 효과가 있다. 따라서, 비정지상 문제에서는 $\alpha$가 최근의 보상값들에 부여되는 가중치 역할

을 한다[$\alpha$가 클수록 최근의 보상을 더 중요하게 본다].

비정지상 문제에서 학습율을 이용한 알고리즘이 효과가 있는지 확인해 보자. 다음은 비정지상 베르누이 머신을 구현하는 클래스와 이를 이용하여 개조된 게임기 다섯 대를 생성하는 함수다.

```python
class NSBM():
    def __init__(self, probs, change_point=5000):
        self.probs = probs
    def draw(self, t):
        if t < change_point:
            prob = self.probs[0]
        else:
            prob = self.probs[1]
        if prob > np.random.random():
            reward = +1
        else:
            reward = -1
        return reward

def get_NSBM():
    list_of_probs = [[0.550, 0.450],[0.525, 0.475],
                     [0.500, 0.500],[0.475, 0.525],
                     [0.450, 0.550]]
    np.random.shuffle(list_of_porbs)
    game_machine_0 = NSBM(list_of_porbs[0])
    game_machine_1 = NSBM(list_of_porbs[1])
    game_machine_2 = NSBM(list_of_porbs[2])
    game_machine_3 = NSBM(list_of_porbs[3])
    game_machine_4 = NSBM(list_of_porbs[4])
    return [game_machine_0, game_machine_1, game_machine_2,
            game_machine_3, game_machine_4]
```

다음은 개조된 게임기를 사용할 수 있도록 변경된 greedy_play, epsilon_play, UCB_play, policy_play 함수들과 이들을 평가하기 위한 함수다. policy_play를 제외한 함수들에서 NS_alpha=None으로 설정하면 표본평균을 이용한 추정가치 Q를 계산한다.

```python
def NSBM_greedy_play(t_max=10000, n_sim=7, NS_alpha=None):
    scores = np.zeros((n_sim, t_max+1))
    for d in range(n_sim):
        game_macines = get_NSBM()
```

```
            t = np.zeros(5)
            Q = np.zeros(5)
            for i in range(1, t_max+1):
                a = np.argmax(Q)
                r = game_macines[a].draw(i)
                scores[d][i] = scores[d][i-1] + r
                # update
                t[a] = t[a] + 1
                if NS_alpha==None:
                    Q[a] = Q[a] + (1/t[a])*(r-Q[a])
                else:
                    Q[a] = Q[a] + NS_alpha*(r-Q[a])
    return scores

def NSBM_epsilon_play(epsilon=0.1, t_max=10000, n_sim=7,
                      NS_alpha=None):
    scores = np.zeros((n_sim, t_max+1))
    for d in range(n_sim):
        game_macines = get_NSBM()
        t = np.zeros(5)
        Q = np.zeros(5)
        for i in range(1, t_max+1):
            if epsilon > np.random.random():
                a = np.random.randint(low=0,high=5)
            else:
                a = np.argmax(Q)
            r = game_macines[a].draw(i)
            scores[d][i] = scores[d][i-1] + r
            t[a] = t[a] + 1
            if NS_alpha==None:
                Q[a] = Q[a] + (1/t[a])*(r-Q[a])
            else:
                Q[a] = Q[a] + NS_alpha*(r-Q[a])
    return scores

def NSBM_UCB_play(gamma=np.sqrt(2), t_max=10000, n_sim=7,
                  NS_alpha=None):
    scores = np.zeros((n_sim, t_max+1))
    for d in range(n_sim):
        game_macines = get_NSBM()
        t = np.zeros(5)
        Q = np.zeros(5)
        U = np.ones(5)*np.inf
        for i in range(1, t_max+1):
            a = np.argmax(U)
            r = game_macines[a].draw(i)
            scores[d][i] = scores[d][i-1] + r
```

```
            t[a] = t[a] + 1
            if NS_alpha==None:
                Q[a] = Q[a] + (1/t[a])*(r-Q[a])
            else:
                Q[a] = Q[a] + NS_alpha*(r-Q[a])
            U[a] = Q[a] + gamma*np.sqrt(np.log(i)/t[a])
    return scores

def NSBM_policy_play(alpha=0.1, t_max=10000, n_sim=7):
    scores = np.zeros((n_sim, t_max+1))
    action_space = [0,1,2,3,4]
    for d in range(n_sim):
        game_macines = get_NSBM()
        t = np.zeros(5)
        H = np.zeros(5)
        r_sum = 0
        for i in range(1, t_max+1):
            pi = np.exp(H) / np.sum(np.exp(H))
            a = np.random.choice(action_space, p=pi)
            r = game_macines[a].draw(i)
            scores[d][i] = scores[d][i-1] + r
            r_sum += r
            r_bar = r_sum / i
            for action in action_space:
                if action == a:
                    H[action]=H[action]+alpha*(r-r_bar)*(1-pi[action])
                else:
                    H[action]=H[action]-alpha*(r-r_bar)*pi[action]
    return scores

def NSBM_evaluation(NS_alpha=None):
    greedy_play_scores = NSBM_greedy_play(NS_alpha=NS_alpha)
    epsilon_play_scores = NSBM_epsilon_play(NS_alpha=NS_alpha)
    UCB_play_scores = NSBM_UCB_play(NS_alpha=NS_alpha)
    policy_play_scores = NSBM_policy_play()
    # ---
    greedy_play_avg = np.mean(greedy_play_scores,axis=0)
    epsilon_play_avg = np.mean(epsilon_play_scores,axis=0)
    UCB_play_avg = np.mean(UCB_play_scores,axis=0)
    policy_play_avg = np.mean(policy_play_scores,axis=0)
    # ---
    x = np.arange(10001)
    ymin = np.min([greedy_play_avg,epsilon_play_avg,
                UCB_play_avg,policy_play_avg])
    ymax = np.max([greedy_play_avg,epsilon_play_avg,
                UCB_play_avg,policy_play_avg])
    # ---
```

```
    plt.plot(x,greedy_play_avg, linewidth=1.5,label='greedy')
    plt.plot(x,epsilon_play_avg, linewidth=1.5,label='epsilon')
    plt.plot(x,UCB_play_avg, linewidth=1.5,label='UCB')
    plt.plot(x,policy_play_avg, linewidth=1.5,label='policy')
    # ---
    plt.ylim(ymin, ymax)
    plt.xlim(0, 10000)
    plt.xticks(fontsize=12)
    plt.yticks(fontsize=12)
    plt.ylabel("Avg. Score", size=15)
    plt.xlabel("t", size=15)
    #plt.legend(fontsize=12)
    plt.tight_layout()
    plt.show()
```

우선 다음 코드를 실행하여 기존의 알고리즘이 비정지상 문제에 대해 어떤 결과를 보이는지 살펴보자.

```
NSBM_evaluation()
```

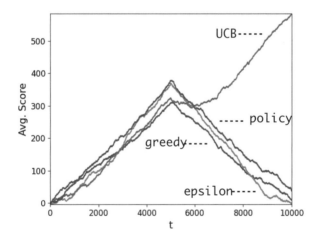

UCB 알고리즘을 제외한 모든 알고리즘들이 가상 카지노 운영자의 전략에 당했다. UCB 알고리즘은 선택된 횟수가 적은 행동들의 신뢰상한을 높여주므로, $p$ 값이 바뀌기 전[오전]에 덜 선택된 행동을 오후에 많이 탐험해 보도록 함으로써 전략에서 쉽게 벗어날 수 있다. 나머지 알고리즘들은 오전에 학습된 바에 따른 일종의 편견에서 벗어나지 못하고 있다. 이번에는 학습율을 0.1로 한 경우의 결과를 보자.

```
NSBM_evaluation(NS_alpha=0.1)
```

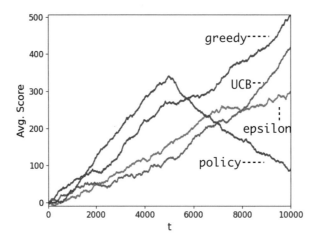

UCB 알고리즘의 성능은 약간 감소하였으나, 탐욕적 알고리즘와 엡실론 알고리즘에서
는 상당한 수준의 개선을 보인다. 탐욕적 알고리즘의 결과도 주목할만하다. 물론, 위 결
과를 일반화할 수는 없고, 문제에 따라 그리고 학습률$[\alpha]$과 탐험율$[\epsilon, \gamma]$에 따라 알고리
즘의 성능이 달라질 수 있다.

# 09

# 마르코프 연쇄

## 과거, 현재, 그리고 미래

이 장에서는 강화학습의 이론적 기반이라 할 수 있는 마르코프 의사결정 과정Markov deci-sion process의 원형인 마르코프 연쇄Markov chain를 소개한다. 마르코프 연쇄는 러시아의 수학자 안드레이 마르코프Андрей Марков가 1906년에 제안한 추계적 과정으로서 다양한 분야에서 활발히 사용되고 있다. 마르코프 연쇄에 대한 깊은 이해 없이도 마르코프 의사결정 과정이나 강화학습의 이론을 이해할 수 있지만, 이어지는 장들에서 마르코프 연쇄와 관련된 용어와 개념들이 자주 사용되고 많은 확률 모형들이 마르코프 연쇄를 이용하고 있기에, 두 개의 장에 걸쳐서 마르코프 연쇄를 다소 장황하게 소개한다. 이 장에서는 마르코프 연쇄의 이론적 내용을 다루고, 다음 장에서는 마르코프 연쇄를 야구의 게임 전략 수립에 응용해 본다.

이 장에서 사용하는 패키지와 모듈은 다음과 같이 불러들인다. 예제의 재현성을 위해 난수 발생의 씨앗도 설정한다.

```
import numpy as np
import matplotlib.pyplot as plt
from scipy.linalg import null_space
np.random.seed(123)
```

# 9.1 추계적 과정

## 9.1.1 구성 요소

시스템의 순차적 상태 변화를 나타내는 일련의 확률변수들로 이루어진 수학적 객체 $(X_n)_{n\geq0}$를 추계적 과정stochastic process 또는 **확률적 과정**probabilistic process이라 한다.

$$(X_n)_{n\geq0} = (X_0,\ X_1,\ X_2,\ \ldots)$$

추계적 과정에서의 확률변수 $X$는 시스템의 **상태**state라 하고, $X$의 실현realization $x$는 **상태값** state value이라 한다. 예를 들어, $X$를 날씨라 하면 $x$는 { 1[맑음], 2[강우], 3[강설] 등} 중의 하나가 될 수 있다. 모든 가능한 상태값들의 집합 $\mathcal{S}$는 **상태공간**state space이라 한다. 상태공간은 이산형discrete일 수도 있고 연속형continuous일 수도 있으며, 상태공간의 크기는 유한finite할 수도 있고 무한infinite할 수도 있다. 이 장에서는 크기가 유한한 이산형 상태공간만 다룬다.

상태의 순서를 나타내는 숫자 $n$는 **색인**index이라 한다. 예를 들어, $X_3$는 세 번째 날의 날씨다. 모든 가능한 색인값들의 집합 $\mathcal{I}$는 **색인공간**index space이라 한다. 색인공간은 이산형일 수도 있고 연속형일 수도 있으며, 색인공간의 크기는 유한할 수도 있고 무한할 수도 있다. 색인공간이 이산형인 추계적 과정을 **시간 이산형 추계적 과정**discrete time stochastic process[DTSP]이라 하고, 색인공간이 연속형인 추계적 과정을 **시간 연속형 추계적 과정**continuous time stochastic process[CTSP]이라 한다.

DTSP와 CTSP 모두에 대해서 색인공간의 한 점[색인값]을 **시점**time point이라 한다. DTSP에서의 시점은 자연수 $n \in \mathbb{N}_0$으로 나타낸다. 따라서, 위에 언급된 $(X_n)_{n\geq0}$는 DTSP다. DTSP에서 시점 사이의 간격은 **스텝**step이라 한다. CTSP에서의 시점은 실수 $t \in \mathbb{R}_{\geq0}$로 나타내며, 이는 시스템이 정의하는 **단위시간**unit time의 $t$ 배수를 의미한다. DTSP에서 시점 사이의 간격은 **시간**time period이라 한다.

## 9.1.2 과거 종속적 미래

$N$번의 독립적인 주사위 던지기에서 $n$번째 관찰되는 주사위 눈의 수를 주사위의 상태 $X_n$이라 하고 주사위 던지기를 시작하기 전 주사위의 상태를 $X_0$라 하면, 주사위 상태의

서열 $(X_n)_{n=0}^N$는 추계적 과정이다. 이러한 추계적 과정에서는 한 시점의 상태가 다른 시점의 상태와 서로 독립적이므로, 특정한 상태값들이 순차적으로 관찰될 결합확률joint probability은 다음과 같이 전개된다.

$$P[(X_n = i_n)_{n=0}^N] = P(X_0 = i_0, X_1 = i_1, ..., X_N = i_N)$$
$$= P(X_0 = i_0)P(X_1 = i_1)\cdots P(X_N = i_N)$$

반면, 어떤 사건들이 순서대로 발생할 때 앞의 사건들이 뒤의 사건들의 발생에 영향을 주는 과정들이 있다. 예를 들어, 어제의 날씨, 오늘의 날씨, 그리고 내일의 날씨는 서로 독립적이지 않을 것이다. 과거의 날씨는 오늘과 내일의 날씨에 어떤 방식으로든지 영향을 줄 것이다.

다음은 〈미리내의 날씨〉라 칭한 예다. 〈미리내〉의 날씨 상태는 맑음, 강우, 강설, 이렇게 세 종류만 가능하다고 하자: $\mathcal{S} = \{1, 2, 3\} \equiv \{\text{☼}, \text{☂}, \text{☃}\}$. 〈미리내〉가 생성된 순간 맑았고 첫째 날은 눈이 내렸을 확률은 아래 그림에 나타낸 9개의 가능한 경로[서열] 중 특정한 하나의 경로에 대한 결합확률이다.

$$P(X_0 = 1, X_1 = 3)$$

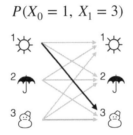

위 결합확률은 조건부확률conditional probability의 정의 $P(A|B) = P(A, B)/P(B)$를 이용하여 다음과 같이 쓸 수 있다.

$$P(X_0 = 1, X_1 = 3) = P(X_0 = 1)P(X_1 = 3 | X_0 = 1)$$

여기서 $P(X_0 = 1)$는 생성된 순간의 날씨가 맑았을 확률이고, $P(X_1 = 3 | X_0 = 1)$는 생성된 순간의 날씨가 맑았음을 조건으로 첫째 날에 눈이 올 조건부확률이다. 계속해서, 생성된 순간 맑았고 첫째 날은 눈이 내렸으며 둘째 날은 맑았을 확률은 27개의 가능한 경로 중 특정한 하나의 경로에 대한 결합확률이다.

$$P(X_0 = 1, X_1 = 3, X_2 = 1)$$

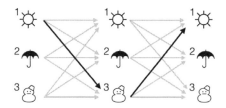

$P(B, C | A) = P(A, B, C)/P(A)$와 $P(B, C | A) = P(B | A)P(C | B, A)$를 이용하여 위 결합확률을 인수분해하면 다음과 같다.

$$
\begin{aligned}
P(X_0 = 1, X_1 = 3, X_2 = 1) &= P(X_0 = 1)P(X_1 = 3, X_2 = 1 | X_0 = 1) \\
&= P(X_0 = 1) \\
&\quad \times P(X_1 = 3 | X_0 = 1) \\
&\quad \times P(X_2 = 1 | X_1 = 3, X_0 = 1)
\end{aligned}
$$

여기서 $P(X_2 = 1 | X_1 = 3, X_0 = 1)$는 생성된 순간 맑았고 첫째 날 눈이 내렸음을 조건으로 하여 둘째 날의 날씨가 맑았을 조건부확률이다. 앞서 언급된 바를 일반화할 수 있도록, $(n + 1)$번째 날까지 관찰될 수 있는 어느 특정한 날씨 변화 경로에 대한 결합확률을 인수분해해 보자.

$$
\begin{aligned}
P(X_0 = i_0, X_1 = i_1, &..., X_n = i_n, X_{n+1} = i_{n+1}) \\
&= P(X_0 = i_0) \\
&\quad \times P(X_1 = i_1 | X_0 = i_0) \\
&\quad \times P(X_2 = i_2 | X_1 = i_1, X_0 = i_0) \\
&\quad \vdots \\
&\quad \times P(X_{n+1} = i_{n+1} | X_n = i_n, ..., X_1 = i_1, X_0 = i_0)
\end{aligned}
$$

$P(X_0 = i_0)$ 다음에 곱해지는 조건부확률들은 과거 모든 시점에서의 날씨들을 조건으로 하고 있음에 주목하자.

이번에는 〈미리내〉가 생성된 시점부터 $n$번째 날까지의 날씨에 상관없이, $(n + 1)$번째 날의 날씨에 대한 확률을 주변화marginalization를 통해 구해 보자. 예를 들어, 생성된 순간의 날씨에 상관없이 첫째 날 눈이 내렸을 확률 $P(X_1 = 3)$은 다음과 같다.

$$
P(X_1 = 3) = \sum_{i_0 \in \mathscr{S}} P(X_0 = i_0, X_1 = 3) = \sum_{i_0 \in \mathscr{S}} P(X_0 = i_0)P(X_1 = 3 | X_0 = i_0)
$$

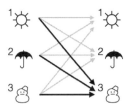

마찬가지로, 둘째 날 맑았을 확률 $P(X_2 = 1)$은 다음과 같다.

$$P(X_2 = 1) = \sum_{i_0 \in \mathcal{S}} \sum_{i_1 \in \mathcal{S}} P(X_0 = i_0, X_1 = i_1, X_2 = 1)$$
$$= \sum_{i_0 \in \mathcal{S}} \sum_{i_1 \in \mathcal{S}} P(X_0 = i_0)P(X_1 = i_1 \,|\, X_0 = i_0)P(X_1 = i_2 \,|\, X_1 = i_1, X_0 = i_0)$$

일반화하면, $(n + 1)$번째 날의 날씨가 $i_{n+1}$일 확률 $P(X_{n+1} = i_{n+1})$은 다음과 같다.

$$P(X_{n+1} = i_{n+1}) = \sum_{i_0 \in \mathcal{S}} \sum_{i_1 \in \mathcal{S}} \cdots \sum_{i_n \in \mathcal{S}} P(X_0 = i_0, X_1 = i_1, \ldots, X_{n+1} = i_{n+1})$$
$$= \sum_{i_0 \in \mathcal{S}} \sum_{i_1 \in \mathcal{S}} \cdots \sum_{i_n \in \mathcal{S}} P(X_0 = i_0)$$
$$\times P(X_1 = i_1 \,|\, X_0 = i_0)$$
$$\times P(X_2 = i_2 \,|\, X_1 = i_1, X_0 = i_0)$$
$$\vdots$$
$$\times P(X_{n+1} = i_{n+1} \,|\, X_n = i_n, \ldots, X_0 = i_0)$$

앞서 살펴본 바와 같이, 특정한 날씨 변화 경로에 대한 확률을 구하거나 $(n + 1)$번째 날의 날씨에 대한 확률을 구하기 위해서는 엄청난 조건들이 붙어있는 조건부확률들부터 구해야 한다. 이는 추계적 과정에 대한 확률적 추론을 매우 힘들게 할 수도 있다.

## 9.2 시간 이산형 마르코프 연쇄

마르코프 연쇄는 추계적 과정의 특별한 형태로서, 색인공간이 이산형인지 연속형인지에 따라 시간 이산형 마르코프 연쇄Discrete Time Markov Chain[DTMC]와 시간 연속형 마르코프 연쇄Continuous Time Markov Chain[CTMC]로 구분된다. 이 절에서는 DTMC를 소개한다.

### 9.2.1 마르코프 성질

$N$번의 상태 변화 과정에서 얻어진 상태값들의 서열 $\omega = (i_n)_{n=0}^{N}$을 생각해 보자. $\omega$는 $(N+1)$차원 표본공간sample space $\Omega$에서의 한 점sample point이다.

$$\Omega = \{(i_0, i_1, ..., i_N) : i_n \in \mathcal{S}, \text{ for } 0 \leq n \leq N\} = \mathcal{S}^{N+1}$$

정의역domain과 범위range가 다음과 같은 두 함수 $\pi$와 $p$를 정의하자.

$$\pi : \mathcal{S} \to [0, 1] \subset \mathbb{R}$$
$$p : \mathcal{S} \times \mathcal{S} \to [0, 1] \subset \mathbb{R}$$

$\pi$와 $p$는 상태공간의 원소를 입력으로 하며[$\pi$는 1개, $p$는 2개], 다음과 같은 성질을 갖는 확률질량함수Probability Mass Function[PMF]다.

$$\sum_{i_n \in \mathcal{S}} \pi(i_n) = 1$$
$$\sum_{i_{n+1} \in \mathcal{S}} p(i_n, i_{n+1}) = 1$$

그리고, $\omega \in \Omega$가 관찰될 확률을 다음과 같이 계산한다고 하자.

$$P(\omega) = P[(i_n)_{n=0}^{N}]$$
$$= \pi(i_0)p(i_0, i_1)p(i_1, i_2)p(i_2, i_3)\cdots p(i_{N-1}, i_N)$$

$P(\Omega) = \sum_{\omega \in \Omega} P(\omega) = 1$이므로, 위 확률식은 적절한 확률식이다.

$$P(\Omega) = \sum_{\omega \in \Omega} P(\omega)$$

$$= \sum_{i_0 \in \mathcal{S}} \sum_{i_1 \in \mathcal{S}} \cdots \sum_{i_N \in \mathcal{S}} \pi(i_0) p(i_0, i_1) p(i_1, i_2) \cdots p(i_{N-1}, i_N)$$

$$= \sum_{i_0 \in \mathcal{S}} \sum_{i_1 \in \mathcal{S}} \cdots \sum_{i_{N-1} \in \mathcal{S}} \pi(i_0) p(i_0, i_1) p(i_1, i_2) \cdots p(i_{N-2}, i_{N-1}) \sum_{i_N \in \mathcal{S}} p(i_{N-1}, i_N)$$

$$= \sum_{i_0 \in \mathcal{S}} \sum_{i_1 \in \mathcal{S}} \cdots \sum_{i_{N-1} \in \mathcal{S}} \pi(i_0) p(i_0, i_1) p(i_1, i_2) \cdots p(i_{N-2}, i_{N-1})$$

$$\vdots$$

$$= \sum_{i_0 \in \mathcal{S}} \pi(i_0)$$

$$= 1$$

이제, 맵핑 함수로서의 확률변수 $X_n$가 $\omega = (i_n)_{n=0}^{N}$의 $n$번째 요소를 반환하는 함수라 하고[$X_n(\omega) = i_n$], 앞 절에서 언급했던 조건부확률을 위 확률식을 이용하여 다음과 같이 전개 시켜보자.

$$P(X_{n+1} = i_{n+1} \mid X_n = i_n, \ \ldots, \ X_0 = i_0) = \frac{P(X_{n+1} = i_{n+1}, X_n = i_n, \ \ldots, \ X_0 = i_0)}{P(X_n = i_n, \ \ldots, \ X_0 = i_0)}$$

$$= \frac{\pi(i_0) p(i_0, i_1) \cdots p(i_{n-1}, i_n) p(i_n, i_{n+1})}{\pi(i_0) p(i_0, i_1) \cdots p(i_{n-1}, i_n)}$$

$$= p(i_n, i_{n+1})$$

결과는 앞서 정의한 PMF $p$다. 그런데, 다음 조건부확률도 PMF $p$로 표현된다.

$$P(X_{n+1} = i_{n+1} \mid X_n = i_n) = \frac{P(X_{n+1} = i_{n+1}, X_n = i_n)}{P(X_n = i_n)}$$

$$= \frac{\sum_{i_0} \sum_{i_1} \cdots \sum_{i_{n-1}} P(X_0 = i_0, X_1 = i_1, \ \ldots, \ X_n = i_n, X_{n+1} = i_{n+1})}{\sum_{i_0} \sum_{i_1} \cdots \sum_{i_{n-1}} P(X_0 = i_0, X_1 = i_1, \ \ldots, \ X_n = i_n)}$$

$$= \frac{\sum_{i_0} \sum_{i_1} \cdots \sum_{i_{n-1}} \pi(i_0) p(i_0, i_1) \cdots p(i_{n-1}, i_n) p(i_n, i_{n+1})}{\sum_{i_0} \sum_{i_1} \cdots \sum_{i_{n-1}} \pi(i_0) p(i_0, i_1) \cdots p(i_{n-1}, i_n)}$$

$$= \frac{p(i_n, i_{n+1}) \sum_{i_0} \sum_{i_1} \cdots \sum_{i_{n-1}} \pi(i_0) p(i_0, i_1) \cdots p(i_{n-1}, i_n)}{\sum_{i_0} \sum_{i_1} \cdots \sum_{i_{n-1}} \pi(i_0) p(i_0, i_1) \cdots p(i_{n-1}, i_n)}$$

$$= p(i_n, i_{n+1})$$

즉, 다음이 성립한다.

$$P(X_{n+1} = i_{n+1} \,|\, X_n = i_n) = P(X_{n+1} = i_{n+1} \,|\, X_n = i_n, \,\ldots, X_0 = i_0)$$

위 등식을 **마르코프 성질**Markov property이라 하며, 마르코프 성질을 갖는 추계적 과정을 **마르코프 연쇄**Markov chain라 한다. 추계적 과정 $(X_n)_{n\geq 0}^N$에 대한 결합확률을 위 등식을 이용하여 전개해도 적절한 확률식이 됨은 다음으로 확인할 수 있다.

$$\sum_{i_0 \in \mathcal{S}} \sum_{i_1 \in \mathcal{S}} \sum_{i_2 \in \mathcal{S}} \cdots \sum_{i_N \in \mathcal{S}} P(X_0 = i_0, \, X_1 = i_1, \, X_2 = i_2, \, \ldots, \, X_N = i_N)$$
$$= \sum_{i_0 \in \mathcal{S}} \sum_{i_1 \in \mathcal{S}} \sum_{i_2 \in \mathcal{S}} \cdots \sum_{i_N \in \mathcal{S}} P(X_0 = i_0)$$
$$\times P(X_1 = i_1 \,|\, X_0 = i_0)$$
$$\times P(X_2 = i_2 \,|\, X_1 = i_1)$$
$$\vdots$$
$$\times P(X_N = i_N \,|\, X_{N-1} = i_{N-1})$$
$$= 1$$

상태공간의 크기가 무한한 경우에 대해서도 마르코프 연쇄를 정의할 수 있으나, 이는 이 책의 범위를 벗어난다. 관심이 있는 독자들은 콜모고로프Kolmogorov의 확장 정리Extension Theorem를 참고하기 바란다.

마르코프 성질이 의미하는 바는 "다음[$n + 1$] 상태는 오직 현재[$n$] 상태에만 의존한다"는 것이다. 이는 추계적 과정에 대한 확률적 추론을 간편하게 해 주는데, 모든 추계적 과정이 마르코프 성질을 갖지는 않는다. 〈폴리아 항아리Polya's Urn〉를 변형한 다음 예를 보자. 어떤 주머니에 숫자 0이 적혀진 공과 숫자 1이 적혀진 공이 하나씩 들어 있고, 우리는 시점마다 이 주머니에서 공 하나를 무작위적으로 추출하여 공에 적힌 숫자 $x$를 기록할 것이다. 추출된 공은 주머니에 되돌려 넣는데, 이때 공 하나를 추가로 가져와 같은 숫자를 적어서 주머니에 함께 넣는다. 예를 들어 처음에 추출된 공이 1번 공이었다면, 두 번째 공을 추출할 때는 주머니에 한 개의 0번 공과 두 개의 1번 공이 들어있다. 위와 같은 시행을 세 번 반복한 추계적 과정 $(X_n)_{n=0}^2$을 생각해 보자. 세 번 모두 독립적인 추출이므로, 순서대로 나온 숫자가 [1, 1, 1]인 경우와 [0, 1, 1]인 경우에 대한 결합확률은 다음과 같다.

$$P(X_0 = 1, X_1 = 1, X_2 = 1) = (1/2)(2/3)(3/4)$$
$$P(X_0 = 0, X_1 = 1, X_2 = 1) = (1/2)(1/3)(2/4)$$

따라서,

$$P(X_2 = 1 \mid X_1 = 1, X_0 = 1) = \frac{(1/2)(2/3)(3/4)}{(1/2)(2/3)} = \frac{3}{4}$$

$$P(X_2 = 1 \mid X_1 = 1, X_0 = 0) = \frac{(1/2)(1/3)(2/4)}{(1/2)(1/3)} = \frac{2}{4}$$

이며, 가장 최근의 조건$[X_1]$만을 이용할 수는 없다. 즉, 위와 같은 추계적 과정은 마르코프 연쇄가 아니다. 물론, 경우에 따라 마르코프 성질을 가정하고 시스템의 상태 변화를 모형화할 수 있다. 그럴 경우, 과거 $k$ 스텝 전까지 고려한 조건부확률을 사용하는 마르코프 모형을 $k$차 마르코프 모형이라 한다.


## 9.2.2 상태확률

시점 $n$에서 시스템의 상태 $X_n$가 $i \in \mathcal{S}$일 확률 $P(X_n = i)$을 **상태확률**state probability이라 하며, 다음과 같이 나타낸다.

$$\pi_i^{(n)} := P(X_n = i)$$

예를 들어, <미리내의 날씨>[마르코프 성질을 갖는다고 가정한다]에서 오늘을 $n$이라 하면, $\pi_3^{(n+1)}$는 내일 미리내에 눈이 내릴 확률을 나타낸다.

모든 상태들에 대한 확률들의 합은

$$\sum_{i \in \mathcal{S}} \pi_i^{(n)} = \sum_{i \in \mathcal{S}} P(X_n = i) = 1$$

이며, 가능한 모든 상태에 대한 상태확률들을 모은 행row벡터를 **상태확률 분포**state probability distribution라 한다.

$$\boldsymbol{\pi}^{(n)} = [\pi_1^{(n)}, \pi_2^{(n)}, \ldots, \pi_{|\mathcal{S}|}^{(n)}]$$

앞 절에서 보았듯이, 주변화를 통해 어느 날의 날씨 상태에 대한 확률을 구하기 위해서는 〈미리내〉가 생성된 날의 날씨 상태에 대한 확률분포 $\boldsymbol{\pi}^{(0)}$을 알아야 한다. 미리 언급하자면, $\boldsymbol{\pi}^{(0)}$은 마르코프 연쇄의 첫 번째 모수parameter다.

## 9.2.3 전이확률

시스템의 상태가 $i \in \mathcal{S}$에서 $j \in \mathcal{S}$로 변화하는 것을 **상태전이**state transition라 하고, 이를 $i \rightarrow j$로 나타내거나 단순히 $ij$로 나타낸다. 예를 들어, 〈미리내의 날씨〉에서 비가 내리는 상태에서 눈이 오는 상태로 변화하는 것을 $2 \rightarrow 3$으로 나타내거나 23으로 나타낸다 [자리수가 두 개 이상이면, 각 상태를 쉼표로 분리].

상태전이는 한 스텝에 걸쳐서 일어난 변화일 수도 있고, 여러 스텝에 걸쳐서 일어난 변화일 수도 있다. 한 스텝에 걸쳐서 일어난 상태의 변화는 1-스텝 **상태전이**라 하고, $n \geq 2$ 스텝에 걸쳐서 일어난 상태의 변화는 $n$-스텝 **상태전이**라 한다. 상태 $i$에 있던 시스템이 한 스텝 후에도 동일한 상태 $i$에 있다면, 이를 **자기전이**self transition라 한다. 예를 들어, 〈미리내의 날씨〉에서 오늘 맑았는데 내일도 맑은 경우가 자기전이에 해당한다.

시스템의 상태가 한 스텝에 걸쳐서 $i$에서 $j$로 변화할 확률을 1-스텝 **상태전이확률**state transition probability 또는 줄여서 1-스텝 **전이확률**transition probability이라 한다. 즉, 시점 $n$에서 시스템이 상태 $i$에 있었다는 조건 하에서, 시점 $(n+1)$에서 상태 $j$에 있을 조건부확률 $P(X_{n+1} = j \,|\, X_n = i)$이 1-스텝 전이확률이다. 이 조건부확률이 시점 $n$에 따라 변하지 않는 경우[또는 그렇다고 가정하는 경우], 이를 마르코프 연쇄가 **시간 균질성**time homogeneity을 갖는다고 하며, 시간 균질성을 갖는 마르코프 연쇄를 시간 균질형 마르코프 연쇄라 한다. 시간 균질성을 갖지 않은 마르코프 연쇄도 있으나, 이 장에서는 시간 균질형 마르코프 연쇄만을 다룬다.

1-스텝 전이확률은 시간 균질형 마르코프 연쇄의 역동성을 나타내는 가장 기본적인 확률이며, 이를 1-스텝 전이확률이라 하지 않고 **전이확률**이라 한다. 시간 균질형 마르코프 연쇄에서의 조건부확률 $P(X_{n+1} = j \,|\, X_n = i)$는 모든 시점 $n$에서 변화하지 않으므로, 전이확률은 다음과 같이 나타낸다.

$$
\begin{aligned}
p_{ij} &:= P(X_1 = j \,|\, X_0 = i) \\
&= P(X_{n+1} = j \,|\, X_n = i) \ \text{ for all } n \in \mathcal{I}
\end{aligned}
$$

전이확률 $p_{ij}$에 대해서 항상 다음이 성립한다.

$$\sum_{j \in \mathcal{S}} p_{ij} = 1$$

예를 들어, <미리내의 날씨>에는 다음 그림에 나타낸 바와 같이 총 9개의 상태전이 확률들이 있다.

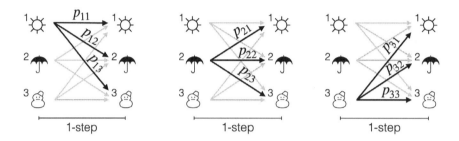

시스템의 상태가 $(n \geq 2)$-스텝에 걸쳐서 $i$에서 $j$로 변화할 확률을 $n$-스텝 **전이확률**이라 한다. $n$-스텝 전이확률은 다음과 같이 스텝 수를 명시한다.

$$p_{ij}^{(n)} := P(X_n = j \mid X_0 = i)$$
$$= P(X_{n+m} = j \mid X_m = i) \quad \text{for all } n \in \mathcal{I} \text{ and all } m \in \mathcal{I}$$

$n$-스텝 전이확률에 대해서 주의할 내용이 있다. 예를 들어, 2-스텝에 걸친 상태전이를 $i \rightarrow k \rightarrow j$라 했을 때 중간 경유 상태 $k$를 알고 있다면, 이러한 전이가 발생할 확률은 2-스텝 전이확률이라 하지 않는다. 경유 상태 $k$를 알고 있다면, 그 경로를 거쳐서 위와 같은 전이들이 발생할 확률은 $P(X_2 = j, X_1 = k \mid X_0 = i)$이며, 이는 다시 조건부확률의 정의 $P(A, B \mid [C]) = P(B \mid [C])P(A \mid B, [C])$를 이용하여 다음과 같이 나타낼 수 있다.

$$P(X_2 = j, X_1 = k \mid X_0 = i) = P(X_1 = k \mid X_0 = i)P(X_2 = j \mid X_1 = k, X_0 = i)$$
$$= P(X_1 = k \mid X_0 = i)P(X_2 = j \mid X_1 = k)$$
$$= p_{ik}p_{kj}$$

위는 출발 상태와 도착 상태를 알고 있는 1-스텝 전이가 두 번 일어날 확률이다. 2-스텝 전이 확률은 경유 상태 $k$에 상관없이 출발 상태가 $i$이고 도착 상태가 $j$인 전이에 대한 조건부 확률이다. 즉, 다음과 같다.

$$p_{ij}^{(2)} = P(X_2 = j \,|\, X_0 = i)$$
$$= \sum_{k \in \mathcal{S}} P(X_2 = j, X_1 = k \,|\, X_0 = i)$$
$$= \sum_{k \in \mathcal{S}} p_{ik} p_{kj}$$

## 9.2.4 전이확률 행렬

<미리내 날씨>에서 미리내가 생성된 후 첫째 날 맑았을 확률, 비가 내렸을 확률, 눈이 내렸을 확률은 각각 다음과 같이 계산된다.

$$\pi_1^{(1)} = \sum_i P(X_1 = 1, X_0 = i) = \sum_i P(X_0 = i)P(X_1 = 1 \,|\, X_0 = i)$$
$$= \sum_i \pi_i^{(0)} p_{i1} = \pi_1^{(0)} p_{11} + \pi_2^{(0)} p_{21} + \pi_3^{(0)} p_{31}$$

$$\pi_2^{(1)} = \sum_i P(X_1 = 2, X_0 = i) = \sum_i P(X_0 = i)P(X_1 = 2 \,|\, X_0 = i)$$
$$= \sum_i \pi_i^{(0)} p_{i2} = \pi_1^{(0)} p_{12} + \pi_2^{(0)} p_{22} + \pi_3^{(0)} p_{32}$$

$$\pi_3^{(1)} = \sum_i P(X_1 = 3, X_0 = i) = \sum_i P(X_0 = i)P(X_1 = 3 \,|\, X_0 = i)$$
$$= \sum_i \pi_i^{(0)} p_{i2} = \pi_1^{(0)} p_{13} + \pi_2^{(0)} p_{23} + \pi_3^{(0)} p_{33}$$

즉, 첫째 날의 상태확률 분포 $\pi^{(1)}$는 다음과 같은 점곱dot product으로 계산된다.

$$[\pi_1^{(1)}, \pi_2^{(1)}, \pi_3^{(1)}] = [\pi_1^{(0)}, \pi_2^{(0)}, \pi_3^{(0)}] \begin{bmatrix} p_{11} & p_{12} & p_{13} \\ p_{21} & p_{22} & p_{23} \\ p_{31} & p_{32} & p_{33} \end{bmatrix}$$
$$\pi^{(1)} = \pi^{(0)} \mathbf{P}$$

위 식에서 행렬 $\mathbf{P}$를 전이확률 행렬transition probability matrix이라 한다. $\mathbf{P}$는 행이 출발 상태이고 열이 도착 상태가 되는 형태로 모든 전이확률들을 모아둔 행렬이며, 마르코프 연쇄의 두 번째 모수다.

$$\mathbf{P} = \begin{bmatrix} p_{11} & p_{12} & \cdots & p_{1K} \\ p_{21} & p_{22} & \cdots & p_{2K} \\ \vdots & \vdots & \ddots & \vdots \\ p_{K1} & p_{K2} & \cdots & p_{KK} \end{bmatrix}$$

마르코프 연쇄의 두 모수 $\boldsymbol{\pi}^{(0)}$와 $\mathbf{P}$를 명시하여 마르코프 연쇄를 Markov($\boldsymbol{\pi}^{(0)}$, $\mathbf{P}$)로 나타내기로 한다.

$\mathbf{P}$를 도식화하여 그래프로 나타낼 수도 있는데, 이를 **전이 그래프**<sup>transition graph</sup>라 한다.  <미리내 날씨>의 전이 그래프는 다음과 같은 세 개의 상태를 순회하는 유한상 오토마톤<sup>finite state automaton</sup>의 형태다.

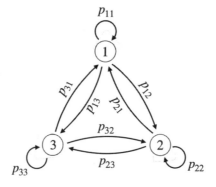

이번에는 <미리내 날씨>에서 둘째 날의 날씨에 대한 상태확률 분포를 2–스텝 전이확률을 이용하여 구해 보자. $p_{ij}^{(2)} = \sum_{k \in \mathcal{S}} p_{ik} p_{kj}$이므로 각 확률은 다음과 같이 계산될 것이다.

$$\pi_1^{(2)} = \sum_i \sum_k \pi_i^{(0)} p_{ik} p_{k1} \,;\; \pi_2^{(2)} = \sum_i \sum_k \pi_i^{(0)} p_{ik} p_{k2} \,;\; \pi_3^{(2)} = \sum_i \sum_k \pi_i^{(0)} p_{ik} p_{k3}$$

위를 벡터와 행렬의 연산으로 나타낼 수는 없을까? 우선 $p_{ij}^{(2)}$에 대해서 살펴보면, $p_{ij}^{(2)}$는 $\mathbf{P}$를 자승한 $\mathbf{P}^2$의 $i$번째 행과 $j$번째 열의 요소다.

$$\mathbf{P}^2 = \mathbf{PP} = \begin{bmatrix} p_{11} & p_{12} & \cdots & p_{1K} \\ p_{21} & p_{22} & \cdots & p_{2K} \\ \vdots & \vdots & \ddots & \vdots \\ p_{K1} & p_{K2} & \cdots & p_{KK} \end{bmatrix} \begin{bmatrix} p_{11} & p_{12} & \cdots & p_{1K} \\ p_{21} & p_{22} & \cdots & p_{2K} \\ \vdots & \vdots & \ddots & \vdots \\ p_{K1} & p_{K2} & \cdots & p_{KK} \end{bmatrix}$$

$$= \begin{bmatrix} p_{11}^{(2)} & p_{12}^{(2)} & \cdots & p_{1K}^{(2)} \\ p_{21}^{(2)} & p_{22}^{(2)} & \cdots & p_{2K}^{(2)} \\ \vdots & \vdots & \ddots & \vdots \\ p_{K1}^{(2)} & p_{K2}^{(2)} & \cdots & p_{KK}^{(2)} \end{bmatrix}$$

즉, 2-스텝 전이확률 행렬은 1-스텝 전이확률 행렬의 자승이다: $\mathbf{P}^{(2)} = \mathbf{P}^2$. 참고로, $p_{ij}^2$ 는 $p_{ij}^{(2)}$가 되지 않는다[우연히 같을 수는 있지만]. 따라서, 둘째 날의 날씨 상태확률 분 포는 다음과 같이 구할 수 있다.

$$\boldsymbol{\pi}^{(2)} = \boldsymbol{\pi}^{(0)}\mathbf{P}^2$$

그렇다면, $n$-스텝 전이확률 행렬은 $\mathbf{P}^{(n)} = \mathbf{P}^n$일까? 답부터 말하자면 "그렇다"이다. 우 선, 상태 $i$가 $n$-스텝 후에 임의의 상태 $k$로 바뀐 후, 상태 $k$가 $m$-스텝 후에 상태 $j$로 바 뀌는 전이에 대한 전이확률 $p_{ij}^{(n+m)}$을 구해 보자.

$$
\begin{aligned}
p_{ij}^{(n+m)} &= P(X_{n+m} = j \mid X_0 = i) \\
&= \sum_k P(X_{n+m} = j, X_n = k \mid X_0 = i) \\
&= \sum_k \frac{P(X_{n+m} = j, X_n = k, X_0 = i)}{P(X_0 = i)} \\
&= \sum_k \frac{P(X_{n+m} = j \mid X_n = k, X_0 = i)P(X_n = k, X_0 = i)}{P(X_0 = i)} \\
&= \sum_k P(X_{n+m} = j \mid X_n = k, X_0 = i)\frac{P(X_n = k, X_0 = i)}{P(X_0 = i)} \\
&= \sum_k P(X_{n+m} = j \mid X_n = k)\frac{P(X_n = k, X_0 = i)}{P(X_0 = i)} \\
&= \sum_k P(X_{n+m} = j \mid X_n = k)P(X_n = k \mid X_0 = i) \\
&= \sum_k P(X_m = j \mid X_0 = k)P(X_n = k \mid X_0 = i) \\
&= \sum_k p_{kj}^{(m)} p_{ik}^{(n)}
\end{aligned}
$$

즉,

$$p_{ij}^{(n+m)} = \sum_k p_{ik}^{(n)} p_{kj}^{(m)}$$

이며, 이를 **채프만-콜모고로프 식**Chapman-Kolmogorov equation이라 한다. 여기서, $p_{ij}^{(n+m)}$는 $\mathbf{P}^{(n)}$과 $\mathbf{P}^{(m)}$의 점곱으로 얻어지는 행렬의 요소 $(\mathbf{P}^{(n)}\mathbf{P}^{(m)})|_{ij}$에 해당하므로, 채프만-콜모고로프 식은 다음과 같은 행렬의 연산으로 나타낼 수 있다.

$$\mathbf{P}^{(n+m)} = \mathbf{P}^{(n)}\mathbf{P}^{(m)}$$

이로부터, 다음에 전개한 바와 같이 $n$-스텝 전이확률 행렬은 1-스텝 전이확률 행렬의 $n$ 자승이란 것을 알 수 있다.

$$\begin{aligned}
\mathbf{P}^{(n)} &= \mathbf{P}^{(1)}\mathbf{P}^{(n-1)} = \mathbf{P}\mathbf{P}^{(n-1)} \text{ for } n \geq 1, \ \mathbf{P}^0 = \mathbf{I} \text{ for } n = 0 \\
&= \mathbf{P}^1\mathbf{P}^{(n-1)} = \mathbf{P}^1 \cdot \mathbf{P}^1\mathbf{P}^{(n-2)} \\
&= \mathbf{P}^2\mathbf{P}^{(n-2)} = \mathbf{P}^2 \cdot \mathbf{P}^1\mathbf{P}^{(n-3)} \\
&\vdots \\
&= \mathbf{P}^n\mathbf{P}^{(0)} = \mathbf{P}^n \cdot \mathbf{I} \\
&= \mathbf{P}^n
\end{aligned}$$

〈미리내 날씨〉의 전이확률 행렬이 다음과 같다고 하고, 이를 이용하여 〈미리내〉가 생성된 후 임의의 날에 대한 날씨의 상태확률을 계산해 보자.

$$\mathbf{P} = \begin{bmatrix} p_{11} & p_{12} & p_{13} \\ p_{21} & p_{22} & p_{23} \\ p_{31} & p_{32} & p_{33} \end{bmatrix} = \begin{bmatrix} 0.50 & 0.25 & 0.25 \\ 0.50 & 0.00 & 0.50 \\ 0.25 & 0.25 & 0.50 \end{bmatrix}$$

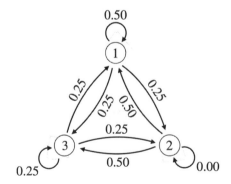

$\pi^{(0)}$를 모르므로, 베이즈Bayes의 무지ignorance의 원칙에 따라 $\pi^{(0)}$는 균일분포uniform distribution라 하자.

$$\pi^{(0)} = [1/3, 1/3, 1/3]$$

다음은 마르코프 연쇄의 두 모수[$\pi^{(0)}$와 $\mathbf{P}$]와 몇 번째 날[$n$]인지를 입력하면, 상태확률분포 $\pi^{(n)}$과 $n$-스텝 전이확률 행렬을 화면에 출력하는 함수다.

```python
def print_state_prob_distribution(pi_0, P, n):
    """ pi_0: initial prob distribution
        P: transition matrix
        n: time steps """
    P_n = np.linalg.matrix_power(P,n)
    pi_n = np.dot(pi_0, P_n)
    print("n:", n)
    print("state probability distribution:")
    print(pi_n)
    print("n-step transition matrix:")
    print(P_n)
    print()
    return None
```

위 함수를 이용하여 〈미리내〉가 생성된 후 3, 6, 9, 12, 100번째의 날에 대한 상태확률분포를 구해 보면 다음과 같다.

```python
# define params
pi_0 = np.array([1/3, 1/3, 1/3])
P = np.array([[0.50, 0.25, 0.25],
              [0.50, 0.00, 0.50],
              [0.25, 0.25, 0.50]])

# print state prob distribution
print_state_prob_distribution(pi_0, P, n=3)
print_state_prob_distribution(pi_0, P, n=6)
print_state_prob_distribution(pi_0, P, n=9)
print_state_prob_distribution(pi_0, P, n=12)
print_state_prob_distribution(pi_0, P, n=100)
```

```
=========
n: 3
state probability distribution:
[0.40104167 0.19791667 0.40104167]
n-step transition matrix:
```

```
[[0.40625   0.203125 0.390625]
 [0.40625   0.1875    0.40625 ]
 [0.390625 0.203125 0.40625 ]]

n: 6
state probability distribution:
[0.39998372 0.20003255 0.39998372]
n-step transition matrix:
[[0.40014648 0.19995117 0.39990234]
 [0.39990234 0.20019531 0.39990234]
 [0.39990234 0.19995117 0.40014648]]

n: 9
state probability distribution:
[0.40000025 0.19999949 0.40000025]
n-step transition matrix:
[[0.40000153 0.20000076 0.39999771]
 [0.40000153 0.19999695 0.40000153]
 [0.39999771 0.20000076 0.40000153]]

n: 12
state probability distribution:
[0.4        0.20000001 0.4        ]
n-step transition matrix:
[[0.40000004 0.19999999 0.39999998]
 [0.39999998 0.20000005 0.39999998]
 [0.39999998 0.19999999 0.40000004]]

n: 100
state probability distribution:
[0.4 0.2 0.4]
n-step transition matrix:
[[0.4 0.2 0.4]
 [0.4 0.2 0.4]
 [0.4 0.2 0.4]]
```

특이한 점을 발견한 독자들도 있을 텐데, 이에 대해서는 다른 절에서 다룬다.

## 9.2.5 일반화된 마르코프 성질과 강한 마르코프 성질

현재 상태가 주어졌을 때, 다음 상태는 과거의 상태들과는 독립적이며 오직 현재의 상태에만 종속적이라는 것을 마르코프 성질이라 하였다. 표기법을 약간 바꿔서, 현재를

$n_0 > 0$라 하고 과거의 모든 상태들을 $\Phi = (X_n = i_n)_{n=0}^{n_0-1}$로 나타내면, 마르코프 특성은 다음과 같다.

$$P(X_{n_0+1} = i_{n_0+1} | X_{n_0} = i_{n_0}) = P(X_{n_0+1} = i_{n_0+1} | X_{n_0} = i_{n_0}, \Phi)$$

이를 미래의 모든 상태들 $\Psi = (X_n = i_n)_{n>n_0}$에 적용하여도 마르코프 성질은 유효하다.

$$P(\Psi | X_{n_0} = i_{n_0}) = P(\Psi | X_{n_0} = i_{n_0}, \Phi)$$

즉, 미래 상태들과 과거 상태들은 서로 독립적이며 미래의 상태들은 오직 현재의 상태에만 의존한다. 이는 $(X_n)_{n\geq 0}$가 $\boldsymbol{\pi}^{(0)}$와 $\mathbf{P}$를 모수로 하는 Markov($\boldsymbol{\pi}^{(0)}$, $\mathbf{P}$)라면, $(X_{n_0+n})_{n\geq 0}$는 $\boldsymbol{\pi}^{(n_0)}$와 $\mathbf{P}$를 모수로 하여 새롭게 시작하는 Markov($\boldsymbol{\pi}^{(n_0)}$, $\mathbf{P}$)라는 것을 의미하며, 이를 일반화된 마르코프 성질이라 하겠다.

Markov($\boldsymbol{\pi}^{(n_0)}$, $\mathbf{P}$)의 $\boldsymbol{\pi}^{(n_0)}$는 현재 시점에서의 상태가 이미 결정되었다면 그 상태에 대한 확률만 1이고 나머지 상태들에 대한 확률은 모두 0인 분포다. 예를 들어 〈미리내〉에 오늘 비가 내렸다면 $\boldsymbol{\pi}^{(n_0)} = [0, 1, 0]$이고, 오늘로부터 하루가 지난 내일의 날씨 상태 확률 분포는 다음과 같다.

$$\boldsymbol{\pi}^{(n_0+1)} = \boldsymbol{\pi}^{(n_0)}\mathbf{P}$$

흔히 일상 대화에서 어떤 사건이 발생한 날이라는 의미로 '사건 당일'이라는 표현을 쓴다. 여기서, 사건을 '확률적으로 발생하는 사건'이라 하고 당일을 정지 시점<sup>stopping time</sup> $\mathsf{T}$라 하면, $\mathsf{T}$는 확률변수이다. $\mathsf{T}$에 대한 예는 다음과 같다. 당신은 일주일 동안 주사위 게임을 하기로 했다[이기면 1점, 지면 -1점]. 초기 점수는 $X_0$이고, 이기면 1점을 얻고 지면 1점을 잃는다. 만약 당신이 연속적으로 3점을 잃으면 그날은 게임을 멈추고 잠을 자며 내일 다시 전날의 마지막 점수 $X_\tau$에서부터 게임을 시작한다. 즉, $\mathsf{T} = \tau$는 당신의 의지로 결정되는 것이 아니라 $(X_n)_{n=0}^\tau$에 포함된 정보에 따라 확률적으로 결정된다. 이럴 경우에도 $\Psi = (X_n = i_n)_{n>\tau}$와 $\Phi = (X_n = i_n)_{n=0}^{\tau-1}$는 서로 독립적이며, $(X_{\tau+n})_{n\geq 0}$은 $\boldsymbol{\pi}^{(\tau)}$와 $\mathbf{P}$를 모수로 하는 Markov($\boldsymbol{\pi}^{(\tau)}$, $\mathbf{P}$)라는 것이 강한 마르코프 특성<sup>strong Markov property</sup>이다.

$$P(\Psi | X_\tau = i_\tau) = P(\Psi | X_\tau = i_\tau, \Phi, \mathsf{T} = \tau)$$

## 9.2.6 마르코프 연쇄의 예

마르코프 연쇄의 몇 가지 예를 추가로 소개한다. 첫 번째는 〈잡음 채널noisy channel〉이라 칭한 예다. 매우 시끄러운 강의실에서 T(1)/F(0) 문제의 답이 작은 육성으로 학생들 사이에서 전달된다고 하자. T가 F로 잘못 전달될 확률은 $\alpha$이고, F가 T로 잘못 전달될 확률은 $\beta$다. 이러한 잡음 채널에 의해 전달되는 답[신호]을 $X$라 하면 답이 전달되는 과정은 마르코프 연쇄이며, $\mathbf{P}$와 전이 그래프는 다음과 같다.

$$\mathbf{P} = \begin{bmatrix} 1 - \alpha & \alpha \\ \beta & 1 - \beta \end{bmatrix}$$

최초 발신자가 신호 T를 보냈다고 했을 때[$\pi_T^{(0)} = P(X_0 = 1) = 1$], $n$번째 수신자가 이를 T라고 받을 확률 $\pi_T^{(n)} = P(X_n = 1) = \pi_T^{(0)} p_{TT}^{(n)} = p_{TT}^{(n)}$은 어떻게 될까? $p_{TT}^{(n)}$에 대한 일반식을 구해 보자. $\alpha$가 0이면 틀리게 전달될 수 없고, $\alpha$와 $\beta$가 모두 1이면 T와 F를 교번하므로 $n$이 짝수인지 홀수인지만 보면 된다. 따라서, $0 < \alpha < 1$이고 $0 < \beta < 1$인 경우에 대해서만 구해 본다.

$\mathbf{P}^{(n)} = \mathbf{P}^{(n-1)}\mathbf{P}$이므로, $p_{TT}^{(n)}$를 다음과 같이 쓸 수 있다.

$$\begin{aligned} p_{TT}^{(n)} &= p_{TT}^{(n-1)}(1 - \alpha) + p_{TF}^{(n-1)}\beta \\ &= p_{TT}^{(n-1)}(1 - \alpha) + (1 - p_{TT}^{(n-1)})\beta \\ &= (1 - \alpha - \beta)p_{TT}^{(n-1)} + \beta \end{aligned}$$

$z := (1 - \alpha - \beta)$라 하고 다음과 같이 계속 전개하자.

$$\begin{aligned} p_{TT}^{(n)} &= z p_{TT}^{(n-1)} + \beta = z(z p_{TT}^{(n-2)} + \beta) + \beta \\ &= z^2 p_{TT}^{(n-2)} + z\beta + \beta = z^2(z p_{TT}^{(n-2)+\beta}) + z\beta + \beta \\ &= z^3 p_{TT}^{(n-3)} + z^2\beta + z\beta + \beta \\ &\vdots \\ &= z^n p_{TT}^{(n-n)} + z^{n-1}\beta + z^{n-2}\beta + \cdots + z\beta + \beta \\ &= z^n p_{TT}^{(0)} + \beta(z^{n-1} + z^{n-2} + \cdots + z + 1) \end{aligned}$$

$p_{TT}^{(0)} = 1$이고, $|z| < 1$이므로, 위 식은 다음과 같다.

$$p_{TT}^{(n)} = z^n + \beta \sum_{i=0}^{n} z^i$$
$$= z^n + \beta \left( \frac{1 - z^n}{1 - z} \right) \quad \because \sum_{i=0}^{m} r^n = \frac{1 - r^{m+1}}{1 - r}, \ m \geq 1, \ |r| < 1$$
$$= \frac{z^n - z^n z - z^n \beta + \beta}{1 - z} = \frac{(1 - z - \beta)z^n + \beta}{1 - z}$$
$$= \frac{\alpha(1 - \alpha - \beta)^n + \beta}{\alpha + \beta}$$

또한, $(1 - \alpha - \beta) < 1$이므로 $n \to \infty$이면 $p_{TT}^{(n)}$는 $\beta/(\alpha + \beta)$가 된다.

다음은 〈만취자의 무작위적 행보random walk〉라는 예다. 전이 그래프를 보자.

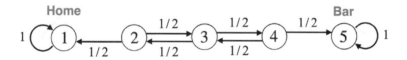

집[1]과 술집[5] 사이의 일직선 길에 만취자가 3번 모퉁이에 서 있으며, 그는 모든 모퉁이에서 1/2의 확률로 좌측 또는 우측으로 이동한다. 그러다 우연히 집 또는 술집으로 들어갈 수 있는데, 집에 들어가거나 술집에 들어가면 그곳에서 계속 머문다. 즉, 상태 1과 5의 자기전이 확률은 1이다. 자기전이 확률이 1인 상태를 **흡수상태**absorbing state라 하는데, 흡수상태로 들어갈 수는 있어도 흡수상태에서 다른 상태로 빠져나오지는 못한다.

다음은 위와 유사한 〈도박사의 파산Gambler's ruin〉으로 불리는 예다. 아무리 공정한 게임을 하더라도 당신이 보유한 자금과는 비교할 수 없을 정도로 큰 자금을 가진 상대와 오랜 시간 도박을 한다면, 당신은 필히 파산하게 된다는 것을 보여주는 예다. 전이 그래프와 전이확률부터 보자.

$$p_{00} = p_{CC} = 1$$
$$p_{i,(i+1)} = p$$

$$p_{i,(i-1)} = 1 - p = q$$

당신은 카지노 딜러와 동전 던지기를 해서 앞면이 나오면 1원을 얻고 뒷면이 나오면 1원을 잃는 게임을 할 텐데, 게임마다 당신이 이길 확률과 패할 확률은 각각 $p$와 $q = 1 - p$다. 당신의 초기 자금 $i$는 카지노 딜러의 자금 $C'$에 비해 매우 작으며, 당신이 파산하거나[상태 0] 카지노의 자금을 모두 갖게 되면[상태 $C = i + C'$] 게임은 종료된다. 여기서, 상태 0과 $C$는 흡수상태들이다.

초기상태 $i$에서 출발하여 흡수상태 $C$에 도달할 확률 $h_i^C$를 구해 보자. 이 확률은 i] 상태 $i$에서 확률 $q$로 상태 $(i - 1)$로 이동한 다음, 거기서 상태 $C$에 도달할 확률과 ii] 상태 $i$에서 확률 $p$로 상태 $(i + 1)$로 이동한 다음, 거기서 상태 $C$에 도달할 확률의 합이다.

$$h_i^C = q h_{i-1}^C + p h_{i+1}^C$$

$(p + q) = 1$이므로, 위 식으로부터 다음 식을 얻을 수 있다.

$$(p+q)h_i^C = q h_{i-1}^C + p h_{i+1}^C \quad \Rightarrow \quad p h_i^C + q h_i^C = q h_{i-1}^C + p h_{i+1}^C$$

$$\Rightarrow \quad p h_{i+1}^C - p h_i^C = q h_i^C - q h_{i-1}^C \quad \Rightarrow \quad h_{i+1}^C - h_i^C = \frac{q}{p}(h_i^C - h_{i-1}^C)$$

위 식을 $i$ 순으로 나열하면 다음과 같다. 참고로, $h_0^C = 0$이다.

$$h_2^C - h_1^C = \frac{q}{p}(h_1^C - h_0^C) = \left(\frac{q}{p}\right)h_1^C$$

$$h_3^C - h_2^C = \frac{q}{p}(h_2^C - h_1^C) = \left(\frac{q}{p}\right)^2 h_1^C$$

$$\vdots$$

$$h_i^C - h_{i-1}^C = \frac{q}{p}(h_{i-1}^C - h_{i-2}^C) = \left(\frac{q}{p}\right)^{i-1} h_1^C$$

위 식들을 모두 더하면 다음과 같다.

$$h_i^C - h_1^C = h_1^C \left[ \left(\frac{q}{p}\right) + \left(\frac{q}{p}\right)^2 + \cdots + \left(\frac{q}{p}\right)^{(i-1)} \right]$$

$$\Rightarrow \ h_i^C = h_1^C \left[ \left( \frac{q}{p} \right)^0 + \left( \frac{q}{p} \right)^1 + \left( \frac{q}{p} \right)^2 + \cdots + \left( \frac{q}{p} \right)^{(i-1)} \right]$$

$$\Rightarrow \ h_i^C = \begin{cases} i h_1^C & \text{if } (q/p) = 1 \\ \frac{1 - (q/p)^i}{1 - (q/p)} h_1^C & \text{if } (q/p) \neq 1 \end{cases}$$

$h_1^C$는 $h_C^C = 1$이라는 점을 이용하여 구할 수 있다.

$$h_C^C = \begin{cases} C h_1^C & \text{if } (q/p) = 1 \\ \frac{1 - (q/p)^C}{1 - (q/p)} h_1^C & \text{if } (q/p) \neq 1 \end{cases} \quad \Rightarrow \ h_1^C = \begin{cases} \frac{1}{C} & \text{if } (q/p) = 1 \\ \frac{1 - (q/p)}{1 - (q/p)^C} & \text{if } (q/p) \neq 1 \end{cases}$$

따라서 $h_i^C$은 다음과 같다.

$$h_i^C = \begin{cases} \frac{i}{C} & \text{if } (q/p) = 1 \\ \frac{1 - (q/p)^i}{1 - (q/p)^C} & \text{if } (q/p) \neq 1 \end{cases} ; \text{ as } C \to \infty, \ h_i^C = \begin{cases} 0 & \text{if } p \leq 1/2 \\ 1 - \left( \frac{q}{p} \right)^i & \text{if } p > 1/2 \end{cases}$$

즉, 카지노의 자금이 당신의 초기 자금보다 매우 크다면 아무리 공정한 게임을 하더라도 당신이 파산할 확률은 $\approx 1$이다.

다음은 무작위적 행보로 〈유전적 표류genetic drift〉를 설명하는 예다. 유전적 표류란 돌연변이 또는 자연선택이 없어도 변이서열allele의 빈도가 무작위적으로 변화한다는 것으로서 진화 과정에서 중요한 역할을 한다. 유전적 표류는 접합체zygote[또는 성체]의 수에 비해 이를 형성할 수 있는 배우체gamete의 수가 매우 큰 경우에도 발생하는데, 비유하여 설명하면 다음과 같다.

두 종류[0번과 1번]의 공들이 무한히 많이 들어있는 주머니를 생각하자. 1번 공의 상대적 비율을 $\theta$라 하면, 최초의 주머니에 들어 있는 1번 공의 비율은 $\theta_0$다. 이제, 시점 $n \geq 1$마다 주머니에서 100개의 공을 무작위적으로 추출하여 1번 공의 갯수 $i_n$를 기록하고 $\theta_n = i_n / 100$를 계산한 다음, 비율 $\theta_n$에 따라 두 종류의 공들이 무한히 많이 들어가도록 $(n + 1)$번째에 사용할 주머니를 다시 만든다. 그리고 새로 만들어진 주머니에서 공 100개를 추출하고 $\theta$를 계산하는 시행을 반복한다. 유전적 표류에서, 주머니는 배우체 풀pool, 100씩 추출된 공들은 접합체 풀, 시점은 세대, $\theta$는 변이서열의 상대빈도에 해당한다.

시점 $(n + 1)$에서 $i_{n+1}$개의 1번 공이 추출될 확률은 모수가 $\theta_n$인 이항분포의 PMF로 계산되며, $\theta_n$은 오직 $i_n$에 의해서 결정된다. 따라서, 전이 확률은 다음과 같다.

$$P(X_{n+1} = i_{n+1} | X_n = i_n) = \binom{100}{i_{n+1}} \theta_n^{i_{n+1}}(1 - \theta_n)^{100-i_{n+1}}, \quad \theta_n = i_n/100$$

개체군 유전학에서는 $\theta$가 0 또는 1이 되면 대상 변이서열이 개체군에서 유실loss 또는 고정fix되었다고 말하는데, 이는 $i$가 0이 되거나 100이 되는 흡수상태에 해당한다. 다음은 변이서열의 운명을 시뮬레이션하는 함수다.

```python
def Genetic_Drift(N,theta_0,T):
    """ N: population size (int)
        y: np. of allele
        T: max simulation time
        theta_0: initial allele freq."""
    theta_t = theta_0
    theta_list = [theta_t]
    for t in range(1, T+1):
        y_t = np.random.binomial(N,theta_t)
        theta_t = y_t/N
        theta_list.append(theta_t)
    return theta_list
```

다음 코드를 실행하면 크기가 100인 개체군에서 변이서열의 초기 빈도가 $\theta_0 = 0.5$일 때 300 세대 동안 유전적 표류에 의한 변이서열 빈도의 변화를 볼 수 있다.

```python
# params
N=100
theta_0=0.5
T=300

# simul & plot
x = np.arange(T+1)
for _ in range(5):
    theta_list = Genetic_Drift(N,theta_0,T)
    plt.plot(x,theta_list)
plt.ylim(0,1)
plt.xlim(0,T)
```

```
plt.xlabel("generation", fontsize=17)
plt.ylabel("theta", fontsize=17)
plt.tight_layout()
plt.show()
```

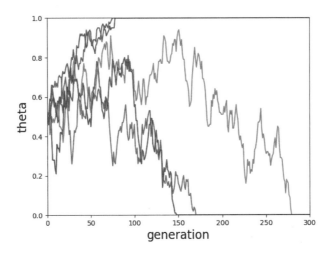

## 9.2.7 마르코프 연쇄의 모수 추정

특별한 경우를 제외하면 초기 상태확률 분포 $\boldsymbol{\pi}^{(0)}$는 균일분포$[\pi_i^{(0)} = 1/K]$ 또는 결정론적[지정한 상태의 상태확률만 1이고 나머지 상태들의 상태확률은 0]으로 설정하므로, 전이확률 모수들의 모음인 **P**를 추정하는 방법만 소개한다. 기호의 혼동을 피하기 위해 잠시 **P**를 Θ로 나타낸다.

이미 관찰된 연쇄로부터 각 전이가 관찰된 횟수의 모음을 $\mathbf{n} = [n_{ij}]_{i\in\mathcal{S}, j\in\mathcal{S}}$라 하면, 다항분포의 PMF를 이용하여 데이터 **n**이 주어졌을 때의 공산likelihood을 다음과 같이 나타낼 수 있다. 아래 식에서 $M(\mathbf{n})$은 다항계수multinomial coefficient다.

$$P(\mathbf{n}\,|\,\boldsymbol{\Theta}) = M(\mathbf{n})\prod_{i=1}^{K}\prod_{j=1}^{K}\theta_{ij}^{n_{ij}}$$

다항 공산을 최대화하는 모수 추정치인 **최대 공산 추정치**maximum likelihood estimate[MLE]를 마르코프 연쇄의 모수 Θ에 대한 추정치로 할 수 있다.

$$\widehat{\Theta}^{\text{ML}} = \underset{\Theta}{\text{argmax}} \ P(\mathbf{n} \mid \Theta),$$

$$\hat{\theta}^{\text{ML}}_{ij} = \frac{n_{ij}}{n_{i\bullet}} = \frac{n_{ij}}{\sum_{j'=1}^{K} n_{ij'}}$$

예를 들어, 지난 100년 동안의 날씨 데이터를 수집하여 눈이 내린 날의 수를 세어 $n_{3\bullet}$으로 하고 그중에서 다음 날이 맑은 날이었던 경우의 수를 세어 $n_{31}$으로 하면, $\hat{\theta}^{\text{ML}}_{31} = n_{31}/n_{3\bullet}$이다.

상태공간이 매우 크거나 상태공간의 크기에 비해 데이터 세트의 크기가 작은 경우, 데이터 세트에 연쇄가 방문하지 않은 상태가 있을 수 있다. 그럴 경우, 해당 전이에 대한 전이확률 추정치는 0이 되고 공산 모형을 무너뜨린다. 예를 들어, 주사위를 10번 던져서 눈 6이 한 번도 나오지 않은 경우 $\hat{\theta}^{\text{ML}}_{6} = 0/10 = 0$으로 추정한다면, 이 주사위는 눈 6이 없는 5면 주사위가 된다. MLE의 이러한 문제점에 대한 대안으로 다음과 같은 베이지안Bayesian 추정을 할 수 있다[베이지안 추정에 관한 설명은 변분추론variational inference을 이용한 자기 부호기를 다룬 20장에 추가되어 있다].

다항 공산에 대한 켤레 선확률 분포conjugate prior는 디리클레Dirichlet분포이므로, 디리클레분포의 모수 $\boldsymbol{\alpha} = [\alpha_{11}, \alpha_{12}, ..., \alpha_{KK}] > \mathbf{0}$를 $\Theta$의 분포에 대한 믿음에 따라 적절히 설정한다. 특별한 믿음이 없다면 $\boldsymbol{\alpha} = \mathbf{1}$로 한다.

$$\Theta \sim \text{Dir}(\boldsymbol{\alpha})$$

선확률 분포를 $P(\Theta)$로 나타낸다면, 후확률posterior분포

$$P(\Theta \mid \mathbf{n}) = \frac{P(\mathbf{n} \mid \Theta)P(\Theta)}{P(\mathbf{n})} \ \propto \ P(\mathbf{n} \mid \Theta)P(\Theta)$$

는 다시 모수가 $(\boldsymbol{\alpha} + \mathbf{n}) = [a_{ij} + n_{ij}]_{i \in \mathcal{S}, j \in \mathcal{S}}$인 디리클레 분포 $\text{Dir}(\boldsymbol{\alpha} + \mathbf{n})$이 되므로 후확률 평균 추정치posterior mean[PM]는 다음과 같다.

$$\widehat{\Theta}^{\text{PM}} = E(\Theta \mid \mathbf{n}),$$

$$\hat{\theta}^{\text{PM}}_{ij} = \frac{n_{ij} + \alpha_{ij}}{\sum_{j'=1}^{K} n_{ij'} + \alpha_{ij'}}$$

특별한 믿음이 없다면 $\alpha = 1$로 한다고 했는데, 그렇지 않은 경우[예를 들어, 과거의 경험으로부터 $\alpha$를 설정하는 경우] 데이터 세트의 크기에 유의하면서 선확률이 과도하게 공산을 압도하지 않도록 $\alpha$를 설정해야 할 것이다.

빈도주의적 추정치 MLE에 상응하는 베이지안 추정치로는 **최대 후확률 추정치**Maximum a posteriori[MAP]가 있으며, 이는 다음과 같다.

$$\widehat{\boldsymbol{\Theta}}^{\text{MAP}} = \operatorname*{argmax}_{\boldsymbol{\Theta}} P(\boldsymbol{\Theta}|\mathbf{n}) = \operatorname*{argmax}_{\boldsymbol{\Theta}} P(\mathbf{n}|\boldsymbol{\Theta})P(\boldsymbol{\Theta}),$$

$$\widehat{\theta}_{ij}^{\text{MAP}} = \frac{n_{ij} + \alpha_{ij} - 1}{\sum_{j'=1}^{K} n_{ij'} + \alpha_{ij'} - K}$$

참고로, 데이터 세트의 크기가 커질수록 MLE, PM, MAP 추정치들은 같아진다.

## 9.3 상태의 종류와 연쇄의 종류

### 9.3.1 상태의 소통과 상태모음

다음은 〈루비콘 연쇄〉라 칭한 연쇄의 전이 그래프다. 전이확률이 0인 전이에 대해서는 화살표를 표시하지 않았다.

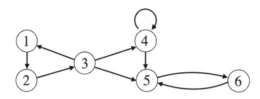

위 전이 그래프를 보면, 상태 1에서 출발하여 상태 2나 상태 3에 도착할 수 있다. 그리고 상태 2나 상태 3에서 출발하여도 상태 1에 도착할 수 있다. 이렇게 스텝 수에 상관없이 서로 도착 상태가 될 수 있으면, "상태들이 서로 **소통**communicating state한다"고 하며, 소통하는 상태들의 모음을 **상태모음**class이라 한다. 즉, 하나의 상태모음에 속하는 상태 $i$, $j$에 대해서는 $n$-스텝 전이확률이 0이 아니다.

$$\left. \begin{array}{c} p_{ij}^{(n)} > 0 \\ p_{ji}^{(n)} > 0 \end{array} \right\} \text{ for } n > 0$$

위 예에서의 상태모음들은 {1, 2, 3}, {4}, {5, 6}이다. {4}는 원소가 하나이며 자기전이로 소통하고 있는 상태모음이다.

상태모음 $\mathscr{C}_1 = \{1, 2, 3\}$와 $\mathscr{C}_2 = \{4\}$를 보면, $\mathscr{C}_1$에서는 $\mathscr{C}_2$와 $\mathscr{C}_3 = \{5, 6\}$로 빠져나갈 수 있고, $\mathscr{C}_2$에서는 $\mathscr{C}_3$로 빠져나갈 수 있다. 하지만, $\mathscr{C}_3$에서는 다른 상태모음으로 빠져나갈 수 없다. $\mathscr{C}_3$와 같이 다른 상태모음으로 빠져나가지 못하는 상태모음을 **폐쇄적 상태모음**closed class이라 한다. 즉, 폐쇄적 상태모음에 속한 상태로부터 다른 상태모음에 속한 상태로의 $n$-스텝 전이확률은 0이다.

$$p_{ij}^{(n)} = 0, \text{ for } i \in \mathscr{C}_c, j \in \mathscr{C}_{d \neq c}$$

만약 폐쇄적 상태모음의 원소가 하나뿐이라면, 그 원소를 **흡수상태**라 한다. 흡수상태는 자기전이 확률이 $p_{ii} = 1$인 상태이며 〈술꾼의 무작위적 행보〉 예에서 언급한 바 있다. 흡수상태를 하나라도 갖는 연쇄는 **흡수성 연쇄**absorbing chain라 한다. 흡수성 연쇄가 드물 것 같지만, 세상의 여러 현상들은 흡수성 연쇄로 모형화할 수 있다.

아래는 〈미리내 날씨〉의 전이 그래프다. 모든 상태들이 서로 소통하고 있기에, 상태공간이 바로 하나의 상태모음이다[$\mathscr{C} = \mathscr{S}$].

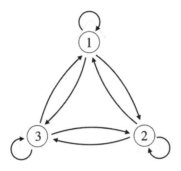

위와 같이 더 이상 상태모음들로 나눌 수 없는irreducible[이미 나누어진旣約]연쇄를 **기약 연쇄**irreducible chain라 한다. 따라서, 기약 연쇄의 상태들은 모두 소통하는 상태들이다.   〈루비콘 연쇄〉나 〈술꾼의 무작위적 행보〉는 기약 연쇄가 아니며, 상태모음에 따라 더 나눠질 수 있는 **비기약 연쇄**reducible chain다.

## 9.3.2 재귀적 상태와 일시적 상태

다음 전이 그래프에서 연쇄가 상태 2에 있다고 하자.

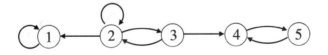

자기전이 또는 상태 3과의 소통을 통해서 상태 2로 다시 돌아올 수 있지만, 언젠가는 아무리 낮은 확률일지라도 상태 1이나 상태 4로 전이될 것이고, 그 이후로는 결코 상태 2로 돌아올 수 없다. 이는 상태 3도 마찬가지다. 반면, 상태 1은 자기전이를 통해 기필코 자신의 상태로 돌아오고 있으며, 상태 4와 5도 소통을 통해서 다시 자신의 상태로 돌아오고 있다.

위 전이 그래프의 상태 1, 4, 5처럼, 기필코 자신의 상태로 다시 돌아오는 상태를 **재귀적**

recurrent 상태라 한다. 상태 2와 3처럼, 결국에는 다시 돌아오지 못하는 상태를 **일시적**tran-sient **상태**라 한다. 그리고 모든 상태들이 재귀적 상태인 연쇄는 **재귀적 연쇄**recurrent chain라 한다. 〈미리내 날씨〉는 재귀적 연쇄이나, 〈술꾼의 무작위적 행보〉나 〈루비콘 연쇄〉는 재귀적 연쇄가 아니다.

"기필코 다시 돌아온다"는 것을 수학적 표현으로 쓴다면 "유한한 시간 내에 다시 돌아올 확률이 1이다"이며, "다시 돌아올 수도 있다"는 "유한한 시간 내에 다시 돌아올 확률이 1은 아니다[1보다 작다]"이다. 상태 $i$를 최초로 방문하는 시점을 **최초 방문 시점**the first passage time[$T_i = \min(n \geq 1 : X_n = i)$]이라 하면, 상태 $i$에서 출발하여 유한한 시간 내에 다시 상태 $i$로 돌아올 확률이 1이면 재귀적 상태이며, 1보다 작으면 일시적 상태이다.

$$\text{Recurrent state}: \quad P(T_i < \infty \,|\, X_0 = i) = 1$$
$$\text{Transient state}: \quad P(T_i < \infty \,|\, X_0 = i) < 1$$

하지만 위를 이용하여 상태가 재귀적인지 일시적인지를 알아보는 것은 쉽지 않다. $T_i$는 정지시점이므로 이후 계속해서 같은 연쇄가 진행되며, 상태 $i$로 돌아온 다음 상태 $i$를 떠났다가 다시 상태 $i$로 돌아오는 것을 반복하는 과정을 생각해 볼 수 있다. 상태 $i$가 재귀적 상태라면 무한한 시간 동안 상태 $i$를 무한히 많이 방문할 것이며, 일시적 상태라면 무한히 많이는 방문하지 못할 것이다. 이를 바탕으로 어떤 상태가 재귀적 상태인지 일시적 상태인지를 명확히 구분할 수 있는 방법이 있다.

$n$ 스텝 후에 상태 $i$를 방문했을 때 1을 반환하는 지시함수 $\mathbb{1}_i^{(n)}$를 이용하여 연쇄가 상태 $i$를 방문하는 횟수 $V_i$를 다음과 같이 정의하면,

$$V_i = \sum_{n=0}^{\infty} \mathbb{1}_i^{(n)}, \quad \mathbb{1}_i^{(n)} = \begin{cases} 1 & \text{if chain is in state } i \text{ after } n \text{ steps} \\ 0 & \text{else} \end{cases}$$

상태 $i$에서 출발하여 상태 $i$를 방문하는 횟수의 기대값은 다음과 같다.

$$\begin{aligned} E(V_i \,|\, X_0 = i) &= E\left[\sum_{n=0}^{\infty} (\mathbb{1}_i^{(n)} \,|\, X_0 = i)\right] \\ &= \sum_{n=0}^{\infty} E(\mathbb{1}_i^{(n)} \,|\, X_0 = i) = \sum_{n=0}^{\infty} P(X_n = i \,|\, X_0 = i) \\ &= \sum_{n=0}^{\infty} p_{ii}^{(n)} \end{aligned}$$

즉, $E(V_i | X_0 = i)$가 무한하면 재귀적 상태이고 그렇지 못하다면 일시적 상태다.

$$\text{Recurrent state}: \quad E(V_i | X_0 = i) = \sum_{n=0}^{\infty} p_{ii}^{(n)} = \infty$$

$$\text{Transient state}: \quad E(V_i | X_0 = i) = \sum_{n=0}^{\infty} p_{ii}^{(n)} < \infty$$

그렇다면, 어떤 연쇄가 재귀적 연쇄인지를 판단하기 위해서 모든 상태들에 대해서 위 기대값을 계산해 봐야 할까? 물론, 상태공간의 크기가 유한한 연쇄에 대해서는 그렇게 해 볼 수도 있지만, 상태공간의 크기가 무한한 연쇄에 대해서는 불가능하다.

앞서, 소통하는 두 상태 $i$와 $j$에 대한 $n$-스텝 전이확률은 어떠한 $n$에 대해서도 0보다 크다고 하였다: $p_{ij}^{(n)} > 0$, $p_{ji}^{(n)} > 0$. 즉, 하나의 상태 모음에 속한 상태 $i, j, k$에 대해서는 다음이 성립한다[전이 확률은 1보다 작거나 같으므로].

$$\left. \begin{array}{l} p_{ij}^{(n+m)} \geq p_{ik}^{(n)} p_{kj}^{(m)} \\ p_{ji}^{(n+m)} \geq p_{jk}^{(n)} p_{ki}^{(m)} \end{array} \right\} \text{ for } n \geq 0, \, m \geq 0$$

따라서, 다음도 성립한다.

$$p_{jj}^{(n+m+r)} \geq p_{ji}^{(n)} p_{ii}^{(m)} p_{ij}^{(r)} \text{ for } n \geq 0, \, m \geq 0, \, r \geq 0$$

이로부터, 하나의 상태모음에 속한 $i$가 재귀적 상태라면, 같은 상태모음에 속한 나머지 모든 상태 $j$도 재귀적 상태임을 알 수 있다.

$$\sum_{m=0}^{\infty} p_{jj}^{(n+m+r)} \geq \sum_{m=0}^{\infty} p_{ji}^{(n)} p_{ii}^{(m)} p_{ij}^{(r)} = p_{ji}^{(n)} p_{ij}^{(r)} \sum_{m=0}^{\infty} p_{ii}^{(m)} = \infty$$

위와 마찬가지로, 하나의 상태모음에 속한 $i$가 일시적 상태라면, 같은 상태모음에 속한 나머지 모든 상태 $j$도 일시적 상태임을 알 수 있다. 예를 들어, 기약 연쇄에서는 하나의 상태가 재귀적이면 나머지 모든 상태들도 재귀적 상태들이다.

$$\infty > \sum_{m=0}^{\infty} p_{ii}^{(n+m+r)} \geq \sum_{m=0}^{\infty} p_{ij}^{(n)} p_{jj}^{(m)} p_{ji}^{(r)} = p_{ij}^{(n)} p_{ji}^{(r)} \sum_{m=0}^{\infty} p_{jj}^{(m)}$$

따라서, 상태모음도 재귀적 상태모음과 일시적 상태모음으로 양분해 볼 수 있는데, 재귀적 상태모음들은 모두 폐쇄적 상태모음이다. 그렇다면, 모든 폐쇄적 상태모음은 재귀적 상태모음일까? 상태공간의 크기가 유한한 폐쇄적 상태모음은 모두 재귀적 상태모음이지만, 상태공간의 크기가 무한한 폐쇄적 상태모음은 일시적 상태모음일 수도 있다.

상태공간의 크기가 무한한 폐쇄적 상태모음으로 이루어진 연쇄가 일시적인지 재귀적인지를 〈대칭-무작위적 행보 symmetric random walk〉를 통해서 알아보자. 여기서 대칭이라함은 좌/우측 방향의 전이확률이 $p = q = (1/2)$임을 뜻한다. 다음은 일차원 공간[$\mathcal{S} = \mathbb{Z}$]에서의 〈대칭-무작위적 행보〉를 나타낸 전이 그래프다.

상태공간의 크기는 무한하지만 모든 상태들이 소통하고 있으므로, 어느 한 $n$-스텝 전이확률 하나에 대해서만 $\sum_{n=0}^{\infty} p_{ii}^{(n)} = \infty$인지를 보면 모든 상태들이 재귀적인지 일시적인를 알 수 있을 것이다. 가장 계산이 간편한 $p_{00}^{(n)}$을 대상으로 하자. 위 연쇄는 $i$에서 출발하여 짝수 번의 스텝 후에만 다시 $i$로 돌아올 수 있다. 즉, 홀수 번의 스텝으로는 돌아올 수 없으므로 $p_{00}^{(2n+1)} = 0$이다. 그러므로, $\sum_{n=0}^{\infty} p_{00}^{(2n)} = \infty$인지만 보면 된다.

상태 0에서 출발하여 $2n$번의 스텝 후에 다시 상태 0으로 돌아오려면, 우측으로의 이동이 $n$번이고 좌측으로의 이동이 $n$번이어야 한다. 그리고 가능한 모든 이동 패턴들의 갯수는 이항계수 $\binom{2n}{n}$이고 한 패턴에 대한 확률은 $p^n q^n$이므로, $p_{00}^{(2n)}$은 결국 다음과 같은 이항분포의 PMF다.

$$p_{00}^{(2n)} = \binom{2n}{n} p^n q^n = \frac{(2n)!}{(n!)^2} (pq)^n$$

매우 큰 $n$의 팩토리얼을 스털링 stirling 근사하면 $n! \approx \sqrt{2\pi n}(n/e)^n$이므로 위 PMF는 다시 아래와 같다.

$$p_{00}^{(2n)} \approx \frac{\sqrt{2\pi 2n}(2n/e)^{2n}}{[\sqrt{2\pi n}(n/e)^n]^2}(pq)^n = \frac{\sqrt{4\pi n}(n/e)^{2n}}{2\pi n(n/e)^{2n}}(4pq)^n = c\frac{(4pq)^n}{\sqrt{n}}$$

위 식에서 $c = 1/(2\sqrt{2\pi})$이다. 대칭적 행보에서는 $4pq = 1$이기에, $n$보다 크거나 같은 수 $\eta$를 좌변에 대입하면 다음이 성립한다.

$$p_{00}^{(2n)} \geq \frac{c}{\sqrt{\eta}}$$

$\sum_{n=1}^{\infty}(1/n^r)$는 $r > 1$이면 수렴하고 $r \leq 1$이면 발산하므로, $\sum_{n=1}^{\infty}(1/n^{1/2}) = \infty$이다. 따라서, 일차원 〈대칭-무작위적 행보〉의 모든 상태들은 재귀적이다.

$$\sum_{n=\eta}^{\infty}p_{00}^{(2n)} \geq c\sum_{n=\eta}^{\infty}\frac{1}{\sqrt{n}} = \infty$$

반면, 일차원 〈비대칭-무작위적 행보〉에서는 $p \neq q \Rightarrow pq < (1/4) \Rightarrow |4pq| < 1$이고 $r = 4pq$를 어떠한 수로 나누든지 그 결과는 1보다 작으므로, 일차원 〈비대칭-무작위적 행보〉의 모든 상태들은 일시적이다.

$$\sum_{n=\eta}^{\infty}p_{00}^{(n)} \leq 2c\sum_{n=\eta}^{\infty}r^n < \infty$$

그렇다면, 상태공간이 이차원$[\mathcal{S} = \mathbb{Z}^2]$인 이차원 〈대칭–무작위적 행보〉의 상태들은 모두 재귀적일까?

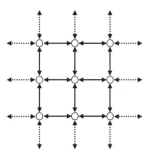

위와 같은 전이 그래프에서 연쇄는 네 방향으로 이동할 수 있으므로 전이확률은 $p_{ij} = (1/4)$이고, 이차원 공간에서도 짝수 스텝 후에만 제자리로 돌아올 수 있다. 따라서, $i$를 좌우 이동 횟수, $j$를 상하 이동 횟수라 하면, $n = i + j$이니 $p_{00}^{(2n)}$은 다음과 같은

PMF다.

$$p_{00}^{(2n)} = \sum_{i+j=0}^{n} \frac{(2n)!}{i!i!j!j!}\left(\frac{1}{4}\right)^{2n} = \left(\frac{1}{4}\right)^{2n}\sum_{i=0}^{n} \frac{(2n)!}{i!i!(n-i)!(n-i)!}$$

$$= \left(\frac{1}{4}\right)^{2n}\sum_{i=0}^{n} \frac{(2n)!n!n!}{n!n!i!(n-i)!i!(n-i)!} = \left(\frac{1}{4}\right)^{2n}\sum_{i=0}^{n} \binom{2n}{n}\binom{n}{i}\binom{n}{i}$$

$$= \left(\frac{1}{4}\right)^{2n}\binom{2n}{n}\sum_{i=0}^{n} \binom{n}{i}\binom{n}{n-i} = \left(\frac{1}{4}\right)^{2n}\binom{2n}{n}\binom{2n}{n}$$

$$\approx c'\frac{1}{n}$$

위 식에서 $c' = 1/\pi$이다. 그리고 $\sum_{n=1}^{\infty}(1/n) = \infty$이므로, 이차원 〈대칭-무작위적 행보〉의 모든 상태들은 재귀적이다.

$$\sum_{n=0}^{\infty} p_{00}^{(2n)} = p_{00}^{(0)} + \sum_{n=1}^{\infty} p_{00}^{(2n)} \approx 1 + c'\sum_{n=1}^{\infty}\frac{1}{n} = \infty$$

이차원 〈비대칭-무작위적 행보〉는 일차원 〈비대칭-무작위적 행보〉와 같은 이유로 모든 상태들이 일시적이다.

삼차원 이상 공간에서의 〈대칭-무작위적 행보〉는 대칭/비대칭에 상관없이 모든 상태들이 일시적이다. 삼차원 공간에서의 〈대칭-무작위적 행보〉에 대해서만 이를 확인해 보자.

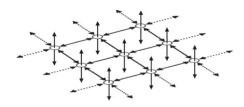

삼차원 공간에서도 짝수 스텝 후에만 제자리로 돌아올 수 있으며, 여섯 방향으로 이동할 수 있으므로 전이 확률은 $p_{ij} = (1/6)$이다. i를 좌우 이동 횟수, j를 수평 방향의 상하 이동 횟수, k를 수직 방향의 상하 이동 횟수라 하면, $n = i + j + k$이니 $p_{00}^{(2n)}$은 다음과 같은 PMF다.

$$p_{00}^{(2n)} = \sum_{i+j+k=0}^{n} \frac{(2n)!}{i!i!j!j!k!k!} \left(\frac{1}{6}\right)^{2n} = \left(\frac{1}{6}\right)^{2n} \sum_{i+j+k=0}^{n} \binom{2n}{n} \binom{n}{i,\,j,\,k}^2$$

$$= \left(\frac{1}{2}\right)^{2n} \binom{2n}{n} \sum_{i+j+k=0}^{n} \binom{n}{i,\,j,\,k}^2 \left(\frac{1}{3}\right)^{2n}$$

$$= \left(\frac{1}{2}\right)^{2n} \binom{2n}{n} \sum_{i+j+k=0}^{n} \left[\binom{n}{i,\,j,\,k} \left(\frac{1}{3}\right)^n\right]^2$$

여기서, 우변 피합산 항은 모수가 $\theta_1 = \theta_2 = \theta_3 = (1/3)$인 다항분포$[M(\mathsf{i}, \mathsf{j}, \mathsf{k}\,|\,\boldsymbol{\theta})]$ PMF 의 제곱이다. 확률값처럼 $p_k \geq 0$이고 $\sum_k p_k = 1$이면, $\sum_k p_k^2 \leq \max_k p_k$이므로, 위 식은 다시 다음과 같은 부등식으로 쓸 수 있다.

$$p_{00}^{(2n)} \leq \left(\frac{1}{2}\right)^{2n} \binom{2n}{n} \max_{\mathsf{i},\,\mathsf{j},\,\mathsf{k}} \left[\binom{n}{\mathsf{i},\,\mathsf{j},\,\mathsf{k}} \left(\frac{1}{3}\right)^n\right]$$

위 예에서 다항분포의 PMF 값이 가장 클 때는 $\mathsf{i} = \mathsf{j} = \mathsf{k}$일 때$[n = 3m]$이므로, 위 식은 다시 다음과 같다. 여기서는 최대값으로 $m = n/3$에 가장 가까운 정수를 택하는 것으로 한다.

$$p_{00}^{(2n)} \leq \left(\frac{1}{2}\right)^{2n} \binom{2n}{n} \binom{n}{m,\,m,\,m} \left(\frac{1}{3}\right)^n \approx \frac{1}{4\pi\sqrt{2\pi}} \left(\frac{6}{n}\right)^{3/2}$$

$\sum_{n=1}^{\infty} (1/n^{3/2}) < \infty$이므로, 삼차원 공간 <대칭-무작위적 행보>의 모든 상태들은 일시적 상태들이다.

$$\sum_{n=0}^{\infty} p_{00}^{(2n)} = p_{00}^{(0)} + \sum_{n=1}^{\infty} p_{00}^{(2n)} \approx 1 + c'' \sum_{n=1}^{\infty} \left(\frac{1}{n}\right)^{3/2} = \infty$$

### 9.3.3 무한시간 재귀적 상태와 유한시간 재귀적 상태

일차원과 이차원 <대칭-무작위적 행보>를 제외하고는 모든 무작위적 행보에서 상태들은 모두 일시적 상태들임을 보았다. 그런데, 상태공간이 무한함에도 불구하고 일차원 과 이차원 <대칭-무작위적 행보>의 상태들은 모두 재귀적이라는 것이 직관적이지 않다. 우선, 일차원과 이차원 <대칭-무작위적 행보>가 어떤 양상인지 간단히 시뮬레이션 해보자.

```python
def plot_RW_1D(T=1000,p=[1/2,1/2]):
    states = np.zeros(shape=(T,))
    current_state = states[0]
    for t in range(1, T):
        action = np.random.randint(2)
        if action==0: next_state = current_state + [1]
        if action==1: next_state = current_state + [-1]
        states[t] = next_state
        current_state = next_state
    plt.plot(states,linewidth=1,c='black')
    plt.ylabel('i', fontsize=17)
    plt.xlabel('step',fontsize=17)
    plt.tight_layout()
    plt.show()
    return None

def plot_RW_2D(T=1000,p=[1/4,1/4,1/4,1/4]):
    states = np.zeros(shape=(T,2))
    current_state = states[0]
    for t in range(1, T):
        action = np.random.randint(4)
        if action==0: next_state = current_state + [1,0]
        if action==1: next_state = current_state + [0,1]
        if action==2: next_state = current_state + [-1,0]
        if action==3: next_state = current_state + [0,-1]
        states[t] = next_state
        current_state = next_state
    x = states[:,0]
    y = states[:,1]
    plt.plot(x,y,linewidth=1,c='black')
    plt.ylabel('j', fontsize=17)
    plt.xlabel('i',fontsize=17)
    plt.tight_layout()
    plt.show()
    return None
```

```python
plot_RW_1D()
plot_RW_2D()
```

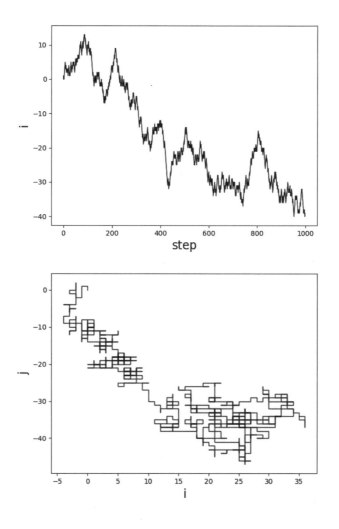

최대 스텝 수를 1000으로 제한하기는 했지만, 두 경우 모두에서 원점으로 다시 돌아올 것 같지는 않다. 그런데 왜 이들은 재귀적 연쇄일까?

재귀적 상태는 다시 **유한시간 재귀적**positive recurrence 상태[또는 양성 재귀적 상태]와 **무한시간 재귀적**null recurrence 상태[또는 영 재귀적 상태]로 구분된다. 출발한 상태로 다시 돌아오기까지 소요되는 스텝 수의 기대값이 유한하면 유한시간 재귀적 상태이고, 무한하면 무한시간 재귀적 상태이다.

$$\text{Positive Recurrent state}: \ E(\text{T}_i | X_0 = i) < \infty$$
$$\text{Null Recurrent state}: \ E(\text{T}_i | X_0 = i) = \infty$$

재귀적 상태와 일시적 상태의 구분이 유한한 시간 내에 다시 돌아올 확률이 1인[ $P(\mathrm{T}_i < \infty \mid X_0 = i) = 1$]지 여부였다면, 유한시간 재귀적 상태와 무한시간 재귀적 상태의 구분은 다시 돌아오기까지 소요되는 스텝 수의 기대값이 무한대인지 여부다. 즉, 기필코 다시 그 상태로 돌아오기는 돌아오는데, 어느 정도 스텝 후에 돌아올 것으로 기대할 수 있는지에 따라 유한시간 재귀적 상태와 무한시간 재귀적 상태로 나뉜다. 일차원과 이차원 <대칭-무작위적 행보>에서의 상태들은 모두 무한시간 재귀적 상태들이다. 따라서, 앞의 시뮬레이션도 무한한 시간 동안 진행해 보면 언젠가는 다시 원점으로 돌아오는 것을 기필코 볼 수 있을 것이다.

### 9.3.4 연쇄의 주기성

연쇄에서의 **주기**period란 모든 가능한 돌아오는 경로들에서 소요되는 스텝 수의 최대공약수greatest common denominator를 의미한다. 예를 들어, 다음 좌측의 전이 그래프에서 모든 상태들은 그 상태에서 출발하여 3, 6, 9, … 스텝마다 주기적으로 다시 돌아오는 상태들이며, 이들의 주기는 3, 6, 9, …의 최대공약수인 3이다.

위 좌측과 같이 명백한 주기를 보이는 연쇄가 아니라도 모든 연쇄의 상태들은 주기가 있는데, 위 우측의 전이 그래프를 보자. 상태 1에서 출발하는 경우 1 스텝만에 돌아올 수도 있고, 3, 6, 9, … 스텝에 돌아올 수도 있다. 따라서 1, 3, 6, 9, …의 최대공약수는 1이므로, 상태 1의 주기는 1이다. 상태 2에서 출발하는 경우 3, 4, 5, … 스텝에 돌아올 수 있는데, 3, 4, 5, …의 최대공약수 역시 1이므로 상태 2의 주기는 1이다. 마찬가지로 상태 3의 주기도 1이다.

모든 상태들의 주기가 1인 연쇄를 **비주기성**aperiodic **연쇄**라 하고, 주기가 1이 아닌 상태가 하나라도 있는 연쇄를 **주기성**periodic **연쇄**라 한다. 연쇄의 주기성과 관련하여, 전이 확률 행렬의 $n \in \mathscr{I}$ 자승power $\mathbf{P}^n$들 중에서 모든 요소[전이 확률]가 0이 아닌 자승 행렬을 통상적regular 행렬이라 하는데, 비주기성 기약 연쇄는 통상적 행렬을 갖는 **통상적**regular **연쇄**다. 예를 들어, <미리내 날씨>의 $\mathbf{P}$에서 $p_{22} = 0$이지만 $\mathbf{P}^2$에서는 모든 요소들이 0이 아니기에, <미리내 날씨>는 통상적 연쇄다.

## 9.4 정지상 분포와 극한 분포

### 9.4.1 정지상 분포

어떠한 전이확률 행렬 $\mathbf{P}$에 대해서도 다음이 성립하는 상태확률 분포를 **정지상 분포**stationary distribution[또는 **불변 분포**invariant distribution]라 한다. 정지상 분포는 스텝을 표시하지 않은 확률 분포 $\boldsymbol{\pi}$로 나타낸다.

$$\boldsymbol{\pi}\mathbf{P} = \boldsymbol{\pi}$$

상태확률 분포가 정지상 분포가 되면 $\mathbf{P}$에 따른 어떠한 전이가 일어나더라도 상태확률 분포는 변하지 않으며, 그럴 경우 연쇄가 정지상stationary phase에 들어섰다고 한다. 만약, 초기 상태확률 분포가 정지상 분포일 경우에는 모든 시점에서 상태확률 분포는 변하지 않는다.

모든 기약 연쇄[그러므로, 재귀적 연쇄]는 정지상 분포를 갖는데, 정지상 분포는 기약 연쇄의 $\mathbf{P}$가 주어지면 연립방정식을 통해 구할 수 있다. 다음은 주기성 기약 연쇄에 대한 예다.

$$\mathbf{P} = \begin{bmatrix} 0 & 1 \\ 1 & 0 \end{bmatrix}$$

$$[\pi_1 \quad \pi_2] \begin{bmatrix} 0 & 1 \\ 1 & 0 \end{bmatrix} = [\pi_1 \quad \pi_2]$$

$$\pi_1 + \pi_2 = 1$$
$$\pi_1 = \pi_2$$
$$\boldsymbol{\pi} = [0.5 \quad 0.5]$$

〈미리내 날씨〉와 같은 비주기성 기역 연쇄에 대해서도 같은 방법으로 구할 수 있다.

$$\mathbf{P} = \begin{bmatrix} 0.50 & 0.25 & 0.25 \\ 0.50 & 0.00 & 0.50 \\ 0.25 & 0.25 & 0.50 \end{bmatrix}$$

$$[\pi_1 \quad \pi_2 \quad \pi_3] \begin{bmatrix} 0.50 & 0.25 & 0.25 \\ 0.50 & 0.00 & 0.50 \\ 0.25 & 0.25 & 0.50 \end{bmatrix} = [\pi_1 \quad \pi_2 \quad \pi_3]$$

$$\pi_1 + \pi_2 + \pi_3 = 1$$
$$0.50\pi_1 + 0.50\pi_2 + 0.25\pi_3 = \pi_1$$
$$0.25\pi_1 + 0.00\pi_2 + 0.25\pi_3 = \pi_2$$
$$0.25\pi_1 + 0.50\pi_2 + 0.50\pi_3 = \pi_3$$
$$\boldsymbol{\pi} = [0.40 \quad 0.20 \quad 0.40]$$

상태공간의 크기가 커지면 연립방정식을 통해 정지상 분포를 구하기가 쉽지 않다. 그럴 경우, 정지상 분포의 정의를 $\boldsymbol{\pi P = I\pi}$로 생각하고 $\boldsymbol{\pi}$는 $\mathbf{P}$의 좌측 고유벡터eigenvector라는 것을 이용해 볼 수 있다. 벡터 $\mathbf{v}$와 행렬 $\mathbf{M}$의 점곱이 $\mathbf{vM = 0}$이 되는 $\mathbf{v}$를 $\mathbf{M}$의 좌측 영공간null space이라 하는데, 다음 식으로부터 행렬 $\mathbf{(P - I)}$의 좌측 영공간이 $\mathbf{P}$에 대한 정지상 분포 $\boldsymbol{\pi}$가 됨을 알 수 있다.

$$\boldsymbol{\pi P - \pi I = 0}$$
$$\boldsymbol{\pi (P - I) = 0}$$

행렬의 특이값 분해singular value decomposition$[\mathbf{M = U\Sigma V^T}]$를 수행할 수 있는 패키지에는 우측 영공간[주로, 좌측이 아니라 우측임에 주의]을 구할 수 있는 함수가 내장되어 있으며, 이를 이용하여 정지상 분포 $\boldsymbol{\pi}$를 수치적으로 구할 수 있다. 우측 영공간은 특이값이 0에 상응하는 $\mathbf{V}$의 열벡터이고, 좌측 영공간은 특이값이 0에 상응하는 $\mathbf{U^T}$의 행벡터이다. 참고로, 좌측 영공간은 $\mathbf{M^T}$의 우측 영공간이다.

다음은 scipy 선형대수 모듈을 이용하여 정지상 분포를 구하는 함수다.

```
def get_stationary_distribution(P):
    I = np.eye(P.shape[0])
    A = P - I
    # left null space: null space of transpose
    ns = null_space(A.T)
    # normalization
    normalized_ns = ns/ns.sum()
    return normalized_ns
```

위 두 예에 대한 실행 결과는 다음과 같다.

```
P = np.array([[0,1],
              [1,0]])
ns = get_stationary_distribution(P)
print(ns)

P = np.array([[1/2,1/4,1/4],
              [1/2,0,1/2],
              [1/4,1/4,1/2]])
ns = get_stationary_distribution(P)
print(ns)
```

```
=========
[[0.5]
 [0.5]]

[[0.4]
 [0.2]
 [0.4]]
```

물론 모든 마르코프 연쇄들이 정지상 분포를 갖는 것은 아니며, 앞서 언급한 바와 같이
**P**에 대한 좌측 고유벡터가 존재할 때만 정지상 분포를 갖는다. 기약 연쇄는 모두 유일
한 정지상 분포를 갖는다.

## 9.4.2 극한 확률분포

다음과 같은 〈잡음 채널〉 연쇄에서 $n$-스텝 전이확률과 상태확률이 시점에 따라 어떻게
변화하는지를 보자.

$$\mathbf{P} = \begin{bmatrix} 0.4 & 0.6 \\ 0.2 & 0.8 \end{bmatrix}$$

```
def show_n_step_p(P, N):
    K = P.shape[0]
    pi_array = np.zeros((N+1,K))
    P_array = np.zeros((N+1,K,K))
```

```
    for n in range(N+1):
        P_n = np.linalg.matrix_power(P,n)
        P_array[n] = P_n
    # transition probability"
    for k in range(K):
        plt.plot(P_array[:,k],color='k',linewidth=1)
    plt.xlim(1,N)
    plt.ylim(0,1)
    plt.xlabel("step",fontsize=17)
    plt.ylabel("transition probability",fontsize=17)
    plt.tight_layout()
    plt.show()
    # state probability"
    pi_0 = np.ones(K)/K
    pi_array[0] = pi_0
    for n in range(1,N+1):
        pi_array[n] = np.dot(pi_0, P_array[n])
    for k in range(K):
        plt.plot(pi_array[:,k],color='k',linewidth=1)
    plt.xlim(0,N)
    plt.ylim(0,1)
    plt.xlabel("step",fontsize=17)
    plt.ylabel("state probability",fontsize=17)
    plt.tight_layout()
    plt.show()
    return None
```

```
P = np.array([[0.4,0.6],
              [0.2,0.8]])

show_n_step_p(P, 8)
```

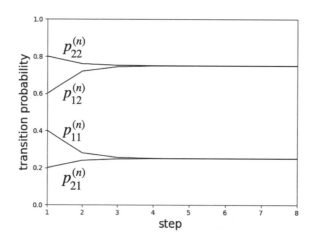

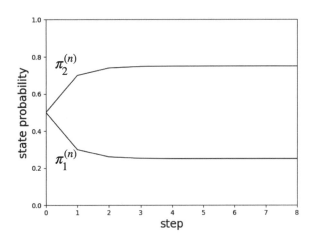

$n$-스텝 전이확률의 경우, 같은 상태를 향하는 전이에 대한 전이확률$[p_{oj}^{(n)}]$들은 어떤 값으로 수렴하고 있을까? $\mathbf{P}^{(10)}$, $\mathbf{P}^{(100)}$, $\mathbf{P}^{(1000)}$을 계산해 보면 다음과 같다.

$$\mathbf{P}^{(10)} = \begin{bmatrix} 0.2500 & 0.7499 \\ 0.2499 & 0.7500 \end{bmatrix}$$

$$\mathbf{P}^{(100)} = \begin{bmatrix} 0.2500 & 0.7500 \\ 0.2500 & 0.7500 \end{bmatrix}$$

$$\mathbf{P}^{(1000)} = \begin{bmatrix} 0.2500 & 0.7500 \\ 0.2500 & 0.7500 \end{bmatrix}$$

상태확률들은 어떤 값으로 수렴하고 있는지 보자. $\boldsymbol{\pi}^{(0)}$은 균일분포라 하였다.

$$\boldsymbol{\pi}^{(0)} = [0.5000,\ 0.5000]$$
$$\boldsymbol{\pi}^{(10)} = [0.2500,\ 0.7499]$$
$$\boldsymbol{\pi}^{(100)} = [0.2500,\ 0.7500]$$
$$\boldsymbol{\pi}^{(1000)} = [0.2500,\ 0.7500]$$

$\mathbf{P}^{(1000)}$의 모든 행벡터는 $\boldsymbol{\pi}^{(1000)}$와 같음을 알 수 있다. 그리고 〈잡음채널〉 연쇄의 정지상분포를 계산하면 다음과 같다.

$$\boldsymbol{\pi} = [0.25,\ 0.75]$$

〈미리내 날씨〉 연쇄에서도 마찬가지다. 다음은 100 스텝까지 진행한 결과다.

$$\mathbf{P} = \begin{bmatrix} 0.50 & 0.25 & 0.25 \\ 0.50 & 0.00 & 0.50 \\ 0.25 & 0.25 & 0.50 \end{bmatrix}$$

$$\mathbf{P}^{(100)} = \begin{bmatrix} 0.4 & 0.2 & 0.4 \\ 0.4 & 0.2 & 0.4 \\ 0.4 & 0.2 & 0.4 \end{bmatrix}$$

$$\boldsymbol{\pi}^{(0)} = [1/3, \ 1/3, \ 1/3]$$
$$\boldsymbol{\pi}^{(100)} = [0.4, \ 0.2, \ 0.4]$$

$$\boldsymbol{\pi} = [0.4, \ 0.2, \ 0.4]$$

연쇄가 오랜 시간 진행되었을 때의 상태확률 분포를 **극한 분포**limiting distribution라 한다. 다음 행렬 $\mathbf{W}$의 행벡터 $\mathbf{w}$가 극한확률 분포다.

$$\lim_{n \to \infty} \mathbf{P}^n = \mathbf{W}, \ \lim_{n \to \infty} p_{ij}^{(n)} = w_j$$

$$\mathbf{W} = \begin{bmatrix} \mathbf{w} \\ \mathbf{w} \\ \mathbf{w} \end{bmatrix} = \begin{bmatrix} [w_1, \ w_2, \ \dots, \ w_K] \\ [w_1, \ w_2, \ \dots, \ w_K] \\ [w_1, \ w_2, \ \dots, \ w_K] \end{bmatrix}$$

또한, 상태공간이 유한할 때는 다음과 같이 $\lim$과 $\sum$의 순서를 바꿀 수 있으므로,

$$\sum_j w_j = \sum_j \lim_{n \to \infty} p_{ij}^{(n)} = \lim_{n \to \infty} \sum_j p_{ij}^{(n)} = \lim_{n \to \infty} 1 = 1$$

극한확률이 정지상 확률임을 알 수 있다.

$$w_j = \lim_{n \to \infty} p_{ij}^{(n)} = \lim_{n \to \infty} \sum_k p_{ik}^{(n)} p_{kj} = \sum_k \lim_{n \to \infty} p_{ik}^{(n)} p_{kj} = \sum_k w_j p_{kj}$$

위 식을 벡터와 행렬식으로 나타내면,

$$\mathbf{wP} = \mathbf{w}$$

이며, 이는 극한 분포가 정지상 분포임을 뜻한다.

앞서 모든 기약 연쇄는 정지상 분포를 갖는다고 하였다. 하지만 모든 기약 연쇄가 극한 분포를 갖는 것은 아니다. 주기성 연쇄는 정지상 분포를 갖지만, 극한 분포는 갖지 않는다. 예를 들어, 다음과 같은 주기성 연쇄를 보자.

$$\mathbf{P} = \begin{bmatrix} 0 & 1 \\ 1 & 0 \end{bmatrix}$$

짝수 스텝에서는 $\mathbf{P}^{2n} = \mathbf{I}$이며 홀수 스텝에서는 $\mathbf{P}^{2n-1} = \mathbf{P}$가 되므로, $\mathbf{I}$와 $\mathbf{P}$가 교번하면서 수렴하지 않는다. 반면, 비주기성 기약 마르코프 연쇄[통상적 연쇄]는 언제나 극한 분포를 갖는다. 이는 다음과 같은 방법으로 설명할 수 있다.

극한 행렬 $\mathbf{W}$의 열벡터는 상수 벡터[$\mathbf{c}$]다. 즉, $\lim_{n \to \infty} \mathbf{P}^n = \mathbf{W}$는 $n$이 증가할수록 $\mathbf{P}^n$의 행벡터들이 점점 서로 비슷해진다는 것을 의미하고, 이는 다시 $\mathbf{W}$의 행벡터 $\mathbf{w}$는 다음과 같다는 것이다.

$$\mathbf{w} = [c_1, c_2, \ldots, c_K]$$

따라서, 다음을 보이는 것이 $\mathbf{P}^n$이 극한 행렬 $\mathbf{W}$를 갖는다는 것을 보이는 것이기도 하다.

$$\text{as } n \to \infty, \quad \mathbf{P}^n \to [\mathbf{c}_1, \mathbf{c}_2, \ldots, \mathbf{c}_K]$$

우선, 각 행벡터가 확률 분포인 행렬 $\mathbf{P}$의 성질에 대해서 살펴보자. $\mathbf{P}$ 뒤에 임의의 벡터 $\mathbf{v}$를 곱하면 $\mathbf{v}$의 요소값들이 평준화되는 방식으로 업데이트된 벡터 $\mathbf{v}^\circ$가 얻어진다. 예를 들면, 다음과 같다.

$$\mathbf{Pv} = \begin{bmatrix} 0.4 & 0.6 \\ 0.2 & 0.8 \end{bmatrix} \begin{bmatrix} 2 \\ 4 \end{bmatrix} = \begin{bmatrix} 3.2 \\ 3.6 \end{bmatrix} = \mathbf{v}^\circ$$

위와 같은 업데이트를 계속 반복해 보자.

$$\mathbf{Pv}^\circ = \begin{bmatrix} 0.4 & 0.6 \\ 0.2 & 0.8 \end{bmatrix} \begin{bmatrix} 3.2 \\ 3.6 \end{bmatrix} = \begin{bmatrix} 3.44 \\ 3.52 \end{bmatrix} = \mathbf{v}^{\circ\circ}$$

$$\mathbf{Pv}^{\circ\circ} = \begin{bmatrix} 0.4 & 0.6 \\ 0.2 & 0.8 \end{bmatrix} \begin{bmatrix} 3.44 \\ 3.52 \end{bmatrix} = \begin{bmatrix} 3.488 \\ 3.504 \end{bmatrix} = \mathbf{v}^{\circ\circ\circ}$$

$$\vdots$$

$$\mathbf{Pv}^{\circ\ldots\circ} \to \begin{bmatrix} 3.5 \\ 3.5 \end{bmatrix} = \mathbf{c}$$

최종적으로 상수 벡터가 되며, 어떤 상수 벡터가 될지는 $\mathbf{P}$의 요소값들에 달려있다. 계속해서, $\mathbf{P}$ 뒤에 상수 벡터 $\mathbf{c}$를 곱하면 다시 동일한 상수벡터 $\mathbf{c}$가 된다.

$$\mathbf{Pc} = \begin{bmatrix} a_{11} & a_{12} \\ a_{21} & a_{22} \end{bmatrix} \begin{bmatrix} c \\ c \end{bmatrix} = \begin{bmatrix} c(a_{11} + a_{12}) \\ c(a_{21} + a_{22}) \end{bmatrix} = \begin{bmatrix} c \\ c \end{bmatrix} = \mathbf{c}$$

이제, $\mathbf{P}$의 행벡터를 $\mathbf{a}_i$라 하고$[\mathbf{P} = {}^i[\mathbf{a}_i]]$, $\mathbf{P}$의 열벡터를 $\mathbf{v}_j$라 하자$[\mathbf{P} = [\mathbf{v}_j]_j]$. 그리고 $\mathbf{P}^2$의 열벡터가 얻어지는 방식에 대해 생각해 보자. 이는 $\mathbf{v}^\circ = \mathbf{Pv}$와 같은 방식이므로, $\mathbf{Pv}^{\circ\cdots\circ} \to \mathbf{c}$를 뜻한다. 즉, 다음과 같다.

$$\text{as } n \to \infty, \quad \mathbf{P}^n \to [\mathbf{c}]_{j=1}^K = [\mathbf{c}_1, \mathbf{c}_2, \ldots, \mathbf{c}_K]$$

## 9.5 시간 가역적 연쇄

기약 연쇄 $(X_n)_{n=0}^N$를 시간이 순방향으로 진행하는 연쇄라 했을 때, 시간이 역방향으로 진행하는 연쇄 $(\widetilde{X}_n)_{n=0}^N$를 생각해 보자.

$$(\widetilde{X}_n)_{n=0}^N = (X_{N-n})_{n=0}^N$$

위와 같은 순방향 연쇄와 역방향 연쇄는 대칭적인 연쇄일까? 만약 상당한 시간이 지난 시점 $N$에서 순방향 연쇄의 상태확률분포가 정지상 확률분포라면, 순방향 연쇄와 역방향 연쇄는 대칭적이지 않을 수 있다. 역방향 연쇄는 정지상 확률분포에서 시작하겠지만, 순방향 연쇄는 정지상 확률분포와는 다른 확률분포에서 시작했을 수도 있기 때문이다.

순방향 연쇄와 역방향 연쇄가 대칭적이려면, 순방향 연쇄도 정지상 분포에서 시작해야 한다. 순방향 연쇄가 정지상 분포 $\boldsymbol{\pi}$에서 시작했다면, 역방향 연쇄의 전이확률 $\widetilde{p}_{ji}$는 다음과 같다.

$$\widetilde{p}_{ji} = P(X_n = i \mid X_{n+1} = j) = \frac{P(X_{n+1} = j \mid X_n = i)P(X_n = i)}{P(X_{n+1} = j)} = \frac{\pi_i p_{ij}}{\pi_j}$$

$$\widetilde{\mathbf{P}} = \mathbf{D}^{-1}\mathbf{P}^{\top}\mathbf{D}, \quad \mathbf{D} = \mathrm{diag}[\pi_1, \ldots, \pi_K]$$

이로부터, 역방향 연쇄도 기약 연쇄라는 것과 역방향 연쇄도 순방향 연쇄와 동일한 정지상 분포 $\boldsymbol{\pi}$를 갖는 것을 알 수 있다.

$$\sum_j \pi_j \widetilde{p}_{ji} = \sum_j \pi_j \frac{\pi_i p_{ij}}{\pi_j} = \pi_i \sum_j p_{ij} = \pi_i$$

$$\boldsymbol{\pi}\widetilde{\mathbf{P}} = \boldsymbol{\pi}$$

그렇다면, 순방향 연쇄의 전이확률 행렬 $\mathbf{P}$를 이용하여 역방향 연쇄를 정의할 수 있을까? 만약 $\widetilde{\mathbf{P}} = \mathbf{P}$이면, $\pi_j \widetilde{p}_{ji} = \pi_i p_{ij}$는 다음과 같이 쓸 수 있다.

$$\pi_j p_{ji} = \pi_i p_{ij}$$

위 식을 **상세 균형**detailed balance **조건**이라 하며, 이 조건을 만족하는 연쇄를 **시간 가역적 연쇄**

time reversible chain라 한다. 상세 균형 조건은 상태 $j$에 있는 확률 질량probability mass 중 상태 $i$로 흘러가는 질량 $\pi_j p_{ji}$와 상태 $i$에 있는 확률질량 중 상태 $j$로 흘러가는 질량 $\pi_i p_{ij}$이 균형을 이루는 것으로 해석할 수 있다.

시간 가역적 연쇄의 예는 $\mathbf{P}$가 대칭행렬인 연쇄다. $\mathbf{P}$가 대칭행렬이면, 정지상 분포는 균일분포이고 $\widetilde{\mathbf{P}}$는 $\mathbf{P}$의 전치행렬이기에 $\mathbf{P} = \widetilde{\mathbf{P}}$이다.

$$\mathbf{P} = \begin{bmatrix} 0 & 1/2 & 1/2 \\ 1/2 & 0 & 1/2 \\ 1/2 & 1/2 & 0 \end{bmatrix}$$

$$\widetilde{\mathbf{P}} = \begin{bmatrix} 3 & 0 & 0 \\ 0 & 3 & 0 \\ 0 & 0 & 3 \end{bmatrix} \begin{bmatrix} 0 & 1/2 & 1/2 \\ 1/2 & 0 & 1/2 \\ 1/2 & 1/2 & 0 \end{bmatrix} \begin{bmatrix} 1/3 & 0 & 0 \\ 0 & 1/3 & 0 \\ 0 & 0 & 1/3 \end{bmatrix}$$

$$= \begin{bmatrix} 0 & 1/2 & 1/2 \\ 1/2 & 0 & 1/2 \\ 1/2 & 1/2 & 0 \end{bmatrix}$$

## 9.6 시간 연속형 마르코프 연쇄

마르코프 특성을 가진 CTSP를 **시간 연속형 마르코프 연쇄**Continuous Time Markov Chain[CTMC]라 한다. 즉, CTMC는 연속형 색인공간에서 다음 조건을 만족하는 추계적 과정이다.

$$P(X_{t+s} = j \mid X_s = i, \{X_u = x_u, 0 \le u < s\}) = P(X_{t+s} = j \mid X_s = i)$$

집합 기호 안의 조건은 구간 $0 \le u < s$에서 가능한 모든 $X_u = x_u$들을 의미한다. 따라서, 연쇄가 $t$ 시간 후에도 상태 $j$에 있을 확률은 오직 현재의 상태 $i$에만 달려있다.

DTMC에서 상태전이 사이의 시간 간격은 스텝이라는 일정한 이산적 간격으로 제한되어 있는데, 이는 DTMC에서의 연쇄는 한 스텝으로 정의된 시간[예, 하루] 동안만 한 상태에서 머문다는 것을 의미한다. 반면, CTMC에서 상태전이 사이의 시간 간격은 지수분포를 따르는 연속형 확률변수로서의 **대기시간**waiting time[또는 유지시간holding time]이다. 아울러, 지수분포의 망각성에 따라 연쇄가 현 상태에 머무는 시간은 이전 상태에 머물렀던 시간에는 영향을 받지 않는다.

다음은 간단한 CTMC의 전이 그래프다. 상태전이를 나타내는 화살표에 전이확률 대신 $q$가 기입되어 있는데, 이는 연쇄가 현 상태에서 다른 상태로 전이되기 전까지 기다리는 대기시간 $T$가 따르는 지수분포의 모수다: $T \sim \text{Exp}(q)$.

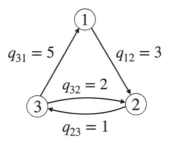

연쇄가 상태 1에 있다면, 연쇄는 상태 1에서 $T_1 \sim \text{Exp}(q_{12} = 3)$ 시간 동안 머무른 다음 상태 2로 전이한다. 그리고 상태 2에서 $T_2 \sim \text{Exp}(q_{23} = 1)$ 시간 동안 머무른 다음 상태 3으로 전이한다. 상태 3에서 머무르는 시간은 $T_3 \sim \text{Exp}(q_{31} + q_{32} = 5 + 2 = 7)$이며, 이는 연쇄가 상태 1이나 2에서 머무르는 시간보다 짧은 시간이다. 상태 3에서는 상태 1로 전이할 수도 있고 상태 2로 전이할 수도 있는데, $q_{31}/(q_{31}+q_{32}) = 5/7$의 확률로 상태 1로 전이하거나 $q_{33}/(q_{31} + q_{32}) = 2/7$의 확률로 상태 2로 전이한다.

### 9.6.1 전이속도

CTMC는 전이확률 대신 **전이속도**transition rate $q_{ij}$를 모수로 한다. CTMC에서는 대기시간 후에 항상 다른 상태로 전이하기 때문에 자기전이는 있을 수 없으나, $\Sigma_j q_{ij} = 0$이 되어야 하는 수학적 요구성 때문에 $q_{ii} = -\Sigma_{j \neq i} q_{ij}$로 정의한다.

$$q_{ij} \geq 0 \;\; \text{for} \;\; i \neq j$$
$$q_{ii} = -\sum_{j \neq i} q_{ij}$$

이 책에서는 $-q_{ii}$를 $q_{i\bullet} = \Sigma_{j \neq i} q_{ij}$로 나타낼 것이며, 이는 상태 $i$에서 머무르는 시간을 결정하는 모수다. 모든 전이속도들을 모아둔 행렬을 **전이속도 행렬 Q**라 한다. 위 전이 그래프의 **Q**는 다음과 같다.

$$\mathbf{Q} = \begin{bmatrix} q_{11} & q_{12} & q_{13} \\ q_{21} & q_{22} & q_{23} \\ q_{31} & q_{32} & q_{33} \end{bmatrix} = \begin{bmatrix} -3 & 3 & 0 \\ 0 & -1 & 1 \\ 5 & 2 & -7 \end{bmatrix}$$

### 9.6.2 도약확률

상태 $i$에서 머무르는 대기시간 $T_i$ 후, 상태 $i$를 떠나 상태 $j$로 전이하는 시점을 **도약 시점**jump time point이라 한다. 도약시점을 $J_n$이라 하면, 위 전이 그래프로 나타낸 CTMC에서의 도약시점들은 다음과 같을 수 있다.

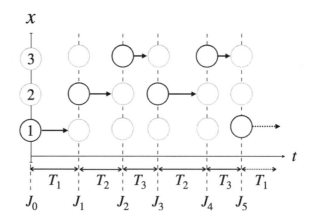

CTMC $(X_t)_{t \geq 0}$에서 $Y_n = X_{J_n}$이라 하면, $(Y_n)_{n \geq 0}$은 DTMC이며 $(Y_n)_{n \geq 0}$를 **도약연쇄**jump chain 라 한다. 도약연쇄 $(Y_n)_{n \geq 0}$을 CTMC 속에 묻혀있는 DTMC라는 의미에서 **매복연쇄**embedded chain라 하기도 한다. 도약시점에서 CTMC의 상태는 도약연쇄의 도약확률에 따라 결정되며, 이는 다음과 같다.

$$p_{ij} = \begin{cases} q_{ij}/q_{i\bullet} & \text{if } i \neq j \text{ and } q_{i\bullet} \neq 0 \\ 0 & \text{if } i \neq j \text{ and } q_{i\bullet} = 0 \end{cases}$$

$$p_{ii} = \begin{cases} 0 & \text{if } q_{i\bullet} \neq 0 \\ 1 & \text{if } q_{i\bullet} = 0 \end{cases}$$

### 9.6.3 전이확률

도약연쇄로부터 $n$-스텝 도약확률[그리고 $\mathbf{P}^{(n)}$]을 구할 수 있지만, 도약확률에는 시간 개념이 없기 때문에 도약확률로는 CTMC의 시간에 따른 역동성을 나타낼 수 없다. CTMC에서는 시점 $t$의 함수로서 전이확률 $p_{ij}(t)$[그리고 $\mathbf{P}(t)$]을 이용한다.

단위 시간당 평균 발생 횟수가 $\lambda$인 사건이 단위 시간의 $t$ 배수 동안 한 번도 발생하지 않을 확률은 그 사건을 기다리는 시간이 $t$보다 크다는 것을 의미하므로 $P(T > t) = e^{-\lambda t}$이다. 따라서, 시간 $h$ 동안 발생하는 전이 횟수를 $N_h$라 하면, 연쇄가 상태 $i$에 있을 때 시간 $h$ 동안 전이가 발생하지 않을 확률은 다음과 같다.

$$P(N_h = 0 \,|\, X_0 = i) = P(T_i > h) = e^{-q_{i\bullet} h} = \sum_{\eta=0}^{\infty} \frac{1}{\eta!}(-q_{i\bullet}h)^{\eta}$$

$$= 1 - q_{i\bullet}h + \frac{1}{2!}(-q_{i\bullet}h)^2 + \frac{1}{3!}(-q_{i\bullet}h)^3 + \cdots$$

어떤 함수의 값 $g(h)$에 대해서 $h \to 0$일 때, $g(h)$가 $h$보다 빠르게 감소하면 $g(h)$를 0에 가까운 매우 작은 값이라는 의미로서 $o(h)$로 쓴다면, 위 식에서 $h \to 0$일 때 세 번째 항 이후의 무한합은 $h$보다 빠르게 감소하므로 $o(h)$로 쓸 수 있다. 따라서, 매우 짧은 시간 $h$ 동안 전이가 발생하지 않을 확률은 다음과 같다.

$$P(N_h = 0 \,|\, X_0 = i) = P(T_i > h) = e^{-q_{i\bullet} h}$$
$$= 1 - q_{i\bullet}h + o(h)$$

그러므로, 매우 짧은 시간 $h$ 동안 전이가 한 번 이상 발생할 확률은 다음과 같다.

$$P(N_h \geq 1 \,|\, X_0 = i) = P(T_i \leq h) = 1 - e^{-q_{i\bullet}h}$$
$$= q_{i\bullet}h + o(h)$$

한편, 두 번의 전이가 발생하기까지 대기시간을 $(T_i + T_j)$라 하면, $\{(T_i + T_j) \leq h\}$는 $\{T_i \leq h \,\cap\, T_j \leq h\}$의 부분집합이므로, 다음 부등식이 성립한다.

$$P[(T_i + T_j) \leq h] \leq P[T_i \leq h \,\cap\, T_j \leq h]$$

대기시간은 서로 독립적이므로, 위 부등식은 다시 다음과 같다.

$$P[(T_i + T_j) \leq h] \leq P(T_i \leq h)P(T_j \leq h)$$
$$= [q_{i\bullet}h + o(h)][q_{j\bullet}h + o(h)]$$
$$= o(h)$$

따라서, 매우 짧은 시간 $h$ 동안 두 번 이상의 전이가 발생할 확률은 다음과 같다.

$$P(N_h \geq 2 \,|\, X_0 = i) = P[(T_i + T_j) \leq h]$$
$$= o(h)$$

그러므로, 매우 짧은 시간 $h$ 동안 오직 한 번의 전이가 발생할 확률은 다음과 같다.

$$P(N_h = 1 \,|\, X_0 = i) = P(N_h \geq 1 \,|\, X_0 = i) - P(N_h \geq 2 \,|\, X_0 = i)$$
$$= [q_{i\bullet}h + o(h)] - o(h)$$
$$= q_{i\bullet}h + o(h)$$

이제, 매우 짧은 시간 $h$ 동안 서로 다른 상태로의 전이$[X_h = j \,|\, X_0 = i]$에 대해서 생각해 보자. 시간 $h$ 동안 ⅰ] 한 번의 전이 $i \rightarrow j$가 발생했을 수도 있고 ⅱ] 두 번의 전이 $i \rightarrow k \rightarrow j$ 또는 세 번 이상의 전이 $i \rightarrow k \rightarrow \cdots \rightarrow j$가 발생했을 수도 있다. 첫 번째 경우를 단일전이single hit Ⓢ라 하고, 두 번째 경우를 다중전이multiple hit Ⓜ이라 하자.

Ⓢ는 '한 번의 전이가 발생했는데, 그 전이는 $i$에서 $j$로 도약한 사건'이며, 이에 대한 확률은 다음과 같다.

$$P(\circledS) = P(N_h = 1 \,|\, X_0 = i)p_{ij}$$
$$= [q_{i\bullet}h + o(h)]p_{ij} = p_{ij}q_{i\bullet}h + o(h) = \frac{q_{ij}}{q_{i\bullet}}q_{i\bullet}h + o(h)$$
$$= q_{ij}h + o(h)$$

$\circledM$는 '두 번 이상의 전이가 발생했는데, 첫 번째 전이는 $i$에서 $k$로의 도약이고 그 이후 한 번 이상의 전이[중간에 $i$로의 전이 포함]를 통해 결국 $j$로 도약'한 사건이다. 이에 대한 확률은 두 번의 전이만을 고려하더라도 $o(h)$가 됨을 알 수 있다.

$$P(\circledM) = \sum_{k \neq i} P(N_{s<h} = 1 \,|\, X_0 = i)p_{ik}P(N_h = 1 \,|\, X_{s<h} = k)p_{kj}$$
$$< \sum_{k \neq i} P(N_h = 1 \,|\, X_0 = i)p_{ik}P(N_h = 1 \,|\, X_0 = k)p_{kj}$$
$$= \sum_{k \neq i} [q_{i\bullet}h + o(h)]p_{ik}[q_{k\bullet}h + o(h)]p_{kj}$$
$$= \sum_{k \neq i} o(h)p_{ik}p_{kj}$$
$$= o(h)$$

따라서, 시점 0에서 상태가 $i$였는데 시점 $h$에서 상태가 $j \neq i$일 확률은 다음과 같고,

$$P(X_h = j \,|\, X_0 = i) = P(\circledS) + P(\circledM) = q_{ij}h + o(h) + o(h)$$
$$= q_{ij}h + o(h)$$

시점 0에서 상태가 $i$였는데 시점 $h$에서도 상태가 $i$일 확률은 다음과 같다.

$$P(X_h = i \,|\, X_0 = i) = 1 - \sum_{j \neq i} P(X_h = j \,|\, X_0 = i)$$
$$= 1 - \sum_{j \neq i} [q_{ij}h + o(h)] = 1 - h\sum_{j \neq i} q_{ij} + o(h)$$
$$= 1 - q_{i\bullet}h + o(h)$$
$$= 1 + q_{ii}h + o(h)$$

앞서 언급된 내용을 바탕으로 $p_{ij}(t + h) = P(X_{t+h} = j \,|\, X_0 = i)$를 다음과 같이 전개할 수 있다.

$$p_{ij}(t + h) = P(X_{t+h} = j \mid X_0 = i)$$

$$= \sum_k P(X_{t+h} = j \mid X_t = k)P(X_t = k \mid X_0 = i)$$

$$= \sum_k P(X_h = j \mid X_0 = k)P(X_t = k \mid X_0 = i)$$

$$= \sum_k p_{ik}(t)p_{kj}(h)$$

$$= p_{ij}(t)p_{jj}(h) + \sum_{k \neq j} p_{ik}(t)p_{kj}(h)$$

$$= p_{ij}(t)[1 + q_{jj}h + o(h)] + \sum_{k \neq j} p_{ik}(t)[q_{kj}h + o(h)]$$

$$= p_{ij}(t) + p_{ij}(t)q_{jj}h + \sum_{k \neq j} p_{ik}(t)q_{kj}h + o(h)$$

$$= p_{ij}(t) + \sum_k p_{ik}(t)q_{kj}h + o(h)$$

$$\Rightarrow \; p_{ij}(t + h) - p_{ij}(t) = \sum_k p_{ik}(t)q_{kj}h + o(h)$$

$$\Rightarrow \; \frac{p_{ij}(t + h) - p_{ij}(t)}{h} = \sum_k p_{ik}(t)q_{kj} + o(h)$$

$$\Rightarrow \; \text{as } h \to 0, \; \frac{d}{dt}p_{ij}(t) = \sum_k p_{ik}(t)q_{kj}$$

위 미분 방정식을 **콜모고로프 순방향 방정식**Kolmogorov forward equation이라 하며, 행렬의 연산으로 나타내면 다음과 같다.

$$\frac{d}{dt}\mathbf{P}(t) = \mathbf{P}(t)\mathbf{Q}$$

위 전개 과정에서는 짧지 않은 시간 $t$ 동안 상태 $i$에서 상태 $k$로 전이한 다음 매우 짧은 시간 $h$ 동안 상태 $k$에서 상태 $j$로 전이하는 것으로 생각하였지만, 매우 짧은 시간 동안 상태 $i$에서 상태 $k$로 전이하고 짧지 않은 시간 동안 상태 $k$에서 상태 $j$로 전이하는 것으로 생각하면 다음과 같은 콜모고로프 역방향 방정식이 얻어진다.

$$\frac{d}{dt}\mathbf{P}(t) = \mathbf{Q}\mathbf{P}(t)$$

위 미분방정식의 해는 $\mathbf{P}(t) = e^{t\mathbf{Q}}$이며, 이는 다음과 같이 확인할 수 있다.

$$\frac{d}{dt}e^{t\mathbf{Q}} = \lim_{h \to 0} \frac{e^{(t+h)\mathbf{Q}} - e^{t\mathbf{Q}}}{h} \quad = \lim_{h \to 0} \frac{e^{t\mathbf{Q}}e^{h\mathbf{Q}} - e^{t\mathbf{Q}}}{h} = \lim_{h \to 0} \frac{e^{t\mathbf{Q}}(e^{h\mathbf{Q}} - \mathbf{I})}{h}$$

$$= e^{t\mathbf{Q}} \lim_{h \to 0} \frac{e^{h\mathbf{Q}} - \mathbf{I}}{h}$$

$$= e^{t\mathbf{Q}} \lim_{h \to 0} \frac{[\mathbf{I} + (h\mathbf{Q})^1 + (h\mathbf{Q})^2 + (h\mathbf{Q})^3 + \cdots] - \mathbf{I}}{h}$$

$$= e^{t\mathbf{Q}} \lim_{h \to 0} \frac{(h\mathbf{Q})^1 + (h\mathbf{Q})^2 + (h\mathbf{Q})^3 + \cdots}{h}$$

$$= e^{t\mathbf{Q}} \lim_{h \to 0} \left( \mathbf{Q} + h\mathbf{Q}^2 + h^2\mathbf{Q}^3 + \cdots \right)$$

$$= e^{t\mathbf{Q}}\mathbf{Q}$$

$$= \mathbf{Q}e^{t\mathbf{Q}}$$

마지막 등식은 정방행렬 $\mathbf{A}$에 대해서 $e^{\mathbf{A}}\mathbf{A} = \mathbf{A}e^{\mathbf{A}}$이기 때문이다. 즉, 콜모고로프 순방향 방정식과 후방향 방정식의 해는 동일하다.

행렬지수 $e^{\mathbf{Q}}$는 $\mathbf{Q}$의 고유벡터들을 열벡터로 하는 행렬 $\mathbf{U}$와 $\mathbf{Q}$의 고유값[$\lambda$] 지수 $e^{\lambda_i}$가 대각선 요소인 대각행렬 $\mathbf{\Lambda} = \text{diag}\{e^{\lambda_i}\}_i$를 이용하여 $e^{\mathbf{Q}} = \mathbf{U}\mathbf{\Lambda}\mathbf{U}^{-1}$로 스펙트럼 분해 spectral decomposition 할 수 있다. 따라서, $\mathbf{P}(t) = e^{t\mathbf{Q}}$는 다음과 같이 계산한다.

$$\mathbf{P}(t) = e^{t\mathbf{Q}} = \mathbf{U}(t\mathbf{\Lambda})\mathbf{U}^{-1}$$

# 10

# 세이버메트릭스

## 야구 전략

야구 게임에서는 다양한 분석/예측 기법들을 이용하여 게임의 전략을 세우거나 승률을 예측하기도 하는데, 이러한 기법들을 세이버메트릭스sabermetrics라 한다. 세이버메트릭스라는 이름은 미국 야구 학회The Society for American Baseball Research의 약자 SABR에서 유래되었다.

이 장에서는 마르코프 연쇄를 이용한 간단한 세이버메트릭스를 구현해 본다. 흡수성 연쇄에서 연쇄가 흡수 상태에 도달하기 전까지 일시적 상태를 방문하는 횟수 등 흡수성 연쇄의 응용에 필요한 기본적인 내용을 소개한 후, 이를 이용하여 가상의 야구 게임에서 점수를 예측해 볼 것이며 주어진 게임 상황에서 희생타나 도루가 승리에 도움이 되는지를 판단해 볼 것이다. 야구 게임에서의 세이버메트릭스를 예로 들었지만, 이 예가 복잡한 문제의 모형화에 도움이 되기를 바란다.

이 장에서 사용하는 패키지와 모듈은 다음과 같이 불러들인다.

```
import numpy as np
```

## 10.1 상태 방문에 관한 추론

마르코프 연쇄가 상태 $j$를 최초로 방문하는 시점인 **최초 방문 시점**first passage time을

$$T_j = \min(n \geq 1 : X_n = j)$$

이라 하면, 연쇄가 상태 $i$에서 출발하여 유한한 시간 내에 상태 $j$에 도달할 확률인 **방문 확률**hitting probability은

$$h_{i::j} = P(T_j < \infty \,|\, X_0 = i)$$

이고, 연쇄가 상태 $i$에서 출발하여 다른 상태 $j$를 방문하기 전까지 소요되는 스텝 수의 기대값인 **방문 기대시간**expected time to visit은 다음과 같다.

$$m_{i::j} = E(T_j \,|\, X_0 = i) = \sum_{n \in \mathscr{I}} n\,P(T_j = n \,|\, X_0 = i)$$

또한, $n$ 스텝 후에 상태 $j$를 방문했을 때 1을 반환하는 지시함수 $\mathbb{1}_j^{(n)}$를 이용하여 연쇄가 상태 $j$를 방문하는 횟수 $V_j$를 다음과 같이 정의하면,

$$V_j = \sum_{n=0}^{\infty} \mathbb{1}_j^{(n)}, \quad \mathbb{1}_j^{(n)} = \begin{cases} 1 & \text{if chain is in state } j \text{ after } n \text{ steps} \\ 0 & \text{else} \end{cases}$$

연쇄가 상태 $i$에 있을 때 상태 $j$를 방문하는 횟수의 기대값인 **방문 기대횟수**expected number of visits는 다음과 같다.

$$\begin{aligned}
n_{i::j} &= E(V_j \,|\, X_0 = i) = E\left[\sum_{n=0}^{\infty} (\mathbb{1}_j^{(n)} \,|\, X_0 = i)\right] \\
&= \sum_{n=0}^{\infty} E(\mathbb{1}_j^{(n)} \,|\, X_0 = i) = \sum_{n=0}^{\infty} P(X_n = j \,|\, X_0 = i) \\
&= \sum_{n=0}^{\infty} p_{ij}^{(n)}
\end{aligned}$$

$h_{i::j}$와 $n_{i::j}$는 이 장에서 다루려는 세이버메트릭스에서 중요한 역할을 한다. 이어지는 내용에서는 흡수성 연쇄와 유한 시간 재귀적 기약 연쇄에서 이 값들을 행렬의 연산을

통해 구하는 방법을 소개한다. 흡수성 연쇄에서는 $j$가 흡수 상태$[\phi_j]$ 또는 흡수 상태들의 집합$[\Phi]$인 경우를 대상으로 한다. 유한 시간 재귀적 기약 연쇄에서는 어떠한 $j$에 대해서도 $h_{i::j}$는 1이고 $n_{i::j}$는 무한대이기에, $m_{i::j}$와 함께 상태 $i$에서 출발하여 다시 상태 $i$로 돌아오는데 소요되는 스텝 수 $r_{i::i}$를 어떻게 계산하는지를 소개한다. $m_{i::j}$와 $r_{i::i}$는 세이버메트릭스와는 관련이 없으나, 의도적으로 중단하지 않는 한 무한히 지속되는 게임이나 작업 등에서 활용할 수 있기에 함께 소개한다.

## 10.1.1 흡수성 연쇄

아래 전이 그래프는 두 개의 흡수 상태를 갖는 연쇄를 나타낸 것이다. 연쇄가 상태 2에서 출발하여 흡수 상태인 상태 4로 흡수될 확률 $h_{2::4}$를 구해 보자.

상태 2에서 상태 4로 흡수될 확률은 '상태 1로 이동한 다음 상태 1에서 상태 4로 흡수될 확률'과 '상태 3으로 이동한 다음, 상태 3에서 상태 4로 흡수될 확률'의 합이다. 상태 2에서 상태 1로 이동할 확률과 상태 3으로 이동할 확률은 각각 0.5이므로, $h_{2::4}$는 다음과 같다.

$$h_{2::4} = \frac{1}{2}h_{1::4} + \frac{1}{2}h_{3::4}$$

여기서, 상태 1은 흡수 상태이므로 $h_{1::4} = 0$이고 $h_{3::4}$는 다시 다음과 같다.

$$h_{3::4} = \frac{1}{2}h_{2::4} + \frac{1}{2}h_{4::4}$$

$h_{4::4} = 1$이므로, 결국 $h_{2::4}$는 다음과 같다.

$$h_{2::4} = 0 + \frac{1}{2}\left(\frac{1}{2}h_{2::4} + \frac{1}{2}\right) = \frac{1}{3}$$

즉, 상태 $i$에서 출발하여 유한한 시간 내에 특정한 흡수 상태$[\phi_j]$에 도달할 확률인 **흡수 확률** $h_{i::\phi_j}$는 다음과 같이 계산된다.

$$
\begin{cases}
h_{i::\phi_j} = 1 & \text{if } i \in \Phi \\
h_{i::\phi_j} = \sum_{k \in \mathcal{S}} p_{ik} h_{k::\phi_j} & \text{if } i \notin \Phi
\end{cases}
$$

이번에는 상태 2에서 출발하여 흡수 상태 1 또는 흡수 상태 4로 흡수되기 전까지 연쇄가 일시적 상태들을 방문하는 횟수의 기대값 $m_{2::\Phi}$를 구해 보자. 상태 2는 흡수 상태가 아니므로, 1-스텝을 이용하여 1/2의 확률로 상태 1이나 3으로 이동할 수 있다. 따라서, $m_{2::\Phi}$는 다음과 같다.

$$
m_{2::\Phi} = 1 + \frac{1}{2} m_{1::\Phi} + \frac{1}{2} m_{3::\Phi}
$$

상태 1은 흡수 상태이므로 $m_{1::\Phi} = 0$이다. 그리고 상태 3에서도 1-스텝을 이용하여 1/2의 확률로 상태 2 또는 상태 4로 이동할 수 있다. 따라서, 상태 3에서 출발하여 흡수되기 전까지 연쇄가 일시적 상태들을 방문하는 횟수 $m_{3::\Phi}$는 다음과 같다.

$$
m_{3::\Phi} = 1 + \frac{1}{2} m_{2::\Phi} + \frac{1}{2} m_{4::\Phi}
$$

$m_{4::\Phi} = 0$이므로, 결국 $m_{2::\Phi}$는 다음과 같다.

$$
m_{2::\Phi} = 1 + \frac{1}{2}\left(1 + \frac{1}{2} m_{2::\Phi}\right) = 2
$$

즉, 상태 $i$에서 출발하여 흡수 상태 중의 하나[$\Phi$]로 흡수되기 전까지 소요되는 스텝 수의 기대값인 **흡수 기대시간**expected time to visit $m_{i::\Phi}$은 다음과 같이 계산된다.

$$
\begin{cases}
m_{i::\Phi} = 0 & \text{if } i \in \Phi \\
m_{i::\Phi} = 1 + \sum_{k \notin \Phi} p_{ik} m_{k::\Phi} & \text{if } i \notin \Phi
\end{cases}
$$

흡수 확률과 흡수 기대시간이 어떤 방식으로 계산되는지 간단한 예를 이용하여 알아보았다. 하지만, 상태 공간이 커지게 되면 이 값들을 위와 같은 연립방정식으로 구하기는 쉽지 않다. 행렬의 연산을 이용하여 이 값들을 간단히 구하는 방법이 있는데, 우선 방문 기대횟수에 대한 다음 내용을 보자.

흡수성 연쇄에서 연쇄가 일시적 상태 $i$에서 출발하여 '흡수되기 전까지' 일시적 상태 $j$를 방문하는 횟수의 기대값인 **흡수 전 방문 기대횟수**는 방문 기대횟수 $n_{i::j}$와 같다. $n_{i::j}$는 무한합 형태이기에 계산이 쉽지 않아 보이지만, 흡수 기대시간의 계산법을 참조해 보면 $n_{i::j}$도 $\sum_{k \notin \Phi} p_{ik} n_{k::j}$와 같은 방식으로 계산될 수 있을 것이라는 생각을 할 수 있다. 단, $i = j$이면 1회 방문임을 나타내는 지시함수가 필요하다[예를 들어, 자기 전이하는 상태 하나와 흡수 상태 하나로 이루어진 연쇄를 생각해 보라]. 따라서, $n_{i::j}$는 다음과 같은 식으로 계산될 것이다.

$$n_{i::j} = \mathbb{1}_{ij} + \sum_{k \notin \Phi} p_{ik} n_{k::j}, \ \mathbb{1}_{ij} = \begin{cases} 1 & \text{if } i = j \\ 0 & \text{if } i \neq j \end{cases}$$

위 식 우변의 합산항에서 합산의 범위가 일시적 상태들로 한정되어 있음을 생각하면서, 다음 내용을 보기 바란다.

흡수성 연쇄의 전이확률 행렬 $\mathbf{P}$는 i] 일시적 상태 $i \in \Psi$에서 출발하여 일시적 상태 $j \in \Psi$로 전이하는 확률$[p_{i \in \Psi, j \in \Psi}]$들의 모음으로 이루어진 행렬 $\mathbf{P}^{\dagger}$, ii] 일시적 상태 $i \in \Psi$에서 출발하여 흡수 상태 $j \in \Phi$로 전이하는 확률$[p_{i \in \Psi, j \in \Phi}]$들의 모음으로 이루어진 행렬 $\mathbf{R}$, iii] 흡수 상태 $i \in \Phi$에서 일시적 상태 $j \in \Psi$로의 불가능한 전이를 나타내는 확률$[p_{i \in \Phi, j \in \Psi} = 0]$들의 모음으로 이루어진 영행렬 $\mathbf{0}$, iv] 흡수 상태 $i \in \Phi$에서는 자기 전이만 가능함을 나타내는 확률$[p_{i \in \Phi, i \in \Phi} = 1]$들의 모음으로 이루어진 단위행렬 $\mathbf{I}$로 나눠 볼 수 있다. 이들을 다음과 같이 배열한 전이확률 행렬을 정준형正準形 canonical form 전이확률 행렬이라 한다.

$$\mathbf{P}^{\text{canonical}} = \begin{array}{c} \Psi \\ \Phi \end{array} \overset{\begin{array}{cc} \Psi & \Phi \end{array}}{\left[ \begin{array}{c|c} \mathbf{P}^{\dagger} & \mathbf{R} \\ \hline \mathbf{0} & \mathbf{I} \end{array} \right]}$$

예를 들어, 앞 장에서 예로 든 〈술꾼의 무작위적 행보〉를 나타내는 전이확률 행렬을 정준형으로 나타내면 다음과 같다.

$$\mathbf{P} = \begin{array}{c} 1 \\ 2 \\ 3 \\ 4 \\ 5 \end{array} \overset{\begin{array}{ccccc} 1 & 2 & 3 & 4 & 5 \end{array}}{\left[ \begin{array}{ccccc} 1 & 0 & 0 & 0 & 0 \\ 0.5 & 0 & 0.5 & 0 & 0 \\ 0 & 0.5 & 0 & 0.5 & 0 \\ 0 & 0 & 0.5 & 0 & 0.5 \\ 0 & 0 & 0 & 0 & 1 \end{array} \right]}, \quad \mathbf{P}^{\text{canonical}} = \begin{array}{c} 2 \\ 3 \\ 4 \\ 1 \\ 5 \end{array} \overset{\begin{array}{ccccc} 2 & 3 & 4 & 1 & 5 \end{array}}{\left[ \begin{array}{ccc|cc} 0 & 0.5 & 0 & 0.5 & 0 \\ 0.5 & 0 & 0.5 & 0 & 0 \\ 0 & 0.5 & 0 & 0 & 0.5 \\ \hline 0 & 0 & 0 & 1 & 1 \\ 0 & 0 & 0 & 1 & 1 \end{array} \right]}$$

전이확률 행렬을 정준형으로 나타냈을 때, 유용한 정보가 담긴 행렬은 $\mathbf{P}^{\dagger}$와 $\mathbf{R}$이다. 〈술꾼의 무작위적 행보〉에서의 $\mathbf{P}^{\dagger}$와 $\mathbf{R}$은 다음과 같다.

$$\mathbf{P}^\dagger = \begin{array}{c} \\ \Psi \\ \end{array} \begin{array}{c} 2 \\ 3 \\ 4 \end{array} \overset{\overset{\Psi}{\begin{array}{ccc} 2 & 3 & 4 \end{array}}}{\begin{bmatrix} 0 & 0.5 & 0 \\ 0.5 & 0 & 0.5 \\ 0 & 0.5 & 0 \end{bmatrix}}, \quad \mathbf{R} = \begin{array}{c} \Psi \\ \end{array} \begin{array}{c} 2 \\ 3 \\ 4 \end{array} \overset{\overset{\Phi}{\begin{array}{cc} 1 & 5 \end{array}}}{\begin{bmatrix} 0.5 & 0 \\ 0 & 0 \\ 0 & 0.5 \end{bmatrix}}$$

$\mathbf{P}^\dagger$는 행벡터의 모든 요소값들을 더하여도 1이 되지 않는다. 또한, 흡수성 연쇄에서는 연쇄가 어떠한 일시적 상태에 있을지라도 언젠가는 흡수 상태로 가기에 $\mathbf{P}^\dagger$의 극한은 $\lim_{n \to \infty} \mathbf{P}^{\dagger(n)} = \mathbf{0}$이다. 이제, $n_{i::j}$를 $\mathbf{P}^\dagger$의 요소들을 이용하여 계산해 보자.

$$n_{i::j} = \mathbb{1}_{ij} + \sum_{k \in \Psi} p_{ik}^\dagger n_{k::j}, \;\; i \in \Psi, j \in \Psi$$

위 식을 유심히 살펴보면, 행의 색인을 $i$로 하고 열의 색인을 $j$로 하여 $n_{i::j}$를 모은 행렬 $\mathbf{N} = {}^{i \in \Psi}[n_{i::j}]_{j \in \Psi}$은 다음과 같은 연산의 결과임을 알 수 있다.

$$\mathbf{N} = \mathbf{I} + \mathbf{P}^\dagger \mathbf{N}$$

여기서, $\mathbf{IN} - \mathbf{P}^\dagger \mathbf{N} = \mathbf{I} \;\Rightarrow\; (\mathbf{I} - \mathbf{P}^\dagger)\mathbf{N} = \mathbf{I}$이므로, 양변에 행렬 $(\mathbf{I} - \mathbf{P}^\dagger)$의 역행렬 $(\mathbf{I} - \mathbf{P}^\dagger)^{-1}$을 곱하면 $\mathbf{N}$을 얻을 수 있을 것이다.

$$\mathbf{N} = (\mathbf{I} - \mathbf{P}^\dagger)^{-1}$$

위 식이 성립하려면, $(\mathbf{I} - \mathbf{P}^\dagger)$의 역행렬 $(\mathbf{I} - \mathbf{P}^\dagger)^{-1}$가 존재해야 하는데 이는 다음과 같이 증명할 수 있다. 행렬 $\mathbf{A}$의 역행렬이 존재한다면 $\mathbf{Ax} = \mathbf{0}$의 해는 오직 $\mathbf{x} = \mathbf{0}$이어야만 한다. 만약 $\mathbf{x} \neq \mathbf{0}$이라면, $\mathbf{Ax} = \mathbf{0} \Rightarrow \mathbf{Ax} + \mathbf{I} = \mathbf{I} \;\Rightarrow\; \mathbf{x} + \mathbf{A}^{-1}\mathbf{I} = \mathbf{A}^{-1}\mathbf{I} \Rightarrow \mathbf{x} = \mathbf{0}$이므로 모순이다[$\mathbf{x} \neq \mathbf{0}$이라면 행렬 $\mathbf{A}$의 역행렬은 존재하지 않는다]. 따라서, $(\mathbf{I} - \mathbf{P}^\dagger)$의 역행렬 존재 여부는 $(\mathbf{I} - \mathbf{P}^\dagger)\mathbf{x} = \mathbf{0}$의 유일한 해가 $\mathbf{x} = \mathbf{0}$인지를 보는 것으로 알 수 있다. 그리고 이는 어떠한 $\mathbf{P}^\dagger$에 대해서도 그러하여야 한다. 따라서, $\mathbf{P}^{\dagger(n \to \infty)} = \lim_{n \to \infty} \mathbf{P}^{\dagger(n)} = \mathbf{0}$이고, $(\mathbf{I} - \mathbf{P}^{\dagger(n \to \infty)})\mathbf{x} = \mathbf{0} \;\Rightarrow\; \mathbf{x} - \mathbf{P}^{\dagger(n \to \infty)}\mathbf{x} = \mathbf{0} \;\Rightarrow\; \mathbf{x} = \mathbf{0}$이므로, $(\mathbf{I} - \mathbf{P}^\dagger)$의 역행렬 $(\mathbf{I} - \mathbf{P}^\dagger)^{-1}$는 존재한다.

위와 같이 계산된 $n_{i::j}$가 일시적 상태 $i$에서 출발하여 '흡수되기 전까지' 일시적 상태 $j$를 방문하는 횟수에 대한 기대값인지를 확인해 보자.

$$\mathbf{I} - \mathbf{P}^{\dagger(n+1)} = \mathbf{I} + [-\mathbf{P}^{\dagger(1)} + \mathbf{P}^{\dagger(1)}] + [-\mathbf{P}^{\dagger(2)} + \mathbf{P}^{\dagger(2)}] + \cdots + [-\mathbf{P}^{\dagger(n)} + \mathbf{P}^{\dagger(n)}] - \mathbf{P}^{\dagger(n+1)}$$

$$= [\mathbf{I} - \mathbf{P}^{\dagger(1)}] + [\mathbf{P}^{\dagger(1)} - \mathbf{P}^{\dagger(2)}] + [\mathbf{P}^{\dagger(2)} - \mathbf{P}^{\dagger(3)}] + \cdots + [\mathbf{P}^{\dagger(n)} - \mathbf{P}^{\dagger(n+1)}]$$
$$= [\mathbf{I} - \mathbf{P}^{\dagger(1)}] + [\mathbf{I} - \mathbf{P}^{\dagger(1)}]\mathbf{P}^{\dagger(1)} + [\mathbf{I} - \mathbf{P}^{\dagger(1)}]\mathbf{P}^{\dagger(2)} + \cdots + [\mathbf{I} - \mathbf{P}^{\dagger(1)}]\mathbf{P}^{\dagger(n)}$$
$$= [\mathbf{I} - \mathbf{P}^{\dagger(1)}][\mathbf{I} + \mathbf{P}^{\dagger(1)} + \mathbf{P}^{\dagger(2)} + \cdots + \mathbf{P}^{\dagger(n)}]$$

계속해서 양변에 $\mathbf{N} = (\mathbf{I} - \mathbf{P}^{\dagger})^{-1}$을 곱하면,

$$\mathbf{N}[\mathbf{I} - \mathbf{P}^{\dagger(n+1)}] = \mathbf{N}[\mathbf{I} - \mathbf{P}^{\dagger(1)}][\mathbf{I} + \mathbf{P}^{\dagger(1)} + \mathbf{P}^{\dagger(2)} + \cdots + \mathbf{P}^{\dagger(n)}]$$
$$= [\mathbf{I} - \mathbf{P}^{\dagger}]^{-1}[\mathbf{I} - \mathbf{P}^{\dagger(1)}][\mathbf{I} + \mathbf{P}^{\dagger(1)} + \mathbf{P}^{\dagger(2)} + \cdots + \mathbf{P}^{\dagger(n)}]$$
$$= \mathbf{I} + \mathbf{P}^{\dagger(1)} + \mathbf{P}^{\dagger(2)} + \cdots + \mathbf{P}^{\dagger(n)}$$

이고, $n \to \infty$면 $\mathbf{P}^{\dagger(n)} \to 0$이므로, 다음과 같다.

$$\mathbf{N} = \mathbf{I} + \mathbf{P}^{\dagger(1)} + \mathbf{P}^{\dagger(2)} + \cdots$$

위와 같이 표현되는 $\mathbf{N}$이 바로 아래와 같이 $n$-스텝 전이확률들의 무한합 형태로 계산되는 흡수 전 방문 기대횟수 $n_{i::j}$들을 담고 있다: $n_{i::j} = \sum_{n=0}^{\infty} p_{ij}^{(n)}$, $i \in \Psi$, $j \in \Psi$. $n_{i::j}$를 담고 있는 행렬 $\mathbf{N}$을 근본 행렬fundamental matrix이라 하며, $\mathbf{N}$을 이용하여, 흡수 기대시간 $m_{i::\Phi}$과 흡수 확률 $h_{i::\phi_j}$를 쉽게 계산할 수 있다.

흡수 기대시간 $m_{i::\Phi}$는 일시적 상태 $i$에서 출발하였을 때, 흡수되기 전까지 모든 일시적 상태 $j$에 대하여 흡수 전 방문 기대횟수 $n_{i::j}$를 합한 것이다.

$$m_{i::\Phi} = \sum_{j \in \Psi} n_{i::j}$$

이를 행렬의 연산으로 나타내면 다음과 같다. 아래 식에서 $\mathbf{1}_v$은 모든 요소들이 1이고 크기가 $|\Psi|$인 열벡터다.

$$\mathbf{m} = \mathbf{N}\mathbf{1}_v = [m_{i::\Phi}]_{i \in \Psi}$$

일시적 상태 $i$에서 출발하였을 때, 흡수 상태 $\phi_j \in \Phi$로 흡수될 확률 $h_{i::\phi_j}$도 근본행렬을 이용하여 계산할 수 있다. 일시적 상태 $i$에서 출발하여 $n$-스텝 후에 일시적 상태 $k$에 도달할 확률은 $\mathbf{P}^{\dagger(n)}$의 요소인 $p_{ik}^{\dagger(n)} = \mathbf{P}^{\dagger(n)}|_{i \in \Psi, j \in \Psi}$이며, 일시적 상태 $k$에서 1-스텝 후에 흡수 상태 $\phi_j$로 흡수될 확률은 $\mathbf{R}$의 요소인 $p_{k\phi_j} = \mathbf{R}|_{k \in \Psi, \phi_j \in \Phi}$이다. 따라서, 모든 $k \in \Psi$에 대하여 $p_{ik}^{\dagger(n)} p_{k\phi_j}$를 합산하고, 이를 다시 모든 $n$에 대하여 합산하면 $h_{i::\phi_j}$가 얻어진다. 즉, 다음과 같다.

$$h_{i::\phi_j} = \sum_{n=0}^{\infty} \sum_{k \in \Psi} p_{ik}^{\dagger(n)} p_{k\phi_j}$$

이를 행렬의 연산으로 나타내면 다음과 같다.

$$\mathbf{H} = \mathbf{NR} = {}^{i \in \Psi}[h_{i::\phi_j}]_{\phi_j \in \Phi}$$

앞서 언급한 계산법을 〈술꾼의 무작위적 행보〉 예에 적용하면 다음과 같다.

$$\mathbf{N} = (\mathbf{I} - \mathbf{P}^{\dagger})^{-1} = \begin{array}{c} 2 \\ 3 \\ 4 \end{array} \begin{array}{ccc} 2 & 3 & 4 \\ \begin{bmatrix} 3/2 & 1 & 1/2 \\ 1 & 2 & 1 \\ 1/2 & 1 & 3/2 \end{bmatrix} \end{array}$$

$$\mathbf{m} = \mathbf{N1}_v = \begin{array}{c} 2 \\ 3 \\ 4 \end{array} \begin{array}{ccc} 2 & 3 & 4 \\ \begin{bmatrix} 3/2 & 1 & 1/2 \\ 1 & 2 & 1 \\ 1/2 & 1 & 3/2 \end{bmatrix} \end{array} \begin{bmatrix} 1 \\ 1 \\ 1 \end{bmatrix} = \begin{array}{c} 2 \\ 3 \\ 4 \end{array} \begin{array}{c} \Phi \\ \begin{bmatrix} 3 \\ 4 \\ 3 \end{bmatrix} \end{array}$$

$$\mathbf{H} = \mathbf{NR} = \begin{array}{c} 2 \\ 3 \\ 4 \end{array} \begin{array}{ccc} 2 & 3 & 4 \\ \begin{bmatrix} 3/2 & 1 & 1/2 \\ 1 & 2 & 1 \\ 1/2 & 1 & 3/2 \end{bmatrix} \end{array} \begin{array}{c} 2 \\ 3 \\ 4 \end{array} \begin{array}{cc} 1 & 5 \\ \begin{bmatrix} 1/2 & 0 \\ 0 & 0 \\ 0 & 1/2 \end{bmatrix} \end{array} = \begin{array}{c} 2 \\ 3 \\ 4 \end{array} \begin{array}{cc} 1 & 5 \\ \begin{bmatrix} 3/4 & 1/4 \\ 1/2 & 1/2 \\ 1/4 & 3/4 \end{bmatrix} \end{array}$$

즉, 술꾼이 모퉁이[상태] 3에 있다면 집이나 술집으로 들어가기 전까지[흡수되기 전까지] 평균적으로 4 블럭[스텝]을 돌아다니며 그러던 중 모퉁이 2는 평균적으로 한 번 통과하고, 집[상태 1]으로 들어갈 확률은 0.5다.


## 10.1.2 재귀적 연쇄

상태 공간의 크기가 유한한 재귀적 연쇄는 모두 유한 시간 재귀적 연쇄다. 이러한 연쇄에서는 어떠한 $j$에 대해서도 방문확률 $h_{i::j}$는 1이고 방문횟수 $n_{i::j}$는 무한하기에 $h_{i::j}$와 $n_{i::j}$를 구하는 것은 의미가 없고, 상태 $i$에서 출발하여 다시 상태 $i$로 돌아오는데 소요되는 스텝 수인 **재귀 기대시간**mean recurrence time $r_{i::i}$이 의미가 있다.

방문 기대시간 $m_{i::j}$는 앞 절에서 흡수 기대시간의 계산에 사용한 방법을 그대로 사용할 수 있다. 상태 $i$에서 출발하여 다른 상태 $j$로 한 스텝 만에 이동할 확률은 $p_{ij}$이고 상태 $i$

에서 출발하여 상태 $k$로 한 스텝 만에 이동할 확률은 $p_{ik}$이므로, $m_{i::j}$는 다음과 같이 계산된다. 결과는 $m_{i::\Phi}$에서 흡수 상태 집합을 상태 $j$로 바꾼 것과 같다.

$$
\begin{aligned}
m_{i::j} &= 1 \cdot p_{ij} + \sum_{k \neq j} (1 \cdot p_{ik} + p_{ik} m_{k::j}) \\
&= 1 \cdot p_{ij} + \sum_{k \neq j} p_{ik} + \sum_{k \neq j} p_{ik} m_{k::j} \\
&= \sum_{k} p_{ik} + \sum_{k \neq j} p_{ik} m_{k::j} \\
&= 1 + \sum_{k \neq j} p_{ik} m_{k::j}
\end{aligned}
$$

$m_{i::j}$는 상태 $i$에서 출발하여 다른 상태 $j[ \neq i]$에 도달하기까지의 스텝 수이므로, $m_{i::j}$를 이용하여 동일한 상태로 다시 돌아오기까지의 기대시간인 재귀 기대시간을 계산할 수는 없다[$m_{i::i} = 0$]. 하지만, 한 스텝을 사용하여 상태 $k$로 이동하고[자기전이 포함], 상태 $k$에서 출발하여 상태 $i$로 돌아오는 스텝 수인 $(1 + m_{k::i})$의 기대값을 재귀 기대시간 $r_{i::i}$로 할 수 있다.

$$
\begin{aligned}
r_{i::i} &= \sum_{k} (1 + m_{k::i}) p_{ik} = \sum_{k} p_{ik} + \sum_{k} p_{ik} m_{k::i} \\
&= 1 + \sum_{k} p_{ik} m_{k::i}
\end{aligned}
$$

참고로, 무한 시간 재귀적 연쇄에서는 $r_{i::i} = \infty$이나, 상태 공간의 크기가 유한한 재귀적 연쇄는 유한 시간 재귀적 연쇄이므로 $r_{i::i} < \infty$이다. 흡수성 연쇄에서처럼 행렬의 연산으로 $m_{i::j}$와 $r_{i::i}$를 계산해 보자.

우선, $m_{i::j}$를 모아둔 행렬 $\mathbf{M} = {}_i[m_{i::j}]_j$을 생각해 보자. $\mathbf{M}$의 대각선 요소들은 모두 0이므로[$m_{i::i} = 0$], 행렬 $\mathbf{M}$에 대각선 요소가 $r_{i::i}$인 대각행렬 $\mathbf{D}$를 더해서 얻어지는 $(\mathbf{M} + \mathbf{D})$는 모든 상태들에 대한 방문[재귀 포함] 기대시간들을 모아둔 행렬이다. 따라서, 앞서 언급한 내용들은 아래의 행렬 연산으로 나타낼 수 있다. 여기서 $\mathbf{1}$은 모든 요소가 1인 행렬이다.

$$
\mathbf{M} + \mathbf{D} = \mathbf{1} + \mathbf{PM}
$$

위 식을 다음과 같이 전개해 보자.

$$(\mathbf{I} - \mathbf{P})\mathbf{M} = \mathbf{1} - \mathbf{D}$$
$$\Rightarrow \ \boldsymbol{\pi}(\mathbf{I} - \mathbf{P})\mathbf{M} = \boldsymbol{\pi}(\mathbf{1} - \mathbf{D}) \ \Rightarrow \ (\boldsymbol{\pi} - \boldsymbol{\pi}\mathbf{P})\mathbf{M} = \boldsymbol{\pi}(\mathbf{1} - \mathbf{D})$$
$$\Rightarrow \ (\boldsymbol{\pi} - \boldsymbol{\pi})\mathbf{M} = \boldsymbol{\pi}(\mathbf{1} - \mathbf{D}) \Rightarrow \mathbf{0} = \boldsymbol{\pi}(\mathbf{1} - \mathbf{D})$$
$$\Rightarrow \ \boldsymbol{\pi}\mathbf{1} = \boldsymbol{\pi}\mathbf{D}$$

위 마지막 식의 좌변 $\boldsymbol{\pi}\mathbf{1}$은 모든 요소들이 1인 행벡터이고, 우변 $\boldsymbol{\pi}\mathbf{D}$는 $\pi_i r_{i::i}$를 요소들로 하는 행벡터다.

$$[1, 1, \ \ldots, 1] = [\pi_1 r_{1::1}, \ \pi_2 r_{2::2}, \ \ldots, \ \pi_K r_{K::K}]$$

즉, $r_{i::i}$는 정지상 분포로부터 간단히 계산할 수 있음을 알 수 있다.

$$r_{i::i} = \frac{1}{\pi_i}$$

$$\mathbf{D} = \mathrm{diag}\{r_{i::i}\} = \mathrm{diag}\{1/\pi_i\}$$

$r_{i::i}$를 구하는 과정에서는 $\mathbf{M}$을 소거시킴으로써 $\mathbf{D}$를 구했다. $\mathbf{D}$를 알았으므로 $\mathbf{M}$을 $\mathbf{M} + \mathbf{D} = \mathbf{1} + \mathbf{P}\mathbf{M}$로부터 다음과 같이 구할 수 있을까?

$$(\mathbf{I} - \mathbf{P})\mathbf{M} = \mathbf{1} - \mathbf{D}$$
$$\Rightarrow \mathbf{M} = (\mathbf{I} - \mathbf{P})^{-1}(\mathbf{1} - \mathbf{D})$$

답부터 말하자면, $(\mathbf{I} - \mathbf{P})$의 역행렬이 존재하지 않기 때문에 위와 같은 전개는 성립될 수 없다. $(\mathbf{I} - \mathbf{P})$의 역행렬이 존재하려면 $(\mathbf{I} - \mathbf{P})\mathbf{x} = \mathbf{0} \Rightarrow \mathbf{x} = \mathbf{P}\mathbf{x}$의 유일한 해는 $\mathbf{x} = \mathbf{0}$이어야 하는데, 어떠한 상수 벡터$[\mathbf{c}]$에 대해서도 $\mathbf{c} = \mathbf{P}\mathbf{c}$가 성립하기 때문에 $(\mathbf{I} - \mathbf{P})$의 역행렬은 존재하지 않는다. 따라서 위 식으로 $\mathbf{M}$을 구할 수는 없으며 다른 접근법이 필요하다. 위 '불가능한' 전개식에서 $(\mathbf{I} - \mathbf{P})^{-1}$ 대신 $(\mathbf{I} - \mathbf{P}^\dagger)^{-1}$라면 흡수성 연쇄에서의 근본행렬 $\mathbf{N}$이란 점을 염두에 두고 다음 내용을 보자.

흡수성 연쇄에서 근본행렬 $\mathbf{N} = \sum_{n=0}^{\infty} \mathbf{P}^{\dagger(n)} = \mathbf{I} + \mathbf{P}^{\dagger(1)} + \mathbf{P}^{\dagger(2)} + \cdots$ 이 수렴하는 이유는 $n \to \infty$일 때 $\mathbf{P}^{\dagger(n)} \to \mathbf{0}$이기 때문이다. 그렇다면, 비주기성 기약 연쇄의 극한 확률 분포를 행벡터로 하는 행렬 $\mathbf{P}^{(n)} \to \mathbf{W}$를 이용한 급수

$$\mathbf{Z} = \mathbf{I} + (\mathbf{P} - \mathbf{W}) + (\mathbf{P}^2 - \mathbf{W}) + (\mathbf{P}^3 - \mathbf{W}) + \cdots$$

도 수렴할 것이기에, $\mathbf{Z}$를 비주기성 기약 연쇄의 근본행렬로 생각해 볼 수 있다. 위 급수에서, $\mathbf{PW} = \mathbf{W}$ 이고 $\mathbf{W}^n = \mathbf{W}$ 라는 성질과 이항전개를 이용하면, $(\mathbf{P}^n - \mathbf{W})$ 를 $(\mathbf{P} - \mathbf{W})^n$로 쓸 수 있다.

$$
\begin{aligned}
(\mathbf{P} - \mathbf{W})^n &= \sum_{l=0}^{n} (-1)^l \binom{n}{l} \mathbf{P}^{n-l} \mathbf{W}^l \\
&= \mathbf{P}^n + \sum_{l=1}^{n} (-1)^l \binom{n}{l} \mathbf{P}^{n-l} \mathbf{W}^l = \mathbf{P}^n + \sum_{l=1}^{n} (-1)^l \binom{n}{l} \mathbf{P}^{n-l} \mathbf{W} \\
&= \mathbf{P}^n + \sum_{l=1}^{n} (-1)^l \binom{n}{l} \mathbf{W} = \mathbf{P}^n + \mathbf{W} \sum_{l=1}^{n} (-1)^l \binom{n}{l} \\
&= \mathbf{P}^n + \mathbf{W} \left\{ \left[ 1 + \sum_{l=1}^{n} (-1)^l \binom{n}{l} \right] - 1 \right\} \\
&= \mathbf{P}^n + \mathbf{W} \left\{ \left[ \sum_{l=0}^{n} (-1)^l \binom{n}{l} \right] - 1 \right\} \\
&= \mathbf{P}^n + \mathbf{W} \left\{ \left[ \sum_{l=0}^{n} (-1)^l \binom{n}{l} 1 \cdot 1 \right] - 1 \right\} = \mathbf{P}^n + \mathbf{W} \left\{ \left[ 1 - 1 \right]^n - 1 \right\} \\
&= \mathbf{P}^n + \mathbf{W}
\end{aligned}
$$

이제, $\mathbf{Z}$는 다음과 같이 쓸 수 있으며,

$$
\mathbf{Z} = \mathbf{I} + (\mathbf{P} - \mathbf{W}) + (\mathbf{P} - \mathbf{W})^2 + (\mathbf{P} - \mathbf{W})^3 + \cdots
$$

흡수성 연쇄에서 $\mathbf{N} = \mathbf{I} + \mathbf{P}^{\dagger(1)} + \mathbf{P}^{\dagger(2)} + \cdots$ 의 수렴값이 $(\mathbf{I} - \mathbf{P}^\dagger)^{-1}$ 이었던 것처럼, $(\mathbf{I} - \mathbf{P} + \mathbf{W})$의 역행렬이 존재한다면 위 급수의 수렴값도 $(\mathbf{I} - \mathbf{P} + \mathbf{W})^{-1}$이 될 것이다. $(\mathbf{I} - \mathbf{P} + \mathbf{W})\mathbf{x} = \mathbf{0}$의 양변에 $\boldsymbol{\pi} = \mathbf{w}$ 를 곱하여 전개하면 좌변은 다음과 같다: $\mathbf{w}(\mathbf{I} - \mathbf{P} + \mathbf{W})\mathbf{x} = (\mathbf{w} - \mathbf{wP} + \mathbf{wW})\mathbf{x} = \mathbf{wx}$. 이로부터 $\mathbf{wx} = \mathbf{0}$인데, $\mathbf{w}$는 확률 분포이므로 모든 요소값들이 양수이며 $\mathbf{w} = \mathbf{0}$이 될 수는 없다.

그러므로, $(\mathbf{I} - \mathbf{P} + \mathbf{W})\mathbf{x} = \mathbf{0}$의 유일한 해는 $\mathbf{x} = \mathbf{0}$이고, $(\mathbf{I} - \mathbf{P} + \mathbf{W})$의 역행렬이 존재한다. 따라서, $\mathbf{Z}$는 다음과 같다.

$$
\mathbf{Z} = (\mathbf{I} - \mathbf{P} + \mathbf{W})^{-1}
$$

〈미리내 날씨〉 예에서 계산된 $\mathbf{Z}$는 다음과 같다.

$$\mathbf{Z} = \begin{bmatrix} 86/75 & 3/75 & -14/75 \\ 6/75 & 63/75 & 6/75 \\ -14/75 & 3/75 & 86/75 \end{bmatrix}$$

위 행렬을 보면 모든 행에서 요소들의 합은 1이다. 이는 $\mathbf{Z1} = \mathbf{1}$이라는 것을 의미하는데, $\mathbf{P1} = \mathbf{1}$이고 $\mathbf{W1} = \mathbf{1}$이므로 $(\mathbf{I} - \mathbf{P} + \mathbf{W})\mathbf{1} = \mathbf{1}$이기에, $\mathbf{Z1} = \mathbf{1}$임은 다음과 같이 확인할 수 있다.

$$\mathbf{Z1} = \mathbf{Z}(\mathbf{I} - \mathbf{P} + \mathbf{W})\mathbf{1} = (\mathbf{I} - \mathbf{P} + \mathbf{W})^{-1}(\mathbf{I} - \mathbf{P} + \mathbf{W})\mathbf{1} = \mathbf{I1} = \mathbf{1}$$

또한 $(\mathbf{I} - \mathbf{P} + \mathbf{W})(\mathbf{I} - \mathbf{W}) = \mathbf{I} - \mathbf{P} + \mathbf{W} - \mathbf{W} + \mathbf{W} - \mathbf{W} = \mathbf{I} - \mathbf{P}$이므로, $\mathbf{Z}$의 우측에 $(\mathbf{I} - \mathbf{P})$를 곱하면 다음과 같다.

$$\mathbf{Z}(\mathbf{I} - \mathbf{P}) = \mathbf{Z}(\mathbf{I} - \mathbf{P} + \mathbf{W})(\mathbf{I} - \mathbf{W}) = \mathbf{I}(\mathbf{I} - \mathbf{W}) = \mathbf{I} - \mathbf{W}$$

이상으로부터, $\mathbf{Z1} = \mathbf{1}$와 $\mathbf{Z}(\mathbf{I} - \mathbf{P}) = \mathbf{I} - \mathbf{W}$임을 알았다. 이제, $\mathbf{M}$, $\mathbf{D}$, $\mathbf{P}$의 관계를 나타내는 다음 식에 이를 적용해 보자.

$$(\mathbf{I} - \mathbf{P})\mathbf{M} = \mathbf{1} - \mathbf{D}$$

위 식의 양변 우측에 $\mathbf{Z}$를 곱하면 다음과 같다.

$$\text{LHS} : \ \mathbf{Z}(\mathbf{I} - \mathbf{P})\mathbf{M} = (\mathbf{I} - \mathbf{W})\mathbf{M}$$
$$\text{RHS} : \ \mathbf{Z}(\mathbf{1} - \mathbf{D}) = \mathbf{Z1} - \mathbf{ZD} = \mathbf{1} - \mathbf{ZD}$$

위 결과를 이용하여 역행렬을 구할 수 없는 $(\mathbf{I} - \mathbf{P})$를 소거시키고, $\mathbf{M}$에 대하여 재귀적인 다음 식을 얻을 수 있다.

$$\mathbf{M} = \mathbf{1} - \mathbf{ZD} + \mathbf{WM}$$

위 행렬의 연산을 요소별로 보면 다음과 같다.

$$m_{i::j} = 1 - z_{ij}r_{j::j} + (\mathbf{wM})_j$$

$m_{j::j} = 0$이므로, $m_{j::j} = 1 - z_{jj}r_{j::j} + (\mathbf{wM})_j$로부터 $(\mathbf{wM})_j = z_{jj}r_{j::j} - 1$이다. 따라서, $m_{i::j}$는 다음과 같이 계산된다.

$$m_{i::j} = (z_{jj} - z_{ij})r_{j::j} = \frac{z_{jj} - z_{ij}}{\pi_j}$$

이상의 결과를 〈미리내 날씨〉에 적용하면 다음을 얻는다.

$$\mathbf{r} = [5/2,\ 5/1,\ 5/2]$$

$$\mathbf{M} = \begin{bmatrix} 0 & 4 & 10/3 \\ 8/3 & 0 & 8/3 \\ 10/3 & 4 & 0 \end{bmatrix}$$

즉, 〈미리내〉에서는 눈이 내리고 평균적으로 5/2일이 지나면 다시 눈이 내리고, 비가 내리고 평균적으로 8/3일이 지나면 눈이 내린다.

## 10.2 마르코프 연쇄를 이용한 야구 모형

### 10.2.1 상태 공간

각 베이스에 주자가 위치하는 방법은 총 8가지가 가능하다. 이를 다음과 같이 나타내자: (0)[주자가 없는 경우], (1)[1루에만 주자가 있는 경우], (2), (3), (12)[1루와 2루에만 주자가 있는 경우], (13), (23), (123)[1루, 2루, 3루에 모두 주자가 있는 경우].

한 회가 진행되는 동안에는 2번의 아웃까지 허용되므로[0 아웃, 1 아웃, 2 아웃], 아웃수를 주자 배치 뒤에 표시하면 총 24개의 상태가 가능하며 이들을 순서대로 나타내면 다음과 같다.

0:(0,0), 1:(1,0), 2:(2,0), 3:(3,0), 4:(12,0), 5:(13,0), 6:(23,0), 7:(123,0), 8:(0,1), 9:(1,1), 10:(2,1), 11:(3,1), 12:(12,1), 13:(13,1), 14:(23,1), 15:(123,1), 16:(0,2), 17:(1,2), 18:(2,2), 19:(3,2), 20:(12,2), 21:(13,2), 22:(23,2), 23:(123,2).

그리고 이에 추가하여 25번째 상태인 25:(*,3)이 있다. 이는 3 아웃으로 흡수 상태이자 한 회의 종료 상태에 해당한다.

### 10.2.2 상태 전이

공격 팀을 기준으로 상태전이를 설정할 것이다. 따라서, 타석에서의 결과가 상태 전이를 결정한다. 타석 결과는 크게 다음 여섯 경우 중의 하나다.

1루타, 2루타, 3루타, 홈런, 포[four]볼, 아웃

1루타는 다시 짧은 1루타, 중간 1루타, 긴 1루타로 구분할 수 있으며, 타자는 1루로만 진출한다. 짧은 1루타에서 주자들은 한 베이스씩 전진한다. 중간 1루타는 짧은 1루타와 같으나 2루에 주자가 있다면 주자는 두 베이스를 전진하여 홈으로 들어온다. 긴 1루타는 모든 주자들이 두 베이스를 전진한다. 1루타가 짧은 1루타, 중간 1루타, 긴 1루타가 될지는 무작위적으로 결정된다고 가정한다.

2루타에서 타자는 2루로 진출하며, 주자는 모두 두 베이스씩 전진한다. 따라서, 2루와

3루 주자는 홈으로 들어올 수 있다. 3루타에서 타자는 3루로 전진하며, 모든 주자들은 홈으로 들어온다. 홈런은 타자와 주자 모두 홈으로 들어온다. 포볼에서 타자는 1루로 진출하고, 1루 주자는 2루로, 2루 주자는 3루로 이동하는데, 3루 주자는 2루에 주자가 있는 경우만 홈으로 들어온다. 아웃에서 타자는 진출하지 못하며 주자 역시 베이스를 전진하지 못한다.

타석 결과에 대한 확률을 다음 기호로 지정한다: 1루타는 $s$[짧은 1루타, 중간 1루타, 긴 1루타 확률은 각각 $s/3$], 2루타는 $d$, 3루타는 $t$, 홈런은 $h$, 포볼은 $w$, 아웃은 $o$. 이에 따라 각 상태전이에 대한 전이확률들은 다음 표와 같이 부여된다. 불가능한 전이[예, 0: $(0,0) \rightarrow 7:(123,0)$ 등]는 나타내지 않았다.

| 상태전이 | 원인 | 전이확률 |
|---|---|---|
| 0:(0,0) → 0:(0,0) | 홈런 | h |
| 0:(0,0) → 1:(1,0) | 1루타 또는 포볼 | s+w |
| 0:(0,0) → 2:(2,0) | 2루타 | d |
| 0:(0,0) → 3:(3,0) | 3루타 | t |
| 0:(0,0) → 8:(0,1) | 아웃 | o |
| 1:(1,0) → 0:(0,0) | 홈런 | h |
| 1(1,0) → 3:(3,0) | 3루타 | t |
| 1:(1,0) → 4:(12,0) | 짧거나 중간1루타 또는 포볼 | 2s/3 + w |
| 1:(1,0) → 5:(13,0) | 긴1루타 | s/3 |
| 1:(1,0) → 6:(23,0) | 2루타 | d |
| 1:(1,0) → 9:(1,1) | 아웃 | o |
| 2:(2,0) → 0:(0,0) | 홈런 | h |
| 2:(2,0) → 1:(1,0) | 중간 1루타 또는 긴 1루타 | 2s/3 |
| 2:(2,0) → 2:(2,0) | 2루타 | d |
| 2:(2,0) → 3:(3,0) | 3루타 | t |
| 2:(2,0) → 4:(12,0) | 포볼 | w |
| 2:(2,0) → 5:(13,0) | 짧은 1루타 | s/3 |
| 2:(2,0) → 10:(2,1) | 아웃 | o |
| 3:(3,0) → 0:(0,0) | 홈런 | h |
| 3:(3,0) → 1:(1,0) | 1루타 | s |

| | | |
|---|---|---|
| 3:(3,0) → 2:(2,0) | 2루타 | d |
| 3:(3,0) → 3:(3,0) | 3루타 | t |
| 3:(3,0) → 5:(13,0) | 포볼 | w |
| 3:(3,0) → 11:(3,1) | 아웃 | o |
| 4:(12,0) → 0:(0,0) | 홈런 | h |
| 4:(12,0) → 3:(3,0) | 3루타 | t |
| 4:(12,0) → 4:(12,0) | 중간 1루타 | s/3 |
| 4:(12,0) → 5:(13,0) | 긴 1루타 | s/3 |
| 4:(12,0) → 6:(23,0) | 2루타 | d |
| 4:(12,0) → 7:(123,0) | 짧은 1루타 또는 포볼 | s/3 + w |
| 4:(12,0) → 12:(12,1) | 아웃 | o |
| 5:(13,0) → 0:(0,0) | 홈런 | h |
| 5:(13,0) → 3:(3,0) | 3루타 | t |
| 5:(13,0) → 4:(12,0) | 짧거나 중간 1루타 | 2s/3 |
| 5:(13,0) → 5:(13,0) | 긴 1루타 | s/3 |
| 5:(13,0) → 6:(23,0) | 2루타 | d |
| 5:(13,0) → 7:(123,0) | 포볼 | w |
| 5:(13,0) → 13:(13,1) | 아웃 | o |
| 6:(23,0) → 0:(0,0) | 홈런 | h |
| 6:(23,0) → 1:(1,0) | 길거나 중간 1루타 | 2s/3 |
| 6:(23,0) → 2:(2,0) | 2루타 | d |
| 6:(23,0) → 3:(3,0) | 3루타 | t |
| 6:(23,0) → 5:(13,0) | 짧은 1루타 | s/3 |
| 6:(23,0) → 7:(123,0) | 포볼 | w |
| 6:(23,0) → 14:(23,1) | 아웃 | o |
| 7:(123,0) → 0:(0,0) | 홈런 | h |
| 7:(123,0) → 2:(2,0) | 2루타 | d |
| 7:(123,0) → 3:(3,0) | 3루타 | t |
| 7:(123,0) → 4:(12,0) | 중간 1루타 | s/3 |
| 7:(123,0) → 5:(13,0) | 긴 1루타 | s/3 |

| | 짧은 1루타 또는 포볼 | |
|---|---|---|
| 7:(123,0) → 7:(123,0) | 짧은 1루타 또는 포볼 | s/3 + w |
| 7:(123,0) → 15:(123,1) | 아웃 | o |

출발 상태가 1 아웃인 경우들은 상태 번호에 8을 더하고 위와 동일한 확률을 지정하면 된다. 출발 상태가 2 아웃인 경우들은 도달 상태가 3 아웃이면 흡수상태[25]로 전이되도록 하고 그 외의 경우들을 상태 번호에 8을 더하면 된다.

흡수성 연쇄의 근본행렬 $N$을 이용할 것이므로, 흡수 상태로의 전이들을 제외한 모든 전이확률들을 아래 표로 나타낸 $P^\dagger$에 모을 것이다.

| | (0,0) | (1,0) | (2,0) | (3,0) | (12,0) | (13,0) | (23,0) | (123,0) | (0,1) | (1,1) | (2,1) | (3,1) | (12,1) | (13,1) | (23,1) | (123,1) | (0,2) | (1,2) | (2,2) | (3,2) | (12,2) | (13,2) | (23,2) | (123,2) |
|---|---|---|---|---|---|---|---|---|---|---|---|---|---|---|---|---|---|---|---|---|---|---|---|---|
| (0,0) | h | s+w | d | t | | | | | o | | | | | | | | | | | | | | | |
| (1,0) | h | | | t | w+2s/3 | s/3 | d | | | o | | | | | | | | | | | | | | |
| (2,0) | h | 2s/3 | d | t | w | s/3 | | | | | o | | | | | | | | | | | | | |
| (3,0) | h | s | d | t | | w | | | | | | o | | | | | | | | | | | | |
| (12,0) | h | | | t | s/3 | s/3 | d | w+s/3 | | | | | o | | | | | | | | | | | |
| (13,0) | h | | | t | 2s/3 | s/3 | d | w | | | | | | o | | | | | | | | | | |
| (23,0) | h | 2s/3 | d | t | | s/3 | | w | | | | | | | o | | | | | | | | | |
| (123,0) | h | | d | t | s/3 | s/3 | | w+s/3 | | | | | | | | o | | | | | | | | |
| (0,1) | | | | | | | | | h | s+w | d | t | | | | | o | | | | | | | |
| (1,1) | | | | | | | | | h | | | t | w+2s/3 | s/3 | d | | | o | | | | | | |
| (2,1) | | | | | | | | | h | 2s/3 | d | t | w | s/3 | | | | | o | | | | | |
| (3,1) | | | | | | | | | h | s | d | t | | w | | | | | | o | | | | |
| (12,1) | | | | | | | | | h | | | t | s/3 | s/3 | d | w+s/3 | | | | | o | | | |
| (13,1) | | | | | | | | | h | | | t | 2s/3 | s/3 | d | w | | | | | | o | | |
| (23,1) | | | | | | | | | h | 2s/3 | d | t | | s/3 | | w | | | | | | | o | |
| (123,1) | | | | | | | | | h | | d | t | s/3 | s/3 | | w+s/3 | | | | | | | | o |
| (0,2) | | | | | | | | | | | | | | | | | h | s+w | d | t | | | | |
| (1,2) | | | | | | | | | | | | | | | | | h | | | t | w+2s/3 | s/3 | d | |
| (2,2) | | | | | | | | | | | | | | | | | h | 2s/3 | d | t | w | s/3 | | |
| (3,2) | | | | | | | | | | | | | | | | | h | s | d | t | | w | | |
| (12,2) | | | | | | | | | | | | | | | | | h | | | t | s/3 | s/3 | d | w+s/3 |
| (13,2) | | | | | | | | | | | | | | | | | h | | | t | 2s/3 | s/3 | d | w |
| (23,2) | | | | | | | | | | | | | | | | | h | 2s/3 | d | t | | s/3 | | w |
| (123,2) | | | | | | | | | | | | | | | | | h | | d | t | s/3 | s/3 | | w+s/3 |

다음은 타석 확률들$[s, d, t, h, w, o]$을 입력받고 $P^\dagger$를 반환하는 함수다.

```
def get_P_dag(s,d,t,h,w,o):
    """ s:single, d:double, t:triple
        h: home run, w:walk, o:out """
    P = np.zeros((25,25))
    P[0,0]=h; P[0,1]=s+w; P[0,2]=d; P[0,3]=t
    P[1,0]=h; P[1,3]=t; P[1,4]=2*s/3+w; P[1,5]=s/3; P[1,6]=d
    P[2,0]=h; P[2,1]=2*s/3; P[2,2]=d; P[2,3]=t; P[2,4]=w
    P[2,5]=s/3
    P[3,0]=h; P[3,1]=s; P[3,2]=d; P[3,3]=t; P[3,5]=w
    P[4,0]=h; P[4,3]=t; P[4,4]=s/3; P[4,5]=s/3; P[4,6]=d
    P[4,7]=s/3+w
    P[5,0]=h; P[5,3]=t; P[5,4]=2*s/3; P[5,5]=s/3; P[5,6]=d
    P[5,7]=w
    P[6,0]=h; P[6,1]=2*s/3; P[6,2]=d; P[6,3]=t; P[6,5]=s/3
```

```
    P[6,7]=w
    P[7,0]=h;P[7,2]=d;P[7,3]=t;P[7,4]=s/3;P[7,5]=s/3
    P[7,7]=s/3+w
    for i in range(8):
        for j in range(8):
            P[i+8,j+8] = P[i,j]
            P[i+16,j+16] = P[i,j]
    # ---
    P[0,8]=o; P[1,9]=o; P[2,10]=o; P[3,11]=o
    P[4,12]=o;P[5,13]=o; P[6,14]=o; P[7,15]=o
    P[8,16]=o; P[9,17]=o; P[10,18]=o; P[11,19]=o
    P[12,20]=o;P[13,21]=o; P[14,22]=o; P[15,23]=o
    # ---
    P[16,24]=o; P[17,24]=o; P[18,24]=o; P[19,24]=o
    P[20,24]=o;P[21,24]=o; P[22,24]=o; P[23,24]=o
    # ---
    P_dag = P[:24,:24]
    return P_dag
```

타석 확률은 과거의 게임 결과로부터 추정할 수 있다. 아래에 실제 게임 결과를 변형한 자료를 나타내었다. 팀 A[공격]와 팀 B[수비]의 대전에서 500 타석에 대한 결과다.

1루타 횟수:  83     $\hat{s} = 0.166$

2루타 횟수 : 21 $\hat{d} = 0.042$

3루타 횟수:  3     $\hat{t} = 0.006$

홈런 횟수:  11 $\hat{h} = 0.022$

포볼 횟수:  46 $\hat{w} = 0.092$

아웃 횟수: 336     $\hat{o} = 0.672$

다음은 위 데이터를 입력하면 타석 확률 추정치를 반환하는 함수다.

```
def get_batter_prob(n_s,n_d,n_t,n_h,n_w,n_o):
    total = (n_s+n_d+n_t+n_h+n_w+n_o)
    s = n_s/total
    d = n_d/total
    t = n_t/total
    h = n_h/total
    w = n_w/total
    o = n_o/total
    return s,d,t,h,w,o
```

## 10.3 득점 계산 및 전략 수립

### 10.3.1 상태전이에 따른 득점

상태 전이가 (0,0) → (0,0)이라면 주자가 없는 상황에서 타자는 홈런을 쳤다는 것이기에 1점을 획득한다. 마찬가지로, 상태 전이가 (123,2) → (123,2)이라면 만루 상황에서 포볼이나 짧은 1루타를 쳐서 1점을 득점한 것이고, (23,1) → (2,1)이라면 2루와 3루에 주자가 있는 상황에서 타자가 2루타를 쳐서 타자는 2루로 진출하고 2루와 3루의 주자는 홈으로 들어와 2점을 득점한 것이다. 반면, (12,0) → (12,1)과 같이 주자의 위치는 변하지 않고 아웃 수만 하나 증가하면 득점이 없다는 것이다. 이와 같은 득점 패턴을 보면 가능한 전이들에 대해서는 아래와 같은 규칙이 있음을 알 수 있다.

$$s_{ij} = \max\left([(b_i + o_i) - (b_j + o_j) + 1], 0\right)$$

위 식에서 $s_{ij}$는 상태 $i$에서 출발하여 상태 $j$에 도달했을 때 받는 득점이고, $b_i$와 $o_i$는 상태 $i$에서의 주자 수와 아웃 수이며, $b_j$와 $o_j$는 상태 $j$에서의 주자 수와 아웃 수다. 예를 들어, 전이 (123,2) → (123,2)에서는 $(3 + 2) - (3 + 2) + 1 = 1$ 점이 획득된다.

다음은 흡수 상태를 제외한 모든 상태들에 대한 $s_{ij}$를 모아둔 행렬 **S**를 반환하는 함수다. 가능한 전이들에 대해서만 $s_{ij}$를 구하고, 음수는 허용하지 않는다.

```python
def get_S():
    states = {0:("",0),1:("1",0),2:("2",0),3:("3",0),
              4:("12",0),5:("13",0),6:("23",0),7:("123",0),
              8:("",1),9:("1",1),10:("2",1),11:("3",1),
              12:("12",1),13:("13",1),14:("23",1),15:("123",1),
              16:("",2),17:("1",2),18:("2",2),19:("3",2),
              20:("12",2),21:("13",2),22:("23",2),23:("123",2)}
    S = np.zeros((24,24))
    for i in range(8):
        for j in range(8):
            state_i = states[i]
            state_j = states[j]
            b_i = len(state_i[0])
            o_i = state_i[1]
            b_j = len(state_j[0])
            o_j = state_j[1]
            s_ij = (b_i+o_i)-(b_j+o_j)+1
```

```
                s_ij = max(s_ij,0)
                S[i,j]=s_ij
    for i in range(8,16):
        for j in range(8,16):
            state_i = states[i]
            state_j = states[j]
            b_i = len(state_i[0])
            o_i = state_i[1]
            b_j = len(state_j[0])
            o_j = state_j[1]
            s_ij = (b_i+o_i)-(b_j+o_j)+1
            s_ij = max(s_ij,0)
            S[i,j]=s_ij
    for i in range(16,24):
        for j in range(16,24):
            state_i = states[i]
            state_j = states[j]
            b_i = len(state_i[0])
            o_i = state_i[1]
            b_j = len(state_j[0])
            o_j = state_j[1]
            s_ij = (b_i+o_i)-(b_j+o_j)+1
            s_ij = max(s_ij,0)
            S[i,j]=s_ij
    return S
```

## 10.3.2 한 타석 기대득점

게임이 상태 $i$에 있을 때, 타석 결과는 전이확률에 의해 결정된다. 예를 들어, 상태 0[(0,0)]에서 $p_{00} = h$의 확률로 상태 0[(0,0)]으로 전이되며, $p_{03} = t$의 확률로 상태 3[(3,0)]으로 전이된다. 따라서, 상태 $i$에 있을 때 타자 1인에 대하여 기대할 수 있는 점수는 다음과 같은 가중합이다[$\odot$은 요소별 곱].

$$w_i = \sum_{j=0}^{24} p_{ij}s_{ij}$$

$$\mathbf{w} = (\mathbf{P}^\dagger \odot \mathbf{S})\mathbf{1}$$

다음은 한 타석 기대득점을 계산하는 함수다.

```
def get_w(P_dag, S):
```

```
    W = P_dag*S
    w = W.sum(axis=1)
    return w
```

## 10.3.3 한 회 기대득점

한 타석의 결과에 따라 게임의 상태는 다른 상태로 전이되며, 다음 타석의 결과에 따라 다시 다른 상태로 전이된다. 즉, 게임의 상태는 흡수 상태에 도달하기 전[한 회가 끝나기 전]까지 계속해서 변화한다. 따라서, 상태 $i$에서 출발했을 때 흡수 상태에 도달하기 전까지 얻을 수 있는 기대득점 수는 상태 $i$로부터 흡수 상태에 도달하기 전까지 방문하는 모든 상태 $j$들에서 얻을 수 있는 한 타석 기대점수의 합이다. 또한, 게임이 진행되는 동안 동일한 상태를 여러 번 방문할 수도 있으므로, 흡수 전 방문 기대횟수를 고려해야 한다. 따라서, 게임이 상태 $i$에 있을 때 한 회가 끝나기 전까지 얻을 수 있는 한 회 기대득점은 다음과 같다.

$$v_i = \sum_{j=1}^{24} n_{i::j} w_j$$

$$\mathbf{v} = \mathbf{Nw}$$

흡수 전 방문 기대횟수 $n_{i::j}$는 근본행렬 $\mathbf{N}$의 요소이며 근본행렬은 $(\mathbf{I} - \mathbf{P}^{\dagger})$의 역행렬이다. 다음은 근본행렬 $\mathbf{N}$을 구하는 함수다.

```
def get_N(P_dag):
    I = np.eye(24)
    N = np.linalg.inv((I-P_dag))
    return N
```

앞서 작성한 함수들을 이용하여 한 회 기대득점 $\mathbf{v}$를 계산하는 함수는 다음과 같다.

```
def Markov_chain_SABR(n_s,n_d,n_t,n_h,n_w,n_o):
    s,d,t,h,w,o = get_batter_prob(n_s,n_d,n_t,n_h,n_w,n_o)
    P_dag = get_P_dag(s,d,t,h,w,o)
    S = get_S()
    w = get_w(P_dag, S)
    N = get_N(P_dag)
    v = np.dot(N, w)
    return v
```

## 10.3.4 득점 예측 및 전략 수립

모든 함수들이 준비되었으므로, 앞 절에서 언급한 자료를 이용하여 한 회 기대득점 **v**를 얻어보자.

```
# team A
n_s = 83
n_d = 21
n_t = 3
n_h = 11
n_w = 46
n_o = 336

v = Markov_chain_SABR(n_s,n_d,n_t,n_h,n_w,n_o)
print(np.round(v,2))
```

```
=========
[0.45 0.8  0.98 1.04 1.38 1.42 1.6  2.12 0.24 0.46 0.63 0.69 0.89 0.94
 1.1  1.48 0.09 0.19 0.3  0.35 0.42 0.46 0.57 0.78]
```

**v**는 게임이 상태 $i$에 있을 때 한 회가 끝나기 전까지 얻을 수 있는 한 회 기대득점이며, 위 결과를 표 형태로 정리하면 다음과 같다.

| Outs | Base occupied | | | | | | | |
|---|---|---|---|---|---|---|---|---|
| | 0 | 1 | 2 | 3 | 12 | 13 | 23 | 123 |
| 0 | 0.45 | 0.80 | 0.98 | 1.04 | 1.38 | 1.42 | 1.60 | 2.12 |
| 1 | 0.24 | 0.46 | 0.63 | 0.69 | 0.89 | 0.94 | 1.10 | 1.48 |
| 2 | 0.09 | 0.19 | 0.30 | 0.35 | 0.42 | 0.46 | 0.57 | 0.78 |

상태 0에서 출발하여 한 회가 끝나기 전까지 얻을 수 있는 기대득점이 한 회당 기대할 수 있는 득점이다. 위 예에서는 첫 번째 리스트 요소인 **0.45**가 한 회당 기대할 수 있는 득점이다. 따라서 팀 A는 팀 B와의 대전에서 총 $0.45 \times 9 = 4.05$점을 기대할 수 있다. 위 계산을 팀 B가 공격하는 입장에서도 계산하고 둘을 서로 비교해 본다면, 어느 팀이 승리할지를 예측해 볼 수 있을 것이다.

이번에는 게임이 진행되는 중에 발생할 수 있는 다음과 같은 상황을 생각해 보자. 9회 말 두 팀이 동점이며 1루와 2루에 주자가 있고, 현재 원 아웃 상태다.

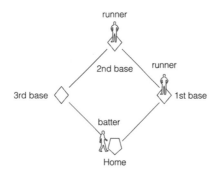

감독은 타자에게 희생타<sup>sacrifice</sup>[자신은 아웃당하지만, 1루 주자를 2루로 보내고 2루 주자를 3루로 보내도록 일부러 그렇게 치는 것]를 요구할 수 있다. 희생타가 성공하면, 그다음 타자는 3루 주자를 홈으로 올 수 있게 하여 팀을 승리하게 하는 방법이 더 쉬워진다. 원 아웃을 감수하고 희생타를 시도하는 것과 희생타를 시도하지 않는 것 중에 어느 것이 더 유리할까?

주자가 1루와 2루에 있고 원 아웃인 상태[(12,1)]에서 기대할 수 있는 점수는 0.89점이다. 만약 희생타를 친다면, 주자는 2루와 3루로 진출하고 투 아웃이 되며 이 상태[(23,1)]에서 기대할 수 있는 점수는 0.57점이다. 따라서, 위와 같은 게임 상황에서는 희생타를 시도하지 않는 것이 더 유리하다.

이번에는 도루<sup>stealing base</sup>[아웃을 감수하고 투수 몰래 한 베이스 전진]에 대해서 생각해 보자. 위 그림과 같은 상황에서 2루에 있는 주자가 3루로 도루를 시도하는 것이 승리에 도움이 될까? 도루가 성공한다면 상태는 (13,1)이 되고 이 상태에서 기대할 수 있는 점수는 0.94점이다. 만약 실패한다면 상태는 (12,2)가 되고 이 상태에서 기대할 수 있는 점수는 0.42점이다. 따라서, 도루에 따른 기대 점수[$v_{sb}$]는 2루 주자의 도루 성공률[$p_{sb}$]에 따라 달라진다.

$$v_{sb} = 0.94p_{sb} + 0.42(1 - p_{sb})$$

$v_{sb}$가 0.89보다 커야만 도루가 승리에 도움이 되며, 그러기 위해서는 $p_{sb}$가 다음 부등식을 만족해야 한다.

$$p_{sb} > \frac{0.89 - 0.42}{0.94 - 0.42} = 0.9038$$

즉, 2루에 있는 주자의 도루 성공률이 0.90-0.95는 넘어야 도루가 승리에 도움이 된다. 그렇지 못하다면, 도루를 시도하지 않는 것이 승리에 도움이 된다.

342

# 11

# 마르코프 의사결정 과정

## 작업장 로봇

로봇 팔과 쓰레기 수거함을 가지고 있는 가상의 청소 로봇을 생각해 보자. 이 로봇은 쓰레기를 찾아 이동하면서 로봇 팔로 쓰레기들을 수집하는 탐색[S], 이동하지 않고 사람들이 쓰레기 수거함에 쓰레기를 버리기를 기다리는 대기[W], 충전소로 이동하여 배터리를 충전[R]하는 행동들을 할 수 있다. 로봇의 배터리가 충전된 상태를 높음[H]과 낮음[L]으로 구분하면, 로봇의 행동에 따라 배터리 상태가 변화하는 바를 다음과 같이 나타낼 수 있다.

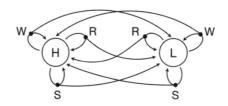

위는 마르코프 의사결정 과정Markov Decision Process[MDP]의 한 예이며, MDP는 현재 상태에서 행하는 행동 또는 의사결정이 미래의 상태와 보상에 대한 확률분포의 조건이 되도록 마르코프 연쇄를 확장한 것이다. 마르코프 연쇄와 달리 각 행동에 대한 상태 분기가 있는데, 예를 들어 상태 H에서 행동 S를 할 경우 확률 $\alpha$로 다시 상태 H가 되거나 확률 $(1 - \alpha)$로 상태 L이 된다. 또한, MDP에는 행동에 따른 보상도 포함되는데, 즉각적인 보상뿐만 아니라 이어지는 상태전이들 후에 얻어지는 보상까지도 고려한다. 예를 들어 청소 로봇이 수거하는 쓰레기의 양을 보상이라 하면, 상태 L에서 행동 R을 할 경우 즉각적인 보상은 없더라도 로봇의 상태를 H로 바꿈으로써 이후에 행동 S를 통해 보상을 받게 될 수 있다.

이 장에서는 강화학습의 이론적 기반이 되는 MDP의 기본 개념들을 소개하고 동적 계획법dynamic programming을 이용하여 간단한 강화학습 문제의 해를 구하는 방법을 소개한다.

이 장에서 사용하는 패키지는 다음과 같이 불러들인다.

```
import numpy as np
```

## 11.1 에이전트와 환경

마르코프 의사결정 과정Markov Decision Process[MDP]에서 행동의 주체 또는 의사 결정자decision maker를 에이전트agent라 하며, 에이전트를 제외한 나머지 모든 것을 **환경**environment이라 한다.

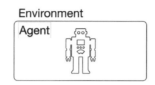

이 장에서는 함정과 장애물이 있는 작업장에서 목표 지점으로 이동하는 로봇을 훈련할 텐데, 로봇을 에이전트라 할 것이며 로봇이 놓인 작업장 공간을 환경이라 할 것이다. 엄밀하게 말하자면, 로봇의 지능이라 할 수 있는 학습 알고리즘이 에이전트이고 로봇의 배터리나 관절과 같은 부속물들은 환경에 속하지만, 굳이 이러한 구분은 하지 않는다.

에이전트와 환경이 상호작용하는 시간 간격을 **스텝**step이라 하고, 스텝의 $t$배수를 **시점**이라 한다. 시점 $t$에서 에이전트는 환경이 제공하는 어떤 **상태**state $S_t$에 놓이게 되며, 그 상태에서 어떤 **행동**action $A_t$를 한다. $S_t$와 $A_t$는 시점에 따른 확률변수다.

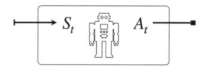

이 장에서 사용하는 예에서는 작업장 내 로봇의 위치가 상태가 된다. 작업장을 아홉 개의 구획으로 나눈다면 **상태공간**state space은 $\mathcal{S} = \{0, 1, \dots, 8\}$이며, 에이전트인 로봇은 시점 $t$에서 아홉 개의 구획 중 하나에 놓인다: $S_t = s \in \mathcal{S}$.

로봇 에이전트가 할 수 있는 행동을 북[0]/동[1]/남[2]/서[3] 중 한 방향으로의 이동이라 하면 **행동공간**action space은 $\mathcal{A} = \{0, 1, 2, 3\}$이며, 에이전트는 시점 $t$에서 네 개의 가능한 행동 중 하나를 행한다: $A_t = a \in \mathcal{A}$.

에이전트가 행동을 하면, 환경은 다음 시점 $(t + 1)$에서 에이전트에게 행동에 대한 결과로서 어떤 **보상**reward $R_{t+1}$을 준다. $R_{t+1}$도 시점에 따른 확률변수이며, 치역range은 실수

공간의 일부 또는 전부다: $R_{t+1} = r \in \mathscr{R} \subseteq \mathbb{R}$. 그리고 보상을 받음과 동시에 에이전트는 다음 상태 $S_{t+1} = s'$에 놓이게 된다.

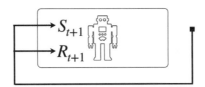

예를 들어, 작업장 로봇은 한 번의 행동에 의해 인접한 구획[$s'$]으로 이동하는데, 목표 구획에 도달하면 +1점을, 함정에 빠지면 -1점을, 이 외의 구획으로 이동하면 0점을 보상으로 받는다. 이와 같은 순차적 과정을 초기 시점부터 목표 구획에 도달하는 종료 시점 $T$ 까지 다음과 같은 서열로 나타낼 수 있다.

$$S_0, A_0, R_1, S_1, A_1, R_2, S_2, \ldots, S_{T-1}, A_{T-1}, R_T, S_T$$

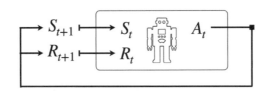

작업장 로봇 문제와 같이 **종료상태**terminal state[마르코프 연쇄에서의 **흡수상태**absorbing state]가 있는 경우는 $T \neq \infty$이며, **시작상태**initial state $S_0$에서 종료상태 $S_T$에 도달하기까지 에이전트와 환경이 상호작용하는 일련의 과정을 **에피소드**episode라 한다. 이와 관련하여, 강화학습 작업을 종료상태가 있는 **에피소드형 작업**episodic task과 종료상태가 없는[$T = \infty$] **연속형 작업**continuous task으로 구분한다.

에이전트는 확률변수 $S_t$, $A_t$, $R_{t+1}$, $S_{t+1}$의 실현값 $s$, $a$, $r$, $s'$을 통해 환경과 한 스텝 상호작용을 하는데, 이들이 서로 어떻게 관련되어 있는지를 확률 함수를 이용하여 나타낼 수 있다. 가장 근본적인 확률은 에이전트가 시점 $(t + 1)$에서 보상 $r$을 얻고 상태 $s'$에 있을 결합확률인데, 이는 시점 $t$의 상태 $s$에서 행한 행동 $a$를 조건으로 하는 조건부확률이다. 이를 **MDP 확률 모형**이라 한다.

$$p(s', r \,|\, s, a) = P(S_{t+1} = s', R_{t+1} = r \,|\, S_t = s, A_t = a)$$

앞으로 이 책에서 "MDP 확률 모형을 정확히 알고 있다"라고 언급하면, 모든 $s \in \mathscr{S}$,

$a \in \mathcal{A}, r \in \mathcal{R}$에 대하여 위 확률질량함수[PMF]의 값들을 정확히 알고 있다는 것을 뜻한다.

$p(s', r \mid s, a)$에서 $r$을 주변화 제거marginalizing out하면, 상태 $s$에서 행동 $a$를 행한 결과로 인해 다음 상태 $s'$로 전이할 확률을 나타내는 **상태전이 확률**state transition probability이 된다.

$$p(s' \mid s, a) = \sum_{r \in \mathcal{R}} p(s', r \mid s, a)$$

또한, $p(s', r \mid s, a)$에서 $s'$을 주변화 제거하면, 상태 $s$에서의 행동 $a$에 대한 결과로 보상 $r$을 받을 확률인 **보상 확률**reward probability을 구할 수 있다.

$$p(r \mid s, a) = \sum_{s \in \mathcal{S}} p(s', r \mid s, a)$$

위 확률들을 이용하여 **보상의 기대값**을 구할 수 있다. 다음은 상태 $s$에서 행동 $a$를 행함으로써 받는 보상의 조건부 기대값이다.

$$\begin{aligned} r(s, a) &= E(R_{t+1} \mid S_t = s, A_t = a) \\ &= \sum_{r \in \mathcal{R}} r \, p(r \mid s, a) \\ &= \sum_{r \in \mathcal{R}} r \sum_{s' \in \mathcal{S}} p(s', r \mid s, a) \end{aligned}$$

상태 $s$에서 행동 $a$를 하고 상태 $s'$로 옮겨가는 도중에 보상을 받는다는 의미에서 보상의 조건부 기대값은 다음과 같이 구할 수도 있다.

$$\begin{aligned} r(s, a, s') &= E(R_{t+1} \mid S_t = s, A_t = a, S_{t+1} = s') \\ &= \sum_{r \in \mathcal{R}} r \, p(r \mid s, a, s') \\ &= \sum_{r \in \mathcal{R}} r \, \frac{p(s', r \mid s, a)}{p(s' \mid s, a)} \end{aligned}$$

## 11.1.1 작업장 로봇과 환경

이 장에서 사용할 가상의 작업장을 소개한다. 작업장은 다음과 같이 아홉 개의 구획으로 나뉘어 있으며, 장애물과 함정에 해당하는 구획이 있다. START는 로봇이 처음에 놓인 구획으로서 초기 상태[$S_0 = 0$]에 해당하고, GOAL은 로봇이 도착해야 하는 목표 구획으로서 종료 상태[$S_T = 8$]에 해당한다.

로봇은 모든 구획에서 북쪽[$A = 0$], 동쪽[$A = 1$], 남쪽[$A = 2$], 또는 서쪽[$A = 3$]으로 한 구획 이동하려는 행동을 할 수 있고 작업장을 벗어날 수는 없다. 즉, $S = 0$나 $S = 1$에서 $A = 0$[북]을 행하면 작업장 벽에 부딪히기만 할 뿐이다. 작업장에는 미끄럽고 경사진 곳도 있는데, $S = 1$은 매우 미끄러운 구획이라 다른 구획에서 이 구획으로 이동하려 하면 높은 확률로 이 구획에서 멈추지 못하고 한 구획 더 이동하게 된다. 예를 들어, $S = 0$에서 $A = 1$[동]를 행하면 0.9의 확률로 $S = 2$로 이동하게 되며, $S = 2$에서 $A = 3$[서]을 행하면 0.9의 확률로 $S = 0$으로 이동하게 된다. 또한 $S = 5$의 남쪽 방향에는 미끄럽고 경사진 언덕이 있어서 $S = 5$에서 $A = 2$[남]를 행하면 0.9의 확률로 미끄러져서 다시 $S = 5$로 되돌아온다. 나머지 위치에서는 원하는 곳으로 한 번에 한 칸씩 이동할 수 있다. 그리고 $S = 6$은 함정으로서, 로봇이 이곳에 들어가게 되면 빠져나오지 못한다. 즉, $S = 6$과 $S = 8$ 모두 종료 상태이고, 로봇이 이 상태에 들어가면 하나의 에피소드가 끝난다. GOAL에 도착하면 보상으로 +1점을 얻으며, 함정에 빠지면 -1점을 얻는다. 나머지 경우에는 0점을 얻는다.

다음 표에 앞서 언급한 행동에 따른 상태전이와 보상, 그리고 이에 대한 확률을 나타내었다. 즉, 작업장 로봇의 예에서 우리는 MPD 모형을 정확히 알고 있다. 참고로, 종료상태가 되면 에피소드가 종료되므로 상태 6과 8에서는 가능한 행동이 있을 수 없다.

| $s$ | $a$ | $(r,s')$ | $p(r,s'\|s,a)$ | $s$ | $a$ | $(r,s')$ | $p(r,s'\|s,a)$ |
|---|---|---|---|---|---|---|---|
| 0 | 0 | (0, 0) | 1 | 4 | 0 | (0, 1) | 1 |
|   | 1 | (0, 1) | 0.1 |   | 1 | (0, 5) | 1 |
|   |   | (0, 2) | 0.9 |   | 2 | (0, 7) | 1 |
|   | 2 | (0, 3) | 1 |   | 3 | (0, 3) | 1 |
|   | 3 | (0, 0) | 1 | 5 | 0 | (0, 2) | 1 |
| 1 | 0 | (0, 0) | 1 |   | 1 | (0, 5) | 1 |
|   | 1 | (0, 2) | 1 |   | 2 | (0, 5) | 0.9 |
|   | 2 | (0, 4) | 1 |   |   | (1, 8) | 0.1 |
|   | 3 | (0, 0) | 1 |   | 3 | (0, 4) | 1 |
| 2 | 0 | (0, 2) | 1 | 6 | - | - | - |
|   | 1 | (0, 2) | 1 | 7 | 0 | (0, 4) | 1 |
|   | 2 | (0, 5) | 1 | 7 | 1 | (1, 8) | 1 |
|   | 3 | (0, 0) | 0.9 | 7 | 2 | (0, 7) | 1 |
|   |   | (0, 1) | 0.1 | 7 | 3 | (-1,6) | 7 |
| 3 | 0 | (0, 0) | 1 | 8 | - | - | - |
|   | 1 | (0, 4) | 1 |   |   |   |   |
|   | 2 | (-1, 6) | 1 |   |   |   |   |
|   | 3 | (0, 3) | 1 |   |   |   |   |

작업장 로봇의 목표는 최단 경로로 가장 빠르게 목표 구획에 도착하는 것이다. 이어지는 절에서 강화학습 문제의 해를 구하기 위해 필요한 MDP의 다른 개념들을 소개할 것인데, 여기서 MDP 모델을 다음과 같은 계층적 딕셔너리로 작성해 둔다.

```
# {s:{a:(r,s'):p}}
model = {0:{0:{(0,0):1},
            1:{(0,1):0.1, (0,2):0.9},
            2:{(0,3):1},
            3:{(0,0):1},
            },
         1:{0:{(0,0):1},
            1:{(0,2):1},
            2:{(0,4):1},
```

```
      3:{(0,0):1},
      },
 2:{0:{(0,2):1},
    1:{(0,2):1},
    2:{(0,5):1},
    3:{(0,0):0.9, (0,1):0.1},
    },
 3:{0:{(0,0):1},
    1:{(0,4):1},
    2:{(-1,6):1},
    3:{(0,3):1},
    },
 4:{0:{(0,1):1},
    1:{(0,5):1},
    2:{(0,7):1},
    3:{(0,3):1},
    },
 5:{0:{(0,2):1},
    1:{(0,5):1},
    2:{(0,5):0.9, (1,8):0.1},
    3:{(0,4):1},
    },
 6:{},
 7:{0:{(0,4):1},
    1:{(1,8):1},
    2:{(0,7):1},
    3:{(-1,6):1},
    },
 8:{},
 }
```

## 11.2 미래 보상의 현재 가치와 수확

시점 $t$에서 행할 행동 $A_t$가 어느 정도의 보상을 줄지를 평가할 때, 다음 시점에서 얻어질 즉각적인 보상 $R_{t+1}$만을 고려하는 것은 너무나 근시안적이다. 행동 $A_t$의 결과로써 다음 시점 또는 가까운 미래 시점에서 작은 보상을 얻거나 보상을 받지 못하더라도 먼 미래 시점에서 큰 보상을 얻을 수도 있기 때문이다. 따라서, 다음과 같이 시점 $(t+1)$ 이후에 얻어지는 모든 보상의 합으로 행동 $A_t$를 평가하는 것을 생각해 볼 수 있다.

$$R_{t+1} + R_{t+2} + R_{t+3} + \cdots + R_T$$

하지만, 위와 같이 미래 보상의 단순한 합으로 행동 $A_t$를 평가하는 것은 먼 미래를 너무 고려하는 평가법이 될 수도 있다. 특히 연속형$[T = \infty]$ 작업에서는 시점별 보상이 매우 작더라도 모든 미래 보상들의 합은 항상 무한대가 되는 단점도 있다.

따라서, 다음 시점에서 받을 즉각적인 보상, 가까운 미래 시점에서 받을 보상, 먼 미래 시점에서 받을 보상들에 대하여 적절한 가중치 $0 \leq \gamma \leq 1$를 부여한 후, 보상의 가중합을 행동의 평가에 사용하는 것이 더 바람직할 것이다. 여기서, 가중치 $\gamma$을 보상에 대한 **감가율**discount rate이라 한다. 시점 $t$로부터 $k > 1$ 스텝 후에 받을 보상에 대해서는 다음과 같이 감가율이 적용된 **미래 보상의 현재 가치**를 구한다.

$$\gamma^{k-1} R_{t+k}$$

미래 보상의 현재 가치를 고려하여 합산한 보상의 합은 **수확**return이라 하며, 다음과 같다.

$$G_t = \gamma^0 R_{t+1} + \gamma^1 R_{t+2} + \gamma^2 R_{t+3} + \cdots + \gamma^{T-1} R_T$$

$$= \sum_{k=t+1}^{T} \gamma^{k-t-1} R_k$$

수확에 따라 행동을 평가할 때 감가율 $\gamma$가 1에 가까울수록 미래 지향적future-oriented인 평가법이 되며, 0에 가까울수록 현재 지향적present-oriented인 평가법이 된다. 만약, $\gamma$가 0이라면 오직 다음 시점에서의 보상만 고려하는 매우 근시안적인 방법이 된다.

작업장 로봇의 예에서는 목표 구획에 도달한 경우에만 보상이 주어지므로 수확은 다음과 같으며, 목표 구획에 빨리 도달할수록 큰 수확을 얻는다.

$$G_t = \gamma^{T-1} R_T$$

참고로, $T = \infty$인 연속적 작업에서도 $\gamma < 1$이고 보상이 유한하다면, 수확은 유한하다. 예를 들어, $\gamma < 1$이고 보상이 모든 시점에서 상수 $c < \infty$라면 연속적 작업에서의 수확은 다음과 같은 기하급수합이다.

$$G_t = c \sum_{k=0}^{\infty} \gamma = c \times [1/(1 - \gamma)]$$

수확은 다음과 같이 시점별로 업데이트되는 방식으로 계산할 수도 있다.

$$\begin{aligned} G_t &= R_{t+1} + \gamma R_{t+2} + \gamma^2 R_{t+3} + \cdots + \gamma^{T-1} R_T \\ &= R_{t+1} + \gamma (R_{t+2} + \gamma R_{t+3} + \cdots + \gamma^{T-2} R_T) \\ &= R_{t+1} + \gamma \sum_{k=t+2}^{T} \gamma^{k-t-2} R_k \\ &= R_{t+1} + \gamma G_{t+1} \end{aligned}$$

## 11.3 정책과 가치

정책policy은 에이전트의 행동방침으로써, 에이전트가 상태 $s$에 있을 때 선택할 수 있는 행동 $a$에 대한 조건부 확률분포다.

$$\pi(a\,|\,s) = P(A_t = a\,|\,S_t = s)$$

이 책에서는 정책을 두 가지 의미로 사용할 텐데, 하나는 **확률분포로서의 정책**이고, 다른 하나는 상태 $s$를 입력하면 $\pi$에 따라 행동 하나를 선택하여 출력하는 **행동에 대한 선택 함수로의 정책**이다. 특별히 구분하여 명시하지 않으면, 문맥에 따라 해석하기 바란다.

에이전트가 정책 $\pi$에 따라 상태 $s$에서 행동 $a$를 했을 때 얻을 수 있는 수확의 조건부 기대값을 **행동의 가치**value of action라 한다.

$$q(s, a) = E(G_t\,|\,S_t = s, A_t = a)$$

에이전트가 정책 $\pi$에 따라 행동할 때, 상태 $s$에서 기대할 수 있는 수확의 기대값은 **상태의 가치**value of state라 한다.

$$v(s) = E(G_t\,|\,S_t = s)$$

### 11.3.1 벨만 식

위 기대값들은 $G_t = R_{t+1} + \gamma G_{t+1}$임을 이용하여, $G$에 대한 재귀적 형태로 나타낼 수 있는데, 이를 이용하여 위 기대값들이 정의되는 바를 재귀적인 형태로 나타내면 벨만 Richard Bellman 식Equation이 얻어진다.

다음은 **행동의 가치에 대한 벨만 식**이다.

$$
\begin{aligned}
q(s, a) &= E(R_{t+1} + \gamma G_{t+1}\,|\,S_t = s, A_t = a)\\
&= \sum_r \sum_{s'} \sum_{g_{t+1}} (r + \gamma g_{t+1}) p(r, g_{t+1}, s'\,|\,s, a)
\end{aligned}
$$

$$= \sum_{r} \sum_{s'} \sum_{g_{t+1}} (r + \gamma g_{t+1}) p(r, s' \mid s, a) p(g_{t+1} \mid s, a, r, s')$$

$$= \sum_{r} \sum_{s'} \sum_{g_{t+1}} (r + \gamma g_{t+1}) p(r, s' \mid s, a) p(g_{t+1} \mid s')$$

$$= \sum_{r} \sum_{s'} p(r, s' \mid s, a) \sum_{g_{t+1}} (r + \gamma g_{t+1}) p(g_{t+1} \mid s')$$

$$= \sum_{r} \sum_{s'} p(r, s' \mid s, a) [r + \gamma \sum_{g_{t+1}} g_{t+1} p(g_{t+1} \mid s')]$$

$$= \sum_{r} \sum_{s'} p(r, s' \mid s, a) [r + \gamma v(s')]$$

$$= \sum_{r} \sum_{s'} [r + \gamma v(s')] p(r, s' \mid s, a) \qquad \Leftarrow$$

전개과정 중에 조건 $s, a, r, s'$가 $s'$로 표현되는 이유는 $s, a, r$를 조건으로 하여 $s'$에 도달하기 때문이다. 또한, $p(r, s' \mid s, a)$는 $g_{t+1}$과는 무관하므로 $g_{t+1}$에 대한 합산식 밖으로 내보낼 수 있고, $r$도 $g_{t+1}$와는 무관하니 $r \Sigma_{g_{t+1}} p(g_{t+1} \mid s') = r$이라는 점 등이 전개에 이용되었다.

다음은 상태의 가치에 대한 벨만 식이다[마지막 전개 과정은 위와 동일].

$$v(s) = E(R_{t+1} + \gamma G_{t+1} \mid S_t = s)$$

$$= \sum_{a} \sum_{r} \sum_{s'} \sum_{g_{t+1}} (r + \gamma g_{t+1}) p(a, r, g_{t+1}, s' \mid s)$$

$$= \sum_{a} p(a \mid s) \sum_{r} \sum_{s'} \sum_{g_{t+1}} (r + \gamma g_{t+1}) p(r, g_{t+1}, s' \mid s, a)$$

$$= \sum_{a} p(a \mid s) \sum_{r} \sum_{s'} [r + \gamma v(s')] p(r, s' \mid s, a) \qquad \Leftarrow$$

## 11.3.2 최적 정책과 벨만 최적식

강화학습의 목표는 어떠한 상태 $s$에서도 수확의 기대값을 최대화할 수 있는 행동을 선택하는 **최적 정책**optimal policy$[\pi*]$을 찾는 것이다. 최적 정책하에서는 유일한 **최적 행동 가치 함수** $q*$가 있으며, 다음과 같이 정의된다.

$$q*(s, a) := \max_{\pi} q(s, a \sim \pi)$$

최적 정책하에서 수확의 기대값을 최대화하는 유일한 행동 가치가 있다는 것은 최적 정책하에서 수확의 기대값을 최대화하는 유일한 **최적 상태 가치 함수** $v*$가 있다는 것도 의미한다. 최적 상태 가치 함수는 다음과 같이 정의된다.

$$v*(s) := \max_{\pi} v_{\sim \pi}(s)$$

즉, $v*(s) = \max_a q*(s, a)$이므로, 최적 행동 가치 함수는 벨만 식으로부터 다음과 같이 나타낼 수 있으며, 이를 **행동의 가치에 대한 벨만 최적식**이라 한다.

$$\begin{aligned}
q*(s, a) &= E[R_{t+1} + \gamma v*(S_{t+1}) \,|\, S_t = s, A_t = a] \\
&= E[R_{t+1} + \gamma \max_{a°} q*(S_{t+1}, a°) \,|\, S_t = s, A_t = a] \qquad \Leftarrow \\
&= \sum_{r} \sum_{s'} [r + \gamma \max_{a°} q*(s', a°)] p(r, s' \,|\, s, a) \Leftarrow
\end{aligned}$$

마찬가지로, 상태의 가치에 대한 벨만 최적 식은 다음과 같다.

$$\begin{aligned}
v*(s) &= \max_a q*(s, a) \\
&= \max_a E[R_{t+1} + \gamma v*(S_{t+1}) \,|\, S_t = s, A_t = a] \qquad \Leftarrow \\
&= \max_a \sum_{r} \sum_{s'} [r + \gamma v*(s')] p(r, s' \,|\, s, a) \qquad \Leftarrow
\end{aligned}$$

## 11.4 동적 계획법

이 절에서는 **동적 계획법**dynamic programming[DP]으로 최적 정책을 찾는 방법을 소개한다. 참고로, 동적 계획법이란 큰 문제를 작은 하위 문제로 나누어서 해를 구하고 이를 저장해 둔 후 큰 문제의 해를 구할 때 사용하는 기법들을 총칭하는 것으로 벨만이 사용한 용어이다. 우선, MDP 모형과 정책이 주어졌을 때 상태 가치를 계산하는 방법과 상태 가치를 알고 있을 때 정책을 개선하는 방법을 소개한다.

### 11.4.1 정책의 평가

정책이 주어지면, 정책에 따른 상태 가치를 계산해 봄으로써 정책을 평가해 볼 수 있다. 만약 두 개의 정책을 비교한다면, 모든 상태들에서 더 높은 상태 가치를 보이는 정책이 더 좋은 정책이라 할 수 있을 것이다. 참고로, 정책을 평가하는 것을 예측prediction이라고도 한다.

**정책의 평가**policy evaluation는 상태 가치에 대한 벨만 식을 이용하여 이루어지는데, 아래 식과 같이 좌항의 상태 가치가 우항의 상태 가치로부터 업데이트되는 것을 모든 상태들에서 $\Delta = |v_{k+1}(s) - v_k(s)|$가 미리 정한 작은 양수 $c$보다 작을 때까지 반복한다. $k$는 업데이트 횟수를 나타낸다.

$$v_{k+1}(s) \leftarrow \sum_a \pi(a|s) \sum_r \sum_{s'} p(r, s'|s, a)[r + \gamma v_k(s')]$$

다음 그림에 나타낸 두 정책을 비교 평가해 보자. 정책 A는 모든 행동을 무작위적으로 선택하는 정책이다. 정책 B는 역시 행동을 무작위적으로 선택하지만, 함정에는 빠지지 않는 정책이다.

Policy A

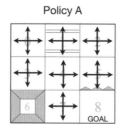

Policy B

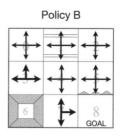

위 두 정책을 딕셔너리로 나타내면 다음과 같다.

```
            #s:   a:prob
policy_A = {0: {0:1/4, 1:1/4, 2:1/4, 3:1/4},
            1: {0:1/4, 1:1/4, 2:1/4, 3:1/4},
            2: {0:1/4, 1:1/4, 2:1/4, 3:1/4},
            3: {0:1/4, 1:1/4, 2:1/4, 3:1/4},
            4: {0:1/4, 1:1/4, 2:1/4, 3:1/4},
            5: {0:1/4, 1:1/4, 2:1/4, 3:1/4},
            7: {0:1/4, 1:1/4, 2:1/4, 3:1/4}}

policy_B = {0: {0:1/4, 1:1/4, 2:1/4, 3:1/4},
            1: {0:1/4, 1:1/4, 2:1/4, 3:1/4},
            2: {0:1/4, 1:1/4, 2:1/4, 3:1/4},
            3: {0:1/3, 1:1/3, 2:0,   3:1/3},
            4: {0:1/4, 1:1/4, 2:1/4, 3:1/4},
            5: {0:1/4, 1:1/4, 2:1/4, 3:1/4},
            7: {0:1/3, 1:1/3, 2:1/3, 3:0  }}
```

다음은 정책 평가 함수다.

```
def policy_evaluation(model, policy, gamma, c):
    states = list(model.keys())
    n_states = len(states)
    V_curr = np.zeros(n_states)
    k = 1
    while True:
        V_next = np.zeros(n_states)
        for s in states:
            actions = list(model[s].keys())
            for a in actions:
                pi_a_bar_s = policy[s][a]
                r_s_tuples = list(model[s][a].keys())
                q = 0
                for r_s_tuple in r_s_tuples:
                    transition_p = model[s][a][r_s_tuple]
                    r = r_s_tuple[0]
                    s_prime = r_s_tuple[1]
                    q += transition_p*(r + gamma*V_curr[s_prime])
                V_next[s] += pi_a_bar_s*q
        k += 1
        if np.max(np.abs(V_next-V_curr)) < c:
            break
        V_curr = V_next.copy()
    return V_next, k
```

model은 1절에서 작성해 둔 MDP 모형, policy는 평가할 정책, gamma는 수확의 계산에 사용되는 감가율, c는 반복적 정책 평가에서의 업데이트 역치값이다. 다음 코드를 실행하면, 반복 횟수와 정책에 따른 상태 가치, 두 정책의 비교 결과를 볼 수 있다.

```
V_A, k = policy_evaluation(model, policy_A, gamma=0.9, c=10**-10)
print("k:", k)
print(V_A.reshape((3,3)))

V_B, k = policy_evaluation(model, policy_B, gamma=0.9, c=10**-10)
print("k:", k)
print(V_B.reshape((3,3)))

result = (V_A < V_B).reshape((3,3))
print(result)
```

```
==========
k: 123
[[-0.22816074 -0.16521044 -0.11758682]
 [-0.43537708 -0.16036031 -0.06556874]
 [ 0.         -0.04655622  0.        ]]

k: 156
[[0.10940598 0.1285512  0.12008301]
 [0.14650701 0.23244371 0.18221574]
 [0.         0.57580921 0.        ]]

[[ True  True  True]
 [ True  True  True]
 [False  True False]]
```

감가율을 0.9로 했을 때 평가 결과를 보면, 정책 B의 경우 모든 상태들의 가치가 높음을 볼 수 있다. 함정과 종료 상태는 평가하지 않는다.

## 11.4.2 정책의 개선

정책 $\pi$의 평가를 통해 상태의 가치를 알게 되면, 주어진 상태에서 어떤 행동을 하는 것이 가장 가치가 큰지를 알 수 있고 이를 통해 개선된 정책 $\pi^\diamond$을 얻을 수 있다.

$$\pi^{\Diamond}(s) = \underset{a}{\arg\max} \; q_{\sim\pi}(s, a)$$

$$= \underset{a}{\arg\max} \sum_{r} \sum_{s'} p(r, s' \mid s, a)[r + \gamma v_{\sim\pi}(s')]$$

위 식을 통해 얻어지는 정책은 탐욕적 정책이며, 이를 이용한 **정책의 개선**policy improvement 함수는 다음과 같다.

```python
def policy_improvement(model, V, gamma):
    states = list(model.keys())
    new_policy = {}
    for s in states:
        new_policy[s] = {}
        actions = list(model[s].keys())
        n_actions = len(actions)
        Q_s = np.zeros(n_actions)
        if n_actions == 0: continue
        for a in actions:
            new_policy[s][a] = 0
            r_s_tuples = list(model[s][a].keys())
            for r_s_tuple in r_s_tuples:
                transition_p = model[s][a][r_s_tuple]
                r = r_s_tuple[0]
                s_prime = r_s_tuple[1]
                Q_s[a] += transition_p*(r + gamma*V[s_prime])
        new_policy[s][np.argmax(Q_s)] = 1
    return new_policy
```

다음 코드를 실행하면, 정책 A를 개선할 수 있다. 입력으로 사용된 V_A는 앞서 poli-cy_evaluation 함수를 이용하여 계산된 상태 가치다.

```python
new_policy = policy_improvement(model, V_A, gamma=0.9)
print(new_policy)
```

```
==========
{0: {0: 0, 1: 1, 2: 0, 3: 0},
 1: {0: 0, 1: 1, 2: 0, 3: 0},
 2: {0: 0, 1: 0, 2: 1, 3: 0},
 3: {0: 0, 1: 1, 2: 0, 3: 0},
 4: {0: 0, 1: 0, 2: 1, 3: 0},
 5: {0: 0, 1: 0, 2: 1, 3: 0},
 6: {},
```

```
    7: {0: 0, 1: 1, 2: 0, 3: 0},
    8: {}}
```

정책 A를 개선한 결과를 그림으로 나타내면 다음과 같다.

새롭게 얻어진 정책은 함정을 피하도록 한다는 점에서 무작위적 정책에 비해 개선된
정책이지만, 구획 5에서 남쪽으로 이동할 수 있는 확률이 0.1 밖에 되지 않음에도 불구
하고 남쪽으로 이동하려는 행동을 한다는 점 등에서 최적 정책이 아님을 알 수 있다.


### 11.4.3 정책 반복법

앞의 예에서 새롭게 얻어진 정책은 무작위적 정책보다는 좋은 정책이지만 최적 정책은
아니었다. 만약, 새롭게 얻어진 정책을 다시 평가하여 상태 가치를 얻고 이로부터 다시
개선된 정책을 얻는다면 얻어진 정책은 이전 정책보다 개선된 정책일 것이다. 이렇게
정책을 평가[E]하고 개선[I]하는 과정을 반복하면서 최적 정책을 찾아가는 방법을 **정책
반복법**policy iteration이라 한다.

$$\pi_0 \xrightarrow{\text{E}} v_{\sim\pi_0} \xrightarrow{\text{I}} \pi_1 \xrightarrow{\text{E}} v_{\sim\pi_1} \xrightarrow{\text{I}} \pi_2 \xrightarrow{\text{E}} \cdots \xrightarrow{\text{I}} \pi^* \xrightarrow{\text{E}} v_{\sim\pi^*}$$

반복은 더 이상 정책의 변화가 없을 때까지 진행하며, 반복마다 정책이 점진적으로 개
선되어 최적 정책으로 수렴되는 것은 이론적으로 보장된다. 정책 반복법을 구현한 함
수는 다음과 같다.

```
def policy_iteration(model, old_policy, gamma, c=10**-10):
    while True:
        V, _ = policy_evaluation(model, old_policy, gamma, c)
        new_policy = policy_improvement(model, V, gamma)
        if old_policy == new_policy:
```

```
        break
      old_policy = new_policy
  return new_policy
```

다음 코드를 실행하면 무작위적 정책[정책 A]에서부터 시작한 정책 반복법의 결과를 볼 수 있다.

```
new_policy = policy_iteration(model, policy_A, 0.9)
print(new_policy)
```

```
==========
{0: {0: 0, 1: 0, 2: 1, 3: 0},
 1: {0: 0, 1: 0, 2: 1, 3: 0},
 2: {0: 0, 1: 0, 2: 1, 3: 0},
 3: {0: 0, 1: 1, 2: 0, 3: 0},
 4: {0: 0, 1: 0, 2: 1, 3: 0},
 5: {0: 0, 1: 0, 2: 0, 3: 1},
 6: {},
 7: {0: 0, 1: 1, 2: 0, 3: 0},
 8: {}}
```

정책 반복법을 실시하여 얻어진 최적 정책을 그림으로 나타내면 다음과 같다.

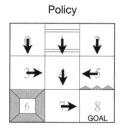

최종적으로 얻어진 최적정책은 함정과 장애물을 피하면서 최단 거리로 목표 구획에 도달[0→3→4→7→8]하는 정책임을 알 수 있다. 또한 이 정책은 로봇이 시작 구획이 아닌 곳에 놓여 있어도 최단 거리로 목표 구획에 도달할 수 있게 한다.

## 11.4.4 가치 반복법

정책 반복법은 정책의 평가와 개선을 반복하는데, 정책의 평가 과정에서도 상태 가치를 계산하기 위해 반복적인 업데이트를 실시한다. 작업장 예의 경우 상태 공간[$\mathcal{S}$]의 크기가 크지 않지만, 상태 공간의 크기가 매우 크면 정책 반복법은 계산상의 부담이 될 수 있다. 만약, 한 번의 정책 평가로 최적 가치를 얻을 수 있다면 이로부터 바로 최적 정책을 얻을 수 있을 것이다. 최적 정책의 정의 $v_* = \max_a q_*(s, a)$에 벨만 식을 적용하고 이를 재귀적 업데이트 식으로 바꾸면, 최적 가치를 빠르게 구하는 데 사용할 수 있다.

$$v_{k+1}(s) \leftarrow \max_a \sum_r \sum_{s'} p(r, s'|s, a)[r + \gamma v_k(s')]$$

위 식을 이용하여 최적 가치를 구하고 이로부터 최적 정책을 찾는 방법을 **가치 반복법** value iteration이라 하며, 다음과 같이 구현할 수 있다.

```python
def value_iteration(model, gamma, c=10**-10):
    states = list(model.keys())
    n_states = len(states)
    # === find optimum state value
    V_curr = np.zeros(n_states)
    V_next = np.zeros(n_states)
    while True:
        for s in states:
            actions = list(model[s].keys())
            n_actions = len(actions)
            if n_actions == 0: # terminal state
                continue
            Q_s = np.zeros(n_actions)
            for a in actions:
                r_s_tuples = list(model[s][a].keys())
                for r_s_tuple in r_s_tuples:
                    transition_p = model[s][a][r_s_tuple]
                    r = r_s_tuple[0]
                    s_prime = r_s_tuple[1]
                    Q_s[a] += transition_p*(r + gamma*V_curr[s_prime])
            V_next[s] = np.max(Q_s)
        if np.max(np.abs(V_next-V_curr)) < c:
            break
        V_curr = V_next.copy()
    # === find optimum policy
    policy = policy_improvement(model, V_next, gamma)
    return policy
```

위 스크립트는 최적 상태 가치를 구하고 이를 정책 개선 함수에 입력하여 최적 정책을 얻는 방식으로 작성되었지만, 최적 상태 가치를 구하는 단계에서 $q*(s, a)$를 얻을 수 있기 때문에, 정책 개선 함수를 사용하지 않는 방식으로 구현할 수도 있다.

다음 코드를 실행하면 가치 반복법을 이용하여 MDP 모형으로부터 최적 정책을 찾는 결과를 볼 수 있다.

```
policy = value_iteration(model, gamma=0.9)
print(policy)
```

```
=====
{0: {0: 0, 1: 0, 2: 1, 3: 0},
 1: {0: 0, 1: 0, 2: 1, 3: 0},
 2: {0: 0, 1: 0, 2: 1, 3: 0},
 3: {0: 0, 1: 1, 2: 0, 3: 0},
 4: {0: 0, 1: 0, 2: 1, 3: 0},
 5: {0: 0, 1: 0, 2: 0, 3: 1},
 6: {},
 7: {0: 0, 1: 1, 2: 0, 3: 0},
 8: {}}
```

가치 반복법을 실시하여 얻어진 최적 정책을 그림으로 나타내면 다음과 같다.

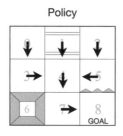

작업장 로봇의 예에서 정책 반복법으로 최적 정책을 얻기 위해서는 상태 가치를 약 100×2번 업데이트해야 하는데, 가치 반복법에서는 5번의 업데이트 만에 최적 정책을 얻을 수 있다.

지금까지 미래 보상의 현재 가치를 고려한 수확을 최대화하는 정책을 찾는 방법으로써 동적 계획법을 이용한 알고리즘을 보았다. 아주 간단하고 최적 정책을 찾는 것이 보장되어 있지만, 한 가지 문제점이 있다. 그것은 MDP 모형을 완벽히 알고 있는 경우에만 적용 가능하다는 것이다. 실제 문제들에서 MDP 모형을 완벽히 알고 있는 경우는 매우 제한적이다. 따라서 다른 접근법이 필요한데, 이들은 다음 장부터 소개한다.

# 12

# 몬테 카를로 학습

## 미로 탈출

앞 장에서 강화학습의 이론적 기반이 되는 마르코프 의사결정 과정[MDP]을 살펴보았으며, 함정과 장애물이 있는 작업장에서 정해진 장소로 이동해야 하는 로봇 문제를 동적 계획법[DP]을 이용하여 해결하였다. DP는 강화학습의 이해에 도움을 주지만, MDP 모형을 완벽히 알고 있을 때만 적용할 수 있기에 실제 문제에 적용하기는 힘들다. 이 장에서는 MDP 모형을 모를 때 사용되는 방법의 하나인 몬테카를로[MC] 학습법을 소개한다. DP가 MDP 모형을 알고 있을 때 에이전트가 계획을 세워 행동하는 것이라면, MC는 MDP 모형을 모를 때 시행착오를 통해 행동을 교정해 가는 방법이라 할 수 있다.

이 장에서는 미로에서 탈출해야 하는 로봇을 학습시킬 것이다. 로봇은 스텝마다 동/서/남/북 한 방향으로 이동하려는 행동을 할 수 있는데, 처음에는 행동에 따라 어느 구획으로 이동하게 되는지도 알 수 없다. 예를 들어, 학습의 초반에는 북쪽에 벽이 있는지 남쪽에 벽이 있는지 알 수 없으며, 동쪽이나 서쪽에 길이 있는지도 알 수 없다. 로봇이 알 수 있는 것은 오직 로봇이 위치한 구획의 번호뿐이다. 즉, 로봇은 환경이 제공하는 상태[구획의 번호]와 각 상태에서 제공되는 보상값만 알 수 있다. 이와 같은 설정은 MPD 모형을 전혀 모르는 것을 의미한다. 로봇의 목표는 벽에 부딪히지 않고 최대한 빠르게 미로에서 탈출하는 것이다.

이 장에서 사용하는 패키지와 모듈은 다음과 같이 불러들인다. 아울러 이 책에 실린 결과와 동일한 결과를 재현하기 위해 난수 발생의 씨앗도 설정한다.

```
import numpy as np
import matplotlib.pyplot as plt
from matplotlib import animation
np.random.seed(123)
```

## 12.1 몬테 카를로 학습

강화학습의 목표는 수확 $G$를 최대화하는 행동을 선택하도록 하는 정책을 얻는 것이며, 이를 위해 에이전트가 정책 $\pi$를 따를 때의 행동의 가치 $q(s,a)$를 행동 선택의 지표로 사용할 수 있다.

$$q(s,a) = E(G \mid S = s, A = a \sim \pi)$$

하지만 MDP 모형을 모르는 경우, 정책이 주어지더라도 전이확률을 모르기 때문에 벨만 식을 이용하여 행동의 가치를 계산할 수가 없다. 대신 정책 $\pi$를 따르는 여러 번의 무작위적 시행을 통해 행동의 가치에 대한 **몬테 카를로 추정치**를 구할 수 있다.

즉, 행동의 가치는 수확 $G$의 기대값이므로, **수확의 표본평균**을 행동의 추정가치로 하겠다는 것이 몬테 카를로 학습법의 핵심이다. 예를 들어, 상태 $s$에서 행동 $a$를 한 후 이어지는 일련의 상태전이 후에 얻어지는 수확에 대한 표본평균을 구한다는 것이며, 오목 인공지능에서 랜덤 플레이아웃을 통해 어떤 수의 가치를 평가한 것과 같은 방식이다.

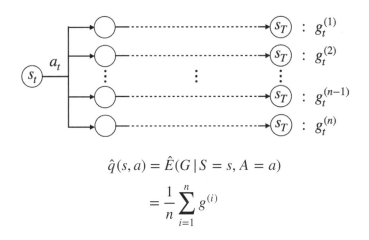

$$\hat{q}(s,a) = \hat{E}(G \mid S = s, A = a)$$

$$= \frac{1}{n} \sum_{i=1}^{n} g^{(i)}$$

몬테 카를로 학습이 이루어지는 과정은 다음과 같다. 매 에피소드는 i] 주어진 정책[행동의 추정가치를 기반으로 한다]을 따르는 에이전트를 시뮬레이션하는 **시뮬레이션 단계**와 ii] 시뮬레이션 결과를 이용하여 행동의 추정가치를 구하여 정책을 업데이트하는 **행동 가치의 추정 단계**로 구분된다. 주로, 행동을 무작위적으로 선택하는 정책으로부터 시작하여 정해진 횟수의 에피소드들을 진행시킨 후 개선된 정책을 얻는다.

시뮬레이션 단계는 표본의 재료를 얻는 단계로써, 시뮬레이션 단계에서는 매 시점 에이전트가 놓인 상태, 그 상태에서 어떤 행동을 했는지, 그리고 어떤 보상을 받았는지를 튜플$[(s, a, r)]$로 묶어서 기록한다. 이 기록을 **트레젝토리**trajectory[또는 역정歷程]라 한다. 행동 가치의 추정 단계에서는 트레젝토리에 포함된 상태–행동 쌍에 대해서 수확을 계산하여 표본을 얻고, 이로부터 행동의 추정가치를 구한다.

표본에 대해서 두 가지 생각해야 봐야 할 점이 있는데, 이들은 다음과 같다. 하나는 한 에피소드에서도 특정한 상태에서 특정한 행동을 하는 여러 시점들이 있을 수 있다는 것이다. 예를 들어, 로봇이 처음으로 상태 3을 방문하여 동쪽으로 이동하는 행동[$(S_f = 3, A_f = 1)$]을 한 후 나중에 한 번 이상 다시 상태 3을 방문하여 동일한 행동[$(S_{l>f} = 3, A_{l>f} = 1)$]을 할 수 있다. 그렇다면, 수확의 표본평균을 구할 때 에피소드별로 처음 마주치는 상태–행동 쌍에 대한 수확만 계산에 포함하느냐 아니면 모든 상태–행동 쌍에 대한 수확을 전부 포함하느냐를 정해야 한다. 전자로 얻어진 표본를 사용하면 **처음 방문**first-visit MC[FV-MC]라 하고, 후자로 얻어진 표본을 사용하면 **모든 방문**every-visit MC[EV-MC]라 하는데, 두 방법 모두 방문 횟수가 무한으로 접근하면 표본평균을 이용한 행동의 추정가치는 행동의 가치로 수렴한다.

다른 하나는 표본을 얻을 때 사용되는 정책과 이에 따라 바뀌게 되는 추정치 계산법에 관한 것이다. 위에 나타낸 표본평균 식을 이용하도록 표본을 얻는 방식을 **단순 샘플링**simple sampling[SS]이라 한다. 이와 다른 방법으로 **중요도 샘플링**importance sampling[IS]법과 IS의 일반형인 **자기-정상화 중요도 샘플링**self-normalizing importance sampling[SNIS] 있는데, IS나 SNIS를 이용한 MC 학습은 이어지는 절에서 자세히 언급하기로 한다. 간단히 미리 언급하자면, SS는 **정책적**on-policy MC 학습에 사용되고 IS나 SNIS는 **탈정책적**off-policy MC 학습에서 사용된다. 정책적 학습과 탈정책적 학습의 구분도 이어지는 절에서 자세히 언급하기로 한다.

## 12.2 미로 환경과 로봇 에이전트

### 12.2.1 미로 환경

이 장에서 사용할 미로 환경과 로봇 에이전트를 만들고 다양한 학습 알고리즘을 적용/평가 할 수 있는 코드를 작성해 보자. 서론에서 언급한 미로는 다음 그림과 같다.

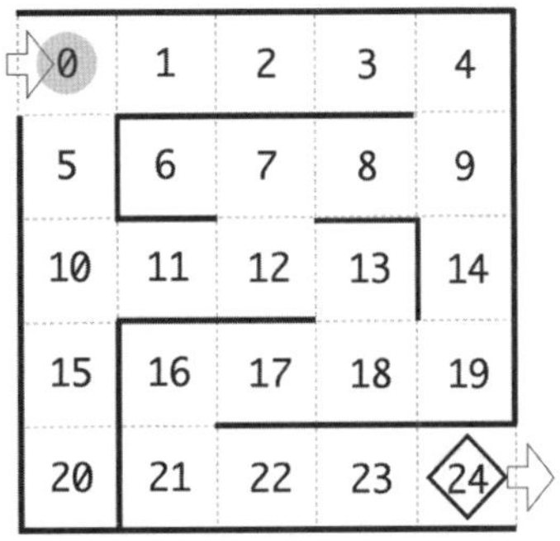

미로의 각 구획이 행위자인 로봇이 놓인 상태이며 벽에 부딪히는 행동을 하면 제자리에 머문다. 시작상태인 0번 상태에 들어가면 문이 닫히기에 뒤돌아서 미로를 나갈 수는 없으며, 종료상태인 24번 상태에 도달하면 문이 열려 미로에서 탈출 한 것으로 보고 보상으로 100점을 얻는다. 목표는 최대한 빠르게 미로에서 탈출하는 최적 정책을 로봇이 학습하게 하는 것이다.

미로 환경은 현재 상태와 행동을 입력받고 보상과 다음 상태를 출력하는 함수로 구현한다.

```
def environment(state, action):
    # next state
    next_state_dict = { 0:[ 0, 1, 5, 0], 1:[ 1, 2, 1, 0],
                        2:[ 2, 3, 2, 1], 3:[ 3, 4, 3, 2],
                        4:[ 4, 4, 9, 3], 5:[ 0, 5,10, 5],
                        6:[ 6, 7, 6, 6], 7:[ 7, 8,12, 6],
                        8:[ 8, 9, 8, 7], 9:[ 4, 9,14, 8],
                       10:[ 5,11,15,10],11:[11,12,11,10],
                       12:[ 7,13,12,11],13:[13,13,18,12],
                       14:[ 9,14,19,14],15:[10,15,20,15],
                       16:[16,17,21,16],17:[17,18,17,16],
                       18:[13,19,18,17],19:[14,19,19,18],
```

```
                    20:[15,20,20,20],21:[16,22,21,21],
                    22:[22,23,22,21],23:[23,24,23,22]}
    next_state = next_state_dict[state][action]
    # reward
    reward_array = np.zeros((25, 4)) # (n_states, n_actions)
    reward_array[23][1] = 100        # transition to goal state
    reward = reward_array[state][action]
    return reward, next_state
```

로봇이 북, 동, 남, 서쪽으로 이동하려는 행동을 각각 0, 1, 2, 3이라 하였다. 보상은 행동에 따라 주어지므로, 상태[구획] 23에서 동쪽으로 이동하는 행동을 하면 보상값 100을 부여하도록 하였다.

## 12.2.2 로봇 에이전트의 정책

각 상태에서 로봇의 행동은 정책에 따라 결정되는데, 정책은 상태를 입력받고 행동을 출력하는 함수로 구현한다. 이 절에서는 다음과 같이 무작위적 행동을 하는 정책에 대해서만 작성해 둔다.

```
def policy_random(state):
    probs = [1/4,1/4,1/4,1/4]
    action = np.random.choice([0,1,2,3],p=probs)
    return action
```

## 12.2.3 학습

로봇 에이전트를 학습시키면서 에이전트가 환경과 상호작용한 바를 기록하는 함수가 필요하다. 학습 알고리즘에 따라 다른 학습용 함수가 사용될 텐데, 기본 틀은 다음과 같다.

```
def learn(policy, max_n_episodes=500, max_t_steps=10000):
    np.random.seed(123)
    T_list = [ ]
    for i in range(1, max_n_episodes+1):
        trajectory = [ ]
        state = 0
        for t in range(max_t_steps):
```

```
            action = policy(state)
            reward, next_state = environment(state, action)
            trajectory.append((state, action, reward))
            if next_state==24: break
            state = next_state
        T = len(trajectory)
        T_list.append(T)
        if i%50==0: print("episode:", i, "T:", T)
    return trajectory, T_list
```

max_n_episodes와 max_t_steps로 최대 몇 번의 에피소드로 학습 시킬지와 한 번의
에피소드에서 최대 몇 번의 스텝을 허용할지를 지정한다. trajectory에는 각 에피소
드의 시점마다 행위자가 놓인 상태, 그 상태에 어떤 행동을 했는지, 그리고 어떤 보상을
받았는지를 튜플[$(s, a, r)$]로 묶어서 기록한다. T_list에는 에피소드마다 몇 스텝[$T$]만
에 미로에서 탈출했는지를 기록한다. 학습이 완료되면 trajectory와 T_list를 반환
하는데, trajectory에는 마지막 에피소드의 행동들에 대해서만 기록되어 있다.

policy_random은 학습을 위한 정책은 아니지만, 이를 예로 하여 학습용 함수 learn을
실행한 결과는 다음과 같다.

```
trajectory, T_list = learn(policy_random)
```

```
=========
episode: 50 T: 255
episode: 100 T: 75
episode: 150 T: 1009
episode: 200 T: 647
episode: 250 T: 1367
episode: 300 T: 520
episode: 350 T: 88
episode: 400 T: 262
episode: 450 T: 82
episode: 500 T: 604
```

## 12.2.4 학습 결과

에피소드마다 몇 스텝 만에 미로에서 탈출했는지를 그래프로 그려보고, 마지막 에피소
드에서 에이전트의 행동들을 애니메이션 하는 것으로 학습 과정/결과를 모니터링해 본

다.

다음은 학습용 함수 learn이 반환한 T_list를 입력하면, 에피소드마다 몇 스텝에 미로에서 탈출하는지를 그래프로 나타내는 함수다.

```python
def plot_T(T_list, y_max=None, title=None):
    plt.plot(T_list, linewidth=1.5)
    x_max = len(T_list)
    if y_max==None: y_max = np.max(T_list)
    plt.ylim(0, y_max)
    plt.xlim(0, x_max)
    plt.yticks(fontsize=13)
    plt.xticks(fontsize=13)
    plt.hlines(y=12,xmin=0,xmax=x_max,
               linewidth=0.7,color='r',linestyle="--")
    plt.ylabel("time steps",size=17)
    plt.xlabel("episodes",size=17)
    plt.title(title, size=15)
    plt.tight_layout()
    plt.show()
    return None
```

앞서 policy_random으로부터 얻은 T_list는 다음 코드를 실행하면 볼 수 있다.

```python
plot_T(T_list)
```

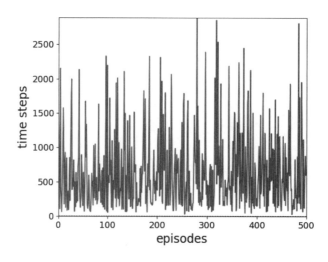

무작위적 행동을 하는 로봇은 간혹 우연히 빠르게 미로에서 탈출하기도 하지만 최단 탈출 경로를 전혀 학습하지 못함을 볼 수 있다. 더 자세히 들여다보면 다음과 같다.

```
plot_T(T_list, y_max=100)
```

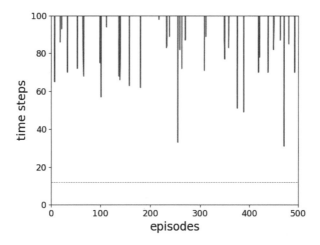

점선으로 표시된 수평선이 미로를 가장 빠르게 탈출하는 스텝 수인 12를 나타낸다. 다음을 실행하면 학습 결과를 요약해서 볼 수 있다.

```
print("avg steps: %0.1f +/- %0.1f" %(np.mean(T_list),np.std(T_list)))
print("min steps:", np.min(T_list))
print("max steps:", np.max(T_list))
```

```
=========
avg steps: 632.9 +/- 557.9
min steps: 31
max steps: 2888
```

우연히 31 스텝 만에 미로에서 탈출한 에피소드도 있었지만 2888 스텝이 걸린 에피소드도 있었으며, 평균적으로 약 630 스텝에 미로에서 탈출하였다.

다음은 trajectory에 기록된 상태전이 내역을 이용하여 에이전트가 마지막 에피소드에서 어떤 행동을 했는지를 애니메이션으로 볼 수 있는 함수다. 애니메이션 함수에 대해서는 matplotlib가 제공하는 설명을 참고하기 바란다.

```python
def show_trajectory(trajectory):
    def get_maze_fig():
        fig = plt.figure(figsize = (5,5))
        plt.plot([0,5],[0,0],color='k',linewidth=2.5)
        plt.plot([2,5],[1,1],color='k',linewidth=2.5)
        plt.plot([1,3],[2,2],color='k',linewidth=2.5)
        plt.plot([1,2],[3,3],color='k',linewidth=2.5)
        plt.plot([3,4],[3,3],color='k',linewidth=2.5)
        plt.plot([1,4],[4,4],color='k',linewidth=2.5)
        plt.plot([0,5],[5,5],color='k',linewidth=2.5)
        plt.plot([0,0],[0,4],color='k',linewidth=2.5)
        plt.plot([1,1],[0,2],color='k',linewidth=2.5)
        plt.plot([1,1],[3,4],color='k',linewidth=2.5)
        plt.plot([4,4],[2,3],color='k',linewidth=2.5)
        plt.plot([5,5],[1,5],color='k',linewidth=2.5)
        circle, = plt.plot([0.5],[4.5],
                           marker='o',color='blue',markersize=30)
        for i in range(5):
            for j in range(5):
                plt.text(0.5+i,4.5-j,str(i+j*5),size=15,
                         color='grey',ha='center',va='center')
        plt.axis('off')
        return fig, circle
    def animate(i):
        state = trajectory[i][0]
        circle.set_data((state%5)+0.5,4.5-int(state/5))
        return circle
    if trajectory[-1][0:2]==(23,1): trajectory.append((24,None,None))
    fig, circle = get_maze_fig()
    anim = animation.FuncAnimation(fig,animate,frames=len(trajectory),
                                   interval=100,repeat=True)
    plt.show()
    return None
```

주어진 trajectory의 마지막에 (24,None,None)을 추가하는 이유는 학습용 함수에서는 종료 상태에 도달하기 직전까지만 trajectory를 구성하기 때문이다. 다음을 실행하면 애니메이션을 볼 수 있다.

```python
show_trajectory(trajectory)
```

애니메이션을 보면 행위자가 무작위적인 행동을 하므로 벽에 부딪히기도 하고 왔던 길을 다시 돌아가기도 하는 등 미로를 쉽게 빠져나가지 못함을 볼 수 있다.

## 12.3 단순 샘플링을 이용한 몬테 카를로 학습

단순 샘플링[SS]을 이용한 몬테 카를로 학습은 1절에서 언급한 바와 같이 수확의 단순한 표본평균으로 행동의 추정가치 $Q$를 구한다.

$$Q(s,a) = \hat{q}(s,a) = \hat{E}(G \mid S = s, A = a) = \frac{1}{n} \sum_{i=1}^{n} g^{(i)}$$

이로부터 행동을 선택하는 방법에 따라 정책을 크게 탐욕적 방법과 엡실론 소프트 정책으로 구분해 볼 수 있다. 엡실론 소프트 정책은 다시 엡실론 스케줄링 기법을 사용하느냐 여부에 따라 세분할 수 있다. 이 절에서는 단순한 엡실론 탐욕적 정책을 사용하는 로봇 에이전트와  엡실론 스케줄링 기법이 적용된 엡실론 탐욕적 정책을 사용하는 로봇 에이전트를 학습시켜 본다.

### 12.3.1 엡실론 소프트 정책과 SS-MC 학습

행동의 추정가치가 계산되면, 에이전트는 주어진 상태에서 행동의 추정가치가 가장 큰 행동을 선택할 수 있는데 이렇게 선택된 행동은 탐욕적 행동이다.

$$a^* = \operatorname*{argmax}_{a} q(a, s) \approx \operatorname*{argmax}_{a} \hat{q}(a, s)$$

탐욕적 행동을 선택하는 탐욕적 정책은 확률분포로서 다음과 같이 정의된다.

$$\pi(a \mid s) = \begin{cases} 1 & \text{for greedy action } a^* \\ 0 & \text{for nongreedy action } a \end{cases}$$

학습이 완료된 에이전트를 실제 문제의 해결을 위해 투입할 때는 탐욕적 정책을 사용하는 것이 일반적이다. 예를 들어, 실제 도로를 주행하는 자율주행 자동차가 적색 신호등 앞에서 정지 이외의 탐험적 행동을 하는 것은 매우 위험할 것이다. 하지만, 학습 과정 중에 탐욕적 정책에 따라 상태-행동 튜플 $(s, a)$을 얻는다면, 시행착오를 경험해 볼 수 없으므로 정책의 개선은 이루어질 수 없다. 탐욕적 정책은 항상 특정한 하나의 행동만 하게 하므로, 다른 행동들에 대한 데이터를 수집할 수 없게 하기 때문이다.

학습 과정 중에는 다양한 경험을 하는 것이 필수적인데, 이를 위한 가장 단순한 방법은 무작위적 행동을 통해 가능한 모든 경우에 대한 상태–행동 튜플 $(s, a)$을 얻고 이로부터 행동의 추정가치 $Q(s, a)$를 구하는 방법이다. 하지만, 이 방법 역시 과거의 실수를 반복한다는 점에서 효율적인 방법이 아니다. 한 가지 해법은 탐욕적 행동과 탐험적 행동을 절충한 엡실론 탐욕적 정책을 사용하는 것이다. 엡실론 탐욕적 정책은 다음과 같이 일반화할 수 있으며, 이를 **엡실론 소프트 정책**이라 한다.

$$\pi(a|s) = \begin{cases} 1 - \epsilon + \epsilon/|\mathcal{A}(s)| & \text{for greedy action } a* \\ \epsilon/|\mathcal{A}(s)| & \text{for nongreedy action } a \end{cases}$$

위 식에서 $|\mathcal{A}(s)|$는 상태 $s$에서 가능한 행동들의 종류 수[행동 공간의 크기]다.

다음은 엡실론 소프트 정책을 구현한 함수다.

```
def policy_epsilon_soft(state, Q, epsilon):
    probs = np.ones(4)*epsilon/4 # 4: action space size
    greedy_action = np.argmax(Q[state])
    probs[greedy_action] += 1-epsilon
    action = np.random.choice(np.arange(4), p=probs)
    return action
```

Q는 상태를 행으로 하고 행동을 열로 하여 $Q(s, a)$를 저장하고 있는 배열이다. Q와 엡실론 값은 학습용 함수가 입력받도록 할 것이다.

다음은 SS-MC 학습용 함수다. 이 함수에서는 에피소드별로 처음 마주치는 상태–행동 쌍에 대한 수확만 행동의 추정가치 계산에 포함하도록 하였다[FV-MC].

```
def learn_simple_sampling_FVMC(epsilon, discount_rate=0.9,
                               max_n_episodes=100, max_t_steps=10000):
    T_list = [ ]
    Q = np.random.normal(size=(25,4)) # (|state_space|,|action_space|)
    G_sum = np.zeros((25,4))          # Sum of returns
    G_num = np.zeros((25,4))          # No. of returns
    for i in range(1, max_n_episodes+1):
        # === trajectory generation
        trajectory = [ ]
        state = 0
        for t in range(max_t_steps):
            action = policy_epsilon_soft(state, Q, epsilon)
            reward, next_state = environment(state, action)
            trajectory.append((state, action, reward))
```

```
            if next_state==24: break
            state = next_state
        T = len(trajectory)
        T_list.append(T)
        if i%10==0: print("episode:", i, "T:", T)
        # === action value estimation
        for (state, action) in set([(x[0],x[1]) for x in trajectory]):
            # --- FV simple sampling
            first_visit_t = next(f for f, x in enumerate(trajectory)
                                if x[0]==state and x[1]==action)
            G = sum([x[2]*(discount_rate**u)
                    for u, x in enumerate(trajectory[first_visit_t:])])
            # --- sample mean
            G_sum[state][action]+=G
            G_num[state][action]+=1
            Q[state][action]=G_sum[state][action]/G_num[state][action]
    return trajectory, T_list
```

discount_rate는 감가율[$\gamma$]이며 기본값을 0.9로 하였다. 최대 에피소드 횟수와 최대 스텝 수는 각각 100과 10000으로 하였다. Q의 초기값으로는 0에 가까운 난수[기대값은 $\mu = 0$이고 분산 $\sigma^2 = 1$인 표준정규분포로부터 샘플링된 값]들로 채워진 배열을 사용하였다.

다음 코드를 실행하면 엡실론이 0.3인 경우의 학습 결과를 보여준다.

```
trajectory, T_list = learn_simple_sampling_FVMC(0.3)

plot_T(T_list)
plot_T(T_list, y_max=100)
```

```
=========
episode: 10 T: 17
episode: 20 T: 29
episode: 30 T: 15
episode: 40 T: 14
episode: 50 T: 15
episode: 60 T: 15
episode: 70 T: 13
episode: 80 T: 17
episode: 90 T: 17
episode: 100 T: 17
```

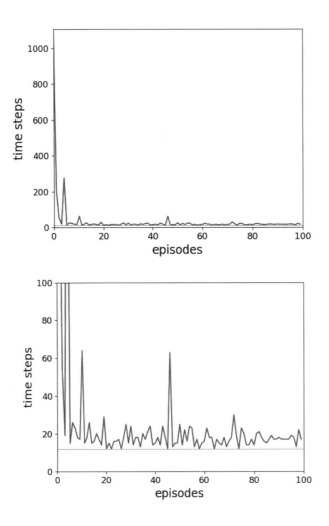

약 10 에피소드까지 학습이 조금씩 진행되어 최단 경로로 미로에서 탈출하는 것처럼 보이지만, 이후에도 여전히 최단 경로로 미로에서 탈출하지 못하는 에피소드가 있다. 마지막 에피소드에서 에이전트의 행동을 애니메이션으로 보더라도 바로 탈출하지 못하고 머뭇거리는 구획이 있음을 볼 수 있다.

```
show_trajectory(trajectory)
```

이는 엡실론 값이 0.3으로 상당히 높기 때문이다. 최적 행동 가치를 얻었다 할지라도 정책이 상당히 탐험적이기에 무작위적인 행동을 하는 때가 많기 때문이다. 그렇다면, 엡실론을 줄이면 위 문제가 해결되지 않을까? 다음과 같이 엡실론 값을 줄여서 실행해 보기 바란다.

```
trajectory, T_list = learn_simple_sampling_FVMC(epsilon=0.2)
trajectory, T_list = learn_simple_sampling_FVMC(epsilon=0.1)
trajectory, T_list = learn_simple_sampling_FVMC(epsilon=0.0)
```

엡실론 값을 더 줄이면 학습을 전혀 할 수 없음을 알 수 있을 것이다. 심지어 무작위적인 정책보다도 못하다. 왜 그럴까? 엡실론이 작을수록 현재까지의 경험만을 바탕으로 행동을 결정하는 경향이 커지는데, Q의 초기값은 난수로 지정되기에 임의의 값 중에서 조금이라도 큰 값에 해당하는 행동만을 매우 높은 확률로 선택하기 때문이다. 우물 안 개구리처럼 잘못된 행동만 고집하는 것에 비유할 수 있다.

물론, MC 학습은 max_t_steps을 무한대로 설정하여 언젠가는 종료 상태에 꼭 도달하도록 하고, max_n_episodes도 충분히 크게 해서 행동의 추정가치가 참 가치에 가까워지도록 하는 것이 원칙이지만, 이는 상태 공간과 행동 공간이 매우 작거나 연산 성능이 매우 높은 컴퓨터를 사용하지 않는 한 현실적인 방법이 아니다. 이에 대한 해법 두 가지를 소개할 텐데, 하나는 아주 간단한 방법이고 다른 하나는 다소 복잡하지만 간단한 방법에서는 얻을 수 없는 장점을 가지고 있다. 간단한 방법은 아래에 소개하고 다소 복잡한 방법은 다음 절에 소개한다.

## 12.3.2 엡실론 스케쥴링 기법과 SS-MC 학습

엡실론 스케쥴링은 앞 장에서 소개한 바 있지만, 여기서 한 번 더 언급한다. 엡실론 스케쥴링은 엡실론 담금질annealing이라고도 하는데, 담금질은 어떤 수치를 높은 값에서부터 시작하여 조금씩 낮은 값으로 변화시키는 것을 뜻하며 다양한 수치적 방법들에서 사용된다.

엡실론 담금질은 온도가 매우 높아 액체 상태인 물질[철 등]을 온도를 서서히 낮추어 고체 상태로 만듦으로써 원하는 형태를 얻으려는 기법에 비유할 수 있다. 엡실론을 온도처럼 생각해 보자. 가장 높은 온도인 $\epsilon = 1$에서는 정책이 완전히 액체 상태라서 형태가 결정되어 있지 않다. 어떤 그릇에 담가 두었다면 그릇을 기울일 때마다 형태가 심하게 바뀔 것이다. 천천히 온도를 낮춰간다고 생각해 보자. 점성이 있어서 그릇을 약간 기울여도 형태가 심하게 바뀌지는 않을 것이다. 가장 낮은 온도인 $\epsilon = 0$에서는 정책이 완전히 냉각되어 굳어져 있다. 그릇을 뒤집어도 정책의 형태는 변하지 않을 것이다.

이 절에서는 다음과 같이 에피소드마다 엡실론을 선형적으로 감소시키는 간단한 엡실론 스케쥴링 기법을 사용해 본다.

$$\epsilon = 1 - \left( \frac{i-1}{n_{\max}-1} \right), \, i = 1, \, 2, \, ..., n_{\max}$$

첫 번째[$i = 1$] 에피소드에서는 $\epsilon = 0$이므로 정책은 완전히 탐험적이고 모든 행동을 무작위적으로 선택한다. 에피소드 수가 증가하여[$1 < i < n_{\max}$] 경험을 쌓아 갈수록 정책은 조금씩 탐욕적 정책이 되어가며, 마지막[$i = n_{\max}$] 에피소드에서는 완전히 탐욕적 정책이 된다. 엡실론 스케쥴링은 다음과 같이 학습용 함수에 한 줄을 추가하는 것으로 구현할 수 있다.

```python
def learn_simple_sampling_FVMC(discount_rate=0.9,
                                max_n_episodes=100, max_t_steps=10000):
    T_list = [ ]
    Q = np.random.normal(size=(25,4)) # (|state_space|,|action_space|)
    G_sum = np.zeros((25,4))          # Sum of returns
    G_num = np.zeros((25,4))          # No. of returns
    for i in range(1, max_n_episodes+1):
        # === epsilon annealing
        epsilon = 1- (i-1)/(max_n_episodes-1)
        # === trajectory generation
        trajectory = [ ]
        state = 0
        for t in range(max_t_steps):
            action = policy_epsilon_soft(state, Q, epsilon)
            reward, next_state = environment(state, action)
            trajectory.append((state, action, reward))
            if next_state==24: break
            state = next_state
        T = len(trajectory)
        T_list.append(T)
        if i%10==0: print("episode:",i,"T:",T,"epsilon:", epsilon)
        # === action value estimation
        for (state, action) in set([(x[0],x[1]) for x in trajectory]):
            # --- FV simple sampling
            first_visit_t = next(f for f, x in enumerate(trajectory)
                            if x[0]==state and x[1]==action)
            G = sum([x[2]*(discount_rate**u)
                    for u, x in enumerate(trajectory[first_visit_t:])])
            # --- sample mean
            G_sum[state][action]+=G
            G_num[state][action]+=1
            Q[state][action]=G_sum[state][action]/G_num[state][action]
    return trajectory, T_list
```

다음 코드를 실행하여 엡실론 스케쥴링 적용된 경우의 학습 결과를 보자.

```
trajectory, T_list = learn_simple_sampling_FVMC()

plot_T(T_list)
plot_T(T_list, y_max=100)

show_trajectory(trajectory)
```

```
=========
episode: 10 T: 64 epsilon: 0.9090909090909091
episode: 20 T: 98 epsilon: 0.8080808080808081
episode: 30 T: 88 epsilon: 0.7070707070707071
episode: 40 T: 38 epsilon: 0.6060606060606061
episode: 50 T: 13 epsilon: 0.505050505050505
episode: 60 T: 21 epsilon: 0.4040404040404041
episode: 70 T: 32 epsilon: 0.303030303030303
episode: 80 T: 17 epsilon: 0.202020202020202
episode: 90 T: 14 epsilon: 0.101010101010101
episode: 100 T: 12 epsilon: 0.0
```

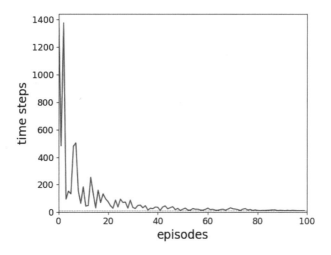

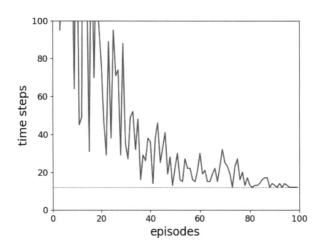

학습이 종료되는 에피소드에서 최단 경로로 12 스텝 안에 미로에서 탈출함을 볼 수 있으며, 애니메이션에서도 행위자는 머뭇거림 없이 미로에서 바로 탈출함을 확인할 수 있다. 또한, max_n_episodes를 10으로 줄이더라도, 아홉 번째 에피소드에서 최적 정책을 찾을 수 있다는 것을 볼 수 있다.

```
trajectory, T_list = learn_simple_sampling_FVMC(max_n_episodes=10)
plot_T(T_list, y_max=100)
```

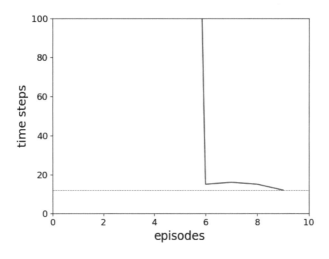

엡실론을 지수적으로 감소시키는 등 다양한 스케줄에 따라 엡실론 값을 변화시킬 수도 있는데, 이에 대해서는 독자들이 여러 방안들을 생각해 보기 바란다. 이어지는 절에서는 단순히 선형 감소 스케줄만 이용한다.

# 12.4 탈정책적 몬테 카를로 학습

## 12.4.1 정책적 학습과 탈정책적 학습

앞 절에서 엡실론을 0.3으로 고정하였을 때, 최적 행동 가치는 찾은 것처럼 보이지만, 행위자는 탐험적인 행동을 계속한다고 하였다. 이에 대한 해법으로 엡실론 스케줄링 기법을 적용해 보았었는데, 다른 해법은 시행착오 경험을 쌓기 위해 행할 행동에 대한 정책과 학습이 끝나고 실제로 행할 행동에 대한 정책을 분리하는 것이다. 이때, 경험을 얻기 위해[즉, 에피소드를 생성하기 위해] 사용되는 정책을 **행동정책**behavior policy[$b(a|s)$]이라 하고, 경험을 통한 개선을 목표로 하는 정책을 **목표정책**target policy[$\pi(a|s)$]이라 한다. 목표정책이 학습 후 실제 사용하려는 정책이며, 행동정책은 목표정책을 얻기 위한 과정에 사용될 경험[데이터]을 얻는 데에만 사용된다.

행동정책과 목표정책이 동일한 학습법을 **정책적**on-policy **학습법**이라 한다. 즉, 정책적 학습법에서는 목표정책에 따라 에피소드를 생성시킨 후, 그렇게 생성된 에피소드를 이용하여 행동 가치를 추정하고 목표정책을 개선한다. 앞 절에서 사용한 방법은 행동정책과 목표정책이 동일한 정책적 학습법에 해당한다. 행동정책과 목표정책을 분리하여 학습하는 방법은 **탈정책적**off-policy **학습법**이라 한다. 정책적 학습법도 훌륭한 방법이지만, 탈정책적 학습법은 정책적 학습법에서는 얻을 수 없는 학습 전략을 제공한다. 하나는 행동정책은 탐험적 정책으로 하고 목표정책은 탐욕적 정책으로 할 수 있다는 것이다. 다른 하나는 어떠한 정책으로부터 생성된 에피소드도 목표정책의 개선에 사용될 수 있다는 것인데, 다른 이의 경험을 듣고 나의 행동 정책을 개선해가는 것에 비유할 수 있다.

탈정책적 몬테 카를로 학습을 이해하기 위해서는 먼저 수치 적분법numerical integration 등 수치적 방법들에서 표본점을 샘플링하기 위해 사용되는 방법의 하나인 중요도 샘플링 기법과 자기-정상화 중요도 샘플링 기법에 대한 이해가 필요하다.

## 12.4.2 중요도 샘플링

**중요도 샘플링**importance sampling[IS]은 수치 적분법 등에서 표본점의 효율적인 샘플링을 위해 사용하는 기법이다. 기대값의 계산에도 적분이 사용되므로, 기대값의 추정을 예로 들면 다음과 같다.

확률밀도함수[PDF]가 $f(x)$인 확률분포를 따르는 확률변수의 함수 $h(X)$의 기대값은 다음과 같이 정의된다.

$$E_f[h(X)] = \int h(x)f(x)dx$$

위 기대값에 대한 몬테 카를로[MC] 추정치는 $f(x)$로부터 샘플링된 서로 독립적인 표본점$[x_i]$에 대한 평균이다.

$$\widehat{E_f}[h(X)] = \frac{1}{n}\sum_{i=1}^{n} h(x_i),\ x_i \sim f(x)$$

앞 절에서 $E(G\,|\,S = a, A = a)$의 MC 추정치를 구할 때 사용했던 방법이 이에 해당한다$[h(x_i)$는 $g^{(i)}$, $f(x)$는 $p(g\,|\,s, a \sim \pi)]$. 그런데, $f(x)$를 이용하여 $x_i$를 샘플링하기가 쉽지 않은 경우도 있다. 그럴 경우, $f(x)$ 대신에 $f(x)$와는 비슷하지만 표본점의 샘플링이 쉬운 다른 PDF $u(x)$를 이용할 수 있다. 즉,

$$E_f[h(X)] = \int h(x)\frac{u(x)}{u(x)}f(x)dx$$
$$= \int \frac{f(x)}{u(x)}h(x)u(x)dx$$
$$= E_u[\frac{f(X)}{u(X)}h(X)]$$

이기에, 이럴 경우의 추정은 다음과 같다.

$$\widehat{E_f}[h(X)] = \widehat{E_u}[\frac{f(X)}{u(X)}h(X)]$$
$$= \frac{1}{n}\sum_{i=1}^{n} \frac{f(x_i)}{u(x_i)}h(x_i),\ x_i \sim u(x)$$

위 식에서 $f(x_i)$와 $u(x_i)$의 비율을

$$\rho(x_i) = \frac{f(x_i)}{u(x_i)}$$

라 하면 $\widehat{E_f}[h(X)] = \widehat{E_u}[\rho(X)h(X)]$이며, $u(x)$가 $f(x)$와 비슷해질수록 $\rho(x)$는 1에 가

까워지고 추정도 더 정확해진다.

위 IS 추정식을 탈정책적 MC 학습에 적용하면 다음과 같다.

$$\widehat{E_{p \sim \pi}}(G \mid S = s, A = a) = \frac{1}{n} \sum_{i=1}^{n} \frac{p(g^{(i)} \mid s, a \sim \pi)}{p(g^{(i)} \mid s, a \sim b)} g^{(i)}, \; g^{(i)} \sim p(g \mid s, a \sim b)$$

여기서 $g^{(i)}$는 행동정책 $b$에 의해서 얻어진 표본점이며 $p(g \mid s, a \sim b)$는 $(s, a)$가 관찰된 시점 이후 종료상태에 도달할 때까지 행동정책 $b$에 따라 행동했을 때의 수확에 대한 확률분포를 의미한다. 위와 같이 수확의 기대값을 추정하면, 표본은 행동정책 $b$에 의해서 얻어지지만 목표로 하는 기대값은 목표정책 $\pi$에 대한 것이기에 탈정책적 학습법이 된다.

여기서, $p(g^{(i)} \mid s, a \sim \pi)$와 $p(g^{(i)} \mid s, a \sim b)$에 대해서 생각해 보자. $g$는 상태-행동 튜플 $(s, a)$이 관찰된 시점 $t$부터 전개되는 트레젝토리에 의해 결정되므로, 표본점을 $g^{(i)}$ 대신 $s_t$와 $a_t$로 나타내면 위 두 PMF는 다음과 같이 쓸 수 있다.

$$p(g \mid s_t, a_t \sim \pi), \; p(g \mid s_t, a_t \sim b)$$

$p(g \mid s_t, a_t \sim \pi)$가 의미하는 바는 시점 $t$에서 목표정책 $\pi$에 따라 상태 $s_t$에서 행동 $a_t$를 한 후, 시점 $(T-1)$[종료 상태에 도달하는 시점의 직전]까지 목표정책을 따르는 일련의 상태-행동 $[(s_l, a_l)]_{l=t+1}^{T-1}$을 하고, 종료 상태 $s_T$에 들어가기까지 얻은 모든 보상들로부터 계산된 수확 $g$를 얻을 확률이다. 보상으로부터 수확을 계산하는 과정은 결정론적이기에 $p(g \mid s_t, a_t \sim \pi)$는 시점 $t$부터 전개되는 트레젝토리에 대한 확률이며 다음과 같다.

$$p(g \mid s_t, a_t \sim \pi) = \pi(a_t \mid s_t) p(r_{t+1}, s_{t+1} \mid s_t, a_t) \cdots \pi(a_{T-1} \mid s_{T-1}) p(r_T, s_T \mid s_{T-1}, a_{T-1})$$
$$= \prod_{l=t}^{T-1} \pi(a_l \mid s_l) p(r_{l+1}, s_{l+1} \mid s_l, a_l)$$

마찬가지로, $p(g \mid s_t, a_t \sim b)$는 다음과 같다.

$$p(g \mid s_t, a_t \sim b) = b(a_t \mid s_t) p(r_{t+1}, s_{t+1} \mid s_t, a_t) \cdots b(a_{T-1} \mid s_{T-1}) p(r_T, s_T \mid s_{T-1}, a_{T-1})$$
$$= \prod_{l=t}^{T-1} b(a_l \mid s_l) p(r_{l+1}, s_{l+1} \mid s_l, a_l)$$

따라서, $p(g \mid s_t, a_t \sim \pi) / p(g \mid s_t, a_t \sim b)$는 다음과 같다.

$$\frac{p(g \mid s_t, a_t \sim \pi)}{p(g \mid s_t, a_t \sim b)} = \frac{\prod_{l=t}^{T-1} \pi(a_l \mid s_l) p(r_{l+1}, s_{l+1} \mid s_l, a_l)}{\prod_{l=t}^{T-1} b(a_l \mid s_l) p(r_{l+1}, s_{l+1} \mid s_l, a_l)}$$

위 식의 분모와 분자에서 $p(r_{l+1}, s_{l+1} \mid s_l, a_l)$ 항은 약분되므로, 다음을 얻을 수 있다.

$$\rho(s_t, a_t) = \frac{\prod_{l=t}^{T-1} \pi(a_l \mid s_l)}{\prod_{l=t}^{T-1} b(a_l \mid s_l)} = \prod_{l=t}^{T-1} \frac{\pi(a_l \mid s_l)}{b(a_l \mid s_l)}$$

$g$를 $s_t$와 $a_t$의 함수로 간주하고[$g(s_t, a_t)$], 모든 시점에서 관찰된 상태-행동 튜플 $(s, a)$들에 대한 MC 추정[EV-MC]을 한다면, IS를 이용한 탈정책적 MC 학습에서 행동의 추정 가치 $Q(s, a)$를 구하는 식은 다음과 같다.

$$Q(s, a) = \widehat{E}_\pi(G \mid S = s, A = a) = \frac{1}{|\mathcal{T}(s, a)|} \sum_{t \in \mathcal{T}(s, a)} \rho(s_t, a_t) g(s_t, a_t), \quad a \sim b(a \mid s)$$

위 식에서 $\mathcal{T}(s, a)$는 트레젝토리에서 상태-행동 튜플 $(s, a)$가 관찰되는 시점들의 집합이다. 참고로, 목표정책이 탐욕적 정책이라면 주어진 상태에서 선택되는 행동은 탐욕적 행동 $a*$ 하나이므로 $\pi^{\text{greedy}}(a* \mid s) = 1$이다. 따라서, 이 경우의 $\rho$는 다음과 같다.

$$\rho(s_t, a_t) = \prod_{l=t}^{T-1} \frac{1}{b(a_l \mid s_l)}$$

### 12.4.3 자기-정상화 중요도 샘플링

PDF[또는 PMF] $f(x)$와 $u(x)$를 다음과 같이 나타내 보자.

$$f(x) = \frac{f_\star(x)}{m_f}, \quad u(x) = \frac{u_\star(x)}{m_u}$$

$f_\star(x)$와 $u_\star(x)$는 $f(x)$와 $u(x)$의 근원 함수일 수도 있고 $f(x)$와 $u(x)$의 일부분일 수도 있다. 여기서는 단순히 $f(x)$와 $u(x)$의 일부분이라 하자. 물론, $f_\star(x)$와 $u_\star(x)$는 적절한 [정의역에 대하여 적분하면 1이 되는] PDF가 아니며, 적절한 PDF가 되려면 정상화 상

수<sup>normalizing constant</sup>에 해당하는 $m_f$와 $m_u$로 나누어 주어야 한다.

$$m_f = \int f_\star(x)dx, \quad m_u = \int u_\star(x)dx$$

미리 언급하자면, SNIS에서 $m_f$와 $m_u$를 계산할 필요는 없다. 이제, PDF가 $f(x)$인 확률분포를 따르는 확률변수의 함수 $h(X)$의 기대값을 다음과 같이 전개해 보자.

$$\begin{aligned}
E_f[h(X)] &= \int h(x)f(x)dx = \int \frac{f(x)}{u(x)}h(x)u(x)dx \\
&= \frac{\int \frac{f(x)}{u(x)}h(x)u(x)dx}{\int \frac{f(x)}{u(x)}u(x)dx} \quad \because \int \frac{f(x)}{u(x)}u(x)dx = \int f(x)dx = 1 \\
&= \frac{\int \frac{f_\star(x)/m_f}{u_\star(x)/m_u}h(x)u(x)dx}{\int \frac{f_\star(x)/m_f}{u_\star(x)/m_u}u(x)dx} \\
&= \frac{\int \frac{f_\star(x)}{u_\star(x)}h(x)u(x)dx}{\int \frac{f_\star(x)}{u_\star(x)}u(x)dx}
\end{aligned}$$

마지막은 정상화 상수에 해당하는 $m_f$와 $m_u$가 소거된 식이다. 여기서,

$$w(x) = \frac{f_\star(x)}{u_\star(x)}$$

라 하면, 다음과 같다.

$$E_f[h(X)] = \frac{\int w(x)h(x)u(x)dx}{\int w(x)u(x)dx} = \frac{E_u[w(X)f(X)]}{E_u[w(X)]}$$

따라서, 추정치는 다음과 같이 계산할 수 있다.

$$\widehat{E_f}[h(X)] = \frac{\frac{1}{n}\sum_{i=1}^{n}w(x_i)h(x_i)}{\frac{1}{n}\sum_{i=1}^{n}w(x_i)} = \frac{\sum_{i=1}^{n}w(x_i)h(x_i)}{\sum_{i=1}^{n}w(x_i)}, \ x_i \sim u(x)$$

이제, 수확 $G$의 기대값을 다음과 같이 전개해 보자.

$$E_{p \sim \pi}(G \mid S = s, A = a) = \sum_g g p(g \mid s, a \sim \pi)$$

$$= \sum_g \frac{p(g \mid s, a \sim \pi)}{p(g \mid s, a \sim b)} g p(g \mid s, a \sim b)$$

$$= \frac{\sum_g \frac{p(g \mid s, a \sim \pi)}{p(g \mid s, a \sim b)} g p(g \mid s, a \sim b)}{\sum_g \frac{p(g \mid s, a \sim \pi)}{p(g \mid s, a \sim b)} p(g \mid s, a \sim b)}$$

$$= \frac{\sum_g \frac{p_\star(g \mid s, a \sim \pi)}{p_\star(g \mid s, a \sim b)} g p(g \mid s, a \sim b)}{\sum_g \frac{p_\star(g \mid s, a \sim \pi)}{p_\star(g \mid s, a \sim b)} p(g \mid s, a \sim b)}$$

SNIS 추정식은 다음과 같은 형태가 될 것이다.

$$\widehat{E_{p \sim \pi}}(G \mid S = s, A = a) = \frac{\sum_{i=1}^n \frac{p_\star(g^{(i)} \mid s, a \sim \pi)}{p_\star(g^{(i)} \mid s, a \sim b)} g^{(i)}}{\sum_{i=1}^n \frac{p_\star(g^{(i)} \mid s, a \sim \pi)}{p_\star(g^{(i)} \mid s, a \sim b)}}, \ g^{(i)} \sim p(g \mid s, a \sim b)$$

$p_\star(g^{(i)} \mid s, a \sim \pi)$와 $p_\star(g^{(i)} \mid s, a \sim b)$는 $p(g^{(i)} \mid s, a \sim \pi)$와 $p(g^{(i)} \mid s, a \sim b)$의 일부분에 해당하는데, 표본점을 $g^{(i)}$ 대신 $s_t$와 $a_t$로 나타내면 다음과 같다.

$$p_\star(g \mid s_t, a_t \sim \pi) = \prod_{l=t}^{T-1} \pi(a_l \mid s_l) = \frac{p(g \mid s_t, a_t \sim \pi)}{\prod_{l=t}^{T-1} p(r_{l+1}, s_{l+1} \mid s_l, a_l)}$$

$$p_\star(g \mid s_t, a_t \sim b) = \prod_{l=t}^{T-1} b(a_l \mid s_l) = \frac{p(g \mid s_t, a_t \sim \pi)}{\prod_{l=t}^{T-1} p(r_{l+1}, s_{l+1} \mid s_l, a_l)}$$

즉, $w(s_t, a_t)$는 다음과 같다.

$$w(s_t, a_t) = \frac{p_\star(g \mid s_t, a_t \sim \pi)}{p_\star(g \mid s_t, a_t \sim b)} = \frac{\prod_{l=t}^{T-1} \pi(a_l \mid s_l)}{\prod_{l=t}^{T-1} b(a_l \mid s_l)} = \prod_{l=t}^{T-1} \frac{\pi(a_l \mid s_l)}{b(a_l \mid s_l)}$$

따라서, 모든 시점에서 관찰된 상태-행동 튜플 $(s, a)$들에 대한 MC 추정[EV-MC]을 한다면, SNIS를 이용한 탈정책적 MC 학습에서의 행동의 추정가치 $Q(s,a)$를 구하는 식은 다음과 같다.

$$Q(s,a) = \widehat{E_\pi}(G \mid S = s,\ A = a) = \frac{\sum_{t \in \mathcal{T}(s,a)} w(s_t, a_t) g(s_t, a_t)}{\sum_{t \in \mathcal{T}(s,a)} w(a_t, s_t)},\ a \sim b(a \mid s)$$

결과적으로는 IS에서의 $\rho(s_t, a_t)$와 SNIS에서의 $w(s_t, a_t)$는 동일한데, IS를 이용하여 행동의 추정가치를 구하는 것과 SNIS를 이용하여 행동의 추정가치를 구하는 것은 어떤 점에서 다를까? 위 식의 분모를 $c(s_t, a_t) = \sum_{t \in \mathcal{T}(s,a)} w(a_t, s_t)$로 나타낸 IS 추정식과 비교해 보자.

$$\text{IS: } Q(s,a) = \frac{1}{|\mathcal{T}(s,a)|} \sum_{t \in \mathcal{T}(s,a)} \rho(s_t, a_t) g(s_t, a_t),\ a \sim b(a \mid s)$$

$$\text{SNIS: } Q(s,a) = \frac{1}{c(s_t, a_t)} \sum_{t \in \mathcal{T}(s,a)} w(s_t, a_t) g(s_t, a_t),\ a \sim b(a \mid s)$$

오직 하나의 표본점$[|\mathcal{T}(s,a)| = 1]$만 있다고 하고, $\rho(s_t, a_t) = w(s_t, a_t) = 10$이라 해 보자. 시점 $t$부터 시작하는 트레젝토리가 목표정책을 따라 얻어졌을 확률이 행동정책을 따라 얻어졌을 확률보다 10배 크다는 것이다. $g(s_t, a_t)$는 행동정책에 따라 얻어진 것인데, 이 값이 1이라 하자. 그러면 IS 추정치는 10이 되며, 이는 행동정책에 따라 얻어진 $g(s_t, a_t)$를 $\rho(s_t, a_t)$를 이용하여 목표정책에 따른 수확값으로 보정한 값이다. 즉, 추정의 목표$[\widehat{E_\pi}]$에 부합하는 값이다. 그런데 SNIS 추정치는 1이며, 이는 행동정책에 따른 수확값이지 목표정책에 따른 수확값이 아니다. 즉, 추정의 목표에 부합하지 않는 값이다.

이번에는 위 수식을 아래와 같이 써보자.

$$\text{IS: } Q(s,a) = \sum_{t \in \mathcal{T}(s,a)} \frac{\rho(s_t, a_t)}{|\mathcal{T}(s,a)|} g(s_t, a_t),\ a \sim b(a \mid s)$$

$$\text{SNIS: } Q(s,a) = \sum_{t \in \mathcal{T}(s,a)} \frac{w(s_t, a_t)}{c(s_t, a_t)} g(s_t, a_t),\ a \sim b(a \mid s)$$

그리고, 그리 많지 않은 여러 개의 시점에서 관찰된 동일한 상태-행동 튜플 $(s,\ a)$에 대하여 IS 추정과 SNIS 추정을 한다고 하자. 각 시점부터 시작하는 트레젝토리는 서로 상당히 다를 수 있으며, 그에 따라 $\rho(s_t, a_t)$와 $w(s_t, a_t)$ 모두 시점 $t$에 따라 크게 변동할 것이다. 합산식 내부에 있는 가중치 형태의 항을 보자. IS 추정식에서 $\rho(s_t, a_t)/|\mathcal{T}(s,a)|$

항은 이론적으로 무한대가 될 수도 있다. 실제로도, 목표정책을 탐욕적 정책으로 하면, $\rho(s_t, a_t) = 1/\prod_{l=t}^{T-1} b(a_l|s_l)$인데 분모는 1보다 작은 $b$가 무수히 많이 곱해진 형태이므로 $\rho(s_t, a_t)$는 매우 큰 값이다. 반면, SNIS 추정식에서 $w(s_t, a_t)/c(s_t, a_t)$ 항은 $w(s_t, a_t)/\sum_{t \in \mathcal{T}(s,a)} w(s_t, a_t)$ 형태이므로 자기-정상화되어$w(s_t, a_t)/c(s_t, a_t)$ 항의 최대값은 1이다. 즉, IS 추정치는 표본에 따라 심하게 변동될 수 있다. 이를 IS 추정은 분산 variance이 크다고 말한다.

IS 추정치와 SNIS 추정치 모두 표본의 크기가 커질수록 참값에 가까워질 텐데, 표본의 크기가 작을 때 편향성은 SNIS가 추정치가 크고 분산은 IS 추정치가 크다. SNIS 추정치는 학습의 초반에 목표정책에 따른 수확값을 잘 대변하지 못한다는 단점이 있기는 하지만, 좀 더 안정적인 학습이 가능하다는 점에서 IS 추정치보다 선호된다.

## 12.4.4 SNIS를 이용한 EV-MC 추정치의 점진적 계산

표본평균의 점진적 계산처럼, $\sum_{t \in \mathcal{T}(s,a)} w(s_t, a_t) g(s_t, a_t)$ 항과 $\sum_{t \in \mathcal{T}(s,a)} w(s_t, a_t)$ 항을 일괄적으로 계산하여 $Q(s,a)$를 계산하지 않고 상태-행동 튜플 $(s,a)$가 관찰되는 시점마다 $Q(s,a)$를 점진적으로 업데이트할 수 있다. $w(s_t, a_t)$와 $g(s_t, a_t)$는 에피소드가 끝났을 때 얻어지는 트레젝토리로부터 계산되기에 여기서 말하는 $Q(s,a)$의 점진적 업데이트가 몬테 카를로 학습이 에피소드 중에 이루어진다는 것을 의미하지는 않는다. 몬테 카를로 학습은 에피소드가 종료될 때마다 이루어진다.

한 트레젝토리에서 특정한 상태-행동 튜플 $(s,a)$에 대해 $\eta$번째로 관찰된 표본점을 $(s_\eta, a_\eta)$라 하면, 이에 대한 행동의 가치를 추정하는 식을 다음과 같이 전개할 수 있다. $Q(s_\eta, a_\eta)$은 $Q_\eta$으로, $g(s_\eta, a_\eta)$은 $G_\eta$으로, $w(s_\eta, a_\eta)$은 $W_\eta$으로 나타내었다.

$$
\begin{aligned}
Q_\eta &= \frac{\sum_{i=1}^{\eta} W_i G_i}{C_\eta}, \ \ \text{where } C_\eta = \sum_{i=1}^{\eta} W_i, \ \eta \geq 2 \\
&= \frac{1}{C_\eta} \left( W_\eta G_\eta + \sum_{i=1}^{\eta-1} W_i G_i \right) \\
&= \frac{1}{C_\eta} \left( W_\eta G_\eta + Q_{\eta-1} C_{\eta-1} \right) \ \ \because Q_{\eta-1} = \frac{\sum_{i=1}^{\eta-1} W_i G_i}{C_{\eta-1}} \\
&= \frac{1}{C_\eta} \left[ W_\eta G_\eta + Q_{\eta-1} \left( C_\eta - W_\eta \right) \right]
\end{aligned}
$$

$$= \frac{1}{C_\eta}\left(W_\eta G_\eta + Q_{\eta-1} C_\eta - Q_{\eta-1} W_\eta\right)$$

$$= Q_{\eta-1} + \frac{W_\eta}{C_\eta}\left(G_\eta - Q_{\eta-1}\right)$$

즉, $\eta$번 째 얻어지는 $G_\eta$과 직전 추정치 $Q_{\eta-1}$간의 차이에 정상화된 가중치 $W_\eta/C_\eta$을 곱하고, 거기에 $Q_{\eta-1}$에 더함으로써 $Q$의 업데이트가 이루어지게 하는 방식이다.

위 식을 업데이트 규칙으로 표현하기 위해서는 아직 고려해야 할 점들이 남아 있다. $Q$는 모든 에피소드들에 걸쳐서 업데이트되지만, $G$와 $W$는 한 에피소드 내에서만 업데이트되어야 한다. 그런데, 한 에피소드의 트레젝토리 내에서 시점에 상관없이 $G$와 $W$를 업데이트하는 것은 매우 비효율적이고 업데이트 규칙을 만들기 어렵게 한다. 예를 들어, $G$를 업데이트하는 것을 시간의 순방향에 따라 업데이트하면, 시점 $t$에서의 $G$는 시점 $t$부터 종료 시점 전까지 모든 감가 보상을 더해야 하고, 시점 $t + 1$에서의 $G$는 시점 $t + 1$부터 종료 시점 전까지 모든 감가 보상을 더해야 하므로 불필요한 반복이 행해진다. 이에 대한 해법은 에피소드마다 $G$를 0으로 초기화한 후 시간의 역방향으로[$t = T - 1, T - 2, ..., 0$] $G$를 업데이트하는 것이다: $G \leftarrow \gamma G + R_{t+1}$. 마찬가지로, $W$도 에피소드 마다 $W$를 1로 초기화한 후 시간의 역방향으로 업데이트하면 된다: $W \leftarrow W \times [\pi(a_t|s_t)/b(a_t|s_t)]$. 따라서, 전체 업데이트 규칙은 다음과 같다.

초기화:

$Q \leftarrow (\approx 0)$

$C \leftarrow 0$

각 에피소드에 대해 반복:

　　초기화:

　　$G \leftarrow 0$

　　$W \leftarrow 1$

　　시점 $t = T - 1, T - 2, ..., 0$에서 방문하는 $(s, a)$에 대하여:

　　　　$G \leftarrow \gamma G + R_{t+1}$

　　　　$C \leftarrow C + W$

　　　　$Q \leftarrow Q + \frac{W}{C_t}(G - Q)$

　　　　$W \leftarrow W \times \frac{\pi_t}{b_t}$

위 업데이트 규칙에서 $\pi_t = \pi(a_t|s_t)$이고 $b_t = b(a_t|s_t)$이다. 만약, 목표정책이 탐욕적 정책이라면 $\pi_t = 1$이다.

## 12.4.5 SNIS를 이용한 탈정책적 MC 학습

탐욕적 정책을 목표정책으로 하는 탈정책적 MC 학습법으로 미로 탈출 로봇을 훈련해 본다. 행동정책과 목표정책을 구현한 함수는 다음과 같다.

```python
def behavior_policy(state, Q, epsilon):
    # returns epsilon soft action
    behavior_probs = np.ones(4)*epsilon/4
    greedy_action = np.argmax(Q[state])
    behavior_probs[greedy_action] += 1-epsilon
    action = np.random.choice(np.arange(4), p=behavior_probs)
    return action, behavior_probs

def target_policy(state, Q):
    # returns greedy action
    action = np.argmax(Q[state])
    return action
```

행동정책 함수는 엡실론 소프트 정책을 약간 변경한 형태인데, $W$의 계산에 필요한 확률 $b(a|s)$을 함께 출력하도록 한다. 점진적 추정법을 사용하는 학습용 함수는 다음과 같다.

```python
def learn_SNIS_MC(discount_rate=0.9, epsilon=0.3,
                  max_n_episodes=300, max_t_steps=10000):
    target_T_list = [ ]
    behavior_T_list = [ ]
    Q = np.random.normal(size=(25,4))
    C = np.zeros((25,4))
    for i in range(1, max_n_episodes+1):
        # === trajectory generation
        behavior_trajectory = [ ]
        state = 0
        for t in range(max_t_steps):
            action = behavior_policy(state, Q, epsilon)[0]
            reward, next_state = environment(state, action)
            behavior_trajectory.append((state, action, reward))
            if next_state==24: break
            state = next_state
        behavior_T = len(behavior_trajectory)
        behavior_T_list.append(behavior_T)
```

```
        # === action value estimation
        G = 0.0
        W = 1.0
        for t in range(len(behavior_trajectory))[::-1]:
            # backward in time
            state, action, reward = behavior_trajectory[t]
            G = reward + discount_rate*G
            C[state][action] += W
            Q[state][action] += \
                            (W/C[state][action])*(G-Q[state][action])
            if action != target_policy(state, Q): break
            W = W*(1/behavior_policy(state, Q, epsilon)[1][action])
        # === agent simulation
        state = 0
        target_trajectory = [ ]
        for t in range(max_t_steps):
            action = target_policy(state, Q)
            reward, next_state = environment(state, action)
            target_trajectory.append((state, action, reward))
            if next_state == 24: break
            state = next_state
        target_T = len(target_trajectory)
        target_T_list.append(target_T)
        # === print learning progress
        if i%10==0: print("episode:",i, "behavior T:",behavior_T,
                        "target T:",target_T)
    return behavior_T_list, target_T_list, target_trajectory
```

목표정책으로 탐욕적 정책을 사용하므로 $W$는 점진적 업데이트에서 $1/b(a|s)$만 곱해 가도록 한다. 업데이트 규칙에서 언급하지 않은 내용이 포함되어 있는데, 그것은 한 에 피소드 내에서 행동정책이 선택한 행동과 목표정책이 선택한 행동이 다르면 업데이트 을 중단한다. 이렇게 함으로써 행동정책은 엡실론으로 정해진 비율만큼 탐험을 계속하 지만 $Q$는 점점 더 탐욕적 행동에 대한 행동 가치를 높여가도록 한다. 최적정책으로의 수렴이 늦으므로 max_n_episodes를 정책적 MC 학습보다 크게 하는데, 이 예에서는 max_n_episodes=300를 기본값으로 하였다. 탐험률과 감가율은 각각 기본값을 ep-silon=0.3과 discount_rate=0.9로 하였다.

실행 결과는 다음과 같다.

```
result = learn_SNIS_MC(max_n_episodes=300)
behavior_T_list, target_T_list, target_trajectory = result
```

```
=========
episode: 10 behavior T: 355 target T: 10000
episode: 20 behavior T: 188 target T: 10000
...
episode: 60 behavior T: 53 target T: 10000
episode: 70 behavior T: 24 target T: 16
...
episode: 100 behavior T: 20 target T: 16
episode: 110 behavior T: 22 target T: 14
...
episode: 160 behavior T: 18 target T: 10000
episode: 170 behavior T: 18 target T: 12
...
episode: 260 behavior T: 19 target T: 12
episode: 270 behavior T: 90 target T: 12
episode: 280 behavior T: 19 target T: 12
episode: 290 behavior T: 42 target T: 12
episode: 300 behavior T: 17 target T: 12
```

행동정책은 어떻게 변화해가는지 다음으로 살펴보자.

```
plot_T(behavior_T_list)
plot_T(behavior_T_list, y_max=100)
```

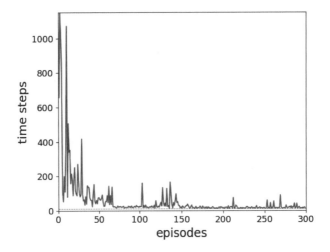

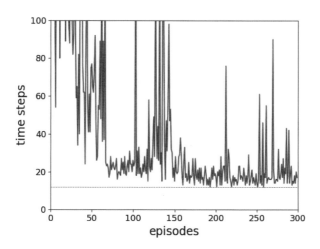

약 150번째 근처의 에피소드에서 Q는 거의 최적의 값에 도달한 것처럼 보이나, 엡실론 값이 0.3이기에 이후에도 탐험적 행동을 상당히 많이 하는 것을 볼 수 있다.

목표정책은 어떻게 변화해가는지 다음으로 살펴보자.

```
plot_T(target_T_list)
plot_T(target_T_list, y_max=100)
```

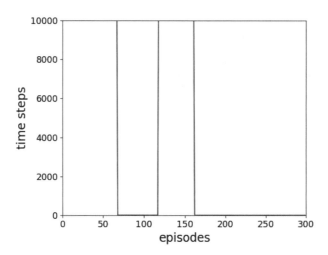

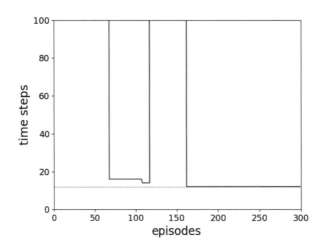

약 170번째 에피소드부터 최적의 정책을 학습하였음을 알 수 있다. 애니메이션은 다음으로 볼 수 있다.

```
show_trajectory(target_trajectory)
```

엘실론 담금질 기법을 사용하는 정책적 MC 학습법과 비교하면, 탈정책적 MC 학습법은 최적 정책의 학습에 더 오랜 시간이 걸린다. 그럼에도 불구하고 탈정책적 MC 학습법은 어떠한 행동정책으로부터 생성된 데이터라도 이용할 수 있다는 점에서 유연하고 활용도가 높은 방법이다. 하지만, 정책적 MC 학습법이건 탈정책적 MC 학습법이건 모든 MC 학습법은 한 에피소드가 끝나야만 학습이 이루어진다는 단점을 가지고 있다. 다음 장에서는 이 단점을 해결하는 학습법을 소개한다.

# 13

# 시간차 학습

포커

앞 장에서는 마르코프 의사결정 과정[MDP] 모형을 모를 때 사용되는 방법으로써, 몬테카를로[MC] 학습을 살펴보았다. 정책적 MC 학습과 탈정책적 MC 학습을 구분하여 살펴보았는데, MC 학습은 하나의 에피소드가 끝나야만 행동의 추정가치 $Q$를 알 수 있기에 에피소드 단위로 학습이 이루어진다는 단점을 갖는다. 따라서, 오랜 시간 후에 하나의 에피소드가 끝나는 경우 MC 학습은 매우 비효율적인 학습이 될 것이며, 에피소드 단위로 끝나지 않는 연속적인 작업에는 MC 학습을 적용할 수 없다. 이 장에서는 스텝마다 학습이 이루어지는 시간차temporal difference학습을 소개한다. 함정이 있는 미로의 탈출에 두 종류의 시간차 학습을 적용해 본 후, 포커poker 게임에 적용해 볼 것이다. 미로 탈출 예에서는 앞 장에서 사용했던 코드가 재사용된다.

**⚠ 미성년 독자들은 포커 게임에 적용한 예는 건너뛰기 바란다.**

이 장에서 사용하는 패키지와 모듈은 다음과 같이 불러들인다. 그리고 난수 발생의 씨앗도 설정한다.

```
import numpy as np
import matplotlib.pyplot as plt
from matplotlib import animation
import itertools
np.random.seed(123)
```

# 13.1 시간차 학습

8장에서 언급한 표본평균에 대한 점진적 업데이트 방법 중에서 학습율 $\alpha \in (0,1]$를 사용하는 방법을 상기하자. 8장에서 사용한 예에서는 상태 $S$에서의 행동 $A$가 아니었고 수확 $G$ 대신 보상 $R$을 사용하는 업데이트 방법이었다.

$$Q \leftarrow Q + \alpha \left( R - Q \right)$$

위 식을 보상 대신 수확을 사용하고 시점 $t$에서 에이전트가 놓인 상태와 그 상태에서 행한 행동에 대한 추정가치 $Q(S_t, A_t) := \hat{E}(G_t | S_t, A_t)$를 사용하는 식으로 바꿔 보자.

$$Q(S_t, A_t) \leftarrow Q(S_t, A_t) + \alpha \left[ G_t - Q(S_t, A_t) \right]$$

인덱스 $t$ 때문에 위 식이 헷갈릴 수도 있기에, 12장의 미로를 들어 설명하자면 다음과 같다. 미로에는 종료 상태를 제외한 총 24개의 상태가 있고 각 상태에서 네 종류의 행동이 가능하다. 따라서, 96개의 상태-행동 튜플에 대한 $Q(S_t, A_t)$ 값은 24×4 배열[또는 표]에 기록된다. 만약 에이전트가 시점 $t = 8$에서 구획 $S_8 = 16$에 있고 여기서 남쪽으로 이동하는 행동 $A_8 = 2$를 했다면, $Q$ 배열에서 화살표 우측의 $Q(S_8, A_8)$ 값[배열 좌표: (16, 2) ]이 가장 큰 값이었기 때문이다[탐욕적 정책의 경우]. 이 값이 $Q(S_8, A_8) = 1$이었고, 시점 $t = 8$로부터 이어지는 트레젝토리에 따라 얻는 수확이 $G_8 = 2$이며, 학습율은 $\alpha = 0.1$이라면, 에이전트는 구획 $S_8 = 16$을 떠나 남쪽으로 이동하면서 $Q$ 배열의 좌표 (16, 2)에 있는 값을 $1 + 0.1(2 - 1) = 1.1$로 업데이트한다. 이 1.1이 화살표 왼쪽의 $Q(S_8, A_8)$ 값이다. 만약 에이전트가 미로를 헤매다가 시점 $t = 12$에서 다시 상태 $S_{12} = 16$에 들어 온다면, 이 시점에서 에이전트가 행동을 결정하기 위해서 참조하는 $Q$ 배열의 좌표 (16, 2)에는 1.1이 기입되어 있다.

그런데, 위 업데이트 규칙에서 수확 $G_t$는 하나의 에피소드가 끝나야만 알 수 있다. 이 장에서 소개할 **시간차**temporal difference [TD]학습법은 에피소드가 진행 중일 때[또는 에피소드 단위로 나눌 수 없는 연속적인 작업에 대해서], 실시간으로 $Q$를 업데이트하는 학습법이다. 위 식을 어떻게 변형하면, 에피소드가 끝나기 전에도 $Q$를 업데이트시킬 수 있을까? 답은 에피소드가 끝나야만 알 수 있는 수확 $G$를 어떻게 다르게 표현하느냐에 있다. 우선, 11장에서 소개한 $G$의 계산법을 보자.

$$G_t = \gamma^0 R_{t+1} + \gamma^1 R_{t+2} + \gamma^2 R_{t+3} + \cdots + \gamma^{T-1} R_T = \sum_{k=t+1}^{T} \gamma^{k-t-1} R_k$$
$$= R_{t+1} + \gamma(R_{t+2} + \gamma R_{t+3} + \cdots + \gamma^{T-2} R_T)$$
$$= R_{t+1} + \gamma \sum_{k=t+2}^{T} \gamma^{k-t-2} R_k$$
$$= R_{t+1} + \gamma G_{t+1}$$

$G_t = R_{t+1} + \gamma G_{t+1}$이므로, 이를 위 업데이트 규칙에 대입해 보자.

$$Q(S_t, A_t) \leftarrow Q(S_t, A_t) + \alpha \left[ R_{t+1} + \gamma G_{t+1} - Q(S_t, A_t) \right]$$

위와 같은 업데이트 규칙에서 우변 대괄호 안의 $(R_{t+1} + \gamma G_{t+1})$를 TD 타겟[target]이라 하며, TD 타겟과 $Q(S_t, A_t)$와의 차이는 TD 오차[error]라 한다. 학습율 $\alpha$로 지정한 비율만큼의 TD 오차가 $Q(S_t, A_t)$의 업데이트에 사용되는 방식이다.

그런데 위 식에는 더 심각한 문제가 있다. 시점 $t$의 상태 $S_t$에서 행동 $A_t$를 하고 받는 보상 $R_{t+1}$은 즉각적으로 알 수 있지만, $G_{t+1}$는 여전히 에피소드가 끝나야만 알 수 있는 데다가 그것도 미래 시점인 시점 $t+1$에서의 수확이다. 이를 해결하는 방안으로 첫째는 TD 타겟에 포함된 수확 $G$를 수확 기대값의 추정치인 행동의 추정가치 $Q$로 대체하는 것이다. 둘째는 이미 얻어져 $Q$ 배열에 기록/저장된 $Q$ 값을 이용하는 것이다. 그러면, 업데이트 규칙은 $Q$에 대하여 재귀적인 형태가 되며, 이미 얻어진 추정치[$Q$]들을 활용하여 $Q$ 값을 부분적으로 업데이트하는 동적 계획법[DP]을 적용할 수 있다. 다양한 방법들이 가능한데, 대표적인 몇 가지를 소개한다.

### 13.1.1 SARSA 학습과 기대값 SARSA 학습

SARSA 학습의 명칭은 SARSA 학습이 다섯 개의 변수 $[S_t, A_t, R_{t+1}, S_{t+1}, A_{t+1}]$를 이용하기 때문에 붙인 이름이다. 이름이 말하는 것처럼, SARSA 학습은 $G_{t+1}$에 대한 점진적 추정치로서 $Q(S_{t+1}, A_{t+1})$를 사용한다. 이 방법에서의 TD 타겟은 다음과 같다.

$$\text{SARSA TD target}: \quad R_{t+1} + \gamma Q(S_{t+1}, A_{t+1})$$

에이전트가 시점 $t$에서 상태 $S_t$에 있고 함수로서의 정책 $\pi$에 따라 행동 $A_t = \pi(S_t)$를 했다면, 환경은 시점 $t+1$에서 에이전트에게 보상 $R_{t+1}$을 줄 것이며 에이전트가 처한 상태를 $S_{t+1}$로 바꿀 것이다. 그리고 에이전트는 다시 정책에 따라 행동 $A_{t+1} = \pi(S_{t+1})$을 할 것이다. SARSA TD 타겟의 $Q(S_{t+1}, A_{t+1})$는 시점 $t$까지 업데이트된 $Q$ 배열에서 상태-행동 튜플 $(S_{t+1}, A_{t+1})$에 대한 값이다. 즉, SARSA 업데이트는 시점 $t+1$에서의 행동이 결정된 후에 이루어진다.

SARSA 학습법에서는 목표로 하는 정책에 따라 선택된 행동들에 의해서만 $Q$ 값의 업데이트[즉, 정책의 업데이트]가 이루어지므로, SARSA 학습법은 정책적 학습법에 해당한다.

SARSA 학습법과 유사하게, $Q(S_{t+1}, A_{t+1})$의 기대값[$Q$가 추정치이므로, 이는 추정치의 기대값이다]을 $G_{t+1}$에 대한 점진적 추정치로 사용하는 방법을 생각해 볼 수 있다. 이 방법을 **기대값**expected **SARSA 학습법**이라 하며, 기대값 SARSA 학습법에서의 TD 타겟은 다음과 같다.

$$\text{Expected SARSA TD target} : \quad R_{t+1} + \gamma \sum_{a°} Q(S_{t+1}, a°)\pi(a° | S_{t+1})$$

위 식에서 $a°$는 에이전트가 처한 상태에서 에이전트가 할 수 있는 행동 중 하나를 의미하며, $\pi(a° | S_{t+1})$[확률분포로서의 정책]는 상태 $S_{t+1}$에서 행동 $a°$를 할 확률이다. 기대값 SARSA 학습법 역시 목표로 하는 정책 $\pi$에 의해서 $Q$가 업데이트된다는 점에서 정책적 학습에 해당한다. 하지만, $Q(S_{t+1}, a°)$의 가중 평균을 구할 때 사용되는 확률분포를 균일분포 등 $\pi$와는 다른 확률분포를 사용할 수도 있다. 그럴 경우, 기대값 SARSA 학습법은 탈정책적 학습법이라 할 수 있다.

## 13.1.2 Q 학습과 더블 Q 학습

전형적인 탈정책적 시간차 학습으로는 Q 학습법이 있다. Q 학습법에서는 목표로 하는 정책 $\pi$를 따르는 $A_{t+1}$와는 무관하게, 상태 $S_{t+1}$에서 가능한 행동들 중에서 행동의 추정가치가 가장 높은 행동의 추정가치를 $G_{t+1}$에 대한 점진적 추정치로 한다. 즉, Q 학습법에서의 TD 타겟은 다음과 같다.

$$\text{Q TD target} : \quad R_{t+1} + \gamma \max_{a°} Q(S_{t+1}, a°)$$

Q 학습의 TD 타겟이 벨만 최적식을 활용한 것처럼 보이나, 그렇지 않다. 벨만 최적식을

활용한다면, 최대값을 구하는 항 $\max Q(S_{t+1}, a°)$이 행동 가치 최대값의 추정치[$\widehat{\max(q)} = \widehat{q*}$]가 되어야 하는데 Q 학습의 TD 타겟에서는 행동 가치 추정치의 최대값[$\max(\hat{q})$]이다. 추정치 최대값의 기대값은 항상 최대값 추정치의 기대값보다 크거나 같으며[$E[\max(\hat{\theta})] \geq E[\widehat{\max(\theta)}]$] 이를 **최대화 편향**maximization bias이라 하는데, Q 학습의 TD 타겟에도 최대화 편향이 있고 결과적으로 $Q$가 과대평가overestimation된다. 이는 Q 학습이 SARSA 학습에 비해 미래를 낙관적으로 보게 하는 경향을 증가시킨다. 예를 들어, 위험하지만 매우 큰 보상[궁극적으로는 수확]을 주는 행동이 있다면 그 행동을 선택하도록 한다.

최대화 편향이 항상 부정적인 것은 아니지만, Q 학습의 최대화 편향 문제를 해결 방안으로 제안된 학습법으로 **더블**double **Q 학습**이 있다. 더블 Q 학습에서의 TD 타겟은 다음과 같다.

$$\text{double Q TD target :} \quad R_{t+1} + \gamma Q_1(S_{t+1}, A_{t+1}^*), \, A_{t+1}^* = \underset{a°}{\operatorname{argmax}} \, Q_2(S_{t+1}, a°)$$

더블 Q 학습에서는 두 종류의 $Q$를 사용하여 하나로부터 탐욕적 행동 $A_{t+1}^*$를 찾고, 다른 하나로부터 탐욕적 행동에 대한 행동 가치의 추정치 $Q_1(S_{t+1}, A_{t+1}^*)$를 구한다. $Q$는 비편향 추정량[$E[Q(A)] = q(A)$]이므로, $E[Q(A^*)] = q(A^*)$이니, 이는 $q*$에 대한 비편향 추정량이라는 것이라는 점에 근거한 방법이며, 행동 가치 최대값의 추정치를 얻으려는 방안이다.

이 외에도 다양한 TD 학습법이 연구되었지만, 위에 언급한 네 종류만 다룬다. 이어지는 절에서는 앞 장에서 사용한 미로를 약간 변형한 함정이 있는 미로 문제에 SARSA 학습법과 Q 학습법을 적용해 본 후, 좀 더 복잡한 포커 게임 문제에 SARSA 학습법, 기대값 SARSA 학습법, Q 학습법, 더블 Q 학습법을 적용해 본다.

## 13.2 함정 미로의 탈출

### 13.2.1 SARSA 학습을 이용한 미로 탈출

미로 탈출에 적용할 것이므로 이 절에서 제시하지 않는 코드들은 앞 장 MC 학습에서 사용한 것들을 그대로 사용한다. SARSA 학습에서의 업데이트 규칙은 다음과 같다.

$$Q(S_t, A_t) \leftarrow Q(S_t, A_t) + \alpha \left[ R_{t+1} + \gamma Q(S_{t+1}, A_{t+1}), - Q(S_t, A_t) \right]$$

MC 추정을 구현한 코드에서 Q를 업데이트하는 부분만 위 업데이트 규칙으로 변경하면 SARSA 학습법을 미로 탈출 문제에 적용할 수 있다.

정책 함수는 다음과 같다. 학습용 함수에서 엡실론 값을 감소시키는 엡실론 스케쥴링을 실시할 것이다.

```
def policy_epsilon_soft(state, Q, epsilon):
    probs = np.ones(4)*epsilon/4
    greedy_action = np.argmax(Q[state])
    probs[greedy_action] += 1-epsilon
    action = np.random.choice(np.arange(4), p=probs)
    return action
```

학습 함수는 다음과 같다. 학습율은 alpha=0.1을 기본값으로 하였다. 원칙적으로 학습율은 튜닝해야할 하이퍼파라미터hyper-parameter이나, 미로의 예에서는 이 정도 값에서 잘 작동한다. 참고로 학습율에도 스케쥴링/담금질 기법을 사용할 수 있다.

```
def learn_SARSA_maze(alpha=0.1, discount_rate=0.9,
                     max_n_episodes=100, max_t_steps=10000):
    T_list = [ ]
    Q = np.zeros((25,4))
    for i in range(1, max_n_episodes+1):
        epsilon = 1- (i-1)/(max_n_episodes-1) # epsilon annealing
        state = 0
        action = policy_epsilon_soft(state, Q, epsilon)
        trajectory = []
        for t in range(max_t_steps):
            reward, next_state = environment(state, action)
            next_action = policy_epsilon_soft(next_state, Q, epsilon)
```

```
            trajectory.append((state, action))
            # update Q (SARSA) ---
            TD_target = reward + \
                         discount_rate*Q[next_state][next_action]
            TD_delta  = TD_target - Q[state][action]
            Q[state][action] += alpha*TD_delta
            # --------------------
            state = next_state
            action = next_action
            if next_state==24: break
        T = len(trajectory)
        T_list.append(T)
        if i%10==0: print("episode:", i, "T:", T)
    return trajectory, T_list
```

다음을 실행하면 학습 결과를 볼 수 있다.

```
trajectory, T_list = learn_SARSA_maze()

plot_T(T_list)
plot_T(T_list, y_max=100)

show_trajectory(trajectory)
```

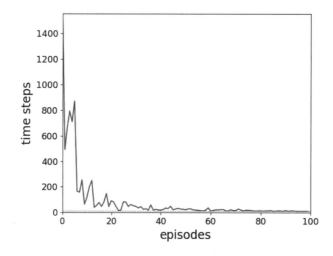

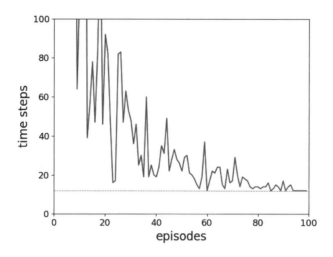

상당히 빠르게 최적 정책을 학습함을 알 수 있다. 독자들이 엡실론[고정 엡실론 포함], 학습률, 감가율을 여러 값으로 바꿔 가면서 다양한 실험들을 해보기 바란다.

## 13.2.2 Q 학습을 이용한 미로 탈출

Q 학습에서의 업데이트 규칙은 다음과 같다.

$$Q(S_t, A_t) \leftarrow Q(S_t, A_t) + \alpha \left[ R_{t+1} + \gamma \max_{a°} Q(S_{t+1}, a°) - Q(S_t, A_t) \right]$$

Q 학습을 구현한 함수는 SARSA 학습에서 사용한 함수와 거의 동일하며, 다음과 같다.

```
def learn_Q_maze(alpha=0.1, discount_rate=0.9,
                 max_n_episodes=100, max_t_steps=10000):
    T_list = [ ]
    Q = np.zeros((25,4))
    for i in range(1, max_n_episodes+1):
        epsilon = 1- (i-1)/(max_n_episodes-1) # epsilon annealing
        state = 0
        trajectory = []
        for t in range(max_t_steps):
            action = policy_epsilon_soft(state, Q, epsilon)
            reward, next_state = environment(state, action)
            trajectory.append((state, action))
            # update Q (Q ) ---
            TD_target = reward + discount_rate*np.max(Q[next_state])
```

```
            TD_delta  = TD_target - Q[state][action]
            Q[state][action] += alpha*TD_delta
            # ----------------
            state = next_state
            if state==24: break
        T = len(trajectory)
        T_list.append(T)
        if i%10==0: print("episode:", i, "T:", T)
    return trajectory, T_list
```

다음을 실행하면 SARSA와 비슷하게 최적 정책을 학습함을 알 수 있다.

```
trajectory, T_list = learn_Q_maze()

plot_T(T_list)
plot_T(T_list, y_max=100)

show_trajectory(trajectory)
```

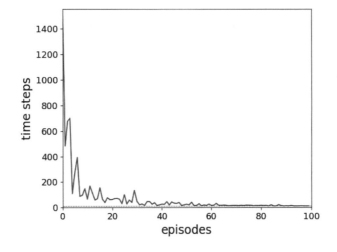

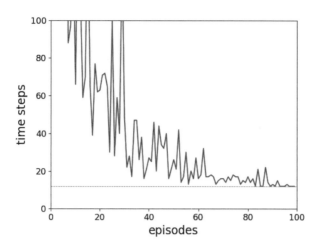

SARSA와 비슷하게 빠른 속도로 최적 정책을 학습하였음을 알 수 있다. 독자들이 엡실론[고정 엡실론 포함], 학습률, 감가율을 여러 값으로 바꿔 가면서 다양한 실험들을 해 보기 바란다.

### 13.2.3 함정이 있는 미로 탈출: SARSA 학습과 Q 학습 결과의 비교

앞서 예로든 미로 탈출 문제에서 SARSA 학습과 Q 학습 모두 최단 경로로 가장 빠르게 미로에서 탈출하는 최적 정책을 학습할 수 있음을 보았다. 두 학습법은 업데이트 규칙이 서로 다르다는 점 외에도 수학적 성질에서의 차이가 있지만, 목표를 달성했다는 점에서는 차이가 없어 보인다. 과연 그럴까?

간단하면서 흥미로운 실험을 통해 SARSA 학습과 Q 학습이 갖는 중요한 차이 하나를 소개한다. 실제 응용에서도 고려해야 할 내용이다. 미로에 다음과 같이 함정을 설치해 보자. 함정은 최단 경로와 무관한 구획 6번과 20번에 설치하는데, 함정에 빠지면 보상으로 -100점을 받는다. 사실상 벌점인 셈이다.

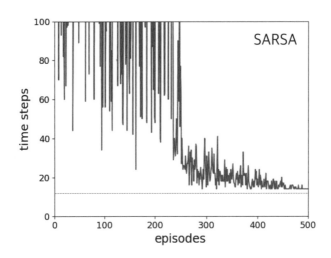

함정은 상태 $S = 15$에서 행동 $A = 2$[남쪽으로 이동]를 하거나, 상태 $S = 7$에서 행동 $A = 3$[서쪽으로 이동]을 할 때의 보상이 $R = -100$이 되게 하는 것으로 나타낸다. 따라서, 환경 함수 environment에서 보상값을 설정하는 부분을 아래와 같이 변경한다.

```
reward_array[23][1] =  100   # goal
reward_array[ 7][3] = -100   # trap
reward_array[15][2] = -100   # trap
```

위와 같이 코드를 변경한 후 학습을 실시하면, Q 학습법은 함정이 없던 경우와 거의 동일한 학습 결과를 보인다. 하지만 SARSA 학습법의 경우 max_n_episodes=100으로는 학습이 거의 불가능하며, max_n_episodes=500에서 학습은 되지만 최적 정책을 얻지는 못한다. 즉, 최단 탈출 경로가 아닌 탈출 경로로 탈출한다.

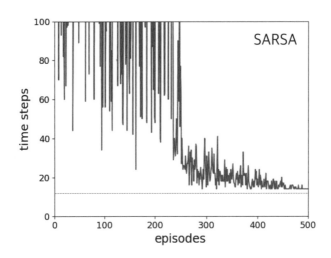

408

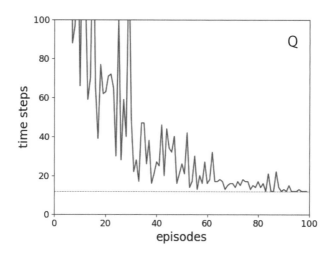

에니메이션을 통해 에이전트가 어떤 경로로 미로에서 탈출하는지를 비교해 보면 다음과 같다.

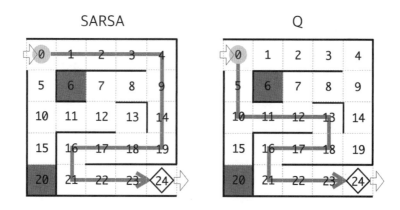

Q 학습 결과는 최단 경로로 미로를 빠져나가는 정책이지만, SARSA 학습 결과는 함정 근처에는 접근하지 않는 정책이다. 즉, SARSA 학습 결과는 Q 학습 결과에 비해 수확을 희생하면서 안전을 추구하는 보수적인 정책이라 할 수 있고, Q 학습 결과는 수확의 최대화를 위해 위험을 감수하는 도전적인 정책이라 할 수 있다.

위와 같은 차이는 SARSA 학습법과 Q 학습법에서 사용되는 TD 타겟의 차이 때문이다. SARSA 학습법은 시점 $t + 1$에서 선택된 행동에 대한 행동의 추정가치를 사용하고, Q 학습법에서는 시점 $t + 1$에서 가능한 모든 행동에 대한 행동의 추정가치 중에서 최대값을 사용한다. 따라서 SARSA 학습법의 경우에는 어떤 상태에서 특정한 행동에 의해 큰 음의 보상을 받는[함정에 빠진] 경험을 하면, 그 상태로 향하게 하는 행동들을 선택하는 확률이 점진적으로 줄어들게 되어 있다. 그러면, 함정 미로의 예에서처럼 결과적으로 위험[함정]을 가능한 피하는 경로를 찾게 된다. 반면, Q 학습법의 경우에는 어떤 상태에서 특정한 행동에 의해 큰 음의 보상을 받는 경험을 했더라도, 그 상태에서 다른 행동에 의해 결과적으로 더 큰 수확을 얻은 경험도 했다면, 위험이 있더라도 큰 수확을 얻을 수 있는 상태로 향하는 행동들을 더 빈번하게 선택하게 한다.

비슷한 예로, 어떤 작업장에서 목표지점까지 이동하는 최단 경로가 낭떠러지 옆을 아슬아슬하게 지나야 하는 작업장이라고 생각해 보자[절벽 걷기 문제로 알려져 있다<sup>cliff walking</sup>]. Q 학습 결과는 낭떠러지 바로 옆의 지나는 최단 경로를 택하는 정책이겠지만, SARSA 학습 결과는 멀지만 낭떠러지와는 떨어져 있는 경로를 택하는 정책일 것이다. 그렇다면, Q 학습의 결과가 항상 더 바람직한 결과일까? 만약 실제 작업장에서 누군가의 실수로 인해 낭떠러지 옆의 길에 미끄러운 기름이 쏟아져 있다면, Q 학습으로 훈련된 로봇은 낭패를 볼 수도 있다. SARSA 학습이 바람직할지 Q 학습이 바람직할지는 적용할 문제에 따라 다를 것이다.

## 13.3 포커

포커는 다수의 참여자가 플레잉 카드playing card[이하, 카드]를 나눠 받은 후, 가장 순위가 높은 카드를 가진 참여자 한 명을 승자로 하는 게임이다. 카드는 총 52장이며, 무늬에 따라 스페이드spade[♠], 다이아몬드diamond[♦], 하트heart[♥], 클럽club[♣] 네 종류로 구분되고 각 무늬는 숫자에 따라 Aace[1], 2, 3, 4, 5, 6, 7, 8, 9, 10, Jjack[11], Qqueen[12], Kking[13]로 구분한다. 순위는 5장의 카드가 어떤 조합의 무늬와 숫자인지에 따라 결정되는데, 낮은 순위부터 나열하면 다음과 같다: 같은 숫자의 카드가 2장[페어pair]인 원 페어one pair, 페어가 둘인 투 페어two pairs, 같은 숫자의 카드가 3장인 트리플triple, 연속된 숫자로 이루어진 스트레이트straight, 같은 무늬로 이루어진 플러시flush, 트리플과 페어로 이루어진 풀 하우스full house, 같은 숫자가 4장인 포 카드four cards, 스트레이트이면서 플러시이면 스트레이트 플러시straight flush, 스트레이트 플러시이면서 10, J, Q, K, A로 이루어진 스트레이트이면 로얄 스트레이트 플러시royal straight flush다. 또한, 높은 숫자[숫자 중에서는 A가 가장 높다]로 이루어진 패의 점수가 가장 높고 같은 숫자의 패라면 위에 언급된 무늬 순으로 순위가 결정된다.

포커 게임의 방법에는 여러 가지가 있는데, 이 절에서는 세븐 오디너리seven ordinary를 약간 변형한 방법을 사용한다. 처음에 두 명의 플레이어가 각각 4장의 카드를 받는다. 각 플레이어는 이 중에서 가장 높은 점수가 가능하도록 3장을 택한 다음, 그중에서 1장을 상대에게 보여주고 2장은 자신만 볼 수 있도록 덮어둔다. 그다음, 4장의 카드를 추가로 받는데, 그중에서 3장의 카드는 상대에게 보여주고 마지막 카드는 자신만 볼 수 있도록 덮어둔다. 즉, 상대의 카드 7장 중에서 볼 수 있는 카드는 4장뿐이다. 예를 들면, 다음 그림과 같다.

opponent

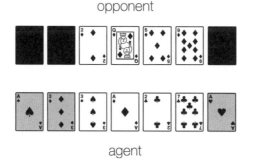

agent

카드를 받아 가는 도중에 참여자들은 세 가지 행동[폴드fold, 체크check, 레이스raise, 콜call]

중 하나를 선택해야 한다. 폴드는 기권을 의미한다. 체크는 베팅 없이 서로의 카드를 확인하자고 제안하는 것이고 레이스는 승패에 따른 점수를 올리자고 제안하는 것이다. 콜은 상대방의 제안[체크나 레이스]을 받아들인다는 것을 뜻한다.

게임을 단순화하기 위하여, 두 명이 게임을 하고 에이전트부터 행동을 시작한다. 에이전트가 레이스를 하면 상대는 폴드 또는 콜만 선택할 수 있도록 하고, 상대방이 레이스를 하면 에이전트는 다시 레이스를 할 수 있도록 한다. 즉, 이 절에서는 포커 게임 한 판을 두 스텝으로 이루어진 하나의 에피소드로 본다.

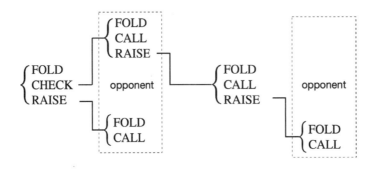

상태는 에이전트가 받은 카드들로 만들 수 있는 최대의 카드 점수, 에이전트의 카드 중 상대방에게 보이는 카드들의 점수, 상대방이 공개한 카드의 점수, 상대방이 레이스를 했는지에 따라 결정된다. 참여자들의 기권 없이 종료 상태에 도달하면, 서로가 받은 카드 중에서 가장 높은 점수를 받을 수 있는 5장의 카드를 선택하여 카드 점수를 비교하고 승패를 결정한다.

### 13.3.1 카드 분배 및 선택

카드들이 담겨 있는 데크<sup>deck</sup>를 나타내는 함수, 데크로부터 n장의 카드를 받는 함수, 카드들을 화면에 보여주는 함수들은 다음과 같이 작성한다.

```python
def get_deck():
    deck = [(suit, numb) for suit in range(3)       #  4 suits
                         for numb in range(1,14)] # 13 cards
    np.random.shuffle(deck) # shuffling
    return deck

def get_cards_from_deck(deck, n_cards):
    cards_from_deck = [deck.pop(0) for i in range(n_cards)]
```

```
    return cards_from_deck

def print_cards(cards, hidden=[]):
    spade   = "\u2660"
    diamond = "\u2666"
    heart   = "\u2665"
    club    = "\u2663"
    cards_string = ""
    for i, card in enumerate(cards):
        if card[0] == 0: suit_chr = "\u2660" # spade suit
        if card[0] == 1: suit_chr = "\u2666" # diamond suit
        if card[0] == 2: suit_chr = "\u2665" # heart suit
        if card[0] == 3: suit_chr = "\u2663" # club suit
        numb_chr = str(card[1])
        if card[1] == 1: numb_chr = "A"
        if card[1] ==11: numb_chr = "J"
        if card[1] ==12: numb_chr = "Q"
        if card[1] ==13: numb_chr = "K"
        if i in hidden:
            symbol = "**"
        else:
            symbol = suit_chr+numb_chr
        cards_string += symbol + "   "
    print(cards_string)
    return None
```

다음을 실행하면, 네 장의 카드들을 받고 받은 카드들을 보여준다.

```
for i in range(3):
    deck = get_deck()
    cards = get_cards_from_deck(deck,4)
    print_cards(cards)
```

```
=========
♠7   ♠J   ♠K   ♥Q
♦7   ♠10  ♦4   ♥Q
♥3   ♥9   ♠9   ♦3
```

## 13.3.2 카드의 순위 점수 계산

카드의 순위 점수가 필요할 때는 i] 처음에 4장을 받고 가장 순위가 높은 3장의 카드들을 선택할 때, ii] 상대가 공개한 카드 4장의 순위를 계산할 때, iii] 총 7장의 카드들 중에서 가장 순위가 높은 5장의 카드들을 선택하고 상대방이 선택한 카드 5장과 순위를 비교할 때다. 따라서, 3장, 4장, 5장의 카드들에 대한 순위 점수를 계산하는 함수들이 필요하다. 각 카드 패에 대한 점수는 아래 코드에 적었으며, 숫자나 무늬에 따른 순위는 구분하지 않았다. 따라서, 스트레이트 플러시와 로얄 스트레이트는 고려하지 않는다. 이는 상태 공간이 너무 커지지 않도록 하기 위함이다.

```python
def score_3_cards(cards):
    suits = [card[0] for card in cards]
    numbs = [card[1] for card in cards]
    numb_set = set(numbs)
    l_numb_set = len(numb_set)
    if l_numb_set==1:             score = 4 # TRIPLE
    elif len(set(suits))==1:      score = 3 # FLUSH
    elif l_numb_set==3 \
        and max(numbs)==min(numbs)\
        +2:                       score = 2 # STRAIGHT
    elif l_numb_set==2:           score = 1 # ONE-PAIR
    else:                         score = 0 # NO-PAIR
    return score

def score_4_cards(cards):
    suits = [card[0] for card in cards]
    numbs = [card[1] for card in cards]
    numb_set = set(numbs)
    l_numb_set = len(numb_set)
    if l_numb_set==1:             score = 6 # FOUR CARDS
    elif len(set(suits))==1:      score = 5 # FLUSH
    elif l_numb_set==4 \
        and max(numbs)==min(numbs)\
        +3:                       score = 4 # STRAIGHT
    elif l_numb_set==2:
        counts = [ ]
        for numb in numb_set:
            count = numbs.count(numb)
            counts.append(count)
        if max(counts)==3:        score = 3 # TRIPLE
        else:                     score = 2 # TWO-PAIRS
    elif l_numb_set==3:           score = 1 # ONE-PAIR
    else:                         score = 0 # NO-PAIR
    return score

def score_5_cards(cards):
    suits = [card[0] for card in cards]
```

```python
    numbs = [card[1] for card in cards]
    numb_set = set(numbs)
    l_numb_set = len(numb_set)
    if l_numb_set==2:
        counts = [ ]
        for numb in numb_set:
            count = numbs.count(numb)
            counts.append(count)
        if max(counts)==4:         score = 7 # FOUR CARDS
        else:                      score = 6 # FULL HOUSE
    elif len(set(suits))==1:       score = 5 # FLUSH
    elif l_numb_set==5\
        and max(numbs)==min(numbs)\
        +4:                        score = 4 # STRAIGHT
    elif l_numb_set==3:
        counts = [ ]
        for numb in numb_set:
            count = numbs.count(numb)
            counts.append(count)
        if max(counts)==3:         score = 3 # TRIPLE
        else:                      score = 2 # TWO-PAIRS
    elif l_numb_set==4:            score = 1 # ONE-PAIR
    else:                          score = 0 # NO-PAIR
    return score
```

참고로 처음 3장을 선택할 때 사용할 함수에서 트리플을 스트레이트나 플러시보다 높게 책정한 이유는 처음에 트리플을 보유하면 풀 하우스나 포카드가 만들어질 가능성이 있기 때문이다.

### 13.3.3 카드 선택 및 최종 7장의 카드

다음은 처음에 4장의 카드들을 받고 가장 높은 점수를 만들어 낼 수 있는 3장의 카드들을 선택하는 함수와 총 7장의 카드들 중에서 가장 점수가 높은 5장의 카드들을 선택하는 함수다.

```python
def select_first_3_cards(cards_from_deck):
    triplets = list(itertools.combinations(cards_from_deck, 3))
    scores = [ ]
    for triplet in triplets:
        score = score_3_cards(triplet)
        scores.append(score)
```

```
        first_3_cards = list(triplets[np.argmax(scores)])
        np.random.shuffle(first_3_cards)
        return first_3_cards

def select_best_5_cards(player_7_cards):
    quintets = list(itertools.combinations(player_7_cards, 5))
    scores = [ ]
    for quintet in quintets:
        score = score_5_cards(quintet)
        scores.append(score)
    best_5_cards = list(quintets[np.argmax(scores)])
    return best_5_cards
```

다음은 두 참여자가 최종적으로 보유할 7장의 카드들을 생성하는 함수다.

```
def cards_for_players():
    deck = get_deck()
    O_4_cards_from_deck = get_cards_from_deck(deck,4)
    A_4_cards_from_deck = get_cards_from_deck(deck,4)
    O_first_3_cards = select_first_3_cards(O_4_cards_from_deck)
    A_first_3_cards = select_first_3_cards(A_4_cards_from_deck)
    O_4_cards_from_deck = get_cards_from_deck(deck,4)
    A_4_cards_from_deck = get_cards_from_deck(deck,4)
    oppnt_7_cards = O_first_3_cards + O_4_cards_from_deck
    agent_7_cards = A_first_3_cards + A_4_cards_from_deck
    return oppnt_7_cards, agent_7_cards
```

이상과 같은 선택 규칙에 따라 각 참여자가 보유한 7장의 카드를 보려면 다음을 실행한다.

```
for i in range(3):
    print("\ni:", i)
    O_7_cards, A_7_cards = cards_for_players()
    print("opponent cards ------------")
    print_cards(O_7_cards)
    print("agent cards   --------------")
    print_cards(A_7_cards)
```

```
=========
i: 0
opponent cards ------------
♠K  ♠7  ♠J  ♦A  ♦8  ♠9  ♥8
agent cards   --------------
```

416

```
♠6  ♠Q  ♠2  ♦Q  ♠8  ♦6  ♥K

i: 1
opponent cards ------------
♥10  ♥3  ♥Q  ♥K  ♠2  ♦7  ♦5
agent cards  -------------
♥5  ♥4  ♥6  ♦J  ♠8  ♦K  ♦Q

i: 2
opponent cards ------------
♥Q  ♥K  ♥4  ♠A  ♦3  ♦5  ♠5
agent cards  -------------
♥8  ♠6  ♥6  ♥A  ♠J  ♦A  ♠2
```

실제 게임에서는 처음에 선택한 3장의 카드들 중에서 2장은 공개하지 않고 마지막 1장도 공개하지 않으므로, 서로 공개한 4장의 카드들에 대한 점수와 자신이 보유한 총 7장의 카드 중에서 가장 높은 점수를 만드는 5장의 점수만으로 레이즈나 콜 등의 행동을 선택해야 한다.

에이전트로서 관찰할 수 있는 카드 점수를 아래에 예로 들었다. 편의상 처음에 선택한 3장의 카드들 중에서 공개할 한 장은 임의로 선택되도록 하였다.

```
for i in range(3):
    print("\ni:", i)
    O_7_cards, A_7_cards = cards_for_players()
    O_best_5_cards = select_best_5_cards(O_7_cards)
    A_best_5_cards = select_best_5_cards(A_7_cards)
    O_open_cards_score = score_4_cards(O_7_cards[2:6])
    A_open_cards_score = score_4_cards(A_7_cards[2:6])
    O_best_5_cards_score = score_5_cards(O_best_5_cards)
    A_best_5_cards_score = score_5_cards(A_best_5_cards)
    print("opponent cards ------------")
    print_cards(O_7_cards, hidden=[0,1,6])
    print("open cards score:", O_open_cards_score)
    print("final best score:", O_best_5_cards_score)
    print("agent cards  -------------")
    print_cards(A_7_cards)
    print("open cards score:", A_open_cards_score)
    print("final best score:", A_best_5_cards_score)
```

```
=========
i: 0
```

```
opponent cards ------------
**  **  ♠J  ♦A  ♦8  ♠9  **
open cards score: 0
final best score: 1
agent cards  -------------
♠6  ♠Q  ♠2  ♦Q  ♠8  ♦6  ♥K
open cards score: 0
final best score: 2

i: 1
opponent cards ------------
**  **  ♥Q  ♥K  ♠2  ♦7  **
open cards score: 0
final best score: 0
agent cards  -------------
♥5  ♥4  ♥6  ♦J  ♠8  ♦K  ♦Q
open cards score: 0
final best score: 0

i: 2
opponent cards ------------
**  **  ♥4  ♠A  ♦3  ♦5  **
open cards score: 0
final best score: 1
agent cards  -------------
♥8  ♠6  ♥6  ♥A  ♠J  ♦A  ♠2
open cards score: 1
final best score: 2
```

## 13.3.4 행동 선택

에이전트의 행동은 나중에 학습을 통해 습득한 정책에 따라 결정되겠지만, 우선 무작위적 행동을 하는 에이전트를 나타내는 함수를 작성한다.

```
def agent_random_policy(t):
    if t==0:
        A_action = np.random.choice([0,1,2],p=[0,1/2,1/2])
    if t==1:
        A_action = np.random.choice([0,1,2],p=[1/3,1/3,1/3])
    return A_action
```

게임이 시작하는 시점 $t = 0$에서는 폴드[기권]를 하지 않고 체크나 레이스 중 하나를 선택하도록 하였고, 상대방이 레이스를 하면 시점 $t = 1$에서 폴드, 콜, 레이스 중 하나를 선택하도록 하였다.

상대방의 행동도 무작위로 할 수 있으나, 상당한 게임 전략을 구사하는 참여자의 게임 실력을 능가하는 수준의 에이전트 정책이 학습을 통해 얻어지는지 알아보기 위해 상대방의 정책은 다음 함수에 구현한 전략을 따르도록 한다. 상대방의 전략은 기본적으로 공개된 카드들의 순위에 기반하는데, 자세한 것은 코드를 보기 바란다.

```python
def oppnt_policy(t, A_action, A_open_cards_score,
                 O_best_5_cards_score):
    if t==0:
        if A_action==0:
            O_action=0
        if A_action==1:
            if A_open_cards_score==6 \
               and O_best_5_cards_score !=7:
                O_action = 0
            elif O_best_5_cards_score in [0,1,2] \
                 and A_open_cards_score==3:
                O_action = 0
            elif O_best_5_cards_score < 2:
                O_action = 1
            elif O_best_5_cards_score >= 2:
                O_action = 2
        if A_action==2:
            if A_open_cards_score==6 \
               and O_best_5_cards_score !=7:
                O_action = 0
            elif O_best_5_cards_score in [0,1,2] \
                 and A_open_cards_score==3:
                O_action = 0
            else:
                O_action = 1
    if t==1:
        if A_open_cards_score==6 \
           and O_best_5_cards_score !=7:
            O_action = 0
        elif O_best_5_cards_score <= 3 \
             and O_best_5_cards_score >= A_open_cards_score:
            O_action = np.random.choice([0,1],p=[0.1,0.9])
        elif O_best_5_cards_score <= 3:
            O_action = 0
        elif O_best_5_cards_score > 3:
            O_action = 1
```

```
    return O_action
```

## 13.3.5 상태와 보상

에이전트에게 상태는 상대방이 레이스를 했는지 여부, 상대방이 공개한 카드들의 점수, 에이전트가 공개한 카드들의 점수[에이전트의 카드들은 상대방에게 어떻게 보이는지], 에이전트가 가진 카드로 만들어 낼 수 있는 최대 점수에 따라 결정된다.

시점 $t = 0$에서 에이전트가 폴드를 선택하면 바로 종료상태로 전이되며, 에이전트가 체크나 레이스를 선택하고 상대방이 폴드나 콜을 선택하는 경우에도 종료상태로 전이된다. 에이전트가 레이스를 하고 상대방도 레이스를 하면 시점 $t = 1$로 진행된다. 따라서, 상대방이 레이스를 했는지 여부는 시점으로 나타낼 수 있다.

다음은 카드 점수들과 행동들을 입력받고, 0부터 783까지 784개의 비종료 상태를 출력하는 함수다.

```
def get_state(t, A_open_cards_score,O_open_cards_score,
              A_best_5_cards_score):
    state_dict = {} # total 2*7*7*8 = 784
    s = 0
    for t in range(2):
        for aocs in range(7): # agent open cards scores
            for oocs in range(7): # oppnt open cards scores
                for abcs in range(8): # agent best 5 cards scores
                    state_dict[(t,aocs,oocs,abcs)] = s
                    s += 1
    state = state_dict[t, A_open_cards_score,O_open_cards_score,
                       A_best_5_cards_score]
    return state
```

카드 점수[A_score, O_score]와 행동[A_action, O_action]에 따른 보상 규칙은 다음과 같다. 시점 $t = 0$에서 에이전트가 기권[폴드]하면 점수 확인 없이 -1점을 받고 상대방이 기권하면 +1점을 받는다. 에이전트가 체크를 선택하고 상대방이 콜을 선택하면 승패에 따라 -1점 또는 +1점을 받는다. 에이전트가 체크를 선택하고 상대방이 레이스를 선택하면 시점 $t = 0$에서의 보상은 없고 시점 $t = 1$로 진행된다. 에이전트가 레이스를 선택했을 때, 상대방이 콜을 선택하면 승패에 따라 -5점 또는 +5점을 받는다. 즉, 레이스로 올린 점수를 잃거나 얻는다. 시점 $t = 1$에서 에이전트가 기권하면 -1점을 받고 에

420

이전트가 콜을 선택하면 승패에 따라 -5점 또는 +5점을 받는다. 시점 $t = 1$에서 에이전트가 레이스를 선택하고 상대방이 폴드를 선택하면 +5점을 받고, 상대방이 콜을 선택하면 승패에 따라 -10점 또는 +10점을 받는다.

다음은 위와 같은 보상 규칙에 따라 보상 점수를 반환하는 함수다.

```python
def get_reward(t, A_action, O_action, A_score, O_score):
    if t==0:
        if A_action==0: reward = -1 # agent FOLD
        if A_action==1: # agent CHECK
            if O_action==0: #--- oppnt FOLD
                reward = +1
            if O_action==1: #--- oppnt CALL
                if O_score > A_score: reward = -1
                if O_score ==A_score: reward = 0
                if O_score < A_score: reward = +1
            if O_action==2: #--- oppnt RAISE
                reward = 0
        if A_action==2: # agent RAISE
            if O_action==0: #--- oppnt FOLD
                reward = +1
            if O_action==1: #--- oppnt CALL
                if O_score > A_score: reward = -5
                if O_score ==A_score: reward = 0
                if O_score < A_score: reward = +5
    if t==1:
        if A_action==0:   # agent FOLD
            reward = -1
        if A_action==1:   # agent CALL
            if O_score > A_score: reward = -5
            if O_score ==A_score: reward = 0
            if O_score < A_score: reward = +5
        if A_action==2:   # agent RAISE
            if O_action==0: #--- oppnt FOLD
                reward = +5
            if O_action==1: #--- oppnt CALL
                if O_score > A_score: reward = -10
                if O_score ==A_score: reward = 0
                if O_score < A_score: reward = +10
    return reward
```

다음 상태는 에이전트와 상대방의 행동에 따라 결정되며, 이를 출력하는 함수는 아래와 같다.

```
def get_next_state(t, A_open_cards_score, O_open_cards_score,
                   A_best_5_cards_score, A_action, O_action):
    if t==0:
        if A_action==0:
            next_state = 784 # terminal state
        if A_action==1:
            if O_action in [0,1]:
                next_state = 784 # terminal state
            if O_action==2:
                next_state = get_state(t+1,
                                       A_open_cards_score,
                                       O_open_cards_score,
                                       A_best_5_cards_score)
        if A_action==2:
            next_state = 784 # terminal state
    if t==1:
        next_state = 784 # terminal state
    return next_state
```

## 13.3.6 게임 진행

행동을 무작위적으로 선택하는 에이전트와 기본적인 게임 전략을 사용하는 상대방과 진행되는 게임을 시뮬레이션하는 함수는 다음과 같다.

```
def random_play(n_max=10000):
    total_scores = []
    total_score = 0
    for i in range(n_max):
        # card scores
        O_7_cards, A_7_cards = cards_for_players()
        O_best_5_cards = select_best_5_cards(O_7_cards)
        A_best_5_cards = select_best_5_cards(A_7_cards)
        O_open_cards_score = score_4_cards(O_7_cards[2:6])
        A_open_cards_score = score_4_cards(A_7_cards[2:6])
        O_best_5_cards_score = score_5_cards(O_best_5_cards)
        A_best_5_cards_score = score_5_cards(A_best_5_cards)
        # initial state
        state = get_state(0, A_open_cards_score,O_open_cards_score,
                          A_best_5_cards_score)
        # iteration
        for t in range(2):
            A_action = agent_random_policy(t)
```

```
            O_action = oppnt_policy(t, A_action,
                                    A_open_cards_score,
                                    O_best_5_cards_score)
            reward = get_reward(t, A_action, O_action,
                                A_best_5_cards_score,
                                O_best_5_cards_score)
            next_state = get_next_state(t,
                                        A_open_cards_score,
                                        O_open_cards_score,
                                        A_best_5_cards_score,
                                        A_action,O_action)
            total_score += reward
            if next_state==784: # terminal state
                break
            else:
                state=next_state
        total_scores.append(total_score)
    return total_scores
```

게임 결과[보상의 합]를 보는 함수는 다음과 같다. 다섯 세트의 독립적인 게임 결과를 볼 수 있도록 하는 함수도 작성해 둔다.

```
def plot_total_score(total_score_list, label_list=None):
    for j, total_score in enumerate(total_score_list):
        if label_list != None:
            label = label_list[j]
        else:
            label = None
        plt.plot(total_score, linewidth=1.5,
                 label=label, c='black')
    x_max = len(total_score)
    plt.xlim(0, x_max)
    plt.yticks(fontsize=13)
    plt.xticks(fontsize=13)
    plt.hlines(y=0,xmin=0,xmax=x_max,
               linewidth=0.7,color='r',linestyle="--")
    plt.ylabel("total score",size=17)
    plt.xlabel("iteration",size=17)
    if label_list != None:
        plt.legend(fontsize=12)
    plt.tight_layout()
    plt.show()
    return None

def play(algorithm, n_runs=5):
```

```
    score_list = []
    avg_score  = 0
    for run in range(1,6):
        print("run", run, "...")
        total_scores = algorithm()
        score_list.append(total_scores)
        avg_score += total_scores[-1]/5
    print("done")
    print("average score:", avg_score)
    plot_total_score(score_list)
    return None
```

실행 결과는 다음과 같다.

```
play(random_play)
```

```
=========
average score: -5298.6
```

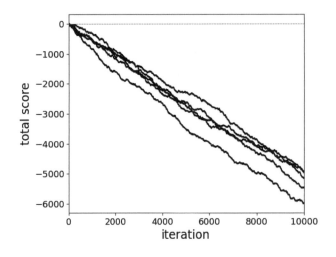

상대방은 기본적인 포커 게임 전략을 사용하도록 하였기에 무작위적 행동을 하는 에이
전트는 에피소드마다 약 -2점 정도를 받는 결과를 볼 수 있다. 물론, 실제 게임에서는
무작위적인 행동을 하지는 않을 것이며 블러핑Bluffing[허풍]을 포함한 다양한 전략에 따
른 행동을 할 것이다.

## 13.4 포커 게임용 인공지능

이 절에서는 TD 학습을 하는 에이전트가 기본적인 포커 전략을 사용하는 플레이어를 능가하는 정책을 학습할 수 있는지를 본다. 다음은 SARSA 학습, Q 학습, 더블 Q 학습에 사용될 정책 함수다.

```python
def agent_policy(state, Q, epsilon):
    probs = np.ones(3)*epsilon/3
    greedy_action = np.argmax(Q[state])
    probs[greedy_action] += 1-epsilon
    action = np.random.choice(np.arange(3), p=probs)
    return action
```

기대값 SARSA에서 사용할 정책 함수는 다음과 같다. 기대값 SARSA에서 TD 타겟을 구하기 위해서는 정책의 확률분포가 필요하므로, 다른 TD 학습에 사용되는 정책 함수와 약간 다르다.

```python
def agent_policy_E_SARSA(state, Q, epsilon):
    probs = np.ones(3)*epsilon/3
    greedy_action = np.argmax(Q[state])
    probs[greedy_action] += 1-epsilon
    action = np.random.choice(np.arange(3), p=probs)
    return action, probs
```

에이전트는 엡실론 탐욕적 정책을 사용하는데, 학습용 함수에서 엡실론을 0.1부터  0 까지 변화시킨다.

### 13.4.1 SARSA 학습

다음은 SARSA 학습에 사용되는 학습용 함수다. SARSA 업데이트 규칙은 미로 탈출 예에서 언급했으므로 여기서는 생략한다.

```python
def SARSA_poker(stt_eps=0.1, gamma=1, alpha=0.1, n_max_iter=10000):
    total_scores = []
    total_score = 0
    Q = np.zeros((785,3)) # 784 + terminal state
```

```
for i in range(n_max_iter):
    # epsilon annealing schedule
    epsilon = stt_eps - stt_eps*(i/n_max_iter)
    # card scores
    O_7_cards, A_7_cards = cards_for_players()
    O_best_5_cards = select_best_5_cards(O_7_cards)
    A_best_5_cards = select_best_5_cards(A_7_cards)
    O_open_cards_score = score_4_cards(O_7_cards[2:6])
    A_open_cards_score = score_4_cards(A_7_cards[2:6])
    O_best_5_cards_score = score_5_cards(O_best_5_cards)
    A_best_5_cards_score = score_5_cards(A_best_5_cards)
    # initial state
    state = get_state(0,
                      A_open_cards_score,
                      O_open_cards_score,
                      A_best_5_cards_score)
    A_action = agent_policy(state, Q, epsilon)
    # iteration
    for t in range(2):
        O_action = oppnt_policy(t, A_action,
                                A_open_cards_score,
                                O_best_5_cards_score)
        reward = get_reward(t, A_action, O_action,
                            A_best_5_cards_score,
                            O_best_5_cards_score)
        next_state = get_next_state(t,
                                    A_open_cards_score,
                                    O_open_cards_score,
                                    A_best_5_cards_score,
                                    A_action,O_action)
        next_A_action = agent_policy(state, Q, epsilon)
        G_value =np.max(Q[next_state][next_A_action])
        TD_target = reward + gamma*G_value
        TD_delta  = TD_target - Q[state][A_action]
        Q[state][A_action] += alpha*TD_delta
        total_score += reward
        if next_state==784: # terminal state
            break
        else:
            state = next_state
            A_action = next_A_action
    total_scores.append(total_score)
return total_scores
```

초기 엡실론 값은 0.1로 하였으며, 에피소드마다 선형적으로 감소하여 0에 도달하도록

하였다. 학습율 알파도 감소 스케쥴을 이용하여 점진적으로 감소하게 할 수 있으나 0.1
로 고정하였다. 매 에피소드의 시점 0에서 에이전트와 상대방이 모두 레이스를 하면
시점 1에서만 보상이 주어지므로 감가율 감마는 1로 하였다. TD 타겟을 계산하는 부분
에서 지면의 칸수가 부족하여 `G_value`라는 임의의 변수명을 도입하였으나, 이는 통용
되는 명칭이 아니다. 다음을 실행하면 학습 결과를 볼 수 있다.

```
play(SARSA_poker)
```

```
=========
average score: 3299.6
```

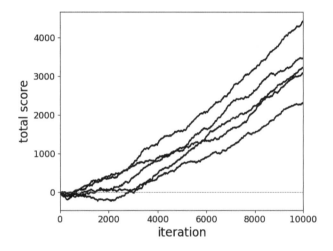

학습의 초반에는 가끔 손해를 보는 경우도 있으나, 무작위 정책에 비해 월등히 우수한
정책을 학습했음을 알 수 있다.

### 13.4.2 기대값 SARSA 학습

기대값 SARSA의 업데이트 규칙은 다음과 같다.

$$Q(S_t, A_t) \leftarrow Q(S_t, A_t) + \alpha \left[ R_{t+1} + \gamma \sum_{a^\circ} Q(S_{t+1}, a^\circ)\pi(a^\circ | S_{t+1}) - Q(S_t, A_t) \right]$$

다음은 위 업데이트 규칙을 이용한 학습용 함수다.

427

```python
def E_SARSA_poker(stt_eps=0.1, gamma=1, alpha=0.1, n_max_iter=10000):
    total_scores = []
    total_score = 0
    Q = np.zeros((785,3)) # 784 + terminal state
    for i in range(n_max_iter):
        # epsilon annealing schedule
        epsilon = stt_eps - stt_eps*(i/n_max_iter)
        # card scores
        O_7_cards, A_7_cards = cards_for_players()
        O_best_5_cards = select_best_5_cards(O_7_cards)
        A_best_5_cards = select_best_5_cards(A_7_cards)
        O_open_cards_score = score_4_cards(O_7_cards[2:6])
        A_open_cards_score = score_4_cards(A_7_cards[2:6])
        O_best_5_cards_score = score_5_cards(O_best_5_cards)
        A_best_5_cards_score = score_5_cards(A_best_5_cards)
        # initial state and action
        state = get_state(0,
                          A_open_cards_score,
                          O_open_cards_score,
                          A_best_5_cards_score)
        A_action, probs = agent_policy_E_SARSA(state, Q, epsilon)
        for t in range(2):
            O_action = oppnt_policy(t, A_action,
                                    A_open_cards_score,
                                    O_best_5_cards_score)
            reward = get_reward(t, A_action, O_action,
                                A_best_5_cards_score,
                                O_best_5_cards_score)
            next_state = get_next_state(t,
                                        A_open_cards_score,
                                        O_open_cards_score,
                                        A_best_5_cards_score,
                                        A_action,O_action)
            next_A_action, probs = agent_policy_E_SARSA(state, Q,
                                                        epsilon)
            G_e_value = np.sum(Q[next_state]*probs)
            TD_target = reward + gamma*G_e_value
            TD_delta  = TD_target - Q[state][A_action]
            Q[state][A_action] += alpha*TD_delta
            total_score += reward
            if next_state==784: # terminal state
                break
            else:
                state = next_state
                A_action = next_A_action
```

```
        total_scores.append(total_score)
    return total_scores
```

다음을 실행하면 학습 결과를 볼 수 있다.

```
play(E_SARSA_poker)
```

```
=========
average score: 3321.4
```

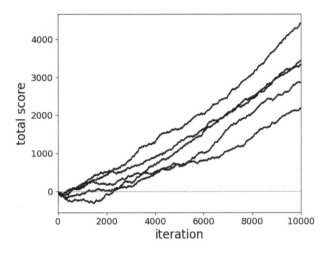

평균점수 3321점으로 SARSA 학습에 비해 조금 개선된 결과를 볼 수 있다.

### 13.4.3 Q 학습을 이용한 포커 게임

Q 업데이트 규칙은 함정 미로에서 설명한 바와 같으며, 이를 이용한 학습용 함수는 다음과 같다.

```
def Q_poker(stt_eps=0.1,gamma=1,alpha=0.1,n_max_iter=10000):
    total_scores = []
    total_score = 0
    Q = np.zeros((785,3)) # 784 + terminal state
    for i in range(n_max_iter):
        # epsilon annealing schedule
        epsilon = stt_eps - stt_eps*(i/n_max_iter)
```

```
        # card scores
        O_7_cards, A_7_cards = cards_for_players()
        O_best_5_cards = select_best_5_cards(O_7_cards)
        A_best_5_cards = select_best_5_cards(A_7_cards)
        O_open_cards_score = score_4_cards(O_7_cards[2:6])
        A_open_cards_score = score_4_cards(A_7_cards[2:6])
        O_best_5_cards_score = score_5_cards(O_best_5_cards)
        A_best_5_cards_score = score_5_cards(A_best_5_cards)
        # initial state
        state = get_state(0,
                          A_open_cards_score,
                          O_open_cards_score,
                          A_best_5_cards_score)
        # iteration
        for t in range(2):
            A_action = agent_policy(state, Q, epsilon)
            O_action = oppnt_policy(t, A_action,
                                    A_open_cards_score,
                                    O_best_5_cards_score)
            reward = get_reward(t, A_action, O_action,
                                A_best_5_cards_score,
                                O_best_5_cards_score)
            next_state = get_next_state(t,
                                        A_open_cards_score,
                                        O_open_cards_score,
                                        A_best_5_cards_score,
                                        A_action,O_action)
            TD_target = reward + gamma*np.max(Q[next_state])
            TD_delta  = TD_target - Q[state][A_action]
            Q[state][A_action] += alpha*TD_delta
            total_score += reward
            if next_state==784: # terminal state
                break
            else:
                state=next_state
        total_scores.append(total_score)
    return total_scores
```

다음을 실행하면 학습 결과를 볼 수 있다.

```
play(Q_poker)
```

```
==========
average score: 2203.4
```

430

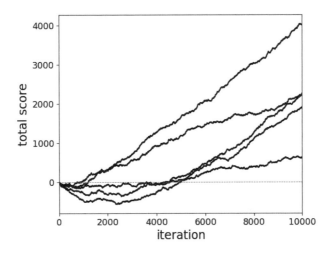

비교적 좋지 않은 결과다. 평균 점수도 SARSA 학습에 비해 낮고, 실행마다 결과값의 차이가 크다. Q 학습의 특성상 위험을 무릅쓰고 레이스 또는 레이스에 레이스를 시도하는 에피소드들이 많기 때문일 것이다.

### 13.4.4 더블 Q 학습을 이용한 포커 게임

두 개의 행동 추정가치 $Q_1$과 $Q_2$를 이용하는 더블 Q 업데이트 규칙은 다음과 같다.

$A_t$는 $Q_1$과 $Q_2$의 평균을 이용하여 결정:

$$A_t = \pi(S_t; Q), \; Q = \big[Q_1(S_t, A_t) + Q_2(S_t, A_t)\big]/2$$

$Q_1$은 확률 1/2로 다음과 같이 업데이트:

$$Q_1(S_t, A_t) \leftarrow Q_1(S_t, A_t) + \alpha \left[R_{t+1} + \gamma Q_2(S_{t+1}, A_{t+1}^*) - Q_1(S_t, A_t)\right],$$
$$A_{t+1}^* = \underset{a^\circ}{\mathrm{argmax}} \; Q_1(S_{t+1}, a^\circ)$$

$Q_2$은 확률 1/2로 다음과 같이 업데이트:

$$Q_2(S_t, A_t) \leftarrow Q_2(S_t, A_t) + \alpha \left[R_{t+1} + \gamma Q_1(S_{t+1}, A_{t+1}^*) - Q_2(S_t, A_t)\right],$$
$$A_{t+1}^* = \underset{a^\circ}{\mathrm{argmax}} \; Q_2(S_{t+1}, a^\circ)$$

다음은 위 업데이트 규칙을 이용하는 학습용 함수다.

```python
def double_Q_poker(stt_eps=0.1,gamma=1,alpha=0.1,n_max_iter=10000):
    total_scores = []
    total_score = 0
    Q1 = np.zeros((785,3)) # 784 + terminal state
    Q2 = np.zeros((785,3))
    for i in range(n_max_iter):
        # epsilon annealing schedule
        epsilon = stt_eps - stt_eps*(i/n_max_iter)
        # card scores
        O_7_cards, A_7_cards = cards_for_players()
        O_best_5_cards = select_best_5_cards(O_7_cards)
        A_best_5_cards = select_best_5_cards(A_7_cards)
        O_open_cards_score = score_4_cards(O_7_cards[2:6])
        A_open_cards_score = score_4_cards(A_7_cards[2:6])
        O_best_5_cards_score = score_5_cards(O_best_5_cards)
        A_best_5_cards_score = score_5_cards(A_best_5_cards)
        # initial state
        state = get_state(0,
                          A_open_cards_score,
                          O_open_cards_score,
                          A_best_5_cards_score)
        # iteration
        for t in range(2):
            Q = (Q1+Q2)/2
            A_action = agent_policy(state, Q, epsilon)
            O_action = oppnt_policy(t, A_action,
                                    A_open_cards_score,
                                    O_best_5_cards_score)
            reward = get_reward(t, A_action, O_action,
                                A_best_5_cards_score,
                                O_best_5_cards_score)
            next_state = get_next_state(t,
                                        A_open_cards_score,
                                        O_open_cards_score,
                                        A_best_5_cards_score,
                                        A_action,O_action)
            choice = np.random.choice(["Q1", "Q2"], p=[1/2, 1/2])
            if choice=="Q1":
                Q2_value = Q2[next_state][np.argmax(Q1[next_state])]
                TD_target = reward + gamma*Q2_value
                TD_delta  = TD_target - Q1[state][A_action]
                Q1[state][A_action] += alpha*TD_delta
            if choice=="Q2":
```

```
                    Q1_value = Q1[next_state][np.argmax(Q2[next_state])]
                    TD_target = reward + gamma*Q1_value
                    TD_delta  = TD_target - Q2[state][A_action]
                    Q2[state][A_action] += alpha*TD_delta
                total_score += reward
                if next_state==784: # terminal state
                    break
                else:
                    state=next_state
            total_scores.append(total_score)
    return total_scores
```

다음을 실행하면 학습 결과를 볼 수 있다.

```
play(double_Q_poker)
```

```
=========
average score: 3529.0
```

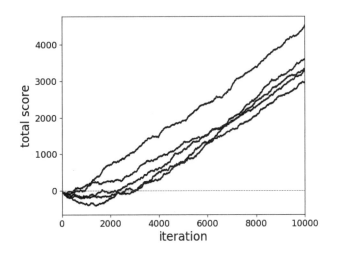

더블 Q 학습의 결과가 평균 점수도 가장 높고 시행별 편차도 가장 적다. 이 장에서 예
로 든 포커 게임에서는 가장 좋은 학습법으로 평가된다. 물론, 이 결과는 일반화할 수 없
으며, 하이퍼 파라미터에 따라 다른 결과가 얻어질 수도 있고, 적용하고자 하는 문제에
따라 좋은 결과를 보이는 알고리즘도 다를 것이다.

# 14

# 선형 모형

예측과 분류의 기초

이 장에서는 인공 신경망artificial neural network의 이해를 돕는 선형 모형linear model과 이를 이용한 예측과 분류 기법을 소개한다. 선형 결합이란 $\theta_1 x_1 + \theta_2 x_2 + \cdots + \theta_K x_K$와 같이 요소들의 단순한 합으로 구성된 식을 뜻하는데, 선형 모형이란 모수parameter들에 대해서 선형 결합linearity on parameters인 모형을 뜻한다. 선형 모형이 변수들에 대하여 선형 결합linearity on variables일 필요는 없다. 단, 변수들도 선형으로 결합한 경우에는 변수들 간의 비선형[곡선이나 곡면] 관계를 나타낼 수 없다.

이 장에서는 선형 모형을 이용한 선형 회귀와 선형 분류를 다룰 것이다. 선형 분류에서는 신경 단위인 뉴런neuron을 수학적으로 모사한 퍼셉트론perceptron과 로지스틱logistic 회귀를 다룰 텐데, 이는 다음 장에서 다룰 인공 신경망을 이해하는 데 필수적이다. 퍼셉트론은 1940년대에 워렌 맥컬록Warren McCulloch과 월터 피츠Walter Pitts가 고안했지만, 분류군 사이의 비선형적 경계를 학습할 수 없다는 점 때문에 실제 문제들에는 광범위하게 적용되지 못하고 잊혀 갔다. 로지스틱 회귀도 선형 모형을 이용하기에 비선형적 경계를 학습할 수 없지만, 모형의 단순함과 간편함 때문에 여전히 활발하게 사용되는 분류 모형이다.

파이썬의 기계학습 패키지인 scikit-learn에는 다양한 선형 모형들을 미리 구현해 두었는데, 이들 중 일부를 사용할 것이다. 또한 데이터 세트를 다루는데 특화된 pandas 패키지도 사용할 것이다. 이 장에서 사용하는 기본 패키지와 모듈은 다음과 같이 불러들인다. 그리고 난수 발생의 씨앗도 설정한다. scikit-learn의 모듈은 언급되는 부분에서 불러오기로 한다.

```
import numpy as np
import pandas as pd
import matplotlib.pyplot as plt
np.random.seed(123)
```

## 14.1 선형 모형

어떤 작물의 성장에 도움이 된다고 알려진 비료의 양[$x$, 단위: 그램$^{gram}$]과 그 비료를 처리하고 수확한 작물의 키[$y$, 단위: 센티미터$^{cm}$] 사이에 다음과 같은 참$^{true}$ 관계가 있다고 하자.

$$y = 2x + 1$$

여기서, $x$를 **설명변수**$^{explanatory\ variable}$[또는 **독립변수**$^{independent\ variable}$]라 하고 $y$를 **반응변수**$^{re\text{-}}$ $^{sponse\ variable}$[또는 **종속변수**$^{independent\ variable}$]라 한다. 위 식에서 우리는 비료의 양을 조절할 수 있으며 작물의 키는 비료의 양에 따라 결정된다. 반면, 작물의 키가 비료의 양을 결정할 수는 없다. 만약 위와 같은 참 관계식을 알고 있다면, 비료 7 그램을 가하고 수확한 작물의 키는 15 센티미터가 될 것이라고 **예측**$^{prediction}$할 수 있을 것이다.

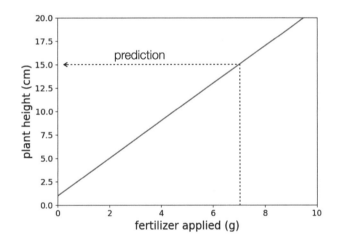

조금 다른 이야기를 해보자. 품종 A에 속하는 꽃들의 꽃잎$^{petal}$ 길이는 모두 2 센티미터이고 품종 B에 속하는 꽃들의 꽃잎 길이는 모두 8 센티미터라고 하자. 품종을 $y$라 하고 품종 A를 0으로, 품종 B를 1로 나타낸다면, 품종 $y$와 꽃잎의 길이 $x$ 사이의 관계는 다음 식으로 표현할 수 있다.

$$y = \begin{cases} 0 & \text{if } x = 2 \\ 1 & \text{if } x = 8 \end{cases}$$

여기서, $x$를 품종의 **특성**$^{feature}$이라 하고 $y$를 **레이블**$^{label}$이라 한다. 만약 두 품종들에 대해서 특성과 레이블 간의 참 관계식을 알고 있다면, 특성으로부터 레이블을 예측할 수 있을 것이다. 이러한 레이블 예측을 다른 말로 하자면, 특성을 이용하여 두 품종을 **분류**classification하는 것이다.

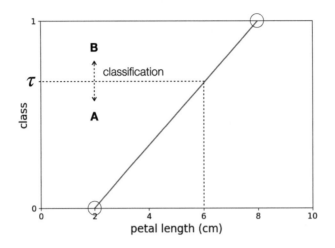

분류는 위와 같은 그래프에서 역치점threshold[$\tau$]을 기준으로 두 클래스[이 예에서는 품종]을 구분하는 작업이나, 실질적으로는 아래와 같이 두 클래스를 구분하는 적절한 **결정경계**decision boundary[이 예에서는 점]를 찾는 작업으로 본다.

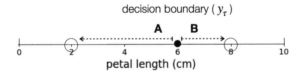

앞서 언급한 두 예는 설명변수나 특성변수가 하나인 단순한 예이나, 실제 문제에서는 두 개 이상의 설명변수나 특성변수를 이용하여 예측과 분류를 하는 경우가 흔하다. 예를 들어, 작물의 키가 비료의 양[$x_1$]과 토양의 수분함량[$x_2$, 임의의 단위]에 따라 결정되고 이들 사이의 관계가 다음과 같다고 하자.

$$y = 2x_1 + x_2 + 1$$

위와 같은 경우의 예측은 $x_1$과 $x_2$로 이루어진 이차원 공간 위에 형성된 평면plane의 높이[$y$]를 찾는 것에 해당한다.

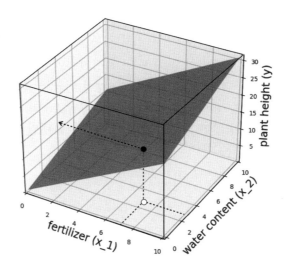

마찬가지로, 품종 A에 속하는 모든 꽃들의 꽃잎 길이[$x_1$]와 꽃받침<sup>sepal</sup> 길이[$x_2$]는 2 센티미터이고, 품종 B에 속하는 모든 꽃들의 꽃잎 길이와 꽃받침 길이는 8 센티미터라 하자.

$$y = \begin{cases} 0 & \text{if } x_1 = 2 \text{ and } x_2 = 2 \\ 1 & \text{if } x_1 = 8 \text{ and } x_2 = 8 \end{cases}$$

위와 같은 경우의 분류는 $x_1$과 $x_2$로 이루어진 이차원 공간 위에 형성된 결정경계인 선[$y_{\tau(x_1, x_2)}$]을 찾는 것에 해당한다.

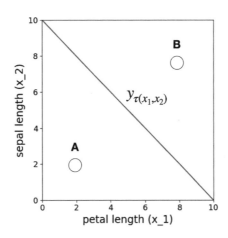

### 14.1.1 선형 모형과 비선형 모형

앞의 예는 설명변수와 종속변수와의 관계 또는 특성변수와 결정경계와의 관계를 정확히 알고 있는 경우에 해당한다. 관계를 모른다면, 앞서 언급한 식에 변수별로 기울기에 해당하는 모수parameter[$\beta$]들을 부여하고 모수들은 데이터로부터 추정하게 할 수 있다. 모수와 변수의 종류가 각각 $K$개인 경우에 대하여 이를 나타내면 다음과 같다.

$$y = \beta_0 + \beta_1 x_1 + \beta_2 x_2 + \cdots + \beta_K x_K$$
$$= \beta_0 + \sum_{k=1}^{K} \beta_k x_k$$

위 식의 우변에서 설명변수[$x_k$]를 모수에 대한 계수coefficient로 보면, 이는 모수들의 단순합이다. 이처럼 **모수들에 대한 선형 결합**linearity on the parameters으로 설명변수와 반응변수의 관계를 나타내는 모형을 **선형 모형**linear model이라 한다.

물론 위 식은 설명변수에 대해서도 선형결합이나, $y = \beta_0 + \beta_1 \log(x_1) + \beta_2 e^{x_2}$ 또는 $y = \beta_0 + \beta_1 x + \beta_2 x^2$와 같은 설명변수에 대한 비선형결합으로 이루어진 모형도 선형 모형이다. 단, 설명변수가 선형결합된 선형모형에서 반응변수와 설명변수와의 관계는 선형[여기서는 직선 또는 평면을 뜻함]이며, 설명변수가 선형결합되어 있지 않으면 반응변수와 설명변수와의 관계는 비선형[여기서는 곡선 또는 곡면을 뜻함]일 수도 있다. 예를 들어 다음 예들은 모두 선형 모형들이다.

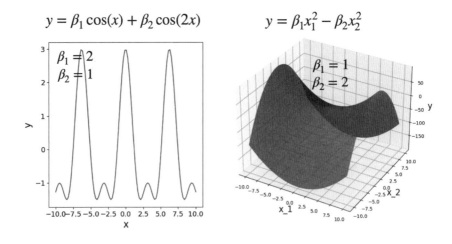

$$y = \beta_1 \cos(x) + \beta_2 \cos(2x) \qquad y = \beta_1 x_1^2 - \beta_2 x_2^2$$

모수들에 대하여 선형 결합이 아닌 모형을 **비선형 모형**nonlinear model이라 하며, 다음은 비선형 모형의 예다.

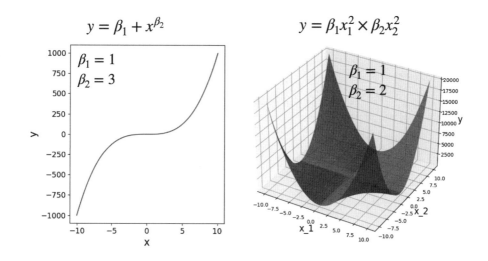

비선형 모형은 가장 일반화된 유연한flexible 모형이며 비선형 모형으로 변수 간의 선형 관계나 비선형 관계를 나타낼 수 있다. 비선형 모형은 설명변수들 사이의 다양한 상호작용을 나타낼 수 있기에 적용하려는 문제에 대한 제한이 없으나, 선형모형에 비해 모형을 설계하고 학습시키는 것이 어렵다.

## 14.1.2 선형 확률모형

다시 처음의 예로 돌아가 보자. 정확한 양의 비료를 준다고 할지라도 수확된 작물의 키는 결정론적deterministic 모형인 $y = 2x + 1$에 의해 구해지는 값과는 다를 것이다. 작물의 키는 작물 개체들에 내재한 요인들[유전적 다형성polymorphism 등]과 함께 비료 외의 다양한 환경 요인들에 의해서도 영향을 받을 것이다. 마찬가지로, 품종 A와 품종 B의 꽃잎의 길이는 품종에 따른 차이 말고도 각 품종에 속하는 개체들에 내재한 요인들과 이들이 재배된 환경에 따라서도 달라질 것이다.

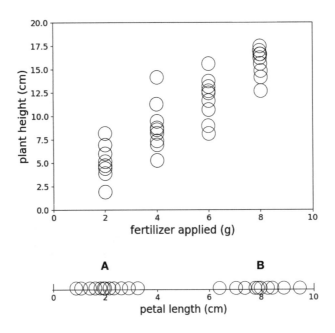

따라서, 다음과 같이 모형이 갖는 불확실성을 나타낼 항이 필요하다.

$$Y = \beta_0 + \beta_1 x_1 + \beta_2 x_2 + \cdots + \beta_K x_K + \varepsilon$$

위 식에서 $\varepsilon$를 **오차항**error term이라 하며, **확률모형**probabilistic model에서는 오차항을 기대값이 $E(\varepsilon) = 0$인 어떤 확률분포[흔히, 정규분포로 가정]를 따르는 확률변수로 본다. 따라서 반응변수[$Y$] 역시 확률변수이며, 표본점 또는 데이터 포인트 하나[$y$]는 확률분포로부터 추출된 IID 확률변수의 실현치에 해당한다.

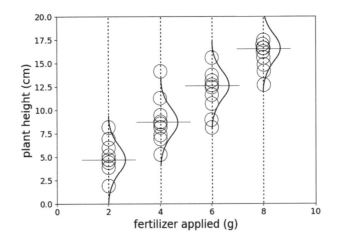

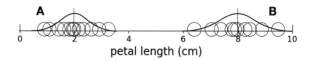

위와 같은 선형 확률모형에서 $E(\varepsilon) = 0$이므로, 결국 우리가 찾으려는 것은 확률변수 $Y$의 기대값 $E(Y)$이며,

$$E(Y) = E(\beta_0 + \beta_1 x_1 + \beta_2 x_2 + \cdots + \beta_K x_K + \varepsilon)$$
$$= \beta_0 + \beta_1 x_1 + \beta_2 x_2 + \cdots + \beta_K x_K$$

데이터를 이용하여 이를 추정한다.

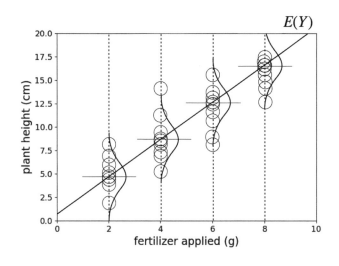

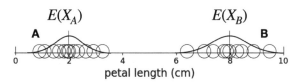

이어지는 절들에서는 선형 확률모형들이 어떻게 예측과 분류에 사용되는지를 소개한다.

## 14.2 선형 모형을 이용한 예측: 회귀 분석

### 14.2.1 단순 선형 회귀

선형 모형을 이용한 예측에서, 설명변수가 한 개이면 이를 **단순 선형 회귀**Simple Linear Regression[SLR]라 하고 설명변수가 두 개 이상이면 이를 **다중 선형 회귀**Multiple Linear Regression[MLR]라 한다. 예측할 확률변수가 두 개 이상인 경우[예, $Y_1$, $Y_2$]는 **다변량 회귀**MultiVariate Regression[MVR]이라 한다. 여기서는 SLR과 MLR에 대해서만 다루며, MVR은 인공신경망을 다루는 절에서 소개한다.

SLR에서 $E(Y)$의 추정치를 $\hat{y}$라 하고 모수 $\beta$의 추정치를 $w$라 하면, $\hat{y}$는 다음과 같은 회귀식으로 표현된다.

$$\hat{y} = \hat{E}(Y) = \hat{\beta}_0 + \hat{\beta}_1 x$$
$$= w_0 + w_1 x$$

회귀분석에서는 $n$개의 설명변수 값 $x^{(i)}$[ $i = 1, 2, \dots, n$]과 이들 각각에 대응하는 $n$개의 $Y$에 대한 관측치 $y^{(i)}$들이 데이터로 사용되며, 회귀분석의 목표는 모수의 추정치 $w_0$와 $w_1$을 구하는 것이다. 대표적인 모수 추정법으로 **최소 자승법**ordinary least squares[OLS]이 있으며, 이 절에서는 OLS법을 소개한다. OLS법에서는 모든 $(y^{(i)}, \hat{y}^{(i)})$ 쌍들에 대한 **추정 오차**[관측치와 기대값 추정치와의 차이]를 최소화 하는 모수 추정치를 찾는다.

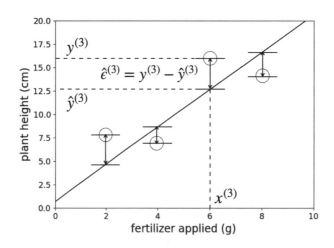

위 그림에서 모든 $\epsilon^{(i)}$들의 제곱합을 **오차 자승합**Sum of Squared Error (Deviation) [SSE]이라 하며 다음과 같다.

$$\text{SSE} = \sum_{i=1}^{n} (y^{(i)} - \hat{y}^{(i)})^2$$
$$= \sum_{i=1}^{n} [y^{(i)} - (w_0 + w_1 x^{(i)})]^2$$

모든 $(y^{(i)}, \hat{y}^{(i)})$ 쌍들에 대하여 관측치와 기대값 추정치와의 차이를 최소화한다는 것은 SSE를 최소화 하는 것이고, SSE는 아래로 볼록한convex downward 함수이므로 SSE를 최소화 하는 것은 SSE의 편도함수가 0이 되도록 하는 $w_0$와 $w_1$을 찾는 것이다.

$$\frac{\partial \text{SSE}}{\partial w_0} = -2 \left( \sum_{i=1}^{n} y^{(i)} - n w_0 - w_1 \sum_{i=1}^{n} x^{(i)} \right) = 0$$

$$\frac{\partial \text{SSE}}{\partial w_1} = -2 \left( \sum_{i=1}^{n} x^{(i)} y^{(i)} - w_0 \sum_{i=1}^{n} x^{(i)} - w_1 \sum_{i=1}^{n} [x^{(i)}]^2 \right) = 0$$

위 두 식을 **최소 자승식**least squares equation이라 하며, 최소 자승식은 $w_0$와 $w_1$에 대한 선형결합이므로, 간단한 수식 전개를 통해 $w_0$와 $w_1$을 구할 수 있다.

$$w_1 = \frac{S_{xy}}{S_{xx}}, \text{ where } S_{xy} = \sum_{i=1}^{n} (x^{(i)} - \bar{x})(y^{(i)} - \bar{y}) \text{ and } S_{xx} = \sum_{i=1}^{n} (x^{(i)} - \bar{x})^2$$

$$w_0 = \bar{y} - w_1 \bar{x}$$

위 식이 $w_0$와 $w_1$을 구하는 것을 보장하는 식이나, 행렬과 벡터의 연산으로 이를 간소화 할 수 있다. 우선, 회귀식을 다음과 같이 변형한다.

$$\hat{y} = w_0 x_0 + w_1 x_1, \text{ where } x_0 = 1$$

그러면, 회귀식은 다음과 같이 벡터의 연산식으로 나타낼 수 있다.

$$\mathbf{w} = \begin{bmatrix} w_0 \\ w_1 \end{bmatrix}, \mathbf{x} = \begin{bmatrix} x_0 \\ x_1 \end{bmatrix} = \begin{bmatrix} 1 \\ x_1 \end{bmatrix}$$

$$\hat{y} = \mathbf{w}^\top \mathbf{x},$$

$n$개의 설명변수 값[$\mathbf{X}$]들과 반응변수 관측값[$\mathbf{y}$]들로 이루어진 데이터 세트를 행렬과 벡터로 나타내면 다음과 같다.

$$\mathbf{X} = \begin{bmatrix} x_0^{(1)} & x_1^{(1)} \\ x_0^{(2)} & x_1^{(2)} \\ \vdots & \vdots \\ x_0^{(n)} & x_1^{(n)} \end{bmatrix} = \begin{bmatrix} 1 & x_1^{(1)} \\ 1 & x_1^{(2)} \\ \vdots & \vdots \\ 1 & x_1^{(n)} \end{bmatrix}, \ \mathbf{y} = \begin{bmatrix} y^{(1)} \\ y_1^{(2)} \\ \vdots \\ y^{(n)} \end{bmatrix}$$

또한 최소 자승식을 다음과 같이 써보면,

$$\sum_{i=1}^{n} y^{(i)} = n w_0 + w_1 \sum_{i=1}^{n} x_1^{(i)}$$

$$\sum_{i=1}^{n} x_1^{(i)} y^{(i)} = w_0 \sum_{i=1}^{n} x_1^{(i)} + w_1 \sum_{i=1}^{n} [x_1^{(i)}]^2$$

위 두 식의 좌변은 다음과 같고,

$$\mathbf{X}^\top \mathbf{y} = \begin{bmatrix} 1 & 1 & \cdots & 1 \\ x_1^{(1)} & x_1^{(2)} & \cdots & x_1^{(n)} \end{bmatrix} \begin{bmatrix} y^{(1)} \\ y^{(2)} \\ \vdots \\ y^{(n)} \end{bmatrix} = \begin{bmatrix} \sum_{i=1}^{n} y^{(i)} \\ \sum_{i=1}^{n} x_1^{(i)} y^{(i)} \end{bmatrix}$$

우변은 다음과 같다.

$$(\mathbf{X}^\top \mathbf{X})\mathbf{w} = \begin{bmatrix} n & \sum_{i=1}^{n} x_1^{(i)} \\ \sum_{i=1}^{n} x_1^{(i)} & \sum_{i=1}^{n} [x_1^{(i)}]^2 \end{bmatrix} \begin{bmatrix} w_0 \\ w_1 \end{bmatrix} = \begin{bmatrix} n w_0 + w_1 \sum_{i=1}^{n} x_1^{(i)} \\ w_0 \sum_{i=1}^{n} x_1^{(i)} + w_1 \sum_{i=1}^{n} [x_1^{(i)}]^2 \end{bmatrix}$$

따라서, 최소자승식은 다음과 같은 행렬과 벡터의 연산식으로 나타낼 수 있다.

$$(\mathbf{X}^\top \mathbf{X})\mathbf{w} = \mathbf{X}^\top \mathbf{y}$$

위 식의 양변 앞에 $(\mathbf{X}^\top\mathbf{X})$의 역행렬 $(\mathbf{X}^\top\mathbf{X})^{-1}$을 곱하면, 모수 추정치를 얻는다.

$$\mathbf{w} = (\mathbf{X}^\top\mathbf{X})^{-1}\mathbf{X}^\top\mathbf{y}$$

간단한 데이터로 이를 확인해 보자. 우선, 참 관계가 $y^{true} = 2x + 1$이라 하고, 여기에 기대값은 0이고 분산이 3인 정규분포로부터 추출된 오차를 주입하여 가상의 데이터 세트를 얻어보자.

$$Y = 2x + 1 + \varepsilon, \ \ \varepsilon \sim N(0, 3)$$

```
x = np.linspace(0,10,1000)
y = 2*x + 1 + np.random.normal(0,3,size=1000)
```

다음은 최소 자승식을 그대로 이용한 추정법[SLR-OLS]을 구현한 함수다.

```
def SLR_OLS(x,y):
    S_xy = 0
    S_xx = 0
    x_bar = np.mean(x)
    y_bar = np.mean(y)
    for i in range(x.shape[0]):
        S_xy += (x[i]-x_bar)*(y[i]-y_bar)
        S_xx += (x[i]-x_bar)**2
    w_1 = S_xy/S_xx
    w_0 = y_bar - w_1*x_bar
    print("w_0:", w_0, "\nw_1:", w_1)
    return w_0, w_1
```

추정 결과를 그래프로 그리는 함수는 다음과 같다.

```
def show_SLR_result(x, y, w_0, w_1):
    plt.figure(figsize=(7,5))
    # scatter plt
    plt.scatter(x, y, s=5, c='grey', alpha=0.5)
    # regression line
    x_reg = np.linspace(min(x),max(x),1000)
    y_reg = w_0 + w_1*x_reg
    plt.plot(x_reg, y_reg,linewidth=2,color='black')
    # plot settings
    plt.xlim(0,10)
```

```
    plt.ylim(min(y),max(y))
    plt.yticks(fontsize=13)
    plt.xticks(fontsize=13)
    plt.ylabel("x",size=17)
    plt.xlabel("y",size=17)
    plt.tight_layout()
    plt.show()
    return None
```

추정 결과는 다음 코드를 실행하여 볼 수 있다.

```
w_0, w_1 = SLR_OLS(x,y)
show_SLR_result(x,y,w_0,w_1)
```

```
=========
w_0: 1.0398397158965107
w_1: 1.9682935751722228
```

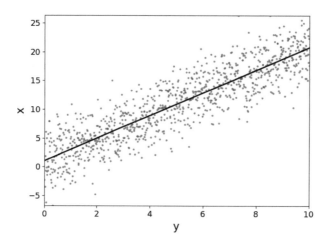

거의 참 모수값에 가까운 모수 추정치들을 얻었음을 볼 수 있다.

행렬과 벡터를 이용한 추정법을 구현한 함수와 그 실행 결과는 다음과 같다[실질적으로 차이가 없는 결과를 얻는다].

```
def SLR_OLS_linalg(x,y):
    ones = np.ones((x.shape[0],1))        # shape==(n, 1)
    x = x.reshape((-1,1))                 # shape==(n, 1)
```

```
    X = np.concatenate((ones,x),axis=1) # shape==(n, 2)
    w = np.dot(np.dot(np.linalg.inv(np.dot(X.T,X)),X.T),y)
    print("w_0:", w[0], "\nw_1:", w[1])
    return w[0], w[1]
```

```
w_0, w_1 = SLR_OLS_linalg(x,y)
```

```
========
w_0: 1.0398397158965085
w_1: 1.9682935751722233
```

## 14.2.2 scikit-learn을 이용한 회귀분석

scikit-learn으로 선형 회귀분석을 실시하는 것은 선형 회귀 클래스의 인스턴스를 만들고 fit 메서드를 실행하면 된다.

```
from sklearn.linear_model import LinearRegression

x = x.reshape((-1,1))

LR = LinearRegression()
LR.fit(x, y)

print("w_0:", LR.intercept_)
print("w_1:", LR.coef_)
```

```
w_0: 1.039839715896509
w_1: [1.96829358]
```

SLR인 경우, 설명변수 값은 벡터의 형태가 되도록 해야 하기에 x의 형태 변환이 필요하다. $w_1$이 벡터로 출력되는 이유는 LinearRegression()이 SLR과 MLR 모두에 사용되며, SLR은 MLR의 특별한 경우[설명변수가 한 종류, $K = 1$]에 해당하기 때문이다. 설명변수 값[또는 값들]에 대한 예측은 다음과 같이 한다.

```
x = [5]
x = np.array(x).reshape((1,-1)) # single sample shape

y_pred = LR.predict(x)
```

```
print(y_pred)

x = [5,6]
x = np.array(x).reshape((-1,1)) # multiple sample shape

y_pred = LR.predict(x)
print(y_pred)
```

```
=========
[10.88130759]
[10.88130759 12.84960117]
```

### 14.2.3 다중 선형 회귀

다중 선형 회귀는 단순 선형 회귀에서 설명변수의 종류를 2개 이상으로 확장한 것이다. 따라서, 앞에서 언급한 바처럼 행렬과 벡터로 나타낼 수 있다.

$$\hat{y} = w_0 x_0 + w_1 x_1 + w_2 x_2 + \cdots + w_K x_K$$
$$\hat{y} = \mathbf{w}^\top \mathbf{x}$$

모수 추정치를 구하기 위한 데이터 세트는 다음과 같은 형태다.

$$\mathbf{X} = \begin{bmatrix} x_0^{(1)} & x_1^{(1)} & x_2^{(1)} & \cdots & x_K^{(1)} \\ x_0^{(2)} & x_1^{(2)} & x_2^{(2)} & \cdots & x_K^{(2)} \\ \vdots & \vdots & \vdots & \ddots & \vdots \\ x_0^{(n)} & x_1^{(n)} & x_2^{(n)} & \cdots & x_K^{(n)} \end{bmatrix}, \ \mathbf{y} = \begin{bmatrix} y^{(1)} \\ y_1^{(2)} \\ \vdots \\ y_1^{(n)} \end{bmatrix}$$

다음과 같이 생성된 가상의 데이터에 대하여 다중 회귀분석을 실시해 보자.

$$y = 1 + 2x_1 + x_2 + \varepsilon, \quad \varepsilon \sim N(0, 3)$$

```
# dataset prep
x1 = np.linspace(0,10,100)
x2 = np.linspace(0,10,100)
x1,x2 = np.meshgrid(x1, x2)
x1 = x1.reshape((-1,1))
```

```
x2 = x2.reshape((-1,1))
X = np.concatenate((x1,x2),axis=1)
y = 1 + 2*x1 + x2 + np.random.normal(0,3,size=10000).reshape(-1,1)
```

선형대수를 이용한 실행 결과는 다음과 같다.

```
# MLR using linear algebra
ones = np.ones((10000,1))
X_i  = np.concatenate((ones, X), axis = 1)
w    = np.dot(np.dot(np.linalg.inv(np.dot(X_i.T, X_i)), X_i.T), y)

print("w_0:", w[0])
print("w_1:", w[1])
print("w_2:", w[2])
```

```
=========
w_0: [1.04787603]
w_1: [2.00494589]
w_2: [0.99736896]
```

scikit-learn의 LinearRegression() 클래스를 이용한 실행 결과는 다음과 같다.

```
# multiple linear regression
LR = LinearRegression()
LR.fit(X, y)

# results
print("w_0:", LR.intercept_)
print("w_k>0:", LR.coef_)
```

```
=========
w_0: [1.04787603]
w_k>0: [[2.00494589 0.99736896]] # w_1, w_2
```

두 방법 모두에서 거의 참값에 가까운 모수 추정치를 얻었음을 볼 수 있다.


## 14.2.4 다항 회귀

선형 모델로 설명변수와 반응변수 사이의 비선형[곡선 형태] 관계를 나타내는 방법 중 가장 단순한 방법은 다항 회귀다. 이차 다항식[degree = 2]을 사용하는 **단순 다항 회귀** simple polynomial regression에서의 회귀식은 다음과 같다.

$$\hat{y} = w_0 x_0 + w_1 x_1^1 + w_2 x_1^2$$

여기서 설명변수는 $x$ 하나이나, 이차 다항식을 사용하는 경우 $x_1 := x^1$으로 간주하고 $x_2 := x^2$으로 간주하면 마치 두 종류의 설명변수를 이용하는 다중 회귀 분석과 같은 형태이다. scikit-learn에는 이와 같은 **다항변환**polynomial transformation을 편리하게 실시하게 해 주는 클래스가 구현되어 있으며, 이를 이용하여 설명변수를 다항식의 형태로 변환할 수 있다. 예를 들어, 다음과 같은 간단한 데이터 세트를 2차 다항식의 형태로 변환해 보자.

$$\mathbf{x} = \begin{bmatrix} x_1^{(1)} \\ x_1^{(2)} \\ x_1^{(3)} \end{bmatrix} = \begin{bmatrix} 1 \\ 2 \\ 3 \end{bmatrix}$$

```
from sklearn.preprocessing import PolynomialFeatures

x = np.array([1,2,3])
x = x.reshape((-1,1))

polynomial_transform = PolynomialFeatures(degree=2)
x_poly = polynomial_transform.fit_transform(x)

print(x_poly)
```

```
=========
[[1. 1. 1.]
 [1. 2. 4.]
 [1. 3. 9.]]
```

변환결과에 $x_0$의 값[즉, $x_0^0 = 1$]도 포함되어 있음에 주목하라. 이 형태로 그대로 회귀 분석에 사용해도 문제는 없다. 단, scikit-learn의 선형 회귀 클래스를 이용할 경우, 결과에서 회귀 계수를 찾을 때 주의해야 한다. 실제 $w_0$은 절편으로 보고, $x_0^0 = 1$에 대한 회귀 계수를 $w_1$으로 보기 때문이다. 이런 번거로움을 피하려면 다항변환 후 첫번 째 컬럼을 제거한다.

scikit-learn에 포함된 보스턴<sup>Boston</sup> 주택 가격 데이터 세트를 예로 들어 단순 다항 회귀와 다중 다항 회귀를 실시해 보자. 보스턴 주택 가격 데이터 세트는 1978년도에 수집된 보스턴 인근의 지역별 주택 가격의 중간치<sup>median</sup>[데이터 포인트] 506개에 대한 것이며, 다양한 설명변수들의 값을 포함하고 있다. 데이터 세트는 다음과 같이 받는다.

```
from sklearn.datasets import load_boston

# dataset prep
boston_dataset = load_boston()
X = boston_dataset.data       # explanatory variable values
x = X[:,12].reshape((-1,1)) # L
y = boston_dataset.target    # V (506, 1)
```

주의: 보스턴 주택 가격 데이터 세트는 연구윤리적 문제가 있는 데이터 세트다. 이 책에서는 주택 가격과 특정한 변수가 선형 관계를 가지고 있지 않다는 것을 보이기 위해서 사용하지만, 연구윤리를 교육하기 위한 목적 외에는 사용이 권장되지 않는다. 만약, scikit-learn에서 보스턴 주택 가격 데이터 세트를 제공하지 않는다면 아래와 같은 방법으로 데이터 세트를 얻든지, 아니면 캘리포니아 주택 가격 데이터 세트를 이용하기 바란다.

```
# Boston housing
data_url = "http://lib.stat.cmu.edu/datasets/boston"
raw_df = pd.read_csv(data_url, sep="\s+", skiprows=22, header=None)
X = np.hstack([raw_df.values[::2, :], raw_df.values[1::2, :2]])
y = raw_df.values[1::2, 2]

# California housing
import os, ssl
if (not os.environ.get('PYTHONHTTPSVERIFY', '') and
    getattr(ssl, '_create_unverified_context', None)):
    ssl._create_default_https_context = ssl._create_unverified_context

from sklearn.datasets import fetch_california_housing

dataset = fetch_california_housing()
X = dataset.data
y = dataset.target
```

단순 다항 회귀에서는 변수 L을 설명변수로 사용하고, 주택 가격 중간치 V를 반응변수로 사용해 본다. 여기서는 삼차 다항식[degree = 3]을 사용한다.

$$\hat{y} = w_0 x_0 + w_1 x_1^1 + w_2 x_1^2 + w_3 x_1^3, \quad x_0 = 1$$

실행 결과는 다음과 같다.

```
# SLR
SLR = LinearRegression()
SLR.fit(x,y)
print("SLR w_0:", SLR.intercept_)
print("SLR w_1:", SLR.coef_[0])

# polynomial SLR
pSLR = LinearRegression()
polynomial_transform = PolynomialFeatures(degree=3)
x_poly = polynomial_transform.fit_transform(x)
pSLR.fit(x_poly,y)
print("polynomial SLR w_0:", pSLR.intercept_) # x**0
print("polynomial SLR w_1:", pSLR.coef_[1])   # x**1
print("polynomial SLR w_2:", pSLR.coef_[2])   # x**2
print("polynomial SLR w_3:", pSLR.coef_[3])   # x**3

# result plot
# --- dataset
plt.scatter(x, y, s=5, c='grey', alpha=0.7)
# --- SLR
x_pred = np.linspace(min(x),max(x),100)
y_pred = SLR.intercept_ + SLR.coef_[0]*x_pred
plt.plot(x_pred, y_pred, "--",linewidth=1.5,color='black',
         label="SLR")
# --- polynomial SLR
y_pred_poly = pSLR.intercept_ +\
              pSLR.coef_[1]*x_pred +\
              pSLR.coef_[2]*(x_pred**2) +\
              pSLR.coef_[3]*(x_pred**3)
plt.plot(x_pred, y_pred_poly, "-",linewidth=2,color='black',
         label="polynomial SLR \ndegree=3")

plt.xlim(min(x)-1,max(x)+1)
plt.ylim(0,max(y)+1)
plt.yticks(fontsize=13)
plt.xticks(fontsize=13)
plt.ylabel("V",size=17)
plt.xlabel("L",size=17)
plt.legend(fontsize=15)
```

```
plt.tight_layout()
plt.show()
```

```
=========
SLR w_0: 34.5538408793831
SLR w_1: -0.9500493537579906

polynomial SLR w_0: 48.64962534156966
polynomial SLR w_1: -3.8655927788171103
polynomial SLR w_2: 0.14873847663620993
polynomial SLR w_3: -0.0020003867666102721
```

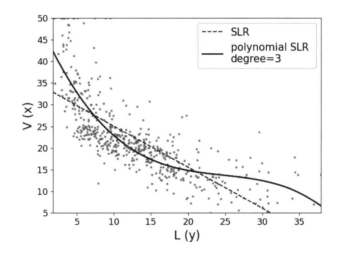

다항 회귀는 단순 회귀보다 데이터를 더 잘 설명하고 있으며, 설명변수의 양 극단 값들에 대하여 더 좋은 예측을 할 수 있을 것으로 생각된다.

이제, 보스턴 주택 가격 데이터 세트에 다중 다항회귀를 적용해 보자. 두 번째 설명변수는 P이다. 이차 다항식[degree=2]을 사용할 것이며, 회귀식은 다음과 같다. 두 설명변수가 곱으로 상호작용하는 항이 있음에 주목하라.

$$\hat{y} = w_0 x_0 + (w_1 x_1^1 + w_2 x_2^1) + (w_3 x_1^2 + w_4 x_1 x_2 + w_5 x_2^2), \quad x_0 = 1$$

실행 결과는 다음과 같다.

```
# dataset prep
```

```
boston_dataset = load_boston()
X = boston_dataset.data    # explanatory variable values
X = X[:,(12,10)]           # L,P
y = boston_dataset.target # V

# MLR
MLR = LinearRegression()
MLR.fit(X,y)
print("MLR w_0:", MLR.intercept_)
print("MLR w_1:", MLR.coef_[0])
print("MLR w_2:", MLR.coef_[1])

# polynomial MLR
pMLR = LinearRegression()
polynomial_transform = PolynomialFeatures(degree=2)
X_poly = polynomial_transform.fit_transform(X)
pMLR.fit(X_poly,y)
print("polynomial MLR w_0:", pMLR.intercept_) # x**0
print("polynomial MLR w_1:", pMLR.coef_[1])   # (x1)**1
print("polynomial MLR w_2:", pMLR.coef_[2])   # (x2)**1
print("polynomial MLR w_3:", pMLR.coef_[3])   # (x1)**2
print("polynomial MLR w_4:", pMLR.coef_[4])   # (x1*x2)
print("polynomial MLR w_5:", pMLR.coef_[5])   # (x2)**2

# result plot
fig = plt.figure(figsize=(9, 6))
ax = fig.add_subplot(111, projection='3d')
# --- dataset
ax.scatter(X[:,0], X[:,1], y, s=5, c='grey', alpha=0.7)
# --- polynomia MLR
x1_pred = np.linspace(min(X[:,0]),max(X[:,0]),100)
x2_pred = np.linspace(min(X[:,1]),max(X[:,1]),100)
x1_pred, x2_pred = np.meshgrid(x1_pred,x2_pred)
y_pred_poly = pMLR.intercept_ +\
              pMLR.coef_[1]*x1_pred +\
              pMLR.coef_[2]*x2_pred +\
              pMLR.coef_[3]*(x1_pred**2) +\
              pMLR.coef_[4]*(x1_pred*x2_pred) +\
              pMLR.coef_[5]*(x2_pred**2)
ax.plot_surface(x1_pred, x2_pred, y_pred_poly, alpha=0.7)
plt.xlim(min(X[:,0])-1, max(X[:,0])+1) # x1
plt.ylim(min(X[:,1])-1, max(X[:,1])+1) # x2
ax.set_xlabel("L (x1)",size=17)
ax.set_ylabel("P (x2)",size=17)
ax.set_zlabel("V (y)",size=17)
plt.tight_layout()
plt.show()
```

```
=========
MLR w_0: 54.046817862282936
MLR w_1: -0.8201795662062771
MLR w_2: -1.1452515044876355

polynomial MLR w_0: 104.25722209192082
polynomial MLR w_1: -2.5917178803218204
polynomial MLR w_2: -6.014532309133952
polynomial MLR w_3: 0.03629617836206944
polynomial MLR w_4: 0.03034543078199592
polynomial MLR w_5: 0.1365555683694044
```

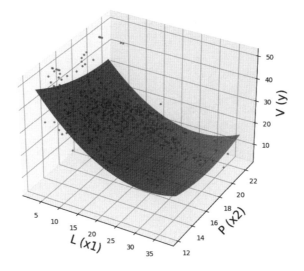

이 절에서는 다루지 않았지만, 결정계수 $R^2$, $t$-검정, 잔차분석 등을 통해 회귀분석의
분석의 결과를 검증해야 한다. 또한 회귀식이 훈련[모수 추정]에 사용된 데이터외에도
일반화할 수 있는지를 테스트하기 위해, 훈련 데이터 세트로 훈련한 후 테스트 데이터
세트로 성능을 시험해야만 한다. 아울러 데이터 세트의 크기가 크면 OLS를 이용한 추
정이 아니라 확률적 경사 하강법으로 모수 값들을 추정할 수도 있다. 경사 하강법과 확
률적 경사 하강법에 대해서는 다음 절에서 소개한다.

## 14.3 선형 모형을 이용한 분류

다양한 선형 모형들이 분류 문제에 사용되는데, 여기서는 다음 장에 소개할 인공신경망의 이해를 돕기 위한 방법만을 다룬다.

뉴런neuron은 신경의 단위로서 세포체soma와 세포체가 신장하여 형성된 다수의 수상돌기dendrite와 축삭말단axon terminal들로 구성되어 있고, 뉴런 간의 신호 전달은 신경전달물질neurotransmitter과 뉴런 내부의 전기화학적 반응에 의해서 이루어진다. 간단히 언급하자면, 수상돌기가 다른 뉴런들로부터 신호를 받아들이고 신호들의 합이 일정량 이상이 되면, 뉴런이 활성화되어 축삭말단을 통해 다른 뉴런에 신호를 전달한다. 뉴런 간의 연결 부위는 **시냅스**synapse라 하는데, 시냅스 연결의 강도가 뉴런의 반응 특성을 결정한다.

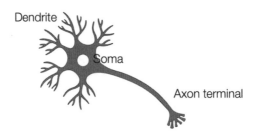

뉴런이 받아들일 신경전달물질의 양에 해당하는 입력 신호를 $x$, 시냅스 연결 강도를 가**중치**weight $w$, 뉴런이 입력 신호를 처리하여 다른 뉴런에 내보내는 신경전달물질의 양에 해당하는 신호를 $\hat{y}$라 하면, 뉴런을 다음과 같이 수학적으로 표현할 수 있다.

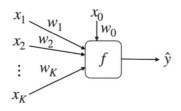

$$\hat{y} = f(\mathbf{w}^\mathsf{T}\mathbf{x}) = f(w_0 x_0 + w_1 x_1 + w_2 x_2 + \cdots + w_K x_K)$$

축삭말단을 하나로 나타낸 것은 모든 축착말단에서 방출되는 신호는 동일한 것으로 간주하기 때문이다. 출력을 추정치 $\hat{y}$로 본 것은 뉴런의 출력이 현상에 대한 추론이라는 필자의 해석이다. 함수 $f$에 대해서는 앞으로 다뤄가기로 한다.

## 14.3.1 기본 퍼셉트론

뉴런을 가장 단순하게 모사한 **퍼셉트론**perceptron은 특성변수 $x$의 가중합 $\mathbf{w}^\top\mathbf{x}$과 0을 비교하여 분류 문제의 답을 구하는데, 실제 데이터를 예로 사용하면서 퍼셉트론이 결정경계를 어떻게 추정하는지 알아보자.

꽃잎petal의 길이와 꽃받침sepal의 길이를 특성변수[단위: 센티미터]로 하여, 붓꽃의 두 종인 *Iris setosa*[이하, setosa]와 *Iris versicolor*[이하, versicolor]를 분류해 볼 것이다. 특성 데이터 세트는 다음과 같이 준비한다.

```
from sklearn.datasets import load_iris

dataset = load_iris()
# X[0:50]:setosa; X[50:100]:versicolor, X[100:150]:verginica
# x = [sepal length, sepal width, petal length, petal width]
X = dataset.data
X = X[:100,(0,2)]
```

Iris 데이터 세트는 붓꽃의 세 종[*Iris setosa, Iris versicolor, Iris verginica*]에 속한 개체의 특성 벡터를 종별로 50개씩 모아 둔 것이다. 특성 벡터에는 꽃받침의 길이, 꽃받침의 넓이, 꽃잎의 길이, 꽃잎의 넓이가 기록되어 있다. 위 코드로 얻은 배열 X에는 setosa와 versicolor에 속한 개체들의 꽃받침 길이와 꽃잎 길이가 저장된다.

정수 $y$로 분류군을 나타내는데, 이를 클래스class 레이블 또는 실질적 참값ground truth 이라 한다. 퍼셉트론에서느 두 분류군을 각각 -1과 +1로 레이블링한다. setosa는 -1로 레이블링하고, versicolor는 +1로 레이블링하자.

```
y = np.zeros((100,))
y[0:50] = -1
y[50:100] = +1
```

다음 함수로 데이터 포인트들의 분포를 볼 수 있다.

```
def show_2d_examples(X, y, class_labels, feature_labels):
    class_label_set = set(y)
```

```
    colors = ["black","white"]
    for k, class_label in enumerate(class_label_set):
        class_idx = np.where(y==class_label)
        X_class = X[class_idx]
        plt.scatter(X_class[:,0],X_class[:,1],edgecolor="black",
                    marker="o",c=colors[k],label=class_labels[k])
    plt.xlabel(feature_labels[0],size=17)
    plt.ylabel(feature_labels[1],size=17)
    plt.legend(fontsize=15)
    plt.tight_layout()
    plt.show()
    return None
```

```
show_2d_examples(X,y,
                class_labels=["setosa (-1)","versicolor (+1)"],
                feature_labels=["sepal length","petal length"])
```

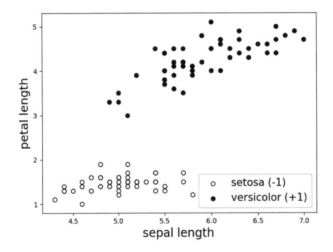

산포도를 보면, setosa와 versicolor를 구분할 수 있는 뚜렷한 결정경계가 있을 것으로 생각된다. 꽃받침의 길이[$x_1$]와 꽃잎의 길이[$x_2$]를 특성변수로 하고, 반응변수[$y$]는 setosa에 속하는 개체들에 대해서는 -1로 하고 versicolor에 속하는 개체들에 대해서는 +1로 하여 다중 회귀를 실시한다면, 다음과 같은 결과를 예상해 볼 수 있다.

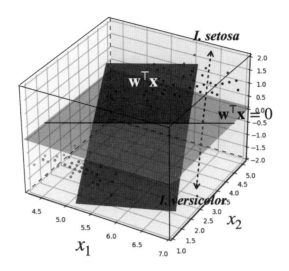

여기서, $\mathbf{w}^\mathsf{T}\mathbf{x}$가 0이 되는 선을 기준으로 $\mathbf{w}^\mathsf{T}\mathbf{x}$가 음수이면 setosa로 분류하고 $\mathbf{w}^\mathsf{T}\mathbf{x}$가 양수[0 포함]이면 versicolor로 분류하는 방법을 생각해 볼 수 있다.

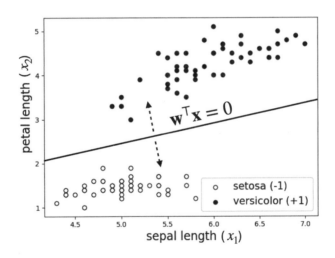

위 방법은 $\mathbf{w}^\mathsf{T}\mathbf{x} \geq 0$를 판별할 수 있는 역치함수를 $\Psi$로 나타내어 표현할 수 있다.

$$\hat{y} = \Psi(\mathbf{w}^\mathsf{T}\mathbf{x} \,|\, \tau = 0) = \begin{cases} +1 & \text{if } \mathbf{w}^\mathsf{T}\mathbf{x} \geq 0 \\ -1 & \text{if } \mathbf{w}^\mathsf{T}\mathbf{x} < 0 \end{cases}$$

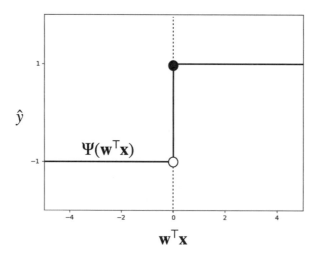

위 방법을 이용한 퍼셉트론 분류기의 학습 목표는 +1 클래스에 속하는 포인트들에 대한 $\mathbf{w}^\mathsf{T}\mathbf{x}$는 양수가 되게 하고 -1 클래스에 혹하는 포인트들에 대한 $\mathbf{w}^\mathsf{T}\mathbf{x}$는 음수가 되도록 하는 가중치 $\mathbf{w}$를 찾는 것이다. 기본적인 퍼셉트론에서는 이를 위해 데이터 포인트[$i = 1, 2, \ldots, n$]마다 다음과 같은 점진적인 업데이트를 실시한다.

$$\mathbf{w} \leftarrow \mathbf{w} + \mathbf{\Delta}_\mathbf{w}^{(i)},$$
$$\mathbf{\Delta}_\mathbf{w}^{(i)} = \alpha(y^{(i)} - \hat{y}^{(i)})\mathbf{x}^{(i)}$$

여기서 $\alpha \in (0, 1]$는 학습률이다. 델타 항의 내부를 보면 레이블[이하, 타겟]과 레이블 추정치[이하, 예측]의 차이[이하, 오차error]를 구하고 있다. 타겟과 예측이 동일하면 업데이트는 이루어지지 않지만, 타겟은 -1이고 예측은 +1이라면 $(y^{(i)} - \hat{y}^{(i)})$가 $-2$가 됨으로써 $\mathbf{w}^\mathsf{T}\mathbf{x}$를 음의 값으로 향하게 하고, 타겟은 +1이고 예측은 -1이라면 $(y^{(i)} - \hat{y}^{(i)})$가 $+2$가 됨으로써 $\mathbf{w}^\mathsf{T}\mathbf{x}$를 양의 값으로 향하게 한다.

위와 같은 업데이트가 데이터 세트에 포함된 모든 데이터 포인트들에 대해서 실시되고 나면, 업데이트된 가중치를 이용하여 다시 모든 데이터 포인트들에 대해서 예측과 업데이트 과정을 반복한다. 이때, 데이터 세트에 대한 한 번의 반복을 에포크epoch라 한다.

다음은 퍼셉트론을 구현한 함수다. 학습 진행 과정을 볼 수 있도록 에포크마다 오차의 제곱 합sum of squared errors[SSE]을 데이터 포인트들의 수[$n$]로 나눈 평균 제곱 오차Mean Squared Error[MSE]를 프린트하도록 하였다.

462

```
class Perceptron():
    def __init__(self, alpha=0.01, n_epochs=10):
        self.alpha = alpha
        self.n_epochs = n_epochs
    def fit(self, X, y_true, verbose=0):
        n_data_pt = X.shape[0]
        n_weights = X.shape[1] + 1 # 1 for bias
        # weight initialization
        self.w = np.random.normal(0,0.01, size=n_weights)
        # iteration
        for epoch in range(self.n_epochs):
            sse = 0
            for i in range(n_data_pt):
                x_i = X[i]
                y_true_i = y_true[i]
                y_pred_i = self.predict(x_i)
                error_i = y_true_i - y_pred_i
                self.w[0] += self.alpha*error_i*1
                self.w[1:] += self.alpha*error_i*x_i
                sse += (error_i**2)
            # verbose
            if verbose != 0:
                print("epoch:",epoch," mse:",sse/y_true.shape[0])
    def predict(self, X):
        wX = self.w[0] + np.dot(self.w[1:].T,X.T)
        # threshold
        threshold = 0
        y_pred = np.where(wX>=threshold,+1,-1)
        return y_pred
```

다음 코드를 실행하면 붓꽃 데이터 세트로 퍼셉트론을 학습시킨다.

```
perceptron = Perceptron(alpha=0.01,n_epochs=10)
perceptron.fit(X,y,verbose=1)
```

```
=========
epoch: 0  mse: 0.08
epoch: 1  mse: 0.08
epoch: 2  mse: 0.12
epoch: 3  mse: 0.08
epoch: 4  mse: 0.04
epoch: 5  mse: 0.0
...
epoch: 9  mse: 0.0
```

학습율을 0.01로 하였을 때, 여섯 번 째 에포크부터 모든 학습용 데이터 포인트들을 정확히 분류하였음을 볼 수 있다. 다른 절에서 설명하겠지만, 학습용 데이터 포인트들을 완벽하게 분류한다고 할지라도 훈련된 분류기의 분류 성능이 완벽하다는 것은 아니다. 학습시에는 접하지 못했던 데이터 포인트들을 얼마나 잘 분류하느냐가 분류기의 분류 성능을 나타낸다. 하지만, 학습용 데이터에 대해서도 제대로된 분류를 하지 못한다면, 성능에 문제가 있는 분류기이기 때문에, 당분간 학습용 데이터에서의 분류 성능을 주로 살펴본다.

퍼셉트론이 학습한 결정경계는 클래스 예측 값을 연결하는 등고선contour을 그려보는 것으로 알 수 있는데, 이를 위한 함수는 다음과 같다. 퍼셉트론처럼 레이블 예측 값이 역치함수를 통해 구해지는 경우에는 threshold=None으로 지정한다.

```python
def show_decision_boundary(X,y,classifier,class_labels,feature_labels,
                           threshold=None):
    # scatter
    class_label_set = set(y)
    colors = ["black","white"]
    for k, class_label in enumerate(class_label_set):
        class_idx = np.where(y==class_label)
        X_class = X[class_idx]
        plt.scatter(X_class[:,0],X_class[:,1],edgecolor="black",
                    marker="o",c=colors[k],label=class_labels[k])
    # contour
    x1_mesh = np.linspace((min(X[:,0])-1),(max(X[:,0])+1),1000)
    x2_mesh = np.linspace((min(X[:,1])-1),(max(X[:,1])+1),1000)
    x1_mesh, x2_mesh = np.meshgrid(x1_mesh, x2_mesh)
    X_mesh = np.concatenate((x1_mesh.reshape((-1,1)),
                             x2_mesh.reshape((-1,1))),axis=1)
    y_pred = classifier.predict(X_mesh)
    y_pred_mesh = y_pred.reshape((x1_mesh.shape))
    if threshold != None:
        y_pred_mesh = np.where(y_pred_mesh>=threshold,1,0)
    plt.contour(x1_mesh,x2_mesh,y_pred_mesh,
                linewidths=1.5,colors='black')
    plt.contourf(x1_mesh,x2_mesh,y_pred_mesh,alpha=0.2)
    plt.xlabel(feature_labels[0],size=17)
    plt.ylabel(feature_labels[1],size=17)
    plt.legend(fontsize=15)
    plt.tight_layout()
    plt.show()
    return None
```

다음을 실행하면, 산포도에서 예상한 바와 같이 퍼셉트론이 두 분류군 사이의 명확한
결정경계를 학습했음을 볼 수 있다.

```
show_decision_boundary(X,y,perceptron,
                       class_labels=["setosa (-1)","versicolor (+1)"],
                       feature_labels=["sepal length","petal length"])
```

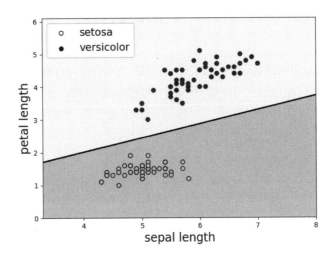

위와 같이 데이터 포인트를 둘 중 하나의 클래스로 분류하는 것을 **이진 분류**binary classifica-
tion라 한다. 물론, 이진 분류 모형도 {setosa}와 {setosa가 아닌 모든 종들}, {versicolor}와
{versicolor가 아닌 모든 종들}, 또는 {verginica}와 {verginica가 아닌 모든 종들} 등과 같
은 OvRone-versus-rest 방식의 구분을 통해 **다중 분류**multiclass classification 문제에 적용할 수 있다.


## 14.3.2 경사하강법을 이용한 퍼셉트론

기본 퍼셉트론을 훈련하는 방법은 특성 레이블 값과 레이블 예측 값 사이의 오차를 줄
이는 것이었고, 궁극적으로는 SSE를 최소화하는 것이었다. 그런데, 오차는 +2 또는 -2
로만 계산되므로, 가중치 업데이트 분도 특성 변수 $x$의 2배로만 증가하든지 감소한다.
이는 상당히 거친 업데이트 방식이다. 따라서, 오차를 구할 때 판별함수의 출력인
$\Psi(\mathbf{w}^\mathsf{T}\mathbf{x})$ 대신에 $\mathbf{w}^\mathsf{T}\mathbf{x}$을 그대로 사용한다면, 좀 더 섬세한 업데이트 규칙을 만들 수 있
을 것이다.

기계학습에서는 SSE처럼 학습을 통해 최소값을 찾고자 하는 함수를 **비용함수**cost function[$J$]라 한다. 같은 개념으로 **손실함수**loss function[$L$]가 있는데, 비용함수와 손실함수는 같은 의미로 사용하기도 하고, 데이터 포인트 하나에 대해서 언급할 때는 손실함수를 사용하고 데이터 세트에 대해서 언급할 때는 비용함수를 사용하기도 한다. 여기서는 모든 데이터 세트에 대해서 클래스 레이블 값 $y^{(i)}$와 모형의 출력 $\mathbf{w}^\top\mathbf{x}^{(i)}$ 사이의 오차 제곱합 SSE를 구하는 함수를 비용함수로 한다.

$$J_{\mathbf{w}} = \sum_i (y^{(i)} - \mathbf{w}^\top\mathbf{x}^{(i)})^2$$

함수의 최소값이나 최대값을 찾는 작업을 **최적화**optimization라 하며, 최적화 작업에서 최소값이나 최대값을 찾으려는 함수를 목표objective함수라 한다. 다양한 최적화 기법들이 있는데, 여기에서는 **경사하강법**gradient descent[GD]을 소개하고 퍼셉트론에 적용해 볼 것이다. 우리의 목표함수는 위에 정의한 비용함수 $J_w$이다.

일변량 비용함수를 예로 들어 GD를 소개하면 다음과 같다. 아래 그림에서 GD를 이용한 일변량 가중치 업데이트 과정을 그릇에 구슬을 굴리는 것으로 비유했다.

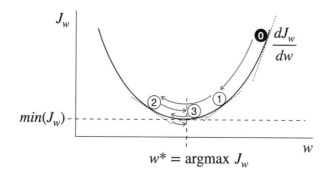

GD는 가중치를 임의의 초기값 $w^{(t=0)}$으로 설정하는 것에서부터 시작하여 $w$가 비용함수를 최소화하는 최적 가중치 $w*$에 가까워질 때까지[이론적으로는 $dJ_w/dw$가 0이 될 때까지] 일련의 업데이트 과정을 반복한다. 매 업데이트 시점에서 $w$는 두 가지 원리에 따라 업데이트된다.

i] 첫 번째 원리는 업데이트시키는 양에 관한 것이다. $w$가 $w*$로부터 많이 떨어져 있다면, $w*$로 향하기 위해서는 큰 변화량이 필요하고 $w*$로부터 가까이 떨어져 있다면 작은 변화량이 필요할 것이다. 그리고 변화량 $\Delta$는 $J_w$의 도함수 값[기울기] $dJ_w/dw$에 정비례할 것이므로, $\Delta$만큼 가중치 값을 업데이트시킨다: $w \leftarrow w + \Delta$. ii] 두 번째 원리는

업데이트시키는 방향에 관한 것이다. $w$가 $w*$보다 크다면 가중치를 감소시키는 방향으로 업데이트 해야 하며, $w$가 $w*$보다 작다면 가중치를 증가시키는 방향으로 업데이트 해야 할 것이다. 따라서, 변화의 방향은 도함수 값의 부호와 반대가 되어야 한다. 즉, $\Delta \propto -(dJ_w/dw)$이다. 여기에 학습율 $\alpha$를 비례상수로 사용하여 변화량을 결정한다: $\Delta = -\alpha(dJ_w/dw)$. 이와 같은 업데이트 과정을 반복하면 $w*$를 찾는다는 것이 GD의 기본 원리이다. 단, 비용함수가 다변량 함수이면 국소 최소값<sup>local minimum</sup>에 갇혀 버리는 위험은 있다.

우리의 목표함수는 다변량이기에 GD 업데이트는 편도함수<sup>partial derivative</sup>를 모아 둔 경사 벡터<sup>gradient vector</sup>[$\nabla J_w$] 이용하여 다음과 같이 이루어진다.

$$\mathbf{w} \leftarrow \mathbf{w} + \Delta_\mathbf{w}, \ \Delta_\mathbf{w} = -\alpha \nabla J_\mathbf{w}$$

$J_\mathbf{w}$는 한 에포크가 끝나야만 얻을 수 있기에, 업데이트는 에포크 단위로 이루어진다. 기본 퍼셉트론에서와 같이데이터 포인트별로 업데이트가 이루어지지 않고, 에포크마다 업데이트가 일괄적으로 이루어진다는 의미에서 **일괄**<sup>batch</sup> **경사하강법**이라고도 한다.

편도함수를 통해 $\Delta$를 구하기에 업데이트 규칙이 복잡할 것 같지만, 그렇지 않다. $\nabla J_\mathbf{w}$의 $k$번째 요소를 $J_\mathbf{w}$의 $w_k$에 대한 편도함수[$\partial J_\mathbf{w}/\partial w_k$]라 하면, $\Delta$를 구하는 식은 다음과 같다.

$$
\begin{aligned}
\frac{\partial J_\mathbf{w}}{\partial w_k} &= \frac{\partial}{\partial w_k} \sum_i \left(y^{(i)} - \mathbf{w}^\top \mathbf{x}^{(i)}\right)^2 = \sum_i \frac{\partial}{\partial w_k} \left(y^{(i)} - \mathbf{w}^\top \mathbf{x}^{(i)}\right)^2 \\
&= \sum_i 2\left(y^{(i)} - \mathbf{w}^\top \mathbf{x}^{(i)}\right) \frac{\partial}{\partial w_k} \left(y^{(i)} - \mathbf{w}^\top \mathbf{x}^{(i)}\right) \\
&= -2 \sum_i \left(y^{(i)} - \mathbf{w}^\top \mathbf{x}^{(i)}\right) \frac{\partial}{\partial w_k} \left(\mathbf{w}^\top \mathbf{x}^{(i)}\right) \\
&= -2 \sum_i \left(y^{(i)} - \mathbf{w}^\top \mathbf{x}^{(i)}\right) \frac{\partial}{\partial w_k} \sum_{k^\circ} \left(w_{k^\circ} x_{k^\circ}^{(i)}\right) \\
&= -2 \sum_i \left(y^{(i)} - \mathbf{w}^\top \mathbf{x}^{(i)}\right) x_k^{(i)} \\
&\propto -\sum_i \left(y^{(i)} - \mathbf{w}^\top \mathbf{x}^{(i)}\right) x_k^{(i)}
\end{aligned}
$$

마지막 전개에서 2를 제거한 것은 2는 결국 학습률 $\alpha$의 일부가 될 것이기 때문이다. 따라서, 가중치별 업데이트 분은 다음과 같다.

$$\Delta_{w_k} = -\alpha\frac{\partial J_{\mathbf{w}}}{\partial w_k} = \alpha\sum_i \left(y^{(i)} - \mathbf{w}^\top\mathbf{x}^{(i)}\right)x_k^{(i)}$$

$\mathbf{e}^\top = [(y^{(i)} - \mathbf{w}^\top\mathbf{x}^{(i)}]_i$라 하면, 모든 가중치들에 대한 업데이트 분 $\mathbf{\Delta_w}$는 다음 행렬 연산으로 구할 수 있다.

$$\mathbf{\Delta_w} = -\alpha\nabla J_{\mathbf{w}} = \alpha\mathbf{e}^\top\mathbf{X}, \ \mathbf{e} = \mathbf{y} - \mathbf{w}^\top\mathbf{X}^\top$$

경사하강법을 이용한 퍼셉트론은 ADALINE<sup>ADAptive LInear NEuron</sup>으로도 불리며, 이는 다음과 같이 구현할 수 있다.

```python
class Perceptron_GD():
    def __init__(self, alpha=0.0001, n_epochs=100):
        self.alpha = alpha
        self.n_epochs = n_epochs
    def fit(self, X, y_true, verbose=0):
        n_data_pt = X.shape[0]
        n_weights = X.shape[1] + 1 # 1 for bias
        # weight initialization
        self.w = np.random.normal(0,0.01, size=n_weights)
        # iteration
        for epoch in range(self.n_epochs):
            wX_T = self.w[0] + np.dot(self.w[1:].T,X.T)
            errors = y_true - wX_T
            self.w[0 ] += self.alpha * errors.sum()
            self.w[1:] += self.alpha * np.dot(errors.T, X)
            sse = (errors**2).sum()
            if verbose != 0:
                print("epoch:",epoch," MSE:",sse/y_true.shape[0])
    def predict(self, X):
        wX_T = self.w[0] + np.dot(self.w[1:].T,X.T)
        # threshold
        threshold = 0
        y_pred = np.where(wX_T>=threshold,+1,-1)
        return y_pred
```

실행 결과는 다음과 같다.

```python
perceptron_GD = Perceptron_GD(alpha=0.0001,n_epochs=100)
perceptron_GD.fit(X,y,verbose=1)
```

```
=========
epoch: 0  MSE: 0.9596120528292045
epoch: 1  MSE: 0.9226919977091768
epoch: 2  MSE: 0.8975427508901294
epoch: 3  MSE: 0.8768264146794204
...
epoch: 99  MSE: 0.14858624872526455
```

MSE가 점진적으로 감소함을 볼 수 있다. ADALIN은 MSE가 0이 되지 않아도 결정경계를 학습하는데, 다음을 실행하여 ADALIN이 학습한 결정경계 보자.

```
show_decision_boundary(X,y,perceptron_GD,
                       class_labels=["setosa (-1)","versicolor (+1)"],
                       feature_labels=["sepal length","petal length"])
```

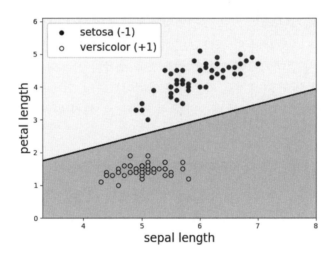

기본 퍼셉트론과 거의 동일한 결정경계를 학습했음을 볼 수 있다.

경사하강법에서는 학습율의 주의 깊은 조정이 필요한데, 독자들이 학습율을 바꿔 가면서 ADALIN을 학습시켜 보기 바란다. 학습율이 너무 크면 학습이 제대로 이루어지지 않는데, 이는 업데이트되는 $w$가 비용함수 최소값 부근을 건너 뛰어버리기 때문이다. 반대로 학습율이 너무 작으면, 최소값 근처에 갇혀 버릴 수도 있다. 이를 아래 그림에 나타내었는데, 학습율이 너무 크면 아래 좌측 그림처럼 최소값을 찾지 못할 수도 있고, 학습율이 너무 작으면 아래 우측 그림처럼 국소 최소값에 갇혀서 전역 최소값global maximum을 찾지 못할 수도 있다.

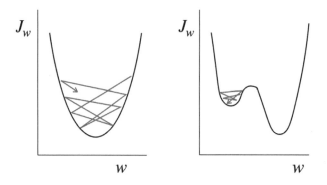

### 14.3.3 확률적 경사하강법을 이용한 퍼셉트론

앞서 소개한 GD에서는 에포크마다 가중치를 업데이트하기 위하여 학습율을 작게 하고 에포크 수를 증가시켰었는데, 기본 퍼셉트론에서처럼 데이터 포인트마다 가중치를 업데이트하는 방법을 사용할 수도 있다. SSE에 기반한 GD에서는 모든 데이터 포인트들의 오차합이 가중치 업데이트에 사용되기에 평균 오차가 사용되는 효과가 있다. 반면, 데이터 포인트마다 얻어진 오차로 가중치를 업데이트하면 오차의 분산은 커지나 업데이트 횟수가 데이터 포인트 수의 배수만큼 증가하므로 훨씬 더 자주 업데이트되고 학습 속도가 빨라진다.

위와 같은 접근법에서는 에포크마다 데이터 포인트의 순서를 셔플링<sup>shuffling</sup>하여 데이터 포인트들이 확률적으로 선택되게 하므로, 이 접근법의 이름은 **확률적 경사하강법**<sup>stochastic</sup> <sup>gradient descent</sup>[SGD]이라 한다. SDG의 업데이트 규칙은 다음과 같다.

$$\mathbf{w} \leftarrow \mathbf{w} + \boldsymbol{\Delta}_{\mathbf{w}}^{(i)},$$
$$\boldsymbol{\Delta}_{\mathbf{w}}^{(i)} = \alpha(y^{(i)} - \mathbf{w}^{\mathsf{T}}\mathbf{x}^{(i)})\mathbf{x}^{(i)}$$

SDG의 또 다른 장점에는 새로운 데이터 포인트가 추가될 때 처음부터 다시 학습을 시키지 않고 해당 데이터 포인트로부터 계산된 오차만 이용하는 온라인<sup>on-line</sup> 학습이 가능하다는 것과[온라인 GD라고 한다], 오차의 큰 분산이 국소 최소값을 벗어나게 하는 데에 도움이 된다는 것이 있다.

SDG를 사용하는 페셉트론은 다음과 같이 구현할 수 있다.

```
class Perceptron_SGD():
    def __init__(self, alpha=0.01, n_epochs=25):
        self.alpha = alpha
        self.n_epochs = n_epochs
    def fit(self, X, y_true, verbose=0):
        n_data_pt = X.shape[0]
        n_weights = X.shape[1] + 1 # 1 for bias
        # weight initialization
        self.w = np.random.normal(0,0.01, size=n_weights)
        # iteration
        for epoch in range(self.n_epochs):
            sse = 0
            for i in range(n_data_pt):
                x_i = X[i]
                y_true_i = y_true[i]
                wx_i = self.w[0] + np.dot(self.w[1:].T,x_i)
                error = y_true_i - wx_i
                self.w[0 ] += self.alpha*error
                self.w[1:] += self.alpha*error*x_i
                sse += error**2
            # shuffle
            idx = np.arange(y_true.shape[0])
            idx_shuffled = np.random.shuffle(idx)
            X = X[idx]
            y_true = y_true[idx]
            # verbose
            if verbose != 0:
                print("epoch:",epoch," MSE:",sse/y_true.shape[0])
    def predict(self, X):
        wX_T = self.w[0] + np.dot(self.w[1:].T, X.T)
        # threshold
        threshold = 0
        y_pred = np.where(wX_T>=threshold,+1,-1)
        return y_pred
```

SDG를 사용하는 페셉트론의 결정경계는 다음과 같이 볼 수 있다.

```
perceptron_SGD = Perceptron_SGD(alpha=0.01,n_epochs=25)
perceptron_SGD.fit(X,y,verbose=1)
show_decision_boundary(X,y,perceptron_SGD,
                       class_labels=["setosa (-1)","versicolor (+1)"],
                       feature_labels=["sepal length","petal length"])
```

```
=========
```

```
epoch: 0  MSE: 0.09443316786959566
epoch: 1  MSE: 0.45024293643574453
epoch: 2  MSE: 0.105188062580723
epoch: 3  MSE: 0.06731048414476398
...
epoch: 24  MSE: 0.0639438833829244
```

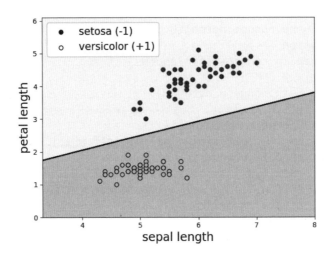

SGD를 사용하는 퍼셉트론이 학습한 결정경계도 기본 퍼셉트론이나 GD를 사용하는 퍼셉트론[ADALIN]이 학습한 결정경계와 크게 다르지 않으나, 학습 속도는 상당히 빠름을 알 수 있다.

퍼셉트론은 선형 모형[$\mathbf{w}^\mathsf{T}\mathbf{x}$]에 기반하며, 가중치 업데이트에 사용되는 오차의 계산에 무엇을 사용하느냐에 따라 기본형 퍼셉트론과 GD나 SGD를 사용하는 적응형 퍼셉트론으로 구분할 수 있다. 오차의 계산에 있어서 기본형 퍼셉트론은 역치함수의 출력 $\Psi(\mathbf{w}^\mathsf{T}\mathbf{x})$을 사용하고 적응형 퍼셉트론은 선형 모형의 출력 $\mathbf{w}^\mathsf{T}\mathbf{x}$를 사용하지만, 분류군의 예측은 둘 모두 역치함수의 출력인 $\hat{y} = \Psi(\mathbf{w}^\mathsf{T}\mathbf{x})$이다.

역치함수에 사용되는 역치값 $\tau$로 지금까지 0을 사용하였지만, 두 클래스 사이의 결정경계가 명확하지 않을 때, $\tau$를 변화시켜 중요하게 생각되는 클래스의 분류에 대한 실수를 다루는 방식을 달리 할 수 있다. 예를 들어, 찾고자 하는[분류하고자 하는] 클래스를 +1[양성]로 레이블링하고 그 외의 모든 클래스들을 -1[음성]로 레이블링 했을 때, 참true 레이블은 +1이지만 예측은 -1로 하는 실수가 있을 수 있고, 참 레이블은 -1이지만 예측은 +1로 하는 실수가 있을 수 있다. 이런 경우, 전자와 같은 실수로 예측된 음성을 위음성false negative[FN]이라 하고, 후자와 같은 실수로 예측된 양성을 위양성false positive[FP]이라

472

한다. 역치값 $\tau$에 따라 **위양성 비율**^false positive rate[FPR]과 **위음성 비율**^false positive rate[FNR]이 어떻게 변화하는지를 다음 그림에 나타내었다.

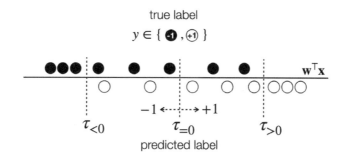

위 그림에서 $\tau$를 0으로 할 경우 FPR과 FNR은 각각 2/8로 동일하다. 그런데, $\tau$를 증가시키면 FPR은 감소하지만 FNR은 증가하고, 반대로 $\tau$를 감소시키면 FNR은 감소하지만 FPR은 증가하는 이율 배반성^trade off이 나타난다. $\tau$를 극단적으로 증가시켜 FPR을 0으로 만들 수도 있지만, 그러면 FNR은 1이 된다.

역치값을 무엇으로 하느냐는 다루고자 하는 문제마다 다르다. 예를 들어, 분류기를 스팸 이메일[+1]과 스팸이 아닌 이메일[-1]로 구분하는 스팸 필터로 사용한다고 하자. 역치값을 증가시키면 FPR이 감소하기에 스팸이 아닌 메일이 잘 못 삭제되는 실수는 줄어들겠지만, 메일 박스에 걸러지지 않은 스팸 메일이 많이 있을 수 있다. 반대로 역치값을 감소시키면 FNR이 감소하기에 메일 박스에 걸러지지 않은 스팸 메일은 많지 않지만, 스팸이 아닌 메일이 삭제되는 실수가 늘어난다. 신용카드 도용을 분류기로 탐지하는 경우에는 어떠할까? 아마도 고객의 편의성과 신용카드 회사의 책임 중 어디에 더 중점을 두느냐에 따라 달라질 것이다. 대상으로 하는 문제, 그리고 무엇을 더 중요하게 다룰 것이냐에 따라 역치값의 설정은 달라질 것이다. 이와 관련된 분류기의 평가법[ROC 곡선 등]은 이 책에서는 생략하나 다른 문헌을 통해 알아 두면 도움이 되리라 생각한다.

## 14.3.4 로지스틱 회귀

퍼셉트론에서 사용되는 $\mathbf{w}^\top \mathbf{x}$에 대해서 다양한 기하학적 해석을 할 수 있지만, 직관적인 해석은 어렵다. 더구나 $\mathbf{w}^\top \mathbf{x}$의 범위는 이론적으로 음의 무한대부터 양의 무한대이다. 만약, 분류기의 출력이 -1 또는 +1과 같은 이산형이 아닌 0부터 1까지 값을 갖는 확률형이라면 어떨까? 예를 들어, 주어진 개체가 setosa일 확률을 구하거나 신용카드 도용 탐지기에 포착된 신호로부터 도용일 가능성을 확률로 구하는 방식을 말한다. 그럴 경우, 확률 0.5 이상 또는 확률 0.9 이상이면 특정한 클래스로 분류하도록 하는 방식으로 역치값의 설정도 직관적으로 할 수 있을 것이다. 로지스틱 회귀는 이름에 '회귀'가 있지만, 해당 분류군에 대한 확률을 반환하는 분류법이다.

이진 분류기의 출력 $\hat{y}$를 확률로 한다는 것은 데이터 포인트가 두 클래스 중 한 클래스에 속할 확률 $p$를 추정하는 것을 의미한다. 이진 분류이므로 다른 클래스에 속할 확률은 $(1 - p)$가 된다. 이를 위해 필요한 첫 번째는 $\mathbf{w}^\mathsf{T}\mathbf{x}$가 확률의 함수가 되어야 한다는 것인데, 어떻게 하면 범위가 음의 무한대부터 양의 무한대인 $\mathbf{w}^\mathsf{T}\mathbf{x}$를 범위가 0부터 1까지인 확률 $p$의 함수가 되도록 할 수 있을까? 답은 승산비odds ratio와 나중에 언급할 지그모이드sigmoid 함수에 있다. 승산비는 내기나 도박에서 배당의 계산을 쉽게 하기 위한 방법에서 유래된 용어로, 베르누이 확률변수$[Y = y \in \{0, 1\}]$에 대한 다음과 같은 비율을 의미한다.

$$\text{odds\_ratio} = \frac{P(Y = 1)}{P(Y = 0)} = \frac{p}{1 - p}$$

승산비의 범위는$(0, \infty]$인데, 여기에 자연로그를 씌우면 범위가 $[-\infty, +\infty]$인 로지트logit가 정의된다.

$$\text{logit} = \log \frac{p}{1 - p}$$

로지스틱 회귀에서는 $\mathbf{w}^\mathsf{T}\mathbf{x}$가 로지트다.

$$\text{logit} = \mathbf{w}^\mathsf{T}\mathbf{x} = w_0 x_0 + w_1 x_1 + w_2 x_2 + \cdots + w_K x_K$$

확률과는 아무런 상관이 없어 보이는 $w$와 $x$로 이루어진 $\mathbf{w}^\mathsf{T}\mathbf{x}$가 일종의 확률함수인 로지트가 되는 이유는 베이지안Bayesian 추론법과 관련이 있다. 우선, $p$를 데이터 포인트 $\mathbf{x}$가 주어졌을 때 이 데이터 포인트가 클래스 $Y = 1$에 속할 확률이라 하자.

$$p = P(Y = 1 | \mathbf{x})$$

이 확률 $p$는 베이지안 추론에서의 포스테리어posterior에 해당한다.

$$P(Y = 1 | \mathbf{x}) = \frac{P(\mathbf{x} | Y = 1)P(Y = 1)}{P(\mathbf{x})}$$

베이지안 추론에서 $P(\mathbf{x})$ 값은 다중 적분을 통해서 구해야 하는데, 계산이 쉽지 않다.

하지만, 다음과 같이 포스테리어 승산비를 구하면 $P(\mathbf{x})$를 소거시킬 수 있다.

$$\frac{P(Y=1\,|\,\mathbf{x})}{P(Y=0\,|\,\mathbf{x})} = \frac{P(\mathbf{x}\,|\,Y=1)P(Y=1)}{P(\mathbf{x})} \Bigg/ \frac{P(\mathbf{x}\,|\,Y=0)P(Y=0)}{P(\mathbf{x})}$$

$$= \frac{P(\mathbf{x}\,|\,Y=1)}{P(\mathbf{x}\,|\,Y=0)} \cdot \frac{P(Y=1)}{P(Y=0)}$$

즉, 위 식은 다음과 같은 형태다.

$$\text{posterior\_odd} = \text{likelihood\_ratio} \cdot \text{prior\_odd}$$

여기서, 특성변수$[x_k]$들이 서로 독립적이라면, 공산비<sup>likelihood ratio</sup>는 다음과 같다.

$$\frac{P(\mathbf{x}\,|\,Y=1)}{P(\mathbf{x}\,|\,Y=0)} = \frac{\prod_{k=1}^{K} P(x_k\,|\,Y=1)}{\prod_{k=1}^{K} P(x_k\,|\,Y=0)} = \prod_{k=1}^{K} \frac{P(x_k\,|\,Y=1)}{P(x_k\,|\,Y=0)}$$

따라서, 로그 포스테리어 승산비는 다음과 같다.

$$\log\left[\frac{P(Y=1\,|\,\mathbf{x})}{P(Y=0\,|\,\mathbf{x})}\right] = \sum_{k=1}^{K} \log\left[\frac{P(x_k\,|\,Y=1)}{P(x_k\,|\,Y=0)}\right] + \log\left[\frac{P(Y=1)}{P(Y=0)}\right]$$

공산은 오직 데이터의 함수이고 프라이어<sup>prior</sup>는 데이터와는 상관이 없으므로, 로지트 선형 모형에서 $w_k x_k$, $k \geq 1$은 개별 로그 공산비<sup>likelihood ratio</sup> 에 해당하고 절편 또는 바이어스<sup>bias</sup>라 칭하는 $w_0 x_0 = w_0$는 로그 프라이어 승산비에 해당한다.

$$w_k x_k = \log\left[\frac{P(x_k\,|\,Y=1)}{P(x_k\,|\,Y=0)}\right], \text{ for } k \geq 1$$

$$w_0 x_0 = w_0 = \log\left[\frac{P(Y=1)}{P(Y=0)}\right]$$

따라서, 로지스틱 회귀에서의 로지트는 로그 포스테리어 승산비이며 이는 다시 $\mathbf{w}^\top \mathbf{x}$가 된다. 요약하자면, 다음과 같다.

$$\text{logit} = \log \frac{p}{1-p} = \log\left[\frac{P(Y=1\,|\,\mathbf{x})}{P(Y=0\,|\,\mathbf{x})}\right] = \mathbf{w}^\top \mathbf{x}$$

위 식의 로지트를 다음과 같이 변환하면, $p = P(Y = 1 \mid \mathbf{x})$를 얻을 수 있다.

$$e^{\text{logit}} = e^{\mathbf{w}^\top \mathbf{x}} = \log \frac{p}{1-p}$$

$$\Rightarrow p = e^{\mathbf{w}^\top \mathbf{x}} - p e^{\mathbf{w}^\top \mathbf{x}} \quad \Rightarrow p(1 + e^{\mathbf{w}^\top \mathbf{x}}) = e^{\mathbf{w}^\top \mathbf{x}}$$

$$\Rightarrow p = \frac{e^{\mathbf{w}^\top \mathbf{x}}}{1 + e^{\mathbf{w}^\top \mathbf{x}}} = \frac{1}{1 + e^{-\mathbf{w}^\top \mathbf{x}}}$$

위 마지막 전개식의 우변이 지그모이드 함수$[\sigma(\circ) = 1/(1 + e^\circ)]$다. 지그모이드 함수는 출력의 범위가 0부터 1까지이며 입력이 0이면 출력은 0.5다. 또한, 입력 0 근처에서 출력값이 S자 형태로 가파르게 변화하는 비선형 함수다. 다음 그림은 $\mathbf{w}^\top \mathbf{x}$를 입력으로 했다고 했을 때 지그모이드 함수의 형태를 나타낸 것이다.

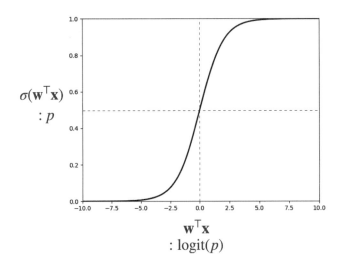

즉, 로지스틱 선형 모형이 기반인 로지스틱 회귀에서는 $w_k x_k$가 개별 로그 공산비를 바나낼 수 있도록 학습되며, 클래스 확률은 로지트 $\mathbf{w}^\top \mathbf{x}$를 입력으로 하는 지그모이드 함수를 통해 출력된다.

$$\hat{y} = \sigma(\mathbf{w}^\top \mathbf{x})$$

로지스틱 회귀에서 사용된 지그모이드 함수를 **활성화 함수**activation function라 한다. 앞서 소개한 적응형 퍼셉트론은 입력을 그대로 출력하는 선형 활성화 함수를 사용한 방법으로 볼 수 있다. 로지스틱 회귀가 비선형 활성화 함수를 통해 최종 출력을 얻음에도 선형 모형에 기반한 분류법인 이유는 로지트 $\mathbf{w}^\top \mathbf{x}$가 가중치에 대한 선형 결합이고 활성화 함수는 로지트로부터 확률을 계산하는 데만 사용되기 때문이다.

이제, SDG를 이용하는 로지스틱 회귀를 구현해 보자. 이를 위해 우선 비용함수를 구해 보자. 로지스틱 회귀의 학습 목표는 데이터 $\mathbf{x}$와 가중치 $\mathbf{w}$가 주어졌을 때, 참 레이블 값 $y$가 얻어질 확률 $P(Y = y | \mathbf{x}; \mathbf{w})$를 최대화하는 것이다. 데이터 세트에 포함된 $n$개의 데이터 포인트들이 서로 독립적이라 가정하면, 데이터 세트에 대해서 다음 확률을 최대화하는 것이 로지스틱 회귀의 학습 목표가 된다. 표기법의 편의를 위해 확률변수들은 표시하지 않았다.

$$P(\mathbf{y} | \mathbf{X}; \mathbf{w}) = \prod_{i=1}^{n} P(y^{(i)} | \mathbf{x}^{(i)}; \mathbf{w})$$

로그 함수는 입력에 대하여 단조 증가하는 함수이므로 $P(\mathbf{y} | \mathbf{X}; \mathbf{w})$를 최대화하는 것은 $\log P(\mathbf{y} | \mathbf{X}; \mathbf{w})$를 최대화하는 것과 같다.

$$\log P(\mathbf{y} | \mathbf{X}; \mathbf{w}) = \sum_{i=1}^{n} \log P(y^{(i)} | \mathbf{x}^{(i)}; \mathbf{w})$$

로그 확률을 이용하면 곱의 미분을 합의 미분으로 바꿈으로써 나중에 도함수를 쉽게 구할 수 있다. 여기서, 베르누이 확률분포를 따르는 확률변수 $Y$에 대한 PMF는 $P(Y = y | p) = p^y (1 - p)^{1-y}$이고, $p = \sigma(\mathbf{w}^\top \mathbf{x})$이므로 위 식은 다시 다음과 같다.

$$\begin{aligned}
\log P(\mathbf{y} | \mathbf{X}; \mathbf{w}) &= \sum_{i=1}^{n} \log \left[ p_{\mathbf{x}^{(i)}, \mathbf{w}}^{y^{(i)}} (1 - p_{\mathbf{x}^{(i)}, \mathbf{w}})^{1 - y^{(i)}} \right] \\
&= \sum_{i=1}^{n} \left[ y^{(i)} \log\{\sigma(\mathbf{w}^\top \mathbf{x})\} + (1 - y^{(i)})\log\{1 - \sigma(\mathbf{w}^\top \mathbf{x})\} \right]
\end{aligned}$$

함수 $f$의 최대값을 구하는 것은 $-f$의 최소값을 구하는 것과 같기 때문에 비용함수는 다음과 같이 정의할 수 있다.

$$J_{\mathbf{w}} = -\sum_{i=1}^{n} \left[ y^{(i)} \log\{\sigma(\mathbf{w}^\top \mathbf{x}^{(i)})\} + (1 - y^{(i)})\log\{1 - \sigma(\mathbf{w}^\top \mathbf{x}^{(i)})\} \right]$$

SDG를 이용할 것이기 때문에 피합산항을 손실loss[$L_{\mathbf{w}}$]이라 하고 이를 최소화할 것이다.

$$L_{\mathbf{w}} = -y^{(i)} \log[\sigma(\mathbf{w}^\top \mathbf{x}^{(i)})] - (1 - y^{(i)})\log[1 - \sigma(\mathbf{w}^\top \mathbf{x}^{(i)})]$$

이로부터 경사벡터의 요소인 편도함수를 구하기 전에 지그모이드 함수의 도함수를 구해 보자.

$$\frac{d\sigma(\Sigma)}{d\Sigma} = \frac{d}{d\Sigma}\frac{1}{1+e^{-\Sigma}} = \frac{d}{d\Sigma}(1+e^{-\Sigma})^{-1}$$

$$= -(1+e^{-\Sigma})^{-2}\frac{d}{d\Sigma}(1+e^{-\Sigma}) = -(1+e^{-\Sigma})^{-2}e^{-\Sigma}\frac{d}{d\Sigma}(-\Sigma)$$

$$= (1+e^{-\Sigma})^{-2}e^{-\Sigma}$$

$$= \left(\frac{1}{1+e^{-\Sigma}}\right)\left(\frac{1+e^{-\Sigma}-1}{1+e^{-\Sigma}}\right) = \left(\frac{1}{1+e^{-\Sigma}}\right)\left(1-\frac{1}{1+e^{-\Sigma}}\right)$$

$$= \sigma(\Sigma)[1-\sigma(\Sigma)]$$

따라서 가중치 $w_k$에 대한 편도함수는 다음과 같다.

$$\frac{\partial L_{\mathbf{w}}}{\partial w_k} = -\frac{\partial}{\partial w_k}\left(y^{(i)}\log[\sigma(\mathbf{w}^{\top}\mathbf{x}^{(i)})] + (1-y^{(i)})\log[1-\sigma(\mathbf{w}^{\top}\mathbf{x}^{(i)})]\right)$$

$$= -\left[y^{(i)}\frac{1}{\sigma(\mathbf{w}^{\top}\mathbf{x}^{(i)})}\frac{\partial}{\partial w_k}\sigma(\mathbf{w}^{\top}\mathbf{x}^{(i)}) + (1-y^{(i)})\frac{1}{1-\sigma(\mathbf{w}^{\top}\mathbf{x}^{(i)})}\frac{\partial}{\partial w_k} - \sigma(\mathbf{w}^{\top}\mathbf{x}^{(i)})\right]$$

$$= -\left[y^{(i)}\frac{1}{\sigma(\mathbf{w}^{\top}\mathbf{x}^{(i)})} - (1-y^{(i)})\frac{1}{1-\sigma(\mathbf{w}^{\top}\mathbf{x}^{(i)})}\right]\frac{\partial}{\partial w_k}\sigma(\mathbf{w}^{\top}\mathbf{x}^{(i)})$$

$$= -\left[y^{(i)}\frac{1}{\sigma(\mathbf{w}^{\top}\mathbf{x}^{(i)})} - (1-y^{(i)})\frac{1}{1-\sigma(\mathbf{w}^{\top}\mathbf{x}^{(i)})}\right]\sigma(\mathbf{w}^{\top}\mathbf{x}^{(i)})[1-\sigma(\mathbf{w}^{\top}\mathbf{x}^{(i)})]\frac{\partial}{\partial w_k}\mathbf{w}^{\top}\mathbf{x}^{(i)}$$

$$= -\left[y^{(i)}\frac{1}{\sigma(\mathbf{w}^{\top}\mathbf{x}^{(i)})} - (1-y^{(i)})\frac{1}{1-\sigma(\mathbf{w}^{\top}\mathbf{x}^{(i)})}\right]\sigma(\mathbf{w}^{\top}\mathbf{x}^{(i)})[1-\sigma(\mathbf{w}^{\top}\mathbf{x}^{(i)})]x_k^{(i)}$$

$$= -\left[y^{(i)} - (1-y^{(i)})\frac{\sigma(\mathbf{w}^{\top}\mathbf{x}^{(i)})}{1-\sigma(\mathbf{w}^{\top}\mathbf{x}^{(i)})}\right][1-\sigma(\mathbf{w}^{\top}\mathbf{x}^{(i)})]x_k^{(i)}$$

$$= -\left[y^{(i)}[1-\sigma(\mathbf{w}^{\top}\mathbf{x}^{(i)})] - (1-y^{(i)})\sigma(\mathbf{w}^{\top}\mathbf{x}^{(i)})\right]x_k^{(i)}$$

$$= -\left[y^{(i)} - y^{(i)}\sigma(\mathbf{w}^{\top}\mathbf{x}^{(i)}) - \sigma(\mathbf{w}^{\top}\mathbf{x}^{(i)}) + y^{(i)}\sigma(\mathbf{w}^{\top}\mathbf{x}^{(i)})\right]x_k^{(i)}$$

$$= -\left[y^{(i)} - \sigma(\mathbf{w}^{\top}\mathbf{x}^{(i)})\right]x_k^{(i)}$$

그러므로,

$$\Delta_{w_k} = -\alpha \frac{\partial L_\mathbf{w}}{\partial w_k} = \alpha \left[ y^{(i)} - \sigma(\mathbf{w}^\top \mathbf{x}^{(i)}) \right] x_k^{(i)}$$

이고, 로지스틱 회귀에서의 가중치 업데이트 규칙은 다음과 같다.

$$\mathbf{w} \leftarrow \mathbf{w} + \Delta_\mathbf{w}^{(i)},$$
$$\Delta_\mathbf{w}^{(i)} = \alpha \left[ y^{(i)} - \sigma(\mathbf{w}^\top \mathbf{x}^{(i)}) \right] \mathbf{x}^{(i)}$$

위 업데이트 규칙은 $\mathbf{w}^\top \mathbf{x}^{(i)}$ 대신에 $\sigma(\mathbf{w}^\top \mathbf{x}^{(i)})$가 사용된다는 점만 제외하면 SDG를 이용한 퍼셉트론의 가중치 업데이트 규칙과 동일하다. 또한 로지스틱 회귀를 이용한 분류기에서 판별함수 $\Psi$를 사용하지 않고 $\hat{y} = \sigma(\mathbf{w}^\top \mathbf{x}^{(i)})$로 클래스 확률만 출력하도록 한다면 가중치 업데이트 분을 다음과 같이 나타낼 수 있다.

$$\Delta_\mathbf{w}^{(i)} = \alpha \left[ y^{(i)} - \hat{y}^{(i)} \right] \mathbf{x}^{(i)}$$

SGD와 로지스틱 회귀를 이용한 분류기는 다음과 같이 구현할 수 있다.

```
class LogisticRegression_SGD():
    def __init__(self, alpha=0.01, n_epochs=25):
        self.alpha = alpha
        self.n_epochs = n_epochs
    def fit(self, X, y_true, verbose=0):
        n_data_pt = X.shape[0]
        n_weights = X.shape[1] + 1 # 1 for bias
        # weight initialization
        self.w = np.random.normal(0,0.01, size=n_weights)
        # iteration
        for epoch in range(self.n_epochs):
            logistic_loss = 0
            for i in range(n_data_pt):
                x_i = X[i]
                y_true_i = y_true[i]
                wx_i = self.w[0] + np.dot(self.w[1:].T, x_i)
                p_i = self.sigmoid(wx_i)
                error = y_true_i - p_i
                self.w[0 ] += self.alpha*error
                self.w[1:] += self.alpha*error*x_i
                logistic_loss += -1*((y_true_i*np.log(p_i)) + \
                                ((1-y_true_i)*np.log(1-p_i)))
            mean_loss = logistic_loss/n_data_pt
            # shuffle
```

```
            idx = np.arange(y_true.shape[0])
            idx_shuffled = np.random.shuffle(idx)
            X = X[idx]
            y_true = y_true[idx]
            # verbose
            if verbose != 0:
                print("epoch:",epoch," mean loss:",mean_loss)
    def sigmoid(self,wx):
        p = 1/(1+np.exp(-wx))
        return p
    def predict(self, X):
        wX = self.w[0] + np.dot(X, self.w[1:])
        # threshold
        threshold = 0 # logit==0, p==0.5
        y_pred = np.where(wX>=threshold,0,1)
        return y_pred
```

위 함수를 이용하여 분류기를 학습시킬 때 주의해야 할 점이 있다. 찾아내고자 하는 클래스를 1로 레이블링하고, 그 외의 클래스는 0으로 레이블링해야 한다. 즉, 참 레이블에 대해서는 $p = P(Y = 1 \,|\, \mathbf{x}) = 1$이라는 의미다.

```
y[0:50] = 1     # setosa
y[50:100] = 0   # versicolor
```

다음 코드를 실행하면 학습 결과를 볼 수 있다.

```
logistic_regression_SGD = LogisticRegression_SGD(alpha=0.01,
                                                 n_epochs=25)
logistic_regression_SGD.fit(X,y,verbose=1)
```

```
=========
epoch: 0   mean loss: 0.32442401777550034
epoch: 1   mean loss: 0.5614090710044211
epoch: 2   mean loss: 0.37832061205139267
...
epoch: 24  mean loss: 0.052472506814919405
```

학습된 결정 경계는 다음 코드를 실행하여 볼 수 있다.

```
show_decision_boundary(X,y,logistic_regression_SGD,
                       class_labels=["setosa (0)","versicolor (1)"],
```

480

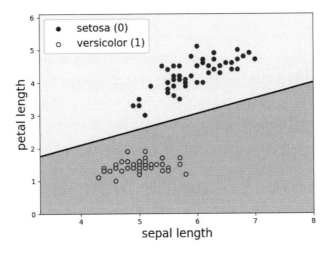

## 14.4 비선형 문제

분류기의 학습을 위해 사용된 붓꽃 데이터 세트는 결정 경계가 선형[직선]인 경우였으나, 실제 문제에서는 결정 경계가 비선형인 경우들도 흔하다. 선형 회귀를 사용하여 변수 간의 비선형 관계를 표현할 수 있듯이 선형 모형을 이용하는 분류기를 사용하여 비선형 결정 경계를 찾을 수도 있다. 예를 들어, 커널kernel 트릭을 사용하는 SVMSupport Vector Machine 등이 이에 해당한다[이 책에서는 다루지 않는다]. 흔히 결정 경계가 비선형인 분류를 비선형 분류라 하나, 모형이 비선형인지와 혼동하지 않아야 할 것이다.

결정 경계가 비선형인 대표적인 예는 분류군별 데이터 포인트들의 분포가 XOR형, 초승달형[moon], 원형[circle]인 형태들이다. XOR형 데이터 데이터 세트는 다음 함수로 얻을 수 있다. 참true 레이블은 0과 1로 하였다.

```python
def make_XOR(n_samples=100):
    def rand():
        rand = (np.random.rand(int(n_samples/4),1)+0.1)*10
        return rand
    X1 = np.hstack([rand(),rand()])
    X2 = np.hstack([rand(),-rand()])
    X3 = np.hstack([-rand(),-rand()])
    X4 = np.hstack([-rand(),rand()])
    X = np.vstack([X1,X2,X3,X4])
    y = np.logical_xor(X[:,0]>0,X[:,1]>0)
    y = np.where(y,1,0)
    return X, y
```

산포도는 다음 코드를 실행하여 볼 수 있다.

```python
X_xor, y_xor = make_XOR()
show_2d_examples(X_xor,y_xor,class_labels=["A","B"],
                 feature_labels=["x_1","x_2"])
```

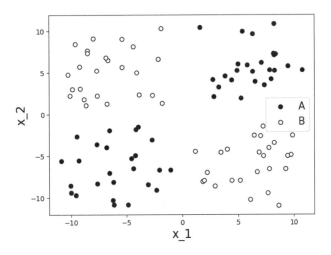

초승달형[moon] 데이터 세트는 sklearn에 미리 구현된 함수를 이용하여 만들 수 있다. 다음을 실행하면, 초승달형[moon] 데이터 세트에 대한 산포도를 볼 수 있다.

```
from sklearn.datasets import make_moons

X_moon, y_moon = make_moons(n_samples=100,noise=0.05)
show_2d_examples(X_moon,y_moon,class_labels=["A","B"],
                feature_labels=["x_1","x_2"])
```

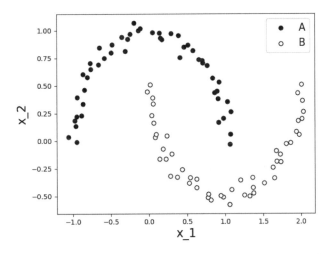

원형[circle] 데이터 세트도 sklearn에 미리 구현된 함수를 이용하여 만들 수 있다. 다음을 실행하면, 원형[circle] 데이터 세트에 대한 산포도를 볼 수 있다.

```
from sklearn.datasets import make_circles

X_circle, y_circle = make_circles(n_samples=100,noise=0.05,factor=0.5)
show_2d_examples(X_circle,y_circle,class_labels=["A","B"],
                feature_labels=["x_1","x_2"])
```

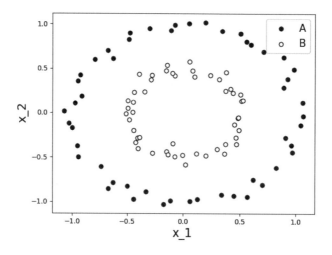

위에 나열한 데이터 세트들에 대해서는 퍼셉트론과 로지스틱 회귀로는 결정 경계를 학습할 수 없다. 다음은 위 데이터 세트들에 대해서 로지스틱 회귀로 얻은 결정 경계들이다.

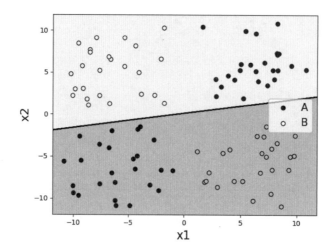

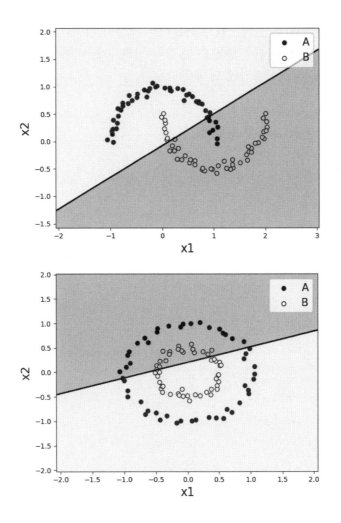

적절한 결정 경계를 전혀 학습하지 못했음을 볼 수 있다. 인간이라면 원raw 데이터를 보고 결정 경계를 바로 찾는 것은 힘들 수도 있지만, 산포도에서는 누구든지 바로 결정 경계를 그릴 수 있을 것이다. 퍼셉트론도 뉴런을 흉내 낸 것이고 로지스틱 회귀도 기본적으로는 퍼셉드론의 파생형인데, 왜 위와 같은 비선형 결정 경계를 찾지 못할까? 답은 뉴런 신호들을 비선형적으로 변환하는 다중 시냅스 연결에 있다.

인간의 학습과 경험, 또는 인지나 추론에 대한 수 많은 철학적, 심리학적 설명들이 있겠지만, 궁극적인 귀결은 뇌에 대한 생물학적 이해로부터 가능할 것이라고 생각한다. 인간의 뇌에는 저마다의 활성화 함수를 장착한 수 백억 개 이상의 뉴런들이 있고 이들은 수 백조 개 이상의 시냅스들로 연결되어 있다. 전기화학적으로 인간의 뇌는 시냅스 가소성plasticity을 이용하여 기억하고 학습하는데, 가중치들을 시냅스 가소성을 흉내 낸 것으로 볼 수 있다. 즉, 인간이 오감으로 받아들이는 세상의 데이터는 가중치 그물로 연결된 뉴런들에 의해 수많은 비선형 변환을 한 후 추상화된다. 이어지는 장에서는 다중 시냅스 연결을 흉내 낸 인공 신경망에 대해서 다룬다.

# 15

# 인공 신경망

## 심층학습

이 장에서는 인공 신경망과 함께 심층학습[딥러닝deep learning]을 소개한다. 심층이라는 용어는 여러 겹의 인공 신경망을 쌓았다는 것을 뜻하며, 심층학습이란 그렇게 깊게 쌓은 인공 신경망으로 무엇인가를 학습시키는 것을 의미한다. 심층학습 분야는 인공지능 분야에서 매우 활발히 사용되고 연구되는 분야다. 흔히 접할 수 있는 언어 번역기, 챗봇chabot, 가상 인간들은 거의 모두 인공 신경망을 이용한 심층학습의 결과물들이다. 인공 신경망은 용어 그대로 뇌의 신경망을 수학적으로 흉내 낸 것이다. 인공 신경망의 기본 단위도 뉴런이라 부르며, 뉴런끼리의 연결 부위인 스냅스synapse를 모사하여 가중치라는 개념이 인공 신경망에 사용된다. 신경 화학적으로 인간의 뇌는 스냅스 가소성plasticity을 이용하여 무엇인가를 기억하고 학습하는데, 심층 인공 신경망도 이와 유사한 방식으로 학습한다.

이 장에서 사용할 딥러닝 프레임워크는 텐서플로우tensorflow 버젼 2.2.0이다. 참고로, 텐서플로우 버젼 2.2.0은 파이썬 버젼 3.8까지만 지원한다. 만약 최신 버젼의 파이썬을 설치하였다면, 다음 링크의 내용을 보기 바란다.

https://www.tensorflow.org/install/source#tested_build_configurations

이 장에서 사용하는 기본 패키지와 모듈은 다음과 같이 불러들인다. 그리고 난수 발생의 씨앗도 설정한다. 텐서플로우와 scikit-learn 클래스들은 언급되는 부분에서 각각 불러오기로 한다.

```
import numpy as np
import matplotlib.pyplot as plt
np.random.seed(123)
```

## 15.1 인공 신경망

뉴런을 수학적으로 모사한 인공 뉴런인 퍼셉트론은 분류군 사이의 비선형 결정경계를 학습할 수 없다는 단점 때문에 기계학습 분야에서 큰 관심을 받지 못하고 잊혀 갔다. 이후, 인공 뉴런을 그물처럼 연결한 **인공 신경망**artificial neural network[ANN]이 비선형 회귀 문제와 비선형 분류 문제를 풀 수 있다는 것이 알려졌지만, 인공 신경망을 효율적으로 훈련할 알고리즘을 찾지 못하고 수십 년의 시간이 흘렀다. 1980년대에 들어서 오차의 역전파error back-propagation 알고리즘이 개발되고, 1990년대에 이르러 인공 신경망이 손글씨 이미지를 분류하는 작업[미국 우편국의 우편번호 인식 및 분류]에 사용되면서 인공 신경망은 다시 인기를 얻기 시작했다. 하지만, 커널 트릭kernel trick을 이용하는 SVMSupport Vector Machine, 랜덤 포레스트random forest 등 여러 기계학습 알고리즘들이 개발되면서 인공 신경망은 다시 잊혀 갔다. 그러다 2011년도에 이미지 분류 대회인 ImageNet에서 GPU를 활용하여 훈련된 인공 신경망이 우승하면서 인공 신경망은 다시 관심을 받기 시작했다. 일반 대중에게까지 인공 신경망을 알린 것은 2016년도에 심층학습으로 학습된 알파고AlphaGo가 당시 세계 최고 바둑 기사였던 이세돌에게 승리한 것이 계기가 되었다.

### 15.1.1 시냅스 연결의 모사

다음 그림은 신경망의 일부를 나타낸 것이다. 중심에 있는 뉴런neuron[H]은 세 개의 수상돌기dendrite들을 통해 세 개의 뉴런[I]들로부터 신경전달물질neurotransmitter을 받아들이고, 세 개의 축삭말단axon terminal들을 통해 세 개의 뉴런[O]들에게 신경전달물질을 전달하고 있다.

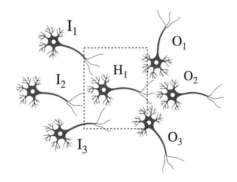

뉴런 $H_1$에 대한 입력과 출력을 앞 장에서 언급한 바처럼 구성하면, 다음 그림과 같이 시냅스 연결을 나타낼 수 있다.

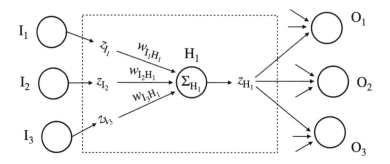

시냅스 연결 단계에서 뉴런 $H_1$은 세 개의 수상돌기를 통해 좌측에 위치한 뉴런들로부터 신호를 받는데, 그 신호는 뉴런 $I_k$의 출력 $z_{I_k}$ 다. 시냅스 가소성을 나타내는 시냅스 연결 강도는 가중치 $w$로 표현된다. 뉴런 $H_1$의 수상돌기에 도달한 신호는 가중치에 따라 신호량이 조절되어 세포체로 전달된다.

$$z_{I_1} \cdot w_{I_1 H_1}$$
$$z_{I_2} \cdot w_{I_2 H_1}$$
$$z_{I_3} \cdot w_{I_3 H_1}$$

세포체에서는 시냅스 연결 강도에 따라 조절된 신호를 합하며, 이 과정은 두 벡터의 점곱dot product으로 나타낼 수 있다. 편의상 절편 $w_{I_0 H_k}$는 포함하지 않았다.

$$\Sigma_{H_1} := w_{I_1 H_1} \cdot z_{I_1} + w_{I_2 H_1} \cdot z_{I_2} + w_{I_3 H_1} \cdot z_{I_3}$$
$$= \mathbf{w}_{I H_1}^\top \mathbf{z}_I$$

뉴런 $H_1$는 가중합weigted sum 형태의 신호를 출력하고 우측에 위치한 다음 뉴런들의 1번 수상돌기는 동일한 신호 $z_{H_1}$를 받는다.

$$z_{H_1} = \mathbf{w}_{I H_1}^\top \mathbf{z}_I$$

## 15.1.2 다층 퍼셉트론

앞서 모사한 스냅스 연결을 다수의 인공 뉴런들이 좀 더 밀집된dense 형태가 되도록 층별로 배열한 것을 **다층 퍼셉트론**Multi-Layer Perceptron[MLP]이라 한다. MLP는 가장 기본적인 인공 신경망이다. 다음 그림에 세 개의 층layer으로 구성된 MLP를 나타내었다. 첫 번째 층은 **입력층**input layer[I]이고 마지막 층이 ANN의 최종 **출력층**output layer[O]이다. 중간에 위치한 층은 **은닉층**hidden layer[H]이라 한다.

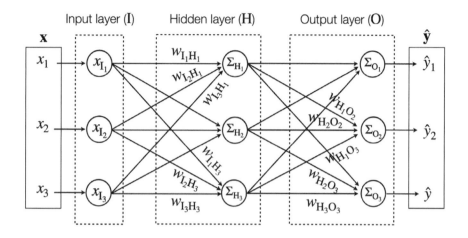

입력층은 입력된 값들을 다음 층의 뉴런들에게 전달하는 역할만 한다. 즉, $K$ 차원의 벡터로 표현되는 데이터 포인트 $\mathbf{x} = [x_1,\ x_2,\ ...,x_K]^\mathsf{T}$가 신경망의 입력층으로 입력되면 입력층은 이를 그대로 출력하여 은닉층의 입력 벡터가 되도록 한다.

$$\mathbf{z}_I = \mathbf{x}$$

은닉층에는 각각 3개씩의 가중치를 갖는 3개의 뉴런들이 있기에 총 9개의 가중치들을 행렬로 나타낼 수 있으며, 은닉층의 출력은 가중치 행렬과 입력벡터의 점곱으로 나타낼 수 있다.

$$\mathbf{z}_H = \mathbf{W}_{IH}\mathbf{z}_I$$

$$
\begin{bmatrix} z_{H_1} \\ z_{H_2} \\ z_{H_3} \end{bmatrix} =
\begin{bmatrix}
w_{I_1H_1} & w_{I_2H_1} & w_{I_3H_1} \\
w_{I_1H_2} & w_{I_2H_2} & w_{I_3H_2} \\
w_{I_1H_3} & w_{I_2H_3} & w_{I_3H_3}
\end{bmatrix}
\begin{bmatrix} z_{I_1} \\ z_{I_2} \\ z_{I_3} \end{bmatrix}
$$

편의상 절편에 해당하는 항은 포함하지 않았는데, 절편을 $w_{I_0H_k}$라 하면 이에 상응하는 입력은 $z_{I_0} = 1$이므로 다음과 같이 나타낼 수 있지만, 이후에는 모두 생략하기로 한다.

$$\begin{bmatrix} z_{H_1} \\ z_{H_2} \\ z_{H_3} \end{bmatrix} = \begin{bmatrix} w_{I_0H_1} & w_{I_1H_1} & w_{I_2H_1} & w_{I_3H_1} \\ w_{I_0H_2} & w_{I_1H_2} & w_{I_2H_2} & w_{I_3H_2} \\ w_{I_0H_3} & w_{I_1H_3} & w_{I_2H_3} & w_{I_3H_3} \end{bmatrix} \begin{bmatrix} 1 \\ z_{I_1} \\ z_{I_2} \\ z_{I_3} \end{bmatrix}$$

은닉층의 출력 벡터는 다시 출력층의 입력 벡터가 되며, 출력층의 가중치 행렬과 점곱이 이루어지고,

$$\mathbf{z}_O = \mathbf{W}_{HO}\mathbf{z}_H$$

$$\begin{bmatrix} z_{O_1} \\ z_{O_2} \\ z_{O_3} \end{bmatrix} = \begin{bmatrix} w_{H_1O_1} & w_{H_2O_1} & w_{H_3O_1} \\ w_{H_1O_2} & w_{H_2O_2} & w_{H_3O_2} \\ w_{H_1O_3} & w_{H_2O_3} & w_{H_3O_3} \end{bmatrix} \begin{bmatrix} z_{H_1} \\ z_{H_2} \\ z_{H_3} \end{bmatrix}$$

신경망의 최종 출력이 된다.

$$\hat{\mathbf{y}} := \mathbf{z}_O$$

이와 같은 일련의 연산을 하나의 식으로 나타내면 다음과 같다.

$$\hat{\mathbf{y}} = \mathbf{W}_{HO}\mathbf{W}_{IH}\mathbf{x}$$

즉, MLP는 가중치가 학습되는 과정에서 가중치들에 대해서는 비선형 결합으로 볼 수 있지만, 변수들에 대해서는 여전히 선형 결합이다. 따라서, 이 상태로는 변수들 간의 비선형 관계를 나타낼 수 없다. 즉, 학습이 끝난 후 가중치들은 상수들이 되므로[ $\mathbf{C} = \mathbf{W}_{HO}\mathbf{W}_{IH}$ ] 위 식은 결국 다음과 같아진다.

$$\hat{\mathbf{y}} = \mathbf{C}\mathbf{x}$$

이는 선형 다변량 회귀와 같은 식이며 가중치들에 대해서도 선형 결합이다.

## 15.1.3 비선형 활성화 함수

가중치와 변수들 모두에 대하여 비선형 결합이 됨으로써, 인공 신경망이 이론상 어떠

한 함수도 표현할 수 있는 마법을 갖게 되는 것은 MLP와 같은 다층 구조에 뉴런별로 **비선형 활성화 함수**<sup>non-linear activation function</sup>가 적용되었을 때만 가능하다.

물론, 필요에 따라서는 활성화 함수를 사용하지 않는 층을 삽입할 때도 있다. 이 경우에는 선형 활성화 함수를 사용한다고 언급한다. 예를 들어, 회귀 예측을 위한 신경망의 마지막 층에는 $\mathbf{w}^\top\mathbf{z}$를 그대로 출력한다.

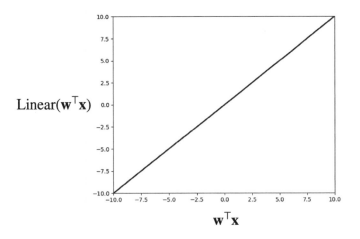

가장 기본적인 비선형 활성화 함수는 뉴런의 출력을 가장 잘 흉내 낸 **지그모이드** 함수다. 앞 장에서 설명한 바와 같이 지그모이드 함수는 0부터 1까지의 범위를 갖는 값을 출력하는 함수다. 로지스틱 회귀에서처럼 이진 분류를 위한 신경망 모형의 마지막 층 뉴런에는 클래스 확률을 출력하기 위해 지그모이드 함수를 적용한다.

$$\sigma(\mathbf{w}^\top\mathbf{x}) = \frac{1}{1 + e^{-\mathbf{w}^\top\mathbf{x}}}$$

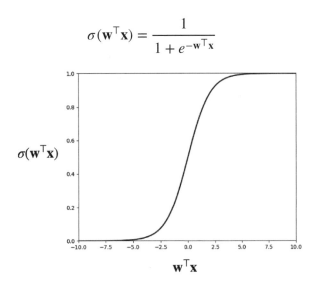

지그모이드 함수의 출력 범위를 -1에서 +1이 되도록 스케일링한 활성화 함수는 **쌍곡선 탄젠트**hyperbolic tangent[tanh] 함수다. 계단 함수step function에 가까운 형태로서, 지그모이드 함수보다 더 큰 기울기를 얻을 수 있기에 오차의 역전파[다음 절에 소개]를 더 용이하게 한다. 흔히 재귀적 신경망[다음 장에서 소개] 등에서 사용된다.

$$\tanh(\mathbf{w}^{\mathsf{T}}\mathbf{x}) = 2\sigma(\mathbf{w}^{\mathsf{T}}\mathbf{x}) - 1 = \frac{e^{\mathbf{w}^{\mathsf{T}}\mathbf{x}} - e^{-\mathbf{w}^{\mathsf{T}}\mathbf{x}}}{e^{\mathbf{w}^{\mathsf{T}}\mathbf{x}} + e^{-\mathbf{w}^{\mathsf{T}}\mathbf{x}}}$$

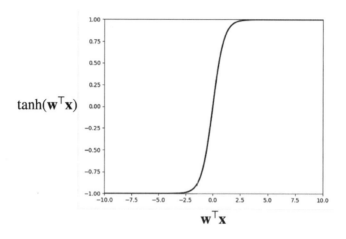

입력값이 매우 크면, 지그모이드 함수나 쌍곡선 탄젠트 함수의 출력값은 입력값에 상관없이 거의 1에 가까운 값이다. 즉, 매우 큰 입력값들에 대해서는 기울기가 0에 가까운 값이 되므로 오차의 역전파를 통한 가중치 업데이트가 거의 이루어지지 않는[또는 매우 느리게 업데이트되는] 문제가 발생한다. 이를 **기울기 소실**vanishing gradient 문제라 하며, 매우 깊은 신경망을 제대로 훈련하지 못하게 하는 원인이 된다.

기울기 소실 문제를 방지하기 위해 사용되는 비선형 활성화 함수 중 기본적인 것은 **정류선형단위**Recticified Linear Unit[ReLU] 함수다. ReLU는 0보다 큰 입력에 대해서는 선형으로 출력[입력을 그대로 출력]하고 0보다 작은 입력에 대해서는 0을 출력한다.

$$\text{ReLU}(\mathbf{w}^{\mathsf{T}}\mathbf{x}) = \max(\mathbf{w}^{\mathsf{T}}\mathbf{x}, 0)$$

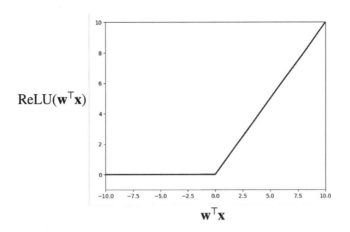

ReLU 역시 0보다 작은 입력에 대해서는 모두 0을 출력하므로 기울기 소실 문제를 해결하는 데 한계가 있다. ReLU를 개선한 다양한 활성화 함수들이 있는데, 이 중에서 대표적인 것이 **누수형 정류선형단위[LeakyReLU]** 함수이다. 0보다 작은 값에 대해서는 입력값에 따라 0 대신 약간의 음의 값을 '누수'하는 형태이며, 누수의 정도는 따로 설정한 기울에 따라 결정된다.

$$\text{LeakyReLU}(\mathbf{w}^{\mathsf{T}}\mathbf{x}\,|\,\text{slope}) = \begin{cases} \mathbf{w}^{\mathsf{T}}\mathbf{x} & \text{if } \mathbf{w}^{\mathsf{T}}\mathbf{x} \geq 0 \\ \text{slope} \cdot \mathbf{w}^{\mathsf{T}}\mathbf{x} & \text{else} \end{cases}$$

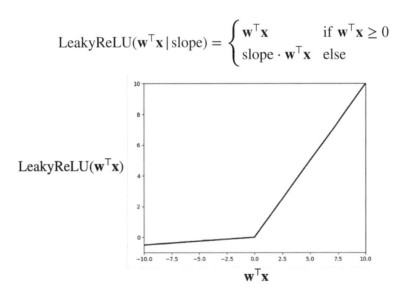

마지막으로 소개할 **소프트맥스**softmax**[SoftMax] 활성화 함수**는 앞서 소개한 활성화 함수들과는 성격이 조금 다르다. SoftMax는 다중 분류multi-class classification를 위한 인공 신경망의 마지막 출력층에서 사용되며, 지그모이드 함수를 일반화한 형태다. SoftMax는 다음과 같은 방식으로 $C$개의 클래스들에 대하여 데이터 포인트가 속할 확률들의 추정치를 구한다.

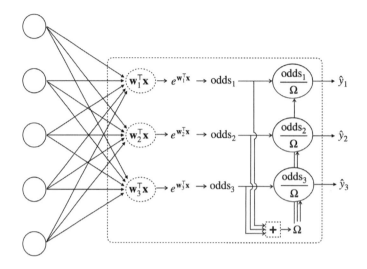

$C$개의 최종 뉴런들에서 계산된 로지트logit를 승산비odds로 변환한 후, 승산비의 합을 정상화 상수normalizing constant로하여 데이터 포인트가 클래스 $c$에 속할 확률 $\hat{y}_c$를 각 뉴런이 계산하는 방식이다.

$$\hat{y}_c = \frac{e^{\mathbf{w}_c^\top \mathbf{x}}}{\sum_{j=1}^{C} e^{\mathbf{w}_j^\top \mathbf{x}}}$$

따라서, $C$개의 최종 출력은 $\Sigma_{c'=1}^{C} \hat{y}_{c'} = 1$인 확률분포가 된다.

### 15.1.4 인공 신경망의 깊이와 층의 넓이

비선형 활성화 함수가 적용된 MLP는 다음과 같은 구조로 나타낼 수 있다.

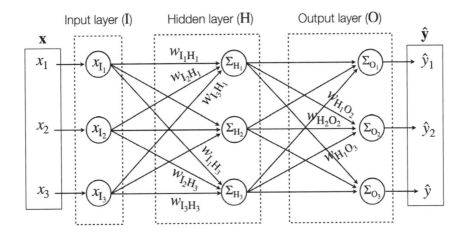

층별 출력은 다음과 같으므로,

$$\mathbf{z}_I = \mathbf{x}$$
$$\mathbf{z}_H = \sigma\left(\mathbf{W}_{IH}\mathbf{z}_I\right)$$
$$\mathbf{z}_O = \sigma\left(\mathbf{W}_{HO}\mathbf{z}_H\right)$$
$$\hat{\mathbf{y}} := \mathbf{z}_O$$

최종 출력은 다음과 같다.

$$\hat{\mathbf{y}} = \sigma\left(\mathbf{W}_{HO} \cdot \sigma\left(\mathbf{W}_{IH}\mathbf{x}\right)\right)$$

위와 같은 모형은 가중치들과 변수들이 모두 비선형으로 결합한 비선형 모형이다. 은닉층을 두 개 이상 포함하는 것도 가능하며, 은닉층의 갯수가 증가할수록 인공 신경망의 깊이도 깊어지며 **비선형성**non-linearity도 함께 증가한다.

$$\hat{\mathbf{y}} = \sigma\left(\mathbf{W}_{H'''O} \cdot \sigma\left(\mathbf{W}_{H'H'''} \cdots \sigma\left(\mathbf{W}_{HH'}\sigma\left(\mathbf{W}_{IH}\mathbf{x}\right)\right)\right)\right)$$

또한, 층별 출력 벡터의 크기는 가중치 행렬의 형상에 따라 결정되므로, 목적에 따라 깊이와 넓이를 변화시켜 다양한 형태의 인공신경망 구조를 설계할 수 있다. 몇 가지 예를 다음 그림으로 나타냈다.

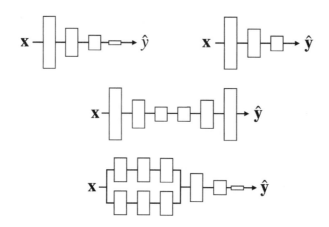

### 15.1.5 손실 함수

**손실 함수**loss function로부터 오차의 역전파[다음 절에 소개]가 시작되기에, 주어진 문제에서 최적화시키려는 학습 목표를 명확히 하고 이에 따라 적절한 손실 함수를 사용해야 한다. 다양한 손실 함수들이 개발되어 있으나, 실제 문제들에서는 기존의 손실 함수로 학습 목표를 달성하기 어려운 경우도 있다. 이럴 경우, 사용자가 손실 함수를 설계해야 하는데, 손실 함수는 데이터 포인트 하나에 대해서 미분이 가능한 함수이어야 한다. 빈번히 사용되는 손실 함수들은 다음과 같다.

이진 분류 문제에서는 마지막 출력층에서 지그모이드 함수를 사용하여 확률을 출력하게 하고 손실함수로는 **이진교차엔트로피**binary cross entropy[bce]를 사용한다. bce 손실함수는 SGD를 이용한 로지스틱 회귀에서 사용했던 손실함수와 동일하다.

$$L(y, \hat{y}) = - \left[ y \log(\hat{y}) + (1 - y)\log(1 - \hat{y}) \right]$$

**엔트로피**entropy라는 명칭이 붙은 이유는 위 식이 쉐년Claude Shannon의 엔트로피를 구하기 때문이다. 쉐년의 엔트로피는 $H = - \sum_x p_x \log(p_x)$이고 확률변수가 갖는 불확실성uncertainty을 비트bit, binary digit 단위로 나타내는 지표다. 이진 분류의 경우에는 베르누이 확률변수이므로 $H = - [p \log(p) + q \log(q)]$이고, 로그 항의 확률을 추정치로 하면 $H = - [p \log(\hat{p}) + q \log(\hat{q})] = - [p \log(\hat{p}) + (1 - p)\log(1 - \hat{p})]$이며 이를 교차 엔트로피라 한다. 즉, bce 손실함수를 사용하는 이진 분류 모형의 목표는 분류의 불확실성을 최소화하는 것이다. 참고로, 텐서플로우에서는 자연로그를 사용하므로 단위는 나트nat다.

다중 분류 문제에서는 참 클래스 값[확률]만 1이고 나머지 클래스들은 0으로 표시된 원-핫 벡터[다음 절에서 소개]와 모형이 출력하는 확률 벡터를 이용하여 교차 엔트로피를 구한다: $H = -\Sigma_{c=1}^{C} p_c \log(p_c)$. 이는 교차엔트로피가 일반화된 버전이며, 단순히 **교차 엔트로피** 또는 클래스 레이블이 범주형 변수라는 점에서 **범주형 교차 엔트로피**categori-cal crossentropy[cce]라 한다. $C$개의 클래스들에 대하여 데이터 포인트가 속할 확률들의 추정치를 구하는 다중 분류 모형에서 사용되는 cce 손실함수는 다음과 같다.

$$L(\mathbf{y}', \hat{\mathbf{y}}') = -\sum_{c=1}^{C} y_c \log(\hat{y}_c)$$

위 식에서 $\mathbf{y}'$는 $i$번째 데이터 포인트에 대한 원-핫 벡터이고, $\hat{\mathbf{y}}'$는 소프트맥스[SoftMax] 활성화 함수에서 출력되는 클래스별 확률들을 모아둔 벡터다. 타겟으로 원-핫 벡터를 사용하면 단순히 참 클래스에 대해서만 $-\log \hat{y}_{c*}$로 계산되므로, 다중 분류 시 참 레이블에 대해서 원-핫 인코딩을 하지 않고 클래스 레이블을 정수로 표시하여 해당 인덱스에 대한 로그 추정 확률만 계산하도록 할 수도 있다.

$$L(y_{c*}, \hat{\mathbf{y}}') = -\log \hat{y}_{c*}$$

회귀의 경우에는 마지막 층에 활성화 함수를 사용하지 않고[선형 활성화 함수], **평균 오차제곱합**[MSE] 손실 함수를 사용하는데, 데이터 포인트에 대해서는 단순히 오차의 제곱이다.

$$L(y, \hat{y}) = (y - \hat{y})^2$$

미니 배치가 사용될 때에는 배치의 평균[텐서플로우 기본 설정]이나 합을 선택할 수 있다. 이는 앞서 언급한 bce 손실 함수나 cce 손실 함수에서도 마찬가지다.

## 15.2 오차의 역전파

앞서 언급한 인공 신경망의 모든 뉴런들에 지그모이드 활성화 함수를 적용하고, 손실은 MSE로 구한다고 하자. 신경망의 출력이 $K = 3$ 차원 벡터이므로 데이터 포인트$[i]$ 당 손실은 SSE로 계산된다.

$$\text{SSE}^{(i)} = \sum_{k=1}^{K=3} L(y_k^{(i)}, \hat{y}_k^{(i)}) = \sum_{k=1}^{K=3} (y_k^{(i)} - \hat{y}_k^{(i)})^2$$

이렇게 얻어진 SSE 손실이 최소화되도록 은닉층과 출력층의 모든 가중치들을 업데이트하는 것이 인공 신경망 학습의 목표다.

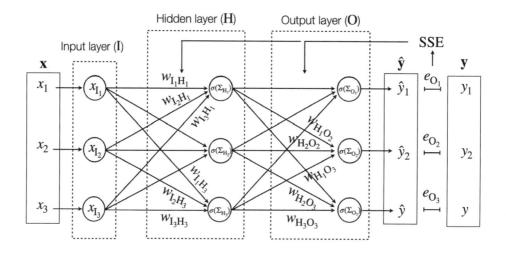

수식 전개의 편의를 위해 표기법을 잠시 바꾸겠다. 실질적 참값$^{\text{ground truth}}$ $y$를 타겟 $y_\text{T}$라 하고, 은닉층과 출력층의 출력을 $z_\text{H}$와 $z_\text{O}$ 대신 $y_\text{H}$와 $y_\text{O}$라 한다. 그리고 $y_\text{O}$와 $y_\text{T}$의 차이는 $e_\text{O}$로 한다. 아울러, 데이터 포인트를 명시하지 않겠다. 즉, SSE는 다음과 같다.

$$\text{SSE} = \sum_{k=1}^{K=3} (y_{\text{T}_k} - y_{\text{O}_k})^2 = \sum_{k=1}^{K=3} e_{\text{O}_k}^2 = \mathbf{e}_\text{O}^\top \mathbf{e}_\text{O}$$

출력층의 가중치들을 업데이트하는 방법은 간단하다. SGD에서의 가중치 벡터에 대한 업데이트 규칙을 그대로 사용한다. 출력층 $k$번째 뉴런의 가중치 벡터$[\mathbf{w}_{\text{HO}_k}]$에 대한 업데이트 규칙은 다음과 같다.

$$\mathbf{w}_{\mathrm{HO}_k} \leftarrow \mathbf{w}_{\mathrm{HO}_k} + \Delta_{\mathbf{w}_{\mathrm{HO}_k}}$$

$$\Delta_{w_{\mathrm{H}_j\mathrm{O}_k}} = -\alpha \frac{\partial \mathrm{SSE}}{\partial w_{\mathrm{H}_j\mathrm{O}_k}}$$

SSE에 대한 편도함수는 다음과 같다[SSE의 합산항에서 $y_{\mathrm{O}_k}$만 $w_{\mathrm{H}_j\mathrm{O}_k}$의 함수이고, 지그모이드 함수의 도함수는 $d\sigma(x)/dx = \sigma(x)(1-\sigma(x))$임이 이용된다].

$$\frac{\partial \mathrm{SSE}}{\partial w_{\mathrm{H}_j\mathrm{O}_k}} = -2(y_{\mathrm{T}_k} - y_{\mathrm{O}_k})\frac{\partial y_{\mathrm{O}_k}}{\partial w_{\mathrm{H}_j\mathrm{O}_k}} = -2(y_{\mathrm{T}_k} - y_{\mathrm{O}_k})\frac{\partial \sigma(\Sigma_{\mathrm{O}_k})}{\partial w_{\mathrm{H}_j\mathrm{O}_k}}$$

$$= -2(y_{\mathrm{T}_k} - y_{\mathrm{O}_k})y_{\mathrm{O}_k}(1 - y_{\mathrm{O}_k})\frac{\partial \Sigma_{\mathrm{O}_k}}{\partial w_{\mathrm{H}_j\mathrm{O}_k}}$$

$$= -2(y_{\mathrm{T}_k} - y_{\mathrm{O}_k})y_{\mathrm{O}_k}(1 - y_{\mathrm{O}_k})y_{\mathrm{H}_j}$$

$$= -2e_{\mathrm{O}_k}y_{\mathrm{O}_k}(1 - y_{\mathrm{O}_k})y_{\mathrm{H}_j}$$

$$\propto -e_{\mathrm{O}_k}y_{\mathrm{O}_k}(1 - y_{\mathrm{O}_k})y_{\mathrm{H}_j}$$

따라서, 출력층 $k$번째 뉴런의 $j$번째 가중치에 대한 업데이트 분은 다음과 같고,

$$\Delta_{w_{\mathrm{H}_j\mathrm{O}_k}} = \alpha e_{\mathrm{O}_k}y_{\mathrm{O}_k}(1 - y_{\mathrm{O}_k})y_{\mathrm{H}_j}$$

출력층 $k$번째 뉴런의 가중치 벡터에 대한 업데이트분은 다음과 같다.

$$\Delta_{\mathbf{w}_{\mathrm{HO}_k}} = \alpha e_{\mathrm{O}_k}y_{\mathrm{O}_k}(1 - y_{\mathrm{O}_k})\mathbf{y}_{\mathrm{H}}$$

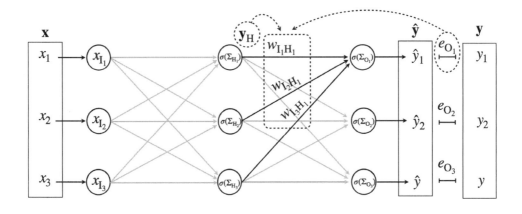

따라서, 출력층의 가중치 행렬에 대한 업데이트 규칙은 다음과 같다.

$$\mathbf{W}_{HO} \leftarrow \mathbf{W}_{HO} + \Delta\mathbf{W}_{HO}$$
$$\Delta\mathbf{W}_{HO} = \alpha\,\mathbf{e}_O \odot \mathbf{y}_O \odot (1 - \mathbf{y}_O) \otimes \mathbf{y}_H^\top$$

위 식에서 $\odot$은 요소별 곱이고 $\otimes$는 점곱이다. 그리고 $\mathbf{y}_H$를 전치<sup>transpose</sup>한 이유는 벡터들의 연산 결과를 행렬로 만들기 위함이다.

은닉층의 가중치 행렬에 대해서도 동일한 방식의 업데이트 규칙을 생각해 볼 수 있다.

$$\mathbf{W}_{IH} \leftarrow \mathbf{W}_{IH} + \Delta\mathbf{W}_{IH}^{(i)}$$
$$\Delta\mathbf{W}_{IH} = \alpha\,\mathbf{e}_H \odot \mathbf{y}_H \odot (1 - \mathbf{y}_H) \otimes \mathbf{y}_I^\top$$
$$= \alpha\,\mathbf{e}_H \odot \mathbf{y}_H \odot (1 - \mathbf{y}_H) \otimes \mathbf{x}_I^\top$$

하지만 한 가지 문제가 있는데, 그것은 $\mathbf{e}_H$에 관한 것이다. 출력층 가중치 행렬의 업데이트에서는 오차 벡터가 출력층에서 '타겟과 출력'의 차이인 $\mathbf{e}_O = \mathbf{y}_T - \mathbf{y}_O$로 계산되지만, $\mathbf{e}_H$는 계산에 필요한 타겟[참 값 또는 관측치]이 없다.

$$\mathbf{e}_H = ? - \mathbf{y}_H$$

이에 대한 해결책으로 사용되는 것이 **오차의 역전파**<sup>error backpropagation</sup>다. 오차의 역전파는, 은닉층 뉴런의 각 출력이 출력층의 가중치에 따라 출력층의 뉴런들로 전달되는 것처럼 은닉층 뉴런의 출력에 포함된 오차도 출력층의 가중치에 따라 출력층의 뉴런들로 전달될 것이기 때문에, 은닉층 뉴런 $H_j$의 출력에 대한 오차 $e_{H_j}$는 출력층 오차 $e_{O_k}$들에 출력층 가중치를 적용하여 합산한 가중합으로 구할 수 있다는 점에 기반한다.

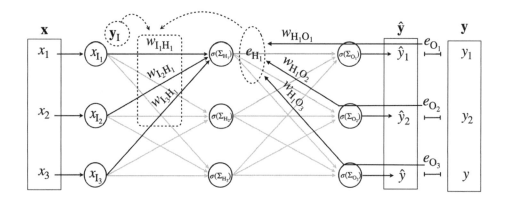

502

$$e_{\mathrm{H}_1} = e_{\mathrm{O}_1} w_{\mathrm{H}_1\mathrm{O}_1} + e_{\mathrm{O}_2} w_{\mathrm{H}_1\mathrm{O}_2} + e_{\mathrm{O}_3} w_{\mathrm{H}_1\mathrm{O}_3}$$

따라서,

$$e_{\mathrm{H}_j} = \sum_{k=1}^{K} w_{\mathrm{H}_j\mathrm{O}_k} e_{\mathrm{O}_k}$$

이며, $\mathbf{e}_{\mathrm{H}}$는 다음과 같이 계산된다.

$$\mathbf{e}_{\mathrm{H}} = \mathbf{W}_{\mathrm{HO}}^{\top} \otimes \mathbf{e}_{\mathrm{O}}$$

$$\begin{bmatrix} e_{\mathrm{H}_1} \\ e_{\mathrm{H}_2} \\ e_{\mathrm{H}_3} \end{bmatrix} = \begin{bmatrix} w_{\mathrm{H}_1\mathrm{O}_1} & w_{\mathrm{H}_1\mathrm{O}_2} & w_{\mathrm{H}_1\mathrm{O}_3} \\ w_{\mathrm{H}_2\mathrm{O}_1} & w_{\mathrm{H}_2\mathrm{O}_2} & w_{\mathrm{H}_2\mathrm{O}_3} \\ w_{\mathrm{H}_3\mathrm{O}_1} & w_{\mathrm{H}_3\mathrm{O}_2} & w_{\mathrm{H}_3\mathrm{O}_3} \end{bmatrix} \begin{bmatrix} e_{\mathrm{O}_1} \\ e_{\mathrm{O}_2} \\ e_{\mathrm{O}_3} \end{bmatrix}$$

전체적인 업데이트 과정은 다음과 같으며 은닉층이 추가되면 해당 은닉층에 대한 역전파 과정만 추가하면 된다.

$$\Delta\mathbf{W}_{\mathrm{HO}} = \alpha \mathbf{e}_{\mathrm{O}} \odot \mathbf{y}_{\mathrm{O}} \odot (1 - \mathbf{y}_{\mathrm{O}}) \otimes \mathbf{y}_{\mathrm{H}}^{\top}$$
$$\mathbf{e}_{\mathrm{H}} = \mathbf{W}_{\mathrm{HO}}^{\top} \otimes \mathbf{e}_{\mathrm{O}}$$
$$\Delta\mathbf{W}_{\mathrm{IH}} = \alpha \mathbf{e}_{\mathrm{H}} \odot \mathbf{y}_{\mathrm{H}} \odot (1 - \mathbf{y}_{\mathrm{H}}) \otimes \mathbf{y}_{\mathrm{I}}^{\top}$$

$$\mathbf{W}_{\mathrm{HO}} \leftarrow \mathbf{W}_{\mathrm{HO}} + \Delta\mathbf{W}_{\mathrm{HO}}$$
$$\mathbf{W}_{\mathrm{IH}} \leftarrow \mathbf{W}_{\mathrm{IH}} + \Delta\mathbf{W}_{\mathrm{IH}}$$

손실 함수를 최적화하는 알고리즘은 옵티마이저optimizer라 하며, SGD를 개선한 알고리즘들인 RMSpropRoot Mean Square propagation나 AdamAdaptive Momentum가 주로 사용된다. 최소값을 찾아가는 알고리즘을 에이전트라 하면, 개선된 알고리즘들은 에이전트가 이동해 왔던 방향과 속도를 감안하여 다음 이동점을 찾는다. RMSprop는 이동평균moving average을 이용하고 Adam은 모멘텀momentum을 이용한다. 모멘텀을 이용한 알고리즘의 간단한 예는 다음과 같다.

$$v \leftarrow vm - \alpha \frac{\partial L}{\partial w}$$

$$w \leftarrow w + v$$

초기 정지 상태에서의 속도는 $v = 0$이고, 편도함수의 값과 학습률에 의해 이동의 방향과 속도가 결정된다. 다음 이동 시에는 과거의 속도에 운동량을 뜻하는 모멘텀 $m > 0$이 곱해진 값이 학습율과 편도함수의 곱에 더해진다. 즉, 현 지점까지 빠른 속도로 내려왔다면 과거의 속도에 모멘텀 만큼 정비례하여 조금 더 앞으로 나아가게 하는 방식이다. 모멘텀이 0이면 기본 SDG와 동일한 알고리즘이 된다. 이를 통해, 학습을 빠르게 할 수도 있고 국소 최소값에 갇히지 않는 것을 도울 수도 있다. 또한 옵티마이저에서 학습율을 조정할 수 있으며, 대부분의 알고리즘에서 학습율 스케쥴링 기법도 제공한다.

## 15.3 인공 신경망을 위한 데이터의 형태: 텐서

앞 절에서 예로든 데이터들은 데이터 포인트의 형태가 스칼라이거나 벡터인 경우에 해당한다. 데이터 포인트들의 형태가 스칼라이면 데이터 세트의 형태는 스칼라를 쌓아둔 벡터일 테고, 데이터 포인트들의 형태가 벡터이면 데이터 세트의 형태는 벡터를 쌓아둔 행렬일 것이다. 하지만, 데이터 포인트들의 형태가 행렬인 경우도 있다. 예를 들어, 높이[H]와 넓이[W]가 있는 흑백 이미지 한 장[데이터 포인트]의 이미지 정보인 픽셀pixel 값들은 H×W 행렬에 저장되어 있는데, 다수의 흑백 이미지들로 이루어진 데이터 세트의 형상은 무엇이라 해야 하는가? 마찬가지로 RGB 컬러 이미지는 적색[R], 녹색[G], 청색[B] 채널channel들의 신호가 세 개의 행렬에 모인 형태인데, RGB 컬러 이미지 한 장과 이들을 모아둔 데이터 세트의 형상은 무엇이라 해야 하는가? 더 나아가 컬러 이미지들을 시간 단위에 따라 모아둔 동영상과 동영상들을 모아둔 데이터 세트의 형상은 무엇이라 해야 하는가? 위 질문에 대하여 넘파이의 다차원 배열을 생각할 수 있으나, 인공 신경망에서는 이들을 **텐서**tensor라 한다. 넘파이의 다차원 배열에서 차원의 수에 해당하는 개념으로는 텐서의 **랭크**rank[행렬의 랭크가 아님]라 사용된다. 아래에 랭크에 따른 텐서의 형태를 나타내었다.

스칼라는 랭크 0 텐서이고, 벡터는 랭크 1 텐서다.

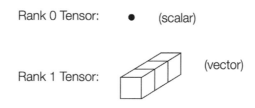

행렬은 랭크 2 텐서이고, 흑백 이미지 한 장이 이에 해당한다.

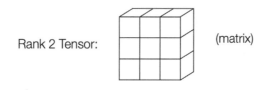

랭크 3 텐서는 큐브 형태이며, 컬러 이미지 한 장 또는 흑백 동영상 한 편이 이에 해당한다.

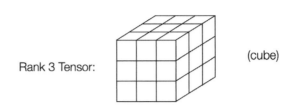

Rank 3 Tensor: (cube)

랭크 4 텐서는 하나의 도형으로 나타낼 수 없지만, 랭크 3 텐서의 모음으로 생각할 수 있다. 컬러 동영상 한 편이 이에 해당한다.

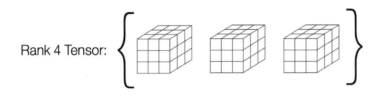

Rank 4 Tensor:

랭크 5 텐서는 컬러 동영상 여러 편을 모아둔 데이터 세트에 해당한다.

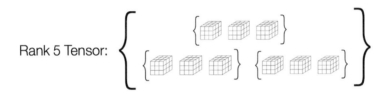

Rank 5 Tensor:

텐서의 형상shape을 나타내는 방법은 넘파이 다차원 배열에서 사용하는 방식과 동일하다. 스칼라는 형상이 없으며, 랭크 1 텐서부터 텐서 축의 길이를 나타내는 식으로 표시한다: (n,k,l,m, ...). 텐서 형태의 데이터 세트에서는 항상 첫 번째 축이 데이터 포인트들이 나열된 축이다. 즉, 첫 번째 축의 길이가 데이터 세트의 크기에 해당한다.

## 15.4 인공 신경망을 이용한 비선형 분류

이 절에서는 로지스틱 회귀와 같은 선형 분류기가 학습하지 못하는 비선형 결정 경계를 인공 신경망을 이용하여 학습하는 과정을 소개한다. 딥러닝 프레임워크framework 으로는 **텐서플로우**tensorflow를 사용할 것이며, 텐서플로우에 포함된 **케라스**keras 라이브러리를 주로 사용한다. 또 다른 딥러닝 도구로는 **파이토치**pytorch가 있다. 텐서플로우와 파이토치를 비교하는 것은 이 책의 범위를 넘어서나, 필자는 개인적으로 케라스 라이브러리가 딥러닝 입문자들에 적합하다고 생각한다. 인공 신경망 모형에 익숙해지면, 파이토치를 사용해 보는 것도 추천한다. 케라스로는 쉽게 구현하지 못하는 모형을 파이토치로 간단하게 구현할 수 있는 경우도 있다.

인공 신경망을 훈련하고 이를 이용한 추론 과정에는 수많은 단순한 연산[예, 점곱]들을 동시에 수행하는 병렬처리가 도움이 된다. CPUCentral Processing Unit는 컴퓨터에서 실행되는 모든 연산을 관장하며 복잡하고 연속적인 작업에 효율적이지만, 다수의 작은 코어들로 구성된 GPUGraphic Processing Unit는 간단하고 병렬적인 작업에 더 효과적이다. GPU가 딥러닝에 도움을 주기는 하지만, 배우는 단계에서는, 그리고 이 책에 포함된 예제들에 대해서는, 굳이 GPU가 필요하지는 않을 것으로 생각된다.

### 15.4.1 가상 데이터 세트 생성

앞 장에서 사용했던 XOR, 초승달, 써클 데이터 세트들에 대해서 비선형 결정 경계를 찾을 것이다. 다음 코드를 실행하여 데이터 세트를 생성한다.

```python
from sklearn.datasets import make_moons, make_circles

def make_XOR(n_samples=100):
    def rand():
        rand = (np.random.rand(int(n_samples/4),1)+0.1)*10
        return rand
    X1 = np.hstack([rand(),rand()])
    X2 = np.hstack([rand(),-rand()])
    X3 = np.hstack([-rand(),-rand()])
    X4 = np.hstack([-rand(),rand()])
    X = np.vstack([X1,X2,X3,X4])
    y = np.logical_xor(X[:,0]>0,X[:,1]>0)
    y = np.where(y,1,0)
```

```
    return X, y

X_XOR, y_XOR = make_XOR(n_samples=100)
X_moons, y_moons = make_moons(n_samples=100,noise=0.05)
X_circles, y_circles = make_circles(n_samples=100,noise=0.05,
                                    factor=0.5)
```

## 15.4.2 모형 구축 및 컴파일

딥러닝 입문자용 문헌들에서 흔히 서열형 API^Application programming Interface부터 소개하나, 이 책에서는 함수형 API만을 소개한다. 필자는 개인적으로 처음부터 함수형 API를 사용하는 것이 인공 신경망 모형과 딥러닝을 배우는데 더 효과적이라 생각한다.

이 절에서 구축할 모형을 그림으로 나타내면 다음과 같다.

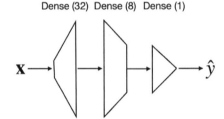

두 개의 은닉층과 하나의 출력층으로 구성된 모형이다. 각 층은 **밀집층**^dense layer[MLP에 서처럼 층별 뉴런들이 모두 연결된 층]이며, 뉴런의 수는 각각 32개, 8개, 1개이다. 각 층의 모든 뉴런들에는 지그모이드 활성화 함수를 사용할 것이다.

모형 구축에 필요한 코드들을 한 줄씩 설명한 다음, 하나의 함수로 모을 것인데, 다음과 같이 필요한 패키지와 클래스들을 불러온다.

```
import tensorflow as tf
from tensorflow.keras import Input, Model
from tensorflow.keras.layers import Dense
```

위 그림에는 입력층을 나타내지 않았지만, 모든 인공 신경만 모형에는 입력층이 필요하다. 다음은 Input 클래스로 입력층을 만드는 코드다.

```
x = Input(shape=(2,))
```

데이터 포인트가 입력층을 통과하면 텐서형의 객체로 변환된다. shape로 입력의 형상을 지정하는데, 이는 데이터 포인트 하나에 대한 형상이다. 각 데이터 포인트가 두 개의 특성변수들로 이루어진 2차원 벡터로 입력될 것이므로 shape=(2,)로 한다.

다음은 Dense 클래스로 첫 번째 은닉층을 만드는 코드다.

```
z = Dense(units=32, activation='sigmoid')(x)
```

units로 뉴런의 갯수를 지정하는데, 여기서는 units=32로 한다. 활성화 함수로 지그모이드 함수를 사용한다는 것은 activation='sigmoid'으로 나타낸다. 기본값은 None인데, activation=None으로 하면 선형 활성화 함수가 적용된다. 경우에 따라서는 활성화 함수만으로 이루어진 층을 밀집층 뒤에 위치 시킬 수도 있다. 절편과 가중치를 초기화하는 방법도 지정할 수 있는데, 여기서는 기본값 그대로 사용한다.

다음은 두 번째 은닉층과 마지막 출력층을 만드는 코드다.

```
z = Dense(units=8, activation='sigmoid')(z)
y = Dense(units=1, activation='sigmoid')(z)
```

다음은 모형의 입력은 무엇이고 출력은 무엇인지를 지정하여 모형 인스턴스를 만드는 코드다.

```
model = Model(x, y)
```

경우에 따라서는 다수의 입력이 있거나 다수의 출력이 있는 고급 모형이 사용될 수도 있다. 그럴 경우의 입력과 출력은 리스트 형태로 지정한다.

summary 메서드를 실행하면 모형을 요약해 볼 수 있다.

```
model.summary()
```

```
=========
_____
```

```
Layer (type)                    Output Shape              Param #
=================================================================
input_1 (InputLayer)            [(None, 2)]               0
_____
dense (Dense)                   (None, 32)                96
_____
dense_1 (Dense)                 (None, 8)                 264
_____
dense_2 (Dense)                 (None, 1)                 9
=================================================================
Total params: 369
Trainable params: 369
Non-trainable params: 0
```

compile 메서드로 훈련에 사용할 옵티마이저와 손실함수를 지정한다. 옵티마이저는 adam을 사용하는 것으로 지정한다. 이진 분류이므로 손실함수로는 이진교차엔트로피 함수를 지정한다.

```
model.compile(optimizer='adam', loss='binary_crossentropy',
              metrics='accuracy')
```

컴파일 단계에서 훈련 과정 중 모형을 평가할 수 있는 지표도 지정할 수 있다. 여기서는 정확도[accuracy]로 하였다. 정확도는 올바르게 분류한 데이터 포인트들의 비율을 나타낸다. 옵티마이저의 기본값을 변경하려면, 옵티마이저 인스턴스를 얻은 후 이를 지정하면 된다. 마찬가지로, 사용자가 만든 손실함수도 지정할 수 있다.

이상의 스크립트들을 모아서 다음과 같이 함수 형태로 만들 수 있다. 작은 모형들을 조립하여 큰 모형을 만들거나, 다수의 GPU 또는 다수의 컴퓨터들을 이용하여 분산 학습 distributed learning을 시킬 때 유용하게 사용할 수 있다.

```
def build_model():
    x = Input(shape=(2,))
    z = Dense(units=32, activation='sigmoid')(x)
    z = Dense(units=8, activation='sigmoid')(z)
    y = Dense(units=1, activation='sigmoid')(z)
    model = Model(x, y)
    model.summary()
    return model

def compile_model(model):
    model.compile(optimizer='adam',
```

```
                loss='binary_crossentropy',
                metrics='accuracy')
    return model
```

### 15.4.3 학습

모형은 fit 메서드를 실행하여 학습시키는데, 다음은 fit 메서드의 용법이다.

model.fit(Inputs, Outputs, epochs, batch_size, verbose)

분류 모형에서는 Inputs가 특성 벡터들을 모아둔 데이터 세트이고, Outputs가 클래스 레이블을 모아둔 데이터 세트다. epochs는 총 에포크 수이고, batch_size는 미니mini 배치의 크기다. 미니 배치는 GD 최적화와 SDG 최적화의 절충인데, 미니 배치의 크기를 데이터의 크기로 하면 GD 최적화에 해당하고 1로 하면 SGD 최적화가 된다. 미니 배치의 크기를 무엇으로 할지는 주어진 문제와 데이터 세트에 따라 달라진다. verbose로는 학습 결과를 어떻게 요약해서 보여줄지를 지정한다. 이 외에도 학습에 관련된 여러 세부 사항을 지정할 수 있다.

fit 메서드는 에포크별 학습 결과를 담고 있는 History 객체를 반환한다. History 객체가 필요할 경우 다음과 같이 작성하면 History 객체를 얻을 수 있다.

History = model.fit(Inputs, Outputs, epochs, batch_size, verbose)

History 객체의 history 속성에는 에포크별 손실과 평가지표 등이 딕셔너리 형태로 기록되어 있다. history 속성에 기록된 손실함수 값을 보기 위해서 다음과 같은 함수를 만들어 둔다.

```
def plot_loss_history(History):
    loss_list = History.history['loss']
    plt.plot(loss_list, linewidth=1.5, color='black')
    plt.ylim(0, max(loss_list))
    plt.xlim(0, len(loss_list))
    plt.xlabel('epoch',size=17)
    plt.ylabel('loss',size=17)
    plt.tight_layout()
    plt.show()
    return None
```

모형을 XOR 데이터 세트에 대해 훈련하려면 다음 코드를 실행한다. epochs=300으로 하고, batch_size=10으로 하였다. 미니 배치의 크기를 여기서는 10으로 하였지만, 흔히 2의 배수로 지정한다. 그리고, 에포크별로 학습 결과를 요약해서 보여 주도록 verbose=2로 지정하였다.

```
model = build_model()
model = compile_model(model)
History = model.fit(X_XOR, y_XOR,
                    epochs=300, batch_size=10, verbose=2)
```

```
=========
...
_____
Epoch 1/300
10/10 - 0s - loss: 0.7335 - accuracy: 0.5000
Epoch 2/300
10/10 - 0s - loss: 0.7215 - accuracy: 0.5000
Epoch 3/300
...
Epoch 300/300
10/10 - 0s - loss: 0.0493 - accuracy: 1.0000
```

학습이 진행되는 과정은 다음 코드를 실행하여 볼 수 있다.

```
plot_loss_history(History)
```

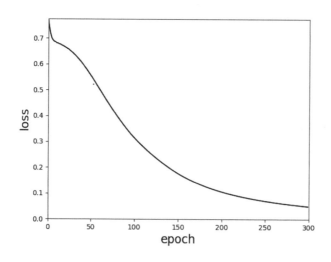

앞장에서 작성해 둔 show_decision_boundary 함수를 이용하여 학습된 결정경계를 볼 수 있다. 모형의 출력이 확률이므로 threshold=0.5로 설정한다.

```
show_decision_boundary(X_XOR,y_XOR,model,threshold=0.5,
                       class_labels=["A","B"],
                       feature_labels=["x1","x2"])
```

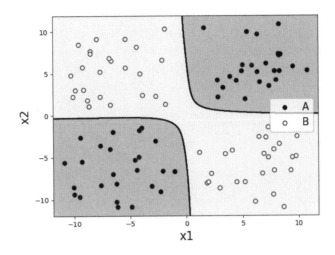

손실이 0에 도달하지는 않지만, XOR 결정 경계를 완벽하게 찾았음을 볼 수 있다. 참고로, 에포크 수를 무조건 늘리는 것은 과적합overfitting 문제[다음 절에 소개] 때문에 바람직하지 않다.

이번에는 동일한 모형을 초승달 데이터 세트에 대해서 학습시켜 보자. 초승달 데이터 세트는 XOR 데이터 세트보다 학습하기 어려운 결정 경계를 갖기 때문에 에포크 수를 2000에서 3000 정도로 증가시킨다. 학습 시간이 증가하므로, 노트북 사용자는 발열에 주의한다. 참고로, 세션을 초기화하지 않고 모형을 훈련하면 이전에 학습된 가중치 상태에서 학습을 시작한다.

```
model = build_model()
model = compile_model(model)
History = model.fit(X_moons, y_moons,
                    epochs=3000, batch_size=10, verbose=2)

plot_loss_history(History)

show_decision_boundary(X_moons,y_moons,model,threshold=0.5,
                       class_labels=["A","B"],
```

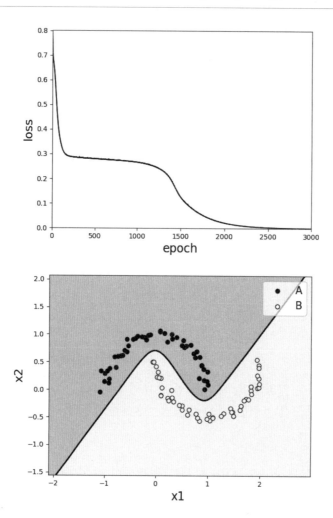

써클 데이터 세트에 대해서도 에포크 수를 2000에서 3000 정도로 증가시킨다.

```
model = build_model()
model = compile_model(model)
History = model.fit(X_circles, y_circles,
                    epochs=3000, batch_size=10, verbose=2)

plot_loss_history(History)

show_decision_boundary(X_circles,y_circles,model,threshold=0.5,
                    class_labels=["A","B"],
                    feature_labels=["x1","x2"])
```

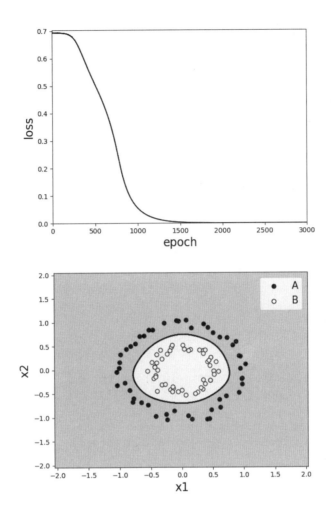

초승달 데이터 세트와 써클 데이터 세트에 대해서도 비선형 결정 경계를 잘 학습했음을 확인할 수 있다.

## 15.5 인공 신경망을 이용한 비선형 회귀

이 절에서는 특성변수와 반응변수가 비선형 관계를 갖는 데이터 세트에 대해서 인공 신경망을 이용한 비선형 회귀분석을 실시해 본다.

### 15.5.1 가상 데이터 세트 생성

사인$^{sine}$ 곡선 $y = 0.7\sin(x)$에 기대값이 0이고 분산이 0.1인 정규분포 $N(0, 0.1)$로부터 추출된 오차를 주입하여 데이터 세트를 생성할 것이다.

$$y = 0.7\sin(x) + \varepsilon, \ \varepsilon \sim N(0, 0.1)$$

데이터 세트 생성용 함수와 산포도를 보는 함수는 다음과 같다.

```python
def make_sin_curve(x_min=-10,x_max=+10,intercept=0,
                   n_points=5000,error_var=0.1):
    x = np.linspace(x_min, x_max, n_points)
    y_exp = intercept + 0.7*np.sin(x)
    e = np.random.normal(0,error_var,size=n_points)
    y = y_exp + e
    return x, y, y_exp

def show_scatter_plot(x, y, y_ref):
    plt.scatter(x,y,s=1,c='grey',alpha=0.7)
    plt.plot(x, y_ref[0], "--",linewidth=1,
             c='black',label='E(Y)')
    if len(y_ref)==2:
        plt.plot(x, y_ref[1], "-",linewidth=1.5,
                 c='black',label='y_pred')
    plt.ylabel("y",size=17)
    plt.xlabel("x",size=17)
    plt.legend(fontsize=12)
    plt.tight_layout()
    plt.show()
```

다음을 실행하면 데이터 포인트들의 분포를 볼 수 있다.

```python
x, y, y_exp = make_sin_curve()
show_scatter_plot(x, y, [y_exp])
```

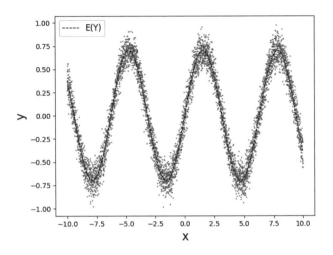

## 15.5.2 모형 구축 및 컴파일

분류에서 사용한 모형과 거의 동일한 모형을 사용하였다. 단순 회귀이므로 데이터 포인트와 출력 모두 스칼라scalar이다.

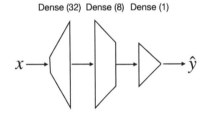

회귀 문제이므로 마지막 출력층에는 활성화 함수를 사용하지 않고, 손실 함수로는 MSE를 사용한다. 다음은 모형을 구축하고 컴파일하는 함수다.

```
def build_model():
    x = Input(shape=(1,))
    z = Dense(units=32, activation='sigmoid')(x)
    z = Dense(units=8, activation='sigmoid')(z)
    y = Dense(units=1, activation=None)(z) # no activation
    model = Model(x, y)
    model.summary()
    return model
```

```
def compile_model(model):
    model.compile(optimizer='adam',
                  loss='mse')
    return model
```

다음을 실행하여 모형을 구축하고 컴파일한다.

```
model = build_model()
model = compile_model(model)
```

```
=========
Model: "model"
_____
Layer (type)                 Output Shape              Param #
=================================================================
input_1 (InputLayer)         [(None, 1)]               0
_____
dense (Dense)                (None, 32)                64
_____
dense_1 (Dense)              (None, 8)                 264
_____
dense_2 (Dense)              (None, 1)                 9
=================================================================
Total params: 337
Trainable params: 337
Non-trainable params: 0
```

## 15.5.3 학습

다음 코드를 실행하여 모형을 훈련하고 학습과정을 본다. 앞 절의 분류 문제에 비해 데이터 세트의 크기가 커졌기 때문에 미니 배치의 크기를 100으로 증가시켰다.

```
History = model.fit(x, y, epochs=2000, batch_size=100, verbose=2)
plot_loss_history(History)
```

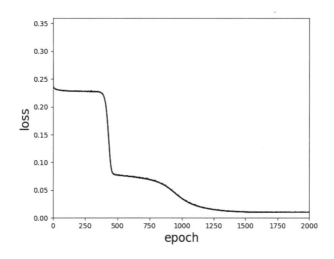

약 1500 에포크 근처에서 MSE가 거의 0에 도달했음을 볼 수 있다. 회귀 분석 결과는 다음 코드를 실행하여 볼 수 있다.

```
y_pred = model.predict(x)
show_scatter_plot(x, y, [y_exp, y_pred])
```

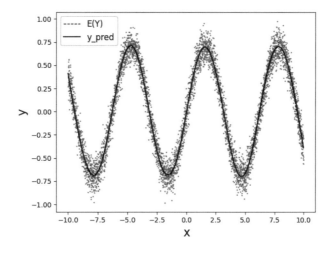

데이터 생성에 사용되었던 사인 커브를 거의 완벽하게 재구성함을 볼 수 있다.

## 15.6 과소적합과 과대적합

### 15.6.1 과소적합과 과대적합

모형이 훈련 데이터에 포함된 정보를 충분히 또는 전혀 학습하지 못하면 모형이 **과소적합**underfitting 상태라 하고, 모형이 훈련 데이터에 포함된 정보만을 학습하여 훈련 시 보지 못한 데이터들에 대하여 훈련 결과를 일반화하지 못하면 모형이 **과대적합**overfitting 상태라 한다.

이 절에서는 다소 극단적인 데이터 세트를 이용하여 과소적합과 과대적합에 대해서 알아본다. 우선, 기대값 $E(Y)$가 $x$가 되도록 정규분포 $N(0, 0.3)$으로부터 추출된 오차를 주입한 간단하고 작은[$n = 32$] 가상의 데이터 세트를 준비한다. 다음은 가상 데이터 발생용 함수다.

```
def make_noisy_dataset(x_min=-1,x_max=1,n_points=32):
    x = np.linspace(x_min, x_max, n_points)
    y_exp = x
    y = y_exp + np.random.normal(0,0.3,size=n_points)
    return x, y, y_exp
```

모형이 과소적합 상태인지 과대적합 상태인지는 훈련 시 보지 못한 데이터들에 대한 추론 결과를 모니터링함으로써 파악할 수 있다. 이를 위해 데이터 포인트들을 무작위적으로 선택하여 두 그룹으로 나누는데, 하나는 모형의 훈련에 사용할 **훈련용 데이터 세트**train data set이고 다른 하나는 모형의 평가에 사용할 **평가용 데이터 세트**test data set이다. sklearn에 구현된 `train_test_split`를 이용하여 훈련용 데이터 세트와 평가용 데이터 세트를 나눌 텐데, 비율은 7:3으로 한다[데이터의 크기에 따라 5:5 또는 8:2 등으로 나눌 수도 있다].

```
from sklearn.model_selection import train_test_split

x, y, y_exp = make_noisy_dataset()
x_train, x_test, y_train, y_test = train_test_split(x,y,
                                                    test_size=0.3)
```

데이터 포인트들에 대한 산포도를 보기 위해, 다음과 같은 함수를 작성한다. 이 함수를 이용하여 기대값과 회귀 추정치들도 함께 볼 수 있도록 한다.

```
def show_plot(x, x_train,x_test,y_train,y_test,y_exp,regressor=None):
    plt.scatter(x_train,y_train,s=20,
                c='white',edgecolor='black',label="train")
    plt.scatter(x_test,y_test,s=20,
                c='black',label="test")
    plt.plot(x, y_exp, "--",linewidth=1,c='black',label='E(Y)')
    if regressor!=None:
        x_reg = np.linspace(min(x),max(x),1000)
        y_reg = regressor.predict(x_reg)
        plt.plot(x_reg,y_reg,"-",linewidth=1.5,
                 c='black',label='y_pred')
    plt.ylabel("y",size=17)
    plt.xlabel("x",size=17)
    plt.legend(fontsize=12)
    plt.tight_layout()
    plt.show()
```

다음 코드를 실행하면 훈련용 데이터 세트와 평가용 데이터 세트에 데이터 포인트들이
어떻게 분포되어 있는지를 볼 수 있다.

```
show_plot(x,x_train,x_test,y_train,y_test,y_exp)
```

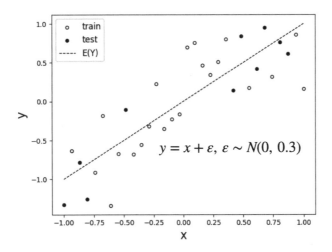

단순 선형 회귀로도 회귀선을 쉽게 구할 수 있는 데이터 세트로 보인다. 과소적합과 과
대적합 상태를 쉽게 볼 수 있도록 데이터 포인트들의 수를 작게 하였다.

다음은 모형을 구축하고 컴파일하는 함수다. 데이터 세트의 복잡성에 비해 모형의 복잡성을 과하게 크게 하려고 밀집층의 뉴런을 수 백 개로 하였다.

```python
def build_model():
    x = Input(shape=(1,))
    h = Dense(units=512, activation='sigmoid')(x)
    h = Dense(units=256, activation='sigmoid')(h)
    h = Dense(units=128, activation='sigmoid')(h)
    y = Dense(units=1, activation=None)(h)
    model = Model(x, y)
    model.summary()
    return model

def compile_model(model):
    model.compile(optimizer='adam',
                  loss='mse')
    return model
```

훈련이 진행되는 동안 훈련용 데이터 세트에 대한 손실과 평가용 데이터 세트에 대한 손실을 각각 기록하도록 할텐데, 이들을 보기 위한 함수도 작성한다.

```python
def plot_train_test_loss_history(History):
    train_loss_list = History.history['loss']
    test_loss_list = History.history['val_loss']
    plt.plot(train_loss_list, "--",
             linewidth=1,color='gray',label="train loss")
    plt.plot(test_loss_list, "-",
             linewidth=1,color='black',label="test loss")
    plt.ylim(0, max(train_loss_list+test_loss_list))
    plt.xlim(0, len(train_loss_list))
    plt.xlabel('epoch',size=17)
    plt.ylabel('loss',size=17)
    plt.legend(fontsize=12)
    plt.tight_layout()
    plt.show()
    return None
```

다음을 실행하여 100 에포크 동안만 훈련하고 평가 곡선을 본다. 평가용 데이터 세트는 validation_data=(x_test,y_test)로 지정하는데, 평가용 데이터 세트는 훈련 도중에는 사용되지 않는다.

```
model = build_model()
model = compile_model(model)

History = model.fit(x_train, y_train, epochs=100, batch_size=32,
                    validation_data=(x_test,y_test), verbose=2)

plot_train_test_loss_history(History)
```

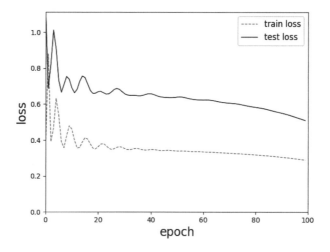

훈련용 데이터 세트와 평가용 데이터 세트 모두에서 학습 초기에 손실이 감소하기는
했지만, 이후 둘 모두에서 손실이 0.5 근처에서 감소하지 않고 있다. 다음을 실행하여
회귀 예측 결과를 본다.

```
show_plot(x, x_train, x_test, y_train, y_test, y_exp,model)
```

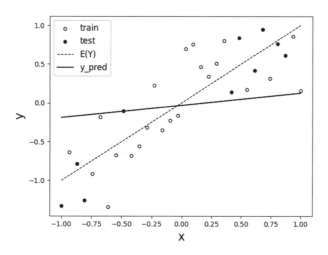

회귀선이 설명변수와 반응변수 간의 관계를 잘 나타내지 못하고 있다. 이러한 상태를
모형이 과소적합 되었다고 한다.

새로운 세션에서 200 에포크 동안 다시 훈련하고 손실 곡선을 보자.

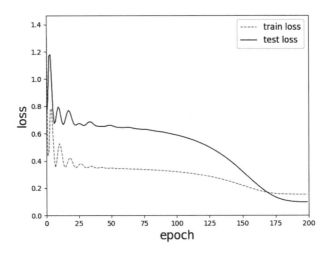

약 150 에포크 근처에 평가용 데이터 세트에 대한 손실이 크게 감소하여 학습 종료 시
에는 약 0.1 근처에 도달하였다. 다음은 예측 결과다.

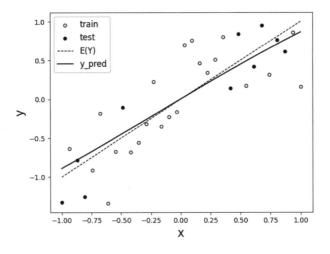

회귀선이 기대값 선과 거의 일치하고 있으며, 상당히 바람직한 훈련결과로 생각된다.
참고로, $R^2$등 회귀 분석의 결과를 평가하는 여러 방법들이 있으나 이 책에서는 다루지

않는다.

이번에는 2000 에포크 동안 훈련하고 손실 곡선을 보자.

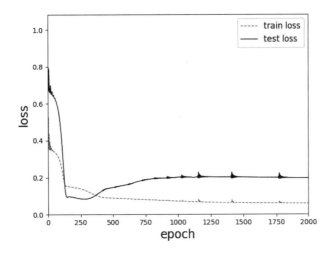

250 에포크 근처에서부터 훈련용 데이터 세트에 대한 손실은 서서히 감소하지만, 평가용 데이터 세트에 대한 손실은 증가하기 시작한다. 이는 모형이 서서히 과대적합되어 가고 있음을 나타낸다. 훈련용 데이터 세트에 포함된 노이즈noise[또는 이상치outlier들]까지 모형이 학습하기 시작한다는 것이다. 이럴 경우, 모형이 훈련 시 보지 못했던 데이터에 대해서는 손실이 증가한다. 예측 결과는 다음과 같다.

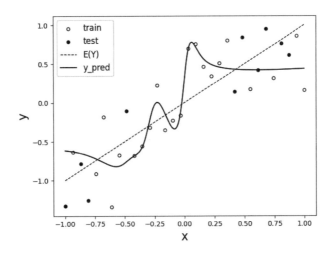

기대값 선과는 매우 다른 형태의 회귀선이 얻어진 결과를 볼 수 있다. 이러한 회귀선으

로는 내삽interpolation형 예측은 어느 정도 간신히 할 수도 있겠지만 외삽extrapolation형 예측은 거의 불가능할 것이다.

여기서 훈련을 계속하면 어떤 결과가 얻어질까? 다음은 새로운 세션에서 5000 에포크훈련 시켰을 때의 손실 곡선이다.

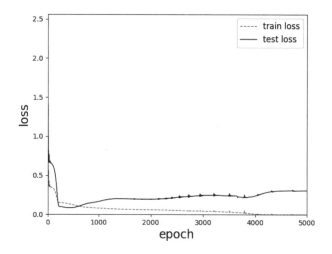

4000 에포크 근처에서부터 훈련용 데이터 세트에 대한 손실은 거의 0이 되었지만, 평가용 데이터 세트에 대한 손실은 계속 증가하고 있다. 이는 모형이 오직 훈련용 데이터 포인트들에 대해서만 거의 완벽한 예측을 한다는 것을 나타낸다. 회귀 예측 결과는 다음과 같다.

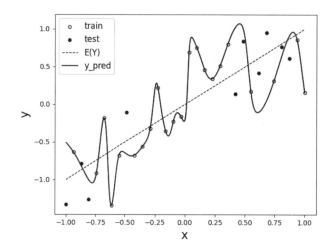

회귀선이 훈련용 데이터 세트에 포함된 데이터 포인트들만 정확히 지나고 있음을 볼 수 있다. 모형의 학습을 시험 준비에 비유한다면, 훈련용 데이터 세트는 연습 문제이고 평가용 데이터 세트는 실전 문제에 해당한다. 과대적합은 모형이 문제를 푸는 방법을 학습한 것이 아니라 연습 문제의 정답만 암기해버리는 것과 같다. 따라서, 반복적으로 푸는 동일한 연습 문제들에서는 항상 만점을 받지만, 실전 문제에 대한 해법은 모르는 상태다.

과소적합과 과대적합 문제는 분류를 위한 인공 신경망에서도 나타난다. 분류에서의 과소적합은 제대로된 결정 경계를 찾지 못하는 것이고 과대적합은 훈련용 데이터 세트에 포함된 데이터 포인트들에 대한 결정 경계만을 찾는 것이다. 과소적합과 과대적합 문제는 인공 신경망의 학습뿐만 아니라 기계학습 전반에 걸쳐서 심도 있게 다루어져야 할 문제다.

어떻게 하면 모형이 과대적합되는 것을 막을 수 있을까? 가장 간단한 방법은 훈련용 데이터 세트의 크기를 키우는 것이다. 더욱 다양한 연습 문제들을 풀어보게 하는 것에 비유할 수 있다. 하지만 이 방법은 추가 데이터 세트를 얻는 것이 불가능하거나 큰 비용이 들 경우에는 적용할 수 없을 것이다. 그다음으로 간단한 방법 하나는 평가용 데이터 세트에 대한 손실이 증가하기 시작하는 훈련 에포크에서 훈련을 중단시키는 것이고 다른 하나는 모형의 복잡도를 줄이는 것[예를 들어 은닉층 갯수의 감소 또는 뉴런 수의 감소]이다. 전자는 훈련용 데이터 세트를 암기할 시간을 주지 않는 것이고 후자는 훈련용 데이터 세트를 암기할 기억 용량을 주지 않는 것이다. 단, 후자의 경우 모형이 과소적합되지 않는 한도 내에서 모형의 복잡도를 감소시켜야 할 것이다.

## 15.6.2  조기 종료를 이용한 과적합 방지

`fit` 메서드는 모형의 학습 과정을 제어할 수 있는 클래스들을 콜백callback[호출]할 수 있는데, `EarlyStopping`과 `ModelCheckpoint`가 모형이 과대적합 되기 전에 학습을 조기 종료시킬 목적으로 흔히 사용된다. `EarlyStopping`을 사용하는 방법은 다음과 같이 콜백 인스턴스를 만든 후 `fit` 메서드에서 호출하는 것이다.

```
from tensorflow.keras.callbacks import EarlyStopping

early_stopping = EarlyStopping(monitor='val_loss',
                              patience=20,
                              verbose=1,
```

```
                    restore_best_weights=True)
History = model.fit(x_train, y_train, epochs=2000, batch_size=32,
                    validation_data=(x_test,y_test),
                    callbacks = [early_stopping],
                    verbose=2)
```

monitor로는 모니터링할 평가 지표를 지정하며, patience로는 학습을 조기 종료시키기 전에 몇 에포크를 기다릴지를 지정한다. 위 예에서는 평가용 데이터 세트에 대한 손실을 모니터링하는데, 학습의 초반에는 손실이 감소되는 패턴이 불규칙적이기에 과소적합 상태에서 조기종료되지 않도록 20 에포크를 기다리라 하였다.

```
=========
...
Epoch 150/2000
1/1 - 0s - loss: 0.1529 - val_loss: 0.0921
Epoch 151/2000
1/1 - 0s - loss: 0.1528 - val_loss: 0.0919
...
153/2000
1/1 - 0s - loss: 0.1527 - val_loss: 0.0918
Epoch 154/2000
1/1 - 0s - loss: 0.1526 - val_loss: 0.0919
...
Epoch 172/2000
1/1 - 0s - loss: 0.1509 - val_loss: 0.0991
Epoch 173/2000
Restoring model weights from the end of the best epoch.
1/1 - 0s - loss: 0.1508 - val_loss: 0.0990
Epoch 00173: early stopping
```

총 에포크 수를 2000으로 하였지만, 173번째 에포크에서 훈련이 종료되었음을 볼 수 있다. 이는 153[173-20]번째 에포크에서 val_loss가 가장 낮았음[0.0918]을 의미한다. restore_best_weights=True는 현재 모형의 가중치들을 153번째 에포크에서 학습된 값들로 복원하라는 것이다. 이는 다음으로 확인해 볼 수 있다.

```
model.evaluate(x_test, y_test, verbose=2)
```

```
=========
1/1 - 0s - loss: 0.0918
```

`restore_best_weights` 인자에 대한 기본값은 `False`이므로, `True`로 바꾸지 않으면 덜 최적화된 가중치 값들을 갖는 모형[위 경우에는 `val_loss`가 0.0990인 모형]이 얻어진다. `ModelCheckpoint`는 최선의 가중치를 자동 저장하는 등의 더 다양한 제어법을 제공하는데, 이에 대해서는 텐서플로우 공식 문서[https://www.tensorflow.org/api_docs/python/tf/keras/callbacks/ModelCheckpoint]를 참고하기 바란다.

훈련이 완료된 모형의 구조와 가중치들을 파일 또는 폴더 형식으로 저장하고 나중에 불러오는 가장 간단한 방법은 아래와 같다. "my_model"에는 폴더의 경로와 이름을 쓴다.

```
from tensorflow.keras.models import save_model
from tensorflow.keras.models import load_model

save_model(model, "my_model")
my_model = load_model("my_model")

my_model.evaluate(x_test, y_test, verbose=2)
```

```
=========
1/1 - 0s - loss: 0.0918
0.0917619913816452
```

앞서 조기 종료시켰던 모형을 정확히 저장하고 다시 불러왔음을 알 수 있다. `Model`의 메서드를 이용하여 가중치들만 저장할 수도 있는데, 동일한 구조를 갖는 모형에 대해서만 가중치를 불러올 수 있다.

```
model.save_weights("my_weights")
model.load_weights("my_weights")

model.evaluate(x_test, y_test, verbose=2)
```

```
=========
1/1 - 0s - loss: 0.0918
0.0917619913816452
```

앞서 조기 종료시켰던 모형의 가중치들을 정확히 저장하고 다시 불러왔음을 알 수 있다.

## 15.7 모형 검증과 하이퍼파라미터 튜닝

### 15.7.1 하이터파라미터 튜닝

주어진 문제의 성격에 따라 어떤 종류와 구조의 인공 신경망이 해를 구하는 데 효과적인지는 대략 알려져 있다. 하지만, 층의 갯수와 각 층에 포함할 뉴런의 갯수를 비롯하여 뉴런에 적용할 활성화 함수들의 종류만 생각하더라도 인공 신경망의 세부 구조는 무한히 다양하다. 여기에 더하여 학습율이나 학습율 스케쥴링과 같은 학습 전략도 다양하기에, 과소적합과 과대적합을 피해가면서 최선의 모형을 찾는 과정은 시간이 많이 소요되는 작업이다.

모형의 구조를 결정하고 학습 전략을 세우는데 필요한 변수들을 총칭하여 **하이퍼파라미터**hyperparameter라 하며, 최선의 하이퍼파라미터들을 찾는 과정을 하이퍼파라미터 **튜닝**tuning이라 한다. 하이퍼파라미터 튜닝이 곧 최선의 모형을 찾는 과정이라 할 수 있다. 하이퍼파라미터 튜닝에서도 손실 등과 같은 평가 지표들을 이용하여 제안된 모형에 대한 평가를 하는데, 하이퍼파라미터 튜닝을 위한 모형의 평가는 모형의 **검증**validation이라 한다.

앞 절에서는 데이터 세트를 훈련용 세트와 평가용 세트로 나눈 후 모형을 평가해 가면서 과대적합을 피하는 에포크 수를 찾아갔다. 하지만 과대적합을 피하는 에포크 수를 찾아가는 것도 하이퍼파라미터 튜닝에 해당한다고 볼 수 있기에, 평가용 데이터 세트를 이용하여 과대적합을 피하는 에포크 수를 찾아가는 것은 올바른 방법이 아니다. 평가용 데이터 세트에 대한 반응을 보면서 하이퍼파라미터 튜닝을 해버리면, 평가용 데이터 세트의 정보가 학습 과정에 누출되며 튜닝된 모형은 평가용 데이터 세트에 대해서 어느 정도 과대적합 상태일 수 있다. 따라서, 하이퍼파라미터 튜닝 과정에서는 오직 학습용 데이터 세트만 사용해야 한다.

하이퍼파라미터 튜닝을 위해서는 학습용 데이터 세트를 다시 학습용 데이터 세트와 **검증용 데이터 세트**validation data set로 나눈다. 즉, 검증용 데이터 세트에 대한 평가 결과를 보면서 하이퍼파라미터 튜닝을 한다. 평가용 데이터 세트는 모형의 일반화 성능을 평가하는 데만 사용하는 것이 바람직하다. 그리고 모형을 실제 사용할 때는 다시 전체 데이터 세트로 학습시킨 후 사용한다. 앞서 평가용 데이터 세트를 연습문제에 비유했는데, 검증용 데이터 세트는 모의고사에 비유할 수 있다.

## 15.7.2 k-폴드 교차 검증

검증용 데이터 세트를 지정하기 위해 흔히 사용되는 방법으로는 훈련용 데이터 세트를 다음 그림과 같이 $k$개의 부분[폴드fold]들로 나누고[아래 예에서는 $k = 5$] 각각의 폴드를 검증 데이터 세트로 사용하는 것이다.

위와 같은 방법을 이용한 모형 검증을 k-폴드 교차 검증k-fold cross validation이라 한다. 즉, k-폴드 교차 검증에서는 정해진 하이퍼파라미터 조합에 대하여 $k$번의 검증을 실시하고, 이로부터 얻어진 평가 지표들의 평균치 등을 이용하여 하이퍼파라미터 조합에 대해 평가를 한다. $k$는 데이터 세트가 클 때는 크게 작을 때는 작게 설정한다. $k = 5$가 흔히 사용된다. 각 하이퍼파라미터 조합에 대하여 평가 지표의 평균을 구한 경우에는 추가로 t-검정이나 분산분석[ANOVAAnalysis of Variance]을 실시하여 하이퍼파라미터 조합에 따른 평가 지표의 유의미한 차이가 있는지를 볼 수도 있다. 참고로, $k = 1$이면 **홀드아웃 교차 검증**hold-out cross validation이라 한다.

인공 신경망의 구조와 학습 전략에 관련된 하이퍼파라미터들이 많을수록 가능한 하이퍼파라미터 조합들의 수는 급격히 늘어난다. 예를 들어, 단순히 밀집층의 갯수 $n_{\text{layers}} \in \{3,4,5\}$, 각 층에 사용할 뉴런의 갯수 $n_{\text{neurons}} \in \{8,16,32\}$, 각 층에 사용할 활성화 함수의 종류 $a \in \{\text{Sigmoid, Tanh, ReLU}\}$, 학습 시 사용할 옵티마이저의 종류 $o \in \{\text{Adam, RMSProp}\}$, 학습율 $lr \in \{0.01,0.05,0.1\}$만 고려하더라도 216개의 조합이 가능하다. 모든 가능한 조합에 대해서 최선의 조합을 찾는 **그리드서치**grid search를 5-폴드 교차 검증을 이용하여 실시할 경우, 신경망 학습을 1080번 반복해야 한다.

물론, 경험을 바탕으로 하이퍼파라미터들의 범위를 줄일 수 있지만, 하이퍼파라미터 튜닝은 매우 시간 소모적인 작업이다. 하이퍼파라미터 튜닝을 빠르고 간소화하기 위하여 베이지안 탐색법 등을 이용한 방법들이 개발되어 있는데, 이에 대해서는 다른 문헌을 찾아보기 바란다.

### 15.7.3 다중 분류를 위한 인공신경망 모형의 검증

이 절에서는 간단한 데이터 세트를 대상으로 그리드서치와 5-폴드 교차 검증을 이용하여 **다중 분류**multi-class classification를 위한 인공신경망 모형의 하이퍼파라미터 튜닝을 구현해본다. 사용할 라이브러리들은 다음과 같다.

```
from matplotlib import pyplot as plt
from mpl_toolkits.mplot3d import Axes3D

from tensorflow.keras import Input, Model
from tensorflow.keras.layers import Dense
from tensorflow.keras.callbacks import EarlyStopping
from tensorflow.keras.backend import clear_session

from sklearn.datasets import make_swiss_roll
from sklearn.model_selection import train_test_split
from sklearn.model_selection import StratifiedKFold
```

스위스 롤swiss roll이라는 가상 데이터 세트를 변형하여 다중 분류 문제를 위한 데이터 세트로 바꾸겠다. 스위스 롤 데이터 세트는 다음과 같이 생성한다.

```
X, t = make_swiss_roll(n_samples=1800,noise=0.7)
```

스위스 롤의 각 데이터 포인트는 삼차원 공간의 한 점에 해당하며 김밥[롤]처럼 말린 형태로 분포해 있다. 김밥을 말린 방향 반대로 풀어서 평면으로 만들면 밥알들 간의 거리를 유클리드Euclid 거리로 나타낼 수 있지만, 말린 상태에서의 밥알들 간의 거리는 유클리드 거리로 나타낼 수 없다. 즉, 밥알들은 실제로는 극히 미시적으로만 유클리드 공간을 닮은 공간인 **매니폴드**manifold 상에 있으나, 우리가 보는 유클리드 공간상에서는 매니폴드가 말리거나 휘어져 있는 등 다양한 형태[예, 삼각김밥]로 보일 수 있고 스위스 롤이 이 중 하나를 나타낸다. 위 스크립트를 실행하여 얻어진 t는 김밥 매니폴드인 김을 이차원 유클리드 공간으로 펼쳤을 때 풀린 축의 좌표에 해당한다.

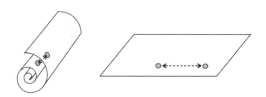

t에 따라 데이터 포인트들의 갯수가 각각 600이 되도록 세 그룹[A, B, C]으로 나누고 매니폴드를 펼쳐서 각 그룹을 분류하는 인공 신경망을 학습시킬 것이다. 이를 위해 다음과 같이 스위스 롤 데이터 포인트들의 t에 따라 세 그룹으로 나누고, 각 그룹의 레이블을 정수로 표시한다[클래스 B는 1로 레이블 되며, 각 클래스에 속한 데이터 포인트들의 수는 동일하다].

```python
class_A_idx = np.where(t<7.79)[0]
class_C_idx = np.where(t>11.05)[0]

y_int = np.ones(shape=(1800,),dtype=int)
y_int[class_A_idx] = 0
y_int[class_C_idx] = 2
```

분류를 위해 레이블 된 데이터 포인트들의 분포는 다음 함수를 이용하여 볼 수 있다.

```python
def show_3D_scatter_plot(X, y_int):
    fig = plt.figure(figsize=(9, 6))
    ax = fig.add_subplot(111, projection='3d')
    X_class_A = X[np.where(y_int==0)]
    X_class_B = X[np.where(y_int==1)]
    X_class_C = X[np.where(y_int==2)]
    ax.scatter(X_class_A[:,0],X_class_A[:,1],X_class_A[:,2],
               marker="o",s=15,c='red',alpha=0.7,label="A")
    ax.scatter(X_class_B[:,0],X_class_B[:,1],X_class_B[:,2],
               marker="^",s=15,c='green',alpha=0.7,label="B")
    ax.scatter(X_class_C[:,0],X_class_C[:,1],X_class_C[:,2],
               marker="s",s=15,c='blue',alpha=0.7,label="C")
    ax.set_xlabel("x1",size=17)
    ax.set_ylabel("x2",size=17)
    ax.set_zlabel("x3",size=17)
    plt.legend(fontsize=15)
    plt.tight_layout()
    plt.show()
```

```python
show_3D_scatter_plot(X, y_int)
```

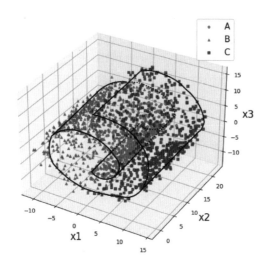

위에서 클래스 레이블을 정수로 저장했지만, 다중 분류 문제이므로 신경망의 마지막 출력 층 뉴런들에 소프트 맥스softmax 활성화 함수를 적용하고 데이터 포인트들이 C개의 클래스들에 속할 확률들을 담고 있는 벡터[확률분포] $\hat{\mathbf{y}} = [\hat{p}_1, \hat{p}_2, \ldots, \hat{p}_C]$를 최종적으로 출력하도록 해야 한다. 이때 사용할 손실은 범주형 교차 엔트로피categorical cross entropy이며, 데이터 포인트별 클래스를 원-핫 벡터 $\mathbf{y} = [p_c]_{c=0}^{C}$, $p_{c*} = 1$로 해야 한다. 정수 레이블을 원-핫 벡터로 변환하는 함수는 다음과 같이 구현할 수 있다. 참고로, 텐서플로우에 미리 구현된 함수도 있다.

```
def one_hot_encoding(y_int):
    n_data_points = len(y_int)
    n_classes = y_int.max() + 1
    Y_one_hot = np.zeros(shape=(n_data_points,n_classes))
    Y_one_hot[np.arange(0,n_data_points),y_int]=1
    return Y_one_hot
```

다음을 실행해 보면, 원-핫 변환된 예를 볼 수 있다.

```
Y_one_hot = one_hot_encoding(y_int)
print(y_int[:3])
print(Y_one_hot[:3])
```

```
=========
# integer label
[2 0 0]
```

```
# one hot label
[[0. 0. 1.]
 [1. 0. 0.]
 [1. 0. 0.]]
```

모형의 구조를 결정하는 은닉층의 갯수[n_hidden_layers]와 은닉층 뉴런의 갯수[n_hidden_neurons]에서 대해서만 평가할 것이므로, 두 값들을 받아 모형을 생성하는 함수를 다음과 같이 구현한다.

```python
def build_model(n_hidden_layers, n_hidden_neurons):
    x = Input(shape=(3,))
    z = Dense(units=n_hidden_neurons,activation='sigmoid')(x)
    for _ in range(n_hidden_layers-1):
        z = Dense(units=n_hidden_neurons/2,activation='sigmoid')(z)
    y = Dense(units=3, activation='softmax')(z)
    model = Model(x, y)
    return model
```

은닉층이 두 개 이상이면 두 번째 은닉층의 뉴런 갯수는 첫 번째 은닉층 뉴런 갯수의 1/2이 되도록 한다. 그리고, 은닉층의 활성화 함수는 모두 지그모이드 함수로 한다.

모형 컴파일 함수는 다음과 같이 구현한다. 손실은 범주형 교차 엔트로피[categorical_crossentropy]이고 평가 지표에 정확도[accuracy, 올바르게 예측한 비율]를 추가하여 손실과 함께 모니터링 가능하게 한다.

```python
def compile_model(model):
    model.compile(optimizer='adam',
                  loss='categorical_crossentropy',
                  metrics=['accuracy'])
                  # multiclass classification
    return model
```

학습용 함수는 다음과 같이 작성한다. 학습용 데이터 세트[x_train_train, y_train_train]와 검증용 데이터 세트[x_train_val, y_train_val]를 분리하여 입력받도록 하며, 조기종료를 위한 콜백은 리스트 형태로 입력받도록 한다. 조기 종료 후, 최선의 손실과 정확도를 출력하도록 한다. 또한 몇 번째 에포크에서 최선의 평가 지표들이 얻어졌는지도 출력하도록 한다. 평가 지표들이 동일하거나 비슷한 경우 학습에 소요되는 시간이 짧은 모형을 선택하기 위함이다.

```
def fit_validate_model(model, x_train_train, y_train_train,
                       x_train_val, y_train_val,
                       epochs=500, batch_size=256, verbose=2,
                       callbacks=None):
    History = model.fit(x_train_train, y_train_train,
                validation_data=(x_train_val, y_train_val),
                epochs=epochs, batch_size=batch_size, verbose=verbose,
                callbacks=callbacks)
    val_loss_list = History.history['val_loss']
    val_acc_list = History.history['val_accuracy']
    if early_stopping in callbacks:
        patience = early_stopping.patience
    else:
        patience = 0
    best_val_loss = val_loss_list[-patience]
    best_val_acc  = val_acc_list[-patience]
    best_val_epochs = len(val_loss_list) - patience
    return best_val_loss, best_val_acc, best_val_epochs
```

모든 함수들이 준비되면, 다음과 같이 모형의 구조에 관한 하이퍼파라미터 탐색 공간을 리스트로 정의한다. 학습 전략에 관한 하이퍼파라미터는 탐색하지 않고 조기종료 콜백만 정의한다.

```
# === model hyperparams
n_hidden_layers_list = [1,2]
n_hidden_neurons_list = [8, 16, 32]

# === train hyperparams
early_stopping = EarlyStopping(monitor='val_loss',
                               patience=5,
                               verbose=1,
                               restore_best_weights=True)
callback_list = [early_stopping]
```

훈련용 데이터 세트와 평가용[검증용이 아님] 데이터 세트를 분리하고, 훈련용 데이터 세트에 대해서만 원-핫 벡터로 인코딩된 참 클레스 레이블 행렬을 만든다.

```
# === train-test split
X_train, X_test, y_train_int, y_test_int \
        = train_test_split(X, y_int,test_size=0.3)
```

```
# === one-hot encoding
Y_train = one_hot_encoding(y_train_int)
Y_test  = one_hot_encoding(y_test_int)
```

훈련용 데이터 세트를 k-폴드로 나누는 작업은 sklearn의 StratifiedKFold 클래스를 이용한다. StratifiedKFold 클래스의 split 메서드는 각 폴드에 해당하는 데이터 포인트들의 인덱스를 순서대로 반환하는데, 이를 이용하여 k-폴드 교차 검증을 실시한다. for 루프를 이용하여 하이퍼파라미터 탐색 공간을 순회하면서 k-폴드 교차 검증으로 평가지표와 에포크 수의 평균 구하고, 이를 딕셔너리에 수집하도록 한다. 다음 스크립트로 이상 언급한 내용을 실행한다. 컴퓨터의 사양에 따라, 오랜 시간이 소요될 수도 있다. 빠른 실행을 원하는 독자들은 최대 에포크 수를 100 정도로 줄이거나 [epochs=100] 폴드 수를 줄여서[n_splits=3] 실행하기 바란다.

```
val_results = { }
for n_hidden_layers in n_hidden_layers_list:
    for n_hidden_neurons in n_hidden_neurons_list:
        loss_list = []
        acc_list = []
        epochs_list = []
        print("\nn_hidden_layers:", n_hidden_layers,
              "n_hidden_neurons:", n_hidden_neurons)
        fold = 1
        for train_idx, val_idx in StratifiedKFold(n_splits=5)\
                                    .split(X_train, y_train_int):
            print("fold:", fold, "fitting...")
            # train-validation split
            X_train_train = X_train[train_idx]
            X_train_val   = X_train[val_idx]
            y_train_train = y_train_int[train_idx]
            y_train_val   = y_train_int[val_idx]
            # one hot encoding
            Y_train_train = one_hot_encoding(y_train_train)
            Y_train_val   = one_hot_encoding(y_train_val)
            # build and compile model
            model = build_model(n_hidden_layers, n_hidden_neurons)
            model = compile_model(model)
            best_val_loss, best_val_acc, best_val_epochs = \
                    fit_validate_model(model,
                                       X_train_train,Y_train_train,
                                       X_train_val, Y_train_val,
                                       epochs=500, batch_size=256,
                                       verbose=0,
                                       callbacks=callback_list)
```

```
            loss_list.append(best_val_loss)
            acc_list.append(best_val_acc)
            epochs_list.append(best_val_epochs)
            fold += 1
            clear_session()
        avg_loss = np.mean(loss_list)
        avg_acc = np.mean(acc_list)
        avg_epochs = np.mean(epochs_list)
        print("avg_loss:", avg_loss, "avg_acc:", avg_acc,
                "avg_epochs:", avg_epochs, "\n")
        val_results[(n_hidden_layers,n_hidden_neurons)] =\
                    (avg_loss,avg_acc,avg_epochs)
```

다음 스크립트를 실행하면, 검증 결과를 볼 수 있다.

```
for (n_hidden_layers, n_hidden_neurons) in val_results:
    print((n_hidden_layers,n_hidden_neurons),
            val_results[(n_hidden_layers,n_hidden_neurons)])
```

```
=========
(1, 8) (0.2888327181339264, 0.9492063403129578, 495.0)
(1, 16) (0.17615081816911698, 0.9714285731315613, 495.0)
(1, 32) (0.09691616669297218, 0.9801587343215943, 495.0)
(2, 8) (0.3550913482904434, 0.9142857074737549, 495.0)
(2, 16) (0.1046356126666069, 0.9801587343215943, 495.0)
(2, 32) (0.060925810411572454, 0.9833333134651184, 446.8)
```

뉴런의 갯수가 각각 32개와 16개인 두 개의 은닉층으로 이루어진 신경망이 가장 좋은 성능을 보였다.

하이퍼파라미터 튜닝은 이상의 과정으로 모두 마무리되었으며, 이제 튜닝을 통해 얻은 최선의 하이퍼파라미터를 이용하여 모형의 일반화 성능을 평가한다. 훈련은 훈련용 데이터 세트 전체를 사용하며, 평가용 데이터 세트를 검증용 데이터 세트로 사용한다.

```
# === final evaluation
n_hidden_layers = 2
n_hidden_neurons = 32

model = build_model(n_hidden_layers, n_hidden_neurons)
model = compile_model(model)
History = model.fit(X_train, Y_train,
```

```
            validation_data=(X_test, Y_test),
            epochs=500, batch_size=256, verbose=2,
            callbacks=[early_stopping])

model.evaluate(X_test, Y_test, verbose=0)
plot_train_test_loss_history(History)
```

```
...
[0.06902963668107986, 0.9759259223937988]
```

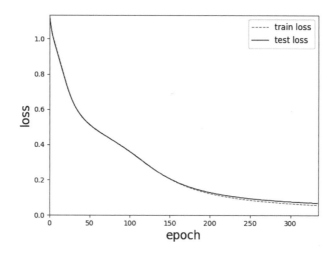

검증 시와 비교하면 손실은 약간 증가하고 정확도는 다소 감소하였다. 아마도 검증용 데이터 세트보다 평가용 데이터 세트의 크기가 크기 때문일 것인데, 이것이 최종 모형의 일반화 성능이다. 이 상태 그대로 실제 문제에 적용하거나 배포할 수 있지만, 평가용 데이터가 학습에 사용되지 않았다는 점은 데이터의 낭비일 수도 있기에 전체 데이터를 이용하여 다시 (335 – 5) 에포크만 학습시킨[더 오래 학습시키면  과적합이 일어날 수 있는데, 이를 모니터링할 데이터 세트는 없으므로] 모형을 최종판으로 할 수도 있다. 물론, 모형이나 학습된 가중치를 저장해 두는 것도 잊지 않는다.

# 16

# 합성곱 신경망

## 손글씨 분류

이 장에서는 이미지image 데이터 처리에 특화된 신경망 구조인 합성곱 신경망을 소개한다. 이미지 데이터가 다른 종류의 데이터와 다른 점 중 하나는 각 특성[픽셀]이 공간적으로 연결되어 있다는 것이다. 예들 들어, 고양이 사진에서 고양이의 눈과 코의 위치는 서로 독립적이지 않다. 다른 하나는 대상은 이미지 속의 위치에 따라 변하지 않는다는 것이다. 예를 들어, 고양이의 얼굴이 사진의 상단에 있거나 하단에 있더라도 고양이 얼굴임은 변하지 않는다. 회전되어 거꾸로 된 고양이 얼굴도 인간의 눈에는 고양이 얼굴로 인식된다. 이는 시신경의 구조와도 관련이 있다.

망막retina에는 세 겹의 신경층이 있으며, 망막의 바깥층에 맺힌 이미지는 픽셀에 해당하는 광세포photocell들을 제각기 활성화하고 광세포들이 만들어낸 전기화학적 신호들은 상위 시각 뉴런들에 수집되는데, 상위 시각 뉴런은 서로 인접한 하위 시각 뉴런들로부터만 신호를 수집한다. 이러한 방식으로 시신경은 공간적 구조를 인식할 수 있게 하는데, 합성곱 신경망은 이를 흉내 낸 것이다.

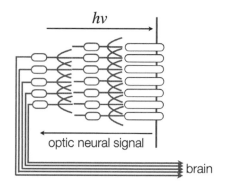

이 장에서 사용하는 기본 패키지와 모듈은 다음과 같이 불러들인다.

```
import numpy as np
import matplotlib.pyplot as plt
from sklearn.model_selection import train_test_split
np.random.seed(123)
```

tensorflow 클래스들은 필요한 곳에서 따로 언급한다.

# 16.1 합성곱 신경망

이미지는 **픽셀**pixel로 구성되는데, 각 픽셀에 담긴 정보[픽셀 값이라 하자]는 서로 독립적이지 않고 주변의 픽셀 값들과 상호 의존적이다. 예를 들어, 폭이 1 픽셀이고 높이가 3 픽셀인 아주 작은 수직선은 주변이 모두 흰색이고 해당 픽셀만 연속적으로 검은색이어야만 수직선으로 인식된다. 검정 픽셀들이 떨어져 있거나 수평으로 나열되어 있다면, 그것은 수직선이 아니다.

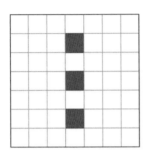 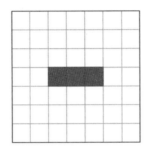 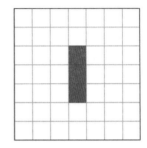

## 16.1.1 합성곱과 특성 맵

위와 같은 7×7 크기의 이미지 격자[$\mathbf{X}$]보다 더 작은 격자로 이루어진 **창**window[$\mathbf{W}$]을 생각하자. 창을 통해 이미지의 일부 영역을 볼 수 있는데, 창을 통해 보이는 이미지 영역을 **국소 수용영역**local receptive field[$\mathbf{X}_R$]이라 한다. 예를 들어, 창의 크기가 3×3이라면 국소 수용영역은 다음과 같다.

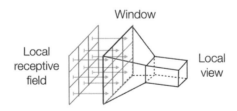

여기서, "본다[$z$]"는 것의 의미는 창[또는 커널kernel]의 각 요소에 기입된 가중치[$w$]들과 이미지의 픽셀 값[$x$]들을 요소별로 곱[$\odot$]한 다음 합산하는 것이다.

$$z = \sum_i \sum_j (\mathbf{X}_R \odot \mathbf{W})_{ij}$$

다음은 위 연산의 예다.

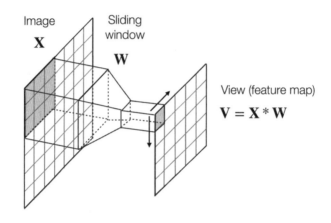

만약 1 픽셀씩 이동하는 **활주창**sliding window을 통해 이미지의 모든 영역을 보고[창이 슬라이딩하는 중에 가중치 값들은 고정된다], 이를 순서대로 배열하면 다음과 같은 **특성 맵**feature map[$\mathbf{V} = {}^k[v_{kl}]_l$]이 얻어진다.

특성 맵은 활주창을 통해서 본 전체 이미지다. 이미지 처리를 위한 인공 신경망에서는 특성맵이 얻어지는 위와 같은 일련의 연산을 **합성곱**convolution[*]이라 한다. 이 연산은 원칙적으로는 **교차상관**cross correlation 연산[★]이다. 원래의 합성곱 연산은 창을 180도 회전[행렬의 전치transpose가 아님] 시키고 요소별 곱을 구한 다음 합산한다. 하지만, "이미지가 180도 회전되어 있다"라고 생각하면 창을 180도 회전시킬 필요가 없다. 참고로, 눈의 망막 바깥층에 맺히는 이미지도 180도 회전된 이미지다. 특성 맵으로 얻어진 신호들은 활성화 함수[$a$]의 입력이 되고 최종적으로 출력된 신호들이 합성곱 층의 출력이 된다.

$$\mathbf{Z} = a(\mathbf{V}) = a(\mathbf{X} * \mathbf{W})$$

합성곱을 이용하면 이미지에 포함된 세부적인 패턴들에 대한 정보를 추출할 수 있다. 흑백gray scale 이미지에서 픽셀값은 0[검은색]부터 255[흰색] 사이의 값이지만, 잠시 편의상 검은색에 대한 픽셀값을 1이라 하고 흰색에 대한 픽셀값을 0이라 하자. 그리고 짧은 수직선이 있는 이미지에 대해서 다음과 같은 창으로 특성 맵을 얻어보자.

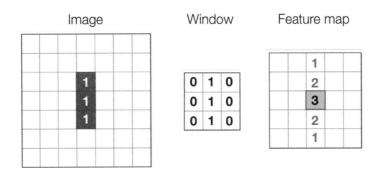

특성 맵에 3이라는 숫자가 있다면, 이미지에 수직선이 있음을 나타낸다. 위 이미지에 수평선이나 흩어진 점[아니면 또 다른 도형]이 포함되어 있더라도 이들은 특성 맵에서 숫자 3을 만들어내지 못한다.

이런 의미에서 창을 **필터**filter라고도 한다. 수직선을 이루는 대상 픽셀들에 큰 가중치 값들을 갖는 창을 사용하고 합성곱 연산 뒤에 활성화 함수를 추가한다면 수직선 부분만 활성화되고 나머지 부분들은 거의 보이지 않을 것이다.

또한 수직선이 이미지의 어디에 있더라도 위와 같은 창으로 수직선을 찾을 수 있으며, 이를 **이동 불변성**translation invariant이라 한다. 단, 이미지의 끝부분에 수직선이 있다면 위와 같은 방법으로는 찾을 수 없는데, 이에 대해서는 뒤에서 다시 언급한다. 이미지 분석에서 이동 불변성은 매우 중요한데[드물게 단점으로 작용하기도 하지만], MLP는 동일한 폭과 길이의 수직선에 대해서도 좌측의 수직선과 우측의 수직선을 다른 수직선으로 인식하기에 이미지에 대한 훈련이 어려울 수 있다.

위와 같은 단순한 패턴 외에 조금 더 복잡한 패턴도 인식할 수 있다. 다음과 같은 이미지에 다음과 같은 필터를 사용하여 얻은 특성 맵에는 어떤 정보가 있을까?

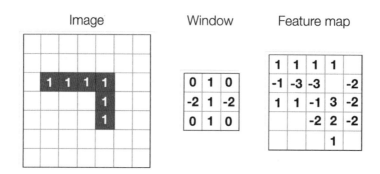

특성 맵에서 보이는 -3은 수평선이 있음을 나타내고 3은 수직선이 있음을 나타낸다. 물론, 이 수준에서는 수평선과 수직선이 만나서 'ㄱ'자를 만드는지, 'ㄴ'자를 만드는지, 아니면 서로 연결되지 않은 수평선과 수직선인지는 파악하기 힘들 것이다. 하지만, 여기서 얻어진 특성 맵에 대하여 또 다른 창을 활주 시키면서 합성곱 연산을 수행하여 얻어진 한 층 더 고수준인 두 번째 특성 맵에서는 'ㄱ'자인지, 'ㄴ'자인지, 아니면 'ㄷ'자인지 등을 알 수 있을 것이다. 더 나아가, 두 번째 특성 맵에 대한 합성곱 연산으로 얻어진 특성 맵에서는 '가'인지, '너'인지, '도'인지 등을 알 수 있을 것이다. 이와 같은 과정을 통해 **계층적**hierarchical 패턴을 파악할 수 있다. 이후, 밀집층과 같은 다른 신경망 층을 연결하여 이미지로부터 더 추상적인 고수준 정보를 추출할 수 있을 것이다.

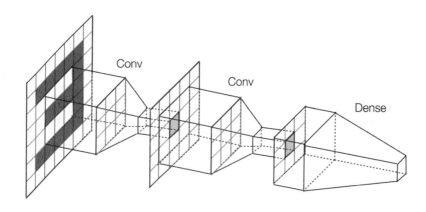

창 하나가 여러 패턴들을 인식할 수 있지만, 이미지에 포함된 다양한 패턴들을 충분히 인식하게 하기 위해서 여러 개의 창을 사용하는 것이 일반적이다. 두 개 이상의 창을 사용하면 각 창이 독립적인 합성곱 연산을 수행하여 C개[채널channel 수 또는 깊이]의 특

성 맵을 만들어내므로, 합성곱 층의 출력은 랭크 3 텐서가 된다. 텐서의 형상을 높이 [H], 넓이[W], 채널 수[C]로 나타내면[H×W×C], 앞서와 같은 크기의 흑백 이미지[7×7×1]에 크기가 3×3인 창을 5개 사용하여 얻어지는 특성 맵 텐서의 형상은 다음 그림과 같이 5×5×5가 된다.

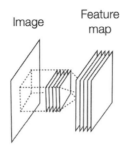

입력 이미지 또는 입력 특성 맵의 채널 수가 2 이상이면, 하나의 커넬이 각 입력 채널에서 수행한 합성곱 연산 결과를 합하여 하나의 특성 맵으로 출력한다. 따라서 출력 특성 맵의 채널 수는 입력 특성 맵의 채널 수와는 관련이 없고 사용한 필터의 갯수에 따라 결정된다. 다음은 채널 수가 3인 RGB<sup>Red Green Blue</sup> 칼라 이미지에 대한 예를 나타내었다.

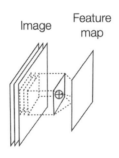

합성곱 신경망 층을 여러 겹 쌓게 되면 원 이미지는 층을 지날 때 마다 감소하게 되며 상위 고수준 층에서는 더욱 복잡한 패턴을 다루게 되므로 상위 층들에서는 하위 층보다 더 많은 필터들을 사용하기도 한다.

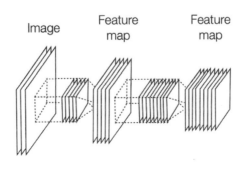

지금까지 소개한 합성곱 연산은 흑백 이미지[랭크 2 텐서]와 칼라 이미지[랭크 3 텐서]에 대한 것으로서 필터의 이동이 2차원적인 2차원 합성곱 연산[Conv2D]이다. 필터의 이동이 1차원적인 1차원 합성곱 연산[Conv1D]도 가능하며, 필터의 이동이 3차원적인 3차원 합성곱 연산[Conv3D]도 가능하다. Conv1D는 서열형 데이터 세트에, Conv3D는 동영상 등에 사용되는데, 이 책에서는 다루지 않는다.

또한, 입력 이미지 또는 입력 특성 맵의 채널 수가 2 이상일 경우, 하나의 필터가 각 입력 채널에서 수행한 합성곱 연산 결과를 합하여 하나의 특성 맵으로 출력하지 않고, 입력 채널마다 독립적인 필터를 사용하여 채널 수에 해당하는 출력을 얻을 수도 있는데, 이를 깊이별 합성곱 연산[Depthwise Conv]이라 한다. 필터의 각 축 크기가 1이고 스트라이드가 1이면, 픽셀별 채널 신호[예, $x_R, x_G, x_B$]에 대한 점곱을 구하는 연산이 되는데 [예, $w_R x_R + w_G x_G + w_B x_B, x_G, x_B$ ], 이를 점별 합성곱 연산[Pointwise Conv]이라 한다. Depthwise Conv를 행한 후에 Pointwise Conv를 하면 표준 Conv 결과와 같아지는데 [가중치들의 갯수는 줄어든다], 이를 깊이별–분리 합성곱[Depthwise-Separable Conv]라 한다. 이들의 용도나 사용 시 장단점 등에 대해서는 텐서플로우 공식 문서 등 다른 문헌을 참고하기 바란다.

## 16.1.2 패딩과 풀링

창이 슬라이딩하면서 이동하는 보폭인 스트라이드가 1이면, 이미지의 외곽 경계 부근에 위치한 픽셀들이 합성곱 연산에 사용되는 횟수는 이미지 중심에 위치한 픽셀들이 합성곱 연산에 사용되는 횟수보다 작아지게 되며, 외곽 경계 부근에 위치한 픽셀들에 포함된 정보가 상대적으로 유실되는 결과로 이어진다.

위와 같은 상대적인 정보 유실을 방지하기 위해 사용되는 것이 패딩padding이다. 패딩은 이미지 외곽 경계의 바깥쪽에 값이 0인 가상의 픽셀들을 추가시키는 것을 뜻한다. 위 예의 이미지 양쪽에 두 개씩의 픽셀을 추가한 예는 다음과 같다.

위와 같이 패딩을 한 경우, 원 이미지를 구성하는 픽셀들에 포함된 정보는 유실되지 않으며, 이를 **풀 패딩**full padding이라 한다. 하지만 풀 패딩은 특성 맵의 크기가 원 이미지의 크기보다 커지므로, 외곽 경계 부근에 위치한 픽셀들에 중요한 정보가 담겨 있지 않는 한 사용되지 않는다.

만약, 양쪽에 한 개씩의 픽셀을 추가하면 어떨까? 이 경우에는 외곽 경계 부근에 위치한 픽셀들에서 부분적인 정보 유실이 있지만, 특성 맵의 크기와 원 이미지의 크기는 동일하다. 이를 **세임 패딩**same padding이라 한다.

세임 패딩은 합성곱 신경망 구조의 설계를 쉽게 해주므로 빈번히 사용되는 패딩이다. 패딩을 사용하지 않는 경우는 **밸리드 패딩**valid padding이라 한다.

출력 특성 맵의 형상은 스트라이드와 패딩에 따라 달라지는데, 스트라이드를 $s$, 커널의 한 축 크기를 $m$, 입력 이미지의 해당 축 크기를 $n$, 패딩으로 한쪽 말단에 추가될 픽셀의 갯수를 $p$라 하면, 출력층 한 층의 크기 $o$는 다음과 같이 계산된다[floor는 정수부만 반환하는 바닥함수로서 int 함수와 같다].

$$o = \text{floor}\left(\frac{n + 2p - m}{s}\right) + 1$$

큰 이미지의 경우 계산상의 부하를 줄이기 위한 목적 또는 이미지에 포함된 정보를 압축하여 더 추상화된 정보를 얻기 위한 목적으로 출력 특성 맵의 크기가 원 이미지보다 작아지게 해야 할 때가 있다. 위 식을 보면 출력 특성 맵의 크기에 가장 큰 영향을 주는 것은 스트라이드다. $s$가 2만 되더라도 출력 특성 맵의 크기는 원 이미지의 약 절반으로 줄어든다. 하지만, 스트라이드를 증가시키면 또 다른 형태의 정보 유실이 생길 수 있다.

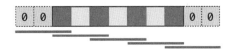

따라서, 출력 특성 맵의 크기를 줄이기 위한 목적으로는 스트라이드를 증가시키는 것보다는 **풀링**pooling을 사용한다. 가장 빈번하게 사용되는 풀링은 **최대값 풀링**max pooling으로

서, 합성곱 연산을 통해 얻은 특성 맵에서 정해진 크기의 풀링창을 열고, 풀링 창에 투영된 픽셀 값들 중에서 가장 큰 값 하나를 반환하는 방식이다. 다음은 풀링 창의 크기가 2×2이고 풀링 스트라이드가 (2,2)인 경우의 예다.

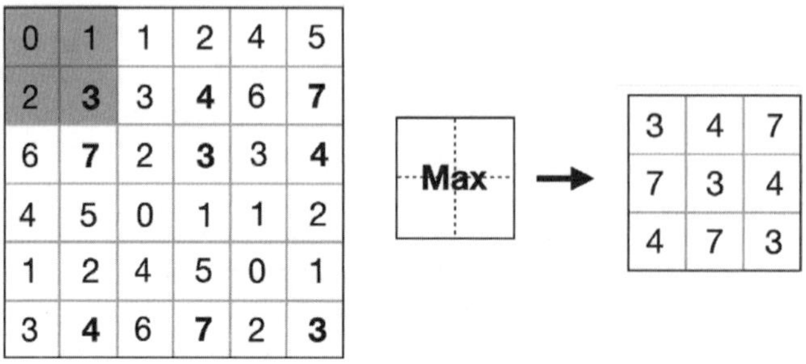


평균값 풀링은 풀링 창에 투영된 픽셀 값들의 평균값을 반환하는 방식이다. 풀링 시 스트라이드는 풀링 창의 크기와 동일하게 하는 것이 일반적이다. 이 경우 풀링을 하고 나면 특성 맵의 크기는 풀링 창 크기의 역수만큼 줄어든다. 위 예에서는 풀링 창 축의 길이가 모두 2이고 각 축 방향으로 스트라이가 2이므로 크기가 1/2로 줄어든 특성 맵이 얻어졌다. 풀링은 특성 맵의 크기를 줄여가면서, 이미지에 포함된 중요한 특징들을 인식하도록 하는 데 도움을 주기는 하지만 풀링에서도 정보 유실은 피할 수 없다.

## 16.2 손글씨 데이터 세트

### 16.2.1 MNIST 데이터 세트 준비

이 장에서 사용할 데이터 세트는 다양한 손글씨 숫자[0부터 9]들의 이미지를 모아둔 것으로서 MNIST<sup>Modified National Institute of Standards and Technology</sup> 데이터 세트라 불린다. MNIST 데이터 세트에는 6만 개의 학습용 이미지와 1만 개의 평가용 이미지를 포함하고 있는데, 여러 방법으로 데이터 세트를 다운로드할 수 있다. 독자들이 편한 방법을 선택하도록 한다. 데이터 세트를 준비하는 과정은 마지막에 소개한 'Kaggle 경진대회에서 다운로드' 방법에 관해서 설명한다.

얀 르쿤의 홈페이지에서 다운로드: http://yann.lecun.com/exdb/mnist/

기계학습 분야의 대가인 얀 르쿤<sup>Yann LeCun</sup>의 홈페이지에서 다운로드하는 방법이다. 위 페이지에 접근하면 4개의 압축 파일을 다운로드할 수 있다.

**train-images-idx3-ubyte.gz** 학습용 이미지 (X_train)
**train-labels-idx1-ubyte.gz** 학습용 이미지에 대한 레이블 (y_train)
**t10k-images-idx3-ubyte.gz** 평가용 이미지 (X_test)
**t10k-labels-idx1-ubyte.gz** 평가용 이미지에 대한 레이블 (y_test)

**.gz**는 유닉스 압축파일의 확장자이며, 다운로드 후 독자들이 적절한 방법으로 압축을 풀어 CSV 포맷으로 변환하고 나면, 아래 'Kaggle 경진대회에서 다운로드'에 설명한 방법으로 읽어 들일 수 있다. 단, CSV 포맷으로 변환하는 과정이 간단하지 않다.

텐서플로우 API를 통한 다운로드:

다음 코드를 실행하면, 텐서플로우 예제에 사용되는 데이터 세트를 다운로드한다.

```
import tensorflow as tf

mnist = tf.keras.datasets.mnist
(X_train, y_train), (X_test, y_test) = mnist.load_data()
```

넘파이 배열 객체로 다운로드되므로, 다운로드가 완료되면 아래 다른 방법에서 설명한 바와 같이 np.save를 이용하여 이 장에서 사용할 코드가 저장될 디렉토리에 파일로 저장해 둔다.

만약 위 코드의 실행 중 SSL 오류가 발생하면, 다음 코드를 먼저 실행시킨 후, 위 코드를 실행한다.

```
import ssl
ssl._create_default_https_context = \
ssl._create_unverified_context
```

구글 저장소에서 직접 다운로드:

구글 저장소로부터 직접 다운로드하려면, 다음 주소를 이용한다[구글에서 저장소 주소를 변경했을 경우, 독자들이 새로운 주소를 찾아야 한다]

https://storage.googleapis.com/tensorflow/tf-keras-datasets/mnist.npz

넘파이 압축 파일인 mnist.npz가 다운로드되면, 이 장에서 사용할 코드가 저장될 디렉토리로 파일을 옮긴 후 다음을 실행한다.

```
mnist = np.load("mnist.npz")

X_train = mnist["x_train"]
y_train = mnist["y_train"]
X_test  = mnist["x_test"]
y_test  = mnist["y_test"]

np.save("X_train.npy", X_train)
np.save("y_train.npy", y_train)
np.save("X_test.npy", X_test)
np.save("y_test.npy", y_test)

X_train = np.load("X_train.npy")
y_train = np.load("y_train.npy")
X_test  = np.load("X_test.npy")
y_test  = np.load("y_test.npy")

print("X_train shape:", X_train.shape)
print("y_train shape:", y_train.shape)
print("X_test shape:", X_test.shape)
print("y_test shape:", y_test.shape)
```

X_train.npy, y_train.npy, X_test.npy, y_test.npy가 해당 디렉토리에 생성되고 다음과 같은 내용이 출력되면 데이터 세트 준비가 완료된 것이다.

```
=========
X_train shape: (60000, 28, 28)
y_train shape: (60000,)
X_test shape: (10000, 28, 28)
y_test shape: (10000,)
```

Kaggle 경진대회에서 다운로드:

위에 소개한 방법들이 작동하지 않을 때 선택하는 방법이다. Kaggle은 기계학습 경진대회를 유치하는데, 연습용으로 손글씨 분류 문제가 있다[상금이 있는 문제들도 있으므로, 관심 있는 독자들은 도전해 보기 바란다]. 단, 로그인과 경진대회 규칙에 대한 동의가 필요하다. 또한, 파일 포맷이 CSV 형식이며 평가용 데이터 세트에는 레이블이 없으므로 훈련용 데이터 세트에서 평가용 데이터 세트를 추출해야 한다. 우선, 로그인 상태에서 다음 페이지를 방문하여 우측 Data Explorer에 있는 파일 train.csv를 클릭한다.

https://www.kaggle.com/competitions/digit-recognizer/data

train.csv가 다운로드되면, 이 파일을 이 장에서 사용할 코드가 저장될 디렉토리로 파일을 옮긴 후 다음을 실행한다

```
import numpy as np
from sklearn.model_selection import train_test_split
mnist_kaggle = np.genfromtxt("train.csv",delimiter=",",skip_header=1)

y = mnist_kaggle[:,0]
X = mnist_kaggle[:,1:]
X = X.reshape(X.shape[0],28,-1)

X_train, X_test, y_train, y_test = train_test_split(
    X, y, test_size=0.2, shuffle=True, random_state=123)

np.save("X_train.npy", X_train)
np.save("y_train.npy", y_train)
np.save("X_test.npy", X_test)
np.save("y_test.npy", y_test)

X_train = np.load("X_train.npy")
```

```
y_train = np.load("y_train.npy")
X_test  = np.load("X_test.npy")
y_test  = np.load("y_test.npy")

print("X_train shape:", X_train.shape)
print("y_train shape:", y_train.shape)
print("X_test shape:", X_test.shape)
print("y_test shape:", y_test.shape)
```

CSV 파일의 첫 번째 컬럼은 어떤 숫자인지를 나타내는 레이블이고, 그다음 이어지는 784개의 컬럼에는 이미지의 픽셀 정보들이 순서대로 기입되어 있다[MNIST 이미지는 28×28 크기의 흑백 이미지로서 행렬[2차원 배열]의 형태인데, CSV 파일에는 픽셀 값들을 한 줄에 이어서 써 두었다]. 따라서, 레이블을 추출하고 픽셀 값들은 reshape 메서드로 재배치 했다. 이렇게 얻어진 X와 y를 train_test_split 함수의 입력으로 하여 학습용 데이터[X_train, y_train]와 평가용 데이터[X_test, y_test]를 5:1의 비율로 나누었다. 그다음 np.save로 각 배열을 저장하고 다시 np.load로 불러온 후, 배열들의 형태를 출력하였다. X_train.npy, y_train.npy, X_test.npy, y_test.npy가 해당 디렉토리에 생성되고 다음과 같은 내용이 출력되면 데이터 세트 준비가 완료된 것이다.

```
=========
X_train shape: (33600, 28, 28)
y_train shape: (33600,)
X_test shape: (8400, 28, 28)
y_test shape: (8400,)
```

Kaggle 경진대회에서 데이터 세트를 받았고, 위와 같이 처리하였을 때는 학습용 데이터 포인트 갯수는 33,600이고 평가용 데이터 포인트 갯수는 8,400이다. 구글에서 다운로드하는 경우보다 데이터 세트가 작은데, 연습용으로는 충분하리라 생각된다. Kaggle 경진대회에 결과를 제출해 보고자 하는 독자들은 구글 데이터 세트를 사용하거나 데이터 세트에 포함된 이미지의 각도를 바꾸거나 확대/축소하는 등의 방법으로 데이터 세트의 크기를 늘리고, 모형의 구조와 하이퍼파라미터 등을 섬세하게 조절해 보는 것이 도움이 되리라 생각한다.

앞으로 MNIST 데이터 세트는 컴퓨터에 저장된 파일 X_train.npy, y_train.npy, X_test.npy, y_test.npy로부터 불러온 것으로 간주한다.

```
X_train = np.load("X_train.npy")
y_train = np.load("y_train.npy")
```

```
X_test  = np.load("X_test.npy")
y_test  = np.load("y_test.npy")
```

다음을 실행해 보면, 레이블의 범위는 0부터 1까지이고 픽셀 값들은 0부터 255까지의 정수임을 알 수 있다.

```
y_min = np.min(y_train)
y_max = np.max(y_train)
n_labels = len(set(y_train))

X_min = np.min(X_train)
X_max = np.max(X_train)

print("y_min:", y_min)
print("y_max:", y_max)
print("n_labels:", n_labels)
print("X_min:", X_min)
print("X_max:", X_max)
```

```
=========
y_min: 0.0
y_max: 9.0
n_labels: 10
X_min: 0.0
X_max: 255.0
```

학습에 도움을 주기 위해 픽셀 값들을 표준화하기도 하나, 이 책에서는 표준화하지 않고 그대로 사용하기로 한다.

## 16.2.2 MNIST 이미지 보기

모형을 구축하고 학습시키기 전에 MNIST 이미지 몇 개를 출력해 보자. 다음 함수를 실행하면, 0부터 9까지의 손글씨 이미지[역상]를 다섯 개씩 보여준다.

```
def show_MNIST_images():
    for i in range(10):
        fig, ax = plt.subplots(nrows=1,ncols=5)
        for j in range(5):
            image = X_train[y_train==i][j]
```

```
            ax[j].imshow(image,cmap='Greys')
            ax[j].set_xticks([])
            ax[j].set_yticks([])
        plt.tight_layout()
        plt.show()
    return None


show_MNIST_images()
```

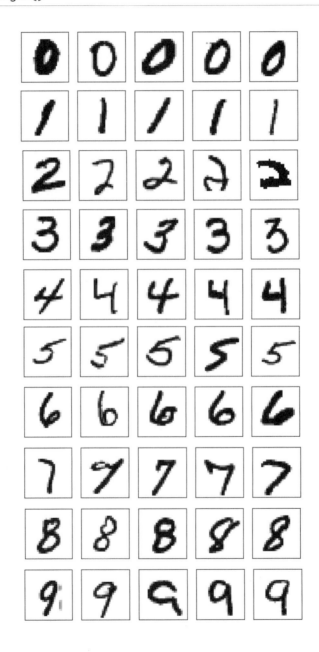

# 16.3 손글씨 이미지 분류

모형의 평가와 데이터 전처리에 필요한 함수들을 작성한 후, 모형의 구축과 학습에 필요한 함수들을 작성할 것이다. 이 절에서 필요한 텐서플로우 클래스들은 다음과 같이 불러온다.

```
from tensorflow.keras.utils import to_categorical
from tensorflow.keras import Input, Model
from tensorflow.keras.layers import Conv2D, MaxPool2D
from tensorflow.keras.layers import Flatten, Dense, Dropout
from tensorflow.keras.layers import LeakyReLU
from tensorflow.keras.callbacks import EarlyStopping
from tensorflow.keras.models import save_model, load_model
```

## 16.3.1 보조 함수

다음은 모형의 학습train, 검증validation, 평가evaluation에 필요한 모든 데이터 세트를 로드하고 전처리하는 함수다.

```
def load_data(limit=None):
    # === load dataset from file
    X_train = np.load("X_train.npy")[:limit]
    y_train = np.load("y_train.npy")[:limit]
    X_test  = np.load("X_test.npy")[:limit]
    y_test  = np.load("y_test.npy")[:limit]
    # === train-validation split
    X_train_tra, X_train_val, y_train_tra, y_train_val =\
            train_test_split(X_train, y_train,test_size=0.2,
                                shuffle=True, random_state=123)
    # === one-hot encoding
    y_train_tra_onehot = to_categorical(y_train_tra,num_classes=10)
    y_train_val_onehot = to_categorical(y_train_val,num_classes=10)
    y_test_onehot = to_categorical(y_test,num_classes=10)
    return [X_train_tra, y_train_tra_onehot,
            X_train_val, y_train_val_onehot,
            X_test, y_test_onehot]
```

X_train, y_train, X_test, y_test는 앞 절에서 저장해 둔 넘파이 파일 X_train.npy, y_train.npy, X_test.npy, y_test.npy로부터 불러온다. limit로 데이터 포인트의 수를 제한할 수 있도록 하였는데, 이는 모형 구축과 학습 시 limit=100 정도의 작은 데이터 세트에 대해 코드를 실행해 봄으로써 코드에 오류가 없는지를 미리 알기 위함이다. 모형의 학습 중에 과적합이 발생하는지를 모니터링[또는 하이퍼파라미터의 튜닝]하기 위한 목적으로 검증용 데이터 세트가 필요하며, 이는 학습용 데이터 세트로부터 추출한다. X_train과 y_train을 5:1로 분리하여 학습용 데이터 세트[X_train_tra, y_train_tra]와 검증용 데이터 세트[X_train_val, y_train_val]로 구분하도록 하였다. 손글씨 분류는 다중 분류 문제이므로 모형의 최종 출력이 softmax 활성화 함수의 출력인 벡터[확률분포]이고 손실로는 categorical_crossentropy가 사용될 것이기 때문에, 레이블은 모두 원-핫 벡터가 되어야 한다. 따라서, 모든 레이블 데이터[y_train_tra, y_train_val, y_test]들을 원-핫 인코딩한다. 여기서는 원-핫 인코딩을 위해 텐서플로우의 to_categorical 함수를 사용하였다.

다음을 실행해 보면, 원-핫 인코딩이 이루어진 결과를 볼 수 있다.

```
[X_train_tra, y_train_tra_onehot,
 X_train_val, y_train_val_onehot,
 X_test, y_test_onehot] = load_data(limit=5)

print(y_train_tra_onehot)
```

```
==========
[[0. 1. 0. 0. 0. 0. 0. 0. 0. 0.]    # class (ground truth): 1
 [0. 0. 0. 0. 0. 1. 0. 0. 0. 0.]    # class (ground truth): 5
 [0. 0. 1. 0. 0. 0. 0. 0. 0. 0.]    # class (ground truth): 2
 [0. 0. 1. 0. 0. 0. 0. 0. 0. 0.]]   # class (ground truth): 2
```

다음은 각각 model의 fit 메서드가 반환하는 history 객체를 입력하면, 학습이 진행되는 동안 학습용 데이터와 검증용 데이터에서의 손실[loss] 변화와 정확도 변화[accuracy]를 보여주는 함수다.

```
def plot_train_val_loss_history(history):
    train_loss_list = history['loss']
    val_loss_list = history['val_loss']
    plt.plot(train_loss_list, "--",
            linewidth=1,color='black',label="train loss")
    plt.plot(val_loss_list, "-",
            linewidth=1,color='black',label="val loss")
    plt.ylim(0, max(train_loss_list+val_loss_list))
```

```
    plt.xlim(0, len(train_loss_list))
    plt.xlabel('epoch-1',size=17)
    plt.ylabel('loss',size=17)
    plt.legend(fontsize=12)
    plt.tight_layout()
    plt.show()
    return None

def plot_train_val_accuracy_history(history):
    train_acc_list = history['accuracy']
    val_acc_list = history['val_accuracy']
    plt.plot(train_acc_list, "--",
            linewidth=1,color='black',label="train accuracy")
    plt.plot(val_acc_list, "-",
            linewidth=1,color='black',label="val accuracy")
    plt.ylim(ymax=1)
    plt.xlim(0, len(train_acc_list))
    plt.xlabel('epoch-1',size=17)
    plt.ylabel('accuracy',size=17)
    plt.legend(fontsize=12)
    plt.tight_layout()
    plt.show()
    return None
```

다음은 학습이 완료된 model과 평가용 데이터 세트[X_test, y_test_onehot]를 입력하면, 평가용 데이터 세트에서 모형의 성능[accuracy]을 출력하는 함수다.

```
def evaluate_model(model, X_test, y_test_onehot):
    [test_loss, test_accuracy] = model.evaluate(X_test,
                                                 y_test_onehot,
                                                 verbose=0)
    print("test_loss    :", test_loss)
    print("test_accuracy:", test_accuracy)
    return None
```

다음은 학습이 완료된 model과 이미지[X]를 입력하면, 이미지가 의미하는 숫자를 예측하는 함수다.

```
def predict(model, X):
    n = X.shape[0]
    predictions = model.predict(X, verbose=0)
    for i in range(n):
        predicted_class = np.argmax(predictions[i])
```

```
        probability = predictions[i][predicted_class]
        print(i, "class prediction:", predicted_class,
              "    probability:", probability)
        if n <= 5:
            plt.imshow(X[i], cmap='Greys')
            plt.xticks([])
            plt.yticks([])
            title = " pred class:"+str(predicted_class)+\
                    " prob:"+str(probability)
            plt.title(title, fontsize=20)
            plt.tight_layout()
            plt.show()
    return None
```

다음은 학습이 완료된 model과 평가용 데이터 세트[X_test, y_test_onehot]를 입력하면, 어떤 이미지들에 대해서 숫자 예측을 잘 못 했는지를 보여주는 함수다.

```
def show_mistakes(model, X_test, y_test_onehot, limit=10):
    predictions = model.predict(X_test, verbose=0)
    pred_classes = np.argmax(predictions, axis=1)
    ground_truths = np.argmax(y_test_onehot, axis=1)
    mistake_indices = np.where(pred_classes != ground_truths)[0]
    for i, idx in enumerate(mistake_indices):
        pred_class = pred_classes[idx]
        ground_truth = ground_truths[idx]
        prob = predictions[idx][pred_class]
        plt.imshow(X_test[idx], cmap='Greys')
        plt.xticks([])
        plt.yticks([])
        title = "grd truth:"+str(ground_truth)+\
                "\n pred class:"+str(pred_class)+\
                " prob:"+str(prob)
        plt.title(title, fontsize=20)
        plt.tight_layout()
        plt.show()
        if i == 9:
            break
    return None
```

## 16.3.2 모형 구축과 컴파일 함수

사용할 모형을 텐서의 흐름에 따라 그림으로 나타내면 다음과 같다.

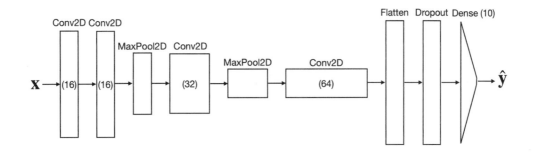

형상이 28×28×1[높이×넓이×깊이(채널수)]인 특성 데이터 **X**는 입력층을 통과하여 텐서로 변환된 후 2개의 합성곱 층을 통과하는데, 두 합성곱 층 모두 16개의 필터와 세임 패딩을 사용하므로 형상은 28×28×16이 된다. 그다음, 최대화 풀링층을 지나면서 채널 수를 제외한 축의 크기만 1/2로 감소하여 형상은 14×14×16이 된다. 이어지는 합성곱 층[32개의 필터와 세임 패딩]과 최대화 풀링층을 통과하면서 형상은 14×14×32에서 7×7×32가 되고, 마지막 합성곱 층[64개의 필터와 세임 패딩]을 통과한 후 형상은 7×7×64가 된다. 이후, 평활화flatten 층에서 랭크 3 텐서를 길이가 3136 = 7 × 7 × 64인 랭크 1 텐서로 변환한다. 그다음, 드롭아웃dropout층을 통과한 후, 밀집층에서 길이가 10인 랭크 1 텐서로 변환된다. 드롭아웃 층은 모형의 학습 중에 지정된 비율[rate]만큼의 뉴런을 무작위적으로 선택하여 가중치가 업데이트되지 않도록 함으로써 과대적합을 줄이는 역할을 한다. 공부하는 도중 잠시 머리를 식히는 것쯤으로 비유할 수 있다. 모든 합성곱 층에서는 ReLU 활성화 함수가 사용되고, 밀집층에서는 소프트맥스 활성화 함수가 사용된다. 학습되는 가중치는 총 56,986개다.

다음은 위 모형을 구축하는 함수다.

```
def build_model():
    x = Input(shape=(28,28,1)) # (height,width,channel)
    z = Conv2D(filters=16, kernel_size=3, strides=1, padding='same',
                activation='relu')(x)
    z = Conv2D(filters=16, kernel_size=3, strides=1, padding='same',
                activation='relu')(z)
    z = MaxPool2D()(z)
    z = Conv2D(filters=32, kernel_size=3, strides=1, padding='same',
                activation='relu')(z)
    z = MaxPool2D()(z)
    z = Conv2D(filters=64, kernel_size=3, strides=1, padding='same',
                activation='relu')(z)
    z = Flatten()(z)
    z = Dropout(rate=0.5)(z)
    y = Dense(units=10, activation='softmax')(z)
```

```
    model = Model(x, y)
    model.summary()
    return model
```

위 함수를 실행하면, 층별로 학습되는 가중치들의 갯수 등을 요약하여 볼 수 있다.

```
build_model()
```

```
=========
Model: "model"

Layer (type)                    Output Shape          Param #
=================================================================
input_1 (InputLayer)            [(None, 28, 28, 1)]    0

conv2d (Conv2D)                 (None, 28, 28, 16)     160

conv2d_1 (Conv2D)               (None, 28, 28, 16)     2320

max_pooling2d (MaxPooling2D)    (None, 14, 14, 16)     0

conv2d_2 (Conv2D)               (None, 14, 14, 32)     4640

max_pooling2d_1 (MaxPooling2    (None, 7, 7, 32)       0

conv2d_3 (Conv2D)               (None, 7, 7, 64)       18496

flatten (Flatten)               (None, 3136)           0

dropout (Dropout)               (None, 3136)           0

dense (Dense)                   (None, 10)             31370
=================================================================
Total params: 56,986
Trainable params: 56,986
Non-trainable params: 0
-----------------------------------------------------------------
```

다음은 컴파일 함수다.

```
def compile_model(model):
    model.compile(loss='categorical_crossentropy',
                  optimizer='adam',
```

```
                     metrics=['accuracy'])
    return model
```

다중 분류이므로 손실 함수로 categorical_crossentropy를 사용한다. 옵티마이저로는 *adam*을 사용하고, 평가용 지표로 정확도[accuracy]를 사용한다.

### 16.3.3 학습용 함수

다음은 모형의 학습용 함수다.

```
def train_model(model,X_train,y_train,max_epochs,batch_size,
                X_val=None, y_val=None, callback_list=None,
                model_file_name="model"):
    History= model.fit(X_train,y_train,epochs=max_epochs,
                       batch_size=batch_size,verbose=2,
                       validation_data=(X_val,y_val),
                       callbacks = callback_list)
    train_history = History.history
    save_model(model, model_file_name)
    np.save(model_file_name+"_train_history.npy", train_history)
    return model, train_history
```

학습용 함수는 fit 메서드가 입력받는 모든 인수를 입력받고, 여기에 추가로 학습된 모형을 저장할 파일의 이름도 입력받는다. 조기 종료 콜백에 따라 학습이 종료되면 학습 과정을 기록한 history 객체와 학습된 모형을 저장한 후 이 둘을 반환하도록 하였다.

### 16.3.4 메인 코드

다음은 모형을 학습시키는 메인 코드다. 순서대로 한 줄씩 실행하면 모형을 학습시키고 학습된 모형을 파일로 저장한다.

학습된 모형이 저장될 파일/디렉토리의 이름은 "mnist_model"이라 하였다. 만약 오류가 발생한다면, "mnist_model.h5"을 사용하기 바란다. 확장자 .h5를 사용하면 모형이 저장되는 형식이 달라지는데, 자세한 내용은 텐서플로우 공식 문서를 참조하기 바란다[https://www.tensorflow.org/guide/keras/save_and_serialize]

```
# === model name
model_file_name = "mnist_model" # or use "mnist_model.h5"
```

아래 코드에서는 모형의 구축과 학습에 필요한 하이퍼파라미터들 몇 가지를 지정한다. 이 외에도 합성곱 층의 갯수, 각 층에서 사용되는 필터의 갯수, 드롭 아웃 비율, 학습율 등이 모두 하이퍼파라미터이나, 이들은 모형 구축용 함수와 학습용 함수에서 고정된 값으로 설정하였기에 여기서는 아래에 나열한 것들만 예로 하였다. 만약 위에 언급된 값들을 변화시켜가면서 모형을 학습시키려면, 해당 하이퍼파라미터를 아래에 나열한 후 이를 모형 구축용 함수와 학습용 함수의 인수로 사용하면 된다.

```
# === hyperparams
max_epochs = 50
batch_size = 64
early_stopping = EarlyStopping(monitor='val_loss',
                               patience=5,
                               verbose=1,
                               restore_best_weights=True)
callback_list = [early_stopping]
```

다음 코드에서는 데이터 세트 로드용 함수, 모형 구축용 함수, 모형 컴파일용 함수, 모형 학습용 함수를 순서대로 실행하여 모형을 학습시킨다. 데이터 세트 로드용 함수는 모형 평가용 데이터 세트[X_test, y_test_onehot]도 출력하는데, 이는 모형의 학습 후에 사용된다. 데이터 세트 로드용 함수에서 limit=100으로 하여 모든 코드에 오류가 없는지 확인한 다음, limit=None으로 바꾼 후 전체 데이터 세트에 대해서 학습시키기 바란다.

지금까지 사용했던 예제들과는 달리 많은 연산이 요구되므로, 노트북 사용자는 발열에 주의한다. 사용되는 컴퓨터의 사양에 따라 다르겠지만, 대용량 GPU가 없는 노트북 컴퓨터에서 학습 시간은 대략 5분[약 20에포크] 정도 소요된다.

```
# === dataset loading
[X_train_tra, y_train_tra_onehot, X_train_val, y_train_val_onehot,
 X_test, y_test_onehot] = load_data(limit=None) # limit=100 for test

# === model build & train
model = build_model()
model = compile_model(model)
model, train_history = train_model(model,
```

```
                              X_train_tra,y_train_tra_onehot,
                              max_epochs,batch_size,
                              X_train_val,y_train_val_onehot,
                              callback_list,
                              model_file_name)
```

학습이 완료된 후 다음 코드들을 실행시키면, 학습 과정을 보고 모형을 평가해 볼 수 있다. 모형과 history 객체는 파일로 저장되어 있으므로, 아래 코드는 나중에 실행시켜 볼 수도 있다. 그러려면, 위 코드의 # === train 부분을 삼중 따옴표["'" "'"]로 감싸서 모형의 학습이 반복되지 않도록 한다.

다음 코드를 실행하면 저장된 history 객체를 불러오고, 학습용 데이터 세트와 검증용 데이터 세트에 대해서 학습 과정 중 손실과 정확도의 변화를 보여준다.

```
# === loss & accuracy monitoring
history = np.load(model_file_name+"_train_history.npy",
                  allow_pickle=True).item()
plot_train_val_loss_history(history)
plot_train_val_accuracy_history(history)
```

아래 결과는 컴퓨터에 따라, 그리고 학습을 실행할 때마다 조금씩 다를 수 있다.

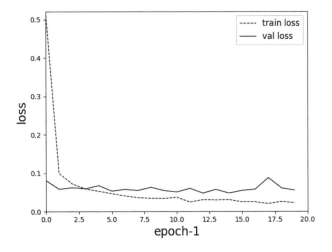

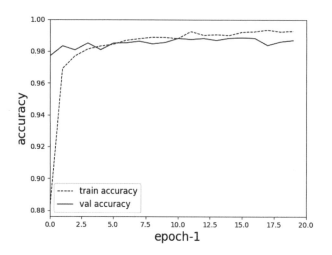

검증 데이터에 대해서 보면, 약 3 에포크부터는 손실이 완만하게 감소하다가 15 에포크를 지나면서 손실이 약간씩 증가하기 시작한다. 이때부터 과적합이 발생하는 것이라 볼 수 있다. 정확도 역시 비슷한 양상을 보인다. 모형은 손실이 가장 적었던 15 에포크에서의 가중치들과 함께 저장되었다.

다음을 실행하면 저장된 모형을 불러오고 평가용 데이터 세트에 대해서 모형을 평가한다.

```
# === model evaluation
model = load_model(model_file_name)
evaluate_model(model, X_test, y_test_onehot)
```

```
=========
test_loss    : 0.04374806955456734
test_accuracy: 0.9877380728721619
```

약 98.8%의 정확도를 보였다. 1.2%의 오류이므로 그리 나쁘지 않은 결과로 보일 수도 있지만, 실제 문제에 적용하기에는 상당히 좋지 않은 결과다. 훈련용 데이터 세트의 크기를 키우고 하이퍼파라미터들을 튜닝한다면 더 좋은 결과를 얻을 수도 있을 것이다.

다음은 학습된 모형을 사용하는 예다. 평가용 데이터 세트에 있는 이미지 다섯 장에 대해서 이미지가 의미하는 숫자를 예측하라고 하였다.

```
# === prediction
```

```
predict(model, X_test[:5])
```

```
=========
0 class prediction: 2    probability: 0.99994254
1 class prediction: 2    probability: 1.0
2 class prediction: 0    probability: 1.0
3 class prediction: 9    probability: 1.0
4 class prediction: 4    probability: 0.9937132
```

다음 코드를 실행하면, 어떤 이미지들의 숫자를 잘 못 예측하였는지를 볼 수 있다. 이를 보면, 손글씨의 어떤 점에 대한 학습을 더 깊이 있게 해야 모형의 예측 성능을 개선할 수 있는지 등을 알 수 있을 것이다. 6개의 실수에 대해서만 보도록 하였다. 이미지의 상단에 참 값과 예측 값이 기입되어 있다.

```
# === review
show_mistakes(model, X_test, y_test_onehot, limit=6)
```

grd truth:4
pred class:6 prob:0.87803376

grd truth:6
pred class:1 prob:0.6108266

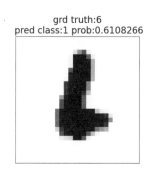

grd truth:9
pred class:4 prob:0.50282913

grd truth:9
pred class:0 prob:0.9163365

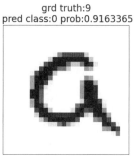

grd truth:9
pred class:4 prob:0.99989414

grd truth:9
pred class:7 prob:0.9924545

# 17

# 재귀적 신경망

## 시계열 예측

이 장에서는 시계열time series 데이터 처리에 특화된 신경망 구조인 재귀적recurrent 신경망을 소개한다. 시계열이란 시간 순서에 따라 나열된 서열형 데이터를 의미한다. 예를 들어 악보 하나는 음표[음향 주파수]들을 시간순으로 나열한 시계열 데이터 포인트 하나에 해당한다. 일별로 기온 변화나 상품 가격 변화를 기록해 둔 데이터도 시계열 데이터에 해당한다. 육성 언어는 악보에 비유할 수 있고, 문자들이 순서대로 나열된 단어나 단어들이 순서대로 나열된 문장 역시 시계열 데이터에 해당한다. 시계열 데이터의 가장 중요한 특징은 시계열을 구성하는 요소들이 서로 독립적이지 않고 순서[부분적 또는 전체적 순서]가 의미를 갖는다는 점이다.

인간의 지능과 문명은 시간을 인식하게 되면서 시작되었다고 할 수 있다. 여름이 지나면 겨울이 오고, 밤에 보이는 달의 형태가 변해가는 등의 시간적 순서를 관찰하는 것으로부터 원인과 결과의 개념을 알게 되었고 점차 고도의 추상적 사고가 가능한 상태에 이르렀다. 그렇다면, 시간적 순서의 인식에 있어서 가장 중요한 점은 무엇일까? 그것은 기억이다. 과거를 기억할 수 있어야만 시간적 순서를 따르는 현상들에 대한 추론이 가능하다. 예를 들어, 앞에 발성한 단어들을 기억하지 못한다면 말 속에 포함된 의미를 이해할 수 없을 것이다. 재귀적 신경망은 기억을 도입한 신경망이다. 이 장에서는 재귀적 신경망을 소개하고 시계열의 예측에 적용해 본다.

이 장에서 사용하는 기본 패키지와 모듈은 다음과 같이 불러들인다.

```
import numpy as np
import matplotlib.pyplot as plt
from sklearn.model_selection import train_test_split
np.random.seed(123)
```

tensorflow 클래스들은 필요한 곳에서 따로 언급한다.

## 17.1 재귀적 신경망

순서가 있는 벡터들로 구성된 서열이 하나의 데이터 포인트를 이루는 예를 보자.

$$\mathbf{X}^{(i)} = \left[ \mathbf{x}_1^{(i)},\ \mathbf{x}_2^{(i)},\ ...,\ \mathbf{x}_T^{(i)} \right]$$

문자열, 문장, 악보, 일련의 날씨 변화, 가격 변동 등이 이에 해당한다. 순서는 꼭 시간적 순서일 필요는 없고 1차원 공간적spatial 순서일 수도 있으나, 편의상 시간적 순서만 다루기로 한다. 이 데이터 포인트를 밀집층[MLP]을 이용하여 처리하고 어떤 추론을 한다고 하자.

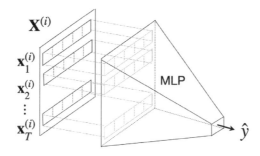

밀집층을 이용하여 서열 데이터를 처리할 경우 생각해 봐야 할 문제점들이 있다. 첫째, 밀집층은 입력 뉴런별로 입력되는 특성feature들이 할당되어 있기에 목표로 하는 정보를 제대로 추출할 수가 없다. 예를 들어 문장 [I went to Korea in 2022]에서 연도는 $\mathbf{x}_6$가 나타내지만, 동일한 의미의 문장 [In 2022, I went to Korea]에서는 $\mathbf{x}_2$가 연도를 나타낸다. 둘째, 밀집층은 입력받는 데이터 포인트의 크기가 고정되어 있는데, 서열 데이터는 그렇지 않을 수도 있다. 예를 들어, 문장 [I went back to Korea in 2022]는 위 문장들보다 한 단어가 더 많다. 밀집층으로 연도 정보를 추출하려면 모든 형태의 문장 구조들을 학습해야 할 것이다. 셋째, 서열 데이터에서는 특성의 위치에 따라 포함하고 있는 정보가 다를 수 있다. 예를 들어 문장 [I went to US in 1998, and I went back to Korea in 2002]에서 미국에 갔었던 연도를 추출하려면 문맥[주변에 위치한 다른 정보]도 고려해야 한다. 따라서, 밀집층으로는 서열 데이터를 다루기가 힘들다.

**재귀적 신경망**Recurrent neural network[RNN]에서는 서열의 모든 시점들에 대해서 가중치를 공유하는 신경망 층을 이용하여 위 문제를 해결한다. 픽셀들 사이의 공간적 연결성이 고려되어야 하는 이미지 데이터에 대해서 합성곱 신경망의 각 필터[활주창]가 이미지의 전 영역을 스캔하는 것과 유사한 방식인데, RNN에는 과거 시점의 기억을 유지하도록 하는 부분이 추가되어 있다.

### 17.1.1 재귀적 신경망의 기본 구조

길이가 $T$인 서열 데이터 포인트 $[\mathbf{x}_t]_{t=1}^T$를 처리하는 가장 단순한 형태의 RNN에 대한 설명부터 시작해 보자. 이 RNN의 밀집층을 $f$라 하고 $f$의 출력을 $\mathbf{h}$라 하면, $f$는 다음과 같이 $\mathbf{h}$에 대해서 재귀적인 형태다. $\mathbf{h}$는 은닉 상태hidden state라 하는데, 텐서플로우에서는 $\mathbf{h}$를 기억 상태memory state라 한다.

$$\mathbf{h}_t = f(\mathbf{h}_{t-1}, \mathbf{x}_t)$$

$T = 5$인 서열이라면 다음과 같은 방식으로, $[\mathbf{x}_t]_{t=1}^5$로부터 $[\mathbf{h}_t]_{t=1}^5$를 얻는다. 첫 스텝에서는 임의의 값[주로, $\mathbf{0}$]으로 초기화된 $\mathbf{h}_0$와 $\mathbf{x}_1$을 입력으로 하여 $\mathbf{h}_1$을 얻는다.

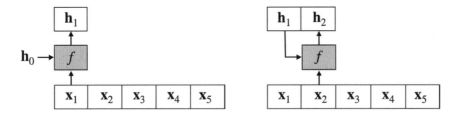

두 번째 스텝에서는 $\mathbf{h}_1$과 $\mathbf{x}_2$를 입력으로 하여 $\mathbf{h}_2$를 얻는다. 위 과정을 계속 반복하여, 최종적으로 $[\mathbf{h}_t]_{t=1}^5$를 얻는다.

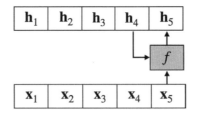

RNN을 순환 신경망으로 번역하기도 하나, 필자는 재귀적 신경망이라는 번역이 RNN의 이해에 더 도움이 되리라 생각한다. 참고로, 회귀적recursive 신경망도 서열 데이터를 다루는데 특화되어 있지만, 구조는 위와 같은 재귀적 구조가 아니라 트리tree 형태의 구조다.

RNN은 흔히 다음과 같이 간단히 나타낸다. $f$에 포함된 가중치들이 모든 시점들에서 공유[재사용]된다는 점을 강조한 그림이다.

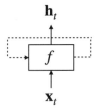

다음 그림처럼 재귀적인 면을 강조하여 시점별로 펼쳐서 나타내기도 한다.

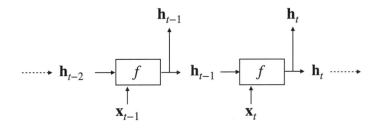

$f$를 **기억 세포** 또는 기억 단위memory unit로 부르는데, 기본적인 RNN에서 기억 세포의 구조는 다음 그림과 같다.

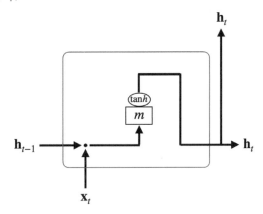

위 그림에서 •는 이어 붙이기concatenate를, 분기는 복사copy를, 기억 단위 내부의 사각형은 가중치 $\mathbf{W}_m$를 갖는 밀집층을, 타원은 활성화 함수를 나타낸다. 밀집층을 $m$으로 표시한 것은 이 층이 과거의 기억과 현재의 관찰로부터 미래에 기억하고 있어야 할 메모리 정보를 추출한다는 것을 명시하기 위함이다. RNN에서는 지그모이드 함수보다 출력의 범위가 더 큰 쌍곡선 탄젠트 함수[tanh]를 사용한다. 위 기억 세포를 수식으로 나타내면 다음과 같다[⊔은 이어붙이기를, ⊗은 점곱을 뜻한다].

$$f(\mathbf{h}_{t-1}, \mathbf{x}_t) = \tanh \left[ \mathbf{W}_m \otimes (\mathbf{h}_{t-1} \sqcup \mathbf{x}_t) \right]$$

다음은 위에 언급된 기본적인 RNN을 넘파이로 구현한 코드다. 코드를 보면 RNN의 작동 방식이 더 쉽게 이해되리라 생각한다.

```
class BasicRNN():
    def __init__(self,in_dim, out_dim):
        self.in_dim = in_dim
        self.out_dim = out_dim
        self.h = np.zeros(self.out_dim)
        self.W_m = np.random.normal(0,0.1,
                                    (out_dim,in_dim+out_dim))
    def f(self,x):
        # x: vector
        h_conc_x = np.concatenate([self.h, x])
        dot_prod = np.dot(self.W_m, h_conc_x)
        tanh_out = (np.exp(dot_prod)-np.exp(-dot_prod))\
                   /(np.exp(dot_prod)+np.exp(-dot_prod))
        self.h = tanh_out
        return self.h
    def get_rnn_outputs(self,X):
        # X: data point
        T = X.shape[0]
        H = np.empty((T,self.out_dim))
        for t in range(T):
            H[t] = self.f(X[t])
        return H
```

다음은 앞서 구현한 RNN 클래스를 이용하여 가상의 데이터 포인트 $[\mathbf{x}_t]_{t=1}^5$에 대해 메모리 상태의 서열 $[\mathbf{h}_t]_{t=1}^5$을 출력한 결과다. 데이터 포인트는 3차원 벡터의 서열로 하였고, 메모리 상태의 서열은 2차원 벡터의 서열로 하였다.

```
# data point (T=5)
X = np.array([[1,0,1],
              [0,2,0],
              [0,0,3],
              [1,0,1],
              [0,2,0]])

in_len = X.shape[1]
out_len = 2

basic_rnn = BasicRNN(in_len,out_len)
```

```
H = basic_rnn.get_rnn_outputs(X)
print(H)
```

```
=========
[[-0.02955357 -0.12884513]
 [-0.30125639  0.27251007]
 [-0.1132087  -0.35914344]
 [-0.05304107 -0.06103246]
 [-0.29276489  0.25358311]]
```

## 17.1.2 재귀적 신경망의 활용 방식

위 예에서는 데이터 포인트의 길이$[T_d]$와 메모리 서열의 길이$[T_h]$가 동일하였지만, 다양한 방식으로 최종 출력의 길이 $T_h$를 달리한 메모리 서열을 얻을 수도 있다. 크게 다음과 같이 네 가지 방식으로 구분할 수 있다.

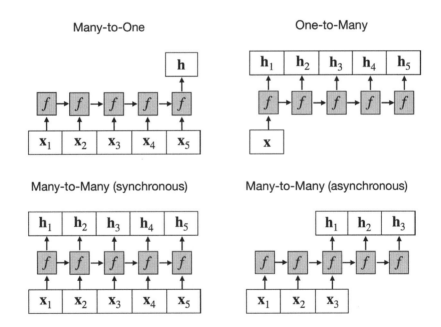

이들이 사용되는 예를 들면 다음과 같다. **다대일**Many-to-One 방식[최종 출력이 단일 벡터]은 문장을 분류하거나 문장을 점수로 평가하는 작업 등에 사용된다. **일대다**One-to-Many 방식[입력이 단일 벡터]은 주제 단어 또는 이미지를 입력하면 이를 설명하는 문장을 생성하는 작업 등에 사용된다. **다대다** 방식Many-to-Many은 동기적synchronous 방식과 비동기적async-chronous 방식으로 세분되는데, 동기적 방식은 동영상에서 프레임별 분류나 평가 등에 사용된다. 비동기적 방식은 번역기 등에서 사용된다.

비동기적 다대다 방식이 번역 문제에 사용된 예를 다음 그림에 나타내었다. 영어용 원
-핫 벡터[$\mathbf{x}$]에 인코딩된 영어 단어들은 적절한 부호기encoder[enc]를 통해 고수준의 벡터[$\mathbf{z}$]로 변환되어 RNN 층에 입력되고 출력[$\mathbf{h}$]을 얻는다. 출력은 다시 적절한 복호기decoder[dec]를 통해 독일어용 원-핫 벡터[$\hat{\mathbf{y}}$]로 변환되어 독일어 단어들을 나타낸다.

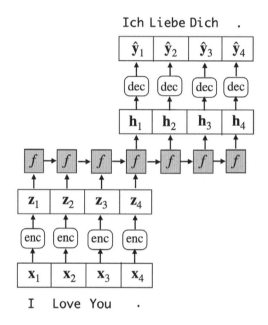

여러 RNN 층을 쌓아 모형을 구축하는 것도 가능하다.

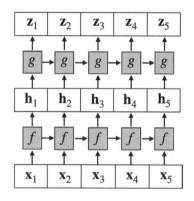

위와 같이 여러 개의 RNN 층을 쌓는 방식은 아니지만, 서열의 순방향<sup>forward</sup>과 역방향 <sup>backward</sup> 모두를 고려할 수 있게 하는 RNN 층을 사용하기도 하는데, 이를 **양방향**<sup>bidirectional</sup> RNN이라 한다. 양방향 RNN의 구조는 다음 그림에 나타내었다.

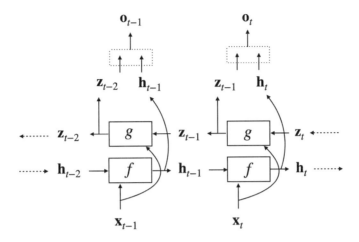

양방향 RNN의 출력 $\mathbf{o}$는 순방향 RNN의 출력 $\mathbf{h}$와 역방향 RNN의 출력 $\mathbf{z}$을 이어붙이거나[$\mathbf{o} = \mathbf{z} \sqcup \mathbf{h}$] 곱을 구하여[$\mathbf{o} = \mathbf{z} \odot \mathbf{h}$] 얻어진다.

## 17.2 개선된 기억 세포

기본적인 RNN은 장기 기억에 그리 유용하지는 않는데, 그 이유는 다음과 같다. 기본적인 RNN에서 기억 상태를 단순히 $\mathbf{h}'_t := \mathbf{W}\mathbf{h}_{t-1}$로 나타내면 $\mathbf{h}'_t$는 다음과 같이 전개해 볼 수 있다.

$$\begin{aligned}\mathbf{h}'_t = \mathbf{W}\mathbf{h}'_{t-1} &= \mathbf{W}(\mathbf{W}\mathbf{h}'_{t-2}) \\ &= \mathbf{W}^2\mathbf{h}'_{t-2} \\ &\vdots \\ &= \mathbf{W}^t\mathbf{h}'_0\end{aligned}$$

여기서, 가중치 $\mathbf{W}$를 스펙트럼 분해spectral decomposition[또는 고유값 분해eigen decomposition] 하면 $\mathbf{W} = \mathbf{U}\Lambda\mathbf{U}^\top$이므로, 위 식은 다시 다음과 같다.

$$\mathbf{h}'_t = \mathbf{U}\Lambda^t\mathbf{U}^\top\mathbf{h}'_0$$

$\mathbf{W}$가 $2\times2$행렬이라 하고, 위 식을 풀어서 써보면 다음과 같다. $v$는 $\mathbf{W}$의 고유벡터를, $\lambda$는 $\mathbf{W}$의 고유값을 나타낸다.

$$\begin{aligned}\begin{bmatrix} h'_{t,1} \\ h'_{t,2} \end{bmatrix} &= \begin{bmatrix} v_{11} & v_{12} \\ v_{21} & v_{22} \end{bmatrix}\begin{bmatrix} \lambda_1 & 0 \\ 0 & \lambda_2 \end{bmatrix}^t\begin{bmatrix} v_{11} & v_{21} \\ v_{12} & v_{22} \end{bmatrix}\begin{bmatrix} h'_{0,1} \\ h'_{0,2} \end{bmatrix} \\[2mm] &= \begin{bmatrix} v_{11} & v_{12} \\ v_{21} & v_{22} \end{bmatrix}\begin{bmatrix} \lambda_1^t & 0 \\ 0 & \lambda_2^t \end{bmatrix}\begin{bmatrix} v_{11} & v_{21} \\ v_{12} & v_{22} \end{bmatrix}\begin{bmatrix} h'_{0,1} \\ h'_{0,2} \end{bmatrix} \\[2mm] &= \begin{bmatrix} \lambda_1^t v_{11} & \lambda_2^t v_{12} \\ \lambda_1^t v_{21} & \lambda_2^t v_{22} \end{bmatrix}\begin{bmatrix} v_{11} & v_{21} \\ v_{12} & v_{22} \end{bmatrix}\begin{bmatrix} h'_{0,1} \\ h'_{0,2} \end{bmatrix} \\[2mm] &= \begin{bmatrix} (\lambda_1^t v_{11}^2 + \lambda_2^t v_{12}^2) & (\lambda_1^t v_{11}v_{21} + \lambda_2^t v_{12}v_{22}) \\ (\lambda_1^t v_{11}v_{21} + \lambda_2^t v_{12}v_{22}) & (\lambda_1^t v_{21}^2 + \lambda_2^t v_{22}^2) \end{bmatrix}\begin{bmatrix} h'_{0,1} \\ h'_{0,2} \end{bmatrix}\end{aligned}$$

즉, $\mathbf{W}^t$ 항은 $\mathbf{W}$의 고유값과 고유벡터의 요소들만으로 표현할 수 있다. 그런데, $t$가 매우 커진다면 $\mathbf{W}$의 고유값 중에서 절댓값이 1보다 작은 항은 0으로 수렴하고 1보다 큰 항은 발산한다. 그러므로, $\mathbf{W}^t$ 항 요소 중의 일부는 오직 $t$에 의해서만 0으로 접근하거나 발산하게 된다. 이는 기억을 담당하는 $\mathbf{h}_t$에서 오직 $t$에 의해서만 정보의 유실이 일어날 수 있다는 것을 뜻하며, RNN에서의 그레디언트gradient 소실vanishing이나 폭주exploding와 관련이 있다. 모든 시점에서 가중치를 공유함으로써 학습에 필요한 가중치의 수를 현저히 줄일 수 있다는 장점 때문에 발생하는 단점이다. 실제로, 기본적인 RNN을 훈련하는 경우, 서열의 길이가 10 정도만 되어도 학습이 굉장히 어려워진다. 반면 모든 시점에 대해서 서로 다른 가중치 $\mathbf{W}^{(t)}$를 사용하는 밀집층을 이용한다면, $\mathbf{h}_t = (\Pi_t \mathbf{W}^{(t)})\mathbf{h}_0$ 이므로 $t$ 때문에 그래디언트가 소멸하거나 폭발하지는 않는다.

## 17.2.1 장 단기-기억 세포

위에서 언급한 문제점을 해결하기 위해 기본적인 기억 세포를 개선한 기억 세포들이 개발되었는데, 그 중 빈번히 이용되는 것이 다소 특이한 이름의 장 단기-기억long short-term memory[LSTM] 세포다.

기본적인 기억 세포에서 시작하여 한 단계씩 LSTM 세포를 구성해 보자. 다른 문헌들과는 다소 다른 방식으로 설명하였으나, 이해에 도움이 되기를 바란다. 기본적인 RNN의 기억 세포를 아래와 다시 나타내었다. $m$은 기억 밀집층이다.

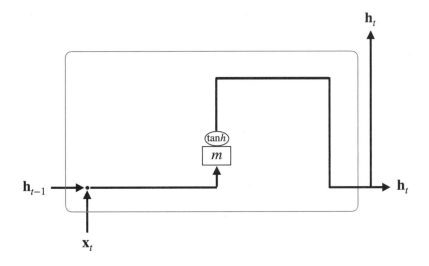

LSTM 세포에서는 **세포 상태**cell state[텐서플로에서는 운송 상태carry state]라 칭하는 추가 정보가 이용되는데, 이를 $\mathbf{c}_t$로 나타내었다. 세포 상태 $\mathbf{c}_t$는 주로 장기long-term 기억에 관여하는데, LSTM 세포는 시점마다 세포 상태를 입력 받는다. 아래 그림에 이를 나타내었다.

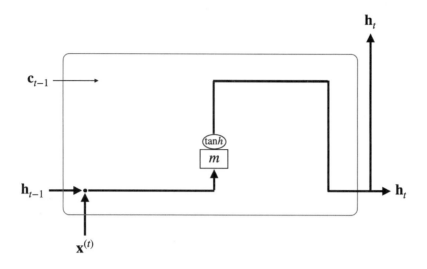

LSTM 세포는 장기 기억 중에서 다시는 사용하지 않을 정보는 망각시키고, 단기short-term 기억 중에서 중요한 정보는 선별하여 장기 기억에 누적시킨 후, 다음 시점에서 필요한 정보만 $h_t$로 출력이 되도록 구성되어 있다.

잠시, 정보/기억의 선별을 위해서 사용되는 **개폐기**gate에 대해서 알아보자. 개폐기로 사용될 정보는 지그모이드 활성화 함수를 통과한 벡터에 실려있다. 지그모이드 함수의 출력은 0부터 1까지이므로, 이는 선별하려는 정보의 중요도에 상응한다. 0은 개폐기를 닫고 1은 개폐기를 전부 열어주는 것이며, 0과 1 사이의 값은 개폐기가 열린 정도에 해당한다. 따라서, 선별하고자 하는 정보가 실려있는 벡터와 개폐기 벡터 간의 요소별 곱element-wise product[⊙]을 구함으로써 정보의 선별을 할 수 있다. 즉, 이어지는 그림에서 ⊙이 개폐기를 나타낸다.

첫 번째 개폐기는 다음 그림에 나타낸 바와 같이 $c_{t-1}$에 포함된 장기 기억 중에서 다시는 사용하지 않을 정보를 지우는[즉, 망각시키는] **망각 개폐기**forget gate다. 개폐기 벡터는 $h_{t-1}$와 $x_t$로부터 지그모이드 활성화 함수가 적용된 **망각 신호용 밀집층** $f$를 통해 얻어진다.

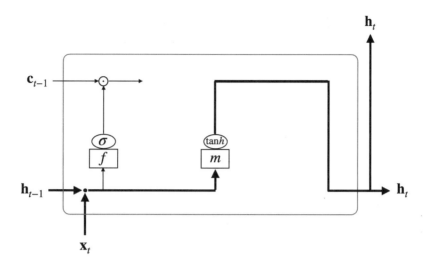

장기 기억 $\mathbf{c}_{t-1}$에서 유지할 필요가 없는 기억들을 제거하였으니[또는 기여도를 낮추었으니], 시점 $t$에서 $\mathbf{x}_t$로부터 새롭게 얻어진 정보와 가까운 과거의 단기 기억 정보를 $\mathbf{c}$에 주입add해줘야 할 것이다. 정보의 주입은 요소별 합element-wise addition[⊕]으로 구현할 수 있으며, ⊕를 기억 주입기라 하겠다. 다음 그림에 이상의 내용을 나타내었다. $\mathbf{h}_{t-1}$와 $\mathbf{x}_t$로부터 얻어진 정보는 모두 $\mathbf{c}_{t-1}$로 주입하였으므로, $\mathbf{h}_t$로 연결되는 경로는 잠시 절단하겠다.

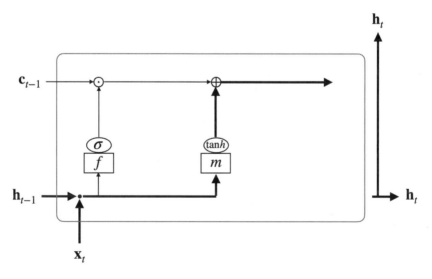

$\mathbf{h}_{t-1}$와 $\mathbf{x}_t$로부터 얻어진 모든 정보 중에서도 중요도가 높은 정보만을 선별하여 장기 기억으로 전달할 필요가 있으므로, 여기서도 개폐기가 필요하다. 이 개폐기를 **주입 개폐기**input gate라 하겠다. 주입 개폐기에 필요한 정보는 **주입 신호용 밀집층** $i$를 통해 얻는다.

이제, 다음 시점으로 전달할 장기 기억 $\mathbf{c}_t$가 완성되었다. 다음 그림에 이를 나타내었다.

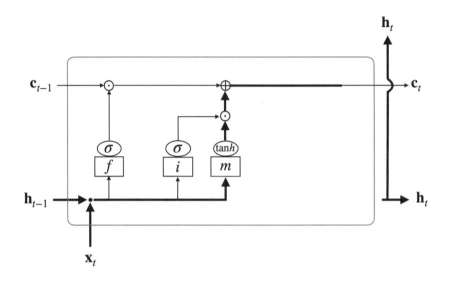

다음 시점에서 사용할 단기 기억 $\mathbf{h}_t$는 아직 완성되지 않았는데, 이를 구성할 정보는 $\mathbf{x}_t$ 와 $\mathbf{h}_{t-1}$로부터 직접 추출하지 않고 $\mathbf{c}_t$로부터 추출된다. 그런데, $\mathbf{c}_t$는 $\mathbf{c}_{t-1}$에 어떤 값들이 더해진 것이므로 요소 값들의 범위가 -1과 +1을 벗어나는 요소들도 있다[$\mathbf{h}$의 요소값들 은 모두 -1과 +1 사이의 값이다]. 따라서, 우선 $\mathbf{c}_t$를 $\tan h$에 통과시켜 요소값들을 절삭 truncate한다. 다음 그림에 이를 나타내었다.

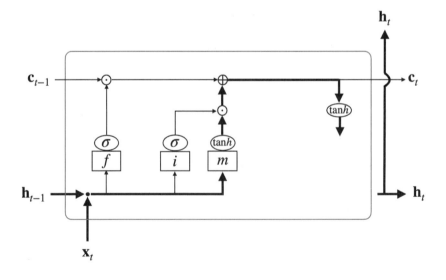

하지만, $\tan h$를 통과한 벡터를 그대로 $\mathbf{h}_t$로 사용한다면, $\mathbf{h}_t$는 단순히 절삭된 $\mathbf{c}_t$이고 중

복된 정보를 다음 시점으로 전달하는 형태가 된다. 장기 기억에 포함된 정보 중에서 단기 기억에 필요한 정보를 추출하여 $\mathbf{h}_t$를 재구성할 필요가 있으며, 마지막 개폐기인 **출력 개폐기**output gate가 이를 행한다. 출력 개폐기에 필요한 개폐 정보는 $\mathbf{x}_t$와 $\mathbf{h}_{(t-1)}$로부터 **출력 신호용 밀집층** $o$를 통해 얻는다. 다음 그림은 완성된 LSTM 세포다.

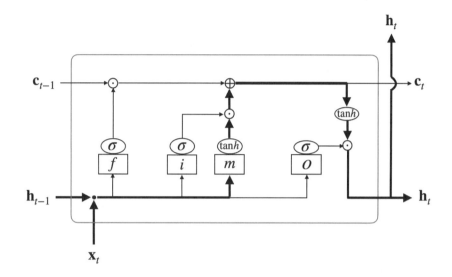

얼핏 복잡해 보이는 구조이지만, 크게 보면 기본적인 RNN에 세포 상태라 칭하는 장기 기억을 운반하는 **c**만 추가된 형태다. **c**는 밀집층이나 활성화 함수를 통과하지 않는다는 점에 주목할 필요가 있다. **c**에는 시점에 따라 정보가 가감될 뿐이다. 그리고 **h**는 그런 **c**와 서로 정보를 주고받으면서 다음 시점으로 전달된다.

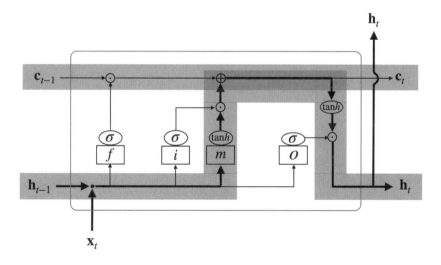

텐서플로우에는 LSTM 세포를 이용한 RNN 층이 구현되어 있는데, 다른 신경망 층과 용법이 다른 점이 많으므로, 여기서 이에 대해 간단히 언급한다. 아래 코드는 모두 셀 창에서 실행하는 코드들이다.

데이터 포인트는 0번 축이 시간축[길이: $T$]이고 나머지 축들이 특성의 차원[차원 수: $D$]이 되도록 준비한다. 따라서, 한 개의 데이터 포인트[$T = 5$, $D = 5$]라면 다음과 같은 형태로 LSTM 층에 주입해야 한다.

```
>>> import tensorflow as tf
>>> from tensorflow.keras.layers import LSTM

>>> x = tf.random.normal([1, 10, 5]) # [B, T, D]
```

출력할 기억 상태 $\mathbf{h}$의 차원 수를 뉴런의 갯수로 나타내는데, 기본적으로 마지막 시점의 기억 상태 $\mathbf{h}_T$만 출력한다.

```
>>> h = LSTM(units=3)(x)
>>> h.shape
TensorShape([1, 3])
```

서열 $[\mathbf{h}_t]_{t=1}^{T}$의 출력이 필요할 경우 다음과 같이 sequences를 반환하라고 한다. RNN 층을 여러 겹 쌓을 때 필요하다.

```
>>> h_seq = LSTM(units=3,return_sequences=True)(x)
>>> h_seq.shape
TensorShape([1, 10, 3])
```

state를 반환하라고 하면, 마지막 기억 상태 $\mathbf{h}_T$와 마지막 세포 상태 $\mathbf{c}_T$를 얻을 수 있다.

```
>>> h_seq, h, c = LSTM(units=3, return_sequences=True,
                       return_state=True)(x)
>>> h.shape
TensorShape([1, 3])
>>> c.shape
TensorShape([1, 3])
```

초기 기억 상태 $\mathbf{h}_0$와 초기 세포 상태 $\mathbf{c}_0$를 사용자가 지정할 수도 있다. 만약 지정하지 않으면 모두 $\mathbf{0}$이 사용된다.

```
h_user = tf.ones((1,3)) # (B,F)
c_user = tf.ones((1,3)) + 1
h = LSTM(units=3)(x, initial_state=[h_user, c_user])
```

참고로 stateful = True로 하면, $i$번 째 데이터 포인트에서 얻어진 마지막 기억 상태 $\mathbf{h}_T$와 마지막 세포 상태 $\mathbf{c}_T$가 $i+1$번 째 데이터 포인트에 대한 초기 기억 상태 $\mathbf{h}_0$와 초기 기억 상태 $\mathbf{c}_0$로 사용된다. 지정하지 않으면 매번 모두 $\mathbf{0}$이 사용된다.

## 17.2.2 개폐형 재귀 세포

개폐형 재귀 세포gated recurrent unit[GRU]는 LSTM 세포 구조를 다소 단순화시켜 가볍게 만든 것으로서, LSTM 세포와 함께 빈번히 사용되는 기억 세포다.

GRU에서는 $\mathbf{c}$가 생략되는 대신 $\mathbf{h}$가 c의 역할을 부분적으로 수행한다. GRU가 LSTM 세포와 다른 첫 번째 부분은 $\mathbf{x}_t$와 이어붙이기 하여 $\mathbf{h}_t$를 추출하는 데 사용될 정보를 망각 개폐기를 통과한 $\mathbf{h}_{t-1}$로부터 얻는다는 점이다. 이를 다음 그림에 나타내었다.

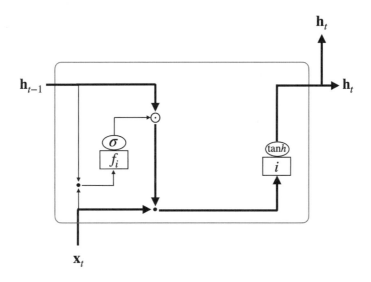

$\mathbf{h}_{t-1}$에서 불필요한 정보를 두 번째 망각 개폐기로 제거하고 앞서 준비된 출력과 합하여 최종 출력 $\mathbf{h}^{(t)}$을 출력한다. 이렇게 구성함으로써 $\mathbf{h}$에 c의 역할을 부여할 수 있다. 이를 다음 그림에 나타내었다.

585

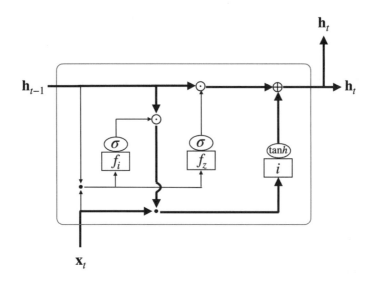

여기에 한가지 기교가 더 사용되는데, 이는 $\mathbf{h}_{t-1}$에 더해질 입력을 제어할 입력 개폐기에 적용된다. 이 개폐기에 사용될 벡터는 두 번째 망각 개폐기를 제어하는 데 사용되었던 제어 벡터를 반전시켜 사용한다. 망각 개폐기에 대한 제어 벡터는 지그모이드 함수를 통과한 것이므로 모든 요소들이 0부터 1사이의 값을 갖는데, 상수 벡터 **1**에서 그 제어 벡터를 감하면 요소 값은 반전된다[예를 들어, 1은 0이 되고 0은 1이 된다]. 따라서, 세 번째 개폐기에 반전된 제어 벡터를 사용하면, $\mathbf{h}_{t-1}$에서 제거된[또는 줄어든] 요소 값들에 대해서만 입력이 주입되게 할 수 있다. 아래 그림에 완성된 GRU의 구조를 나타내었다.

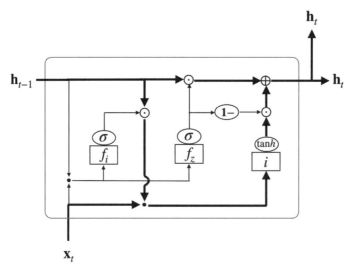

### 17.2.3 주목 기법

재귀적 신경망은 아니지만, RNN에서 긴 서열의 효율적인 처리를 위해 고안된 기법인 **주목**attention **기법**을 소개한다. 주목 기법을 간단히 설명하자면 다음과 같다. RNN의 출력 $\mathbf{q}$로부터 어떤 추론 $\hat{\mathbf{y}}$를 하려고 할 때 참조할 수 있는 서열 $[\mathbf{r}_t]_{t=1}^T$가 있다면, $\mathbf{q}$[조회query **벡터**]와 각 $\mathbf{r}_t$[참조reference**벡터**] 사이의 유사도에 기반하여 얻어진 $\mathbf{r}_t$의 가중합 $\mathbf{a}$[주목attention **벡터**]을 $\hat{\mathbf{y}}$의 계산에 사용하겠다는 것이 주목기법이다. 즉, 어떤 문제에 대한 답을 쓰기 직전에 문제가 의미하는 바가 무엇이었는지를 돌아보고 문제의 어떤 점에 주목해야 하는지를 알아보는 것에 비유할 수 있다.

구체적인 예로서 번역에 사용되는 모형인 Seq2Seq를 사용할 텐데, Seq2Seq 모형의 구조는 대략 다음과 같다.

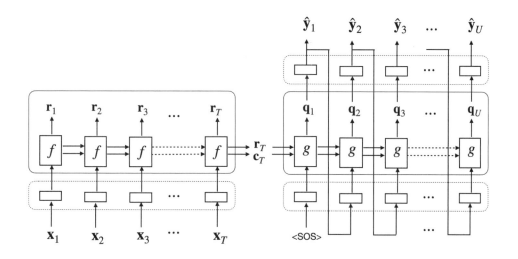

$\mathbf{r}_T$와 $\mathbf{c}_T$를 기준으로 왼쪽이 부호기encoder에 해당하고 오른쪽이 복호기decoder에 해당한다. 부호기 RNN은 길이가 $T$인 문장 $[\mathbf{x}_t]_{t=1}^T$을 입력받아 최종적으로 $\mathbf{r}_T$와 $\mathbf{c}_T$를 반환한다. $\mathbf{r}_T$와 $\mathbf{c}_T$는 잠재 벡터latent vector에 해당하며, Seq2Seq에서는 이를 문맥context이라 한다. 복호기 RNN은 이 문맥을 복호기의 초기 상태로 삼는다. 복호기 RNN은 문장의 시작을 알리는 신호 <SOS>start of sequence를 첫 번째로 입력받아 $\mathbf{q}_1$을 출력하고, $\mathbf{q}_1$으로부터 번역된 다른 언어의 단어 $\hat{\mathbf{y}}_1$을 예측한다. $\hat{\mathbf{y}}_1$은 다시 복호기 RNN의 두 번째 입력이 되고 이로부터 $\hat{\mathbf{y}}_2$가 예측된다. 이런 방식으로 전 단계의 예측이 현 단계의 예측을 위한 입력이 되는 방식을 자기회귀적autoregressive 방식이라 한다. 위 과정을 통해 문장 $[\mathbf{x}_t]_{t=1}^T$가 다른 언어의 문장 $[\hat{\mathbf{y}}_u]_{u=1}^U$로 번역된다. 모형의 학습단계에서는 복호기 시점 $u$마다 복호기에 입력될 신호를 $\hat{\mathbf{y}}_{u-1}$이 아니라 참값 $\mathbf{y}_u$를 사용하는 교사강요teacher forcing 기법을 사용할

수도 있다.

위 Seq2Seq 모형에서 $\mathbf{q}_1$과 $\mathbf{R} = [\mathbf{r}_t]_{t=1}^5$를 각각 다음과 같은 조회 벡터와 참조 벡터의 서열이라 하고 주목 벡터 $\mathbf{a}_1$을 구해 보자.

$$\mathbf{q}_1 = \begin{bmatrix} -1 \\ 0 \\ 1 \end{bmatrix}$$

$$\mathbf{R} = [\mathbf{r}_1 \quad \mathbf{r}_2 \quad \mathbf{r}_3 \quad \mathbf{r}_4 \quad \mathbf{r}_5] = \begin{bmatrix} \begin{bmatrix} -1 \\ 0 \\ 1 \end{bmatrix} & \begin{bmatrix} -1 \\ 1 \\ 0 \end{bmatrix} & \begin{bmatrix} 0 \\ -1 \\ 1 \end{bmatrix} & \begin{bmatrix} 0 \\ 1 \\ -1 \end{bmatrix} & \begin{bmatrix} 1 \\ 0 \\ -1 \end{bmatrix} \end{bmatrix}$$

주목 벡터를 구하는 첫 단계는 두 벡터 사이의 유사도를 구하는 단계다. 두 벡터 간의 유사도로 두 벡터 사이의 코사인$^{cosine}$ 값을 사용할 수 있는데, 이를 구하는 식은 다음과 같다.

$$\mathrm{cos\_similarity}(\mathbf{q}_1, \mathbf{r}_t) = \frac{\mathbf{q}_1 \cdot \mathbf{r}_t}{||\mathbf{q}_1|| \times ||\mathbf{r}_t||}$$

다음 코드를 실행하면, $\mathbf{q}_1$과 $[\mathbf{r}_1, \mathbf{r}_2, \mathbf{r}_3, \mathbf{r}_4, \mathbf{r}_5]$ 사이의 코사인 유사도를 볼 수 있다.

```
q = np.array( [-1,0,1])
R = np.array([[-1,0,1],
              [-1,1,0],
              [0,-1,1],
              [0,1,-1],
              [1,0,-1]])

def cos_similarity(q,R):
    T = R.shape[0]
    cos = np.zeros(T)
    norm_q = np.linalg.norm(q)
    for t in range(T):
        r = R[t]
        norm_r = np.linalg.norm(r)
        cos[t] = np.dot(q,r)/(norm_q*norm_r)
    return cos

print(cos_similarity(q,R))
```

```
=========
[ 1.   0.5  0.5 -0.5 -1. ]
```

$\mathbf{q}_1$과 $\mathbf{r}_1$에 대해서 1이 얻어졌다. 코사인 유사도는 단위 벡터[유클리드 길이가 1인 벡터]의 점곱으로서 -1부터 +1까지 값으로 벡터의 방향만을 고려한다. 코사인 유사도의 식에서 두 벡터를 단위 벡터로 만드는 분모항을 제거하면 두 벡터의 점곱이 되는데, 점곱을 두 벡터의 유사도로 사용할 수도 있다. 단 이 경우, 벡터의 길이까지도 고려된다. 주목 기법에서는 $\mathbf{q}_1$과 $\mathbf{r}_t$ 사이의 유사도로 점곱을 사용하며, 이를 주목 점수attention score[$s_t$]라 한다.

$$s_t = \mathbf{q}_1^\top \cdot \mathbf{r}_t$$

다음 코드를 실행하면, $\mathbf{q}_1$과 [$\mathbf{r}_1$, $\mathbf{r}_2$, $\mathbf{r}_3$, $\mathbf{r}_4$, $\mathbf{r}_5$] 사이의 주목 점수들을 볼 수 있다.

```python
def attention_score(q,R):
    s = np.dot(q,R.T)
    return s

print(attention_score(q,R))
```

```
=========
[ 2  1  1 -1 -2]
```

주목점수가 얻어지면, 소프트맥스 함수를 이용하여 가중치를 얻는다.

$$p_t = \frac{e^{s_t}}{\sum_{t'=1}^{T} e^{s_{t'}}}$$

다음 코드를 실행하면, [$\mathbf{r}_1$, $\mathbf{r}_2$, $\mathbf{r}_3$, $\mathbf{r}_4$, $\mathbf{r}_5$]에 대한 가중치들을 볼 수 있다.

```python
def attention_weight(q,R):
    s = np.dot(q,R.T)
    p = np.exp(s)/np.sum(np.exp(s)) # softmax
    return p

print(attention_weight(q,R))
```

```
==========
[0.55436626 0.20393995 0.20393995 0.02760027 0.01015357]
```

마지막으로, 위 가중치들을 이용하여 $[\mathbf{r}_1, \mathbf{r}_2, \mathbf{r}_3, \mathbf{r}_4, \mathbf{r}_5]$의 가중합을 구하면 주목 벡터 $\mathbf{a}_1$이 얻어진다.

$$\mathbf{a}_1 = \sum_{t=1}^{T} p_{(t)}^{(n)} \mathbf{v}^{(t)}$$

다음 코드를 실행하면, 조회 벡터 $\mathbf{q}_1$에 대한 주목 벡터 $\mathbf{a}_1$을 볼 수 있다.

```
def attention(q,R):
    s = np.dot(q,R.T)
    p = np.exp(s)/np.sum(np.exp(s))
    a = np.sum(p.reshape((-1,1))*R,axis=0)
    return a

print(attention(q,R))
```

```
==========
[-0.74815264  0.02760027  0.72055236]
```

텐서플로우에는 주목 벡터를 구하는 함수가 구현되어 있는데, 다음과 같이 실행한다.

```
import tensorflow as tf
from tensorflow.keras.layers import Attention


q = tf.convert_to_tensor([q.astype(float)])
R = tf.convert_to_tensor(R.astype(float))
a = Attention()([q, R])

print(a)
```

```
==========
tf.Tensor([[-0.7481527   0.02760027  0.7205524 ]],
          shape=(1, 3), dtype=float32)
```

거의 동일한 결과가 얻어졌다. 이렇게 얻어진 주목값 $\mathbf{a}_1$은 $\mathbf{q}_1$과 이어붙이기 된 후, $\hat{\mathbf{y}}_1$를 구하는 데 사용된다. 참고로, 주목 점수 계산법은 여러 가지가 있으나 텐서플로에서는 점곱만 제공한다.

주목 기법이 적용된 Seq2Seq 모형은 다음 그림과 같다.

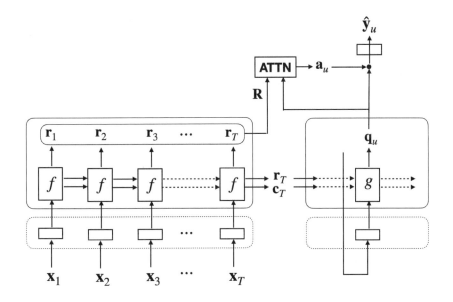

## 17.3 재귀적 신경망을 이용한 시계열 예측

이 절에서는 가상의 시계열을 예측하는 RNN 모형을 구축해 보고 평가해 볼 것이다. 문제를 구체적으로 말하자면, $t$와 비선형 관계에 있는 $x_t = f(t)$에 대하여 과거의 $x$ 값 $[x_t]_{t=a}^b$을 주면 미래의 $x$ 값 $[x_t]_{t>b}^c$을 예측하는 것이다. 예를 들어, 오늘을 $t = 0$라 하면, 어떤 상품에 대한 과거 일주일의 가격 $[x_t]_{t=-7}^{-1}$로부터 다음 일주일의 가격 $[x_t]_{t=0}^6$를 예측하는 문제다.

이 절에서 사용할 클래스들과 함수들은 다음과 같이 불러온다.

```
from tensorflow.keras import Input, Model
from tensorflow.keras.layers import LSTM, Dense, Dropout
from tensorflow.keras.callbacks import EarlyStopping
from tensorflow.keras.models import save_model, load_model
```

### 17.3.1 가상의 시계열 데이터 세트

가상의 시계열을 생성하는 함수 $f$가 간단한 사인sine 곡선인 경우부터 시작해 보자.

$$x_t = f(t) = \sin(0.2t) + 3$$

다음 코드를 실행하면, 날자 $t$에 대한 $x_t$를 볼 수 있다.

```
def f(t):
    x = np.sin(0.2*t) + 3
    return x

def plot_x(f, t):
    x = f(t)
    plt.plot(t,x,color='black')
    plt.xlabel("t",size=17)
    plt.ylabel("x",size=17)
    plt.tight_layout()
    plt.show()
    return None

t = np.arange(0, 100)
```

```
plot_x(f, t)
```

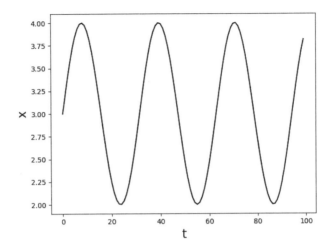

과거 7일 동안의 서열 $[x_t]_{t=-7}^{-1}$을 보고 오늘의 예측값 $\hat{x}_0$을 구하는 모형부터 구축할 것이다. 따라서, 이 모형의 학습을 위한 데이터 포인트는 다음과 같이 구성되어야 한다.

$$\text{과거 임의의 시점 } \tau < 0\text{에 대하여,}$$
$$\text{관측값: } [x_t]_{t=\tau-7}^{\tau-1} = [x_{\tau-7}, x_{\tau-6}, x_{\tau-5}, x_{\tau-4}, x_{\tau-3}, x_{\tau-2}, x_{\tau-1}]$$
$$\text{타겟 } : x_\tau$$

모형을 과거 3000일 동안의 관측값들로부터 훈련한다면, $-2993 \le \tau \le -1$이고, $3000 - 8 + 1 = 2993$개의 데이터 포인트들로 구성된 데이터 세트가 사용된다. 다음은 데이터 세트를 생성하는 함수다.

```
def get_train_dataset(f, lookback, t_start):
    t = np.arange(t_start, 0)
    x = f(t)
    n_data_points = len(t)-(lookback+1)+1
    X_obs = np.zeros((n_data_points,lookback), dtype=float)
    x_tgt = np.zeros(n_data_points, dtype=float)
    for i in range(n_data_points):
        X_obs[i] = x[i:i+lookback]
        x_tgt[i] = x[i+lookback]
    [X_obs_tra, X_obs_val,
     x_tgt_tra, x_tgt_val] = train_test_split(
        X_obs, x_tgt, test_size=0.3,
        shuffle=True, random_state=123)
```

```
    return X_obs_tra, x_tgt_tra, X_obs_val, x_tgt_val
```

X_obs_tra와 x_tgt_tra는 각각 학습용으로 사용되는 관측값과 타겟이고, X_obs_-val와 x_tgt_val는 각각 검증용으로 사용되는 관측값과 타겟이다. lookback으로 과거 몇일[예, 7일]의 관측값을 사용할 것인가를 지정하고, t_start로는 전체 데이터 세트의 시작일[예, -3000일]을 지정한다.

## 17.3.2 모형 구축 및 컴파일

이 절에서 사용할 모형은 다음과 같은 다대일Many-to-One 형태의 구조다.

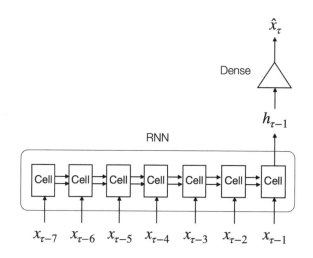

RNN의 기억 세포로는 LSTM 세포를 사용한다. 입력의 형상은 (7,1)이고, 기억 용량과 관련된 LSTM 세포 은닉층의 뉴런 수는 64개로 한다. RNN의 최종 출력을 밀집층에 주입하고 스칼라를 출력하도록 한다. 수치를 예측해야 하므로 출력 밀집층에는 활성화 함수를 사용하지 않는다. 모형 구축 함수는 다음과 같다.

```
def build_model(lookback, n_hidden_units):
    x_prev = Input(shape=(lookback,1))
    h = LSTM(units=n_hidden_units, activation='tanh')(x_prev)
    x_next = Dense(units=1, activation=None)(h)
    model = Model(x_prev,x_next)
    model.summary()
    return model
```

다음을 실행하면, 모형을 구축하고 모형의 구조를 출력된다.

```
model = build_model()
```

```
=========
Model: "model"
_____
Layer (type)               Output Shape              Param #
===============================================================
input_1 (InputLayer)       [(None, 7, 1)]            0
_____
lstm (LSTM)                (None, 64)                16896
_____
dense (Dense)              (None, 1)                 65
===============================================================
Total params: 16,961
Trainable params: 16,961
Non-trainable params: 0
_____
```

만약 Cannot convert a symbolic Tensor to a numpy array라는 오류가 발생한다면, 넘파이와 텐서플로우 사이에 버젼 충돌이 있는 것이다. 그럴 경우, 다음 두 방법 중 하나를 택하여 버젼 충돌 문제를 해결한다. 이 책의 예제를 실습하기 위한 가상 환경이 만들어져 있다면, 첫 번째가 간단한 방법이다.

방법 1: 넘파이 버젼 다운그레이드

최신 버젼의 넘파이를 사용하고 있다면, 파이썬 버젼 1.18.5로 다운그레이드하는 방법이다. 가상환경이 활성화된 터미널 창에서 다음 명령을 실행한다

```
pip install numpy==1.18.5
```

방법 2: 텐서플로우 파일 변경

텐서플로우의 파일 내용을 변경하는 방법으로서, 아래 작업을 순서대로 행한다.

1. 가상 환경 디렉토리로 이동한 후 다음 경로에서 array_ops.py을 찾는다.

가상환경_디렉토리 > lib>python*.* > site-packages > tensorflow > python >
ops > array_ops.py

2. array_ops.py을 복사하고 이름을 array_ops.py.old로 하여 저장해 둔다[백업].

3. IDEL 편집기로 array_ops.py을 열고, 가장 처음 부분에 다음을 쓴다:

   from tensorflow.python.ops.math_ops import reduce_prod

4. 그다음, 이름이 _constant_if_small(value, shape, dtype, name)인 함수를
   정의하는 부분을 찾아 np.prod(shape)를 reduce_prod(shape)로 바꾸고,
   저장한다.

다음은 모형을 컴파일하는 함수다. 수치 예측이므로 손실 함수는 mse로 한다.

```
def compile_model(model):
    model.compile(loss='mse', optimizer='adam')
    return model
```

## 17.3.3 모형 학습

손실 곡선을 그려주는 함수를 다음과 같이 먼저 작성해 둔다.

```
def plot_train_val_loss_history(history):
    train_loss_list = history['loss']
    val_loss_list = history['val_loss']
    plt.plot(train_loss_list, "--",
            linewidth=1,color='black',label="train loss")
    plt.plot(val_loss_list, "-",
            linewidth=1,color='black',label="val loss")
    plt.ylim(0, max(train_loss_list+val_loss_list))
    plt.xlim(0, len(train_loss_list))
    plt.xlabel('epoch-1',size=17)
    plt.ylabel('loss',size=17)
    plt.legend(fontsize=15)
    plt.tight_layout()
    plt.show()
    return None
```

다음은 모형을 학습시키는 함수다. 앞 장에서처럼 조기종료 콜백을 사용한다.

```
def train_model(model,X_obs_tra,x_tgt_tra,max_epochs,batch_size,
```

```
                X_obs_val=None,x_tgt_val=None,callback_list=None,
                model_file_name="model"):
    History= model.fit(X_obs_tra,x_tgt_tra,epochs=max_epochs,
                    batch_size=batch_size,verbose=2,
                    validation_data=(X_obs_val,x_tgt_val),
                    callbacks = callback_list)
    train_history = History.history
    save_model(model, model_file_name)
    np.save(model_file_name+"_train_history.npy", train_history)
    return model, train_history
```

다음은 모형을 구축하고 학습시키는 메인 코드다. 순서대로 한 줄씩 실행하면 모형을 학습시키고 학습된 모형을 파일로 저장한다.

학습된 모형이 저장될 파일/디렉토리의 이름은 "sine_model"이라 하였다. 만약 오류가 발생한다면, "sine_model.h5"을 사용한다. 확장자 .h5를 사용하면 모형이 저장되는 형식이 달라지는데, 자세한 내용은 텐서플로우 공식 문서를 참조하기 바란다[https://www.tensorflow.org/guide/keras/save_and_serialize].

```
# === model name
model_file_name = "sine_model" # or use "sine_model.h5"
```

아래 코드에서는 모형의 구축과 학습에 필요한 하이퍼파라미터들을 설정한다.

```
# === hyperparams
lookback = 7
n_hidden_units = 64
max_epochs = 100
batch_size = 128
patience = 5
early_stopping = EarlyStopping(monitor='val_loss',
                                patience=patience,
                                verbose=1,
                                restore_best_weights=True)
callback_list = [early_stopping]
```

다음 코드에서는 데이터 세트 로드 함수, 모형 구축 함수, 모형 컴파일 함수, 모형 학습 함수를 순서대로 실행하여 모형을 학습시킨다.

```
# === dataset loading
```

```
train_dataset = get_train_dataset(f,lookback,t_start=-3000)

X_obs_tra = train_dataset[0]
x_tgt_tra = train_dataset[1]
X_obs_val = train_dataset[2]
x_tgt_val = train_dataset[3]


# === model build & train
model = build_model(lookback,n_hidden_units)
model = compile_model(model)
model, train_history = train_model(model,
                                   X_obs_tra,x_tgt_tra,
                                   max_epochs,batch_size,
                                   X_obs_val,x_tgt_val,
                                   callback_list,
                                   model_file_name)
```

학습이 완료된 후, 다음 코드를 실행하면 손실 곡선을 볼 수 있다.

```
# === loss monitoring
history = np.load(model_file_name+"_train_history.npy",
                  allow_pickle=True).item()
plot_train_val_loss_history(history)
```

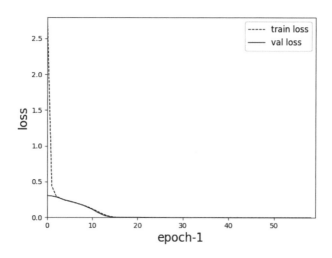

약 20 에포크 근처에서부터 학습 손실과 검증 손실 모두 거의 0에 도달하였음을 볼 수 있다.

### 17.3.4 모형 평가

다음은 지난 7일간의 관찰값 $[x_t]_{t=-7}^{-1}$으로부터 오늘의 예측치 $\hat{x}_0$를 구하는 함수다. 파일로 저장된 모형을 불러와 예측하도록 하였다.

```
def get_prediction(f, lookback, model_file_name):
    # get initial x obs
    x_obs_ini = np.zeros(lookback, dtype=float)
    for i in range(lookback):
        x_obs_ini[i] = f(i-lookback)
    # load model
    model = load_model(model_file_name)
    # prediction
    x_pred = model.predict(x_obs_ini.reshape(1,-1), verbose=0)
    return x_pred[0][0]
```

다음을 실행하면 참값과 예측값을 볼 수 있다.

```
x_pred = get_prediction(f, lookback, model_file_name)
x_true = f(0)

print("x_pred:", x_pred)
print("x_true:", x_true)
```

```
=========
x_pred: 2.9978328
x_true: 3.0
```

위 결과에서 볼 수 있듯이 단일 예측에 대해서는 참값에 거의 근접한 예측값을 얻었다. 그렇다면, 과거 7일의 관측값 $[x_t]_{t=-7}^{-1}$으로부터 다음 100일의 예측값 $[\hat{x}_t]_{t=0}^{99}$을 구할 수 있을까?

모형의 구조를 변경하여 $[\hat{x}_t]_{t=0}^{99}$을 구하게 할 수도 있지만, 이 장에서는 간단한 피드백 feedback 방식으로 $[\hat{x}_t]_{t=0}^{99}$을 구해 본다. 피드백 예측은 다음 그림에 나타낸 바와 같이 $\tau$번째 예측값을 $\tau+1$번째 예측을 위한 입력[관측값들]의 마지막 요소가 되도록 하는 방식이다.

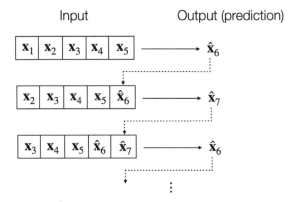

Input          Output (prediction)

다음은 위와 같은 피드백 예측을 하고 참값과 함께 예측값을 보여주는 함수다.

```python
def show_feedback_predictions(f,lookback,model_file_name,
                              t_stop):
    # get initial x obs
    x_obs_ini = np.zeros(lookback, dtype=float)
    for i in range(lookback):
        x_obs_ini[i] = f(i-lookback)
    # load model
    model = load_model(model_file_name)
    # feedback prediction
    x_feed = x_obs_ini
    for t in range(t_stop):
        x_past = x_feed[-lookback:]
        x_next = model.predict(x_past.reshape(1,-1),verbose=0)[0]
        x_feed = np.append(x_feed, x_next)
    x_pred = x_feed[-t_stop:]
    # plotting
    t = np.arange(t_stop)
    x_true = f(t)
    plt.plot(t,x_pred, "-",linewidth=1,color='black',label='x_pred')
    plt.plot(t,x_true,"--",linewidth=1,color='black',label='x_true')
    plt.xlim(0, t_stop)
    plt.xlabel('t',size=17)
    plt.ylabel('x',size=17)
    plt.legend(fontsize=15)
    plt.tight_layout()
    plt.show()
    return None
```

다음을 실행하면 과거 7일의 관측값으로부터 다음 100일간의 예측값을 참값과 함께 보여준다.

```
show_feedback_predictions(f,lookback,model_file_name,
                          t_stop=100)
```

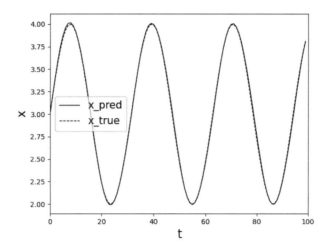

예측값을 나타내는 선과 참값을 나타내는 선이 겹쳐서 하나의 선처럼 보일 정도의 정확도로 예측하였음을 볼 수 있다.

## 17.3.5 난이도가 증가한 시계열 데이터

앞서 대상으로 했던 사인 곡선은 비교적 단순한 시계열이므로, 다음 함수를 이용하여 난이도를 증가시켜 보자.

$$x_t = f(t) = 0.7\sin(0.2t) + 0.5\sin(0.7t) + \sin(0.07t) + 3$$

위 함수를 이용하려, 앞서 작성한 함수 f를 다음과 같이 변경한다.

```
def f(t):
    g = 0.7*np.sin(0.2*t)
    h = 0.5*np.sin(0.7*t)
    x = (g + h) + np.sin(0.07*t) + 3
    return x
```

다음 코드를 실행하면, 날자 $t$에 대한 $x_t$를 볼 수 있다.

```
t = np.arange(0, 300)
plot_x(f, t)
```

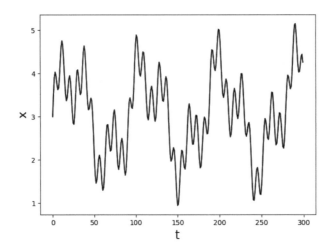

다음 코드를 실행하면, 앞서 구축한 모형을 위와 같은 시계열에 대해서 훈련하고 예측
값을 얻은 결과를 보여준다.

```
# === model name
model_file_name = "sine_model" # or use "sine_model.h5"

# === hyperparams
lookback = 7
n_hidden_units = 64
max_epochs = 100
batch_size = 128
patience = 5
early_stopping = EarlyStopping(monitor='val_loss',
                               patience=patience,
                               verbose=1,
                               restore_best_weights=True)
callback_list = [early_stopping]

# === dataset loading
train_dataset = get_train_dataset(f,lookback,t_start=-3000)
X_obs_tra = train_dataset[0]
x_tgt_tra = train_dataset[1]
X_obs_val = train_dataset[2]
x_tgt_val = train_dataset[3]

# === model build & train
```

```
model = build_model(lookback,n_hidden_units)
model = compile_model(model)
model, train_history = train_model(model,
                                   X_obs_tra,x_tgt_tra,
                                   max_epochs,batch_size,
                                   X_obs_val,x_tgt_val,
                                   callback_list,
                                   model_file_name)

# === feedback prediction
show_feedback_predictions(f,lookback,model_file_name,
                          t_stop=300)
```

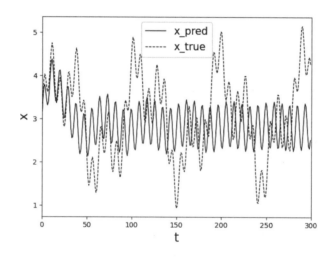

가까운 미래의 값들에 대해서도 제대로된 예측을 하지 못했다. RNN이 시계열 예측을
제대로 하지 못하는 이유로는 데이터에 비해 부족한 기억 용량[은닉층의 뉴런 수], 부
족한 에포크 수, 데이터에 내재한 패턴을 학습하기에는 부족한 lookback이 등이 있다.
여기서는 부족한 lookback이 큰 이유로 보인다.

lookback, max_epochs, patience를 다음과 같이 증가시키고 모형을 학습시킨 다음
예측 결과를 보자. 먼 미래에 대한 예측 정확도는 다소 미흡하지만, 가까운 미래에 대해
서는 상당히 정확한 예측을 했음을 볼 수 있다.

```
# === model name
model_file_name = "sine_model" # or use "sine_model.h5"

# === hyperparams
lookback = 30
```

```
n_hidden_units = 64
max_epochs = 200
batch_size = 128
patience = 10
early_stopping = EarlyStopping(monitor='val_loss',
                               patience=patience,
                               verbose=1,
                               restore_best_weights=True)
callback_list = [early_stopping]

# === dataset loading
train_dataset = get_train_dataset(f,lookback,t_start=-3000)

X_obs_tra = train_dataset[0]
x_tgt_tra = train_dataset[1]
X_obs_val = train_dataset[2]
x_tgt_val = train_dataset[3]

# === model build & train
model = build_model(lookback,n_hidden_units)
model = compile_model(model)
model, train_history = train_model(model,
                                   X_obs_tra,x_tgt_tra,
                                   max_epochs,batch_size,
                                   X_obs_val,x_tgt_val,
                                   callback_list,
                                   model_file_name)
# === feedback prediction
show_feedback_predictions(f,lookback,model_file_name,
                          t_stop=300)
```

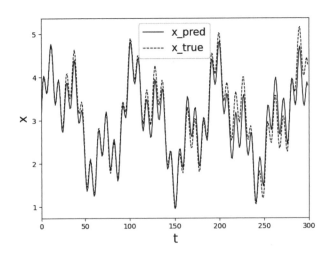

# 18

# 심층 Q 학습

모의 투자

이 장에서는 인공 신경망을 활용한 강화학습인 심층 강화학습Deep Reinforcement Learning을 소개한다. 지금까지 다루었던 강화학습 문제들에서의 상태 공간과 행동 공간은 모두 크기가 작고 이산적이었다. 예를 들어, 미로 탈출 문제에서의 상태 공간은 24개의 구획이었고 행동 공간은 4개 방향[북/동/남/서] 중 한 방향으로의 이동이었다. 만약 미로가 축구장 정도의 크기이고 벽으로 구분할 수 있는 구획은 없지만 도처에 함정이 있다면 어떨까? 이곳에 놓인 에이전트에게 상태 공간과 행동 공간은 모두 연속적이다. 물론, 아주 조밀하게 1 제곱 센티미터를 가상의 구획으로 삼아 상태 공간을 이산화discretize 할 수도 있지만, 그러면 상태 공간의 크기는 엄청나게 커질 것이다. 에이전트의 행동도 이산화[360개의 각도 중 한 각도의 이동으로]한다면, 행동의 추정가치를 구하기 위한 상태-행동 튜플이 너무나 많아 이들 대부분은 에이전트가 경험해 보지 못할 것이다.

실생활에서 마주치는 많은 문제들에서의 상태 공간과 행동 공간은 연속적이며, 다변량이기도 하다. 예를 들어, 자율주행 드론에게는 고도, 풍향, 풍속 등이 드론의 상태일 것이고, 삼차원 공간에서 각 축 방향으로의 이동이 드론의 행동일 것이다. 이런 연속적이고 다변량인 공간에서는 행동의 추정 가치가 기입된 테이블에서 상태-행동 튜플에 대한 값을 찾는 것이 아니라 행동의 추정 가치를 계산할 수 있는 함수가 필요하며, 인공 신경망 모형이 이 목적의 함수로 사용될 수 있다.

이 장에서의 예제는 투자 문제인데, 투자란 무엇인가를 이루기 위해 자원을 할애하는 것으로 정의할 수 있다. 자원은 열정이나 시간과 같은 비물질적인 것일 수도 있고 자산과 같은 물질적인 것일 수도 있다. 무엇 역시 세상에 대한 이해나 사랑과 같은 추상적인 것일 수도 있고 경제적 이익과 같은 구체적인 것일 수도 있다. 편의상, 자원은 자산으로, 무엇은 경제적 이익으로 한정하여 투자 문제를 다뤄 보기로 한다.

이 장에서 사용되는 패키지와 모듈은 다음과 같다. 텐서플로우 클래스들은 필요한 곳에 따로 언급한다.

```
import numpy as np
import matplotlib.pyplot as plt
from matplotlib import animation
np.random.seed(123)
```

# 18.1 심층 Q 학습

잠시 시간차[TD] 학습에서 소개했던 내용의 일부를 돌아보자. 행동의 추정 가치를 구하는 $Q$의 업데이트 식은 다음과 같다.

$$Q(S_t, A_t) \leftarrow Q(S_t, A_t) + \alpha \left[ G_t - Q(S_t, A_t) \right]$$

$G_t$가 업데이트의 타겟$^{\text{target}}$[TD 타겟]이며, $[G_t - Q(S_t, A_t)]$는 오차[TD 오차]에 해당하고 $\alpha$는 학습률이다. $G_t$를 다음과 같이 전개한 후,

$$Q(S_t, A_t) \leftarrow Q(S_t, A_t) + \alpha \left[ R_{t+1} + \gamma G_{t+1} - Q(S_t, A_t) \right]$$

에피소드가 끝나야만 알 수 있는 $G_{t+1}$를 에피소드가 진행되는 중에 알 수 있는 값으로 대체하는 것이 TD 학습이며, $G_{t+1}$ 대신 $Q(S_{t+1}, A_{t+1})$를 사용하는 것이 정책적 TD 학습인 SARSA 학습이다. 탈정책적 TD 학습인 Q 학습에서는 $G_{t+1}$ 대신 행동의 추정 가치 최대값 $\max_{a°} Q(S_{t+1}, a°)$을 사용한다. 즉, Q 학습에서의 TD 타겟은 다음과 같다.

$$\text{Q TD target}: \quad R_{t+1} + \gamma \max_{a°} Q(S_{t+1}, a°)$$

추정치의 최대값은 최대값 추정치보다 커지는 최대화 편향 때문에 Q 학습은 미래를 낙관적으로 보는 경향이 있기에, 행동 가치 최대값의 비편향 추정치를 사용하는 것이 더블 Q 학습이다. 더블 Q 학습에서의 TD 타겟은 다음과 같다.

$$\text{double Q TD target}: \quad R_{t+1} + \gamma Q_1(S_{t+1}, A_{t+1}^*), \; A_{t+1}^* = \operatorname*{argmax}_{a°} Q_2(S_{t+1}, a°)$$

그런데, 위와 같은 Q 학습에서는 모든 가능한 $S_t$와 $A_t$[이하, 상태-행동 튜플] 대해서 구한 행동의 추정 가치 $\hat{q}_{S_t, A_t} = Q(S_t, A_t)$를 배열$^{\text{array}}$과 같은 테이블에 기록해야 하므로, 상태 공간이나 행동 공간이 연속적이면 테이블의 크기가 무한대가 되어야 한다. 따라서, 상태 공간이나 행동 공간이 연속적이라면 Q 학습이 불가능하다. 연속적인 상태 공간이나 행동 공간을 이산화하더라도 배열의 크기는 매우 커질 것이며, 에이전트가 경험[방문]해 보지 못한 상태-행동 튜플이 대부분을 차지할 것이기에 학습은 매우 비효율적일 것이다.

상태 공간이나 행동 공간이 연속적인 강화학습 문제에는 인공 신경망을 활용할 수 있

는데, 이 장에서는 행동 공간은 이산형이고 상태 공간은 연속형인 강화학습 문제에 인공 신경망을 활용하는 **심층 Q 학습**deep Q learning[DQ]을 소개한다. 인공 신경망을 Q 학습에 활용하는 방법은 인공 신경망 모형을 만능 함수 근사기universal function estimator로 사용할 수 있다는 점과 Q 학습의 업데이트 규칙이 인공 신경망 모형의 학습 규칙과 동일하다는 점에 기반한다.

우선, 함수로서의 $Q$를 인공 신경망 모형 $f_{\mathbf{w}}$로 근사하여 행동의 추정 가치를 구할 때, $f_{\mathbf{w}}$의 입력을 $Q$가 입력받는 인수 $S_t$와 $A_t$라 해보자. 물론, 모든 가능한 상태–행동 튜플에 대한 $f_{\mathbf{w}}$의 출력 $\hat{q}_{S_t, A_t}$을 배열에 기록한다면, 행동의 추정 가치를 구하기 위해 굳이 $Q$ 함수의 근사기 $f_{\mathbf{w}}$를 사용할 필요는 없다.

$$\hat{q}_{S_t, A_t} = f_{\mathbf{w}}(S_t, A_t) \approx Q(S_t, A_t)$$

행동 공간은 이산형이지만 크기가 매우 크다면, 최대의 추정 가치를 갖는 행동을 선택[$\text{argmax}_a(\hat{q}_{S_t, A_t=a})$]하기 위해서 $f_{\mathbf{w}}$를 행동 공간의 크기[가능한 행동들의 갯수]만큼 호출해야 하는 비효율성이 있다 반면, $f_{\mathbf{w}}$가 여러 행동들에 대한 추정 가치들을 한꺼번에 반환하도록 한다면, $f_{\mathbf{w}}$를 효율적으로 사용할 수 있을 것이다.

$$\hat{\mathbf{q}}_{|S_t} = f_{\mathbf{w}}(S_t) \approx \left[ Q(A_t \mid S_t) \right]_{A_t = a \in \mathscr{A}}$$

$$S \longrightarrow \boxed{f_{\mathbf{w}} \approx Q} \longrightarrow \hat{\mathbf{q}}_{|S} = \begin{bmatrix} \hat{q}_{0|S} \\ \hat{q}_{1|S} \\ \vdots \\ \hat{q}_{(|\mathscr{A}|-1)|S} \end{bmatrix}$$

또한, 인공 신경망 모형 $f_{\mathbf{w}}$은 다변량[다차원] 데이터를 입력받을 수 있으므로, 상태 공간의 요소가 다변량인 경우에도 Q 학습이 가능하다.

$$\hat{\mathbf{q}}_{|\mathbf{s}_t} = f_{\mathbf{w}}(\mathbf{s}_t) \approx \left[ Q(A_t \mid \mathbf{s}_t) \right]_{A_t = a \in \mathscr{A}}$$

$$\mathbf{s} = \begin{bmatrix} s_0 \\ s_1 \\ \vdots \\ s_{K-1} \end{bmatrix} \longrightarrow \boxed{f_{\mathbf{w}} \approx Q} \longrightarrow \hat{\mathbf{q}}_{|\mathbf{s}} = \begin{bmatrix} \hat{q}_{0|\mathbf{s}} \\ \hat{q}_{1|\mathbf{s}} \\ \vdots \\ \hat{q}_{(|\mathscr{A}|-1)|\mathbf{s}} \end{bmatrix}$$

Q 학습에서의 $Q$ 테이블 업데이트는 매 시점 $t$에서 인공 신경망 모형 $f_\mathbf{w}$의 가중치 $\mathbf{W}$를 업데이트하는 것에 해당하며, 손실은 TD 타겟$[g_t]$과 추정치 사이의 차이로부터 구한다. 단, 시점 $t$에서 정책에 따라 선택된 행동 $a_t^*$에 대해서만 계산한다.

다음은 심층 Q 학습에서 사용되는 손실이다[$T_\text{end}$는 에피소드가 종료되는 시점].

$$L_t = (g_t - \hat{q}_{A_t = a_{t+1}^*, S_t})^2,$$

$$g_t = \begin{cases} R_{t+1} & \text{if } (t+1) = T_\text{end} \\ R_{t+1} + \gamma \max_{a_{t+1} \in \mathscr{A}} \hat{q}^\dagger_{A_{t+1} = a_{t+1}, S_{t+1}} & \text{else} \end{cases},$$

위 식에서 다음 상태에서의 추정 가치 최대값을 구할 때 사용되는 신경망 모형은 $\tau$ 시점만큼 가중치 업데이트가 지연된 모형이다.

$$q^\dagger_{A_{t+1}, S_{t+1}} = f_{\mathbf{w}\dagger}(S_{t+1}), \quad \mathbf{W}^\dagger = \mathbf{W}_{t-\tau}$$

일반적인 다변량 출력에 대한 SE 손실과 달리, 손실을 시점 $t$에서 정책에 따라 선택된 행동 $a_t^*$에 대해서만 계산하는 이유는 행동 $a_t^*$를 출력하는 노드node에서 발생한 오차로만 오차의 역전파를 하기 위함이다. 즉, $f_\mathbf{w}$의 학습에 사용되는 학습 타겟[실질적 참값 ground truth]은 다음과 같이 구한다.

$$\mathbf{g}_t = \hat{\mathbf{q}}_{|s_t} + \left( R_{t+1} + \gamma \max \hat{\mathbf{q}}^\dagger_{|s_{t+1}} \right) \odot \mathbf{1}_{A_t = a^*}$$

$\mathbf{1}_{A_t = a^*}$는 시점 $t$에서 정책에 따라 선택된 행동 $a^*$에 대한 요소만 1이고 나머지는 0인 벡터이며, $\odot$은 요소별 곱이다. $\mathbf{g}$의 요소 별로 보자면 다음과 같다.

$$g = \begin{cases} \hat{q}_{A|S} & \text{for } A \neq a^* \\ R + \gamma \max_a q^\dagger_{A = a|S'}) & \text{for } A = a^* \end{cases}$$

인공 신경망 모형을 활용한 더블 Q 학습은 **더블 심층 Q 학습**double DQ[**DDQ**]이라 한다. Q 학습과 더블 Q 학습이 TD 오차를 계산하는 방식에서 차이가 있듯, DQ와 DDQ는 오직 $g_t$의 계산법만 다르다. 다음은 DDQ에서 사용되는 $g_t$의 계산법이다.

$$q^\dagger_{A_{t+1}, S_{t+1}} = f_{\mathbf{w}\dagger}(S_{t+1}, A_{t+1} = a_{t+1}^*), \quad a_{t+1}^* = \operatorname*{argmax}_{a_{t+1} \in \mathscr{A}} f_\mathbf{w}(S_{t+1}, A_{t+1} = a_{t+1})$$

인공 신경망 모형 $f_{\mathbf{w}}$의 학습은 시점 $t$마다 이루어지는데, 에이전트가 시점 $t$까지 경험한 상태–행동 튜플에 대해서 얻어지는 sars 튜플 $(\mathbf{s}_t, a_t, r_{t+1}, \mathbf{s}_{t+1})$로부터 계산된 $\hat{\mathbf{q}}_t$와 $\mathbf{g}_t$를 각각 모형의 출력과 실질적 참값으로 하며 이를 경험의 재연$^{\text{replay}}$이라 한다. 그런데, sars 튜플들은 시점 순으로 수집된다는 점에서 인공 신경망 모형의 학습용 데이터는 서로 독립적이다는 전제를 위배한다. 따라서, 시점 $t$까지 수집된 sars 튜플들의 일부를 무작위적으로 추출하여 인공 신경망 $f_{\mathbf{w}}$의 학습에 사용한다.

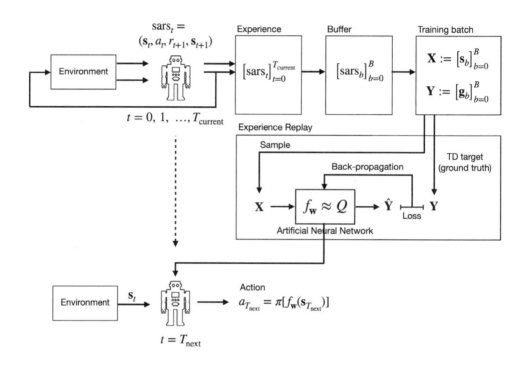

## 18.2 이산형 투자 문제

⚠ **경고**: 필자는 투자 전문가도 아니며 금전적 이익을 얻기 위해서 투자를 해본 경험도 거의 없다. **이 책에서 언급하는 투자에 관한 내용[관련된 코드와 알고리즘 포함]은 투자 지식이 전혀 없는 필자의 개인적인 의견을 바탕으로 하였기에, 실제 금전적 투자에 적용해서는 안된다.** 심층 강화학습을 이해하기 위한 학습 재료로만 보기 바란다.

에이전트가 보유한 현금으로 특정한 상품을 매수buy한 후 매도sell할 때 발생하는 차익으로 금전적 수익을 최대화하는 것을 투자 문제로 한다.

### 18.2.1 상태

무엇을 상태의 요소로 포함해야 하는지부터 생각해 보자. 일감으로 떠오르는 것은 상품의 가격과 상품의 가격을 결정하거나 변동하게 하는 요인[이하, 가격 요인]이다. 가격 요인에는 대상 상품의 원료나 대상 상품과 관련된 다른 상품의 가격 등과 같은 쉽게 정보를 얻을 수 있는 요인들도 있고, 시장 심리 등과 같이 표면적으로 드러나지 않는 또는 파악할 수 없는 잠재적 요인도 있을 것이다. 위와 같은 가정에 따라, 간단한 가상의 가격 모형을 만들어 보자.

$$
\begin{aligned}
s_{t,0} &= 1.2s_{t,1} + 0.9s_{t,2} + 0.1e_t + 10, \\
s_{t,1} &= \sin(0.2t) \\
s_{t,2} &= \sin(0.7t) \\
e_t &= \sin(2t) \cdot \varepsilon, \quad \varepsilon \sim N(0,1)
\end{aligned}
$$

위 가격 모형은 17장에서 언급한 시계열과 비슷한 시계열을 생성하는 모형이나, 난수 항을 포함한다. $s_{t,0}$은 상품의 가격이고, $s_{t,1}$과 $s_{t,2}$는 파악할 수 있는 가격 요인들이다. $e_t$는 파악할 수 없는 잠재적 요인이며 표준 정규분포로부터 추출된 난수 항을 포함한다. 문제를 다소 쉽게 만들기 위해 일부러 간단한 함수를 사용하였으며, 난수 항의 계수는 그리 크지 않게 하였다. 에이전트는 $s_{t,0}$, $s_{t,1}$, $s_{t,2}$를 알 수 있지만, 위 모형은 알지 못한다.

위 관계식에 따른 가격 변동 양상을 다음 그림에 나타내었다.

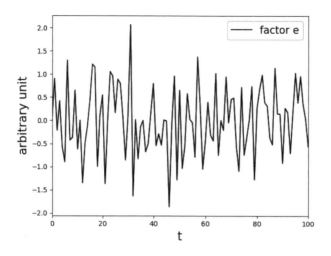

가격 요인은 -1부터 +1까지의 범위를 갖는 특별한 단위가 없는 값이라 하자. 다음은 파악할 수 있는 가격 요인 A와 B의 변동 양상을 나타낸 그림이다. 물론, 실제 가격 요인들은 아래와 같은 단순한 변화를 보이지 않을 것이다.

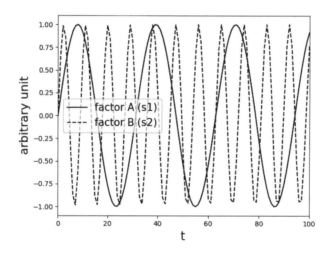

다음은 난수 항의 변동 양상을 나타낸 그림이다.

612

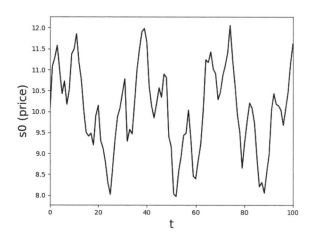

상태의 요소로서 아직 언급되지 않은 것은 자산이다. 자산으로는 에이전트가 보유한 현금과 상품들만 있다고 하고, 현금 보유액, 보유한 상품의 수량, 보유한 상품의 평균 매수 가격을 상태의 요소에 포함하기로 하자. 즉, 에이전트는 가격, 가격 요소, 자산 현황을 보고 어떤 투자 행동을 해야 할지를 선택해야 한다. 자산의 합이 0이 되면 에이전트가 파산한 것으로 간주하고 에피소드를 중단한다.

지금까지 언급된 내용을 정리하자면, 시점 $t$에서의 상태는 벡터 $\mathbf{s}_t$로 표현된다. 벡터의 요소는 순서대로, 상품의 가격$[s_{t,0}]$, 가격 요인 A$[s_{t,1}]$, 가격 요인 B$[s_{t,2}]$, 현금 보유액$[s_{t,3}]$, 상품 보유 수량$[s_{t,4}]$, 보유한 상품의 평균 매수 가격$[s_{t,5}]$이다.

$$\mathbf{s}_t = [s_{t,0},\ s_{t,1},\ s_{t,2},\ s_{t,3},\ s_{t,4},\ s_{t,5}]$$

## 18.2.2 행동에 따른 보상과 상태 전이

에이전트는 오직 3개의 행동 중 하나만 선택할 수 있다고 할 것이다. 행동 $A_t = 0$는 관망이며, 매도나 매수를 하지 않는다. 따라서, 행동 $A_t = 0$를 행한 후에는 가격, 가격 요인 A, 가격 요인 B만 변화한다.

행동 $A_t = 1$는 상품의 매수다. 기본적으로, 한 번의 매수에 현금 보유액의 10%를 사용하는 것으로 한다. 상품의 매수에 사용된 현금만큼 현금 보유액을 줄여서 $s_{t+1,3}$으로 하고, 매수 수량만큼 상품 보유 수량을 늘려서 $s_{t+1,4}$로 하고, 시점 $t$까지의 상품 매수 평균가 $s_{t,5}$와 시점 $t + 1$에서 상품의 매수에 사용된 현금액으로부터 시점 $t + 1$의 상품 매수 평균가를 계산하여 $s_{t+1,5}$로 한다. 보유한 현금이 소량의 상품 가격[예, 상품 10개의 가격]보다 적다면, 가능한 모든 현금을 소진하여 상품을 매수한다. 보유한 현금이 상품 1개의 가격보다 적다면, 상품을 매수할 수 없으며 마이너스 보상[-100]을 받는데, 이는 부채debt를 유발하는 행동을 교정하기 위함이다.

행동 $A_t = 2$는 상품의 매도다. 기본적으로, 한 번의 매도 시 보유한 상품의 25%를 매도한다. 상품을 매도하면 현금 보유액이 증가하는데, 현금 보유액 증가분 중 수익에 대해서는 세금[예, 양도세]을 부과한다. 만약 매도로 얻은 현금에 세금을 부과하지 않는다면, 아주 단순한 알고리즘만으로도 무한한 수익을 얻게 할 수 있기에 세금의 부과는 필수적이다. 기본적으로, 세금은 20%를 부과하는 것으로 한다. 세금을 부과하는 방식을 두 가지로 구분하였는데, 하나는 총 매도액에 대해 부과하는 것이고 다른 하나는 양도수익에 대해서 부과하는 것이다. 기본적으로 양도 수익에 대하여 부과하는 것으로 하였다. 따라서, 매도로 얻은 현금액에서 세금을 제한 만큼만 $s_{t+1,3}$에 반영된다. $s_{t+1,4}$은 $s_{t,4}$에서 매도 수량만큼 감한 수이고, $s_{t+1,5}$는 변동이 없다. 상품 보유 수량이 10개보다 작다면 전량을 매도하도록 하는데, 이는 단순히 코드 작성을 쉽게 하기 위함이다. 보유 수량이 0인데도 매도 행동을 선택하면 마이너스 보상을 받게 한다. 이 역시 코드 작성을 쉽게 하기 위함이다.

상품의 매도가와 상품 매수 평균가 사이의 차이가 상품 1개 당 수익을 나타내며, 이 수익과 매도량을 곱하여 보상 $r_t$로 한다. 매도 가격이 매수 평균가보다 높다면 양의 보상이고, 매도 가격이 매수 평균가보다 낮다면 음의 보상이다. 보상에는 세금을 고려하지 않는다. 음의 수익에 대해서는 투자를 공격적으로 하느냐 보수적으로 하느냐에 따라 음의 보상값을 조정할 수 있는데, 기본적으로 음의 수익 그대로 음의 보상이 되도록 한다.

## 18.2.3 환경 클래스

이상 언급한 내용에 따라 다음과 같이 환경 클래스를 작성한다. initial_cash는 초기 자금, t_start는 학습 에피소드의 시작 시점, penalty는 허용되지 않은 행동들에 대한 음의 보상, tax_calc는 세금 계산 방식, tax_rate는 세율, cnsv_factor는 음의 소득을 음의 보상으로 환산하는 비율, prod_threshold는 전액 매수나 전량 매도를 결정하는 기준[상품의 갯수로서], cash_use_rate는 현금 보유액 중 매수에 사용할 액수, prod_sell_rate는 보유 수량 중 매도할 분량을 나타낸다. 시점 t는 학습용 함수에서 제공할 것이다. 코드는 객체 이름을 따라가면 쉽게 이해 가능하므로, 자세한 설명은 생략한다.

```python
class Env():
    def __init__(self,initial_cash=5000,t_start=0,penalty=-100,
                 tax_calc='net',tax_rate=0.20,
                 cnsv_factor=1, prod_threshold=10,
                 cash_use_rate=0.1,prod_sell_rate=0.25):
        # === clock & timer
        self.t_start = t_start
        self.t       = self.t_start
        # === initial state
        self.initial_s    = np.zeros(6)
        self.initial_s[0] = self.get_s0(t_start)
        self.initial_s[1] = self.get_s1(t_start)
        self.initial_s[2] = self.get_s2(t_start)
        self.initial_s[3] = initial_cash
        self.current_s = np.copy(self.initial_s)
        # === penalty & tax
        self.penalty  = penalty
        self.tax_calc = tax_calc
        self.tax_rate = tax_rate
        # === investiment hyper-params
        self.cnsv_factor    = cnsv_factor
        self.prod_threshold = prod_threshold
        self.cash_use_rate  = cash_use_rate
        self.prod_sell_rate = prod_sell_rate

    # data simulation methods
    def get_s1(self,t): return np.sin(0.2*t)
    def get_s2(self,t): return np.sin(0.7*t)
    def get_e (self,t): return np.sin(2*t)*np.random.normal(0,1)
    def get_s0(self,t):
        s0 = 1.2*self.get_s1(t) + 0.9*self.get_s2(t) +\
             0.1*self.get_e(t)  + 10
        return s0

    def get_reward_and_next_s_from_action(self,action):
        # === current state info: (s_t)
        current_price = self.current_s[0]
        current_cash  = self.current_s[3]
        current_prod  = self.current_s[4]
        current_avg   = self.current_s[5]
        # === next state: (s_[t+1])
        next_s    = np.zeros_like(self.current_s)
        next_s[0] = self.get_s0(self.t+1)
        next_s[1] = self.get_s1(self.t+1)
```

```
        next_s[2] = self.get_s2(self.t+1)
        # ---
        if action == 0:
            next_s[3] = current_cash
            next_s[4] = current_prod
            next_s[5] = current_avg
            reward = 0
        # ---
        if action == 1: # buy
            if current_cash < current_price:
                # insufficient cash, illegal action
                next_cash = current_cash
                next_prod = current_prod
                next_avg  = current_avg
                reward = self.penalty
            elif current_cash < current_price*self.prod_threshold:
                # cash level low, spend all
                n_prod_buy = current_cash//current_price
                cash_spent = n_prod_buy*current_price
                next_cash  = current_cash - cash_spent
                next_prod  = current_prod + n_prod_buy
                if next_prod == 0:
                    next_avg=0
                else:
                    next_avg=(current_prod*current_avg+cash_spent)/\
                            next_prod
                reward = 0
            else:
                buying_power = current_cash//(1/self.cash_use_rate)
                # cash available for trading
                n_prod_buy = buying_power//current_price
                cash_spent = n_prod_buy*current_price
                next_cash  = current_cash - cash_spent
                next_prod  = current_prod + n_prod_buy
                if next_prod == 0:
                    next_avg=0
                else:
                    next_avg=(current_prod*current_avg+cash_spent)/\
                            next_prod
                reward = 0
            next_s[3] = next_cash
            next_s[4] = next_prod
            next_s[5] = next_avg
        # ---
        if action == 2: # sell
            if current_prod <= 0:
                # illegal action
```

```
            next_cash = current_cash
            next_prod = 0
            next_avg  = 0
            reward = self.penalty
    else:
        if current_prod < self.prod_threshold: # defaut:10
            n_prod_sell  = current_prod # sell all
            gross_income = n_prod_sell*current_price
            earning = n_prod_sell*\
                    (current_price - current_avg)
            # --- tax calculation (consider wash sale rule)
            if self.tax_calc == 'gross':
                income_tax = gross_income*self.tax_rate
            else: # 'net'
                if earning >=0:
                    income_tax = earning*self.tax_rate
                else:
                    income_tax = 0
            net_income = gross_income - income_tax
            # --------------------
            next_cash = current_cash + net_income
            next_prod = 0 # all sold
            next_avg = 0
            # reward calc
            if earning > 0:
                reward = earning
            else:
                reward = earning*self.cnsv_factor
        else:
            n_prod_sell = current_prod//\
                        (1/self.prod_sell_rate) # 25%
            gross_income = n_prod_sell*current_price
            earning = n_prod_sell*\
                    (current_price - current_avg)
            # --- tax calculation
            if self.tax_calc == 'gross':
                income_tax = gross_income*self.tax_rate
            else: # 'net'
                if earning >=0:
                    income_tax = earning*self.tax_rate
                else:
                    income_tax = 0
            net_income = gross_income - income_tax
            # --------------------
            next_cash = current_cash + net_income
            next_prod = current_prod - n_prod_sell
            next_avg = current_avg
```

617

```
                    # reward calc
                    if earning > 0:
                        reward = earning
                    else:
                        reward = earning*self.cnsv_factor
            next_s[3] = next_cash
            next_s[4] = next_prod
            next_s[5] = next_avg
        # === update current state
        self.current_s = next_s
        return reward, next_s
```

## 18.2.4 정책

심층 Q 학습에는 엡실론 탐욕적 정책[policy_epsilon]을 사용할 것이며, 세 개의 학습이 필요하지 않은 정책[policy_random, policy_UBDS, policy_USDB]을 이와 비교해 볼 것이다. policy_random은 투자 행동을 무작위적으로 선택하는 정책이다. policy_UBDS와 policy_USDB는 필자가 UBDS[up-buy-down-sell]와 USDB[up-sell-down-buy]라 칭한 단순한 정책으로서, 이름이 의미하는 바와 같이 UBDS 정책은 1-스텝에 걸쳐서 상품의 가격이 상승하면 매수하고 하락하면 매도한다. USDB 정책은 UBDS와는 반대의 행동을 하는 정책이다.

우선, 학습이 필요없는 정책만 사용하는 에이전트 클래스를 작성하고 투자 문제에 적용해 보자. 아래 클래스 코드에서 policy_type은 선택할 정책, max_t_steps는 한 에피소드의 최대 스텝 수다. 속성 experience에는 시점마다 $(s_t, a_t, r_{t+1}, s_{t+1})$ 튜플을 기록하는데, 이는 sars_tuple로 명명되어 있다. 이 외에도 상품 가격[price_record], 보상[reward_record], 보유 현금[cash_record], 상품 보유 수량[prod_record], 상품 매수 평균가[avg_record], 총 자산액[asset_record]이 시점 별로 기록되도록 하였다. 된다. 총 자산이 1개의 상품 가격보다 작아지면 파산 상태가 되며, 이는 속성 bankruptcy에 기록된다. 코드는 객체 이름을 따라가면 쉽게 이해 가능하므로, 자세한 설명은 생략한다.

```
class Agent():
    def __init__(self, policy_type, max_t_steps=300):
        # === clock & timer
        self.t = 0
        self.t_start = 0
        self.max_t_steps = max_t_steps
```

```
        # === policy
        self.policy_type = policy_type
        if policy_type == "random": self.policy = self.policy_random
        if policy_type == "UBDS"  : self.policy = self.policy_UBDS
        if policy_type == "USDB"  : self.policy = self.policy_USDB
        if policy_type =="epsilon": self.policy = self.policy_epsilon
        # === (s, a, r, s')
        self.current_s = None
        self.action    = None
        self.reward    = None
        self.next_s    = None
        # === experience
        self.experience = [ ]
        # === records
        self.price_record  = [ ]
        self.reward_record = [ ]
        self.cash_record   = [ ]
        self.prod_record   = [ ]
        self.avg_record    = [ ]
        self.asset_record  = [ ]
        self.action_record = [ ]
        # === bankruptcy
        self.bankruptcy = False

    # policy functions
    def policy_random(self):
        action = np.random.choice([0,1,2],p=[1/3,1/3,1/3])
        return action

    def policy_UBDS(self):
        if self.t == 0:
            action = np.random.choice([0,1,2],p=[1/3,1/3,1/3])
            self.previous_price = self.current_s[0]
        else:
            current_price = self.current_s[0]
            if self.previous_price < current_price: action = 1
            elif self.previous_price > current_price: action = 2
            else:                                      action = 0
            self.previous_price = current_price
        return action

    def policy_USDB(self):
        if self.t == 0:
            action = np.random.choice([0,1,2],p=[1/3,1/3,1/3])
            self.previous_price = self.current_s[0]
        else:
            current_price = self.current_s[0]
```

```python
            if self.previous_price < current_price:    action = 2
            elif self.previous_price > current_price: action = 1
            else:                                      action = 0
            self.previous_price = current_price
        return action

    def get_action_at_current_s(self, current_s):
        self.current_s = current_s # RESET current_s
        self.action = self.policy()
        return self.action

    def receive_reward_and_next_s_from_env(self, reward, next_s):
        self.reward = reward
        self.next_s = next_s
        # === append experience
        # state vector itemized in sars_tuple
        sars_tuple = [self.current_s[k]
                       for k in range(self.current_s.shape[0])] +\
                      [self.action] + [self.reward] +\
                      [self.next_s[k]
                       for k in range(self.next_s.shape[0])] +\
                      [1] # FLAG: 1 indicates t != t_max
        self.experience.append(sars_tuple)
        # === record append
        self.reward_record.append(self.reward)
        self.price_record.append(self.current_s[0])
        # --- cash, prod, avg, asset, action records
        current_cash = self.current_s[3]
        current_prod = self.current_s[4]
        current_avg  = self.current_s[5]
        current_asset = current_cash + current_prod*current_avg
        self.cash_record.append(current_cash)
        self.prod_record.append(current_prod)
        self.avg_record.append(current_avg)
        self.asset_record.append(current_asset)
        self.action_record.append(self.action)
        # === final records append
        next_price = self.next_s[0]
        next_cash  = self.next_s[3]
        next_prod  = self.next_s[4]
        next_avg   = self.next_s[5]
        # --- bankruptcy
        next_asset = next_cash + next_prod*next_avg
        if next_asset <= next_price:
            self.bankruptcy = True
            print("agent bankrupt at t =", self.t)
            self.cash_record.append(next_cash)
```

```
            self.prod_record.append(next_prod)
            self.avg_record.append(next_avg)
            self.asset_record.append(next_asset)
            self.experience[-1][-1] = 0 # flag 0 indicates t == t_max
        # --- episode end
        if self.t == self.t_start + self.max_t_steps:
            print("episode end at t =", self.t)
            self.cash_record.append(next_cash)
            self.prod_record.append(next_prod)
            self.avg_record.append(next_avg)
            self.asset_record.append(next_asset)
            self.experience[-1][-1] = 0 # flag 0 indicates t == t_max
    return None
```

다음은 학습하지 않는 에이전트의 투자 행동을 시뮬레이션하는 함수다. 초기 자본 기본값은 5000으로, 최대 스텝 수 기본값은 300으로 하였다.

```
def non_trainable_agent_simulation(policy_type, initial_cash=5000,
                                   t_start=0, max_t_steps=300):
    env   = Env(initial_cash=initial_cash,t_start=t_start)
    agent = Agent(policy_type=policy_type,max_t_steps=max_t_steps)
    env.t = env.t_start
    agent.t_start = env.t_start
    # === iteration
    current_s = env.initial_s
    while env.t <= env.t_start + agent.max_t_steps:
        agent.t = env.t
        # agent environment interation ----------------------------
        action = agent.get_action_at_current_s(current_s)
        reward,next_s = env.get_reward_and_next_s_from_action(action)
        agent.receive_reward_and_next_s_from_env(reward, next_s)
        current_s = next_s
        # --------------------------------------------------------
        if agent.bankruptcy: break
        env.t += 1
    return agent
```

다음은 에이전트의 속성에 기록되어 있는 투자 결과를 보여주는 함수다.

```
def show_record(record, record_for, graph_t_max=None):
    # graph_for {'price','asset','cash','prod','reward','action'}
    y_min = 0
    y_max = None
```

```
    if graph_t_max == None:
        graph_t_max = len(record)
    if record_for == 'action':
        # replace 2 (sell) with -1
        record = [-1 if action==2 else action
                    for action in record]
        plt.yticks(ticks=[-1,0,1],labels=["sell","no action","buy"])
        y_min = -1.3
        y_max = +1.3
    if record_for == 'reward':
        y_min = min(record+5)
        plt.hlines(0,0,graph_t_max,color='black',linestyle="--")
    plt.plot(record, color='black')
    plt.ylim(y_min, y_max)
    plt.xlim(0, graph_t_max+1)
    plt.ylabel(record_for, size=17)
    plt.xlabel("t", size=17)
    plt.tight_layout()
    plt.show()
    return None
```

다음 코드를 실행하면, 무작위적 정책을 사용하는 에이전트의 투자 결과를 보여준다.

```
agent = non_trainable_agent_simulation(policy_type='random')
show_record(agent.asset_record, record_for = 'asset')
```

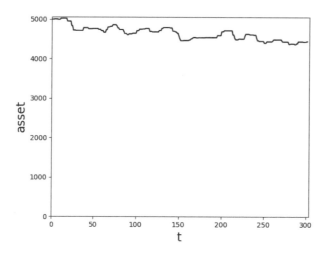

시장이 하락장이나 상승장이 아니기에 300 스텝 동안 자산의 큰 변동은 없으나, 이와 같은 투자 행동을 장시간하면 결국 파산에 이를 것이다. 조금 더 생각한 투자 정책이라

할 수 있는 USDB 정책이나 UBDS 정책도 무작위적 정책과 큰 차이가 없다. 다음은 순서 대로 USDB 정책을 사용하는 에이전트와 UBDS 정책을 사용하는 에이전트의 투자 결과 다.

```
agent = non_trainable_agent_simulation(policy_type='USDB')
show_record(agent.asset_record, record_for = 'asset')
```

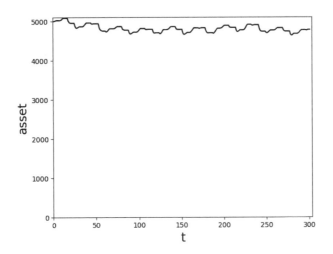

```
agent = non_trainable_agent_simulation(policy_type='UBDS')
show_record(agent.asset_record, record_for = 'asset')
```

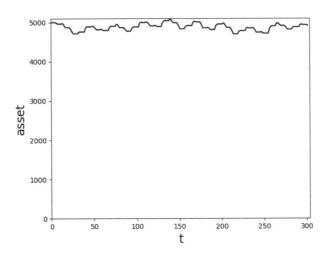

## 18.3 심층 Q 학습을 이용하는 인공지능

이 절에서 사용되는 텐서플로우 클래스들은 다음과 같이 불러온다.

```
from tensorflow.keras import Input, Model
from tensorflow.keras.layers import Dense
```

행동 가치를 추정하는 함수 $Q$를 근사하는 신경망 모형 Q_model의 훈련은 앞 절에서 작성한 에이전트의 투자 행동을 시뮬레이션하는 과정에서 sars_tuple[($\mathbf{s}_t$, $a_t$, $r_{t+1}$, $\mathbf{s}_{t+1}$)의 구성에 필요한 요소들인 current_s, action, reward, next_s가 얻어진 다음에 이루어진다.

```
# === iteration
current_s = env.initial_s
while env.t <= env.t_start + agent.max_t_steps:
    agent.t = env.t
    # agent environment interation ------------------------------
    action = agent.get_action_at_current_s(current_s)
    reward,next_s = env.get_reward_and_next_s_from_action(action)
    agent.receive_reward_and_next_s_from_env(reward, next_s)
    # ----------------------------------------------------------
    #  Q_model training
    # ----------------------------------------------------------
    current_s = next_s
    # ----------------------------------------------------------
    if agent.bankruptcy: break
    env.t += 1
```

Q_model의 훈련에 필요한 메서드들을 하나씩 소개한 다음, 이를 AgentDeepQ 클래스에 포함시키겠다. 다음은 엡실론 탐욕적 정책을 구현한 메서드다. current_s의 형상을 바꾸는 이유는 신경망 모형은 배치batch를 입력으로하기 때문이다. 엡실론 스케쥴링은 학습용 함수에서 한다.

```
def policy_epsilon(self):
    if np.random.rand() < self.epsilon:
        action = np.random.choice([0,1,2],p=[1/3,1/3,1/3])
    else:
        action = np.argmax(
            self.Q_model(self.current_s.reshape(1,-1)))
    return action
```

다음은 Q_model을 구축하는 메서드와 컴파일하는 메서드다. 입력 형상은 세 개의 은닉층을 사용할 것이며 각 층의 뉴런 수는 하이퍼파라미터이며, 각각 64, 32, 8을 기본값으로 사용한다. 출력층에는 활성화 함수가 사용되지 않아야 한다. 모형을 단순화하여 예제 실행 속도를 올리기 위해서 뉴런 수를 최소화 하였다[뉴런 수를 늘리는 것이 좋은 것만은 아니다]. 마지막 은닉층에는 의도적으로 활성화 함수를 사용하지 않았다.

```python
def build_Q_model(self):
    s = Input(shape=self.s_shape)
    h = Dense(units=self.h1_units, activation='relu')(s)
    h = Dense(units=self.h2_units, activation='relu')(h)
    h = Dense(units=self.h3_units, activation=None)(h)
    q = Dense(units=self.q_shape[0], activation=None)(h)
    Q_model = Model(s,q)
    return Q_model

def compile_Q_model(self,Q_model):
    Q_model.compile(loss='mse',optimizer='adam')
    return Q_model
```

위 메서드들은 agent 인스턴스 초기화 시 실행되어 두 개의 Q_model을 생성해야 한다. 하나는 학습이 이루어지고 정책에서 사용할 모형이고 다른 하나는 TD 타겟의 계산에 사용될 모형이다. 후자를 Q_target_model이라 칭하였다. 초기 시점에 Q_target_model은 Q_model과 정확히 동일한 가중치들을 가져야 하며, 학습이 시작되면 정해진 횟수만큼 Q_model이 학습될 때마다, Q_model의 가중치를 Q_target_model에 적재한다. 즉, Q_target_model의 가중치 업데이트는 Q_model의 가중치 업데이트보다 지연시킨다. Q_target_model의 가중치 업데이트를 위한 메서드는 다음과 같다.

```python
def Q_target_model_weight_update(self):
    self.Q_model_weights = self.Q_model.get_weights()
    self.Q_target_model.set_weights(self.Q_model_weights)
    return None
```

Q_model 훈련용 메서드를 작성하기 전에 모형의 입/출력은 무엇이고 손실은 어떻게 구해지는지에 대해서 앞 절의 내용을 상기해 보기를 바란다. 모형에 입력될 데이터 포인트는 experience 속성에 시점별로 저장해 둔 sars_tuple[$(\mathbf{s}, a, r, \mathbf{s}')$]에서 상태 $\mathbf{s}$이고 출력은 행동의 추정 가치인 $\hat{\mathbf{q}} = [\hat{q}_a]_{a \in \mathcal{A}} \approx Q(\mathbf{a}|\mathbf{s})$이다. 손실 벡터는 TD 타겟 [$r_{t+1} + \gamma \max_a Q(\mathbf{a}_{t+1}|\mathbf{s}_{t+1})$]으로부터 구해지는 $\mathbf{g}$와 $\hat{\mathbf{q}}$ 사이의 차이로부터 계산된다.

다음은 Q_model 훈련용 메서드다.

```python
def train_Q_model(self,current_s_batch, g_batch):
    # g: td target
    self.Q_model.fit(current_s_batch, g_batch,
                     batch_size=self.batch_size,
                     epochs=self.epochs,verbose=0)
    return None
```

q-batch와 g-batch는 experience의 '일부분으로부터' 계산된 $\hat{\mathbf{q}}$와 $\mathbf{g}$로 이루어진 배치 batch이다. 학습은 배치 데이터에 대해서 한 에포크만 실시하는 것이 일반적인데, 예제에 대한 학습을 빠르게 하기 위해서 의도적으로 10으로 할 것이다.

이제, 배치 데이터를 만드는 메서드를 작성해 보자. 염두에 둬야 할 점은 Q 테이블을 이용한 Q 학습에서 업데이트는 시점 별로 에이전트가 선택한 행동 $A = a$에 대해서만 이루어진다는 것이며, 이는 $\mathbf{g}$의 $a$에 대한 요소는 TD 타깃이고 나머지 요소는 $\hat{\mathbf{q}}$의 요소들과 같다는 것이다. 배치 데이터를 만드는 메서드는 다음과 같다. experience에 수집된 sars_tuple을 무작위적으로 샘플링하는 것에서부터 시작한다. sars_tuple에는 상태 요소들이 펼쳐져 있으므로 $(\mathbf{s}, a, r, \mathbf{s}')$ 형태로 구분한 다음 넘파이의 형태 확장broad-casting 연산으로 $\mathbf{g}$를 구하도록 하였다.

```python
def get_batch_datasets(self):
    # === random sampling of sars_tuples
    rand_idx = np.random.choice(np.arange(len(self.experience)),
                                self.batch_size, replace=False)
    sars_batch = np.array(self.experience)[rand_idx]
    # === vectorize
    state_dim = int((len(sars_batch[0])-2)/2)           #6
    # --- current_s_batch
    current_s_batch = sars_batch[:,0:state_dim]         #[:,0:6]
    action_batch = sars_batch[:,state_dim].astype(int)  #[:,6]
    reward_batch = sars_batch[:,state_dim+1]            #[:,7]
    next_s_batch = sars_batch[:,state_dim+2:2*state_dim+2]#[:,8:14]
    flag_batch   = sars_batch[:,2*state_dim+2]          #[:,14]
    # --- q_batch
    q_batch = self.Q_model(current_s_batch)
    # --- g_batch
    q_target_batch = self.Q_target_model(next_s_batch)
    q_target_batch = np.max(q_target_batch,axis=1)
    q_target_batch = reward_batch +\
                     self.gamma*q_target_batch*flag_batch
```

```
    g_batch = np.copy(q_batch)
    g_batch[range(g_batch.shape[0]),
            action_batch] = q_target_batch
    return current_s_batch, g_batch
```

experience에 수집된 sars_tuple을 이용하여 Q_model의 가중치들을 업데이트하는 것을 재연<sup>replay</sup>이라 한다. 재연은 에이전트가 투자 행동을 하는 시점마다 이루어지며 Q_target_model의 업데이는 정해진 시간만큼 지연된다. 다음은 재연용 메서드다.

```
def replay(self):
    # load batch dataset
    [current_s_batch, g_batch] = self.get_batch_datasets()
    # train Q_model
    self.train_Q_model(current_s_batch,g_batch)
    # Q_target_model update
    if self.t % self.Q_target_update_interval == 0:
        self.Q_target_model_weight_update()
    return None
```

일반적으로, Q_target_model의 업데이는 10 스텝 이상 지연시키는데, 여기서는 5 스텝만 지연하도록 하였다. 가중치를 저장하고 로드하는 메서드는 다음과 같다.

```
def save_weights(self):
    self.Q_model.save_weights(self.weight_file_name)
    return None

def load_weights(self):
    self.Q_model.load_weights(self.weight_file_name)
    return None
```

에피소드마다 experience와 record를 초기화하는데 필요한 메서드들은 다음과 같다.

```
def initialize_experience(self):
    self.experience = [ ]
    return None

def initialize_records(self):
    self.price_record  = [ ]
    self.reward_record = [ ]
    self.cash_record   = [ ]
    self.prod_record   = [ ]
```

```
    self.avg_record    = [ ]
    self.asset_record  = [ ]
    self.action_record = [ ]
    return None
```

위 함수들을 메서드로하는 AgentDeepQ 클래스는 다음과 같다. 학습 하이퍼파라미터들
은 모두 속성으로 하였다.

```
class AgentDeepQ():
    def __init__(self, max_t_steps,
                 policy_type='epsilon', epsilon=0):
        # === clock & timer
        self.t = 0
        self.t_start = 0
        self.max_t_steps = max_t_steps
        # === policy hyper-params
        self.epsilon = epsilon
        # === s, a, r, s'
        self.current_s = None
        self.action    = None
        self.reward    = None
        self.next_s    = None
        # === experience
        self.experience = [ ]
        # === records
        self.price_record  = [ ]
        self.reward_record = [ ]
        self.cash_record   = [ ]
        self.prod_record   = [ ]
        self.avg_record    = [ ]
        self.asset_record  = [ ]
        self.action_record = [ ]
        # === bankruptcy
        self.bankruptcy = False
        # === model & train hyper-params
        # --- model hp
        self.s_shape = (6,) # state vector shape
        self.q_shape = (3,) # q estimate vetor shape (action v shape)
        self.h1_units = 64 # 1st hidden layer units
        self.h2_units = 32 # 2nd hidden layer units
        self.h3_units =  8 # 3rd hidden layer units
        # --- train hp
        self.gamma = 0.9 # discount rate
        self.batch_size = 128
        self.epochs = 10 # conventional epochs: 1
```

```python
        self.Q_target_update_interval = 5 # conventional: > 10
        # === model & weights
        self.Q_model = self.build_Q_model()
        self.Q_model = self.compile_Q_model(self.Q_model)
        self.Q_model_weights = self.Q_model.get_weights()
        self.weight_file_name = "DeepQ_weight.h5"
        self.Q_target_model = self.build_Q_model()
        self.Q_target_model.set_weights(self.Q_model_weights)

    def policy_epsilon(self):
        if np.random.rand() < self.epsilon:
            action = np.random.choice([0,1,2],p=[1/3,1/3,1/3])
        else:
            action = np.argmax(
                self.Q_model(self.current_s.reshape(1,-1)))
        return action

    def get_action_at_current_s(self, current_s):
        self.current_s = current_s # RESET current_s
        self.action = self.policy_epsilon()
        return self.action

    def receive_reward_and_next_s_from_env(self, reward, next_s):
        self.reward = reward
        self.next_s = next_s
        # === append experience
        # state vector itemized in sars_tuple
        sars_tuple = [self.current_s[k]
                      for k in range(self.current_s.shape[0])] +\
                      [self.action] + [self.reward] +\
                      [self.next_s[k]
                      for k in range(self.next_s.shape[0])] +\
                      [1] # FLAG 1 indicates t != t_max
        self.experience.append(sars_tuple)
        # === record append
        self.reward_record.append(self.reward)
        self.price_record.append(self.current_s[0])
        # --- cash, prod, avg, asset, action records
        current_cash = self.current_s[3]
        current_prod = self.current_s[4]
        current_avg  = self.current_s[5]
        current_asset = current_cash + current_prod*current_avg
        self.cash_record.append(current_cash)
        self.prod_record.append(current_prod)
        self.avg_record.append(current_avg)
        self.asset_record.append(current_asset)
        self.action_record.append(self.action)
```

```python
        # === final records append
        next_price = self.next_s[0]
        next_cash  = self.next_s[3]
        next_prod  = self.next_s[4]
        next_avg   = self.next_s[5]
        # --- bankruptcy
        next_asset = next_cash + next_prod*next_avg
        if next_asset <= next_price:
            self.bankruptcy = True
            print("agent bankrupt at t =", self.t)
            self.cash_record.append(next_cash)
            self.prod_record.append(next_prod)
            self.avg_record.append(next_avg)
            self.asset_record.append(next_asset)
            self.experience[-1][-1] = 0 # flag 0 indicates t == t_max
        # --- episode end
        if self.t == self.t_start + self.max_t_steps:
            print("episode end at t =", self.t)
            self.cash_record.append(next_cash)
            self.prod_record.append(next_prod)
            self.avg_record.append(next_avg)
            self.asset_record.append(next_asset)
            self.experience[-1][-1] = 0 # flag 0 indicates t == t_max
        return None

    def build_Q_model(self):
        s = Input(shape=self.s_shape)
        h = Dense(units=self.h1_units, activation='relu')(s)
        h = Dense(units=self.h2_units, activation='relu')(h)
        h = Dense(units=self.h3_units, activation=None)(h)
        q = Dense(units=self.q_shape[0], activation=None)(h)
        Q_model = Model(s,q)
        return Q_model

    def compile_Q_model(self,Q_model):
        Q_model.compile(loss='mse',optimizer='adam')
        return Q_model

    def Q_target_model_weight_update(self):
        self.Q_model_weights = self.Q_model.get_weights()
        self.Q_target_model.set_weights(self.Q_model_weights)
        return None

    def train_Q_model(self,current_s_batch, g_batch):
        # g: td target
        self.Q_model.fit(current_s_batch, g_batch,
                         batch_size=self.batch_size,
```

```python
                            epochs=self.epochs,verbose=0)
        return None

    def get_batch_datasets(self):
        # === random sampling of sars_tuples
        rand_idx = np.random.choice(np.arange(len(self.experience)),
                                    self.batch_size, replace=False)
        sars_batch = np.array(self.experience)[rand_idx]
        # === vectorize
        state_dim = int((len(sars_batch[0])-2)/2)          #6
        # --- current_s_batch
        current_s_batch = sars_batch[:,0:state_dim]        #[:,0:6]
        action_batch = sars_batch[:,state_dim].astype(int) #[:,6]
        reward_batch = sars_batch[:,state_dim+1]           #[:,7]
        next_s_batch = sars_batch[:,state_dim+2:2*state_dim+2]
        flag_batch   = sars_batch[:,2*state_dim+2]         #[:,14]
        # --- q_batch
        q_batch = self.Q_model(current_s_batch)
        # --- g_batch
        q_target_batch = self.Q_target_model(next_s_batch)
        q_target_batch = np.max(q_target_batch,axis=1)
        q_target_batch = reward_batch +\
                         self.gamma*q_target_batch*flag_batch
        g_batch = np.copy(q_batch)
        g_batch[range(g_batch.shape[0]),
                action_batch] = q_target_batch
        return current_s_batch, g_batch

    def replay(self):
        # load batch dataset
        [current_s_batch, g_batch] = self.get_batch_datasets()
        # train Q_model
        self.train_Q_model(current_s_batch,g_batch)
        # Q_target_model update
        if self.t % self.Q_target_update_interval == 0:
            self.Q_target_model_weight_update()
        return None

    def save_weights(self):
        self.Q_model.save_weights(self.weight_file_name)
        return None

    def load_weights(self):
        self.Q_model.load_weights(self.weight_file_name)
        return None

    def initialize_experience(self):
```

```
        self.experience = [ ]
        return None

    def initialize_records(self):
        self.price_record  = [ ]
        self.reward_record = [ ]
        self.cash_record   = [ ]
        self.prod_record   = [ ]
        self.avg_record    = [ ]
        self.asset_record  = [ ]
        self.action_record = [ ]
        return None
```

에이전트를 학습시키는 함수는 다음과 같다.

```
def train_deepQ_agent(n_episodes=300,
                      initial_cash=5000,t_start=0,
                      max_t_steps=300,
                      epsilon_scheduling='step_linear_extended',
                      show_asset_history=True):
    # === instantiate
    env = Env(initial_cash=initial_cash,t_start=t_start)
    agent = AgentDeepQ(max_t_steps=max_t_steps)
    # === episode
    asset_history = [ ]
    for i in range(n_episodes):
        # --- initialize
        env.t = env.t_start
        current_s = env.initial_s
        env.current_s = env.initial_s
        # --- epsilon scheduling
        if epsilon_scheduling=='linear':
            agent.epsilon = 0.9 - 0.8*(i/(n_episodes-1))
        if epsilon_scheduling=='linear_extended':
            agent.epsilon = max(0.1,0.9-(0.8*i)/(0.7*(n_episodes-1)))
        if epsilon_scheduling=='step_linear':
            if i < 0.3*n_episodes:
                agent.epsilon = 0.9
            else:
                agent.epsilon = 0.9 - 0.8*((i-0.3*n_episodes)/\
                                        (0.7*(n_episodes-1)))
        if epsilon_scheduling=='step_linear_extended':
            if i < 0.3*n_episodes:
                agent.epsilon = 0.9
            else:
```

```python
                agent.epsilon = max(0.1,0.9-(0.8*(i-\
                              0.3*n_episodes))/(0.4*n_episodes))
            else: agent.epsion = 0.1 # fixed
            # --- time step iteration
            while env.t <= (env.t_start + agent.max_t_steps):
                agent.t = env.t
                # *** acquire experience
                action = agent.get_action_at_current_s(current_s)
                reward,next_s = env.get_reward_and_next_s_from_action(
                            action)
                agent.receive_reward_and_next_s_from_env(reward, next_s)
                # *** replay experience
                if len(agent.experience) >= agent.batch_size:
                    agent.replay()
                # *** iteration control & info print
                if agent.bankruptcy: break
                if env.t% 50 == 0:
                    print("i:",i, "/", n_episodes,
                            "t:", env.t, "/", max_t_steps,
                            "asset:", np.round(agent.asset_record[-1],0),
                            "epsilon:", np.round(agent.epsilon,2))
                # *** update clock and current_s
                current_s = next_s
                env.t += 1
            # --- finalize episode
            print("------------",
                    "asset:", np.round(agent.asset_record[-1],0),
                    "epsilon:", np.round(agent.epsilon,2),
                    "------------\n")
            asset_history.append(agent.asset_record[-1])
            agent.save_weights() #"DeepQ_weight.h5"
            agent.initialize_experience()
            if i < (n_episodes-1): # keep last episode record only
                agent.initialize_records()
    # === plot asset history
    if show_asset_history:
        plt.plot(np.arange(n_episodes),asset_history,color='black')
        plt.xlim(0,n_episodes+1)
        plt.ylabel("asset", fontsize=17)
        plt.xlabel("episode", fontsize=17)
        plt.tight_layout()
        plt.show()
    return agent
```

모형을 훈련할 때 네 가지 다른 엡실론 스케쥴링이 가능하게 하였다. linear는 엡실론을 0.9에서 시작하여 0.1까지 선형적으로 감소시키는 방법이고, linear_extended는 전반 70%는 0.1까지 선형적으로 감소시킨 후 후반 30%는 0.1로 고정하는 방법이다. step_linear는 전반 30%는 엡실론을 0.9로 고정하고 이후에는 0.1까지 선형적으로 감소시키는 방법이고, step_linear_extended는 전반 30%는 엡실론을 0.9로 고정하고 이후 엡실론을 선형적으로 0.1까지 감소시킨 후 나머지 후반 30%는 0.1을 유지하는 방법이다. 타임 스텝마다 엡실론을 감소시켜가는 것이 원칙이나, 에피소드마다 엡실론이 감소하도록 하였다.

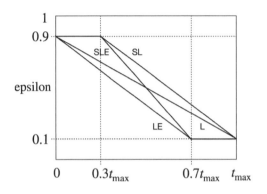

다음을 실행하면 300 스텝씩 100 에피소드에 걸쳐 에이전트를 훈련하고 에피소드별 자산의 변동을 보여준 후, 마지막 에피소드에서 시점별 자산의 변동을 보여준다. 순서대로 linear, linear_extended, step_linear, step_linear_extended를 엡실론 스케쥴링으로 하였을 때의 결과다.

```
agent = train_deepQ_agent(n_episodes=100,
                          epsilon_scheduling='linear')
show_record(record=agent.asset_record,record_for="asset")
```

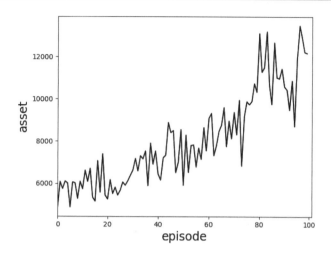

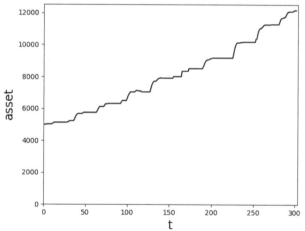

```
agent = train_deepQ_agent(n_episodes=100,
                          epsilon_scheduling='linear_extended')
show_record(record=agent.asset_record,record_for="asset")
```

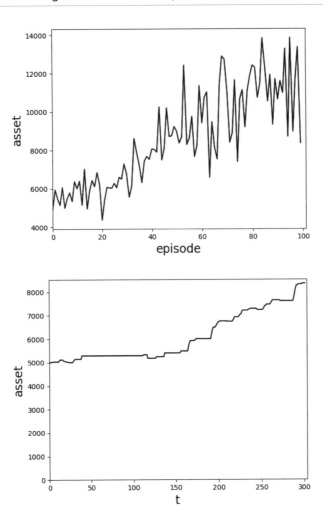

```
agent = train_deepQ_agent(n_episodes=100,
                          epsilon_scheduling='step_linear')
show_record(record=agent.asset_record,record_for="asset")
```

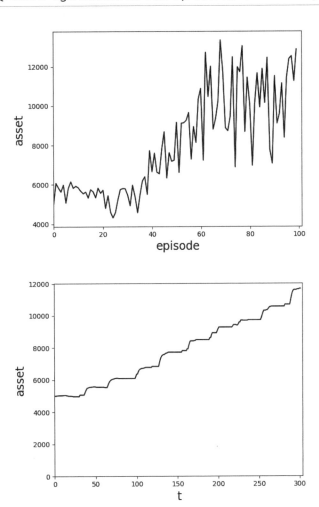

```
agent = train_deepQ_agent(n_episodes=100,
                          epsilon_scheduling='step_linear_extended')
show_record(record=agent.asset_record,record_for="asset")
```

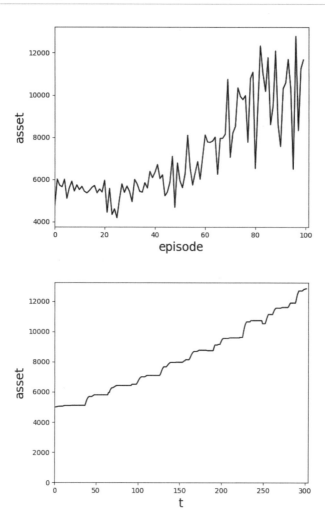

학습이 상당히 불안정하지만, 모두 100% 이상의 수익을 얻었다. 전반부에 엡실론을 0.9로 고정하는 스케줄링 방법으로 훈련된 에이전트들에서 수익이 비교적 높았기에, step_linear와 step_linear_extended 스케줄링 방법으로 300 에피소드에 걸쳐 다시 훈련하고 결과를 비교해 보자. 이번에는 훈련 후 1000 스텝 동안의 자산 변동을 5회 관찰한 후 평균을 내도록 해본다. 이를 위한 함수는 다음과 같다.

```python
def trained_agent_simulation(trained_agent,
                             initial_cash=5000,t_start=0):
    env    = Env(initial_cash=initial_cash,t_start=t_start)
    trained_agent.load_weights()
    env.t = env.t_start
    trained_agent.t_start = env.t_start
    # === iteration
    current_s = env.initial_s
    while env.t <= env.t_start + trained_agent.max_t_steps:
        if env.t%100==0: print("t:", env.t)
        trained_agent.t = env.t
        # agent environment interation -------------------------------
        action = trained_agent.get_action_at_current_s(current_s)
        reward,next_s = env.get_reward_and_next_s_from_action(action)
        trained_agent.receive_reward_and_next_s_from_env(reward,
                                                         next_s)
        current_s = next_s
        # -----------------------------------------------------------
        if trained_agent.bankruptcy: break
        env.t += 1
    return trained_agent

def trained_agent_multiple_simulation(trained_agent,
                                      initial_cash=5000,t_start=0,
                                      n_sim=10):
    for i in range(n_sim):
        print("=== sim np.:", i+1)
        trained_agent = trained_agent_simulation(trained_agent,
                                                 initial_cash,t_start)
        if i == 0:
            asset = trained_agent.asset_record
            cash  = trained_agent.cash_record
            avg   = trained_agent.avg_record
            asset_array = np.array(asset)
            cash_array  = np.array(cash)
            avg_array   = np.array(avg)
        else:
            asset = trained_agent.asset_record
            cash  = trained_agent.cash_record
```

```
        avg    = trained_agent.avg_record
        asset_array = np.vstack([asset_array, asset])
        cash_array  = np.vstack([cash_array, cash])
        avg_array   = np.vstack([avg_array, avg])
    trained_agent.initialize_records()
asset_mean = np.mean(asset_array, axis=0)
cash_mean  = np.mean(cash_array, axis=0)
avg_mean   = np.mean(avg_array, axis=0)
show_record(asset_mean, record_for="average asset")
show_record(cash_mean, record_for="average cash")
show_record(avg_mean, record_for="average avg")
```

다음은 step_linear 스케줄링 방법으로 훈련된 에이전트의 투자 결과다. 300 스텝에 대한 훈련 후 저장된 가중치들로 훈련에 사용되지 않은 시점 300-1000 스텝의 결과를 시뮬레이션하므로 코드는 순서대로 실행해야 한다.

```
agent = train_deepQ_agent(n_episodes=300,
                          epsilon_scheduling='step_linear')
```

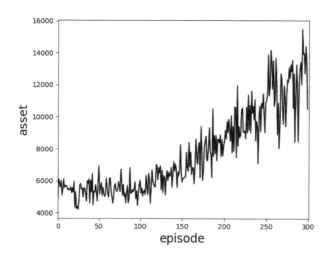

```
agent = AgentDeepQ(max_t_steps=1000)
trained_agent_multiple_simulation(agent,
                                  initial_cash=5000,t_start=0,
                                  n_sim=5)
```

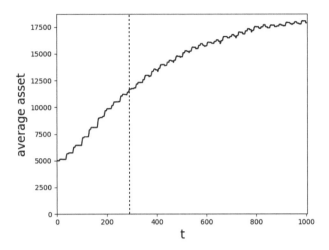

다음은 step_linear_extended 스케쥴링 방법으로 훈련된 에이전트의 투자 결과다.

```
agent = train_deepQ_agent(n_episodes=300,
                          epsilon_scheduling='step_linear_extended')
```

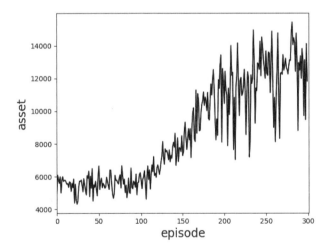

```
gent = AgentDeepQ(max_t_steps=1000)
trained_agent_multiple_simulation(agent,
                                  initial_cash=5000,t_start=0,
                                  n_sim=5)
```

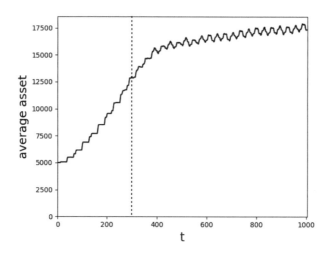

두 스케쥴링 방법 모두에서 최종 자산은 약 17500 정도로 증가했으나, 자산 증가 양상은 다소 다르다. step_linear 스케쥴링의 경우 학습도 비교적 안정적이며 300 스텝이후에 자산이 꾸준히 증가하는 양상을 보이지만, step_linear_extended 스케쥴링의경우 후반부의 학습은 불안정하나 300 스텝까지 자산이 빠르게 증가하고 이후에는 완만한 증가를 한다. 제한된 실험 결과로 결론을 내리기에는 무리가 있지만, 가까운 미래의 투자에는 step_linear_extended 스케쥴링 방법으로 훈련한 에이전트가 더 많은수익을 낼 것으로 생각된다. 물론 상당한 규칙성이 있는 가상의 데이터에 대한 결과이므로, 실제 데이터에서는 전혀 다른 결과가 없어질 수도 있다.

## 18.4 더블 심층 Q 학습을 이용하는 인공지능

Q 학습은 미래를 낙관적으로 보는 경향이 있기에 위험을 무릅쓴 투자 행동을 빈번하게 할 수도 있다. 이 절에서는 Q 학습의 낙관성을 줄인 더블 심층 Q 학습을 투자 문제에 적용해 본다. 더블 심층 Q 학습을 적용하기 위해서는 배치 데이터를 생성하는 메서드에서 DoubleDeepQ로 표시된 부분만 변경하면 된다.

```
    def get_batch_datasets(self):
        # === random sampling of sars_tuples
        rand_idx = np.random.choice(np.arange(len(self.experience)),
                                    self.batch_size, replace=False)
        sars_batch = np.array(self.experience)[rand_idx]
        # === vectorize
        state_dim = int((len(sars_batch[0])-2)/2)           #6
        # --- current_s_batch
        current_s_batch = sars_batch[:,0:state_dim]          #[:,0:6]
        action_batch = sars_batch[:,state_dim].astype(int)   #[:,6]
        reward_batch = sars_batch[:,state_dim+1]             #[:,7]
        next_s_batch = sars_batch[:,state_dim+2:2*state_dim+2]
        flag_batch   = sars_batch[:,2*state_dim+2]           #[:,14]
        # --- q_batch
        q_batch = self.Q_model(current_s_batch)
        # --- g_batch
        # ------------ DoubleDeepQ -----
        next_a = np.argmax(self.Q_model(next_s_batch),axis=1)
        q_target = self.Q_target_model(next_s_batch).numpy()
        q_target_batch = q_target[range(q_target.shape[0]),next_a]
        # ----------------------------
        q_target_batch = reward_batch +\
                        self.gamma*q_target_batch*flag_batch
        g_batch = np.copy(q_batch)
        g_batch[range(g_batch.shape[0]),
                action_batch] = q_target_batch
        return current_s_batch, g_batch
```

다음을 순서대로 실행하면 step_linear 스케줄링 방법과 step_linear_extended 스케줄링 방법으로 훈련된 에이전트의 투자 결과를 보여준다.

```
agent = train_deepQ_agent(n_episodes=300,
                          epsilon_scheduling='step_linear')
agent_deep_Q = AgentDeepQ(max_t_steps=1000)
```

```
trained_agent_multiple_simulation(agent_deep_Q,
                                  initial_cash=5000,t_start=0,
                                  n_sim=5)
```

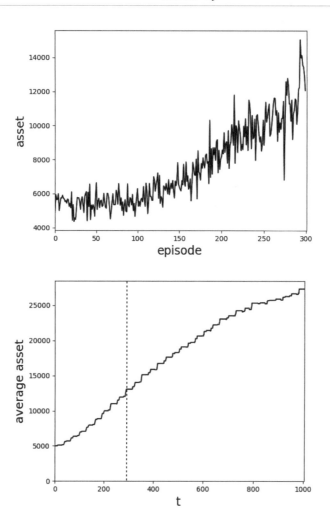

```
agent = train_deepQ_agent(n_episodes=300,
                          epsilon_scheduling='step_linear_extended')
agent_deep_Q = AgentDeepQ(max_t_steps=1000)
trained_agent_multiple_simulation(agent_deep_Q,
                                  initial_cash=5000,t_start=0,
                                  n_sim=5)
```

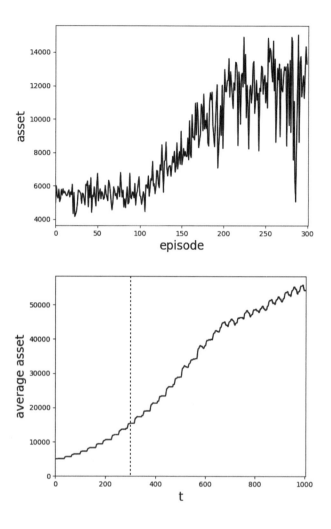

두 스케줄링 방법 모두에서 더블 Q 학습이 월등히 우수한 투자 결과를 보여준다. step_linear_extended 스케줄링 방법으로 학습 시 후반부 학습이 상당히 불안정하였음에도 투자 결과는 가장 우수하였다.

# 19

# 정책의 학습

## 자율 주행 자동차

지금까지 소개된 강화학습 방법들은 모두 행동의 가치에 기반한 방법들이었다. 강화학습의 목표는 수확을 최대화하는 정책을 찾는 것이지만, 정책을 직접 찾는 대신 가능한 모든 행동들에 대한 행동의 가치를 구한 다음, 행동의 가치를 바탕으로 행동을 탐욕적으로 선택하거나 엡실론 값에 따라 확률적으로 선택하였었다. 즉, 가치 기반 방법들에서는 정책을 직접적으로 학습하지 않는다.

이 장에서 소개하는 정책 기반 방법들은 정책을 직접적으로 학습하는 방법들이다. 정책 기반 방법들에서도 정책의 학습 단계에서는 행동의 가치가 사용되기도 하지만, 행동을 선택함에 있어서 행동의 가치를 사용하지 않는다. 이는 정책의 모수화를 통해 정책 함수를 직접적으로 학습하기 때문이다. 또한, 정책 기반 학습법들에서의 정책 함수는 행동의 확률분포를 반환한다. 따라서, 엡실론 값 등으로 탐험과 활용의 비율을 명시할 필요가 없으며, 연속형 행동공간과 이산형 행동공간 모두에 적용할 수 있다. 가치 기반 방법들은 연속형 행동공간에 적용할 수 없기에, 연속형 행동공간에 적용이 가능하다는 것만으로도 정책 기반 방법은 큰 장점이 있다. 정책 기반 방법들[특히, 인공 신경망의 가중치들로 모수화된 경우]의 단점으로는 학습이 상당히 까다롭다는 것과 국소 최대값[또는, 최적화하는 알고리즘에 따라 최소값]에 갇히는 경향이 크다는 것 등이 있다.

이 장에서는 정책 기반 방법으로서 정책을 모수화한 후 정책 경사법을 통해 최적 정책을 찾아가는 방법 몇 가지를 소개한다. 예제로는 연속형 행동이 필요한 모의 자율 주행 자동차를 이용한다.

이 장에서 사용되는 패키지와 모듈은 다음과 같다. 텐서플로우 클래스들은 필요한 곳에 따로 언급한다.

```
import numpy as np
import matplotlib.pyplot as plt
np.random.seed(123)
```

## 19.1 정책의 모수화와 학습

함수로서의 정책 $\pi(a|s)$을 모수화하는 것은 상태를 입력받고 행동에 대한 확률분포를 반환하는 정책 함수를 학습이 가능한 모수 $\theta$를 포함하도록 구성하는 것이다.

$$\pi_\theta(a|s) = P(A = a|S = s, \Theta = \theta)$$

이 장에서는 $\pi(a|s)$를 **정책망**으로 칭한 인공 신경망으로 근사할 것이기에, 정책망의 모든 가중치들을 $\theta$로 나타내겠다. 이산형 행동공간에 대한 정책망은 일반적으로 인공 신경망 $h_\theta(s, a)$의 출력들로부터 소프트맥스softmax 분포를 따르는 확률질량을 나타내는 형태다.

$$\pi_\theta(a|s) := \frac{\exp[h_\theta(s, a)]}{\sum_{x \in \mathcal{S}} \exp[h_\theta(s, x)]}$$

이산형 행동공간에 대한 정책망은 흔히 정규분포의 확률밀도를 나타내며, 세부적으로는 정규분포의 기대값 $\mu$와 분산[또는 표준편차] $\sigma^2$을 출력하는 신경망으로 구성된다. 즉, $\mu$와 $\sigma^2$를 통한 모수화다.

$$\pi_\theta(a|s) := \frac{1}{\sqrt{2\pi\sigma_{\theta_\sigma}(s)^2}} \exp\left\{-\frac{[a - \mu_{\theta_\mu}(s)]^2}{2\sigma_{\theta_\sigma}(s)^2}\right\}$$

정책을 모수화하고 나면, 정책에 대한 성능지표로서 $\theta$의 함수인 목표함수object function $J(\theta)$의 경사[또는 기울기]gradient를 이용한 경사 상승법gradient ascent을 통해 $\theta$를 업데이트할 수 있으며, 이를 **정책 경사법**policy gradient method이라 한다.

$$\theta \leftarrow \theta + \alpha \nabla J(\theta)$$

목표함수 $J(\theta)$는 미분 가능해야 하며, 경사 상승법을 통해 달성하려는 학습 목표를 제대로 반영해야 한다. 정책 경사법에서는 에이전트가 확률분포로서의 정책에 따라 행동할 때 최대의 수확을 얻을 수 있도록, 상태의 가치 $v(s)$를 최대화하는 것을 목표로 한다.

$$J(\theta) := \sum_a q_{\pi_\theta}(s, a)\pi_\theta(a|s) = v_{\pi_\theta}(s)$$

$v(s)$를 목표함수로 설정하면 해결해야 할 문제가 있다. 우선, $J(\theta)$의 경사를 다음과 같이 전개해 보자.

$$\nabla J(\theta) = \nabla \left[ \sum_a q_{\pi_\theta}(s,a)\pi_\theta(a\,|\,s) \right] = \nabla v_{\pi_\theta}(s)$$

$$= \sum_a \nabla \left[ q_{\pi_\theta}(s,a)\pi_\theta(a\,|\,s) \right]$$

$$= \sum_a \left[ q_{\pi_\theta}(s,a)\nabla \pi_\theta(a\,|\,s) + \pi_\theta(a\,|\,s)\nabla q_{\pi_\theta}(s,a) \right]$$

$$= \sum_a \left[ q_{\pi_\theta}(s,a)\nabla \pi_\theta(a\,|\,s) + \pi_\theta(a\,|\,s)\nabla \sum_{s'}\sum_r (r + v_{\pi_\theta}(s')p(s',r\,|\,s,a) \right]$$

$$= \sum_a \left[ q_{\pi_\theta}(s,a)\nabla \pi_\theta(a\,|\,s) + \pi_\theta(a\,|\,s) \sum_{s'} \nabla v_{\pi_\theta}(s')p(s'\,|\,s,a) \right]$$

위 마지막 전개식에서 $\nabla v_{\pi_\theta}(s')$는 다음과 같이 재귀하므로,

$$\nabla v_{\pi_\theta}(s') = \sum_a \left[ q_{\pi_\theta}(s',a')\nabla \pi_\theta(a'\,|\,s') + \pi_\theta(a'\,|\,s') \sum_{s''} \nabla v_{\pi_\theta}(s'')p(s''\,|\,s',a') \right]$$

$$\nabla v_{\pi_\theta}(s'') = \sum_a \left[ q_{\pi_\theta}(s'',a'')\nabla \pi_\theta(a''\,|\,s'') + \pi_\theta(a''\,|\,s'') \sum_{s'''} \nabla v_{\pi_\theta}(s''')p(s'''\,|\,s'',a'') \right]$$

$$\vdots$$

상태 $s$를 방문하는 횟수를 $\eta(s)$으로, 상태 $s$를 방문하는 확률을 $\pi(s)$로 나타내면 $\nabla J(\theta)$는 다음과 같다.

$$\nabla J(\theta) = \sum_s \sum_{k=0}^{\infty} P(s_0 \to \cdots \to s_k\,|\,\pi_\theta) \sum_a q_{\pi_\theta}(s,a)\nabla \pi_\theta(a\,|\,s)$$

$$= \sum_s \eta(s) \sum_a q_{\pi_\theta}(s,a)\nabla \pi_\theta(a\,|\,s)$$

$$= \sum_{x\in\mathcal{S}} \eta(x) \sum_s \frac{\eta(s)}{\sum_{x\in\mathcal{S}}\eta(x)} \sum_a q_{\pi_\theta}(s,a)\nabla \pi_\theta(a\,|\,s)$$

$$= \sum_{x\in\mathcal{S}} \eta(x) \sum_s \pi(s) \sum_a q_{\pi_\theta}(s,a)\nabla \pi_\theta(a\,|\,s)$$

650

$$\propto \sum_s \pi(s) \sum_a q_{\pi_\theta}(s, a) \nabla \pi_\theta(a \mid s)$$

위 마지막 전개식을 **정책 경사 정리**policy gradient theorem라 하며, 이를 통해 $\nabla J(\theta)$를 다음과 같이 기대값의 형태로 나타낼 수 있다.

$$\nabla J(\theta) \propto E_\pi \left[ \sum_a q_{\pi_\theta}(S, A = a) \nabla \pi_\theta(A = a \mid S) \right]$$

$$= E_\pi \left[ \sum_a q_{\pi_\theta}(S, A = a) \pi_\theta(A = a \mid S) \frac{\nabla \pi_\theta(A = a \mid S)}{\pi_\theta(A = a \mid S)} \right]$$

$$= E_\pi \left[ q_{\pi_\theta}(S, A) \frac{\nabla \pi_\theta(A \mid S)}{\pi_\theta(A \mid S)} \right]$$

$$= E_\pi \left[ q_{\pi_\theta}(S, A) \nabla \log \pi_\theta(A \mid S) \right] \quad \because \frac{d \log(x)}{dx} = \frac{1}{x}$$

앞서 말한 문제점이란 상태 가치의 경사 $\nabla v_{\pi_\theta}(s)$에는 상태의 분포 $\pi(s)$가 포함되는데 $\pi(s)$는 알 수 없다는 것이다. 하지만, 정책 경사 정리를 이용하여 $\nabla v_{\pi_\theta}(s)$를 위와 같은 기대값의 형태로 만들면, 트레젝토리로부터 샘플링된 표본을 이용하여 $\nabla v_{\pi_\theta}(s)$의 추정치를 알 수 있으며 이를 이용하여 경사 상승법을 실시할 수 있다.

$$\theta \leftarrow \theta + \alpha \widehat{\nabla J(\theta)}$$

$\widehat{\nabla J(\theta)}$를 어떻게 구하느냐에 따라 크게 두 개로 구분된 정책 경사법을 소개한다.

### 19.1.1 REINFORCE

가장 단순한 정책 경사법은 이름 자체가 '강화'인 REINFORCE 학습법이다. REINFORCE 학습법에서는, $q_{\pi_\theta}(S, A) = E(G \mid S, A)$이기에, 정책 경사 정리에 나타난 기대값을 수확 $G$의 표본 평균으로 추정한다.

$$\widehat{\nabla J(\theta)} = \frac{1}{n} \sum_{i=1}^{n} \left[ \sum_{t=0}^{T} G_t \nabla \pi_\theta(a_t \mid s_t) \right], \, G_t = \sum_{k=t+1}^{T} \gamma^{k-t-1} r_k$$

REINFORCE 학습법은 경사에 대한 몬테 카를로 추정에 기반하므로, 한 에피소드가 끝나고 트레젝토리가 얻어진 후에 학습이 이루어진다. 가중치는 시점마다 다음과 같이 업데이트된다. $\gamma^t$ 항을 추가하여 경사를 감가하는 이유는 에피소드의 후반부로 갈수록 $G_t$가 증가하여 경사가 심하게 커지는 것을 상쇄하기 위함이다.

$$\theta_{t+1} = \theta_t + \alpha \gamma^t G_t \nabla \log \pi_\theta(a_t \mid s_t)$$

REINFORCE 학습법은 단순하지만 다른 정책 경사법보다 분산이 큰 학습법이다. $G$를 최대화하는 행동을 찾으려는 것은 어떠한 강화학습 문제든지 동일하겠지만, 보상 값을 어떻게 설정하느냐에 따라 $\widehat{\nabla J(\theta)}$는 심하게 변동할 수 있다. 예를 들어, 미로 탈출 문제에서 한 스텝 이동에 대해 마이너스 일 점의 보상을 받는 경우와 한 스텝 이동에 대해 마이너스 일 점의 보상을 받고 탈출할 때 일억 점의 보상을 받는 경우 모두 이론적으로 에이전트는 가장 빠르게 미로를 탈출하는 경로를 학습하려 할 것이지만, 두 번째 경우는 마지막 스텝에서의 행동에 대해 주어진 보상이 중간 경로에서 얻은 모든 보상을 크게 압도하기 때문에 최단 경로를 탈출하는 방법을 학습하기 매우 힘들게 할 수도 있다. 마찬가지로 $G$에 비해 $\nabla \log \pi_\theta(a \mid s)$는 어느 정도 일정한 범위의 값이겠지만, $G$의 변동 폭이 크면 추정치 $\widehat{\nabla J(\theta)}$의 분산도 커지게 되며, 결과적으로 가중치들이 업데이트되는 방향과 크기도 크게 변화하게 됨으로써 학습이 불안정해질 수도 있다.

$\widehat{\nabla J(\theta)}$의 분산을 줄이는 방법으로써, $G$ 대신 표준화standardization 된 $G$를 사용하는 방법을 생각해 볼 수 있다.

$$G_{\text{std}} = \frac{G - \mu_G}{\sigma_G}$$

$G$의 분산 $\sigma_G^2 = V(G \mid S)$는 모르지만 상수이고, $G$는 $\theta$와 무관하므로 $G$ 대신 $G_{\text{std}}$를 사용하면 $\widehat{\nabla J(\theta)}$의 변동 폭을 줄이는데 기여할 수 있다. 하지만 여기에서 문제는 $G$의 기대값 $\mu_G = E(G \mid S)$[상태의 가치]도 알 수 없다는 것이다. 따라서, $\mu_G$의 추정치로서 $G$의 표본평균을 생각해 볼 수 있다.

$$\widehat{\mu}_G := \bar{G} = \frac{1}{T} \sum_{t=1}^{T} G_t$$

하지만, 학습 초기 에피소드에서는 $\widehat{\mu}_G$의 표본분산도 클 것이기에, 전 학습 과정에 걸쳐서 $E(G \mid S)$를 일관되게 추정할 수 있는 방법이 필요하다. 이를 위해, 상태의 가치 $v(S) = E(G \mid S)$로서 $\mu_G$의 추정치 $\widehat{v}(S)$를 정책망 $\pi_\theta(a \mid s)$와는 독립적인 **가치망** $V_w(S)$

으로 구하는 방법을 생각해 볼 수 있다. 이 경우, $\nabla J(\theta)$는 다음과 같다.

$$\nabla J(\theta) = E_\pi \left\{ \left[ q_{\pi_\theta}(S, A) - V_w(S) \right] \nabla \log \pi_\theta(A \mid S) \right\}$$

이러한 접근법을 사용하는 REINFORCE 학습법을 **기준치**[baseline] **REINFORCE** 학습법이라 한다[이 책에서는 **REINFORCE-B**라 칭한다]. 기준치는 상태의 추정 가치 $\hat{v}_w(S)$를 의미한다. REINFORCE-B 학습법에서 정책망과 가치망의 가중치들은 에피소드가 끝난 후 트레젝토리 시점별로 다음과 같이 업데이트된다.

$$\delta_t = G_t - \hat{v}_w(s_t)$$
$$w_{t+1} = w_t + \alpha_w \delta_t \nabla \hat{v}_w(s_t)$$
$$\theta_{t+1} = \theta_t + \alpha_\theta \gamma^t \delta_t \nabla \log \pi_\theta(a_t \mid s_t)$$

## 19.1.2 행위자-비평자

REINFORCE-B 학습법에서 사용된 $\hat{v}_w(s_t)$는 행동 $a_t$에 의해서 상태 전이가 이루어지기 전의 상태인 현 상태 $s_t$에 대한 추정 가치이고, 이를 시점 $t$후에 얻어지는 보상의 합인 수확 $G_t = \sum_{k=t+1}^{T} \gamma^{k-t-1} r_k$에 대한 기준치로 사용했었다. 따라서, $\hat{v}_w(s_t)$는 행동 $a_t$를 직접적으로 평가하지는 못하며 정책 경사의 분산을 감소시키는 역할만을 한다. 그런데, $q(s, a) = E[r_{t+1} + \gamma v(s_{t+1})]$라는 점에서 정책 경사 정리의 $q_{\pi_\theta}(s, a)$를 $r_{t+1} + \gamma \hat{v}_w(s_{t+1})$로 추정하면, $a_t$에 의해 전이된 상태 $s_{t+1}$에 대한 추정 가치 $\hat{v}_w(s_{t+1})$를 포함하게 되므로, 상태의 추정 가치들은 행동을 더 적절하게 평가하는 역할을 하게 된다. 이러한 접근법에서는 가치망이 행동을 평가하는데 기여한다는 면에서 가치망을 **비평자**[critic]라 하고 정책망은 **행위자**[actor]라 한다. 이와 같은 **행위자-비평자 학습법**[AC]에서의 가중치들은 에피소드가 진행되는 동안 시점별로 다음과 같이 업데이트된다.

$$\delta_t = r_{t+1} + \gamma \hat{v}_w(s_{t+1}) - \hat{v}_w(s_t)$$
$$w_{t+1} = w_t + \alpha_w \delta_t \nabla \hat{v}_w(s_t)$$
$$\theta_{t+1} = \theta_t + \alpha_\theta \gamma^t \delta_t \nabla \log \pi_\theta(a_t \mid s_t)$$

결과적으로, AC 학습법에서의 학습은 TD 학습의 형태가 된다. AC 학습법에는 여러 변형들이 있는데, 그중의 하나로 **어드밴티지**[advantage] **행위자-비평자 학습법**[A2C[Advantage Actor Critic]]이 있다. A2C 학습법에서는, 가치망 $V_w(S)$의 목표가 상태의 가치를 추정하는 것이라는 점에서, 가치망의 학습이 더 직접적으로 이루어지게 한다. 이를 위해 가치망을 MSE 손실 $[G_t - V_w(s)]^2$을 이용하여 학습시킬 수 있다.

$$\nabla V_w(S_{t\dagger}) = \frac{\partial [G_{t\dagger} - V_w(s_{t\dagger})]^2}{\partial w} \ , \ G_{t\dagger} = r_t + \gamma G_{t\dagger-1}$$

위 식에서 $G_t - V_w(s)$ 항을 어드밴티지라 한다. A²C 학습법에서의 학습은 에피소드가 진행 중일 때 이루어지지 않고 에피소드가 끝난 후 얻어진 트레젝토리에 대하여 시간의 역순으로 실시된다. 따라서, A²C학습법은 몬테 카를로 방법으로서 AC 학습법보다는 REINFORCE-B 학습법과 유사하다. 단, 가치망의 학습에 경사 하강법이 이용되며 경사에 감가율을 적용하지 않는다.

또한, 정책의 확률분포에 대한 엔트로피를 목표 함수에 추가할 수도 있다. 엔트로피는 불확실성을 나타내는데, 정규분포의 엔트로피는 다음과 같다.

$$H[N(\mu, \sigma^2)] = \frac{1}{2} \log(2\pi\sigma^2) + \frac{1}{2}$$

정규분포의 엔트로피는 오직 분산의 크기에 달려 있기에, 엔트로피를 목표 함수에 추가함으로써 정책망의 $\sigma_{\theta_\sigma}(s)^2$가 너무 작아지지 않게 할 수 있다. 예를 들어, 학습이 진행되면서 정책은 점점 탐욕적 정책이 되어가는데$[\sigma_{\theta_\sigma}(s)^2 \to 0]$, 이를 적당히 방지함으로써 지속적인 탐험하도록 한다. 단, 엔트로피 항이 분산을 증가시키려는 수준을 세심하게 조정해야 할 것이다.

## 19.2 자율 주행 자동차

이 장에서는 연속형 행동이 필요한 모의 자율 주행 자동차가 커브 길을 통과하는 문제를 예제로 한다. 정책 경사법은 학습이 까다롭기 때문에 문제를 매우 단순화시켰다. 자율 주행 자동차는 다음과 같은 단순한 커브 길을 주변 연석 또는 차선을 밟지 않고 통과해야 한다.

위 커브 길은 다음과 같은 두 사인 곡선을 시계 방향으로 90도 회전시킨 것이다.

$$y_{\text{left}} = \sin(0.2t) + 2.5$$
$$y_{\text{right}} = y_{\text{left}} - 1$$

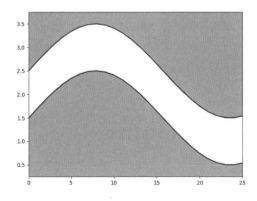

다음 그림에 나타낸 자율 주행 자동차에 실린 인공지능이 에이전트에 해당한다. 자율 주행 자동차는 일정한 속도로 진행하는 것으로 한다. 따라서, 시간이 종방향 이동 거리 [$t \propto d$, 단위: 1]에 해당한다. 자율 주행 자동차는 세 개의 센서<sup>sensor</sup>를 갖는데, 하나는 자신의 횡방향 위치 $s_{t,0}$[임의의 우측 기준으로부터의 거리]를 감지하고 다른 두 개는 각각 1 종방향 단위 앞에 있는 우측과 좌측의 차선[또는 연석]의 횡방향 위치 $s_{t,1}$와 $s_{t,2}$를 감지한다. 즉, 이들이 시점 $t$에서의 상태에 해당한다.

$$\mathbf{s}_t = [s_{t,0},\ s_{t,1},\ s_{t,2}]$$

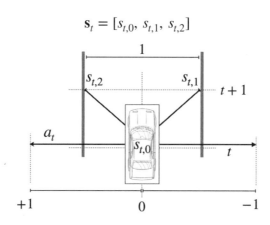

에이전트는 1 시간 단위 동안 자동차를 좌우측으로 각각 1 횡방향 단위만큼 이동시킬 수 있다. 음수이면 우측으로의 이동이고 양수이면 좌측으로의 이동이며, 0이면 직진이다.

$$a_t \in [-1,\ +1]$$

즉, $s_{t,0}$으로부터 이동하는 횡방향 거리가 에이전트의 행동에 해당한다. 따라서, 에이전트의 위치는 행동에 따라 다음과 같이 변화한다.

$$s_{(t+1),0} = s_{t,0} + a_t$$

보상은 다음과 같이 주어진다. 차선을 밟으면, 사고를 낸 것으로 간주하고 음의 보상[$-c = -10^5$점]을 부여하며 에피소드를 종료시킨다. 아울러, 자율 주행 자동차가 차선의 중앙에서 벗어나지 않도록 차선의 중앙에서 '벗어나지 않는 만큼' 양의 보상을 준다.

$$r = \begin{cases} c \cdot \left[1 - \mathrm{abs}\left(\dfrac{s_{t,2} + s_{t,1}}{2} - a_t\right)\right] & \text{positive reward} \\ -c & \text{penalty} \end{cases}$$

이상 언급한 내용을 구현한 환경 클래스는 다음과 같다. 총 25 시점에 대해서 행동이
가능하며, 커브 길을 빠져나올 때[$t_{max}$] 주어지는 보상은 없다. 자동차가 차선을 밟으
면, 밟는 위치에서 에피소드는 종료된다. 즉, 사고 없이 커브 길을 통과하면 $T = t_{max}$이
고, 차선을 밟으면 사고가 난 것으로 간주하므로 $T = t_{crash}[t_{max} > t_{crash}]$다. 이하, 세세
한 설명은 생략한다.

```python
class Env():
    def __init__(self, t_max =25):
        self.t = 0
        self.t_max = t_max
        self.reset_states()
        return None

    def reset_states(self):
        self.initial_s = self.get_initial_s()
        self.current_s = self.initial_s.copy()
        self.next_s    = self.initial_s.copy()
        return None

    def show_road(self):
        t  = np.arange(0,self.t_max+1)
        y2 = np.sin(0.2*t) + 2.5
        y1 = y2 - 1
        plt.plot(t,y2,color='black')
        plt.plot(t,y1,color='black')
        plt.fill_between(t, y2, 3.75,color='gray',alpha=0.5)
        plt.fill_between(t, 0.25, y1,color='gray',alpha=0.5)
        plt.xlim(0,self.t_max)
        plt.ylim(0.25,3.75)
        plt.xticks([],[])
        plt.yticks(rotation=-90,size=12)
        plt.tight_layout()
        plt.show()
        return None

    def get_y1_y2(self, t):
        # y2: left wall position, y1: right wall position
        y2 = np.sin(0.2*t) + 2.5
        y1 = y2 - 1
        return y1, y2

    def get_initial_s(self,t=0):
        s0 = 2
        s1, s2 = self.get_y1_y2(t+1)
        initial_s = np.array([s0,s1,s2])
```

```
        return initial_s

    def get_r_and_next_s_from_action(self, action):
        # next_state
        self.next_s[0] = self.current_s[0] + action
        next_s1, next_s2 = self.get_y1_y2(self.t+2)
        self.next_s[1] = next_s1
        self.next_s[2] = next_s2
        # reward
        if self.next_s[0] > self.current_s[2]:
            reward = -10**5
            self.next_s[0] = self.current_s[2] # crashed position
        if self.next_s[0] < self.current_s[1]:
            reward = -10**5
            self.next_s[0] = self.current_s[1] # crashed position
        else:
            mid_pos = (self.current_s[1]+self.current_s[2])/2
            diverge = abs(mid_pos - self.next_s[0])
            reward = (1-diverge)*10**6
        # update current state
        self.current_s = self.next_s.copy() # should be copied
        return reward, self.next_s
```

## 19.3 자율 주행 에이전트

에이전트를 구현한 코드는 학습 알고리즘별로 공유하는 부분이 많으나, 반복해서 실었다. 에피소드를 재현하는 show_episode 메서드를 실행하면 시점별 자동차의 위치를 기록한 positions 속성에 저장된 값들을 이용하여 자동차가 이동한 경로를 보여 준다. 행동[-1부터 +1까지의 실수]을 무작위적으로 선택하는 에이전트는 대부분 서너 시점 후에 차선을 밟고 커브 길을 빠져나오지 못한다. 다음은 무작위적인 행동을 하는 에이전트가 운전한 결과의 예다. 편의상 에이전트를 구현하기 전에 미리 소개한다.

```python
def random_play(n=10):
    env = Env()
    agent = Agent(policy_type='random')
    for i in range(100):
        agent.aquire_experience(env)
        agent.show_episode()
        agent.reset_experience()
        env.reset_states()
```

```python
random_play()
```

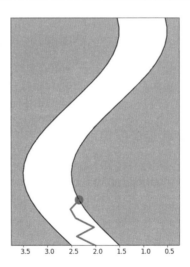

에이전트의 구현에 필요한 텐서플로우 클래스들은 다음과 같다.

```
from tensorflow.keras import Input, Model
from tensorflow.keras.layers import Dense, Lambda
from tensorflow.compat.v1.distributions import Normal
import tensorflow.keras.backend as K
```

정책을 경사 상승법으로 학습시키는 이론을 소개하였는데, 경사 상승법을 실시하려면 사용자 정의 학습 함수를 작성해야 하므로, 편의상 앞 절에서 소개한 경사 상승법을 경사 하강법으로 변환하여 알고리즘을 구현한다. 즉, 음의 목표 함수를 손실 함수로 사용하는 방법으로 변환한다.

$$L_\theta(\,\cdot\,) = -J(\theta)$$

정책 경사 정리에 따라 정책 경사는 다음과 같이 표현되므로,

$$\nabla J(\theta) \propto E_\pi \left[ q_{\pi_\theta}(S, A) \nabla \log \pi_\theta(A \,|\, S) \right]$$

목표 함수의 경사는 정책망의 출력에 대한 경사 $\nabla \log \pi_\theta(A \,|\, S)$에만 의존한다. 따라서 정책망에 대한 손실 함수를 다음과 같이 정의할 수 있다.

$$L_\theta(\,\cdot\,) := -E_\pi \left[ q_{\pi_\theta}(S, A) \log \pi_\theta(A \,|\, S) \right]$$

즉, 정책망의 최종 출력을 로그 확률 $\log \pi_\theta(A \,|\, S)$[정규분포이므로 로그 밀도<sup>density</sup>]로 하고, 환경이나 가치망으로부터 얻어진 값들을 이용하여 계산되는 $q_{\pi_\theta}(S, A)$ 항에 대한 추정치와 $\log \pi_\theta(A \,|\, S)$의 곱을 손실로 주입하여 경사 하강법에 필요한 경사를 자동 미분으로 계산하도록 한다.

### 19.3.1 REINFORCE

정책망을 다음 그림과 같이 세 개의 모형[pi, action, log_density]으로 구분한다.

action 모형은 가중치가 없는 샘플링 모형이며, 이로부터 에이전트의 행동을 얻는다. log_density 모형 역시 가중치가 없는 확률 밀도를 계산하는 모형이다. 이들의 입력은 모두 상태 벡터이므로, log_density 모형의 출력인 $\log d_t$와 환경으로부터 얻어진 $\gamma^t G$의 곱에 대한 음수$[-\gamma^t G \log d_t]$를 log_density 모형의 손실로 사용하면 pi 모형

까지 오차를 역전파 시킬 수 있다.

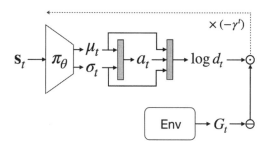

REINFORCE 알고리즘을 이용하는 에이전트 AgentR을 구현한 클래스는 다음과 같다.

```python
class AgentR():
    def __init__(self,policy_type='random',t_max=25):
        self.t = 0
        self.t_max = t_max
        self.reset_experience()
        self.policy_type = policy_type
        self.gamma = 0.9
        if policy_type != 'random':
            self.build_and_compile_models()
            self.weight_file_name = policy_type + ".h5"
            self.save_weights()
        return None

    def get_action_at_current_s(self, current_s):
        if self.policy_type == 'random':
            action = np.random.uniform(-1,1)
            return action
        else:
            action = self.action_model.predict(
                current_s.reshape(1,-1))[0][0][0]
            return action

    def get_mu_and_sigma_at_current_s(self, current_s):
        [mu, sigma] = self.pi_model.predict(current_s.reshape(1,-1))
        mu = mu[0][0]
        sigma = sigma[0][0]
        return mu, sigma

    def aquire_experience(self, env):
        # Env: Environment class
        for t in range(self.t_max):
```

```
            env.t = t
            self.t = t
            # current_s, action, reward, next_s
            current_s = env.current_s
            action = self.get_action_at_current_s(current_s)
            reward, next_s = env.get_r_and_next_s_from_action(action)
            # experience
            sars_tuple = [current_s, action, reward, next_s]
            self.experience.append(sars_tuple)
            self.positions.append(current_s[0])
            self.rewards.append(reward)
            # check if episode ends
            if reward == -10**5:
                print("crashed by action at t = ", t)
                # crash position
                if (current_s[0] + action) < current_s[1]:
                    crash_position = current_s[1]
                else: crash_position = current_s[2]
                self.positions.append(crash_position)
                # append final position
                break
            if t == self.t_max-1:
                print("last action at t =", t)
                self.positions.append(next_s[0])
                # append final position
            # current_s is updated by environment
        return None

    def reset_experience(self):
        self.experience = [ ]
        self.positions = [ ]
        self.rewards = [ ]
        return None

    def show_episode(self):
        t  = np.arange(0,self.t_max+1)
        y2 = np.sin(0.2*t) + 2.5
        y1 = y2 - 1
        plt.plot(t,y2,color='black')
        plt.plot(t,y1,color='black')
        t_pos = np.arange(0,len(self.positions))
        plt.plot(t_pos, self.positions, linewidth=3, color='red')
        plt.fill_between(t, y2, 3.75,color='gray',alpha=0.5)
        plt.fill_between(t, 0.25, y1,color='gray',alpha=0.5)
        plt.scatter(t_pos[-1], self.positions[-1],
                    marker='.', s=1000,color='red')
        plt.xlim(0,self.t_max)
```

```
            plt.ylim(0.25,3.75)
            plt.xticks([],[])
            plt.yticks(rotation=-90,size=12)
            plt.tight_layout()
            plt.show()
            return None

    # === neural network
    def action_func(self, args):
        mean, stddev = args # mean in [-1,+1], stddev in (0, inf]
        normal_dist = Normal(loc=mean,scale=stddev)
        action = normal_dist.sample(1)
        return action

    def log_d_func(self, args):
        mean, stddev, action = args
        normal_dist = Normal(loc=mean,scale=stddev)
        log_d = normal_dist.log_prob(action)
        return log_d

    def log_d_loss_func(self, discounted_delta, log_d):
        # y_pred == log_d_model output
        loss = -K.mean(discounted_delta*log_d, axis=-1)
        return loss

    def build_and_compile_models(self):
        s = Input(shape=(3,))
        h = Dense(units=8, activation=None)(s)
        # --- mean
        mean  = Dense(units=4, activation='relu')(h)
        mean  = Dense(units= 1, activation='softsign')(mean)
        # -- stddev
        stddev = Dense(units=4, activation='relu')(h)
        stddev = Dense(units= 1, activation='softplus')(stddev)
        stddev = stddev + 10**-6
        # === pi model
        self.pi_model = Model(s, [mean,stddev], name='pi_model')
        self.pi_model.summary()
        # === action model
        action = Lambda(self.action_func,output_shape=(1,))(
                        [mean,stddev])
        self.action_model = Model(s, action, name='action_model')
        self.action_model.summary()
        # === log density model
        log_d = Lambda(self.log_d_func,output_shape=(1,))(
                        [mean,stddev,action])
        self.log_d_model = Model(s, log_d, name='log_d_model')
```

```
            self.log_d_model.summary()
            # log_d_optimizer = Adam(learning_rate=0.005)
            # consider lr = 0.005 or 0.01 if training fails
            # --- compile log_d_model
            log_d_loss = self.log_d_loss_func
            self.log_d_model.compile(loss=log_d_loss,optimizer='adam')
            return None

        def save_weights(self):
            self.log_d_model.save_weights(self.weight_file_name)
            return None

        def load_weights(self):
            self.log_d_model.load_weights(self.weight_file_name)
            return None

        def train(self):
            # === calclate returns
            G_list = [ ]
            for i in range(len(self.rewards)):
                r_slice = self.rewards[i:]
                gammas = [self.gamma**x
                        for x in range(len(r_slice))]
                G_list.append(np.dot(r_slice,gammas))
            # === train by t
            for t in range(len(self.experience)):
                G = G_list[t]
                current_s = agent.experience[t][0]
                discounted_G = G*(agent.gamma**t)
                discounted_G = np.array(discounted_G)
                self.log_d_model.fit(current_s.reshape(1,-1),
                                    discounted_G.reshape(1,-1),
                                    batch_size=1,
                                    epochs=1, verbose=0)
            # stats
            reward_sum = np.sum(self.rewards)
            travel_distance = t + 1
            return reward_sum, travel_distance
```

클래스 코드에 대해서는 신경망 부분만 간략히 설명한다. 첫 번째 층에서는 입력 벡터의 차원을 늘리고 활성화 함수를 사용하지 않음으로써 이어지는 층이 입력 벡터에서 실린 상태 값들을 다양하게 선택해서 사용할 수 있도록 하였다. mean을 계산하는 두 층에서 마지막 층에는 softsign 활성화 함수를 사용하였는데, 이는 기대값이 mean이고 분산이 stddev의 제곱인 정규분포로부터 샘플링된 값이 행동으로 사용될 것이기에 출력의 범위를 -1과 +1 사이로 제한하기 위함이다. softsign 활성화 함수 대신 tanh 활성화 함수를 사용하여도 되고, 굳이 활성화 함수를 사용하지 않아도 되나 softsign 활성화 함수가 학습에 다소 도움이 되는 것으로 생각된다. 마찬가지로 stddev를 계산하는 마지막 층에 softplus 활성화 함수를 사용한 이유는 출력을 양수로 제한하려는 목적이다. 작은 값을 더한 이유는 0[정밀도에 따른]을 방지하기 위함이다.

action 모형과 log_d 모형은 사용자 정의 함수를 신경망 층으로 사용할 수 있게 해주는 Lambda 층을 이용하여 구축하였다. log_d 대신 흔히 로그 확률이라고 하나, 굳이 로그 밀도라 고집하였다. 손실 함수의 입력은 순서대로 y_true와 y_pred인데, y_pred는 log_d 모형의 출력이므로 $-\gamma^t G$를 y_true로서 사용자 정의 손실 함수에 입력되도록 한다. 사용자 정의 함수에서는 이 둘을 곱하여 $-\gamma^t G \log d_t$를 계산한다. 학습은 에피소드가 끝난 후 얻어진 트레젝토리에 대해서 시점별로 이루어지므로, batch_size와 epochs를 1로 한다. 다음은 에피소드를 얻고 에이전트를 학습시키는 과정을 반복하는 함수와 학습 결과를 보여 주는 함수다.

```python
def train_REINFORCE_agent(env, agent, n=500):
    r_sum_list = [ ]
    tra_d_list = [ ]
    for i in range(1000):
        agent.reset_experience()
        env.reset_states()
        agent.aquire_experience(env)
        reward_sum, travel_distance = agent.train()
        print("iteration:",i,"reward_sum:",reward_sum,
              "travel_distance:",travel_distance)
        r_sum_list.append(reward_sum)
        tra_d_list.append(travel_distance)
        if i !=0 and i%50==0:
            agent.show_episode()
            agent.save_weights()
            show_reward_history(r_sum_list)
            show_travel_history(tra_d_list)
    agent.save_weights()
    return None

def show_reward_history(r_sum_list):
    plt.plot(r_sum_list, color='black')
    plt.xlim(0,len(r_sum_list))
    plt.ylim(0)
    plt.xlabel("episode", size=17)
    plt.ylabel("reward sum", size=17)
    plt.tight_layout()
```

```
    plt.show()
    return None

def show_travel_history(tra_d_list):
    plt.plot(tra_d_list, color='black')
    plt.xlim(0,len(tra_d_list))
    plt.ylim(0)
    plt.xlabel("episode", size=17)
    plt.ylabel("travel distance", size=17)
    plt.tight_layout()
    plt.show()
    return None
```

다음 코드를 실행하면 에이전트를 학습시킨다. 정책망은 훈련이 상당히 힘든데, 초반에 훈련이 실패한 것처럼 보이면[예를 들어 100번이 넘는 에피소드 후에도 계속해서 차선을 밟는 경우] 이미 국부 최소값에 갇힌 것이므로 학습을 새로 시작해야 한다. 국부 최소값에서 빠져나오게 하는 다양한 방법들이 있지만, 이를 사용하지는 않았다.

```
env = Env()
agent = AgentR(policy_type='REINFORCE')

train_REINFORCE_agent(env, agent)
```

국부 최소값에 갇히지 않는 경우, REINFORCE 알고리즘은 약 30 에피소드 후에 차선을 밟지 않고 커브 길을 빠져나오는 결과를 보여 준다. 아래 그림은 300번째 에피소드에서 자동차의 궤적이다.

좌측 차선을 밟은 것처럼 보이지만, 차선을 밟은 것은 아니고[차선을 밟으면, 에피소드가 중단된다] 아주 가까운 거리로 차선에 붙어서 커브 길을 통과한다. 즉, 좌측 차선을 밟지 않아야 한다는 목표는 달성했지만, 도로 중앙으로 이동해야 한다는 목표는 달성하지 못했다. 이 역시 국부 최소값에 갇힌 결과라 할 수 있다. 미로를 항상 탈출하는 방법으로 한쪽 벽만 따라가는 것이 있는데, 이를 사용하는 것과 같다.

차선을 밟지 않은 에피소드들과 에피소드별 보상의 합은 다음 그림으로 볼 수 있다. travel distance는 차선을 밟기 전까지 종방향으로 이동한 거리다. 따라서 travel distance가 25이면 차선을 밟지 않고 커브 길을 통과한 것을 의미한다.

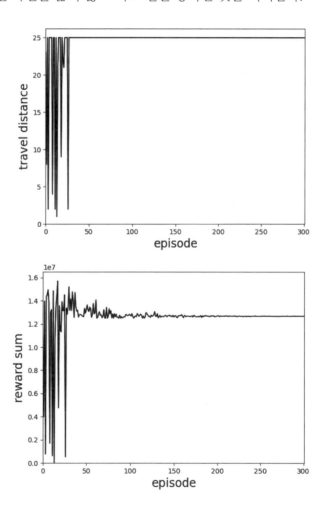

## 19.3.2 REINFORCE-B

이 절에서 구현한 REINFORCE-B 알고리즘은 다음 그림으로 요약할 수 있다.

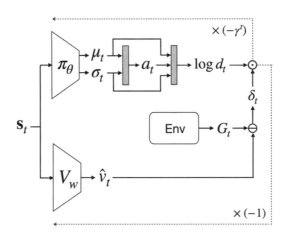

REINFORCE-B 학습법을 사용하는 에이전트를 구현한 클래스 **AgentRB**는 다음과 같다.
앞 코드와 공유하는 부분들이 대부분이지만, 편의상 반복했다.

```
class AgentRB():
    def __init__(self,policy_type='random',t_max=25):
        self.t = 0
        self.t_max = t_max
        self.reset_experience()
        self.policy_type = policy_type
        self.gamma = 0.9
        if policy_type != 'random':
            self.build_and_compile_models()
            self.weight_file_name = policy_type + ".h5"
            self.save_weights()
        return None

    def get_action_at_current_s(self, current_s):
        if self.policy_type == 'random':
            action = np.random.uniform(-1,1)
            return action
        else:
            action = self.action_model.predict(
                current_s.reshape(1,-1))[0][0][0]
            return action
```

```python
    def get_mu_and_sigma_at_current_s(self, current_s):
        [mu, sigma] = self.pi_model.predict(current_s.reshape(1,-1))
        mu = mu[0][0]
        sigma = sigma[0][0]
        return mu, sigma

    def aquire_experience(self, env):
        # Env: Environment class
        for t in range(self.t_max):
            env.t = t
            self.t = t
            # current_s, action, reward, next_s
            current_s = env.current_s
            action = self.get_action_at_current_s(current_s)
            reward, next_s = env.get_r_and_next_s_from_action(action)
            # experience
            sars_tuple = [current_s, action, reward, next_s]
            self.experience.append(sars_tuple)
            self.positions.append(current_s[0])
            self.rewards.append(reward)
            # check if episode ends
            if reward == -10**5:
                print("crashed by action at t = ", t)
                # crash position
                if (current_s[0] + action) < current_s[1]:
                    crash_position = current_s[1]
                else: crash_position = current_s[2]
                self.positions.append(crash_position)
                # append final position
                break
            if t == self.t_max-1:
                print("last action at t =", t)
                self.positions.append(next_s[0])
                # append final position
            # current_s is updated by environment
        return None

    def reset_experience(self):
        self.experience = [ ]
        self.positions = [ ]
        self.rewards = [ ]
        return None

    def show_episode(self):
        t  = np.arange(0,self.t_max+1)
        y2 = np.sin(0.2*t) + 2.5
        y1 = y2 - 1
```

```python
        plt.plot(t,y2,color='black')
        plt.plot(t,y1,color='black')
        t_pos = np.arange(0,len(self.positions))
        plt.plot(t_pos, self.positions, linewidth=3, color='red')
        plt.fill_between(t, y2, 3.75,color='gray',alpha=0.5)
        plt.fill_between(t, 0.25, y1,color='gray',alpha=0.5)
        plt.scatter(t_pos[-1], self.positions[-1],
                    marker='.', s=1000,color='red')
        plt.xlim(0,self.t_max)
        plt.ylim(0.25,3.75)
        plt.xticks([],[])
        plt.yticks(rotation=-90,size=12)
        plt.tight_layout()
        plt.show()
        return None

    # === neural network
    def action_func(self, args):
        mean, stddev = args # mean in [-1,+1], stddev in (0, inf]
        normal_dist = Normal(loc=mean,scale=stddev)
        action = normal_dist.sample(1)
        return action

    def log_d_func(self, args):
        mean, stddev, action = args
        normal_dist = Normal(loc=mean,scale=stddev)
        log_d = normal_dist.log_prob(action)
        return log_d

    def log_d_loss_func(self, discounted_delta, log_d):
        # y_pred == log_d_model output
        loss = -K.mean(discounted_delta*log_d, axis=-1)
        return loss

    def value_loss_func(self, discounted_delta, log_d, axis=-1):
        # y_pred == value_model output
        loss = -K.mean(discounted_delta*log_d)
        return loss

    def build_and_compile_models(self):
        s = Input(shape=(3,))
        h = Dense(units=8, activation=None)(s)
        # --- mean
        mean  = Dense(units=4, activation='relu')(h)
        mean  = Dense(units= 1, activation='softsign')(mean)
        # -- stddev
        stddev = Dense(units=4, activation='relu')(h)
```

670

```python
        stddev = Dense(units= 1, activation='softplus')(stddev)
        stddev = stddev + 10**-6
        # === pi model
        self.pi_model = Model(s, [mean,stddev], name='pi_model')
        self.pi_model.summary()
        # === action model
        action = Lambda(self.action_func,output_shape=(1,))(
                        [mean,stddev])
        self.action_model = Model(s, action, name='action_model')
        self.action_model.summary()
        # === log density model
        log_d = Lambda(self.log_d_func,output_shape=(1,))(
                        [mean,stddev,action])
        self.log_d_model = Model(s, log_d, name='log_d_model')
        self.log_d_model.summary()
        # log_d_optimizer = Adam(learning_rate=0.005)
        # consider lr = 0.005 or 0.01 if training fails
        # --- compile log_d_model
        log_d_loss = self.log_d_loss_func
        self.log_d_model.compile(loss=log_d_loss,optimizer='adam')
        # consider lr = 0.005 or 0.01 if training fails
        # === value model
        z = Dense(units=8, activation=None)(s)
        z = Dense(units=4, activation='relu')(z)
        v = Dense(units=1, activation=None)(z)
        self.value_model = Model(s, v, name='value_model')
        self.value_model.summary()
        # --- compile value_model
        value_loss = self.value_loss_func
        # value_optimizer = Adam(learning_rate=0.005)
        # consider lr = 0.005 or 0.01 if training fails
        self.value_model.compile(loss=value_loss,optimizer='adam')
        return None

    def save_weights(self):
        self.log_d_model.save_weights(self.weight_file_name)
        return None

    def load_weights(self):
        self.log_d_model.load_weights(self.weight_file_name)
        return None

    def train(self):
        # === calclate returns
        G_list = [ ]
        for i in range(len(self.rewards)):
            r_slice = self.rewards[i:]
```

```
            gammas = [self.gamma**x
                      for x in range(len(r_slice))]
            G_list.append(np.dot(r_slice,gammas))
        # === train by t
        for t in range(len(self.experience)):
            G = G_list[t]
            current_s = agent.experience[t][0]
            v = agent.value_model.predict(
                           current_s.reshape(1,-1))[0][0]
            delta = (G-v)
            discounted_delta = delta*(agent.gamma**t)
            discounted_delta = np.array(discounted_delta)
            self.log_d_model.fit(current_s.reshape(1,-1),
                           discounted_delta.reshape(1,-1),
                           batch_size=1,
                           epochs=1, verbose=0)
            self.value_model.fit(current_s.reshape(1,-1),
                           np.array(delta).reshape(1,-1),
                           batch_size=1,
                           epochs=1, verbose=0)
        # stats
        reward_sum = np.sum(self.rewards)
        travel_distance = t + 1
        return reward_sum, travel_distance
```

다음 코드를 실행하면 에이전트를 학습시킨 후, 학습 결과를 볼 수 있다.

```
env = Env()
agent = AgentRB(policy_type='REINFORCE_B')

train_REINFORCE_agent(env, agent)
```

REINFORCE-B 알고리즘은 약 300 에피소드 근처에서 도로의 중앙으로 이동하는 정책
을 학습하였다.

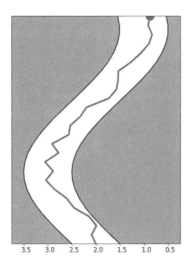

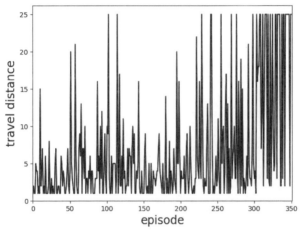

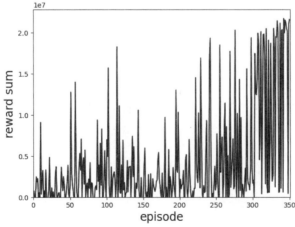

673

500번째 에피소드에서는 도로의 중앙을 따라 부드럽게 커브 길을 빠져나간다.

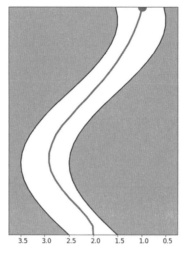

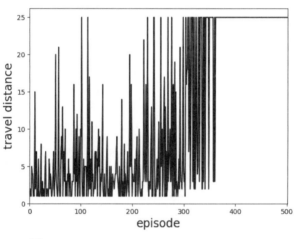

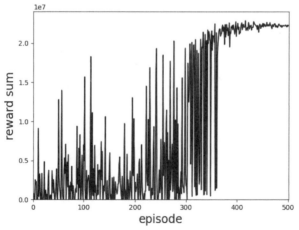

### 19.3.3 AC

이 절에서 구현한 AC 알고리즘은 다음 그림으로 요약할 수 있다.

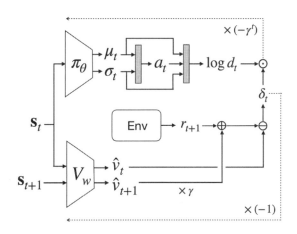

AC 학습법을 사용하는 에이전트를 구현한 클래스 AgentAC는 다음과 같다. 앞 코드와 공유하는 부분들이 대부분이지만, 편의상 반복했다.

```
class AgentAC():
    def __init__(self,policy_type='random',t_max=25):
        self.t = 0
        self.t_max = t_max
        self.reset_experience()
        self.policy_type = policy_type
        self.gamma = 0.9
        if policy_type != 'random':
            self.build_and_compile_models()
            self.weight_file_name = policy_type + ".h5"
            self.save_weights()
        return None

    def get_action_at_current_s(self, current_s):
        if self.policy_type == 'random':
            action = np.random.uniform(-1,1)
            return action
        else:
            action = self.action_model.predict(
                current_s.reshape(1,-1))[0][0][0]
            return action

    def get_mu_and_sigma_at_current_s(self, current_s):
```

```python
        [mu, sigma] = self.pi_model.predict(current_s.reshape(1,-1))
        mu = mu[0][0]
        sigma = sigma[0][0]
        return mu, sigma

    def aquire_experience(self, env):
        # Env: Environment class
        for t in range(self.t_max):
            env.t = t
            self.t = t
            # current_s, action, reward, next_s
            current_s = env.current_s
            action = self.get_action_at_current_s(current_s)
            reward, next_s = env.get_r_and_next_s_from_action(action)
            # experience
            sars_tuple = [current_s, action, reward, next_s]
            self.experience.append(sars_tuple)
            self.positions.append(current_s[0])
            self.rewards.append(reward)
            # check if episode ends
            if reward == -10**5:
                print("crashed by action at t = ", t)
                # crash position
                if (current_s[0] + action) < current_s[1]:
                    crash_position = current_s[1]
                else: crash_position = current_s[2]
                self.positions.append(crash_position)
                # append final position
                break
            if t == self.t_max-1:
                print("last action at t =", t)
                self.positions.append(next_s[0])
                # append final position
            # current_s is updated by environment
        return None

    def reset_experience(self):
        self.experience = [ ]
        self.positions = [ ]
        self.rewards = [ ]
        return None

    def show_episode(self):
        t  = np.arange(0,self.t_max+1)
        y2 = np.sin(0.2*t) + 2.5
        y1 = y2 - 1
        plt.plot(t,y2,color='black')
```

```python
        plt.plot(t,y1,color='black')
        t_pos = np.arange(0,len(self.positions))
        plt.plot(t_pos, self.positions, linewidth=3, color='red')
        plt.fill_between(t, y2, 3.75,color='gray',alpha=0.5)
        plt.fill_between(t, 0.25, y1,color='gray',alpha=0.5)
        plt.scatter(t_pos[-1], self.positions[-1],
                    marker='.', s=1000,color='red')
        plt.xlim(0,self.t_max)
        plt.ylim(0.25,3.75)
        plt.xticks([],[])
        plt.yticks(rotation=-90,size=12)
        plt.tight_layout()
        plt.show()
        return None

    # === neural network
    def action_func(self, args):
        mean, stddev = args # mean in [-1,+1], stddev in (0, inf]
        normal_dist = Normal(loc=mean,scale=stddev)
        action = normal_dist.sample(1)
        return action

    def log_d_func(self, args):
        mean, stddev, action = args
        normal_dist = Normal(loc=mean,scale=stddev)
        log_d = normal_dist.log_prob(action)
        return log_d

    def log_d_loss_func(self, discounted_delta, log_d):
        # y_pred == log_d_model output
        loss = -K.mean(discounted_delta*log_d, axis=-1)
        return loss

    def value_loss_func(self, discounted_delta, log_d):
        # y_pred == value_model output
        loss = -K.mean(discounted_delta*log_d, axis=-1)
        return loss

    def build_and_compile_models(self):
        s = Input(shape=(3,))
        h = Dense(units=8, activation=None)(s)
        # --- mean
        mean   = Dense(units=4, activation='relu')(h)
        mean   = Dense(units= 1, activation='softsign')(mean)
        # -- stddev
        stddev = Dense(units=4, activation='relu')(h)
        stddev = Dense(units= 1, activation='softplus')(stddev)
```

677

```python
        stddev = stddev + 10**-6
        # === pi model
        self.pi_model = Model(s, [mean,stddev], name='pi_model')
        self.pi_model.summary()
        # === action model
        action = Lambda(self.action_func,output_shape=(1,))(
                        [mean,stddev])
        self.action_model = Model(s, action, name='action_model')
        self.action_model.summary()
        # === log density model
        log_d = Lambda(self.log_d_func,output_shape=(1,))(
                        [mean,stddev,action])
        self.log_d_model = Model(s, log_d, name='log_d_model')
        self.log_d_model.summary()
        # log_d_optimizer = Adam(learning_rate=0.005)
        # consider lr = 0.005 or 0.01 if training fails
        # --- compile log_d_model
        log_d_loss = self.log_d_loss_func
        self.log_d_model.compile(loss=log_d_loss,optimizer='adam')
        # consider lr = 0.005 or 0.01 if training fails
        # === value model
        z = Dense(units=8, activation=None)(s)
        z = Dense(units=4, activation='relu')(z)
        v = Dense(units=1, activation=None)(z)
        self.value_model = Model(s, v, name='value_model')
        self.value_model.summary()
        # --- compile value_model
        value_loss = self.value_loss_func
        # value_optimizer = Adam(learning_rate=0.005)
        # consider lr = 0.005 or 0.01 if training fails
        self.value_model.compile(loss=value_loss,optimizer='adam')
        return None

    def save_weights(self):
        self.log_d_model.save_weights(self.weight_file_name)
        return None

    def load_weights(self):
        self.log_d_model.load_weights(self.weight_file_name)
        return None

    def train(self, env):
        # Env: Environment class
        for t in range(self.t_max):
            env.t = t
            self.t = t
            # current_s, action, reward, next_s
```

```python
        current_s = env.current_s
        action = self.get_action_at_current_s(current_s)
        reward, next_s = env.get_r_and_next_s_from_action(action)
        # experience
        sars_tuple = [current_s, action, reward, next_s]
        self.experience.append(sars_tuple)
        self.positions.append(current_s[0])
        self.rewards.append(reward)
        # === train models
        v_current = agent.value_model.predict(
                current_s.reshape(1,-1))[0][0]
        v_next    = agent.value_model.predict(
                next_s.reshape(1,-1))[0][0]
        delta = reward + self.gamma*v_next - v_current
        delta = np.array(delta)
        discounted_delta = delta*(self.gamma**t)
        discounted_delta = np.array(discounted_delta)
        self.log_d_model.fit(current_s.reshape(1,-1),
                            discounted_delta.reshape(1,-1),
                            batch_size=1,
                            epochs=1, verbose=0)
        self.value_model.fit(current_s.reshape(1,-1),
                            delta.reshape(1,-1),
                            batch_size=1,
                            epochs=1, verbose=0)

        # ================
        # check if episode ends
        if reward == -10**5:
            print("crashed by action at t = ", t)
            # crash position
            if (current_s[0] + action) < current_s[1]:
                crash_position = current_s[1]
            else: crash_position = current_s[2]
            self.positions.append(crash_position)
            # append final position
            break
        if t == self.t_max-1:
            print("last action at t =", t)
            self.positions.append(next_s[0])
            # append final position
    # current_s is updated by environment
# stats
reward_sum = np.sum(self.rewards)
travel_distance = t + 1
return reward_sum, travel_distance
```

다음은 훈련용 함수다.

```
def train_AC_agent(env, agent, n=500):
    r_sum_list = [ ]
    tra_d_list = [ ]
    for i in range(1000):
        agent.reset_experience()
        env.reset_states()
        reward_sum, travel_distance = agent.train(env)
        print("iteration:",i,"reward_sum:",reward_sum,
              "travel_distance:",travel_distance)
        r_sum_list.append(reward_sum)
        tra_d_list.append(travel_distance)
        if i !=0 and i%50==0:
            agent.show_episode()
            agent.save_weights()
            show_reward_history(r_sum_list)
            show_travel_history(tra_d_list)
    agent.save_weights()
    return None
```

다음 코드를 실행하면 에이전트를 학습시킨 후, 학습 결과를 볼 수 있다.

```
env = Env()
agent = AgentAC(policy_type='AC')

train_AC_agent(env, agent)
```

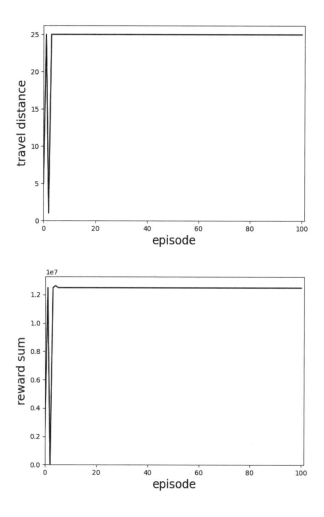

국부 최소값에 갇히기는 했지만, 상당히 빠른 속도로 커브 길을 통과하는 정책을 학습했다.

### 19.3.4  A2C

이 절에서 구현한 A2C 알고리즘은 다음 그림으로 요약할 수 있다.

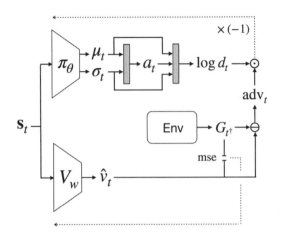

A2C 학습법을 사용하는 에이전트를 구현한 클래스 AgentA2C는 다음과 같다. 앞 코드와 공유하는 부분들이 대부분이지만, 편의상 반복했다. 트레젝토리의 역방향으로 학습이 진행된다는 점에 주의한다.

```
class AgentA2C():
    def __init__(self,policy_type='random',t_max=25):
        self.t = 0
        self.t_max = t_max
        self.reset_experience()
        self.policy_type = policy_type
        self.gamma = 0.9
        if policy_type != 'random':
            self.build_and_compile_models()
            self.weight_file_name = policy_type + ".h5"
            self.save_weights()
        return None

    def get_action_at_current_s(self, current_s):
        if self.policy_type == 'random':
            action = np.random.uniform(-1,1)
            return action
        else:
            action = self.action_model.predict(
                current_s.reshape(1,-1))[0][0][0]
            return action

    def get_mu_and_sigma_at_current_s(self, current_s):
        [mu, sigma] = self.pi_model.predict(current_s.reshape(1,-1))
        mu = mu[0][0]
        sigma = sigma[0][0]
```

```python
        return mu, sigma

    def aquire_experience(self, env):
        # Env: Environment class
        for t in range(self.t_max):
            env.t = t
            self.t = t
            # current_s, action, reward, next_s
            current_s = env.current_s
            action = self.get_action_at_current_s(current_s)
            reward, next_s = env.get_r_and_next_s_from_action(action)
            # experience
            sars_tuple = [current_s, action, reward, next_s]
            self.experience.append(sars_tuple)
            self.positions.append(current_s[0])
            self.rewards.append(reward)
            # check if episode ends
            if reward == -10**5:
                print("crashed by action at t = ", t)
                # crash position
                if (current_s[0] + action) < current_s[1]:
                    crash_position = current_s[1]
                else: crash_position = current_s[2]
                self.positions.append(crash_position)
                # append final position
                break
            if t == self.t_max-1:
                print("last action at t =", t)
                self.positions.append(next_s[0])
                # append final position
            # current_s is updated by environment
        return None

    def reset_experience(self):
        self.experience = [ ]
        self.positions = [ ]
        self.rewards = [ ]
        return None

    def show_episode(self):
        t  = np.arange(0,self.t_max+1)
        y2 = np.sin(0.2*t) + 2.5
        y1 = y2 - 1
        plt.plot(t,y2,color='black')
        plt.plot(t,y1,color='black')
        t_pos = np.arange(0,len(self.positions))
        plt.plot(t_pos, self.positions, linewidth=3, color='red')
```

```
            plt.fill_between(t, y2, 3.75,color='gray',alpha=0.5)
            plt.fill_between(t, 0.25, y1,color='gray',alpha=0.5)
            plt.scatter(t_pos[-1], self.positions[-1],
                        marker='.', s=1000,color='red')
            plt.xlim(0,self.t_max)
            plt.ylim(0.25,3.75)
            plt.xticks([],[])
            plt.yticks(rotation=-90,size=12)
            plt.tight_layout()
            plt.show()
            return None

        # === neural network
        def action_func(self, args):
            mean, stddev = args # mean in [-1,+1], stddev in (0, inf]
            normal_dist = Normal(loc=mean,scale=stddev)
            action = normal_dist.sample(1)
            return action

        def log_d_func(self, args):
            mean, stddev, action = args
            normal_dist = Normal(loc=mean,scale=stddev)
            log_d = normal_dist.log_prob(action)
            return log_d

        def log_d_loss_func(self, adv, log_d):
            # y_pred == log_d_model output
            loss = -K.mean(adv*log_d, axis=-1)
            return loss

        def build_and_compile_models(self):
            s = Input(shape=(3,))
            h = Dense(units=8, activation=None)(s)
            # --- mean
            mean  = Dense(units=4, activation='relu')(h)
            mean  = Dense(units= 1, activation='softsign')(mean)
            # -- stddev
            stddev = Dense(units=4, activation='relu')(h)
            stddev = Dense(units= 1, activation='softplus')(stddev)
            stddev = stddev + 10**-6
            # === pi model
            self.pi_model = Model(s, [mean,stddev], name='pi_model')
            self.pi_model.summary()
            # === action model
            action = Lambda(self.action_func,output_shape=(1,))(
                            [mean,stddev])
            self.action_model = Model(s, action, name='action_model')
```

```python
        self.action_model.summary()
        # === log density model
        log_d = Lambda(self.log_d_func,output_shape=(1,))(
                    [mean,stddev,action])
        self.log_d_model = Model(s, log_d, name='log_d_model')
        self.log_d_model.summary()
        # log_d_optimizer = Adam(learning_rate=0.005)
        # consider lr = 0.005 or 0.01 if training fails
        # --- compile log_d_model
        log_d_loss = self.log_d_loss_func
        self.log_d_model.compile(loss=log_d_loss,optimizer='adam')
        # consider lr = 0.005 or 0.01 if training fails
        # === value model
        z = Dense(units=8, activation=None)(s)
        z = Dense(units=4, activation='relu')(z)
        v = Dense(units=1, activation=None)(z)
        self.value_model = Model(s, v, name='value_model')
        self.value_model.summary()
        # --- compile value_model
        # mse loss
        self.value_model.compile(loss='mse',optimizer='adam')
        return None

    def save_weights(self):
        self.log_d_model.save_weights(self.weight_file_name)
        return None

    def load_weights(self):
        self.log_d_model.load_weights(self.weight_file_name)
        return None

    def train(self):
        G = 0
        reverse_exp = self.experience[::-1]
        for t in range(len(reverse_exp)):
            reward = reverse_exp[t][2]
            state  = reverse_exp[t][0]
            G = reward + G**self.gamma
            v = agent.value_model.predict(state.reshape(1,-1))[0][0]
            adv = np.array(G-v)
            self.log_d_model.fit(state.reshape(1,-1),
                            adv.reshape(1,-1),
                            batch_size=1,
                            epochs=1, verbose=0)
            self.value_model.fit(state.reshape(1,-1),
                            np.array(G).reshape(1,-1),
                            batch_size=1,
```

```
                            epochs=5, verbose=0)
        # stats
        reward_sum = np.sum(self.rewards)
        travel_distance = t + 1
        return reward_sum, travel_distance
```

다음은 훈련용 함수다.

```
def train_A2C_agent(env, agent, n=500):
    r_sum_list = [ ]
    tra_d_list = [ ]
    for i in range(1000):
        agent.reset_experience()
        env.reset_states()
        agent.aquire_experience(env)
        reward_sum, travel_distance = agent.train()
        print("iteration:",i,"reward_sum:",reward_sum,
              "travel_distance:",travel_distance)
        r_sum_list.append(reward_sum)
        tra_d_list.append(travel_distance)
        if i !=0 and i%100==0:
            agent.show_episode()
            agent.save_weights()
            show_reward_history(r_sum_list)
            show_travel_history(tra_d_list)
    agent.save_weights()
    return None
```

다음 코드를 실행하면 에이전트를 학습시킨 후, 학습 결과를 볼 수 있다.

```
env = Env()
agent = AgentA2C(policy_type='A2C')

train_A2C_agent(env, agent)
```

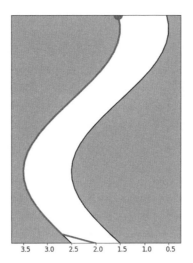

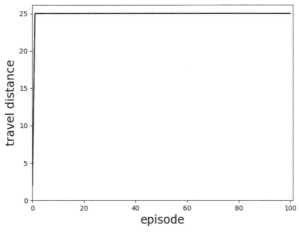

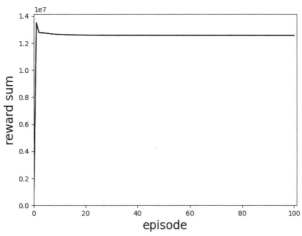

AC 알고리즘처럼 국부 최소값에 갇히기는 했지만, 매우 빠른 속도로 커브 길을 통과하는 정책을 학습했다. 이 장에서 소개한 알고리즘들 중에서 가장 빨랐다.

몇 가지 정책에 기반한 학습법들을 소개하고 모의 자율 주행 자동차에 적용한 학습 결과를 보았지만, 이 결과들을 일반화해서는 않된다. 해결하고자 하는 문제에 따라 결과는 달라질 것이며 보상 값과 인공 신경망 모형의 구조를 포함하여 하이퍼파라미터의 설정에 따라서도 결과는 달라질 수 있다.

# 20

# 자기 부호기

## 모방과 창조

인간의 뇌는 창조적 사고 능력을 갖추고 있다. 이는 경험해 보지 못했던 것 또는 세상에 없던 무엇인가를 새롭게 만들어 내는 능력이다. 이미지에 대한 예를 들자면, 한번도 방문하지 않았던 해변의 한 장면을 상상해 볼 수도 있고, 한번도 웃는 얼굴을 보지 못했던 이의 웃는 얼굴을 상상해 볼 수도 있다.

뇌는 시신경에 입력된 이미지 데이터를 압축시켜 고도로 추상화된 표상representation을 만든다. 그렇게 만들어진 표상으로부터 이미지에 대한 추론을 하고, 표상으로서 이미지를 기억한다. 이미지를 회상하는 것은 추상적인 표상을 다시 구체적인 이미지로 재구성하는 것이다. 흔히, 모방은 창조의 어머니라고 한다. 이는 기억된 표상들로부터 새로운 변형된 표상을 만들어 내는 것을 비유한 말이 아닐까 생각한다. 인공지능에도 이러한 창조적 능력을 갖추게 할 수 있다.

이 장에서는 손글씨 이미지로부터 만들어진 표상으로부터 다시 손글씨 이미지를 재구성할 수 있는 자기 부호기autoencoder에서 시작하여, 표상 공간에서 샘플링된 표상으로부터 새로운 손글씨 이미지를 생성하는 변분variational 자기 부호기를 소개한다. 변분 자기 부호기처럼 경험해 보지 못했던 새로운 이미지를 생성하는 인공 신경망 모형을 생성 모형generative model이라 한다. 물론, 생성 모형이 창조하는 대상은 이미지에만 국한되지 않는다. 또 다른 생성 모형에는 적대적 생성 모형generative adversarial model이 있는데, 변분 자동 부호기의 이론적 배경이 뇌의 창조적 사고 방식과 유사하고 적대적 생성 모형보다 구현이 쉽기에 이를 소개한다.

이 장에서 사용되는 패키지와 모듈은 다음과 같다. 텐서플로우 클래스들은 필요한 곳에 따로 언급한다.

```
import numpy as np
import matplotlib.pyplot as plt
from sklearn.decomposition import PCA
np.random.seed(123)
```

# 20.1 자기 부호기

합성곱 신경망을 소개한 장에서 사용한 28×28개의 픽셀들로 이루어진 손글씨 이미지 $\mathbf{x}$는 784차원 데이터 공간에서의 한 점이다. 만약 $\mathbf{x}$를 차원이 훨씬 축소된 공간에서의 한 점 $\mathbf{z}$로 표현하고 $\mathbf{z}$로부터 다시 $\mathbf{x}$를 재구성할 수 있다면, $\mathbf{z}$는 $\mathbf{x}$를 특정할 수 있는 모든 정보를 압축하여 포함하고 있을 것이다. 이와 같이, 구체적인 데이터 포인트 $\mathbf{x}$를 추상적인 표상 $\mathbf{z}$로 변환하는 인공 신경망 모형을 **자기 부호기**autoencoder[AE]라 한다. 다음과 같은 비유로 자기 부호기를 소개한다.

두 명의 친구 $f$와 $g$가 연상 게임을 한다고 하자. $f$는 어떤 이미지를 본 후 $g$에게 이미지를 추상적으로 묘사해야 하고, $g$는 $f$의 묘사를 듣고 $f$가 보았던 이미지를 그림으로 그려야 한다. 여기서 $f$가 본 이미지는 $d$차원의 벡터 $\mathbf{x}$다.

$$\mathbf{x} = [x_j]_{j=1}^{d} \in \mathbb{R}^d$$

$f$의 $\mathbf{x}$에 대한 묘사는 $p$차원의 벡터 $\mathbf{z}$다. $p$는 $d$보다 훨씬 작아야 하는데, 그렇게 하지 않으면 $f$가 이미지의 모든 픽셀 값 $x$를 나열하는 식으로 묘사[이는 정보의 압축이 아니라 복사다]할 수도 있기 때문이다.

$$\mathbf{z} = [z_l]_{l=1}^{p} \in \mathbb{R}^p,\, p \ll d$$

위와 같은 저차원 고수준의 벡터 $\mathbf{z}$를 **잠재 벡터**latent vector라 하며, 하나의 점으로서 잠재 벡터가 놓인 공간을 **잠재 공간**latent space이라 한다. 즉, $f$가 하는 일은 $\mathbf{x}$로부터 $\mathbf{z}$를 추출하는 것이며, $f$를 **부호기**encoder라 한다.

$$\mathbf{z} = f(\mathbf{x})$$

$g$가 하는 일은 $\mathbf{z}$로부터 $\mathbf{x}$를 복원reconstruction하는 것이며, $g$를 **복호기**decoder라 한다.

$$\hat{\mathbf{x}} = g(\mathbf{z})$$

이러한 연상 게임에 심판이 있다면, 심판은 $\mathbf{x}$와 $\hat{\mathbf{x}}$가 얼마나 비슷한지/다른지를 판단할 것이며, 이를 위해 MSEMean Squared Error 손실 형태의 점수를 사용할 수도 있을 것이다.

$$L(\mathbf{x}, \hat{\mathbf{x}}) = \frac{1}{d} \sum_{j=1}^{d} (x_j - \hat{x}_j)^2$$

$L(\mathbf{x}, \hat{\mathbf{x}})$를 최대한 낮추기 위해서, 부호기는 복호기가 $\mathbf{x}$를 최대한 잘 복원할 수 있도록 $\mathbf{x}$의 특징을 잘 살린 묘사 $\mathbf{z}$를 복호기에 전달해야 할 것이고, 복호기는 묘사 $\mathbf{z}$에 최대한 충실하게 $\hat{\mathbf{x}}$를 만들어 내야 할 것이다.

부호기와 복호기가 작동하는 방식은 마치 우리의 뇌가 시신경으로 입력된 이미지로부터 고도로 추상화된 표상을 만들어 내고 기억한 다음 표상으로부터 회상하는 것과 유사하다. 다음 그림에 부호기와 복호기 쌍으로 이루어진 자기 부호기의 일반적인 구조를 나타내었다.

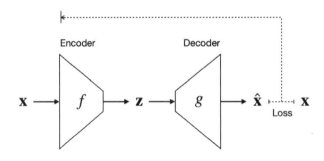

만약 부호기가 한 개의 신경망 층으로 구성되고 활성화 함수가 사용되지 않는다면, 자기 부호기의 차원 축소 방식은 주성분 분석principal component analysis[PCA]에서의 차원 축소 방식과 동일하다. 주성분 분석에서는 $p$개의 정규직교orthonormal 벡터 $\mathbf{u} \in \mathbb{R}^d$로 구성된 행렬 $\mathbf{U} \in \mathbb{R}^{d \times p}, d > p$를 이용하여 $\mathbf{x}$를 데이터 세트의 분산을 최대화하는 축소된 공간에 투영projection한다: $\mathbf{z} = \mathbf{U}^\mathsf{T}\mathbf{x}$. 행렬은 벡터를 변환하는 함수로 볼 수 있기에, 주성분 분석에서의 $\mathbf{U}$를 선형 부호기라 할 수 있다.

### 20.1.1 자기 부호기의 구현과 훈련

이 장에서 사용할 텐서플로우 클래스들은 다음과 같이 불러온다.

```
from tensorflow.keras.layers  import Input, Dense, Flatten, Lambda
from tensorflow.keras.layers  import Reshape, Conv2D, Conv2DTranspose
from tensorflow.keras.metrics import mse, binary_crossentropy
```

```
from tensorflow.keras.models   import Model, save_model, load_model
from tensorflow.keras          import backend as K
```

합성곱 신경망에서 사용했던 손글씨 이미지로부터 잠재 벡터를 추출하는 자기 부호기를 구축하고 훈련해 보자. 다음은 자기 부호기 모형을 구축하고 컴파일하는 함수다.

```
def build_and_compile_ae_models(image_shape=(28,28,1),latent_dim=16):
    # === encoder part
    x = Input(shape=image_shape)
    z_enc = Conv2D(filters=32,kernel_size=3,
                   strides=2,padding='same',
                   activation='relu')(x)
    z_enc = Conv2D(filters=64,kernel_size=3,
                   strides=2,padding='same',
                   activation='relu')(z_enc)
    conv_output_shape = K.int_shape(z_enc) # (bsz,7,7,64)
    z_enc = Flatten()(z_enc)
    flat_output_shape = K.int_shape(z_enc) # (bsz,3136)
    z_enc = Dense(units=16,activation='relu')(z_enc)
    z = Dense(units=latent_dim,activation=None)(z_enc)
    encoder = Model(x, z, name='ae_encoder')
    encoder.summary()
    # === decoder part
    z_in = Input(shape=latent_dim)
    z_dec = Dense(units=16,activation=None)(z_in)
    z_dec = Dense(units=flat_output_shape[1],activation='relu')(z_dec)
    z_dec = Reshape((conv_output_shape[1:]))(z_dec)
    z_dec = Conv2DTranspose(filters=64,kernel_size=3,
                            strides=2,padding='same',
                            activation='relu')(z_dec)
    z_dec = Conv2DTranspose(filters=32,kernel_size=3,
                            strides=2,padding='same',
                            activation='relu')(z_dec)
    x_rec = Conv2DTranspose(filters=image_shape[-1],
                            kernel_size=3,
                            strides=1,padding='same',
                            activation='sigmoid')(z_dec)
    decoder = Model(z_in, x_rec, name='ae_decoder')
    decoder.summary()
    # === ae
    z = encoder(x)
    x_rec = decoder(z)
    ae = Model(x, x_rec, name='ae')
    ae.summary()
    ae.compile(optimizer='adam', loss='bce')
```

```
    # --------------------------
    return ae, encoder, decoder
```

부호기 encoder에 입력되는 이미지 x는 합성곱 신경망으로 처리하였으며, 최대화 풀링 대신에 strides=2로 차원을 줄여가도록 하였다. 부호기의 마지막 층에서는 활성화 함수를 사용하지 않는다. 부호기가 출력하는 잠재 벡터는 latent_dim=16 차원으로 하였다. 잠재 공간의 차원 수가 이미지의 차원 수보다 너무 적으면 정보의 유실이 발생할 수 있으며, 반대의 경우에는 이미지의 추상화 정도가 낮아진다. 일반적으로, 부호기의 마지막 층에는 활성화 함수를 사용하지 않는다.

복호기 decoder에서는 합성곱 함수의 역함수라 할 수 있는 Conv2DTranspose를 이용하여 차원 수를 늘려간다. 부호기의 strides=2인 Conv2D 층이 다운[down] 샘플링을 위한 층이라면 복호기의 strides=2인 Conv2DTranspose 층은 업[up] 샘플링을 위한 층이다. 마지막 Conv2DTranspose 층은 흑백 이미지를 재구성[x_rec]하기 위한 층이기에 커널은 하나만 사용한다. 마지막 층에서는 활성화 함수로 sigmoid 함수를 사용하였다. 따라서, 이미지를 화면에 출력하는 방법에 따라 스케일링이 필요할 수도 있다. 이 장에서는 스케일링이 필요 없는 방법을 사용할 것이다.

부호기의 입력을 자기 부호기 ae의 입력으로 하며, 복호기의 출력을 ae의 출력으로 한다. ae를 훈련하면 부호기와 복호기의 가중치들이 함께 학습된다. 손실은 이진 교차 엔트로피 bce로 구하도록 하였는데, 평균 오차 제곱 mse를 사용할 수도 있다. bce를 사용하느냐 mse를 사용하느냐에 따라 복원된 이미지에서 약간의 차이가 있다. 이에 대해서는 독자들이 실험해 보기 바란다.

다음은 자기 부호기를 훈련하는 함수다.

```
def train_ae(X_train, epochs=30,
             encoder_file_name='ae_encoder',
             decoder_file_name='ae_decoder',
             ae_file_name='ae'):
    ae, encoder, decoder = build_and_compile_ae_models()
    History = ae.fit(X_train, X_train,
                     epochs=epochs, batch_size=64,
                     shuffle=True, validation_split=0.3,
                     verbose=2)
    train_history = History.history
    np.save("ae_train_history.npy", train_history)
    save_model(encoder, encoder_file_name)
```

```
    save_model(decoder, decoder_file_name)
    save_model(ae, ae_file_name)
    return None
```

학습은 30 에포크 동안만 하도록 하였다. 학습이 끝나면, 부호기와 복호기 모형을 따로 저장하도록 하였다. GPU가 장착된 컴퓨터를 사용하는 경우, 배치 크기를 증가시켜 학습 시간을 줄일 수 있다.

다음은 학습에 사용될 데이터 세트를 얻는 함수다. 합성곱 신경망을 소개한 장에서 파일로 저장해 둔 X_train.npy과 X_test.npy를 그대로 사용하니, 이 장의 코드가 실행되는 디렉토리에 이 두 파일을 미리 저장해 두어야 한다.

```
def get_datasets(n_max=10000):
    X_train = np.load('X_train.npy')/255 # scaling
    X_test  = np.load('X_test.npy')/255  # scaling
    X_train = X_train.reshape(-1,28,28,1)[:n_max]
    X_test  = X_test.reshape(-1,28,28,1)[:n_max//5]
    y_train = np.load('y_train.npy')[:n_max]
    y_test  = np.load('y_test.npy')[:n_max//5]
    return X_train, X_test, y_train, y_test
```

실행 시간을 줄이기 위해서 데이터 세트의 크기를 10000으로 줄였다. GPU가 장착된 컴퓨터를 사용하는 경우, 데이터 세트의 크기를 더 늘려서도 실행해 보기 바란다. 픽셀 값은 0과 1 사이의 값이 되도록 스케일링 하였다.

다음 코드를 실행하면 자기 부호기를 훈련한다. 노트북 사용자는 발열에 주의하도록 한다.

```
X_train, _, _, _ = get_datasets()
train_ae(X_train)
```

이어지는 내용은 위와 같이 훈련된 모형을 이용하여 얻어진 결과를 바탕으로 한 것이다. 넘파이 난수 발생의 씨앗은 설정하였지만, 텐서플로우에서는 난수 발생 씨앗을 설정하지 않았으므로 독자들이 훈련하고 실행한 결과와는 다소 다를 수 있다.

다음은 손실 기록을 보여주는 함수다.

```
def plot_ae_train_val_loss_history(history):
    train_loss_list = history['loss']
    val_loss_list = history['val_loss']
    plt.plot(train_loss_list, "--",
            linewidth=1,color='black',label="train loss")
    plt.plot(val_loss_list, "-",
            linewidth=1,color='black',label="val loss")
    plt.ylim(0, max(train_loss_list+val_loss_list))
    plt.xlim(0, len(train_loss_list))
    plt.xlabel('epoch-1',size=17)
    plt.ylabel('loss',size=17)
    plt.legend(fontsize=12)
    plt.tight_layout()
    plt.show()
    return None
```

학습이 끝나고 다음을 실행하면, 손실 기록을 보여준다.

```
history = np.load("ae_train_history.npy",allow_pickle=True).item()
plot_ae_train_val_loss_history(history)
```

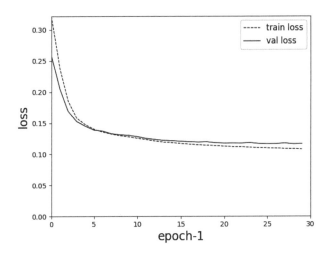

더 많은 에포크 동안 훈련하면 손실이 더 줄어들 수도 있지만, 예제로 사용하기에는 충분해 보인다.


## 20.1.2 잠재 벡터의 추출과 잠재 벡터로부터의 이미지 복원

696

자기 부호기의 훈련이 끝나면, 부호기를 이용하여 이미지로부터 잠재 벡터를 추출할 수 있으며, 복호기를 이용하여 잠재 벡터로부터 이미지를 복원할 수 있다. 다음 함수를 아래와 같이 실행하면, 학습용 데이터 세트에 포함된 처음 네 개의 이미지들에 대한 잠재 벡터와 이로부터 복원된 이미지를 볼 수 있다.

```python
def view_x_z_x_rec(x, z, x_rec):
    fig, ax = plt.subplots(nrows=1, ncols=3,
                           sharex=True, sharey=True)
    ax = ax.flatten()
    ax[0].imshow(x, cmap='Greys')
    ax[1].imshow(z, cmap='Greys', extent=[2,25,10,15])
    ax[2].imshow(x_rec, cmap='Greys')
    ax[0].set_title('x', fontsize=29)
    ax[1].set_title('z', fontsize=29)
    ax[2].set_title('x_rec', fontsize=29)
    ax[0].set_xticks([])
    ax[0].set_yticks([])
    plt.tight_layout()
    plt.show()
    return None

def view_first_n_encodings(X,encoder,decoder,n=4):
    for i in range(4):
        x = X[i:i+1]
        z = encoder(x)
        if len(z) != 1: z = z[-1]
        x_rec = decoder(z)
        x = x.reshape(28,28)
        z = z.numpy()
        x_rec = x_rec.numpy()
        x_rec = x_rec.reshape(28,28)
        view_x_z_x_rec(x, z, x_rec)
    return None
```

```python
X_train, _, _, _ = get_datasets( )
encoder = load_model('ae_encoder')
decoder = load_model('ae_decoder')
view_first_n_encodings(X_train,encoder,decoder,n=4)
```

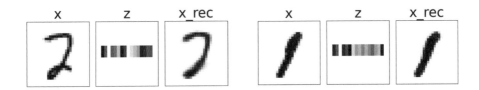

제한된 갯수의 이미지들로 짧게 훈련하였음에도 복원 성능은 만족할만한 수준이다. 학습랑 때 경험해 보지 못한 이미지에 대해서도 제대로 된 잠재 벡터를 추출하고 이미지를 복원할 수 있는지 다음 코드를 실행하여 확인해 보자

```
_, X_test, _, _ = get_datasets( )
encoder = load_model('ae_encoder')
decoder = load_model('ae_decoder')
view_first_n_encodings(X_test,encoder,decoder,n=4)
```

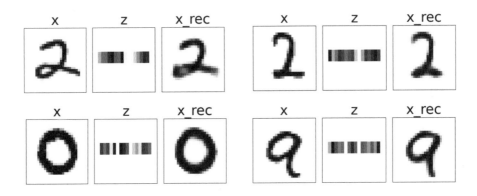

다음은 특정한 숫자에 대하여 어떤 잠재 벡터들이 생성되는지를 보여주는 함수다.

```
def view_z_x_rec(z, x_rec):
    fig, ax = plt.subplots(nrows=1, ncols=2,
                           sharex=True, sharey=True)
    ax = ax.flatten()
    ax[0].imshow(z, cmap='Greys', extent=[2,25,10,15])
    ax[1].imshow(x_rec, cmap='Greys')
    ax[0].set_title('z', fontsize=29)
    ax[1].set_title('x_rec', fontsize=29)
    ax[0].set_xticks([])
    ax[0].set_yticks([])
    plt.tight_layout()
    plt.show()
    return None
```

```
def view_digit(X,y,encoder,decoder,digit=0,n=9):
    for i in range(n):
        x = X[y==digit][i].reshape(1,28,28,1)
        z = encoder(x)
        if len(z) != 1: z = z[-1]
        x_rec = decoder(z)
        z = z.numpy()
        x_rec = x_rec.numpy()
        x_rec = x_rec.reshape(28,28)
        view_z_x_rec(z, x_rec)
    return None
```

다음 코드를 실행하면 숫자 0에 대해서 어떤 잠재 벡터들이 생성되는지 보여준다.

```
X_train, _, y_train, _ = get_datasets( )
encoder = load_model('ae_encoder')
decoder = load_model('ae_decoder')
view_digit(X_train,y_train,encoder,decoder,digit=0,n=9)
```

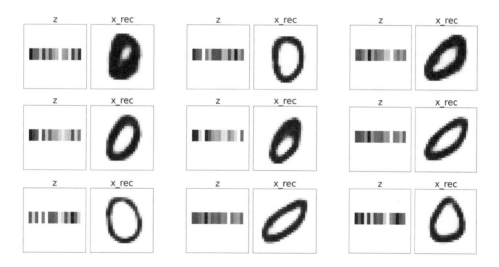

너무 추상적인 패턴이라 잠재 벡터의 요소들을 해석하는 것은 힘들지만, 잠재 벡터들의 요소들이 숫자 0의 다양한 형태를 묘사하고 있을 것으로 생각된다.

자기 부호기가 손글씨 데이터 세트에 대해 만들어 낸 잠재 공간에 손글씨 이미지에 대한 잠재 벡터들은 어떻게 분포해 있을까? 잠재 공간이 16차원이라 이를 그대로 나타내는 것은 불가능하지만, 다른 차원 축소 기법인 주성분 분석을 이용하여 16차원의 잠재 공간을 3차원 공간으로 축소시켜 볼 수 있다. 다음은 잠재 공간을 3차원 공간에 투영하는 주성분 분석을 실시하는 함수다.

```python
def view_PCA_projection(X,y,encoder,vae=True):
    if vae: _,_,Z = encoder(X)
    else   : Z = encoder(X)
    pca = PCA(n_components=3).fit_transform(Z)
    # pc1 vs pc2
    plt.scatter(pca[:,0],pca[:,1], c=y, s=1)
    plt.colorbar()
    plt.xlabel("PC 1", fontsize=15)
    plt.ylabel("PC 2", fontsize=15)
    plt.tight_layout()
    plt.show()
    # pc1 vs pc3
    plt.scatter(pca[:,0],pca[:,2], c=y, s=1)
    plt.colorbar()
    plt.xlabel("PC 1", fontsize=15)
    plt.ylabel("PC 3", fontsize=15)
    plt.tight_layout()
    plt.show()
    # pc2 vs pc3
    plt.scatter(pca[:,1],pca[:,2], c=y, s=1)
    plt.colorbar()
    plt.xlabel("PC 2", fontsize=15)
    plt.ylabel("PC 3", fontsize=15)
    plt.tight_layout()
    plt.show()
    return None
```

다음 코드를 실행하면, 16차원 잠재 공간을 3차원으로 축소시킨 후, 세 방향에서 이를 본 결과를 보여준다. 참고로 주성분 분석을 통해 얻은 공간의 축은 주성분principal component이라 한다.

```python
X, _, y, _ = get_datasets( )
encoder = load_model('ae_encoder')
view_PCA_projection(X,y,encoder, vae=False)
```

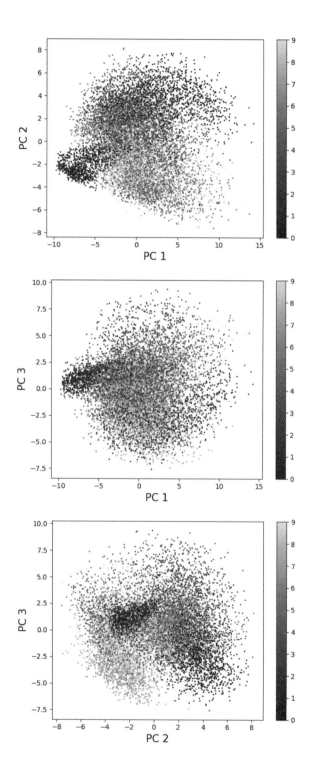

컬러 이미지를 흑백으로 인쇄한 것이라 제대로 볼 수는 없지만, 마치 산과 계곡이 있는 것처럼 잠재 벡터들이 밀집된 영역이 있고 희박한 영역이 있다. 이를 "잠재 공간이 연속적이지 않다"라고 표현한다. 잠재 벡터들이 희박한 영역 또는 없는 영역에 해당하는 좌표로 잠재 벡터를 만들어 복호기에 입력하면, 의미가 없는 이미지가 얻어진다. 예를 들어 다음과 같은 이미지를 말한다.

# 20.2 변분 자기 부호기

자기 부호기는 복원성이 뛰어난 잠재 벡터를 만들지만, 잠재 공간이 연속적이지 못하기 때문에 학습된 잠재 공간에서 의미가 있는 잠재 벡터를 샘플링하고 이로부터 새로운 이미지를 창조하는 작업에는 부적합하다. 이 절에서는 연속적인 잠재 공간을 만드는 자기 부호기로서, 베이지안 추론에 기반한 **변분 자기 부호기**variational AutoEncoder[VAE]를 소개한다.

## 20.2.1 베이지안 추론

베이지안 추론법을 선호하는 견해에서 다소 극단적으로 보일 수 있는 예를 들 텐데, 이 예가 베이지안 추론법의 이해에 도움이 될 것으로 생각한다. 천장에서 100 데시벨의 소음이 들렸고, 당신은 소음을 유발한 원인에 대해 두 가지 가설을 세웠다. 하나[$H_1$]는 '천장에 파리가 기어다닌다'이고, 다른 하나[$H_2$]는 '천장 위에 도깨비가 뛰어다닌다'이다. 여기서 소음은 데이터[$D$]에 해당한다. 이 두 가설 중 어느 가설이 더 가능성이 있는지를 알아보는 두 가지 접근법이 있다.

하나는 **빈도주의적**frequentist 접근법으로서, 이는 천장에 파리가 기어다닐 때 그런 소음이 발생할 확률 $P(D|H_1)$과 천장에 도깨비가 뛰어다닐 때 그런 소음이 발생할 확률 $P(D|H_2)$을 비교하는 방법이다.

$$P(D|H_1) \text{ vs } P(D|H_2)$$

주어진 가설[또는 모수]이 참이라고 했을 때 그 가설 하에서 데이터가 발생할 확률[$P(D|H)$]을 **공산**likelihood이라 하며, 빈도주의적 접근법에서는 공산을 비교한다. 독자들에게 익숙한 대부분의 통계 검정법[예, t-검정과 ANOVA 등]들이 빈도주의적 접근법에 기반한다.

다른 하나는 **베이지안**Bayesian 접근법으로서, 이는 그런 소음이 발생했을 때 천장에 파리가 기어다닐 확률 $P(H_1|D)$와 그런 소음이 발생했을 때 천장에 도깨비가 뛰어다닐 확률 $P(H_2|D)$을 비교하는 것이다.

$$P(H_1|D) \text{ vs } P(H_2|D)$$

데이터가 주어졌을 때 가설[또는 모수]이 참일 확률 $P(H|D)$을 포스테리어posterior라 하며, 베이지안 접근법에서는 포스테리어를 비교한다.

위 예에서 독자들은 어떤 접근법을 택하겠는가? 두 접근법 모두 조건부 확률을 이용하는데, 빈도주의적 접근법에서는 확률의 주체가 데이터이고, 베이지안 접근법에서는 확률의 주체가 가설이다. 천장에 파리가 기어다닌다고 해서 100 데시벨의 소음이 발생할까? 아마도 천장 위에 도깨비가 뛰어다녀야 100 데시벨 정도의 소음이 발생할 것이다. 즉, $P(D|H_2) > P(D|H_1)$이며, 빈도주의적 접근법에서는 천장 위에 도깨비가 뛰어다닌다는 가설 $H_2$를 채택한다.

왜 이런 어처구니없는 결론에 도달하게 될까? $P(D|H)$는 가설에 대한 확률이 아니라, 데이터에 대한 확률이기 때문이다. 즉, 빈도주의적 접근법에서는 도깨비가 세상에 존재하는지 여부 또는 도깨비가 세상에 존재할 확률은 관심사가 아니다. 우리가 정작 알고 싶은 것은 '$H_1$과 $H_2$ 중에서 어떤 가설이 더 가능성이 높은가?'라는 질문에 대한 답이지, '어떤 가설 하에서 그런 데이터가 발생할 확률이 높은가?'라는 질문에 대한 답이 아니다. 물론, 실제 사용되는 빈도주의적 검정법들에는 세련되고 우아한 방법들[예, 균일 최강력 검정uniformly most powerful test]이 동원되어 있으므로 크게 걱정할 필요는 없다. 더욱이, 데이터의 크기가 커지면 빈도주의적 접근법과 베이지안 접근법은 동일한 결론에 도달한다.

올바른 질문에 대한 답을 구하는 베이지안 접근법은 왜 흔하게 사용되지 않을까? 필자는 이를 두 가지 이유로 설명하고 싶다. 하나는 베이지안 접근법에서는 확률을 믿음으로 본다는 점 때문이다[어떤 동전을 1000번 던져서 앞면이 500번 나왔을 때, 이 동전을 한번 던져서 앞면이 나올 확률을 $500/1000 = 0.5$로 보는 것은 빈도주의적 확률이다]. 베이지안 추론을 위해서는 포스테리어를 다음과 같이 베이즈의 정리를 이용하여 전개해야 하는데, 프라이어prior라 불리는 $P(H)$는 데이터를 보기 전에 가졌던 가설 $H$에 대한 믿음이고, 포스테리어 $P(H|D)$는 데이터를 보고 난 후 가설 $H$에 대한 믿음이다. 참고로, 아래 식에서 $P(H|D) \propto P(D|H)P(H)$인 이유는 $P(D)$는 확률식이 적절한 확률식이 되도록[확률의 합은 1이 되도록] 만드는 정상화 상수normalizing constant이기 때문이다.

$$P(H|D) = \frac{P(D|H)P(H)}{P(D)} = \frac{P(D|H)P(H)}{\sum_H P(D|H)P(H)} \propto P(D|H)P(H)$$

따라서, 도깨비는 존재하지 않는다는 믿음을 가지고 있다면 프라이어 $P(H_2)$는 0이거나 매우 작기 때문에, 공산 $P(D|H_2)$가 $P(D|H_1)$보다 아무리 크더라도 포스테리어 $P(H_2|D)$는 $P(H_1|D)$보다 작다. 물론, 도깨비는 존재한다는 믿음을 가진다면, 다른 결론에 도달할 것이다. 주관이 개입해서는 안 되는 과학에서 확률을 주관적인 믿음으로 본다는 이유로 베이지안 접근법은 외면되었었고 심지어 조롱의 대상이 되기도 했다. 하지만, 이는 베이지안 접근법에서의 믿음은 업데이트되는 믿음이란 점을 무시한 오해다. 오늘의 포스테리어가 내일의 프라이어라는 말처럼, 새로운 데이터를 볼 때마다 $P(H|D)$는 $P(H)$가 된다. 도깨비는 존재한다는 믿음을 가졌더라도 어떤 데이터들을 보느냐에 따라, 그 믿음은 변할 수 있다.

다른 하나는 기술적인 이유이며 변분 자기 부호기와 관련이 있다. 이번에는 동전을 한 번 던져서 앞면이 나올 확률 $\theta$를 추정한다고 하자. 즉, 베르누이 분포의 모수 추정이다. 빈도주의적 접근법을 사용한다면 동전을 무수히 많이 던져보고 앞면이 나오는 상대적 빈도 $\hat{\theta}^{ML} = n_{head}/n$[최대 공산 추정치 maximum likelihood estimate]를 구하면 된다. 베이지안 접근법에서 모수는 확률변수로 취급되므로 포스테리어 분포로부터 모수를 추정해야 하는데, 포스테리어 분포의 기대값 $\hat{\theta}^{PM} = E(\theta|D)$[포스테리어 평균 추정치 posterior mean]을 추정치로 삼는다고 하면 다음과 같은 계산이 필요하다.

$$\hat{\theta}^{PM} = \int_\theta \theta P(\theta|D)d\theta = \int_\theta \theta \frac{P(D|\theta)P(\theta)}{\int_\theta P(D|\theta)P(\theta)d\theta}d\theta$$

잘 알려진 분포들의 경우에는 켤레 conjugate 프라이어를 사용하여 적분값을 계산하지 않고 $\hat{\theta}^{PM}$를 구할 수 있으나, 그렇지 못한 경우에는 적분값부터 계산해야 한다. 그런데, $\theta$가 다변량이라면 중적분$[\int_{\theta_1} \int_{\theta_2} \int_{\theta_3} \cdots d\theta_3 d\theta_2 d\theta_1]$이 요구되고, $\theta$가 단변량이라 할지라도 $P(D|\theta)P(\theta)$가 복잡한 함수라면 적분값을 계산하는 것이 극히 힘들어진다. 따라서, 베이지안 접근법을 이용하려면 강력한 수치 적분법이 필요하며 이러한 이유로 베이지안 접근법은 맨하탄 프로젝트에서 MCMC Markov Chain Monte Carlo 샘플링법이 개발된 후에야 본격적으로 사용되기 시작했다.

## 20.2.2 변분 베이지안 추론을 이용한 자기 부호기

잠재 벡터 $\mathbf{z}$를 다변량 확률변수로 간주하고 주어진 이미지 $\mathbf{x}$에 대한 $\mathbf{z}$의 확률분포 $P(\mathbf{z}|\mathbf{x})$를 찾을 수 있다면 연속적인 잠재 공간을 만들 수 있다. 이를 위해서는 부호기가 포스테리어 분포 $P(\mathbf{z}|\mathbf{x})$로부터 $\mathbf{z}$를 샘플링하는 추계학적 stochastic 함수가 되어야 한다.

$$\mathbf{z} = f(\mathbf{x}) \sim P(\mathbf{z}|\mathbf{x})$$

예를 들어, 다음 그림과 같이 특정한 숫자의 이미지 $\mathbf{x}$에 대해서 $\mathbf{z}$의 확률분포에 따라 기대값 근처의 $\mathbf{z}$를 주로 추출하나 주변의 $\mathbf{z}$도 추출되도록 하는 것이다.

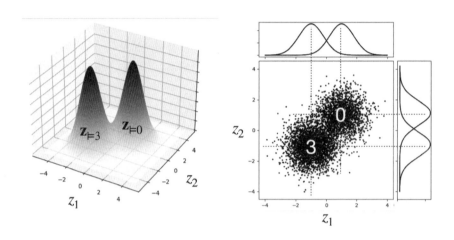

반면, 복호기는 추계학적 함수가 되어서는 안 된다. 복호기가 하는 일은 입력 $\mathbf{z}$로부터 공산 $P(\mathbf{x}|\mathbf{z})$를 최대화하는 $\hat{\mathbf{x}}$를 찾는 것이어야지 $P(\mathbf{x}|\mathbf{z})$로부터 $\mathbf{x}$를 샘플링하는 함수가 되어서는 안 된다.

$$\hat{\mathbf{x}} = g(\mathbf{z})$$

예를 들어, 숫자 3을 표현하는 특정한 잠재 벡터 $\mathbf{z}_{\vDash 3}$가 복호기에 입력되면 가능한 한 충실하게 $\mathbf{z}_{\vDash 3}$를 만들어 낸 $\mathbf{x}_{\vDash 3}$를 복원/출력해야지 가끔이라도 다른 이미지를 출력해서는 안 된다. 물론, 복호기가 결정론적 함수라고 해서 복호기의 출력도 결정론적인 것은 아니다. 복호기가 입력받는 $\mathbf{z}$가 확률변수이기 때문에, 복호기의 출력도 확률변수다. 위에 언급한 내용은 포스테리어 분포 $P(\mathbf{z}|\mathbf{x})$를 찾을 수 있다는 것을 전제로 하고 있는데, $P(\mathbf{z}|\mathbf{x})$를 해석적으로 구하는 것은 극히 힘들고 학습 중 데이터 포인트마다 MCMC 샘플링을 하는 것은 너무나 비효율적이다.

$$P(\mathbf{z}|\mathbf{x}) = \frac{P(\mathbf{x}|\mathbf{z})P(\mathbf{z})}{P(\mathbf{x})} = \frac{P(\mathbf{x}|\mathbf{z})P(\mathbf{z})}{\int P(\mathbf{x}|\mathbf{z})P(\mathbf{z})d\mathbf{z}}$$

대신, $P(\mathbf{z}|\mathbf{x})$와 비슷하면서 다루기 쉬운<sup>tractable</sup> 분포 $Q(\mathbf{z}|\mathbf{x})$로 $P(\mathbf{z}|\mathbf{x})$를 근사하는 방법을 사용할 수 있는데, 이를 **변분 베이지안 추론**<sup>variational Bayesian inference</sup>이라 한다. 참고로, 변분 $\delta y$는 함수들의 함수인 범함수 $f[y_1(x), y_2(x), ..., y_m(x)]$의 미분 $\frac{\partial f}{\partial y}dy$를 칭하는 용

어다. 변분 자기 부호기에서는 인공신경망으로 모형화된 $Q(\mathbf{z}|\mathbf{x})$가 임의의 확률분포에서 시작하여 $P(\mathbf{z}|\mathbf{x})$에 접근하도록 함으로써, 부호기의 출력 $\mathbf{z}$가 연속적인 잠재 공간에 위치하도록 한다.

$$\mathbf{z} = f(\mathbf{x}) \sim Q(\mathbf{z}|\mathbf{x}) \rightarrow P(\mathbf{z}|\mathbf{x})$$

즉, 변분 자기 부호기의 학습 목표는 $Q(\mathbf{z}|\mathbf{x})$를 $P(\mathbf{z}|\mathbf{x})$와 최대한 비슷하게 만드는 것이다. 구체적으로는 두 확률 분포 사이의 거리[유사도]를 나타내는 쿨박–라이블러Kull-back-Leibler 거리/발산distance/divergence $D_{\mathrm{KL}}$[또는 상대적 엔트로피relative entropy]을 최소화하는 것이다. $D_{\mathrm{KL}}$은 다음과 같은 로그 확률비의 기대값으로 정의되며, 0보다 크거나 같은 값을 가질 수 있다[두 분포가 동일하면 0].

$$D_{\mathrm{KL}}[Q(\mathbf{z}|\mathbf{x})\|P(\mathbf{z}|\mathbf{x})] = E_Q\left\{ \log\left[ \frac{Q(\mathbf{z}|\mathbf{x})}{P(\mathbf{z}|\mathbf{x})} \right] \right\}$$

이를 다음과 같이 전개한다.

$$\begin{aligned}
D_{\mathrm{KL}}[Q(\mathbf{z}|\mathbf{x})\|P(\mathbf{z}|\mathbf{x})] &= E_Q\left[\log Q(\mathbf{z}|\mathbf{x}) - \log P(\mathbf{z}|\mathbf{x})\right] \\
&= E_Q\left[\log Q(\mathbf{z}|\mathbf{x}) - \log P(\mathbf{x}|\mathbf{z}) - \log P(\mathbf{z}) + \log P(\mathbf{x})\right] \\
&= E_Q\left[\log Q(\mathbf{z}|\mathbf{x}) - \log P(\mathbf{x}|\mathbf{z}) - \log P(\mathbf{z})\right] + \log P(\mathbf{x})
\end{aligned}$$

$\log P(\mathbf{x})$는 정상화 상수의 로그 값이므로 기대값 계산에서 빠져나온다. 기대값 항을 계속해서 전개하면 다음과 같다.

$$\begin{aligned}
E_Q\left[\log Q(\mathbf{z}|\mathbf{x}) - \log P(\mathbf{x}|\mathbf{z}) - \log P(\mathbf{z})\right] \\
= E_Q\left[\log Q(\mathbf{z}|\mathbf{x}) - \log P(\mathbf{z}) - \log P(\mathbf{x}|\mathbf{z})\right] \\
= E_Q\left[\log Q(\mathbf{z}|\mathbf{x}) - \log P(\mathbf{z}) - \log P(\mathbf{x}|\mathbf{z})\right] \\
= E_Q\left[\log Q(\mathbf{z}|\mathbf{x}) - \log P(\mathbf{z})\right] - E_Q\left[\log P(\mathbf{x}|\mathbf{z})\right] \\
= D_{\mathrm{KL}}\left[Q(\mathbf{z}|\mathbf{x})\|P(\mathbf{z})\right] - E_Q\left[\log P(\mathbf{x}|\mathbf{z})\right]
\end{aligned}$$

전부 함께 쓰면 다음과 같다.

$$D_{\mathrm{KL}}[Q(\mathbf{z}|\mathbf{x})\|P(\mathbf{z}|\mathbf{x})] = D_{\mathrm{KL}}\left[Q(\mathbf{z}|\mathbf{x})\|P(\mathbf{z})\right] - E_Q\left[\log P(\mathbf{x}|\mathbf{z})\right] + \log P(\mathbf{x})$$

잠시 위 식의 의미를 보자. $P(\mathbf{x})$는 정상화 상수이므로, $Q(\mathbf{z}|\mathbf{x})$가 $P(\mathbf{z}|\mathbf{x})$와 최대한 비슷해지려면 1] $Q(\mathbf{z}|\mathbf{x})$가 프라이어 $P(\mathbf{z})$를 최대한 닮아야 하고, 2] $\log P(\mathbf{x}|\mathbf{z})$의 기대

값이 $\log P(\mathbf{x})$를 향하여 증가해야 한다.

$$D_{\mathrm{KL}}\left[Q(\mathbf{z}\,|\,\mathbf{x})\|P(\mathbf{z})\right] \to 0$$
$$E_Q\left[\log P(\mathbf{x}\,|\,\mathbf{z})\right] \to \log P(\mathbf{x})$$

변분 자기 부호기를 훈련하는 면에서 보자면, 1] 부호기가 추출하는 잠재 벡터 $\mathbf{z}$는 어떠한 숫자 이미지 $\mathbf{x}$에 대해서도 동일한 프라이어 분포를 가능한 한 충실히 따르도록 해야 하고, 2] 하나의 숫자 이미지 $\mathbf{x}$를 표현하는 어떠한 $\mathbf{z}$에 대해서도 복호기는 가능한 한 충실히 원본 이미지 $\mathbf{x}$를 복원하도록 해야 한다. 서로 모순되는 목표인데, 이 둘을 동시에 추구하도록 변분 자기 부호기를 훈련하면 연속적인 잠재 공간을 얻을 수 있다. 이에 대해서는 뒤에서 다시 언급한다.

위 식을 다음과 같이 쓰면, $D_{\mathrm{KL}}$은 0보다 크거나 같으므로 우변은 $\log P(\mathbf{x})$의 하한<sup>lower bound</sup>이 된다.

$$\log P(\mathbf{x}) - D_{\mathrm{KL}}[Q(\mathbf{z}\,|\,\mathbf{x})\|P(\mathbf{z}\,|\,\mathbf{x})] = E_Q\left[\log P(\mathbf{x}\,|\,\mathbf{z})\right] - D_{\mathrm{KL}}\left[Q(\mathbf{z}\,|\,\mathbf{x})\|P(\mathbf{z})\right]$$

따라서, 정상화 상수 $P(\mathbf{x}) = \int P(\mathbf{x}\,|\,\mathbf{z})P(\mathbf{z})d\mathbf{z}$를 정확히 구할 수는 없더라도 $P(\mathbf{x})$의 하한은 알 수 있다. 베이지안 접근법에서는 데이터를 증거<sup>evidence</sup>라 칭하는데, 위 식의 우변을 ELBO<sup>evidence lower bound</sup>라 한다. 앞서 언급한 변분 자기 부호기의 훈련 원칙은 ELBO를 증가시키는 것으로 볼 수 있다.

왜 $D_{\mathrm{KL}}\left[Q(\mathbf{z}\,|\,\mathbf{x})\|P(\mathbf{z})\right] \to 0$와 $E_Q\left[\log P(\mathbf{x}\,|\,\mathbf{z})\right] \to \log P(\mathbf{x})$를 동시에 추구하도록 변분 자기 부호기를 훈련하면 연속적인 잠재 공간을 만들 수 있을까? 프라이어는 임의의 다변량 정규분포<sup>multivariate normal distribution</sup> $P(\mathbf{z}) = N(\mathbf{z}\,|\,\boldsymbol{\mu}, \boldsymbol{\Sigma})$라 하고 다음 두 그림을 보자.

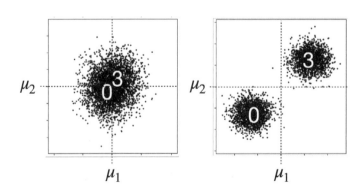

좌측 그림에서는 0을 표현하는 잠재 벡터 $\mathbf{z}_{\models 0}$들의 분포와 3을 표현하는 잠재 벡터 $\mathbf{z}_{\models 3}$들의 분포 모두 프라이어 분포와 유사하다. 하지만, 그렇기 때문에 두 분포가 겹치는 영역이 크며, 겹치는 영역에 위치한 잠재 벡터가 복호기에 입력되면 두 숫자 모두 제대로 복원할 수가 없게 된다. 즉, 이 경우 두 종류의 잠재 벡터들에 대하여 $Q(\mathbf{z}_{\models 0}\,|\,\mathbf{x}_{\models 0}) \to N(\mathbf{z}_{\models 0}\,|\,\boldsymbol{\mu}, \boldsymbol{\Sigma})$와 $Q(\mathbf{z}_{\models 3}\,|\,\mathbf{x}_{\models 3}) \to N(\mathbf{z}_{\models 3}\,|\,\boldsymbol{\mu}, \boldsymbol{\Sigma})$은 대체로 만족할 수 있으나 $P(\mathbf{x}_{\models 0}\,|\,\mathbf{z}_{\models 0}) \to P(\mathbf{x}_{\models 0})$와 $P(\mathbf{x}_{\models 3}\,|\,\mathbf{z}_{\models 3}) \to P(\mathbf{x}_{\models 3})$를 만족하기는 힘들다.

반면, 우측의 그림에서는 $\mathbf{z}_{\models 0}$의 분포와 $\mathbf{z}_{\models 3}$의 분포에 겹치는 영역이 별로 없기에 복호기의 복원성은 쉽게 만족할 수 있으나 두 분포가 프라이어를 닮아야 한다는 점은 만족하기 힘들다. 이 경우, $\mathbf{z}$가 희박한 영역[계곡]에서 샘플링된 벡터를 복호기에 입력하면 의미 없는 이미지가 얻어진다. 즉, 복원성을 유지하면서 잠재 벡터들의 분포가 프라이어 분포를 닮도록 하면, $\mathbf{z}$는 각 축의 기대값 $\mu$를 중심으로 최대한 겹치지 않게 밀집된다. 다음 그림은 그런 이상적인 잠재 공간에서 잠재 벡터의 분포를 버블$^{\text{bubble}}$처럼 나타낸 예다.

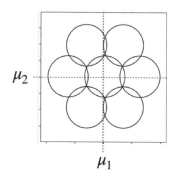

### 20.2.3 손실

학습의 목표와 모형의 구조가 정해졌으니, 손실 함수를 도출해 보자. 손실 함수는 두 항으로 구성될 텐데, 하나는 $D_{\mathrm{KL}}\big[Q(\mathbf{z}\,|\,\mathbf{x})\,\|\,P(\mathbf{z})\big] \to 0$의 정도를 나타내는 $L_{\mathrm{KL}}$이고 다른 하나는 복원성 $E_Q\big[\log P(\mathbf{x}\,|\,\mathbf{z})\big] \to \log P(\mathbf{x})$의 정도를 나타내는 $L_{\mathrm{R}}$이다. 이 두 손실의 합이 자기 부호기의 손실 $L_{\mathrm{VAE}}$가 된다.

$$L_{\mathrm{VAE}} = L_{\mathrm{KL}} + L_{\mathrm{R}}$$

$L_{\mathrm{KL}}$은 다음과 같이 도출된다. 우선, 프라이어는 서로 독립적인 각 차원 $k$에 대하여 기대값이 $\mu_{z_k \sim P} = 0$이고 분산이 $\sigma^2_{z_k \sim P} = 1$인 다변량 표준 정규분포로 설정한다.

$$P(\mathbf{z}) := N(\mathbf{z} \,|\, \mathbf{0}, \mathbf{I})$$

$Q(\mathbf{z}|\mathbf{x})$는 $N(\mathbf{z}|\mathbf{0},\mathbf{I})$를 닮게 하는 것이 목표이므로, 서로 독립적인 각 차원 $k$에 대하여 임의의 기대값 $\mu_{z_k \sim Q}$과 임의의 분산 $\sigma^2_{z_k \sim Q}$을 모수로 하는 다변량 정규분포로 설정한다. 여기서 $\mu$와 $\sigma^2$는 $\mathbf{x}$의 함수다.

$$Q(\mathbf{z}|\mathbf{x}) := N(\mathbf{z} \,|\, \boldsymbol{\mu}_{\sim Q}(\mathbf{x}), \operatorname{diag}(\boldsymbol{\sigma}^2_{\sim Q}(\mathbf{x})))$$

이로부터 $L_{\mathrm{KL}}$은 다음과 같이 유도된다. 편의상 $\mu$와 $\sigma^2$가 $\mathbf{x}$의 함수임을 나타내지 않았다.

$$L_{\mathrm{KL}} = D_{\mathrm{KL}}\big[Q(\mathbf{z}|\mathbf{x})\|P(\mathbf{z})\big] = E_Q\left[\log \frac{N(\mathbf{z}\,|\,\boldsymbol{\mu}_{\sim Q}, \operatorname{diag}(\boldsymbol{\sigma}_{\sim Q}))}{N(\mathbf{z}\,|\,\mathbf{0},\mathbf{I})}\right]$$

$$= E_Q\left\{\log \frac{\prod_{k=1}^{p}\sqrt{2\pi\sigma^2_{z_k \sim Q}}^{-1} \exp\left[-\dfrac{(z_k - \mu_{z_k \sim Q})^2}{2\sigma^2_{z_k \sim Q}}\right]}{\prod_{k=1}^{p}\sqrt{2\pi\sigma^2_{z_k \sim P}}^{-1} \exp\left[-\dfrac{(z_k - \mu_{z_k \sim P})^2}{2\sigma^2_{z_k \sim P}}\right]}\right\}$$

$$= E_Q\left\{\log \prod_{k=1}^{p} \frac{(\sigma^2_{z_k \sim Q})^{-\frac{1}{2}} \exp\left[-\dfrac{(z_k - \mu_{z_k \sim Q})^2}{2\sigma^2_{z_k \sim Q}}\right]}{(\sigma^2_{z_k \sim P})^{-\frac{1}{2}} \exp\left[-\dfrac{(z_k - \mu_{z_k \sim P})^2}{2\sigma^2_{z_k \sim P}}\right]}\right\}$$

$$= E_Q\left\{\sum_{k=1}^{p} \log \frac{(\sigma^2_{z_k \sim Q})^{-\frac{1}{2}} \exp\left[-\dfrac{(z_k - \mu_{z_k \sim Q})^2}{2\sigma^2_{z_k \sim Q}}\right]}{(\sigma^2_{z_k \sim P})^{-\frac{1}{2}} \exp\left[-\dfrac{(z_k - \mu_{z_k \sim P})^2}{2\sigma^2_{z_k \sim P}}\right]}\right\}$$

$$= E_Q\left\{\sum_{k=1}^{p}\left[-\frac{1}{2}\log\sigma^2_{z_k \sim Q} - \frac{(z_k - \mu_{z_k \sim Q})^2}{2\sigma^2_{z_k \sim Q}} + \frac{1}{2}\log\sigma^2_{z_k \sim P} + \frac{(z_k - \mu_{z_k \sim P})^2}{2\sigma^2_{z_k \sim P}}\right]\right\}$$

$$= \sum_{k=1}^{p} \left\{ E_Q \left[ -\frac{1}{2} \log \sigma_{z_k \sim Q}^2 - \frac{(z_k - \mu_{z_k \sim Q})^2}{2\sigma_{z_k \sim Q}^2} + \frac{1}{2} \log \sigma_{z_k \sim P}^2 + \frac{(z_k - \mu_{z_k \sim P})^2}{2\sigma_{z_k \sim P}^2} \right] \right\}$$

$$= \sum_{k=1}^{p} \left\{ -\frac{1}{2} \log \sigma_{z_k \sim Q}^2 - \frac{E_Q[(z_k - \mu_{z_k \sim Q})^2]}{2\sigma_{z_k \sim Q}^2} + \frac{1}{2} \log \sigma_{z_k \sim P}^2 + \frac{E_Q[(z_k - \mu_{z_k \sim P})^2]}{2\sigma_{z_k \sim P}^2} \right\}$$

$$= -\frac{1}{2} \sum_{k=1}^{p} \left\{ \log \sigma_{z_k \sim Q}^2 + \frac{\sigma_{z_k \sim Q}^2}{\sigma_{z_k \sim Q}^2} - \log \sigma_{z_k \sim P}^2 - \frac{E_Q[(z_k - \mu_{z_k \sim P})^2]}{\sigma_{z_k \sim P}^2} \right\}$$

$$= -\frac{1}{2} \sum_{k=1}^{p} \left\{ \log \sigma_{z_k \sim Q}^2 + 1 - \log \sigma_{z_k \sim P}^2 - \frac{E_Q[(z_k - \mu_{z_k \sim P})^2]}{\sigma_{z_k \sim P}^2} \right\}$$

남아 있는 기대값 항은 다음과 같으므로,

$$E_Q[(z_k - \mu_{z_k \sim P})^2]$$
$$= E_Q\{[(z_k - \mu_{z_k \sim Q}) + (\mu_{z_k \sim Q} - \mu_{z_k \sim P})]^2\}$$
$$= E_Q[(z_k - \mu_{z_k \sim Q})^2] + 2E_Q[(z_k - \mu_{z_k \sim Q})(\mu_{z_k \sim Q} - \mu_{z_k \sim P})] + E_Q[(\mu_{z_k \sim Q} - \mu_{z_k \sim P})^2]$$
$$= \sigma_{z_k \sim Q}^2 + 2E_Q[(z_k - \mu_{z_k \sim Q})(\mu_{z_k \sim Q} - \mu_{z_k \sim P})] + (\mu_{z_k \sim Q} - \mu_{z_k \sim P})^2$$
$$= \sigma_{z_k \sim Q}^2 + 2(\mu_{z_k \sim Q} - \mu_{z_k \sim P})E_Q(z_k - \mu_{z_k \sim Q}) + (\mu_{z_k \sim Q} - \mu_{z_k \sim P})^2$$
$$= \sigma_{z_k \sim Q}^2 + 2(\mu_{z_k \sim Q} - \mu_{z_k \sim P})[E_Q(z_k) - \mu_{z_k \sim Q}] + (\mu_{z_k \sim Q} - \mu_{z_k \sim P})^2$$
$$= \sigma_{z_k \sim Q}^2 + 2(\mu_{z_k \sim Q} - \mu_{z_k \sim P})[\mu_{z_k \sim Q} - \mu_{z_k \sim Q}] + (\mu_{z_k \sim Q} - \mu_{z_k \sim P})^2$$
$$= \sigma_{z_k \sim Q}^2 + (\mu_{z_k \sim Q} - \mu_{z_k \sim P})^2$$

$$L_{\text{KL}} = -\frac{1}{2} \sum_{k=1}^{p} \left[ \log \sigma_{z_k \sim Q}^2 + 1 - \log \sigma_{z_k \sim P}^2 - \frac{\sigma_{z_k \sim Q}^2 + (\mu_{z_k \sim Q} - \mu_{z_k \sim P})^2}{\sigma_{z_k \sim P}^2} \right]$$

이다.

여기서 $\mu_{z_k \sim P} = 0$이고 $\sigma_{z_k \sim P}^2 = 1$이므로, $L_{\text{KL}}$은 다음과 같다. $\mu_{z_k \sim Q}$와 $\sigma_{z_k \sim Q}^2$를 어떻게 구하는지는 재모수화 기법에서 설명한다.

$$L_{\text{KL}} = -\frac{1}{2} \sum_{k=1}^{p} \left( \log \sigma_{z_k \sim Q}^2 + 1 - \sigma_{z_k \sim Q}^2 + \mu_{z_k \sim Q}^2 \right)$$

복원성은 $E_Q\left[\log P(\mathbf{x}\,|\,\mathbf{z})\right]$로 평가하는데, 이는 로그 공산의 기대값이다. 따라서, 복원 손실 $L_R$은 음<sup>negative</sup>의 로그 공산 기대값이다.

$$L_R = E_Q\left[-\log P(\mathbf{x}\,|\,\mathbf{z})\right]$$

기대값을 바로 구할 수는 없고, $\mathbf{z}$의 표본으로부터 몬테 카를로 추정을 해야 한다. 표본의 크기를 $L$이라 하면 추정은 다음과 같다.

$$\widehat{E_Q}\left[-\log P(\mathbf{x}\,|\,\mathbf{z})\right] = -\frac{1}{L}\sum_{l=1}^{L}\log P(\mathbf{x}\,|\,\mathbf{z}^{(l)})$$

통상적인 몬테 카를로 추정이라면 $L$을 가능한 한 크게 하겠지만, 인공 신경망의 학습 중 데이터 포인트[$\mathbf{x}$]마다 매우 큰 크기의 표본으로부터의 추정을 하는 것은 너무나 비효율적이다. 따라서, $L = 1$로 하여 추정한다. 오차가 커지는 것은 피할 수 없으나, 반복수를 늘림으로써 상쇄할 수 있다.

$$L_R := -\log P(\mathbf{x}\,|\,\mathbf{z})$$

$\log P(\mathbf{x}\,|\,\mathbf{z})$를 계산하는 방법은 $\mathbf{x}$의 요소 $x_j$가 어떤 형의 변수인지에 따라 다를 수 있다. 만약, 독립적인 이진형[또는 범위가 [0, 1]] 변수라면 $P(\mathbf{x}\,|\,\mathbf{z})$는 베르누이 공산이며 다음과 같다.

$$P(\mathbf{x}\,|\,\mathbf{z}) = \text{Bernoulli}[\mathbf{x}\,|\,\theta(\mathbf{z})]$$
$$= \prod_{j=1}^{d}\theta(\mathbf{z})_j^{x_j}[1 - \theta(\mathbf{z})_j]^{(1-x_j)}$$

여기서 $\theta(\mathbf{z})_j$는 복호기의 출력 $\hat{x}_j$이므로, 손실은 다음과 같다.

$$L_R = -\log\prod_{j=1}^{d}\hat{x}_j^{x_j}(1 - \hat{x}_j)^{(1-x_j)}$$
$$= -\sum_{j=1}^{d}\left[x_j\log\hat{x}_j + (1 - x_j)\log(1 - \hat{x}_j)\right]$$

위는 이진 교차 엔트로피 손실과 같은 형태이나 차원의 수 $d$로 나누지 않는다. 구현할 때, 내장 손실 함수[설정에 따라 $d$와 배치 크기로 나눈다]를 사용한다면 꼭 이를 보정해야 한다.

$\mathbf{x}$의 요소 $x_j$가 실수형 변수라면 정규분포를 공산 모형으로 사용할 수 있다.

$$P(\mathbf{x}|\mathbf{z}) = N[\mathbf{x}|\boldsymbol{\mu}(\mathbf{z}), \boldsymbol{\sigma}^2(\mathbf{z})]$$
$$= \prod_{j=1}^{d} \left[ 2\pi\sigma^2(\mathbf{z})_j \right]^{-\frac{1}{2}} \exp\left\{ -\frac{[x_j - \mu(\mathbf{z})_j]^2}{2\sigma^2(\mathbf{z})_j} \right\}$$

여기서 $\mu(\mathbf{z})_j$는 복호기의 출력 $\hat{x}_j$이므로, 손실은 다음과 같다.

$$L_R = -\log \prod_{j=1}^{d} \left\{ \left[ 2\pi\sigma^2(\mathbf{z})_j \right]^{-\frac{1}{2}} \exp\left[ -\frac{(x_j - \hat{x})^2}{2\sigma^2(\mathbf{z})_j} \right] \right\}$$
$$= \sum_{j=1}^{d} \left\{ \frac{1}{2} \log\left[ 2\pi\sigma^2(\mathbf{z})_j \right] + \frac{(x_j - \hat{x})^2}{2\sigma^2(\mathbf{z})_j} \right\}$$
$$= \sum_{j=1}^{d} \left\{ \frac{1}{2} \log\left[ 2\pi\sigma^2(\mathbf{z})_j \right] \right\} + \sum_{j=1}^{d} \left\{ \frac{(x_j - \hat{x})^2}{2\sigma^2(\mathbf{z})_j} \right\}$$

알 수 없는 항 $\sigma^2(\mathbf{z})_j$가 있는데, $\sigma^2(\mathbf{z})_j = 1/2$이라 가정하면 손실은 다음과 같다.

$$L_R = \frac{d}{2} \log(2\pi) + \sum_{j=1}^{d} (x_j - \hat{x})^2 = c + \sum_{j=1}^{d} (x_j - \hat{x})^2$$
$$L_R := \sum_{j=1}^{d} (x_j - \hat{x})^2$$

$\sigma^2(\mathbf{z})_j = 1/2$이라 가정하면, 차원의 수 $d$로 나누지 않은 MSE 손실 $d \times$ MSE의 형태가 얻어진다. 앞서 언급했던 이진 교차 엔트로피 손실에서처럼 구현 시 내장 손실 함수를 사용한다면 이를 보정해야 한다.

$d \times$ MSE는 VAE에서 흔히 사용되는 방법이지만, $\sigma^2(\mathbf{z})_j = 1/2$이라는 가정이 합당한지에 대해서는 생각해 볼 필요가 있다. 학습이 진행될수록 MSE는 감소할 텐데 동시에 $\sigma^2(\mathbf{z})_j$ 항도 감소할 것이다. 따라서, 원 식에서의 $(x_j - \hat{x})^2/2\sigma^2(\mathbf{z})_j$는 MSE와 같은 속도로 감소하지 않을 것이다. 하지만, $\sigma^2(\mathbf{z})_j$를 고정된 값으로 가정하면 학습이 진행될수록

복원 손실 $L_R$의 기울기가 기여하는 바가 작아진다. 이는 결국 복원된 이미지의 품질이 떨어지는 결과로 이어질 것이다. 따라서, 분산 항이 MSE 손실과 같은 속도로 감소한다는 $\sigma^2(\mathbf{z})_j = (x_j - \hat{x}_j)^2$를 가정하는 편이 나을지도 모른다.

$$L_R = \frac{1}{2}\sum_{j=1}^{d}\log\left[2\pi(x_j - \hat{x}_j)^2\right] + d$$
$$= d + \frac{1}{2}\sum_{j=1}^{d}\left\{\log(2\pi) + \log\left[(x_j - \hat{x}_j)^2\right]\right\}$$

이 경우, 손실은 $L_R = (d/2) \times \log \text{MSE}$로 할 수 있을 것이다. 물론, 어떤 손실을 사용할지는 실험을 통해 결정하는 것이 가장 좋을 것이다.

### 20.2.4 재모수화

변분 자기 부호기에서의 부호기 $f(\mathbf{x})$는 분포 $Q(\mathbf{z}|\mathbf{x})$로부터 잠재 벡터 $\mathbf{z}$를 샘플링하는 함수라 하였다. 하지만, 확률적 샘플링 층을 신경망 모형의 중간에 삽입하면, 오차의 역전파는 샘플링 층을 넘어설 수가 없기에 변분 자기 부호기를 학습시킬 수가 없다. 이에 대한 해법으로 **재모수화 기법**reparameterization이 사용된다.

재모수화 기법은 $f(\mathbf{x})$가 잠재 공간에서 $\mathbf{z}$의 기대 위치를 나타내는 $\boldsymbol{\mu}$와 기대 위치에서 벗어난 정도를 나타내는 $\boldsymbol{\sigma}$를 결정론적으로 반환하도록 한 다음, $\boldsymbol{\sigma}$와 확률변수 $\boldsymbol{\varepsilon}$를 곱한 값을 $\boldsymbol{\mu}$에 더하여 확률변수로서의 $\mathbf{z}$를 얻는 기법이다.

$$[\boldsymbol{\mu}, \boldsymbol{\sigma}] = f(\mathbf{x})$$

$$\boldsymbol{\mu} = [\mu_k]_{k=1}^{p} = E_Q(\mathbf{z}|\mathbf{x})$$
$$\boldsymbol{\sigma} = [\sigma_k]_{k=1}^{p} = [V_Q(\mathbf{z}|\mathbf{x})]^{-1/2}$$
$$\boldsymbol{\varepsilon} \sim N(\mathbf{0}, \mathbf{I})$$

$$\mathbf{z} = \boldsymbol{\mu} \oplus (\boldsymbol{\sigma} \odot \boldsymbol{\varepsilon})$$

재모수화 기법을 사용하는 변분 자동 부호기의 구조를 다음 그림에 나타내었다.

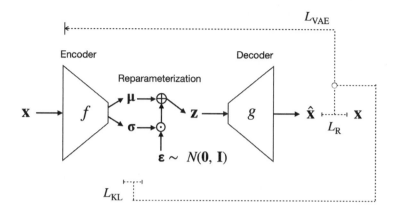

학습이 끝난 후에는 $N(\mathbf{0}, \mathbf{I})$로부터 추출된 $\tilde{\mathbf{z}}$를 복호기에 주입하여 학습 과정에서 경험해 보지 못했던 새로운 이미지 $\hat{\mathbf{x}}$를 창조할 수 있다.

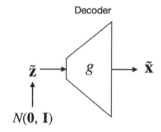

또는 특정한 이미지에 대한 잠재 벡터의 요소 값을 변화시켜 원 이미지를 다른 이미지로 변형시킬 수도 있다. 예를 들어, 웃는 얼굴 이미지를 우는 얼굴 이미지로 바꾼다든지 우는 얼굴 이미지를 웃는 얼굴 이미지로 바꾼다든지 하는 것이다.

$$\mathbf{z} + \mathbf{v} = \tilde{\mathbf{z}}$$

위와 같은 작업에는 어떤 차원[또는 차원들]이 원하는 방향의 변화를 나타내는지를 찾아야 하기에, 다른 여러 기법들이 함께 사용된다. 이 책에서는 단순히 새로운 손글씨 이미지를 창조하거나 변형해 보도록 한다.

## 20.2.5 구현과 훈련

자기 부호기의 구조에 재모수화 층을 추가하면 변분 자기 부호기의 구조가 된다. 또한 손실의 계산법이 자기 부호기와는 다르므로 사용자 정의 손실 함수를 사용해야 한다.

다음은 변분 자기 부호기 모형을 구축하고 컴파일하는 함수다.

```
def build_and_compile_vae_models(image_shape=(28,28,1),latent_dim=16):
    # === encoder part
    x = Input(shape=image_shape)
    z_enc = Conv2D(filters=32,kernel_size=3,
                   strides=2,padding='same',
                   activation='relu')(x)
    z_enc = Conv2D(filters=64,kernel_size=3,
                   strides=2,padding='same',
                   activation='relu')(z_enc)
    conv_output_shape = K.int_shape(z_enc) # (bsz,7,7,64)
    z_enc = Flatten()(z_enc)
    flat_output_shape = K.int_shape(z_enc) # (bsz,3136)
    z_enc = Dense(units=16,activation='relu')(z_enc)
    # *** reparameterization ***
    z_mean    = Dense(units=latent_dim,activation=None)(z_enc)
    z_log_var = Dense(units=latent_dim,activation=None)(z_enc)
    def reparameterization(args):
        z_mean, z_log_var = args
        batch_size = K.shape(z_mean)[0]
        latent_dim = K.int_shape(z_mean)[1]
        epsilon = K.random_normal(shape=(batch_size,latent_dim),
                                  mean=0,stddev=1)
        z = z_mean + K.exp(0.5*z_log_var)*epsilon
        return z
    z = Lambda(reparameterization)([z_mean,z_log_var])
    # **************************
    encoder = Model(x, [z_mean, z_log_var, z], name='vae_encoder')
    encoder.summary()
    # === decoder part
    z_in = Input(shape=latent_dim)
    z_dec = Dense(units=16,activation=None)(z_in)
    z_dec = Dense(units=flat_output_shape[1],activation='relu')(z_dec)
    z_dec = Reshape((conv_output_shape[1:]))(z_dec)
    z_dec = Conv2DTranspose(filters=64,kernel_size=3,
                            strides=2,padding='same',
                            activation='relu')(z_dec)
    z_dec = Conv2DTranspose(filters=32,kernel_size=3,
                            strides=2,padding='same',
                            activation='relu')(z_dec)
    x_rec = Conv2DTranspose(filters=image_shape[-1],
                            kernel_size=3,
                            strides=1,padding='same',
                            activation='sigmoid')(z_dec)
    decoder = Model(z_in, x_rec, name='vae_decoder')
```

```
    decoder.summary()
    # === vae
    [z_mean, z_log_var, z] = encoder(x)
    x_rec = decoder(z)
    vae = Model(x, x_rec, name='vae')
    vae.summary()
    # --- reconstruction loss
    x_flat  = K.flatten(x)
    x_rec_flat  = K.flatten(x_rec)
    recon_loss = binary_crossentropy(x_flat,x_rec_flat)
    # --- dimensionality correction
    input_dim = image_shape[0]*image_shape[1]
    recon_loss = recon_loss * input_dim
    # --- KL loss
    KL_loss = 1 + z_log_var - K.square(z_mean) - K.exp(z_log_var)
    KL_loss = (-0.5)*K.sum(KL_loss, axis=-1)
    # --- VAE loss (batch mean)
    vae_loss = K.mean(KL_loss + recon_loss)
    vae.add_loss(vae_loss)
    def vae_recon_loss(x, x_rec):
        x_flat = K.flatten(x)
        x_rec_flat = K.flatten(x_rec)
        recon_loss = binary_crossentropy(x_flat,x_rec_flat)*input_dim
        return recon_loss
    vae.compile(optimizer='adam', metrics=[vae_recon_loss])
    # -------------------------
    return vae, encoder, decoder
```

Lambda(reparameterization)가 사용자가 정의한 재모수화 층이다. 손실 $L_{KL}$을 계산하기 위하여 부호기는 z_mean, z_log_var, z를 모두 출력하도록 하였다. 이후 총 손실 vae_loss를 계산한 다음 add_loss 메서드를 이용하여 vae 모형이 손실을 사용할 수 있도록 하였다. 따라서, vae 컴파일 과정에서는 손실을 따로 지정하지 않는다. 물론, 사용자 손실 함수를 정의하고 컴파일 과정에서 손실 함수를 지정할 수 있으나, 손실함수는 기본적으로 y_true와 y_pred를 입력받도록 되어 있으므로 구현이 까다로울 수 있다. $L_{KL}$과 $L_R$을 모니터링 하기 위해서 $L_R$을 메트릭에 기록하도록 하였다. $L_{KL}$은 총 손실에서 $L_R$을 감하면 알 수 있다.

다음은 훈련용 함수다.

```
def train_vae(X_train, epochs=30,
              encoder_file_name='vae_encoder',
              decoder_file_name='vae_decoder',
```

```
                    vae_file_name='vae'):
    vae, encoder, decoder = build_and_compile_vae_models()
    History = vae.fit(X_train, X_train,
                      epochs = epochs, batch_size = 64,
                      shuffle=True, validation_split=0.3,
                      verbose=2)
    train_history = History.history
    np.save("vae_train_history.npy", train_history)
    save_model(encoder, encoder_file_name)
    save_model(decoder, decoder_file_name)
    save_model(vae, vae_file_name)
    return None
```

다음을 실행하면 변분 자기 부호기를 훈련한다.

```
X_train, _, _, _ = get_datasets()
train_vae(X_train)
```

이어지는 내용은 모두 위와 같은 훈련 후에 얻어진 모형의 결과를 바탕으로 한 것이다. 넘파이 난수 발생의 씨앗은 설정하였지만, 텐서플로우에서는 난수 발생 씨앗을 설정하지 않았으므로 독자들이 훈련하고 실행한 결과와는 다소 다를 수 있다. 학습이 끝나고 다음을 실행하면, 총 손실[$L_{\mathrm{VAE}}$], 복원 손실[$L_{\mathrm{R}}$], KLD 손실[$L_{\mathrm{KL}}$] 기록을 순서대로 보여준다.

```
history = np.load("vae_train_history.npy",allow_pickle=True).item()
plot_vae_train_val_loss_history(history)
```

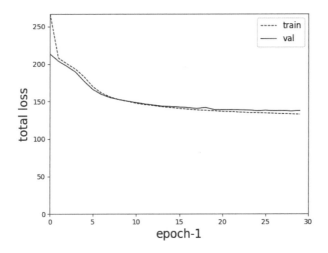

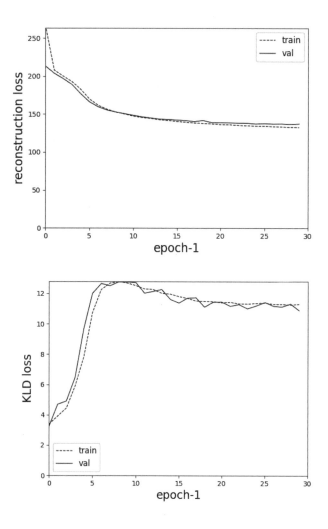

더 많은 에포크 동안 훈련하면 복원 손실이 더 줄어들 수도 있지만, 예제로 사용하기에는 충분해 보인다. KLD 손실[$L_{KL}$]은 학습 초반에 증가한 후 다시 감소하는데, 이 역시 예제로 사용하기에는 충분해 보인다.


## 20.2.6 잠재 벡터의 추출과 잠재 벡터로부터의 새로운 이미지 생성

다음 코드를 실행하면, 학습용 데이터 세트에 포함된 처음 네 개의 이미지들에 대한 잠재 벡터와 이로부터 복원된 이미지를 볼 수 있다.

```
X_train, _, _, _ = get_datasets( )
```

```
encoder = load_model('vae_encoder')
decoder = load_model('vae_decoder')
view_first_n_encodings(X_train,encoder,decoder,n=4)
```

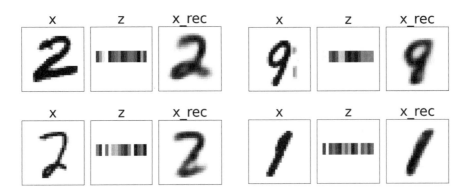

복원 손실이 충분히 감소하지 않아 자기 부호기가 생성한 이미지보다 약간 흐릿하지만, 변분 자기 부호기의 사용 목적에 부합하도록 원래의 숫자 손글씨와는 약간 다른 형태의 손글씨들을 생성한다. 평가용 데이터 세트에 포함된 처음 네 개의 이미지들에 대해서도 마찬가지다.

```
_, X_test, _, _ = get_datasets( )
encoder = load_model('vae_encoder')
decoder = load_model('vae_decoder')
view_first_n_encodings(X_test,encoder,decoder,n=4)
```

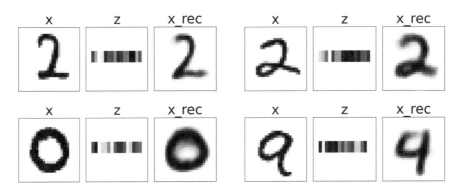

다음 코드를 실행하면, 변분 자기 부호기가 만든 16차원 잠재 공간을 3차원으로 축소시킨 후, 세 방향에서 이를 본 결과를 보여준다.

```
X, _, y, _ = get_datasets( )
```

```
encoder = load_model('vae_encoder')
view_PCA_projection(X,y,encoder, vae=True)
```

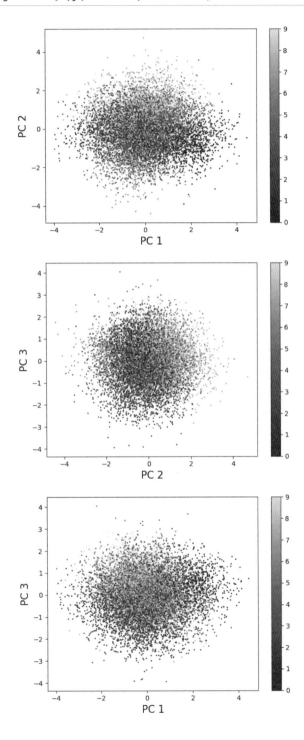

특정한 이미지에 대한 잠재 벡터의 요소 값을 변화시켜 원 이미지를 다른 이미지로 변형시킬 수도 있다고 하였는데, $\mathbf{z} + \alpha \mathbf{v} = \tilde{\mathbf{z}}$를 이용하여 $\alpha$를 점진적으로 변화시켜가면서 숫자 이미지를 변형시켜 보자. 두 숫자에 대한 평균 잠재 벡터 $\bar{\mathbf{z}}_{\vDash n}$와 $\bar{\mathbf{z}}_{\vDash n'}$를 얻은 후, 이들의 차이 $\mathbf{v}$를 일정하게 나눈 값을 $\bar{\mathbf{z}}_{\vDash n}$에 더해가는 선형 내삽법을 이용했다. 다음은 이를 구현한 함수다.

```python
def simple_linear_interpolation(X,y,encoder,decoder,latent_dim=16,
                                digit_1=3,digit_2=8,n=5):
    # first digit mean
    z_digits = [ ]
    for i in range(100):
        x_digit  = X[y==digit_1][i].reshape(1,28,28,1)
        z_digit  = encoder(x_digit)
        if len(z_digit) != 1: z_digit = z_digit[-1]
        z_digit  = z_digit.numpy()
        z_digits.append([z_digit[0][j]
                            for j in range(latent_dim)])
    z_digit_1_mean = np.mean(z_digits, axis=0)
    # second digit mean
    z_digits = [ ]
    for i in range(100):
        x_digit  = X[y==digit_2][i].reshape(1,28,28,1)
        z_digit  = encoder(x_digit)
        if len(z_digit) != 1: z_digit = z_digit[-1]
        z_digit  = z_digit.numpy()
        z_digits.append([z_digit[0][j]
                            for j in range(latent_dim)])
    z_digit_2_mean = np.mean(z_digits, axis=0)
    # interpolation
    z_digit_delta = z_digit_2_mean - z_digit_1_mean
    z_digit_inc   = z_digit_delta/n
    for f in range(n+1):
        z_digit = z_digit_1_mean + z_digit_inc*f
        x_rec = decoder(z_digit.reshape(1,-1))
        x_rec = x_rec.numpy().reshape(28,28)
        plt.imshow(x_rec, cmap='Greys')
        plt.xticks([])
        plt.yticks([])
        plt.tight_layout()
        plt.show()
    return None
```

다음을 실행하면 숫자 3에 대한 평균 이미지를 숫자 8에 대한 평균 이미지를 향하여 변화시킨 결과와 숫자 1에 대한 평균 이미지를 숫자 5에 대한 평균 이미지를 향하여 변화시킨 결과를 볼 수 있다.

```
X, _, y, _ = get_datasets( )
encoder = load_model('vae_encoder')
decoder = load_model('vae_decoder')

simple_linear_interpolation(X,y,encoder,decoder,latent_dim=16,
                            digit_1=3,digit_2=8,n=5)
simple_linear_interpolation(X,y,encoder,decoder,latent_dim=16,
                            digit_1=1,digit_2=5,n=5)
```

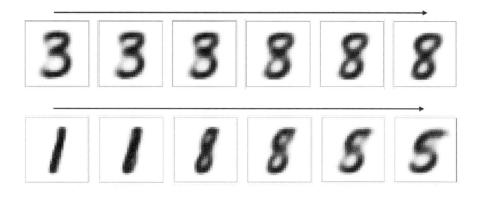

# 파이썬부터 시작하는 **인공지능**
## 강화학습과 심층학습을 중심으로

ⓒ 조재창, 2023

초판 1쇄 발행 2023년 12월 19일

지은이      조재창
펴낸이      이기봉
편집        좋은땅 편집팀
펴낸곳      도서출판 좋은땅
주소        서울특별시 마포구 양화로12길 26 지월드빌딩 (서교동 395-7)
전화        02)374-8616~7
팩스        02)374-8614
이메일      gworldbook@naver.com
홈페이지    www.g-world.co.kr

ISBN    979-11-388-2604-4 (93000)